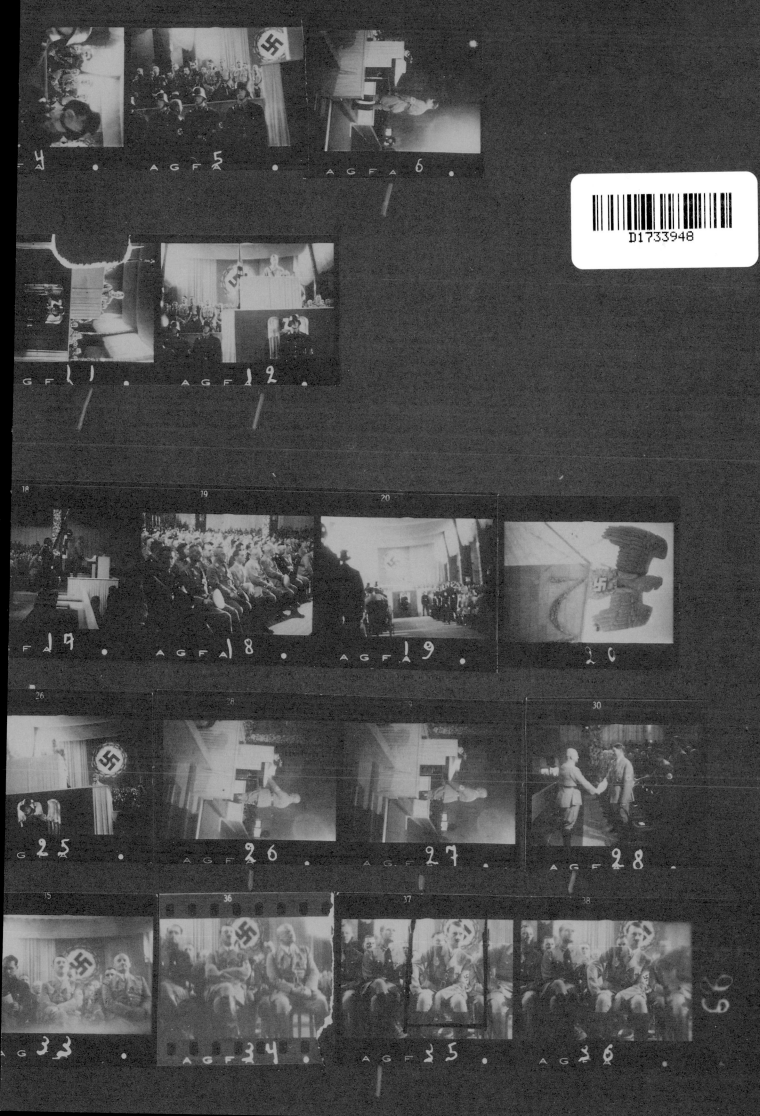

Hoffmann & Hitler

Rudolf Herz

Hoffmann & Hitler

Fotografie als Medium des Führer-Mythos

Klinkhardt & Biermann

Der Band ›Hoffmann & Hitler. Fotografie als Medium des
Führer-Mythos‹ erschien anläßlich der gleichnamigen Ausstellung im
Fotomuseum im Münchner Stadtmuseum, die vom
Deutschen Historischen Museum Berlin
und dem Historischen Museum Saar in Saarbrücken übernommen wird.
Projektleitung: Rudolf Herz
Ausstellung: Rudolf Herz und Dirk Halfbrodt

© 1994 Klinkhardt & Biermann Verlagsbuchhandlung GmbH, München
© 1994 Rudolf Herz
© 1994 Münchner Stadtmuseum
Alle Rechte, auch diejenigen der Übersetzung, der fotomechanischen
Wiedergabe und des auszugsweisen Abdrucks, vorbehalten.
Copyright für die Abbildungen bei den Leihgebern.

Lektorat und Produktion: Klinkhardt & Biermann, Verlagsbuchhandlung
GmbH, München
Gestaltung: Martina Breitling, Horst Moser
Satz: Martina Breitling
Lithographie: Kodweiß & Fröhlich, München
Druck: Universitätsdruckerei Dr. C. Wolf & Sohn, München
Bindung: Conzella Verlagsbuchbinderei GmbH & Co KG

Gedruckt auf holzfreiem, doppelt matt gestrichenem Bilderdruckpapier
Schriften: Syntax, Officina sans
Abbildung auf der Titelseite: Heinrich Hoffmann: Adolf Hitler,
September 1923 (Rudolf Herz).
Abbildungen auf den Vorsatzseiten: Heinrich Hoffmann: Firmeninternes
Arbeitsalbum mit Leica-Kontaktstreifen von der
Eröffnungsveranstaltung des Parteitags der NSDAP, Nürnberg,
September 1934
Heinrich Hoffmann: Firmeninternes Arbeitsalbum mit Leica-
Kontaktstreifen eines Ausfluges mit Hitler in Oberbayern,
20. April 1934. Vgl. hierzu Abb. 5/101

Die Deutsche Bibliothek – CIP Einheitsaufnahme
Hoffmann & Hitler : Fotografie als Medium des Führer-Mythos /
Rudolf Herz. – München : Klinkhardt & Biermann, 1994
ISBN 3 - 7814 - 0361 - 0
NE: Herz, Rudolf; Hoffmann, Heinrich; Hoffmann & Hitler

Inhalt

7 Vorwort der Herausgeber

9 Vorwort und Dank des Autors

10 Einleitung

24 Der Fotograf des Führers

26 Heinrich Hoffmann. Eine Fotografenkarriere

48 Unternehmensgeschichte

64 Vor der Spruchkammer

70 Nationalsozialistische Fotopropaganda

90 Hitlerporträts 1923-1939

138 Etappen der fotografischen Führerpropaganda

140 Hitler erstmals im Visier der Fotografen

162 Der frühe Hitlerkult in Fotobroschüren

170 Führerprofile im "Illustrierten Beobachter"

200 Hitlers Idolisierung in der Fotopublizistik des Dritten Reiches

202 Vom Parteiführer zum "Volkskanzler"

214 Choreograph der Unterwerfungsrituale

242 "Hitler abseits vom Alltag". Privates für die Medien

260 Hitler als Symbol der NS-Aufbaupropaganda

278 Annexionen: Triumphe eines Nationalhelden

298 Zenit und Kollaps des Führerbildes im Krieg

329 Nachwort

339 Hitler auf den Titelseiten der Partei-Illustrierten

348 Anmerkungen

367 Bibliografie

375 Bildnachweis

Vorwort

Wohl kaum ein anderer Fotograf hat unsere Wahrnehmung und Bildvorstellungen vom politischen Geschehen und den Machtverhältnissen im Dritten Reich so nachhaltig geprägt wie der sogenannte "Führerfotograf" Heinrich Hoffmann. Dabei stand die Stilisierung Hitlers zur charismatischen Führerfigur im Vordergrund des fotografischen Interesses Hoffmanns. Folglich wird kaum jemand bei der vorliegenden Publikation primär eine Würdigung der Fotografie als autonome Kunstform erwarten. Statt dessen wird die Funktion der Fotografie als geschichtliches Dokument und Zeugnis in ihrem jeweiligen zeitspezifischen Kontext einer eingehenden kritischen Analyse unterzogen.

Wissenschaftliche Untersuchungen und Fragestellungen zum besonderen Charakter der Fotografie im Nationalsozialismus sind selten und berühren ein schwieriges, in der Vergangenheit eher tabuisiertes Thema. So blieben nach 1945 die unterschiedlichen massenspezifischen Wirkungsweisen der Fotografie im Nationalsozialismus unterbelichtet oder gar völlig im Dunkeln. Dieses lag zum Teil an den Fotografen/-innen selbst, die eine kritische Revision verhinderten, indem sie ihre aktive Teilnahme bagatellisierten und damit ihre "Unfähigkeit zu trauern" bewiesen. Von einer Stunde "Null" konnte auch in der deutschen Fotografie nach 1945 keine Rede sein, denn führende Repräsentanten der deutschen Fotografie im Nationalsozialismus zählten schon bald wieder zu den bekannten Leitfiguren der prosperierenden Nachkriegsjahrzehnte. Erst in jünster Vergangenheit sind vermehrt die zeitspezifischen ideologischen Zwänge und propagandistischen Arbeiten einzelner deutscher Fotografen wie Walter Hege oder Hugo Erfurth einer größeren Öffentlichkeit bekannt geworden. Bei Heinrich Hoffmann handelt es sich jedoch um keinen jener klassischen Kunst- oder Künstlerfotografen, sondern vielmehr um einen eher gewöhnlichen und recht durchschnittlichen Porträt- und Pressefotografen, dessen persönlicher Werdegang und berufliche Karriere von der Protektion Hitlers sowie der Existenz eines zentralistisch ausgerichteten Herrschaftssystems und der damit verbundenen "Gleichschaltung der Bilder" unmittelbar abhängig war. Da die Parteilichkeit Hoffmanns als frühem Parteigänger der NSDAP offenkundig ist, stellt sich natürlich die Frage nach Bedeutung und Aussage seiner Fotografien als zeithistorischer Quelle.

Die Anfänge von Hoffmanns fotografischer Karriere als Chronist der Revolutionsereignisse in München waren bereits 1988 Gegenstand der Ausstellung "Revolutionsfotografie 1918/19" im Fotomuseum, die gemeinsam von Rudolf Herz und Dirk Halfbrodt erarbeitet worden war. Ausgehend von damals aufgeworfenen Fragestellungen hat der Kunst- und Fotohistoriker Rudolf Herz das Projekt "Hoffmann & Hitler. Fotografie als Medium des Führer-Mythos" entwickelt, auf dem die gleichnamige Ausstellung basiert. Rudolf Herz untersuchte das symbiotische Verhältnis von Hoffmann und Hitler in einem quellen- und wissenschaftskritischen Kontext auf die Hintergründe und die vielfältigen Facetten seines publizistischen Erscheinungsbildes hin. Seine Forschungsresultate sind das Ergebnis mehrjähriger Untersuchungen zur Medien- und Bildgeschichte im Nationalsozialismus mit dem besonderen Schwerpunkt der publizistischen Verbreitung und Wirkungsgeschichte von Pressefotografien. Insbesondere die Dechiffrierung von dokumentarischen Fotografien, die im Spannungsfeld zwischen Inszenierung, Manipulation und Authentizität stehen und wesentlich zur Legendenbildung um Hitler und den damit verbundenen Führerkult beigetragen haben, kann im vorliegenden Buch im Detail nachvollzogen werden.

Ohne die Mithilfe und Unterstützung von vielen wäre die Realisation dieses Projektes nicht möglich gewesen. Unser besonderer Dank gilt daher den zahlreichen privaten Leihgebern und öffentlichen Institutionen, die das Bildmaterial in großzügiger Weise für Ausstellung und Publikation zur Verfügung gestellt haben. Unser Dank gilt schließlich auch dem Verlag Klinkhardt & Biermann in München für die verlegerische Betreuung und Drucklegung des Bandes.

Dr. Wolfgang Till
Direktor des Münchner Stadtmuseums

Dr. Ulrich Pohlmann
Leiter des Fotomuseums im Münchner Stadtmuseum

Prof. Dr. Christoph Stölzl
Direktor des Deutschen Historischen Museums, Berlin

Dr. Liselotte Kugler
Direktion des Historischen Museums Saar, Saarbrücken

Vorwort und Dank

Es war nicht die nationalsozialistische Ideologie oder die NSDAP, sondern in erster Linie der Führer-Mythos, der über den Aufstieg der Nationalsozialisten zur rechten Massenbewegung der Weimarer Republik entschied und schließlich die "Kohäsionskraft des Dritten Reiches" (Martin Broszat) ausmachte. Von daher verlangt die Frage nach dem Aufbau, der Verbreitung und Durchsetzung von Hitlers Führerimage große Aufmerksamkeit. Das Projekt "Hoffmann & Hitler" versteht sich als Beitrag hierzu, denn unzweifelhaft war auch die Fotopublizistik an der Popularisierung des Führer-Mythos beteiligt und die Tätigkeit des Münchner Fotografen Heinrich Hoffmann aufs engste damit verbunden. Hitler hatte die wachsende Bedeutung der visuellen Massenmedien für die Charismapflege früh erkannt und nicht zuletzt mit Hilfe Hoffmanns seine populistische Selbststilisierung vorangetrieben. Dessen Aufnahmen dienten auf vielfältige Weise der Führerpropaganda, alsbald auch der früh einsetzenden visuellen Historisierung der "Kampfzeit" durch die Propaganda des Dritten Reiches. Mit 1945 war ihre Verwendung jedoch nicht beendet, denn nun waren sie ein zentraler Bestandteil der Rückblicke auf die Epoche des deutschen Faschismus und galten unhinterfragt als "historische Dokumente".

Offenkundig bilden solche "historischen Fotografien" aber nicht nur "Historie" ab, sondern haben ihre "eigene Geschichte", bestimmt von den gesellschaftlich-politischen Entstehungszusammenhängen und publizistischen Wirkungsabsichten. Damit ist neben ihrer darstellenden Funktion auch ihre instrumentell-operative Dimension angesprochen, die zu erschließen die Aufgabe dieses fotografie- und mediengeschichtlichen Vorhabens sein soll. Deshalb kann sich eine historisch-kritische Abhandlung über Heinrich Hoffmann und das von ihm gezeichnete Hitlerbild auch nicht auf eine monografische Würdigung im Sinne einer autonom verstandenen Fotografiegeschichte beschränken, sondern hat das von der nationalsozialistischen Propaganda forciert betriebene Zusammenspiel von Politik und Fotografie, wie es in der Verbindung der beiden Namen "Hoffmann & Hitler" zum Ausdruck kommt, zu durchleuchten.

Es freut mich, an dieser Stelle all denen Dank sagen zu können, die meine Forschungen mit Kritik, wachem Interesse und geduldigem Zuspruch begleitet haben. Dies sind an erster Stelle meine Eltern und Kirsten Bauerdorf. Detlef Hoffmann stand meinem Vorhaben von Beginn aufgeschlossen gegenüber und fand immer wieder Zeit zu klärenden Diskussionen. Großen Dank schulde ich vor allem Dirk Halfbrodt für zahlreiche Gespräche, die kritische Durchsicht des Manuskripts und die freundschaftliche Zusammenarbeit bei der Realisation der Ausstellung. Auf jeweils ihre Art halfen Reinhard Matz und Thomas Lehnerer. Martin Loiperdinger und seine Analyse des Parteitagsfilms "Triumph des Willens" von Leni Riefenstahl haben meine Forschungen nachhaltig beeinflußt und zur Präzisierung der eigenen Positionen veranlaßt. Mit ihren Fachkenntnissen halfen Angela Balg, Bodo von Dewitz, Florian Dering, Frauke Engel, Norbert Frei, Otto Gritschneder, Enno Kaufhold, Diethart Kerbs, Martin Moll, Ulrich Pohlmann, Ulrich Ronnger, Rolf Sachsse, Uli Schneider, Timm Starl und Reinhard Weber. Marita Krauss hat abschließend das Manuskript noch einmal fachkundig durchgesehen.

Bei meinen Nachforschungen und Recherchen konnte ich die große Hilfsbereitschaft zahlreicher Museen, Archive und Bibliotheken erfahren. Sie ermöglichten mir den unbürokratischen Zugang zu ihren Beständen. Werner Röder vom Archiv des Instituts für Zeitgeschichte verfolgte mit Langmut meine Bearbeitung der einschlägigen Jahrgänge der Illustrierten und Tageszeitungen. Reinhard Horn von der Bayerischen Staatsbibliothek danke ich für seine ungemein kooperative Hilfe bei der Ausstellungsvorbereitung und der Bereitstellung der Hoffmann-Aufnahmen. Auf einen ziemlich unbekannten Fotografiefundus in der Bibliothek für Zeitgeschichte in Stuttgart machte Irina Renz vom gleichnamigen Institut aufmerksam. Elisabeth Angermair förderte im Stadtarchiv München wichtige Aufnahmen zutage. Zur Klärung mancher Frage trug oft die Auskunftsbereitschaft von ehemaligen Pressefotografen, Bildredakteuren und Mitarbeitern der Firma Hoffmann bei. Dies waren vor allem Fritz Dehn, Walter Frentz, Irmgard Hollenbach, Harald Lechenperg, Günther Peis und Gisela Twer und die in der Zwischenzeit verstorbenen Günther Beukert, Helmut Laux und Elisabeth Wolff und insbesondere Heinrich Hoffmann jun., Sohn seines gleichnamigen Vaters. Robert Hoffmann danke ich für sein freundliches Entgegenkommen, die Hoffmannsche Familienüberlieferung der Forschung zu öffnen. Wie er unterstützten auch Ellen Maas und Karl Stehle das Ausstellungsvorhaben mit zahlreichen Leihgaben.

Gefördert wurde das Projekt durch ein Stipendium des Graduiertenkollegs "Politische Ikonografie" am Kunsthistorischen Seminar der Universität Hamburg und ein Forschungsstipendium des Deutschen Historischen Instituts in Washington D.C.. Mein Dank gilt in diesem Zusammenhang Klaus Herding, Martin Warnke und Hartmut Keil für ihre großzügige Unterstützung. Desgleichen Wolfgang Till und Ulrich Pohlmann für die Realisierung der Ausstellung und die Herausgabe des gleichnamigen Katalogs. Gottfried Eder erwies sich im Rahmen seines Ausstellungspraktikums als findiger Rechercheur. Roman Franke, Hans Döring und Wilfried Petzi haben hochwertige Reproduktionen angefertigt. Besonders freut mich, daß es Horst Moser und Martina Breitling gelungen ist, eine überzeugende Buchgestaltung für das in vielfacher Hinsicht schwierig zu präsentierende Bildmaterial zu finden.

Rudolf Herz

Führer-Mythos und Fotografie

Hoffmann & Hitler – die Verbindung dieser beiden Namen steht für ein weithin unbekanntes und unerforschtes Kapitel der Propaganda- und Fotografiegeschichte, das von der historisch wohl einmaligen, über zwei Jahrzehnte dauernden Zusammenarbeit eines Fotografen mit einem Politiker handelt, der zum abgöttisch verehrten "Führer" und Sinnbild des wieder erstarkten Deutschlands aufstieg und Europa mit einer rassistischen Vernichtungspolitik sondergleichen überzog. Seit der Frühzeit der NSDAP war Hoffmann als Foto-Dokumentarist der Partei und bald auch als Hitlers persönlicher Porträtist tätig und verschrieb sich der Aufgabe, den Hitler-Mythos auf fotografischem Wege zu propagieren. (Unter dem Begriff Führer-Mythos ist hier nichts anderes gemeint als das Image eines Politikers, der von seiner Gefolgschaft als Inkarnation einer nationalen Führer- und Erlöserfigur verstanden wird.) Hoffmanns Aufnahmen, die in diversen Fotobänden und zahllosen Illustrierten und Zeitungen publiziert wurden, haben das massenwirksame Hitlerbild des Dritten Reiches ganz wesentlich geprägt. Rühmte sich später Joseph Goebbels, Chefpropagandist der NSDAP, seine wichtigste Leistung sei die Schaffung des Führer-Mythos gewesen,[1] so kann Hoffmann für sich in Anspruch nehmen, für dessen anschauliche Ausgestaltung maßgeblich beigetragen zu haben.

Die Firma Heinrich Hoffmann übernahm die Funktion eines PR-Agentur im Dienste des Führer-Mythos und erscheint mit ihrer explosionsartigen Entfaltung nach 1933 wie ein Paradigma für die wachsende staatlich gesteuerte Öffentlichkeitsarbeit des Dritten Reiches, die zu einer radikalen Einschränkung der Informationsmöglichkeiten führte und das publizistische Angebot der Presse hochgradig determinierte und den "Journalismus" verdrängte. Mit der Fixierung der politischen Ideologie und Praxis der Nationalsozialisten auf den "Führer" bildete Adolf Hitler den politischen Angelpunkt der fotografischen Berichterstattung, – und daraus wiederum erklärt sich Hoffmanns Funktion als eine Art Hofberichterstatter mit monopolähnlicher Stellung.

Die Verbindung von Hitler und Hoffmann sollte sich für beide Seiten auch wirtschaftlich als ausgesprochen profitabel erweisen: der Münchener Pressefotograf wurde Multimillionär und Hitler zog, wie Albert Speer zu berichten weiß, beträchtlichen Gewinn aus Briefmarken, die nach den von Hoffmann aufgenommenen Porträts gestaltet waren.[2] Angesichts der politisch-propagandistischen Relevanz der fotografischen Führerpropaganda wirkt dieser Aspekt marginal, doch zeigen sich in der eigenartigen Symbiose Strukturmerkmale des nationalsozialisten Führerstaates: Hoffmanns enge Beziehung zu Hitler war von einem feudal anmutenden Treueverhältnis bestimmt, das durch private Lehen in Form von Privilegien belohnt wurde und Hoffmann eine einmalige Stellung nicht nur als Fotograf verschaffte.[3] Vergleichbar mit Goebbels war Hoffmann Spezialist auf seinem Gebiet und zugleich Überzeugungstäter. Er stieß schon zu den Nationalsozialisten, als diese noch keinerlei Machtansprüche erheben konnten. Seit den frühesten Anfängen in der "charismatischen Gemeinschaft" um Hitler wirkte Hoffmann nicht nur aus Hitlers Nähe heraus als Transmissionsriemen für den um den "Führer" entstehenden Personenkult, sondern war selbst frühzeitig dem Führer-Mythos verfallen.

Der später weithin bekannte "Reichsbildberichterstatter" gehörte fest zum Erscheinungsbild des nationalsozialistischen Medienapparats. Trotz seiner kleinen, untersetzten Gestalt war er bei den Großritualen von Partei und Staat kaum zu übersehen. Hoffmann besaß ungeachtet aller Sicherheitsmaßnahmen freien Zutritt bei offiziellen und inoffiziellen Anlässen, war einer der wenigen, der die Ritualästhetik der feierlichen Großveranstaltungen stören und sich frei bewegen konnte, um Hitler optimal ins Bild zu setzen. Einen vergleichbaren Status besaßen außer den für Hoffmann arbeitenden Fotografen nur eine Handvoll prominenter Pressefotografen wie Fritz Franz Bauer, Fritz Ehlert sowie die Kameramänner Leni Riefenstahls. In der Mehrzahl mußten die Fotografen, so sie überhaupt zur Veranstaltung zugelassen wurden, auf zugewiesenen Plätzen verharren. Sie zogen sich dann oft die Kritik des Propagandaministeriums zu, wenn ihre Aufnahmen schematisch ausfielen und wie ein Ei dem anderen glichen. Hoffmann dagegen konnte sich die besten Positionen suchen, während Hitlers Reden im Reichstag an das Rednerpult herantreten, sich bei Appellen auf den Nürnberger Reichsparteitagen und den Feierlichkeiten zum 9. November in Hitlers unmittelbarer Nähe bewegen oder ihm vorauseilend Stellung beziehen, wenn er wie auf dem Bückeberg durch das Spalier der Kundgebungsteilnehmer schritt. Er stand neben Hitler, wenn dieser auf den Balkon der Reichskanzlei oder des "Braunen Hauses" trat und sich dem applaudierenden Publikum zeigte oder wenn er Paraden abnahm. Im privaten Umfeld war nur Hoffmann als Pressefotograf zugelassen. Schließlich gehörte er auch nach Kriegsausbruch zu Hitlers Begleitern, als dieser sich ins Führerhauptquartier zurückzog.

Aufgrund der langjährigen Freundschaft wußte Hoffmann um die bildlichen Vorstellungen, die Hitler mit seiner Führerrolle verband, und die von ihm bevorzugten Posen und Darstellungsweisen. Er kannte die Rituale und ihre Dramaturgie seit der Frühzeit der Partei und war gerade auch im Porträtbereich in den Prozeß der fotografischen Bildfindung miteingebunden. Als Intimus war er mit den Eigenheiten und Unsicherheiten seines Modells, mit dessen Vorlieben für bestimmte Aufnahmen und Motive bestens vertraut. Er kannte die vorteilhaftesten fotografischen Blickwinkel und Aufnahme-Momente und hatte im Lauf der Jahre die Bildvorstellungen verinnerlicht. Formlose Absprachen, auch mit dem Propagandaministerium, ersetzten

Abb. 1/1

*Firma Heinrich Hoffmann:
Adolf Hitler umgeben
von begeisterten Anhängern,
auf der Treppe Heinrich
Hoffmann, wahrscheinlich
auf der Grevenburg bei
Höxter, ohne Jahresangabe*

Einleitung | Führer-Mythos und Fotografie

häufig komplizierte und bürokratische Regelungen für die Auswahl der zu publizierenden Führerbilder. Was von der Firma Hoffmann in die Öffentlichkeit und in die Redaktionen an Bildmaterial gelangte, das war quasi "von oben" abgesegnet. Aus Sicht der Verantwortlichen im Propagandaministerium funktionierte die Firma "Presseillustrationen Heinrich Hoffmann" als System der Steuerung und Selbstzensur offenbar recht gut: Hitleraufnahmen waren auffallend selten Gegenstand von Presseanweisungen des Propagandaministeriums, obwohl es bis 1939 ungeachtet zahlreicher Einschränkungen keine grundsätzliche Vorzensur für Hitlerbilder gab. Einzelne Rügen scheinen eher die Regel zu bestätigen.

Illustrativer Bildgebrauch heute

Wenngleich Heinrich Hoffmann in vielen Hitler-Biografien Erwähnung findet und manche Autoren nicht ohne die Abbildung seiner Aufnahmen auskommen wollen, gehen sie nicht auf Hoffmanns fotografische Tätigkeit und die ursprünglichen Aufgaben seiner Fotografien ein. Beispielsweise nennt Joachim C. Fest in seiner auflagenstarken Hitler-Biografie an mehreren Stellen Hoffmann als Freund und Begleiter des deutschen Diktators und fügt dem Text zahlreiche seiner Aufnahmen als dokumentarisches Illustrationsmaterial bei. Er stellt jedoch keine Frage nach dem Zusammenhang zwischen den Aufnahmen und ihrem Urheber, ganz zu schweigen von dessen einzigartiger Funktion als Schöpfer des offiziellen Hitlerbildes.[4] Gleiches gilt für die vor kurzem erschienene Studie "Hitler und Stalin" von Allan Bullock.[5] Stärker noch als bei Fest wird hier der Fotografie explizit die dokumentarische Funktion zugeschrieben, Historie in anschaulicher Weise zu erhellen. Was den Bildgebrauch betrifft verblaßen diese Abhandlungen freilich vor den intensiv mit Hoffmann-Aufnahmen illustrierten Bildbänden zu Hitler und der Geschichte des Dritten Reiches, die sich nicht nur an ein bildungsbürgerliches Publikum wenden, immer auch in großem Umfang Fotografien von Hoffmann abbilden und emotionale oder gar nostalgische Einstimmungen an die Stelle des Einblicks in den historischen Zusammenhang setzen. Das gilt erst recht für den Bereich des Films, vor allem für Fest's Hitler-Film "Hitler – eine Karriere" von 1977, der ungebrochen die einstige visuelle Faszinationskraft des Nationalsozialismus reproduziert.[6] Ein derartiger Bildgebrauch macht Fotografien zu Surrogaten historischer Erkenntnis.

Abgesehen von oft faktisch falschen oder mangelhaften Beschriftungen muß der beobachtbare Bildgebrauch auch angesichts der Tatsache bedenklich erscheinen, daß er die historisch-gesellschaftliche Wirklichkeit des Dritten Reichs auf einen stereotypen Kanon von Themen und Bildtypen reduziert, der nicht ohne Einfluß auf landläufige Meinungsklischees über das Dritte Reich bleibt und das kollektive Bildgedächtnis prägt. Es ist anzunehmen, daß sich im Zuge dieser Rezeption politisch motivierte und fotografisch vermittelte Sichtweisen vielfach zur historischen Gewißheit verfestigt und das Fortleben von verschiedenen Facetten des Hitler-Mythos begünstigt haben. Beförderte nicht der unkritische Gebrauch von Fotografien nationalsozialistischer Massenrituale die Vorstellung eines monolithischen und allein nach Hitlers Willen ausgerichteten Führerstaates und einer vollkommen gleichgeschalteten oder gar harmonischen "Volksgemeinschaft"? Und wurde nicht vielleicht auch Hitlers Nimbus als genialer Schöpfer der Reichsautobahn durch das bekannte und fortwährend reproduzierte Foto von Hitlers erstem Spatenstich bis in die Gegenwart verlängert? Jedenfalls war die populäre Revision des Hitlerbildes durch die bundesdeutschen Massenmedien der siebziger Jahren eng gekoppelt mit einer "reichen Revisualisierung" des

Abb. 1/2-3

Firma Heinrich Hoffmann: Heinrich Hoffmann fotografiert Adolf Hitler anläßlich eines Vorbeimarsches, Dresden, ohne Jahresangabe; Wilhelm Nortz: Heinrich Hoffmann fotografiert Adolf Hitler bei der Kranzniederlegung anläßlich der Überführung der "Märtyrer der Bewegung" in die Ehrentempel auf dem Königsplatz, München, 9. November 1935

Dritten Reiches. Jede "Hitlerwelle" bis hin zur "Tagebuch-Affäre" Anfang der achtziger Jahre bediente sich auch des Hoffmannschen Bildmaterials.[7]

Die Vermutung liegt nahe, daß bei diesen Rezeptionsphänomenen Langzeitwirkungen der fotografischen Führerstilisierung der NSDAP zu Tage treten, hatten doch die Nationalsozialisten gerade der Pressefotografie viel Beachtung geschenkt, sie für die fulminante Selbststilisierung des Dritten Reiches in Beschlag genommen und ihr massenintegratives Potential genutzt, um die Bevölkerung auf den nationalosozialistischen Staat und vor allem den "Führer" einzuschwören. Heiner Kurzbein, Leiter der Abteilung Bildpresse im neugeschaffenen Reichspropagandaministerium, reklamierte bereits anläßlich der Eröffnung der Ausstellung "Die Kamera" im November 1933 die Verwendung dieses "Mittels neuzeitlicher Propaganda" ausdrücklich als nationalsozialistische Innovationsleistung und lobte deren fotografische Wirkungsmacht.[8] Zu lesen war damals etwa auch: "Das Bild kann genauso Bannerträger der Weltanschauung sein wie das Wort; zu einer Einheit sinngemäß verbunden, können beide Wunder wirken."[9] Die Zeitungswissenschaft beschäftigte sich in den dreißiger Jahren intensiv mit der Pressefotografie und dem Massenmedium Illustrierte und stellte die vielfältigen Wirkungsmöglichkeiten der Fotografie als "publizistische Waffe" in den Vordergrund.[10] Im Rückblick erscheint die damalige Einschätzung der fotografischen Wirkungsmacht als ein Phänomen, das die in den Industrieländern allgemein beobachtbare Expansion der visuellen Massenkommunikation seit dem frühen zwanzigsten Jahrhundert begleitete und häufig mit einem überbordenden Medienoptimismus verbunden war. Die Vorstellung von der angeblich schier unbegrenzten Wirksamkeit der nationalsozialistischen Bildpropaganda ("Allmacht der Propaganda") sollte sich in der bundesdeutschen Nachkriegszeit fortsetzen, nun unter dem Vorzeichen des Manipulationsverdachtes und der "Verführungsthese", galt es doch die deutsche Gesellschaft von ihrer Verantwortung für Hitlers Politik freizusprechen.

Festzuhalten bleibt, daß die Fotografien aus der NS-Zeit in den populären wie wissenschaftlichen Geschichtsdarstellungen durchweg ohne weitere quellenkritische Überlegungen und ohne Problematisierung ihrer Entstehung, ihrer Herkunft und ihres geschichtlichen Funktionszusammenhanges als authentische Dokumente der nationalsozialistischen Herrschaft verwendet werden. Diesem Bildgebrauch liegen offenbar keine weiteren Reflexionen über den fotografischen Quellenwert, die besonderen Eigenheiten und implizierten Sichtweisen des verwendeten Bildmaterials und die damit verbundenen Folgen für die Interpretation von Geschichte zugrunde.[11] Die Gründe für diesen Umgang mit historischen Fotografien sollen hier nur angedeutet werden. Die Geschichtswissenschaft hat über die besondere Bedeutung historischer Fotografien, ihre Eigenheiten sowie die Möglichkeiten und Grenzen ihres Quellenwertes nur wenig Überlegungen angestellt und kein quellenkritisches Instrumentarium entwickelt, spielen doch bildliche Quellen, insbesondere Fotografien für sie allgemein keine große Rolle. Dies ist im Zusammenhang damit zu sehen, "daß die Gleichsetzung der 'politischen Geschichte' mit der 'Geschichte' überhaupt und die Trennung dieser 'eigentlichen' Geschichte von der Kunstgeschichte die Bilder nur als 'kunstgeschichtliche' und nicht als 'geschichtliche' Quellen werten ließ."[12] Auch in neueren grundlegenden Darstellungen zur geschichtswissenschaftlichen Methodik dominieren "weitgehende Unsicherheit und geringe Systematik in der Erfassung der Fotografie als historische Quelle."[13] Zwar sind einige Abhandlungen zu mediendidaktischen Fragestellungen im Bereich der Rezeption von Fotografien der NS-Zeit erschienen, die immer wieder die Notwendigkeit quellenkritischer Untersuchungen betonten, doch haben diese Ansätze bislang keine erkennbaren Auswirkungen auf den Umgang mit historischen Fotografien gehabt.[14] Zugleich offenbaren sie selbst oftmals Wissensdefizite und Forschungslücken im Bereich der faktischen Fotografie- und Mediengeschichte.

Fotografie als Propagandamedium

Im Zusammenhang mit der Verwendung historischer Fotografien in populären Geschichtswerken – häufig bei sozial- und alltagsgeschichtlichen Darstellungen – werden Fotografien durchweg als "Abklatsch" von historischer Wirklichkeit verstanden und ihre besondere Eignung als Instrument einer 'optischen Sozialgeschichte' betont: "Tatsächlich vermittelt das Medium Photographie in 'unnachahmlicher Treue' Szenen aus der deutschen Vergangenheit. Was im Geschichtsbuch oft abstrakt bleibt, wird hier konkret: wir erleben Menschen in ganz bestimmten Situationen."[15] Solchen Mutmaßungen kommen historische Fotografien tatsächlich sehr entgegen. Sie vergegenwärtigen vergangenes Geschehen scheinbar authentisch. Fotografie wird dann im "romantischen Sinne" (Jürgen Steen) verstanden, um zu suggerieren, "historische Überlieferung könne unmittelbar die reale Geschichte gleichsam erzählen."[16] Ignoriert wird damit jedoch die Differenz zwischen realer Geschichte, ihrer Überlieferung und Geschichte als erkenntnisorientiertem Erfassen und Darstellen vergangenen Geschehens, wie sie für das kritische Selbstverständnis der Geschichtswissenschaft Voraussetzung ist. Das fotografische Bild tritt als eigentliche historische Realität auf, die sich gleichsam selbsttätig abgebildet hat – als ob allein wertneutrale Technik das Zustandekommen von Fotografien ausmacht und sich eine Erörterung ihrer medialen Vermittlung von

Abb. 1/4

Firma Heinrich Hoffmann: Adolf Hitler, Konstantin von Neurath und Heinrich Hoffmann auf dem Balkon der alten Reichskanzlei, Berlin, Neujahr 1935

Wirklichkeit und den verbundenen Absichten und Zwecksetzungen erübrigt.

Unausgesprochen vorausgesetzt wird im Umgang mit historischen Fotografien zumeist auch, daß die verwendeten Aufnahmen "typische Bilder" des Zeitgeschehens darstellen. Doch ist die Bebilderung vielfach durch Aufnahmen geprägt, die zwar als Inbegriff ungestellter Wirklichkeit gelten, tatsächlich jedoch eine "inszenierte Wirklichkeit", das heißt vor allem ritualisierte Formen des öffentlichen Lebens wiedergeben, die auf öffentliche Werbewirksamkeit ausgerichtet waren.[17] Das gilt gerade für die Ära des Nationalsozialismus. So geben die zumeist der mehr oder weniger offiziellen Bildproduktion entstammenden und damals als Propagandamittel eingesetzten Aufnahmen nur das wieder, was auch schon der deutsche Faschismus von sich selbst vorzeigen wollte und zwar auf eine mehr oder minder idealisierte und ästhetisch stilisierte Art und Weise. Oder auf Hitler direkt bezogen formuliert: Mit ihrer Wiedergabe stellen die Fotografien ihn noch einmal so dar, wie er selbst gesehen werden wollte und deshalb von Hoffmann zum Zweck seiner öffentlichen Darstellung ins Bild gesetzt wurde.

Gegen eine Überbewertung der ungebrochenen Prolongierung nationalsozialistischer Selbstdarstellung im Medium Fotografie kann freilich eingewandt werden, daß Fotografien der sprachlich hergestellten Vermittlung bedürfen, da im kommunikativen Gebrauch das fotografische Bild nur den einen Teil der Botschaft ausmacht und die sprachliche Deutung und Präzisierung unverzichtbar ist. Das machen Presseaufnahmen deutlich.[18] Werden solche Fotografien auch mit bestimmten Absichten produziert und steuern sie durch die von ihnen eingesetzten Gestaltungsmittel interpretatorische Tendenzen, bleiben sie für sich genommen mehrdeutig und stellen kein selbständiges Informationssystem dar. Denn Fotografien zeigen von ihren Kontexten isolierte Einzelheiten, die über ihre oberflächliche sinnlich-sichtbare Bedeutung hinaus keinen Sinnzusammenhang offenbaren. Für sich genommen bestätigt die fotografische Authentizität nur die vergangene Tatsächlichkeit des abgebildeten Gegenstandes und besagt nichts darüber aus, ob sie eine typische Ansicht oder einen wesentlichen Moment eines Ereignisses zeigt. Deshalb benötigt die defizitäre fotografische Semantik syntaktische Ergänzungen. Sie erfolgen im rezeptiven Bereich durch den Kontext, die Art der Bildpräsentation, die Bildkombination und/oder die Bildbeschriftung. Durch diesen Gebrauch erfahren Fotografien ihre inhaltliche Bestimmung, werden zu Bildnachrichten, zu Belegen für eine benannte Sache oder einen Sachverhalt und gewinnen ihre "dokumentierende" Funktion. Deshalb lassen sich Aufnahmen im publizistischen Bildgebrauch tatsächlich durchaus konträr verwenden und ihre ursprünglichen Aussagen auch verändern.

Wie weit die Änderungen der Bildaussage gehen können oder sich doch die Eigenwertigkeit des fotografischen Bildmaterials gegenüber der Sprache behauptet und welcher Art die Bild-Text-Beziehungen überhaupt sein können, kann hier nicht näher diskutiert werden. Allgemein läßt sich jedoch sagen, daß für die fotografische Konstitution von Wirklichkeit neben dem eigentlichen Abbildungsprozeß auch die ihm nachgeordneten Bereiche wichtig sind. Dies wirft die Frage nach der Relevanz und dem Einfluß der Pressefotografen im arbeitsteiligen Prozeß der Redaktionen auf. Mit der Veräußerung des Bildmaterials liefern sie zwar die Möglichkeit zu Beweisführungen, doch verzichten sie auf die Beweisführung in einem bestimmten Sinne. Das galt für Heinrich Hoffmann freilich nur bedingt. Hoffmann war nicht nur Fotograf. Schon frühzeitig betätigte er sich auch als Verleger und Herausgeber von Fotobänden und sorgte für die Ausdeutung seiner Aufnahmen in seinem eigenen politischen Interesse als Nationalsozialist. Über Hoffmanns politischen Standort, sein Selbstverständnis und den publizistischen Status seiner Veröffentlichungen gibt es seit den frühen zwanziger Jahren keinen Zweifel.

Die affirmative Ausrichtung von Hoffmanns fotografischer Berichterstattung ist evident. Sie sollte dokumentieren und zugleich den Betrachter ergriffen machen. In seinen Bildbänden zu den Reichsparteitagen war davon die Rede, daß sie "historische Treue mit packender Bildwirkung" vereinen. Und auf die Frage nach der beabsichtigten Zielrichtung dieser Wirkung gibt der Klappentext des Buches zum Parteitag von 1934 die Antwort: "In Ergriffenheit und Ehrfurcht legt man es (das Buch, d.Verf.) aus der Hand; denn jedes Blatt ist ein neues, aus der dankbaren Liebe eines ganzen Volkes entstandenes Bekenntnis zu Einem, der unser aller Schicksal trägt."[19] Man erhob also ausdrücklich den Anspruch auf historisch getreue Wiedergabe und verband diesen mit der Absicht einer emotional-erlebnismäßigen Stimulierung. Deren Zweck war es, nachträglich eine Teilnahme des Betrachters am Nürnberger Treueschwur herzustellen und sein uneingeschränktes Bekenntnis zu Hitler einzufordern. In diesem Sinne wollte die fotografische Bildästhetik ergreifende Wirkungen entfalten. Der Bildband sollte zu diesem Zweck das zur Verfügung stehende Bildmaterial optimal verdichten: "So ist sein Buch, das hundert der schönsten Aufnahmen von den tausenden, die er herstellte, zu einem Werk von überwältigender Größe vereint, wieder für die Teilnehmer am Parteitag wie die Daheimgebliebenen gleichermaßen wertvoll."[20]

Die Verknüpfung von "historischer Treue", also einer rein dokumentierenden Darstellung, die sich als korrekte Wiedergabe von Faktizität im engverstandenen Sinne begreift, und "Bekenntnis", gleichbedeutend mit Parteinahme, erscheint paradox, – und bildet doch zugleich einen Topos, der in zeitgenössischen Presseberichten über nationalsozialistische Foto-

und Bildwerke häufig zu finden ist, beispielsweise bei den Presse-Besprechungen von Leni Riefenstahls Film.[21] Martin Loiperdinger hat das Paradox von Dokument und Parteinahme für den Fall von "Triumph des Willens" aufzulösen versucht: "Als Zeugnis 'des' Nationalsozialismus ist 'Triumph des Willens' zugleich Propaganda für 'den' Nationalsozialismus und umgekehrt, weil dessen Selbstdarstellung auf dem Parteitag nicht auf unvoreingenommene Kontemplation und nüchterne Reflexion eines Betrachters abzielt, sondern das rückhaltlos emotionale Bekenntnis des Teilnehmers einfordert."[22] Entsprechendes läßt sich für Hoffmanns Fotobände, auch für den von 1934, feststellen. Dieser ist wie "Triumph des Willens" ein "affirmatives Dokument", d. h. eine nationalsozialistische Selbstaussage über den alljährlichen Höhepunkt der staatlich inszenierten Öffentlichkeit des Dritten Reiches, die eine besondere Nach-Inszenierung des Nürnberger Rituals betreibt, um eine starke Bindung des Betrachters zu erreichen. Ihre Vorgehensweise läßt sich als fotografische "Potenzierung der politischen Ästhetisierungsleistung des NSDAP-Parteitags" verstehen.

Von daher ist evident, daß man Hoffmanns Presseaufnahmen, Postkarten und Publikationen wie auch allgemein die dokumentarfilmischen und -fotografischen Bildzeugnisse des Nationalsozialismus weder als bare Münze nehmen, noch pauschal als "Pseudorealität" (Siegfried Kracauer) abtun kann, sondern sie als die "intentionale Verarbeitung einer Intention" (Eike Hennig) ansehen und deshalb als publizistische Quellen behandeln muß. Entsprechend erschlossen und gelesen geben sie Auskunft über Hitlers Selbststilisierung, seinen Wirkungswillen und das massenkommunikative Öffentlichkeitsbild des Dritten Reiches. Vor allem in der publizistischen Dimension liegt der eigentümliche dokumentarische Wert dieser Quellen, die komplexer sind als sie auf den ersten Blick scheinen.

Das Projekt "Hoffmann & Hitler"

Eine analytische Durchdringung des von Hoffmann gezeichneten Hitlerbildes ist überfällig.[23] Das Projekt "Hoffmann & Hitler" ist ein erster Versuch. Es versteht sich als Beitrag zur "politischen Imagologie" (Broszat) und zur wissenschaftlichen Untersuchung der visuellen Praxis der Charismapflege und will Forschungslücken im Bereich der nationalsozialistischen Foto- und Führerpropaganda und der Geschichte der deutschen Fotografie schließen. Im Mittelpunkt steht die Frage, welche Aufgaben Fotografien im Kontext der Führerpropaganda und der langfristig angelegten Strategien der "psychologischen Mobilmachung der Bevölkerung" (Sywottek 1976) übernahmen und wie sie als "primäres Medium" im Prozeß der "Konstruktion von Realität" und der Vermittlung von politischen Sichtweisen fungierten. In diesem Sinne rekonstruiert das Projekt Hoffmanns fotografische und publizistische Aktivitäten, zeichnet die hauptsächlichen Entwicklungslinien des offiziellen Hitlerbildes von der "Kampfzeit" über die Friedensphase des Dritten Reiches bis zum Zweiten Weltkrieg nach und fragt nach den besonderen bildlichen Ausformungen von Hitlers fotografisch-medialer Führerstilisierung, dem spezifischen Bildgebrauch und der imageprägenden Bedeutung von Fotografien.

Zu klären war, wie sich die Zusammenarbeit zwischen dem Fotografen und Hitler entwickelte; welche werbemäßigen Aufgaben Hoffmann zum Zweck der Führerstilisierung übernahm; mit welchen Rollen- und Handlungsmustern die Fotopropaganda das Hitlerbild ausstattete; was seine wesentlichen Strukturelemente waren und an welchen Vorbildern sich dieses Bild orientierte; welche spezifischen Facetten die Fotopublizistik dem Hitler-Mythos hinzufügten; mit welchen Themen Hitler visuell in Verbindung gebracht wurde; in welchen Motiven sich die zentralen Ideologeme des Führerbildes am stärksten bündelten; in welchen Phasen sich die Führerikonografie und Hitlers Image wandelten; wie sich ihre Schwerpunkte beim Übergang von der kämpferischen Agitation gegen Weimar bis zur nationalsozialistischen Staatspropaganda verschoben; wie Hitlers Selbst-Inszenierung, die Dokumentation und publizistische Verwertung bei der "Mediatisierung" von Politik zusammenspielten; mit welchen Mitteln Hoffmann die Realinszenierungen ästhetisierter Politik in die Sprache der Fotografie umsetzte und welche Bildleistungen er dabei erzielte; wie die modernen Bildmedien für die Führerpropaganda erschlossen und in welchen publizistischen Präsentationsformen die Aufnahmen veröffentlicht wurden; und schließlich wie die fotografische Führerpropaganda reagierte, als der Führer-Mythos in die Krise geriet und sich Hitler aus der Öffentlichkeit zurückzog.

Zur übersichtlichen Darstellung der Forschungsresultate gliedert sich die Publikation in biografische, medienhistorische und ereignisgeschichtlich/thematische Abschnitte. Eingangs werden Hoffmanns Karriere, seine berufliche Praxis als Fotograf und Verleger und seine Beziehung zu Hitler, ferner sein politisches und berufliches Selbstverständnis nachgezeichnet. Es folgen die wirtschaftlichen Entwicklung seines in diversen Bereichen tätigen Unternehmens sowie ein Abriß zur Organisationsgeschichte der nationalsozialistischen Fotopropaganda. Der bildanalytische Hauptteil behandelt zuerst Hitlers mühevolle Selbststilisierungsversuche in Hoffmanns Atelier und rekonstruiert die zwischen 1923 und 1939 erfolgten Porträtsitzungen Hitlers. Anschließend wird in schwerpunktmäßig thematisch/chronologisch angelegten Einzelkapiteln die Entfaltung der Führerikonografie im Medium der fotografischen Live-Aufnahmen seit 1923 behandelt und vor dem Hintergrund der skizzierten Realgeschichte ihre Produktion und ihre publizistische Verwendung im Kontext der nationalsozialistischen

Führerpropaganda untersucht.[24] Am Ende des Bandes bietet ein chronologisches Verzeichnis den Überblick über sämtliche von Heinrich Hoffmann in den Jahren 1919-1923 herausgegebene, verlegte oder maßgeblich bebilderte Fotopublikationen.

Quellenlage

Hoffmanns Aufnahmen waren in jeder Hinsicht ein Massenphänomen. Das zeigt schon ein erster Blick auf die zeitgenössische Presse, seine Fotobände oder die umfangreich bebilderten Zigarettenbilder-Sammelalben, die in Auflagen von mehreren hunderttausend Stück unter die Leute kamen. Das gilt vor allem aber auch für die Illustrierten, die wichtigsten fotografischen Publikationsorgane. Als die Nationalsozialisten die Macht übernahmen, war die Illustriertenpresse im Deutschen Reich hoch entwickelt: Trotz der Einbußen während der Weltwirtschaftkrise konkurrierten eine große Anzahl von Blättern auf dem Markt.[25] Nach der "Gleichschaltung" der bürgerlichen Illustriertenpresse, die im wesentlichen trotz aller politischen Lenkung ihr vertrautes "Gesicht" bewahren konnte und deren Anzahl bis 1939 konstant blieb, wuchs die Auflagenstärke der Illustrierten in den folgenden Jahren erheblich an.[26] Zu den renommiertesten Blättern gehörten neben der führenden "Berliner Illustrirten Zeitung" das "Illustrierte Blatt", die "Hamburger Illustrierte", die "Münchner Illustrierte Presse" und die "Kölnische Illustrierte Zeitung".

Ist das gedruckte Bildmaterial fast lücklenlos überliefert und in seiner Massenhaftigkeit kaum zu übersehen, erweist sich die Überlieferung an fotografischen bzw. unveröffentlichten Originalaufnahmen in manchen Bereichen als rudimentär und unvollständig. Eine Untersuchung, die auch die publizistischen Fragestellungen in den Untersuchungsansatz integriert, muß sich auf beide Überlieferungsformen stützen, denn oft geben unveröffentlichte Aufnahmen, gerade im Porträtbereich, Einblicke in den Arbeitsprozeß und die relevanten Selektionskriterien. Andererseits: Eine bildanalytisch angelegte Produktuntersuchung im Bereich der visuellen Massenkommunikation kann sich nicht auf die Behandlung von mehr oder zufällig herausgegriffenen Einzelaufnahmen beschränken, sondern benötigt einen großen Fundus, um Vergleiche zu ziehen und Aussagen über Entwicklung und Wandel der Führerikonografie, symbolprägende Gebrauchsweisen und kontextuelle Verwendungsmuster treffen zu können. Aus arbeitsökonomischen Gründen konzentrierte sich die Sichtung neben den zentralen Bereichen der überlieferten Originalaufnahmen auf die von Hoffmann seit 1919 herausgebrachten Fotopublikationen sowie die drei wichtigsten Illustrierten des Dritten Reiches: neben den beiden erwähnten bürgerlichen Massenblättern "Münchner Illustrierte Presse" und "Berliner Illustrirte Zeitung" der Jahrgänge 1923 bis 1945 auch den "Illustrierten Beobachter", der nationalsozialistischen Parteiillustrierten der Jahre 1926 bis 1945. Ergänzt wurde dies um die systematische Auswertung der Kriegsjahrgänge des "Völkischen Beobachters" und punktuell ausgewählter Einzelpublikationen und Einzelausgaben anderer Illustrierter.

Das einstige Bildarchiv der Firma Hoffmann ist heute in alle Winde zerstreut und in seinem ursprünglichen Gesamtbestand nicht mehr zu rekonstruieren. Anhaltspunkte für realistische Schätzungen des Umfangs der Bildproduktion der Firma Hoffmann gibt es nicht. Die oft genannte Zahl von 2,5 Millionen Orginalfotografien, die Hoffmann angeblich aufgenommen hat, ist durch keine Quellen gestützt, zumal die Bildproduktion der Firma nach der Errichtung der NS-Herrschaft nur zu einem geringen Teil auf ihn persönlich zurückging. In den letzten Kriegsjahren war das zentrale Bildarchiv der Firma von Berlin nach Oberbayern gebracht und bei Kriegsende von der amerikanischen Armee beschlagnahmt worden. Bis heute verschollen bleibt das Wiener Firmenbildarchiv, das aus einem "Duplikat-Archiv" der Berliner Archivs bestand und sich heute angeblich in einem Moskauer Archiv befinden soll. Nachdem das zentrale Bildarchiv im Zusammenhang mit den Kriegsverbrecherprozessen in Nürnberg als Beweismaterial Verwendung gefunden hatte, kam es nach Washington D.C. und liegt heute in den National Archives. Nicht unerhebliche Teile des Bildarchives, zumeist historisch besonders interessante Negative und Aufnahmen, verblieben jedoch in Deutschland, da Heinrich Hoffmann und sein Sohn, die zur Zeit der Nürnberger Prozesse mit der Klassifizierung und dem Ordnen der beschlagnahmten Aufnahmen beauftragt waren, viele Aufnahmen aus amerikanischem Gewahrsam herausschmuggeln konnten. Dieses Material bildete dann die Grundlage für die Neugründung eines Bildarchivs, das bis in die späten achtziger Jahre von Heinrich Hoffmann jun. geführt wurde. Ungeklärt ist der rechtliche Status des in amerikanischem Staatsbesitz befindlichen Archives, da ein Anfang der achtziger Jahre angestrengtes Verfahren gegen die Vereinigten Staaten von Amerika bislang nicht entschieden ist. Der amerikanische Kläger, der von Hoffmanns Erben die Eigentumsansprüche erwarb, bekam in der ersten Instanz im Sommer 1993 eine Entschädigungssumme von mehreren Millionen Dollar zugesprochen. Gegen dieses Urteil legte die Staatsanwaltschaft Revision ein.[27]

Die Original-Bestände an Negativaufnahmen des Fotoarchives befinden sich heute im wesentlichen an vier Stellen: in den National Archives in Washington, im Besitz von Time-Life in New York, in der Bayerischen Staatsbibliothek in München und in der Sammlung eines Ham-

| Einleitung | Führer-Mythos und Fotografie

burger Journalisten. Die größte Sammlung umfaßt die "Hoffmann-Collection" in den National Archives: dabei handelt es sich vorrangig um Negative unterschiedlicher Bildformate (vom Kleinbildformat bis zu 18 x 24 cm), die in verschiedene Numerierungssysteme aufgeteilt sind, um Original-Alben mit eingeklebten Kleinbild-Kontaktstreifen aus der Zeit von 1932 bis 1944 und ferner eine offenbar noch von Hoffmann angefertigte und nach Personen und Ereigniskomplexen geordnete Auflistung. Das "Hoffmann-Archiv" der Bayerischen Staatsbibliothek umfaßt ungefähr 80 000 Aufnahmen, die über EDV erschlossen sind, hauptsächlich neue Abzüge und verschiedenartige Reproduktion, daneben auch einem relativ kleinen Bestand mit Farbdias und mit zum Teil unveröffentlichten Kleinbildnegativen.[28]

Faßt man die verschiedenen Teilüberlieferungen zusammen, so ist, wie Stichproben ergaben, das einstige Archiv, das Aufnahmen aus dem Zeitraum von 1908 bis 1945 enthielt, heute auch nicht annähernd vollständig erhalten. Für untersuchungsrelevante Teilbereiche sind ergänzende Fundorte, darunter die kommerziell betriebenen Bildarchive, wichtig. Ihre Bestände stützen sich meist auf alte Pressebildabzüge, die von Hoffmanns Bildagentur nach 1933 im Abonnement verschickt wurden. Einer der größten Bestände an Presseaufnahmen aus der Zeit des Zweiten Weltkriegs liegt in der Bibliothek für Zeitgeschichte in Stuttgart und ist deshalb interessant, weil in den dort überlieferten Eingangs-Listen Hoffmanns täglich verschickte Versandbilder vermerkt sind. Originale Hoffmann-Aufnahmen finden sich darüber hinaus auch im Bildarchiv des Bundesarchives in Koblenz, in der Nachlaßsammlung des Bayerischen Hauptstaatsarchives (Abteilung V) sowie in vielen fotografischen Sammlungen der kommunalen Archive, aber auch in Museen, etwa im Deutschen Historischen Museum in Berlin und im Fotomuseum im Münchner Stadtmuseum. Zu nennen sind ferner Postkartensammlungen in Privathand, vor allem die nach politisch-ikonografischen Gesichtspunkten angelegte "Sammlung Stehle".

Der Überlieferungszustand und die Archivierungsformen der Fotografien sind in manchen Sammlungen oft mangelhaft, beginnend bei der fehlerhaften textlichen Dokumentation bis zur systematisch betriebenen Verunklärung der Urheberschaft der Aufnahmen durch kommerzielle Archive und Agenturen. Ein Sonderproblem wirft die Frage der konservatorisch optimalen Behandlung der seit 1937 von Hoffmanns Firma produzierten Farbdias auf, die vom Ausbleichen der Pigmente bedroht sind. Vollkommen ungenügend die Überlieferung an schriftlichen Quellen zu Hoffmanns Biografie und Berufstätigkeit, gerade über seine Beziehung zu Hitler, ihre gemeinsam betriebene Stilisierungsarbeit und zur Kooperation von Hoffmann mit Goebbels. Hoffmann berichtete nach 1945 über diese Fragen nichts Verwertbares. Aber auch Firmenunterlagen, beispielsweise Rechnungs- und Versandbücher, Geschäftskorrespondenzen, Verträge und Lohnlisten, sind nur in geringem Umfang überliefert, weil das Firmenarchiv bei der Bombardierung Berlins vernichtet beziehungsweise später beseitigt wurde. Als unumgänglich erwiesen sich deshalb Befragungen der noch lebenden Fotografen und Mitarbeiter der Firma. Weiteren Einblick in die Ökonomie der Firma bieten die umfangreichen Akten der Münchner Spruchkammerverfahren gegen Hoffmann.

Im Unterschied zu den meisten Pressefotografen seiner Generation wurde von und über Hoffmann schon zu Lebzeiten viel geschrieben, doch sind diese Darstellungen – quellenkritisch betrachtet – ausgesprochen problematisch. Das gilt in erster Linie für die ersten offiziösen Biografien aus den Jahren nach 1933, als er zur politischen Prominenz des Dritten Reiches aufstieg und seine Lebensgeschichte von der NS-Publizistik zurechtgerückt wurde. Nicht viel verläßlicher sind Hoffmanns eigene Auskünfte, die er nach dem Ende der nationalsozialistischen Herrschaft im Zusammenhang mit seinen Entnazifizierungsverfahren abgegeben hat.

Er stand damals unter großem Rechtfertigungsdruck, suchte dementsprechend seine Tätigkeit für die NSDAP herunterzuspielen und beanspruchte – in Umkehrung der nationalsozialistischen Darstellungen – den Status eines unpolitischen Chronisten. Solche Entlastungsabsichten prägten auch seine autobiografischen Erinnerungen, die in Form zweier Buchpublikationen vorliegen: "Hitler was my Friend" erschien 1955, die nach der englischen Ausgabe erstellte deutsche Buchfassung "Hitler, wie ich ihn sah" erschien 1974 und ist in wesentlichen Teilen gekürzt. Auszüge daraus waren auf deutsch Ende 1954/Anfang 1955 in der "Münchener Illustrierten" erschienen – ungefähr zu der Zeit, als Hoffmann einen Wiederaufnahmeantrag vor der Spruchkammer stellte.[29] Abgesehen von offenkundig falschen Aussagen besitzen Hoffmanns Auslassungen und vor allem seine Memoiren für fotografiehistorische Fragestellungen auch deshalb nur geringen Wert, da ihr Anekdotencharakter kaum substanzielle Aussagen über seine fotografischen Praxis im Zusammenhang mit der Werbearbeit für Hitler und die NSDAP enthält.

Im Rahmen seiner Rechtfertigung übernahm Hoffmann immer wieder allgemeine Denkstereotypen der Pressefotografen. Was aus seiner Interessenslage heraus nachvollziehbar ist, steht genaueren Einsichten in seine Arbeit und sein Selbstverständnis freilich im Wege. Mit besonderem Nachdruck strich er mehrfach seine Tätigkeit als Pressefotograf während der Münchener Revolutionsmonate 1918/19 heraus und reklamierte Porträtaufnahmen anderer Fotografen u. a. Germaine Krulls für sich.[30] Um seine Chronistenpflicht und

Abb. 1/5-6

Kurt Huhle: Adolf Hitler zerbricht bei der Grundsteinlegung zum "Haus der Deutschen Kunst" der Hammer, München, 15. Oktober 1933;
Illustrierter Beobachter, Nr. 43, 28. Oktober 1933, S. 1399, "Die Grundsteinlegung des Haus der Deutschen Kunst durch Adolf Hitler", Abbildung mit retuschiertem Hammer

Überparteilichkeit zu unterstreichen, entwickelte er gar die Legende vom autorisierten Fotografen der Räterepublik. "Ob rot, ob braun – ich war immer dabei", so hieß der Titel des dritten Teils seiner 1954 in der "Münchner Illustrierten" veröffentlichten Memoiren. Hoffmann stellt sich als Fotograf der "Roten" vor, um – dem Zeitenwandel entsprechend – der Fotograf der "Braunen" werden zu müssen.[31] Aber auch schon 1924 zeigten sich vergleichbare Argumentationsmuster, als der Parteigenosse – im Zusammenhang mit Ermittlungen gegen die Akteure des Hitler-Putsches – während einer Vernehmung durch die Münchener Polizei erklärte, daß er mit seinen Aufnahmen des Putsches "keinerlei politische Ziele" verfolgt habe, sondern zu "rein historischem Zweck" fotografiere und ein Werk herausgeben wolle, das "rein völkisch eingestellt im historisch gehaltenen Sinne" sei.[32]

Forschungsstand

Soweit Heinrich Hoffmann und seine Tätigkeit als "Führerfotograf" nach 1945 in allgemein gehaltenen Darstellungen zur Fotografiegeschichte Erwähnung gefunden hat, wird er stereotyp und kurz behandelt, quasi als negative Kontrastfigur zu den Vertretern des modernen Bildjournalismus der Weimarer Republik, die vielfach nach der nationalsozialistischen Machtübernahme ins Ausland fliehen mußten. Das Urteil über seine propagandistische Tätigkeit reduziert sich zumeist auf das Konstatieren von Manipulation und Fälschung, Fotomontagen und Retuschen. Um Hitler mit einem anderen Prominenten gemeinsam auf einem Bild abzubilden, in Ungnade gefallene Kampfgefährten verschwinden zu lassen, körperliche Makel zu beseitigen oder Pannen und Regiefehler zu überdecken, sind tatsächlich immer wieder Bildmanipulationen festzustellen. So durfte es einfach nicht sein, daß dem "Führer" bei der feierlichen Grundsteinlegung zum "Haus der Deutschen Kunst" im entscheidenden Moment der Hammerstiel abbrach. Entsprechende Bildmanipulationen fallen mengenmäßig aber nicht besonders ins Gewicht und verstellen nur zu leicht den Blick auf grundsätzliche Fragestellungen. Zuletzt hat Alain Jobert in seinem Band "Fotos, die lügen. Politik mit gefälschten Bildern" in einem eigenen Kapitel diese Fälschungen in extenso vorgeführt, nicht ohne selbst zahlreichen Irrtümern, Fehldeutungen und falschen Zuschreibungen im Umgang mit dem Bildmaterial aufzusitzen.[33]

Lange Zeit bot allein eine Passage in Gisèle Freunds Abhandlung "Photographie und Gesellschaft" ein wenig mehr an Hintergrundinformation, enthielt aber wiederum ungenaue biografische Daten und überzogene Einschätzungen ("mächtigster Mann in der nazistischen Illustriertenpresse").[34] Einen ersten wissenschaftlichen Einstieg gab Winfried Ranke 1979 mit dem Aufsatz "Bildberichterstattung in den Zwanziger Jahren. Heinrich Hoffmann und die Chronistenpflicht", der mit geschärftem Blick nach Hoffmanns Berufsverständnis und den Abhängigkeiten von den politisch-gesellschaftlichen Rahmenbedingungen fragte. Diese Abhandlung beruhte auf einer schmalen, damals erst neu geschaffenen Quellengrundlage.[35] Auf einen zeitlich engen Abschnitt beschränkte sich die von Dirk Halfbrodt und dem Autor 1988 vorgelegte Fallstudie "München 1918/19. Fotografie und Revolution", die die Grundlage für die gleichnamige Ausstellung 1988 im Münchner Stadtmuseum bildete.[36] Sie war nicht nur auf eine quellenkritische Untersuchung des Bildmaterials dieser wenige Monate angelegt, sondern sollte Hoffmanns Tätigkeit in dem damaligen politischen Spannungsfeld systematisch durchleuchten und seine fotografischen Dokumentationsmuster transparent machen. Sie konnte unter anderem zeigen, wie sich seine politische Haltung im Nachkriegs-München radikalisierte und ihren Niederschlag in seiner fotografisch-publizistischen Tätigkeit und seinem frühen Beitritt zur NSDAP fand.

Hoffmanns Tätigkeit in der politischen Funktionalisierung der Pressefotografie ist nicht genau zu orten, da die Geschichte der Pressefotografie in Deutschland bislang nicht geschrieben und auch die Untersuchung der fotografischen Bildpublizistik im Dritten Reich nicht weiter fortgeschritten ist.[37] Während sich die Erforschung der NS-Presse nach der jahrelangen Beschäftigung mit organisations- und institutionenbezogenen Fragen auch der publizistischen Praxis und der inhaltlichen Ausrichtung durch die NS-Presselenkung zugewandt hat – ein Beispiel ist die Edition der NS-Presseanweisungen durch das Dortmunder Institut für Zeitungsforschung, das auch die reale Resonanz der Anweisungen in der Presse untersuchte, – ist für den Bereich der Pressefotografie nicht einmal die institutionell-organisatorische Seite befriedigend erschlossen. Einen ersten Einstieg bot der 1983 erschienene und von Diethart Kerbs initiierte Sammelband "Die Gleichschaltung der Bilder", der sich auf die Jahre bis 1936 konzentrierte.[38] Den systematisierenden Ansätzen zur Interpretation der Funktions- und Wirkungszusammenhänge und der analytischen Durchdringung der nationalsozialistischen Fotopropaganda[39] steht bis heute die Dominanz der biografischen Perspektive entgegen, gehört es doch zum Usus fotografiegeschichtlicher Darstellungen, ein Bild überragender Persönlichkeiten zu zeichnen und deren fotografische Produktion als Ausdruck schöpferischer Individualität zu feiern. Nach diesem Verfahren wurden nicht nur zunehmend die Vertreter des modernen Bildjournalismus der Weimarer Republik gewürdigt, sondern auch die im Dritten Reich tätigen Fotojournalisten und Bildredakteure. Sie haben oft selbst dazu beigetragen, ein Bild vom kreativen und politisch unabhängigen Berichterstatter zu entwerfen, das die Fotografiegeschichte unreflektiert übernahm.[40]

Die seit den siebziger Jahren gewonnenen Einsichten in die Kultur- und Alltagswirklichkeit unter der nationalsozialistischen Herrschaft wurde von der Fotografieforschung kaum zur Kenntnis genommen. Bis in die jüngste Zeit ist sie geprägt von fragwürdigen Forschungsansätzen aus der Nachkriegszeit. Aus der zeitlichen Distanz sind die Prämissen der Totalitarismustheorien der fünfziger Jahre und ihre festgefügten Anschauungen nicht mehr haltbar. Dazu gehört vor allem die Überschätzung der Wirkungskraft der nationalsozialistischen Propaganda und ihrer Instrumente und Apparate, wie auch die Annahme einer totalen Kommunikationskontrolle ("Gleichschaltung") und einer bis ins Detail reglementierten Massenkultur.[41] Von empirischen Untersuchungen der Publizistikwissenschaft und der Zeitgeschichtsforschung, die sich seit den späten siebziger Jahren verstärkt der Alltagswirklichkeit im Dritten Reich zuwandten, wurden diese Auffassungen widerlegt.[42]

Grenzen und Lückenhaftigkeit der Medienkontrolle und Machtausübung werden heute nicht mehr als bedrohlicher Faktor für die Stabilität der nationalsozialistischen Herrschaft angesehen.[43] Deren außerordentliche Fähigkeit zur Massenintegration beruhte vor allem auf dem überbordenden Glauben an Hitler als Symbol eines "neuen Deutschland" und einer erfolgreichen nationalistischen Politik.[44] Wirkungsgeschichtliche Forschungen, die sich auf die geheimen Niederschriften der mit der Beobachtung der Volksmeinung beschäftigten NS-Behörden stützen konnten, machten das Verhältnis von politischer Führung und Bevölkerung transparenter und legten sehr unterschiedliche Reaktionsweisen der Bevölkerung auf die Angebote der nationalsozialistischen Propaganda offen.[45] Angesichts der Popularität Hitlers und der Akzeptanz seiner Herrschaft in weiten Bevölkerungsteilen erweist sich eine Deutung der nationalsozialistischen Herrschaft, die sich allein auf manipulative Propaganda ("Massenverführung") und terroristische Gewaltausübung stützt, als unzureichend.

Gegen das Denkmodell einer totalen Propaganda und Gleichschaltung, ohne Zweifel das Ideal der Nationalsozialisten selbst, wurde schon 1975 das Konzept der "faschistischen Öffentlichkeit" (Hennig) gesetzt, das diese als Medium politischer Integrationsprozesse definierte und so den Begriff der Propaganda um die unterschiedlichen Verarbeitsweisen der Adressaten erweiterte.[46]

Die weite Verbreitung der eindimensionalen Sichtweisen von der totalen "Gleichschaltung" wurde offenbar durch das Zusammentreffen politisch konträr motivierter Einstellungen begünstigt – auf der einen Seite die Verführungstheorien emigrierter Antifaschisten, auf der anderen die Rechtfertigungen jener Zeitgenossen, die post festum ihre Verhaltensweisen mit dem Zwang der Verhältnisse verteidigten. In diesem Phänomen liegt wohl auch eine der Ursachen für die weithin akzeptierte These von der "Ästhetisierung der Politik" (Walter Benjamin). Sie formuliert prägnant einen nach dem Ersten Weltkrieg "im Medium politischer Ästhetik in Gang gesetzten Prozeß, mit dem die deutschen Faschisten, im Gegensatz zum traditionellen bürgerlichen Politikverständnis, dem neuartigen Gewicht der Massen in der öffentlichen Sphäre Rechnung tragen" wollten.[47] Wie Loiperdinger gezeigt hat, weist die These im Kern aber nicht über den Manipulationsverdacht hinaus. Sie gleicht heute häufig einer forschungshemmenden Beschwörungsformel, die politische Visualisierungsverfahren einseitig dem Nationalsozialismus zuschreibt, um seinen politischen Erfolg plausibel zu machen.[48]

Die Selbstinszenierungen des Dritten Reiches im Medium des politischen Rituals, der bildenden Kunst, des Films und der Architektur sind seit langem Gegenstand von intensiven, oftmals von Kunsthistorikern getragenen Forschungen und Ausstellungsprojekten;[49] zuletzt unter der Perspektive der "Anziehungskräfte der ästhetischen Formen des Faschismus", mit denen der Nationalsozialismus die "Macht über die Gefühle" der deutschen "Volksgenossen" gewinnen wollte.[50] Kaum behandelt, ja geradezu gemieden wurden das Hitlerbild und die ästhetischen Erscheinungs- und Vermittlungsformen des nationalsozialistischen Führerkults und Hitlers medienbewußte Selbstinszenierung. Rainer Fabian hat Hitlers Verhältnis zur Fotografie, zu Aufnahmen seiner eigenen Person ganz pauschal als "traumatisch" gekennzeichnet und unhistorisch psychologisiert, da er nicht in Betracht zog, daß Hitler offenbar ganz bestimmten Rollen-Vorstellungen folgte, die sich aus seinem Selbstverständnis und den auf ihn gerichteten Führererwartungen ergaben.[51] Bis heute fehlt überhaupt eine zusammenfassende Untersuchung der Strategien der nationalsozialistischen Führerpropaganda von der Frühzeit der "Bewegung" bis zum Zusammenbruch des Dritten Reiches.[52] Dies muß umso mehr verwundern, da der faschistische Führerkult ziemlich unumstritten nicht nur die Einheit und eigentliche Profilierung der "Bewegung" in der "Kampfzeit" gewährleistete, sondern auch den wichtigsten politischen Integrationsfaktor des Dritten Reiches ausmachte – und zugleich immer wieder auch die Relevanz der Propaganda beim Aufbau des Hitler-Mythos herausgestrichen wurde: "Nie zuvor in der europäischen Geschichte ist das Konzept eines 'Image' mit ähnlicher Zielstrebigkeit in die Politik eingeführt und für politische Zwecke ausgebeutet worden."[53]

Führer-Mythos, Charisma und Propaganda

Schon bei einer oberflächlichen Betrachtung der Geschichte des Nationalsozialismus sticht der überschwengliche Kult um den "Führer" sofort ins Auge. Hitler besaß eine einzigartige Machtfülle, die nach Hindenburgs Tod durch keinerlei institutionelle Vorschriften mehr beschränkt war. Die Bestimmung seiner Rolle und Funktion bildet ein zentrales Problem der Interpretation der NS-Herrschaft.[54] Die herkömmliche Hitlerforschung versteifte sich auf Hitlers Biografie als Schlüsselfrage, ohne einen befriedigenden Zusammenhang zwischen seinem "dürftigen persönlichen Leben" (Sebastian Haffner) und seiner enorm folgenreichen Wirkungsgeschichte herstellen zu können. Nur zu gerne wurde sein Führertum dämonisiert. In letzter Zeit hat man mehrfach Max Webers Theorie der "charismatischen Herrschaft" aufgegriffen, um die lange vorherrschenden personalistischen Deutungen und eine Überbewertung von Hitlers individuellen Eingriffen in die Herrschaftspraxis des Dritten Reiches zu überwinden und bestehende "polykratische" und "monokratische" Interpretationen zu verknüpfen.[55] Geht es bei diesem Ansatz primär um Erklärungen der Binnenstruktur des nationalsozialistischen Herrschaftsgefüges, das heißt Hitlers große Autonomie gegenüber den gesellschaftlichen Machtgruppen, die destruktiven Folgen seiner charismatischen Autorität für eine "geordnete und rationale Verwaltung" und schließlich die Radikalisierung des NS-Regimes bis hin zum Genozid, so bietet Webers Theorie auch Erklärungsansätze für die Selbstdarstellung des charismatischen Führertums und die Beziehung zwischen "Führer" und "Volk", ist doch die "charismatische Herrschaft" nicht einfach mit "Tyrannei" gleichzusetzen. Damit war auch nach den sozialpsychologischen Voraussetzungen und wirkungsgeschichtlichen Zusammenhängen von Hitlers Popularität gefragt.

Wohl am weitesten vorangetrieben hat die Überlegungen Max Webers der britische Historiker Ian Kershaw.[56] Er beschrieb den Aufbau, die Wandlungen und den Niedergang von Hitlers Image und zeigte, wie Hitler von der deutschen Bevölkerung "erlebt" wurde. Kershaw kam zu dem Schluß, daß in erster Linie der populäre Hitler-Mythos und nicht der Nationalsozialismus selbst oder die NSDAP über all die Jahre hinweg die entscheidende Integrationskraft des Dritten Reiches erzeugte. Wenn Kershaw einen "Hitlerismus" konstatierte, dann war dies gleichbedeutend mit einer Korrektur der herkömmlichen personalistischen Deutungen des Nationalsozialismus, da er einen wirkungsgeschichtlichen Ansatz verfolgte, "der gerade nicht von der Person, sondern von den ihr vorgegebenen und auf sie projizierten Erwartungen der Gesellschaft ausgeht."[57] Dieses Hitler-Verständnis betont den funktionalen Stellenwert von Hitlers Führertum: "Von solcher Perspektive her kann (...) deutlich werden, daß unter wirkungsgeschichtlichem Aspekt Hitler nicht als Person, sondern letzten Endes selbst als eine Art 'Struktur' verstanden werden muß."[58] In diesem Sinn meint Broszat, daß Hitlers symbolische Führerautorität wichtiger war als seine unmittelbaren Initiativen und Eingriffe in die Politik, wichtiger als der direkte Regierungswille der Person Hitler. Das heißt, daß mit der Relativierung von Hitlers machtpolitischer Position eine Aufwertung seiner Funktion als Integrationsfaktor korreliert.

Der Hitler-Mythos besaß eine dualistische Struktur, beruhte doch die Hitlerverehrung auf dem Zusammenspiel von offizieller Hitler-Propaganda "von oben" und der subjektiven Partizipation "von unten", dem von Erwartungen, Sehnsüchten und Ressentiments großer Bevölkerungsteile getragenen Glauben an einen außergewöhnlichen Führer, der "Deutschland aus seiner Not befreien" und zu neuer Größe führen sollte. Es war ein nationalistisch motivierter Glaube, der schon deutlich vor Beginn von Hitlers Karriere weit verbreitet war und an den die Hitlerpropaganda anknüpfte. Diesen Glauben an seine Person als nationalen Heilsbringer mußte der "charismatische Führer" durch die Demonstration seiner vorgeblich außeralltäglichen Fähigkeiten legitimieren: Hitler hatte sich zu bewähren und sich damit die Anerkennung seiner Gefolgschaft zu sichern. Diese Charismapflege verlangte besondere Anstrengungen, prägte ganz wesentlich Hitlers politischen Führungsstil und formte die nationalsozialistische Propaganda, die alle aus ihrer Sicht positiven Entwicklungen dem "Führer" persönlich zuschrieb, ihn andererseits mit unpopulären Maßnahmen nicht in Verbindungen bringen durfte. So war Hitlers Aufstieg vom meinungspolarisierenden Parteiführer zum "Sinnbild der Nation" im Frühsommer 1933 nicht nur von der einsetzenden nationalen Euphorie, sondern auch von dem großen Vertrauenszuwachs, den er beim Mittelstand und bei der ländlichen Bevökerung aufgrund seines brutalen Vorgehens gegen die Arbeiterbewegung erlangt hatte, bestimmt.

Wie Kershaw zeigen konnte, führte die volkstümliche Idealisierung Hitlers dazu, daß der Führer-Mythos eine stabilisierende und kompensierende Funktion jenseits realer Mißstände übernahm und sich die wirtschaftlich motivierte Kritik nicht mehr gegen ihn richtete, da sich sein Image und das der NSDAP gespalten hatten und gegenläufig entwickelten. Im Bewußtsein der deutschen Bevölkerung war Hitler über seine Funktion als Parteiführer und Chef der Reichsregierung hinausgewachsen und schien als "Führer" außerhalb des Systems zu stehen. Entscheidend für Hitlers sukzessiven Imagezuwachs war jedoch die nicht abreißende Kette von spektakulären außenpolitischen Erfolgen, die seinen legendären Ruf als unfehlbarer und und genialer Staatsmann bekräftigten. Hitler, das bedeutete in den Augen der deutschen Bevölkerung zuallererst die "Inkarnation des außergewöhnlichen Erlebnisses nationaler Politik."[59] So sehr die Bevölkerungsmehrheit sich offenkundig nach außenpolitischen Erfolgen sehnte, so wenig war sie jedoch bereit, dafür bedeutende Opfer zu bringen. An diesem Punkt stieß der Führer-Mythos an seine propagandistischen Grenzen und verlor 1941 zunehmend seinen "Resonanzboden", als nach den Blitzkriegen weitere militärische Erfolge ausblieben und der Krieg sich in die Länge zog.

Der Führer-Mythos, das "Bild eines Führers von gottgleicher Struktur", war kein fertiges Produkt, sondern wurde "erst im Kulturprozeß hergestellt", wie Joseph Peter Stern schrieb; er entstand als kollektives Glaubensprodukt der deutschen Gesellschaft: "Es wäre indessen falsch, dieses Bild eines Musters aller Tugenden nur für das Produkt einiger weniger Intellektueller im Propagandabüro der Partei oder in Goebbels Ministerium zu halten. 'Der Führer' war ein Bild, das nicht nur den Massen aufgezwungen, sondern auch von ihnen mitgeschaffen worden war – als historische Norm wie als Verkörperung ihres Selbstverständnisses."[60] Der Führer-Mythos beruhte auf der Anerkennung der Position des "Führers" jenseits aller institutionellen Einengungen und war gespeist von einer sozial motivierten Willensübertragung der nationalsozialistischen Massenbewegung.[61] Dies war gleichbedeutend mit der restlosen Unterordnung der Anhängerschaft unter den "charismatischen Führer" und der personalen Bindung an Hitler, und setzte ein extremes Maß an Vertrauen in die Figur des faschistischen Führers voraus. Hitlers politische Originalität beruhte auf der Personalisierung der Politik, auf der Einführung eines "Konzepts der persönlichen Authentizität in die öffentliche Sphäre und in der Proklamation dieses Konzeptes als Hauptwert und wesentlichste Rechtfertigung von Politik."[62] Hitler warb für Vertrauen, und die Führerpropaganda wurde nicht müde, auf die tatsächlichen oder nur zugeschriebenen individuellen Qualitäten des "Führers" zu verweisen. Dazu wurden alle Medien und Kanäle der modernen Massenkommunikation herangezogen. Nicht zuletzt auch das "älteste unter den neuen Medien", die Fotografie.

Der Fotograf des "Führers"

26	Heinrich Hoffmann. Eine Fotografenkarriere
48	Unternehmensgeschichte
64	Vor der Spruchkammer
70	Nationalsozialistische Fotopropaganda

Heinrich Hoffmann. Eine Fotografenkarriere

Lehr- und Wanderjahre

Heinrich Hoffmann wurde am 12. September 1885 in Fürth/Bayern als einziges Kind des Darmstädter Fotografen Robert Hoffmann und seiner Frau Maria Hoffmann, geb. Kargl, geboren.[1] Der Vater betrieb zusammen mit seinem jüngeren Bruder in Regensburg ein Porträtatelier. In ihre Fußstapfen sollte auch der Sohn treten und absolvierte bis zur Jahrhundertwende eine Lehre im häuslichen Betrieb. Hier dominierte der Onkel Heinrich Hoffmann, der sich um die Ausbildung des Neffen kümmerte und die Bahn für den weiteren beruflichen Aufstieg ebnen sollte. Er repräsentierte das Atelier nach außen hin – seit 1887 trug er den Titel des "Königlich-Bayerischen Hofphotographen"[2] – und war der weitaus begütertere der beiden ungleichen Brüder. Als er 1928 starb, hinterließ der Junggeselle seinem Neffen ein ansehnliches Erbe. Wenngleich später nationalsozialistische Biografen Hitlers Porträtisten zum Sproß einer "alten hessischen Photographenfamilie" erklärten, übten die Hoffmanns erst seit einer Generation das fotografische Gewerbe aus, ganz abgesehen davon, daß die Abstammung von Vater und Onkel im dunkeln liegt.

Im Jahr 1901 verkaufte Heinrich Hoffmann sen. das Regensburger Geschäft und zog wie sein Bruder nach München. Er gab seinen Beruf auf, firmierte fortan als "Privatier" und gehörte dem Kuratorium der neu gegründeten "Lehr- und Versuchsanstalt für Photographie" an.[3] Nach dem Ortswechsel wandte sich auch Robert Hoffmann von seinem Beruf ab – das war durchaus nicht untypisch für die Reaktion mancher Fotografen auf die krisenhaften Erscheinungen der gewerbsmäßigen Atelierfotografie um die Jahrhundertwende – und betrieb im Haus seines Bruders Schellingstraße 13 eine Fisch-, Wildbret- und Geflügelhandlung. Wahrscheinlich in Folge der kriegsbedingten Versorgungsschwierigkeiten gab er 1916 seinen kleinen Laden auf, um im jetzt wieder aufblühenden fotografischen Gewerbe aktiv zu werden, und führte bis zu seinem Tod am 16. Juni 1924 eine "photographische Druckanstalt".

Der Sohn war nicht mit den Eltern nach München gezogen, sondern hatte sich 1901 auf eine mehrjährige Wanderschaft begeben. Folgt man seiner eigenen Schilderung, war er bei zahlreichen berühmten Fotografen in Stellung und eignete sich in diesen Jahren die ganze Bandbreite des zeitgenössischen Fotografiegebrauchs an.[4] Zuerst machte der lernbegierige Geselle Station in der Heimatstadt seines Vaters, beim Darmstädter "Hofphotographen" Hugo Thiele, und lernte die an Fürstenhöfen herrschenden Umgangsformen und das Künstlermilieu der Mathildenhöhe kennen. Im Jahr darauf assistierte er in Heidelberg dem "Universitätsphotographen" Langbein, wechselte 1902 zum Frankfurter Fotografen Theobald und machte mit der Welt des Militärs nähere Bekanntschaft. Dann suchte er einen neuen Lehrherrn und trat in das Atelier des bekannten "Kaiserphotographen" Thomas Voigt ein, der in der Sommersaison in Bad Homburg, dem damaligen Treffpunkt der High-Society, im Winter in Frankfurt/Main logierte. Hoffmann porträtierte Mitglieder der Aristokratie und des Geldadels und sammelte erste Erfahrungen mit der zeitgenössischen Bildpresse. Bevor er 1906 nach München übersiedelte, leitete er zeitweilig noch zwei Filialgeschäfte des Züricher Fotografen Camillo Ruf.

Der Münchener Fotografengeselle hatte Selbstbewußtsein entwickelt und wollte sich, da er mit der Fotografentätigkeit auf Dauer nicht zufrieden war, der Malerei zuwenden. Er mußte sich jedoch dem Willen des Vaters beugen, der auf einer soliden Berufstätigkeit bestand und soll fortan im damals berühmten "Fotoatelier Elvira", das mit seiner schrillen Jugendstilfassade auf viele Zeitgenossen eine verlockende Wirkung ausübte, tätig gewesen sein.[5] Nebenbei besuchte er die private Malschule von Heinrich Knirr, hörte an der Universität Vorlesungen über Anatomie und Kunstgeschichte und reiste schließlich zur Vervollkommnung seiner Kenntnisse und Fertigkeiten 1907 nach London, wo die Weichen für seinen künftigen beruflichen Werdegang gestellt werden sollten. Er trat bei dem bekannten Kunst- und Gesellschaftsfotografen E. O. Hoppé eine Stellung an und porträtierte prominente Zeitgenossen, deren Bildnisse dann in Hoppés Werk "Men of the XX. Century" erschienen. Hoffmann berichtet in seinen Memoiren, daß er 1908 auf der Jahresausstellung der "Royal Photographic Society" vertreten war und Anerkennung erntete.[6] Sicherlich machten sich bei der Beschäftigung mit den Edeldruckverfahren künstlerische Ambitionen geltend, und doch reifte, nachdem ihm bei der Franco-Britischen-Ausstellung durch Zufall eine sensationelle Aufnahme von einem Luftschiffunglück gelang, der Entschluß, sich zielstrebiger der Pressefotografie zuzuwenden.[7] Begünstigt wurde seine Entscheidung dadurch, daß in England die Entwicklung der Illustriertenpresse wesentlich weiter vorangeschritten war und damit auch einem jungen ausländischen Fotografen berufliche Chancen offenstanden. Bislang waren Hoffmanns Kontakte mit der Illustriertenpresse eher sporadisch gewesen, in London machte er grundlegende Erfahrung mit der aufblühenden Bildpresse und führte in der Uxbrigde Road ein Fotostudio.

Betriebsgründung in München

Zurück in München, fand er 1909 eine veränderte Presselandschaft vor, denn im Jahr zuvor war auch in der bayerischen Landeshauptstadt eine Illustrierte ins Leben gerufen worden. Hoffmann etablierte ein eigenes Atelier in der Schellingstraße 33, später in der Schellingstraße 50 und arbeitete zudem als Pressefotograf.[8] Das Porträtstudio bildete, wie bei anderen Pressefotografen in dieser Zeit, die Grundlage des Betriebs.[9] Die formelle Trennung von Atelierbetrieb und Pressefotografie wurde mit der Grün-

Unbekannter Fotograf: Heinrich Hoffmann, Mitte der dreißiger Jahre

dung der seit 1913 nachweisbaren Presseillustrationsfirma "Photobericht Hoffmann" vollzogen.[10] Es zeugte von geschäftlichem Realitätssinn und verwies auf künftige Verwertungsstrategien, daß Hoffmann seine Aufnahmen in vielfältigen Formen verbreitete und auch als Fotopostkarten offerierte. War er als Atelierfotograf Empfänger von Kundenaufträgen, bot er nun auf dem Postkarten- und Illustrationsmarkt fertige Bilderware an und führte dabei nur gelegentlich auftragsgemäß Presseaufnahmen aus. Die "Münchner Illustrierte Zeitung" veröffentlichte regelmäßig ab Herbst 1909 seine Aufnahmen. Zugleich belieferte Hoffmann die Berliner Blätter und besaß Geschäftsbeziehungen zur Bildpresse in England und Schweden und über die "Press Illustrating Co." in New York zu amerikanischen Illustrierten. Gemessen am Umsatzvolumen der Bildagenturen und Pressefotografen in Berlin war Hoffmanns Bildvertrieb freilich gering. Über die Situation der Münchener Pressefotografie vor dem Krieg berichtete er: "Um diese Zeit war München nicht das große Tätigkeitsfeld wie Berlin, die Stadt der Presse. In dieser Münchener geruhsamen Zeit waren die Ereignisse hauptsächlich lokaler Natur. Bei allen wichtigen Ereignissen aber kamen die Berliner Illustrationsfotografen nach München und holten die Rosinen für die deutsche und ausländische Presse. Die Berliner hatten den Vorzug, daß sie den Nachtschnellzug benutzen konnten und so in der Frühe einen Vorsprung bei den Redaktionen hatten, gegenüber unseren Eilsendungen, die erst einige Stunden später auf den Redaktionstisch kamen."[11]

In kurzer Zeit gelang es dem kontaktfreudigen Fotografen, vielfältige geschäftliche wie private Beziehungen in München und außerhalb der Stadt zu knüpfen. Sein Bildangebot umfaßte ein breites thematisches Spektrum: das lokale politische Geschehen – zumeist monarchische Repräsentationsakte –, gesellschaftliche Veranstaltungen, Neuigkeiten aus Wissenschaft, Technik und Mode, aber auch Reproduktionen von Skulpturen oder gewitzte Gag-Aufnahmen. Vieles deutet darauf hin, daß sein Atelier zu einer einschlägig bekannten Adresse in manchen Künstlerkreisen wurde, auch bei avantgardistischen Malern, Schauspielern und Musikern. Zu ihm kamen Roda Roda, Joachim Ringelnatz und Marcel Duchamp, der sich 1912 kurzzeitig in München aufhielt.[12] Hoffmann lichtete Zusammenkünfte der Schwabinger Boheme ab, darunter Schauspielergesellschaften oder Literatentreffs bei Max Halbe.[13] Als Zeichen der Wertschätzung, die man seiner anpassungsfähigen Porträtfotografie entgegenbrachte, sind die Bildnisse von Münchener Maleraristokraten zu verstehen, unter ihnen Bilder von Franz von Stuck und Franz von

Abb. 2/2-5

Münchner Illustrirte Zeitung, Nr. 11, 12. März 1911

*Heinrich Hoffmann:
Marcel Duchamp, 1912;
Adolf von Hildebrandt, vor 1911;
Franz von Stuck, vor 1911*

Defregger, die als exklusive "Spezialaufnahmen für die Münchner Illustrirte Zeitung" publiziert wurden.[14] Auf den Titelblättern der "Münchner Illustrirten Zeitung" konnte Hoffmann öfter Porträts bekannter Persönlichkeiten, wie des Prinzregenten, des englischen Gesandten in München oder des Opernsängers Enrico Caruso – sein erstes, am 16. Oktober 1910 veröffentlichtes Titelfoto der "Münchner Illustrirten Zeitung" – plazieren.[15]

Das bislang Berichtete darf nicht den Eindruck erwecken, hier sei ein künstlerisch ausgesprochen feinsinniger oder andererseits dokumentarisch besonders engagierter Fotograf am Werk gewesen. Dies wäre stark übertrieben. Bei aller thematischen Vielfalt von Hoffmanns Fotografien, die die "Münchner Illustrirte Zeitung" veröffentlichte, verraten seine Aufnahmen weder besondere ästhetische Konzeptionen noch ausgeprägte Absichten zur Erforschung der Zeitgeschichte oder gar die Lust zu gewagten Experimenten. Handwerklichen Stolz, privates Kunstinteresse und Streben nach Anerkennung gilt es freilich zu konstatieren. In seiner Bildproduktion spiegelt sich jedoch zuallererst die zeitgemäße Praxis eines gewerblichen Fotografiegebrauchs. Damit entsprach Hoffmann dem Typus des "Gebrauchsfotografen", der weder stilistisch noch thematisch festgelegt war, sich nach den Wünschen der Kundschaft richtete und dabei auf hohem technischen und gestalterischen Niveau agierte.

Von seiner Ausbildung her war Hoffmann ein traditionell handwerklich-ästhetisch orientierter Berufsfotograf, kein ausgesprochen journalistisch denkender Pressefotograf. Das hatte er mit vielen anderen Vertretern der ersten Generation der Pressefotografen gemein, die im frühen 20. Jahrhundert vom herkömmlichen Fotografenhandwerk zur Bildberichterstattung stießen. Es ist sicherlich auch richtig, schon dem jungen Hoffmann eine "konservative Grundeinstellung" zu unterstellen. Seine Vorliebe für Prominentenporträts gibt wahrscheinlich einen Hinweis auf seine gesellschaftlichen Ordnungsvorstellungen. Bereits während seiner langjährigen Ausbildung überwog offenkundig die Suche nach einem Beruf, dessen sozialer Bezugspunkt die "bessere Gesellschaft" war. Lehr- und Wanderjahre dienten nicht nur der handwerklichen Vervollkommnung, sondern auch dazu, angemessene Umgangsformen mit arrivierten Persönlichkeiten einzuüben. Dies war vorerst nur eine berufsbedingte Notwendigkeit. Doch verband sich damit wahrscheinlich auch Hoffmanns ideologische Orientierung an den Eliten von Staat und Gesellschaft und sein persönliches Streben nach Aufstieg und gesellschaftlicher Anerkennung. Sein besonderes Interesse an Porträts ergab sich aus einem Geschichtsbild, das – wie Winfried Ranke richtig vermutete – von der Vorstellung "Männer machen Geschichte" geprägt wurde.[16] Dieser Leitsatz zeitgeschichtlicher Dokumentation war weit verbreitet und fand seinen Ausdruck beispielsweise in Hoppés Mappenwerk. Eigenen Angaben zufolge beabsichtigte Hoffmann auch selbst den Aufbau eines "Archives berühmter Zeitgenossen"[17], das jedoch nicht über erste Anfänge hinauskam. Von daher läßt sich auf Hoffmanns Dokumentationsverständnis schließen: Dokumentation von Zeitgeschichte bedeutete für Hoffmann vorrangig das "Abbilden und Registrieren von geschichtsträchtigen Personen und ihren unmittelbaren Handlungen".[18]

Mit solchen Aufnahmen konnte der Fotograf seine gesellschaftliche Reputation wie seine fotografischen Fähigkeiten hervorragend beweisen, gerade auf Ausstellungen und in der fotografischen Fachpresse. 1912 stellte die "Photographische Kunst", Organ des "Süddeutschen Photographen-Vereins", seine kunstfotografisch geprägten Porträts mit mehreren Bildtafeln vor, darunter Aufnahmen der Münchner Maleraristokraten, und schrieb mit wohlwollendem Tenor: "München vermag abermals eine tüchtige Kraft in die Fachwelt mit

Heinrich Hoffmann: Adolf Hitler unter der jubelnden Menge auf dem Odeonsplatz in München am Tag der deutschen Kriegserklärung am 2. August 1914

vorbildlichen Arbeiten einzuführen. (…) Es ist Herr Heinrich Hoffmann jr., der Neffe des Herrn Rentiers Hoffmann, des Schriftführers des 'Süddeutschen Photographen-Vereins'. Hoffmann besitzt viele Eigenschaften, die noch manches Hervorragende erwarten lassen. (…) Man wird sich an den Arbeiten dieser neuen, jungen Kraft nur aufrichtig erfreuen können."[19]

Der Aufstieg in die Spitzengruppe der Münchener Fotografen blieb Hoffmann versagt. Sein Hinterhofatelier in der grauen Schellingstraße in der Münchener Maxvorstadt war alles andere als repräsentativ. Zudem wurden diejenigen Fotografen, die auch auf der Straße Aktualitäten nachjagten, von den etablierten Porträtisten von oben herab betrachtet. Gegenüber solchem Dünkel hatte Hoffmann Flexibilität vorzuweisen, die ihm das Auskommen als Fotograf auch in einer Zeit möglich machte, als die fotografische Berufspraxis einem krisenhaften Wandel unterworfen war. Am Vorabend des Ersten Weltkrieges konnte der inzwischen fast Dreißigjährige auf eine erfolgreiche, wenn auch nicht weiter spektakuläre Laufbahn zurückblicken, die die

Abb. 2/7-9

Photobericht Hoffmann, Postkarten, Ende 1914: "S.K.H. der deutsche Kronprinz besucht das III. Armeekorps"; "Ankunft der Zeitungen"; "Gottesdienst im Feindesland"

Grundlage für eine bürgerliche Existenz und den Unterhalt einer bald vierköpfigen Familie bot. 1911 hatte er die Schauspielerin Therese Baumann geheiratet. Der Ehe entstammten zwei Kinder: am 3. Februar 1913 kam die Tochter Henriette zur Welt, am 24. Oktober 1916 der Sohn Heinrich.

Nationalistische Kriegsenttäuschung und politische Radikalisierung

Mit dem Kriegsausbruch fand Hoffmanns Tätigkeit im geruhsamen Vorkriegs-München ein schnelles Ende. Der mit nationalistischem Enthusiasmus begrüßte Waffengang sollte auch die fotografische Berichterstattung entscheidend prägen. Am 2. August 1914 fotografierte Hoffmann die allgemeine Mobilmachung und die kriegsbegeisterte Menge auf dem Odeonsplatz in München. Auf einer der Aufnahmen wurde später Adolf Hitler identifiziert. Die nationalsozialistische Publizistik nutzte die Entdeckung als frühes Dokument für Hitlers nationalistische Gesinnung und sah darin auch die schicksalhaft gefügte Stellung des "Führerfotografen" bestätigt.[20] Im Spätherbst 1914 wurde Hoffmann zusammen mit anderen Pressefotografen "auf eigene Kosten und Verantwortung" zur fotografischen Berichterstattung auf dem westlichen Kriegsschauplatz zugelassen. In ihrem ersten Kriegsjahrgang publizierte die "Münchner Illustrirte Zeitung" mehrfach Hoffmanns Etappenaufnahmen, die zum Teil auch als Fotopostkarten vertrieben wurden.[21] Der Kriegsfotograf kehrte im Sommer 1915 in sein Münchener Atelier zurück. War die fotografische Kriegsberichterstattung während der ersten Kriegsmonate noch Sache privater Pressefotografen, so wurden die Pressebildagenturen alsbald unter staatlicher Lenkung zusammengefaßt und 1917 Fototrupps des "Bild-und Filmamtes" zur Kriegspropaganda eingesetzt. Von nun an weisen ihn seine Aufnahmen in der "Münchner Illustrirten Zeitung" wieder als Fotografen der Münchener Prominenz und des lokalen Geschehens aus. Sporadisch begann Hoffmann, städtische Einrichtungen und Rüstungsbetriebe oder etwa auch den Alltag der Kriegsgefangenen im Lager Puchheim bei München zu fotografieren.[22] Die Gründe, warum er sich solchen Themen zuwandte, lagen nicht im darniederliegenden Geschäft mit fotografischen Bildnissen oder Gesellschaftsaufnahmen, denn entgegen den anfänglich pessimistisch gestimmten Erwartungen hatte der Krieg den mit Fotografie verknüpften Unternehmen beträchtliche Umsatzsteigerungen beschert, ebenso den Porträtfotografen.[23] Hinzugekommen war nun noch die fotografische Heimatfrontpropaganda, für deren Bedarfsdeckung auch Hoffmann sorgte.

An der fotografischen Kriegskonjunktur konnte Hoffmann recht lange partizipieren, bis er am 16. August 1917 als ungedienter Landsturmmann zur "Fliegerersatzabteilung I" eingezogen wurde.[24] Mit der Versetzung zur "Bayerischen Flieger Abteilung A 298" wurde er ab September des gleichen Jahres zur Front in Frankreich beordert, dann im Frühjahr 1918 wegen "Magen- und Herzbeschwerden" ins Lazarett eingeliefert und später nach Schleißheim bei München verlegt, wo er ab Mai 1918 Dienst tat. Ein Kriegsheld war Hoffmann nicht. Für die nationalsozialistischen Biografien eines imposanten Helden, der als "Fliegerfotograf" "in vorderster Front" am "ungeheuren Ringen des Weltkriegs" teilnahm, gibt es keine Anhaltspunkte.[25] Hoffmanns späteren Angaben zufolge mußte er denn "im Laboratorium Luftaufnahmen entwickeln und auswerten. Keine sehr kriegerische, aber eine sehr notwendige Arbeit".[26]

Kurz vor Ausbruch der Revolution wurde Hoffmann Anfang November 1918 aus dem Militärdienst entlassen. Ohne nennenswerte Schwierigkeiten konnte er seine Geschäftskontakte wieder herstellen und schon in den ersten Revolutionstagen seine Tätigkeit als Pressefotograf wieder aufnehmen. Im Unterschied zur Kaiserzeit sah er sich nun mit einem weitaus heftigeren politischen Interessenstreit und schnell wechselnden Machtverhältnissen konfrontiert. Auflehnung gegen die bestehende Herrschaft, Auseinandersetzungen zwischen Parteien und das Auftreten der Arbeiterorganisationen waren in seiner bisherigen zeitgeschichtlichen Dokumentationstätigkeit überhaupt nicht präsent. Obwohl er auf die neuen politischen Verhältnisse nicht vorbereitet war, kam er – zumindest als Fotograf – relativ gut zurecht.[27] Ungewollt fiel ihm die Rolle des wichtigsten Bildchronisten der Münchener Revolution zu, da sich seine bürgerlichen Kollegen untätig verhielten und unter den Parteigängern von Novemberrevolution und Räterepublik weder Amateure noch Berufsfotografen nennenswerte Aktivitäten entwickelten. Neben den Fotografien der Kundgebungen der revolutionären Arbeiter und Soldaten übernahm er die Vermittlung der Bildnisse der Repräsentanten des republikanischen Bayerns, darunter auch Germaine Krulls Bildnisses des Ministerpräsidenten Kurt Eisner, an die Öffentlichkeit und die Illustrierten im Deutschen Reich. Von Hoffmann stammt die übergroße Mehrheit der Aufnahmen der Revolutionsmonate, die von ihm als aktuelle Fotopostkarten verbreitet wurden und die Funktion eines aktuellen Bildmediums übernahmen, da die einzige lokale Illustrierte im April 1918 ihr Erscheinen eingestellt hatte.

Die Revolutionsmonate müssen Hoffmann mit der Frage nach der ideologischen Funktion seines Berufes und den Wirkungsmöglichkeiten seiner Aufnahmen konfrontiert haben. Wenn nicht schon früher, muß er sich spätestens jetzt über seinen eigenen Status im politischen Kontext bewußt geworden sein. Im deutschen Kaiserreich befand sich der Fotograf im Einvernehmen mit der bestehenden Herrschaft. Interessensgegensätze zwischen Hoffmanns beruflicher Tätigkeit und seiner – wenngleich noch diffusen –

Germaine Krull: Kurt Eisner, Anfang 1918, von Heinrich Hoffmann nach Eisners Ermordung am 21. Februar 1919 als Trauerpostkarte verlegt

politischen Grundeinstellung gab es wohl kaum. Um so konfliktreicher wurde die Situation nach dem Sturz der Monarchie. Deutschlands militärischer Zusammenbruch bedeutete für den obrigkeitsstaatlich orientierten und national gesonnenen Fotografen ohne Zweifel einen tiefen Schock.[28] Im Vordergrund stand 1918 wohl die traumatische Enttäuschung aller Nationalisten über die deutsche Kriegsniederlage, und sie verband sich mit der Wut über die "Novemberverbrecher" und der Angst vor radikalen gesellschaftlichen Veränderungen. Kaum weniger gewichtig waren seine Ängste als Kleinunternehmer, dessen Tätigkeit in hohem Maße von der Entwicklung der politischen Zeitläufe abhängig war. Durch seine Berufstätigkeit war er nicht nur zum Verteidiger der bestehenden Verhältnisse, sondern auch zum verdienenden Teilhaber geworden. Revolutionären Parolen konnte er deshalb nur ablehnend gegenüberstehen.

Während die Mehrheit der Münchener Berufsfotografen von politischen Aversionen und dem Gefühl einer allgemeinen Unsicherheit, das unter Bürgerlichen weit

Abb. 2/11-13

Heinrich Hoffmann, Postkarten: Bewaffnete Mitglieder der KPD-Sektion Neuhausen während der Truppenschau der Roten Armee in der Ludwigstraße in München am 22. April 1919; Geschützwagen der gegenrevolutionären Truppen in München, Anfang Mai 1919; Umzug des "Freikorps Werdenfels" in München, Anfang Mai 1919

verbreitet war, beeinträchtigt war und untätig verharrte, demonstrierte er jedoch Offenheit und Anpassungsfähigkeit und war bereit, mit dem politisierten Proletariat zumindest auf der Straße in näheren Kontakt zu treten. Gleichwohl geht man wohl nicht fehl, wenn man vermutet, daß Hoffmann dem, was er während der Revolutionsmonate fotografierte, innerlich reserviert gegenüberstand, und daß er zudem über das politische Geschehen nicht sonderlich gut informiert war. In diesen politisch labilen Zeiten verhielt er sich als ein politisch weitgehend indifferenter Bildberichterstatter. Trotz aller wahrscheinlichen ideologischen Vorbehalte setzte sich in seiner Berufspraxis auch in den Revolutionsmonaten das Primat der ökonomischen Verwertung durch – eine Verhaltensweise, die der Berufspraxis der Berliner Presse- und Postkartenfotografen in den Revolutionsmonaten entsprach. So brachte er beispielsweise noch wenige Tage vor dem zu erwartenden Einmarsch der Regierungstruppen Fotopostkarten der "Roten Armee" auf den Markt.

Die während der Revolutionsmonate zu beobachtende politische Zurückhaltung Hoffmanns wandelte sich nach der Niederwerfung der Räterepublik und dem Einmarsch der gegenrevolutionären Truppen zur dezidierten Unterstützung der propagandistischen Strategien der Gegenrevolution. In vielen Aufnahmen ist seine Absicht offenkundig, die Ideologeme der revolutionsfeindlichen Publizistik prägnant zu visualisieren und die gegenrevolutionäre Herrschaft sympathieheischend darzustellen, zumal er nun bei der Beschriftung der Postkarten sogar zu appellativen Texten griff. Der Wandel von Hoffmanns politischer Zurückhaltung zur Unterstützung der Propaganda der Gegenrevolution mit Hilfe ausgesprochen kreativer Bildschöpfungen ist nicht nur unter ökonomischen Gesichtspunkten, das heißt der expandierenden Nachfrage, zu sehen, sondern auch als Ausdruck seiner persönlichen Haltung zu werten. Diese Annahme wird dadurch erhärtet, daß er bald der nationalistisch-völkisch orientierten "Einwohnerwehr" beitrat.²⁹

Noch deutlicher trat seine Parteinahme hervor, als er Ende 1919 zum Jahrestag der Novemberrevolution die retrospektive Verwertung seiner Revolutionsaufnahmen als Herausgeber und Verleger der Bildbroschüre "Ein Jahr bayrische Revolution im Bilde" betrieb, die eine dezidiert rechtskonservative und antisemitische Revolutionsdeutung verbreitete.³⁰ Mit seiner Entscheidung für den Autor Emil Herold hatte Hoffmann erstmals in den innenpolitischen Auseinandersetzungen Position bezogen, wenn auch noch nicht parteipolitisch. Jetzt befand sich die publizistische Tendenz auch wieder in Übereinstimmung mit dem politischen Standpunkt des Bürgers Hoffmann. Die Broschüre – die umfangreichste fotografische Gesamtdarstellung der Münchener Nachkriegsgeschichte – wurde ein großer finanzieller Erfolg, erschien Anfang 1920 in der zweiten Auflage und bedeutete für Hoffmann das Sprungbrett ins verlegerische Geschäft. Mit der Revolutionsbroschüre hatte sich Hoffmann vom Status des bloßen Bildlieferanten emanzipiert, der wenig Einfluß auf die Verwendung seiner Aufnahmen hat. Fortan sollten beide Tätigkeiten, der Vertrieb der eigenen Aufnahmen und die Herausgabe eigener Publikationen, deren Autoren er selbst auswählte, seine fotografische Berufspraxis bestimmen. Die Publikation stand am Anfang der Bildrezeption der Revolutionsereignisse durch die nationalistische Rechte. Hoffmanns nächstes Bildheft sollte bereits seine erste Publikation sein, die für Hitler und die Nationalsozialisten Propaganda machte; sie erschien im Frühjahr 1924, im Vorfeld des Prozesses gegen Hitler und die anderen Putschisten vom November 1923. Die Funktion von "Deutschlands Erwachen in Bild und Wort" als rechtfertigende Werbeschrift für die verbotene NSDAP war nicht zu verkennen, wenngleich sie sich nicht parteioffiziell gab und das Verbot der nationalsozialistischen Parteipresse unter-

laufen konnte.³¹ Hoffmann exponierte sich damit politisch und ergriff in aller Öffentlichkeit erstmals Partei für die NSDAP.

Parteigenosse und Fotopropagandist der NSDAP

Hoffmanns Hinwendung zur NSDAP war im Zuge des politischen Rechtsrucks des Bürgertums im gegenrevolutionären Nachkriegs-München erfolgt. Seine früheste Zugehörigkeit zu einer politischen Organisation ist, wie gesagt, mit dem Eintritt in die "Einwohnerwehr" wahrscheinlich auf den Sommer 1919 zu datieren. Am 6. April 1920 trat er der DAP/NSDAP bei, der sich am radikalsten gebärdenden Gruppierung im völkischen Lager.³² Nach ihrem Verbot im November 1923 saß er als zweiter Kassierer im Vorstand der als Interimsorganisation gegründeten "Großdeutschen Volksgemeinschaft".³³ Als im Februar 1925 das Verbot aufgehoben wurde, schloß er sich am 24. März 1925 mit der Mitgliedsnummer 59 der reorganisierten Partei wieder an.³⁴ Seit 1928 war er als Vertreter der NSDAP Mitglied des Oberbayerischen Kreistages und gehörte seit Dezember 1929 dem Münchener Stadtrat an. Wegen "seiner vielfach geschäftlich notwendigen Abwesenheit von

Abb. 2/14-15

Anzeige auf der Rückseite der von Hoffmann verlegten Broschüre "Deutschlands Erwachen in Bild und Wort", 1924

Heinrich Hoffmann: Dietrich Eckart, um 1920

München" legte Hoffmann im Oktober 1933 sein Stadtratsmandat nieder.[35] Schließlich rückte er im Januar 1940 für Fritz Thyssen, den ins Ausland geflüchteten Abgeordneten und früheren Geldgeber der NSDAP, in den Großdeutschen Reichstag nach.

Bereits das äußere Datengerüst läßt die frühe wie zugleich dauerhafte Bindung des Fotografen an die "Bewegung" erkennen. Entscheidend befördert wurde diese offenbar durch Hoffmanns Freundschaft mit Dietrich Eckart, den er seit den Tagen der Räterepublik kannte. Eckart war früher Mentor und väterlicher Freund Adolf Hitlers und erster Hauptschriftleiter des "Völkischen Beobachters", nachdem die Zeitung in den Besitz der NSDAP übergegangen war.[36] Eckart zählte zu den militantesten antisemitischen Publizisten in München und verkehrte im gleichen Milieu wie Hoffmann. Ab 1918 gab er die judenfeindliche Hetzschrift "Auf gut deutsch" heraus, deren Alleinvertrieb 1920 Hoffmann übernahm.[37] Prägend in diesem Umfeld wirkte wohl auch sein Freund, der Drucker Adolf Müller, Mitinhaber des "Münchener Buchgewerbehauses M. Müller & Sohn", das den "Völkischen Beobachter", später auch "Mein Kampf" druckte, und direkt gegenüber von Hoffmanns Atelier an der Schellingstraße lag. Hier hatte er Eckart kennengelernt. Wie sich Hoffmanns damalige persönliche Bekanntschaften zu seinen politischen Vorstellungen und beruflichen Interessen verhielten, wissen wir im einzelnen allerdings nicht genau. Es waren jedoch durchaus politische Interessen, die Hoffmann zur NSDAP führten, mehr als private Bekanntschaften und keineswegs bloß der berufsbedingte Kontakt eines Pressefotografen, wie dieser und andere es nach 1945 sehen wollten.[38]

Hoffmann erklärte damals, als er unter großen Legitimationsdruck geriet, daß er sich nur deshalb in die Partei habe aufnehmen lassen, weil er dadurch die Zulassung als Pressefotograf bei Parteiveranstaltungen bekommen habe.[39]

Ausschlaggebend für seinen Schritt sei der Hinweis des Besitzers der New Yorker Agentur Keystone, Bert Garai, gewesen, daß Fotografien von dieser Partei, die sich spektakulärer Mittel der politischen Werbung bediene, für die internationale Presse von großem Interesse sein würden.[40] Diese Behauptung ist wenig glaubwürdig. Denn zu dem Zeitpunkt, als Hoffmann im Frühjahr 1920 in die Partei eintrat, hatte die NSDAP noch gar kein besonderes Profil bei ihren öffentlichen Auftritten entwickelt. Und wie ist es dann zu verstehen, daß er auch nach seinem Parteibeitritt gar nicht als Fotograf von nationalsozialistischen Veranstaltungen tätig wurde? Hoffmann gehörte fast drei Jahre (!) der Partei an, bevor er erstmals 1923 einen Auftritt der NSDAP dokumentierte. Daher stellt sich die Frage eigentlich andersherum: Warum nutzte Hoffmann seine Mitgliedschaft in der Partei nicht für Aufnahmen der jungen "Bewegung"? In diesem Zusammenhang ist noch eine Aussage Hoffmanns von 1947 anzuführen, mit der er seine Entscheidung, sich der Dokumentation der NSDAP verschrieben zu haben, auch mit einem ästhetischen Motiv begründete: "Ich habe vor 1933 am meisten die Veranstaltungen der NSDAP fotografiert, weil es bei den anderen politischen Parteien ja nichts zum Fotografieren gab."[41] Auch dies ist eine Legende, die die Tatsachen auf den Kopf stellt, denn die Militarisierung der Politik und die damit verbundene ästhetische Aufwertung der Parteiverbände ging quer durch die meisten politischen Organisationen der Weimarer Republik und war keineswegs ausschließlich ein Merkmal der NSDAP beziehungsweise SA. Ihr öffentliches Erscheinungsbild kann nicht entscheidend für Hoffmanns fotografische Motivwahl gewesen sein – und war schon gar nicht der Beweggrund für die politische Bindung an die Nationalsozialisten.

Nach Hoffmanns Darstellungen ließen ihn auch erst berufsbedingte Gründe näheren Kontakt zu Adolf Hitler suchen. Er soll im Oktober 1922 aus New York

eine finanziell sehr lukrative Offerte für ein Porträt von Hitler bekommen haben, der Fotografen bisher kategorisch abgewiesen hatte.[42] Selbst Dietrich Eckart hätte Hitler nicht für Hoffmanns Porträtwunsch gewinnen können. Hoffmann will nach eigenen Angaben mehrfach vergeblich versucht haben, Hitler zu fotografieren. Eine genaue Klärung des tatsächlichen Sachverhaltes läßt unser gegenwärtiger Kenntnisstand nicht zu. Es ist freilich zu vermuten, daß Hoffmann deshalb den Porträtauftrag erhielt, weil er für seine guten Kontakte zur NS-Führung und zu Hitler bekannt war. Bert Garai schildert nämlich, wie er Hitler bereits 1921 im vertrauten Kreise in Hoffmanns Haus traf.[43] Sind die Anfänge der Freundschaft zwischen Hoffmann und Hitler nicht restlos aufzuklären, so ist jedoch ziemlich sicher, daß Hoffmann schon vor dem Novemberputsch zu Hitlers "Hofstaat" zählte. Zu dieser "Umgebung aus biederem Mittelstand und Rowdytum" (Joachim Fest) gehörten Hitlers Chauffeur Emil Maurice, der Pferdehändler Christian Weber und der Fleischergeselle Ulrich Graf, der frühere Feldwebel und baldige Geschäftsführer der Partei Max Amann, die Journalisten Ernst ('Putzi') Hanfstaengl und Hermann Esser, der spätere Chefredakteur des "Illustrierten Beobachters", mit dem der Fotograf besonders befreundet war. Unzweifelhaft ist jedoch auch, daß der Parteigenosse Hoffmann den Vorsitzenden der NSDAP erst porträtieren durfte, nachdem dessen fotografische Anonymität im September 1923 durchbrochen worden war. Als der "Führer" nach dem Putschversuch 1923 in die Schlagzeilen der Weltpresse rückte, konnte Hoffmann die ersten Hitler-Porträts liefern.

Von der Hitler-Partei erwartete sich Hoffmann sicherlich nicht nur die Wiederauferstehung eines nationalistischen Deutschlands und die Wahrung seiner Unternehmerrechte, sondern auch indirekt ein Aufblühen seines Betriebes. Wie stark seine Bindungen an die "Bewegung", vor allem an Hitler und die auf ihn gesetzten Hoffnungen, gewesen sein müssen, wird daran sichtbar, daß er der NSDAP auch dann nicht den Rücken kehrte, als die Partei nach dem Putschversuch auf dem Tiefpunkt angelangt war und dann jahrelang ein Dasein als bedeutungslose Splitterpartei führte. Ein Scharfmacher und kämpferischer Parteigenosse war Hoffmann nicht, als Vertreter der NSDAP im Stadtrat und Kreistag blieb er immer ein Hinterbänkler. An internen Machtkämpfen war er genausowenig beteiligt wie an ideologischen Auseinandersetzungen, und nach einem Aufstieg in der Parteihierarchie suchte er ebenfalls nicht. Dennoch wurde für ihn die Partei, vor allem jedoch ihr "Führer" zum entscheidenden Bezugsrahmen für Leben und Beruf, zum ordnungstiftenden Element. Hoffmann setzte voll auf die politische Zukunft der Hitler-Partei und engagierte sich beruflich immer stärker für sie, auch wenn ihre fotografische Dokumentation vorerst nicht sonderlich lukrativ gewesen sein kann. Doch fand er offenbar in diesem Umfeld seine neue Rolle.

Vor dem Hitlerputsch wurde das fotografische Medium noch keineswegs zielgerichtet zur NS-Propaganda herangezogen.[44] Was Hoffmann erstmals seit Anfang 1923 vom Parteigeschehen für das Presse- und Postkartengeschäft fotografierte, war seinen privaten Entscheidungen überlassen. Abnehmer seiner Porträts der völkischen Persönlichkeiten und der Aufnahmen von Umzügen der SA waren vor allem die rechtsradikale Anhängerschaft am Ort, daneben deutsche Illustrierte – und angeblich auch die ausländische Illustriertenpresse, die mit "harten" Devisen bezahlte.[45] Noch im Jahr 1924 publizierte Hoffmann die völkische Wahlkampfbroschüre "Wen soll ich wählen? Ein Ratgeber für Unbelehrbare", 1926 folgte schließlich der zweite Teil von "Deutschlands Erwachen in Bild und Wort". Nicht zuletzt aufgrund von Hoffmanns Aktivitäten begannen die Nationalsozialisten, sich der fotografischen Bildpropaganda allmählich zuzuwenden. Aber weiterhin blieb dessen Initiative

Abb. 2/16-21

Heinrich Hoffmann: Porträts führender Nationalsozialisten, 1923 - 1926:
Hermann Göring; Hermann Göring;
Wilhelm Brückner; Joseph Goebbels;
Gregor Strasser; Heinrich Himmler

Abb. 2/22-24

Heinrich Hoffmann: Adolf Hitler und Reichs- und Landtagsabgeordnete der NSDAP in Hoffmanns Atelier, um 1930; Adolf Hitler und Mitglieder eines Lehrgangs der NS-Reichsführerschule, München, 1930; Firma H. Hoffmann: H. Hoffmann fotografiert Adolf Hitler im Kreis von Reichs- und Gauleitern der NSDAP, 1933

oftmals ausschlaggebend. Er war an der Gründung der Parteiillustrierten "Illustrierter Beobachter" maßgeblich beteiligt, für deren erste Ausgabe im Sommer 1926 er presserechtlich verantwortlich zeichnete und die Bildredaktion besorgte.[46] Danach übernahm der Parteiverlag die Illustrierte, die lange Zeit das wichtigste fotopublizistische Organ der NSDAP bilden sollte. Hoffmann war weiterhin ihr bedeutendster Bildlieferant – und der "Illustrierte Beobachter" lange Zeit sein wichtigster Abnehmer, wenn nicht sogar Auftraggeber.

In dem Maße, in dem Hoffmanns Bindungen an die NSDAP wuchsen, verengte sich das Themenspektrum seiner Tätigkeit als Pressefotograf, und er konzentrierte sich schließlich voll auf die "Bewegung". Dieser Prozeß läßt sich über mehrere Etappen verfolgen. Schon nach den Revolutionsereignissen hatte sich seine fotografische Dokumentation zunehmend auf die politische Rechte gerichtet und eine kulturkonservative Grundhaltung eingenommen. Für die Linksparteien und die Arbeiterbewegung, die moderne Zerstreuungskultur, aber auch das Münchener Künstlerleben interessierte er sich überhaupt nicht mehr. Ende der zwanziger Jahre verabschiedete sich Hoffmann dann endgültig als Bildberichterstatter von der pluralistischen Öffentlichkeit der Weimarer Republik.[47] Aus dem "unpolitischen" Münchener Lokalberichterstatter war ein aktiver nationalsozialistischer Kämpfer geworden, der mit der Kamera in der Hand bald ausschließlich im Dienste der NSDAP agierte. Mit dem Erstarken der NSDAP wuchsen deren Anforderungen an Hoffmanns propagandistische Tätigkeit beträchtlich. In gewisser Weise war er nun der "Gebrauchsfotograf" der nationalsozialistischen Subkultur, der private wie propagandistische Bildbedürfnisse abdeckte – von der Porträt- und Gruppenaufnahme der Parteigenossen bis zum Hochzeitsfoto, vom Genrefoto für das Titelblatt der Parteiillustrierten bis zum aktuellen Pressefoto des letzten Aufmarsches der

Heinrich Hoffmann:
Mitglieder der SA
mit Standarte, München,
Hinterhof Schelling-
straße 50, Mitte
der zwanziger Jahre

Parteiarmee – oder nach London reiste, um Aufnahmen aus dem Judenviertel "Whitechapel" für einen hetzerischen Artikel des "Illustrierten Beobachters" beizubringen.[48] Es gab damals kaum einen führenden Parteigenossen, der sich nicht von Hoffmann porträtieren ließ. Zu ihm kamen unter anderem Anton Drexler, Hermann Esser, Gottfried Feder, Hermann Göring, Heinrich Himmler, Ernst Röhm und Gregor Strasser.

Vor allem avancierte er aber zum "Medium" des "Führers", war dessen Porträtist und ständiger Begleiter bei seinen öffentlichen Auftritten, Wahlkampfreisen und schließlich den "Deutschlandflügen" in der Endphase der Weimarer Republik. Er durfte sich auch in Hitlers privater Umgebung vollkommen frei bewegen und ungehindert fotografieren. Hitler seinerseits konnte sich auf einen diskreten, ihm vollkommen ergebenen und zudem erfahrenen Fotografen verlassen, der alles daransetzte, ihn optimal ins Bild zu rücken und mediengerecht zu präsentieren. Dazu benutzte Hoffmann zunehmend moderne Reportageformen und trat im Krisenjahr 1932 erstmals im größeren Stil als Herausgeber von Fotobänden im Dienste der NSDAP hervor. Richtungweisend wurde die Entscheidung, im Sinne neuer fotografischer Verbreitungsformen auch das Instrument des Fotobuches zu nutzen.

Mit der Etablierung der NS-Herrschaft begann eine enorme Expansion von Hoffmanns Unternehmen. Nun kam sein Sonderstatus richtig zur Geltung und vergrößerte sich sein Betrieb geradezu explosionsartig. Hoffmann intensivierte und modifizierte seine Aktivitäten entsprechend den neuen propagandistischen Anforderungen der zur Staatspartei aufgestiegenen NSDAP und wurde in weiteren Produktbereichen tätig. Aufgrund seiner privilegierten Stellung ergaben sich fotografische Aufnahmemöglichkeiten und Verwertungschancen, die anderen Fotografen, Bildagenturen und Verlegern vorenthalten waren.[49] Nach dem Aufbau seines Imperiums zog er sich weitgehend aus dem Betrieb zurück, fotografierte noch in Hitlers Umgebung und verlegte sich verstärkt auf den Kunsthandel und Kunstreproduktionen. Das Unternehmen brachte seinem Besitzer ein Millionenvermögen ein und erlaubte ihm einen luxuriösen Lebensstil. 1943 betrug das Jahreseinkommen vor Steuer

Illustrierter Beobachter,
Nr. 28, 13. Juli 1929, S. 318 - 319

3,2 Millionen, im Jahr 1944 3,5 Millionen Mark. Anfang 1943 besaß Hoffmann ein Vermögen von fast 6 Millionen Mark, darunter Häuser in Straßburg, Den Haag und Amsterdam, einen Gutshof bei Altötting/Oberbayern, mehrere Häuser in München und eine wertvolle Gemäldesammlung.[50]

Hoffmanns wirtschaftlicher Aufstieg nach 1933 glich einer kapitalistischen Bilderbuchkarriere – und basierte doch auf den neofeudalistischen Grundlagen der "Führerherrschaft". Seine Karriere als Fotograf und Verleger, sein Aufstieg zu einer zentralen Figur des Kunstgeschehens im Dritten Reich wären ohne seine einzigartige Beziehung zu Hitler nicht denkbar gewesen. Es war eine Stellung von Hitlers Gnaden, die sich allein dem "Führerwillen" verdankte, der seinerseits außerhalb jeder verfassungsrechtlichen Begrenzung stand, sein Status ein Produkt des Führerstaates. Die besondere "Führernähe" verschaffte Hoffmann eine ungewöhnliche Position jenseits von Partei und Staat, verbunden mit besonderen Freiräumen, hob ihn über potentielle Konkurrenten hinaus und gab ihm die Möglichkeit, sich gegenüber anderen Machtgruppen des Dritten Reiches, vor allem dem Parteiapparat und Propagandaministerium zu behaupten und eine Eingliederung seines Unternehmens in den Parteiverlag beziehungsweise den staatlichen Propagandaapparat zu verhindern.

Konrad Heiden hatte bereits 1936 Hoffmanns Sonderstellung beobachtet und die Bedeutung seines Unternehmens beschrieben. In seiner Hitlerbiografie verglich er ihn mit dem NS-Funktionär und Direktor des Zentralverlages der NSDAP Max Amann: "Ist Max Amann als Präsident der Reichspressekammer heute

Firma Heinrich Hoffmann (Franz Gayk): Adolf Hitler, Joseph Goebbels und Heinrich Hoffmann beim Betrachten von Fotografien während des Erntedankfestes auf dem Bückeberg bei Hameln, Oktober 1933

Abb. 2/28-30

Heinz Valérien: Heinrich Hoffmann bei der Feier der "alten Kämpfer" im Bürgerbräukeller am 9. November 1934, die abgebildeten Personen im Uhrzeigersinn v.l.n.r. : Heinrich Hoffmann, Alfred Rosenberg, Heinrich Himmler, Joseph Goebbels, Adolf Wagner, Julius Streicher, im Vordergrund Ernst Hanfstaengl

nannte sein "Photo-Haus Hoffmann" auch "NSDAP-Photo-Haus Hoffmann".[55] Im Februar 1931 deklarierte er in einer Anzeige seine Firma zur "Nationalsozialistischen Photopropagandaabteilung Hoffmann".[56] In seinen ersten Buchpublikationen erschien er als "Photoberichterstatter der Reichsleitung der NSDAP". Im "Völkischen Beobachter" sprach man damals vom "Parteiphotographen" oder dem "Partei-Photoberichterstatter".[57] Die Parteileitung der NSDAP selbst titulierte Hoffmann 1930 in einem Ausweis als "offiziellen Photographen der NSDAP".[58]

praktisch der Herr der ganzen deutschen Zeitungsverlage, der aus nacktem Geschäftsinteresse Weltblätter zum Sterben bringen kann, so ist ein ähnlicher, nur unauffälligerer Konzern um Heinrich Hoffmann entstanden. Dieser 'Spezl' und fast ständige Begleiter Adolf Hitlers hat praktisch ein Monopol auf die politische Bildphotographie in Deutschland. Auch hier fließt, ähnlich wie bei dem Zeitungs- und Büchervertrieb Max Amanns, eine reiche Erwerbsquelle. Die Hitler-Postkarten mit ihren Millionenauflagen bedeuteten in den vergangenen Jahren Millionengeschäfte. Heinrich Hoffmann ist ebenso wie Max Amann nicht schlechtweg einer von den hundert wichtigeren Mitarbeitern des Führers. Sie sind beide Hitlers Kameraden noch aus Proletenzeiten, ja, mehr als Kameraden: Kompagnons und Komplizen."[51] Heiden zielte auf die Verknüpfung von Staats- und Privatinteressen, überschätzte freilich Hoffmanns Stellung im fotografischen Illustrationssektor, da er die entscheidenden Unterschiede zwischen Amanns und Hoffmanns Position nicht kannte: Amann war Staats- und Parteifunktionär, Hoffmann blieb jedoch auch nach dem Jahr 1933 Privatperson und selbständiger Unternehmer.

In der Öffentlichkeit hielt man ihn damals vielfach für den offiziellen Staatsfotografen des Dritten Reichs. Als "Regierungsphotographen" titulierte ihn etwa die Fachzeitschrift "Die Linse" oder die Firma Leitz in einer Leica-Werbeannonce.[52] Dieser Eindruck mußte geradezu entstehen, doch Hoffmann bekleidete weder ein Amt im Staat noch in der Partei, auch wenn er sich – offensichtlich mit Hitlers Einverständnis – des (amtlich klingenden) Titels "Reichsbildberichterstatter der NSDAP" bediente, eines Titels, den er offiziell nie verliehen bekam und den es in den einschlägigen Publikationen des Reichsorganisationsleiters der NSDAP auch gar nicht gab.[53] Dieser Titel, im Lauf der Jahre zunehmend häufiger ohne den Verweis "der NSDAP" verwendet, wurde ihm selbst von Regierungsstellen zugeschrieben, etwa 1938 im Zusammenhang mit Hitlers Italienbesuch, wo der "Reichsbildberichterstatter Hoffmann" auf Platz 66 der deutschen Rangfolge rangierte.[54] Seit wann Hoffmann den Titel "Reichsbildberichterstatter der NSDAP" benutzte, ist nicht klar ersichtlich. Mit der zunehmenden Arbeit für die NSDAP Ende der zwanziger Jahre gab er sich öfter einen parteioffiziellen Anstrich und

Schreiben Hitlers vom 1. April 1932

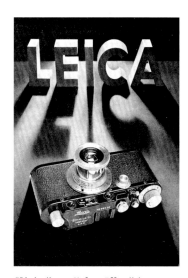

"Die in diesem Heft veröffentlichten Fotos des Regierungsphotographen Heinrich Hoffmann wurden zum größten Teil mit der Leica aufgenommen." Anzeige der Firma Leitz, in: Die Linse. Nr. 4, 1934, S. 61

Hitlers Fotograf und Freund

Hoffmann war Hitlers "Hoffotograf". Seine Rolle erschöpfte sich jedoch nicht darin, denn in seiner Person verschmolzen mehrere Funktionen, überschnitten sich Privatsphäre, gemeinsame propagandistische Werbearbeit und kunstpolitische Aktivitäten: Hoffmann war Fotograf und Kampfgenosse, Unterhalter, Kunstberater und Begleiter. Fotografie war ein zentrales Moment in dieser Beziehung und setzte, um sich überhaupt in dem beobachtbaren Umfang entfalten zu können, ein besonderes Vertrauensverhältnis und gemeinsame Lebenswelten voraus. Hitler kam 1923 nicht zu einem ihm fremden Fotografen ins Atelier, sondern zu einem ihm ergebenen Parteigenossen, mit dem er zusammen in den nächsten Jahren auf eine engagiert betriebene Führerstilisierung hinarbeiten sollte. Darüber, was Hoffmann hierbei beobachtete, wie Hitler auf seine Aufnahmen und Porträts überhaupt reagierte und in welcher Weise sich schließlich auch ihr persönliches Verhältnis im Laufe ihrer über zwanzigjährigen Freundschaft entwickelte, wissen wir kaum etwas, weil Hoffmann in seinen Memoiren nach 1945 intimere Kenntnisse, die er ohne Zweifel besaß, nicht zur Sprache brachte. Das Defizit an solchen Informationen ist mit Hitlers "Beziehungsarmut, die ihn menschlich isolierte",[59] nur unzureichend erklärt, entscheidender war wohl Hoffmanns nibelungenhafte Treue gegenüber Hitler, von dem er sich auch nach 1945 öffentlich nicht distanzierte.

Die Männerfreundschaft von "Führer" und "Führerfotograf" erscheint absonderlich angesichts der in mancher Hinsicht konträren Charaktere und Gewohnheiten: Hier der den sinnlichen Genüssen des Lebens zugeneigte und von seiner Umgebung häufig als äußerst trinkfest beschriebene Zeitgenosse, dort der verbissene, von seiner politischen Mission erfüllte Zwangscharakter, der Alkohol- und Tabakgenuß ablehnte. Daß sie sich freilich eher ergänzten als abstießen, lag wohl an der Fülle anderer Übereinstimmungen. Nicht unwesentlich vorgeformt war ihre Beziehung von gemeinsamen kollektiven Erfahrungen, vom Weltkriegstrauma, der militant nationalistisch-antisemitischen Grundüberzeugung wie auch der kleinbürgerlichen Herkunft. Wenn Konrad Heiden aber von gemeinsamen "Proletenzeiten" sprach, dann täuschte er sich, denn Hoffmann konnte zu Recht sagen, daß er bereits "jemand" war, als er den um erste politische Anerkennung kämpfenden Hitler kennenlernte. Der Fotograf war freilich schon damals bereit, sich der politischen Führerschaft des vier Jahre jüngeren politischen Lokalmatadors bedingungslos zu unterwerfen und akzeptierte dessen Fotografierverbot. Dieser Gehorsam mag in der Tat Hitlers starkes Vertrauen zu Hoffmann begründet haben und kann als erster Schritt zu Hoffmanns einzigartiger Stellung

Abb. 2/31

Berliner Illustrirte Zeitung,
Nr. 25, 1937, S. 911

an Hitlers Seite verstanden werden. Gespräche über Politik spielten zwischen beiden keine große Rolle, zumal ja Hoffmann, wie Allan Bullock zu Recht feststellte, von Politik wenig verstand.[60] Schon bei ihrem ersten längeren Zusammentreffen entdeckten die Kampfgenossen jedoch gemeinsame künstlerische Vorlieben, vor allem für die Künstler der Münchener Malschule des 19.Jahrhunderts, wie Grützner und Spitzweg, und pflegten über Jahre hinweg einen privaten künstlerischen Gedankenaustausch.[61] Hitler schätzte Hoffmann wohl als Kunstberater und teilte dessen antimoderne Kunstauffassung. Daraus entstand eine kongeniale Übereinstimmung in Kunstfragen, und Hitler räumte seinem Fotografen quasi den Status eines Sonderbeauftragten ein. Im Sommer 1937 erhielt Hoffmann von Hitler den Auftrag, die künstlerischen Exponate für die "Große Deutsche Kunstausstellung" auszuwählen, und sorgte auch in den folgenden Jahren zusammen mit dem Generaldirektor des "Hauses der Deutschen Kunst" für die Selektion.[62] Hitler begründete seine Entscheidung damit, daß nur Hoffmann – und nicht die kurzerhand entlassene Künstlerjury – die richtige Auswahl treffen könne, und verlieh ihm im Jahr darauf "in Anerkennung seiner besonderen Verdienste um die Große Deutsche Kunstausstellung" den Titel eines Professors.[63] Hoffmann avancierte zu dem von vielen gefürchteten "Papst der bildenden Künste im Dritten Reich" (Arno Breker) und gewann großen Einfluß auf das deutsche Kunstgeschehen.[64] Er gehörte der "Kommission zur Verwertung der beschlagnahmten Werke entarteter Kunst" an, betätigte sich als Kunsthändler und spielte "eine große Rolle" beim Aufbau der "Sammlung Linz", die Hitler zur größten Kunstsammlung der Welt machen wollte.[65] Damit war er mittelbar und unmittelbar am "größten Kunstraub aller Zeiten" beteiligt. Im großen Stil erwarb er alte Meisterwerke, die deutsche Dienststellen aus den Museen der überfallenen Länder geplündert hatten, verkaufte sie unter anderem an Hitler weiter oder verleibte sie seiner wachsenden Privatsammlung ein. Sein Münchener Domizil erschien Joseph Goebbels bereits 1935 wie "ein kleines Museum".[66]

Von Anfang an verbindend wirkte beider unerfüllt gebliebener Jugendtraum, Künstler zu werden, und, daraus resultierend, ihre Affinität zum künstlerischen Milieu, zu dem, was sie dafür hielten. In dieser Neigung mischte sich ihr Kleinbürgerstatus mit einem antibürgerlichen Affekt. Hitler liebte die "Boheme-Atmosphäre" in Hoffmanns Haus und war dort häufig zu Gast, zuerst in der Schnorrstraße, nahe der Schellingstraße, später in dessen mondäner Villa in Bogenhausen, in unmittelbarer Nähe seiner eigenen Wohnung am Prinzregentenplatz. Bezeichnenderweise boten dem jungen Parteiführer nicht Münchens großbürgerliche Familien, die ihn "salonfähig" machten, ein "zweites Zuhause", sondern sein Fotograf. Baldur von Schirach berichtete: "Bei Hoffmann fand Hitler, was er seit seinem achtzehnten Lebensjahr nicht mehr gekannt hatte – Familienleben. Für Hoffmanns Kinder Henriette und Heinrich jr. (…) wurde 'Herr Hitler' der ideale Hausfreund, fast ein zweiter Vater."[67] In dieser Umgebung fühlte sich Hitler ausgesprochen wohl. Der Fotograf und seine Ehefrau waren ergebene Parteigenossen, akzeptierten Hitlers Eigenheiten und verehrten ihn als überragendes politisches Genie. Hitler sah in Hoffmann auch einen "köstlichen Witzbold", der ihn, von intellektuellem Ballast unbeschwert, unterhielt und ihm geistig unterlegen war. Wie eng ihr Verhältnis, nicht zuletzt infolge der gemeinsamen Wahlkampftourneen, auf die ihn Hoffmann nach dem Tod seiner Ehefrau im Jahr 1928 begleitete, geworden war, zeigt sich daran, daß Hitler 1931, nach dem Selbstmord seiner Nichte und Geliebten Geli Raubal, tagelang nur Hoffmann in seiner Nähe duldete.[68] Hoffmanns Haus war dann auch der richtige Ort für Hitler, um Eva Braun, die er 1930 in dessen Fotoladen erstmals getroffen hatte, unbehelligt und unbemerkt von der Öffentlichkeit zu treffen. Über Hoffmann lernte Hitler schließlich auch seinen späteren Leibarzt, den Berliner Prominentenarzt Theo Morell kennen, der Hoffmann 1935 wegen Gonorrhöe behandelt hatte.[69]

Gerade in der Umgebung seines Fotografen fand Hitler die notwendige Zerstreuung jenseits des "Stilisierungsdrucks" (Fest), den die politischen Repräsentationsakte mit sich brachten. "Eigentlich" bildete nur Hoffmanns Haus – so Otto Dietrich – "den ganz kleinen, wirklich persönlich-privaten Bekanntenkreis (…), in dem Hitler in München regelmäßig verkehrte. (…) Es gab in München viele alte Parteigänger, und es gab Förderer der Bewegung, bei denen Hitler, weil er ihnen verpflichtet war, Besuche abstattete, wenn er sich in München aufhielt. (…) Im Haus Hoffmanns aber (…) war er bei seinen Münchner Aufenthalten jahrelang fast täglicher Nachmittags- und Abendgast."[70] Bei der Mittag- und Abendtafel in der Reichskanzlei, während der Aufenthalte auf dem Obersalzberg war Hoffmann ein gern gesehener Gast und schließlich auch im Führerhauptquartier, wo er über ein eigenes Zimmer verfügte. Hoffmanns Erzählkunst bildete ein Gegenmittel gegen die gerade während der Kriegsjahre in Hitlers Umgebung herrschende "tödliche Langeweile".[71] Anfang Januar 1942 meinte Hitler in der Wolfsschanze: "Wenn der Hoffmann ein paar Tage weg ist, geht er mir ab!"[72] Hoffmann genoß eine ungewöhnliche "Narrenfreiheit", auch dann noch, als Hitler "selbst für seine engste Umgebung zu einem abweisenden, beziehungsarmen Despoten geworden"[73] war, und "brauchte das byzantinistische Zeremoniell nicht mitzumachen, dem sich sogar die bedeutendsten Unterführer wie Göring, Goebbels, Heß usw. Hitler gegenüber willig unterwarfen".[74]

Bei den Mächtigen in Hitlers Umfeld stieß Hoffmanns recht unbekümmerte Art, sein Hang zu derben Scherzen und

Firma Heinrich Hoffmann. Joseph Goebbels, Adolf Hitler und Hoffmann besichtigen Kunstwerke der "entarteten Kunst", links vorne die Plastik "Mutter und Kind" von Wilhelm Lehmbruck, Speicherhaus Köpenicker Straße, Berlin, Januar 1938

zum Alkohol auf wenig Gegenliebe. Man nannte ihn gern den "Reichstrunkenbold".[75] Hitlers Diadochen beneideten Hoffmann wegen seines ungehinderten Zutritts zum "Führer", aber auch wegen seiner enormen und fast automatischen Einkünfte aus der kommerziellen Verwertung seiner Hitleraufnahmen. Angriffe seitens der Parteiprominenz gegen seinen Fotografen und die Versuche von verschiedenen Seiten, Hoffmanns Einflüsse im Bereich der Gegenwartskunst des Dritten Reiches zurückzudrängen, blockte Hitler ab und stellte sich schützend vor den alten Kameraden.[76] Seine Stellung bei Hitler war wohl nie ernsthaft gefährdet, wenngleich er Abstriche hinnehmen mußte, wie die Einschränkung seiner Tätigkeit als Hitlers Kunstberater durch die 1939 erfolgte Ernennung Hans Posses zum Direktor des neuen Linzer Museums.[77] Die Grenzen der Macht auch eines "Reichsbildberichterstatters" im Kontext der nationalsozialistischen Polykratie machten sich etwa im Zusammenhang mit dessen Wiener

Abb. 2/33

Firma Heinrich Hoffmann: "Künstlerempfang in der Reichskanzlei", v.l.n.r. Joseph Goebbels, Magda Goebbels, Kammersänger Michael Bohnen, Heinrich Hoffmann, Adolf Hitler, undatiert

Zeitschriftenprojekt bemerkbar, von dem noch zu reden ist. Oder auch darin, daß er seinen Verlag umbenennen mußte, nachdem die Reichsleitung der NSDAP 1933 die Bezeichnung "Nationalsozialistischer Bildverlag" moniert hatte.[78]

Abgesehen vielleicht von Kunstbelangen und Fragen der fotografischen Selbststilisierung besaß Hoffmann seinerseits wahrscheinlich keinen nennenswerten Einfluß auf Hitler. Hitlers Auftrag an ihn, Ribbentrop als seinen "Sondergesandten" bei der Moskau-Reise zur Unterzeichnung des deutsch-sowjetischen Nichtangriffspaktes im August 1939 zu begleiten und ihm anschließend über Stalin zu berichten, gehörte zu den Eigentümlichkeiten seiner Diplomatie.[79] Daß Hoffmann es gern gesehen hätte, wenn Baldur von Schirach eines Tages Hitlers Nachfolger werden würde, wie es Gerüchte anläßlich von Schirachs Ernennung zum Reichsstatthalter von Wien im Sommer 1940 wissen wollten, war der Traum eines ehrgeizigen Schwiegervaters.[80] Schenkt man Goebbels' Adjutanten Wilfried von Oven Glauben, strebte Hoffmann in den letzten Kriegsmonaten selbst noch nach Höherem. Für den 18.März 1945 notierte er: "'Dieser bucklige Säufer', sagt der Minister (Goebbels, d. Verf.), 'mit seinem vom Alkohol zerfressenen blau-roten Gesicht hatte doch tatsächlich die Unverschämtheit, dem Führer in Anwesenheit meiner Frau den Vorschlag zu machen, ihn zum Kultusminister zu machen. Die Kunst dürfe nicht länger bei mir ressortieren. Ich sei ja gewiß ein guter Redner, meinte er, aber von Kunst verstünde er doch mehr. Man sollte es kaum glauben. Aber wahrscheinlich war er wie gewöhnlich besoffen.'"[81]

Von Ovens Bericht klingt deshalb so merkwürdig, weil sich Hoffmann nie um ein Amt bemühte, weder in der Partei noch im Staatsapparat, und ein solches aus seiner Sicht auch gar nicht brauchte, schon gar nicht kurz vor dem Zusammenbruch des Nazireiches. Die ohne Zweifel bestehenden Spannungen mit Goebbels hat Hoffmann nach dem Krieg wahrscheinlich übertrieben herausgestellt.[82] Das galt im Krieg auch für sein Verhältnis zu Martin Bormann, dessen Mißtrauen gegenüber Hoffmann unter anderem daher rührte, daß er in ihm einen nicht kontrollierbaren Informanten Hitlers und eine undichte Stelle im "Führerhauptquartier" sah. Beispielsweise soll Hoffmann nach der deutschen Kapitulation vor Stalingrad Hitler ein Foto der sowjetischen Agentur "Tass" vorgelegt haben; es belegte, daß General Paulus entgegen Hitlers Selbstmordbefehl in sowjetische Gefangenschaft gegangen war. Entsprechende Radiomeldungen waren widerlegt und Bormanns Versuch, Hitler von der Außenwelt abzuschirmen, unterlaufen.[83] Ende 1944 soll Bormann schließlich versucht haben, Hoffmann mit Hilfe Morells und einer Intrige aus Hitlers Umgebung zu entfernen.[84] Wie aus den Briefen und Aufzeichnungen Morells jedoch hervorgeht, war es wahrscheinlich Hitler selbst, der Hoffmann den Zutritt zum Führerhauptquartier in Berlin verweigerte, als er erfuhr, daß dieser Träger von Paratyphus war.[85] Im Frühjahr 1945 hatte sich diese Affäre jedenfalls überlebt, Hoffmann besuchte Hitler im Führerbunker Anfang April 1945 ein letztes Mal, bevor er sich aus dem zerstörten Berlin nach Bayern absetzte – fast 25 Jahre nachdem sie sich zum ersten Mal begegnet waren.

"Der Fotograf, der für uns alle den Führer sieht"

Es lag in der selbststilisierenden Konsequenz der NS-Propaganda, daß sie den "Reichsbildberichterstatter" selbst zu ihrem Gegenstand erkor und zur begnadeten Persönlichkeit überhöhte, mußte doch der "Fotograf, der für uns alle den Führer sieht", ein außergewöhnlicher Mann sein. Journalisten und Zeitungswissenschaftler bereinigten seine Biografie und machten ihn zu einem heldenhaften Kämpfer, der mit dem Presse- und Postkartenfotografen von einst nicht mehr viel gemein hatte. Herausgestrichen wurden immer wieder die lange Parteizugehörigkeit, der enge Kontakt zu Hitler, die Verdienste für die "Bewegung" und ihren "Führer" und seine einzigartigen fotografischen Fähigkeiten. Und das ging allemal nicht ohne groteske Übersteigerungen ab. Dazu trug der Altparteigenosse selbst mit entsprechenden Vorworten in seinen eigenen Publikationen bei.[86] Schon Baldur von Schirach hatte in Hoffmanns erstem Hitler-Bildband "das herzliche Freundschaftsverhältnis

zwischen Adolf Hitler und seinem alten Mitkämpfer" hervorgehoben, und Emil Herold verstieg sich 1937 in der damaligen Neuauflage der Revolutionsbroschüre zu der Feststellung: "(...) er war mit seinen Bildern ein wohl stummer, aber einer der größten und eindringlichsten Redner, die je für den Führer sprachen."[87] Der Münchener Fotograf Franz Grainer erblickte in ihm gar den "erste(n) Propagandist(en) der Nationalsozialistischen Bewegung vom Anbeginn der Kampfzeit bis zum heutigen Tage."[88] Hitler selbst ließ seinem Fotografen anläßlich dessen 50. Geburtstags ein Glückwunschtelegramm zukommen, das über das "Deutsche Nachrichtenbüro" verbreitet und vielfach in der Presse abgedruckt wurde: "Zu ihrem Geburtstage wünsche ich Ihnen als einem meiner ältesten und treuesten Anhänger und Kampfgenossen aus ganzem Herzen Glück und Segen für Ihr weiteres Leben."[89]

Auf den großen Ausstellungen des Dritten Reiches war der gefeierte "Reichsbildberichterstatter der NSDAP" immer präsent, etwa 1933 mit Großvergrößerungen aus der Geschichte der "Bewegung" im Eingangsbereich der Ausstellung "Die Kamera", oder 1937 wiederum mit Großvergrößerungen und einem Sonderraum auf der Berliner Ausstellung "Gebt mir vier Jahre Zeit". Hierzu schrieb Franz Grainer in der "Photographischen Chronik": "Wenn jemand Massenwirkungen von stärkstem Ausdruck, Menschen von lebendigster Gestaltung in ihrem Verlangen nach dem Führer zu geben weiß, so ist es Hoffmann und in diesem Raum sind die Vorbilder dafür zu finden. Was Hoffmann bringt, ist vorbildlich (...)."[90] Der Angesprochene sah sich als allseits verehrter Botschafter zwischen dem "Führer" und dessen Anhängern: "Tausende von Bildern habe ich inzwischen von dem Führer gemacht, und ich glaube, daß mir Millionen Deutsche dafür dankbar sind, daß ich ihnen Hitler auch zeigte, wie ihn keiner kennt."[91] Der "Völkische Beobachter" bemerkte 1935 unter der Überschrift "Einer der ältesten Mitkämpfer des Führers": "Wie alle, die als alte Mitarbeiter in der Umgebung Adolf Hitlers leben und arbeiten, so hat auch Pg. Hoffmann von den Anfängen der Kampfzeit an bis heute in des Führers nächster Nähe die deutsche Geschichte der letzten Jahre von einer beneidenswerten Warte aus miterlebt. Und nicht nur miterlebt: Pg. Hoffmann ist der Bildchronist der Bewegung und hat sich in dieser Eigenschaft unvergängliche Verdienste erworben!"[92] Die Huldigung des Parteiorgans gipfelte in der Feststellung: "Vom propagandistischen Standpunkt aus gesehen ist das bis jetzt vor uns liegende Lebenswerk Heinrich Hoffmanns für die Bewegung fast unschätzbar."[93] Damit war vor allem Hoffmanns Leistung gemeint, "den Führer Adolf Hitler und die nationalsozialistische Bewegung dem deutschen Volke nahezubringen."[94] Wie die zitierten Passagen zeigen, zielte die zeitgenössische Publizistik auf die aktuell-propagandistische Funktion der Aufnahmen, sah in ihrem Urheber aber auch den fotografischen Chronisten der Partei – und setzte chronistische und propagandistische Dimensionen oft in eins. Die Zeitungswissenschaftlerin Gertrud Ulmer erkannte in der Gesamtproduktion eine grundsätzlich propagandistische Ausrichtung: "Kein einziges Werk, kein einziges Lichtbild wird ohne den Gedanken an die Propaganda für Staat und Partei hergestellt."[95] Hoffmann war für sie der "Vorkämpfer des Bildes als Zeitdokument und Waffe der Abwehr".[96]

Zu seiner öffentlichen Ehrung gehörte schließlich das Lob seiner fotografisch-pädagogischen Fähigkeiten: "Heinrich Hoffmann besitzt die seltene Gabe, daß er für Millionen zu sehen imstande ist, daß er geistig meistert, was er erzählt. Als 'Serienphotograph' von Rang gehört er zu den besten Erziehern des Volkes, weil er durch Anschauung Wissen bringt."[97] Einen untrüglichen Blick des Hitlerfotografen konstatierte Franz Grainer: "Ob er den Führer als Staatsmann, oder den Führer als Redner bringt, in Verbindung mit der Jugend, mit politischen Feiern

Firma H. Hoffmann: Adolf Hitler, Erna Hoffmann (Hoffmanns zweite Frau) und Heinrich Hoffmann anläßlich von dessen Ernennung zum Professor, Juli 1938; Helmut Laux: H. Hoffmann prostet Josef Stalin nach der Unterzeichnung des Hitler-Stalin-Paktes zu, Moskau, August 1939; H. Hoffmann jun.: H. Hoffmann überreicht Hitler einen Sammelband seiner Kunstzeitschrift "Kunst dem Volke", Obersalzberg, 20 April 1942

Abb. 2/37

Undatierter und nicht identifizierter Illustriertenbericht

usw., immer ist das psychologische Moment dieser Arbeiten so überzeugend herausgestellt, daß wir glauben, mit Hoffmann bis ins Tiefste der Seele Adolf Hitlers sehen zu können."[98] Und eine Illustrierte gab schließlich auf die Frage: "Worin liegt der große Erfolg dieses Meisters der Kamera begründet?" die Antwort: "Zweierlei befähigt ihn zu diesen Leistungen: 1. die Tatsache, daß er ein rastlos schaffender, hervorragender Lichtbildner und ein ebenso befähigter Journalist ist, 2. daß er die Menschen und die Welt mit den Augen des Künstlers sieht."[99] Damit erhielt der Fotograf künstlerisch-genialische Züge zugesprochen.[100] Einleuchtend, daß sich solche Besonderheit nicht dem Zufall verdankte, daß es das Schicksal war, das "Führer" und "Führerfotograf" zusammengeführt hatte. Kurzerhand verlegte man Hoffmanns Parteieintritt vom 6. April auf den 20. April 1920, den Geburtstag Hitlers, und deutete dies bedeutungsschwanger als "Sinnbild der Treue".[101]

Breitesten Raum in diesen Würdigungen nahmen Schilderungen über Hoffmanns erste Aufnahme des "Führers" und dessen "tiefe Abneigung gegen die Kamera"[102] ein. In Form dieser Episoden konnte man Hoffmanns damalige Bereitschaft, sich Hitlers Willen zu fügen und eigene Interessen hintanzustellen, trefflich vorführen und den "Führerfotografen" zum Paradebeispiel nationalsozialistischer Gefolgschaftstreue hochstilisieren, die von allen Untertanen Opfer und Entsagung verlangte. Hoffmann – das war Hitlers treuer und ergebener Begleiter: "Er ist, seit sein Freund Dietrich Eckart ihn mit dem Führer bekannt machte, nicht mehr von der Seite des Führers gewichen."[103] Dabei widerstand Hoffmann allen Versuchungen: "Und oft hat er den Gedanken niederkämpfen müssen, wie schön es wäre, nun eine Aufnahme zu machen. Als er 1923 einmal auf mehrere Tage mit dem Führer und Dietrich Eckart in die bayerischen Berge fuhr, ließ er als Schutz vor sich selbst die Kamera zu Hause."[104] Hitler gab seinem treuen Parteifreund aber das Versprechen: "Dafür sollen Sie später dann einmal der einzige Mann sein, der mich zu jeder Zeit photographieren darf (...). Wie immer, hat der Führer auch hier sein Wort gehalten."[105] Folgt man dieser Erzählung, erhielt Hoffmann die Fotografiererlaubnis als Belohnung dafür, daß er Hitler, genauer gesagt seine Porträts, nicht an die Presse "verkauft hatte". Hoffmann war also kein Verräter, kein Judas, und stieg deshalb zu Recht zum Porträtisten des "Führers" auf.

Derartige Rückblicke hatten einen interessanten Nebeneffekt. Sie halfen Hoffmanns Privilegien gegen Kritik abzusichern, die sich offenbar unter den Berufsfotografen regte und von der fotografischen Fachpresse, wenngleich moderat präsentiert, aufgegriffen wurde. Lorenz Tiedemann, Vorsitzender des "Reichsinnungsverbandes des Photographenhandwerks", schnitt das Thema 1937 an und schrieb: "Ich höre im stillen so manchen fragen (...), warum die Bilder vom Führer und den wichtigsten Ereignissen innerhalb der Bewegung immer von Hoffmann sein müssen. Es gibt doch auch noch andere gute Photographen und Bildberichterstatter, welche die Bilder ebenso gut machen könnten."[106] Auf die Frage gab Tiedemann dann auch gleich selbst die Antwort und beschwor das besondere Verhältnis von Hoffmann und Hitler: "Aber eines können sie alle nicht, und das ist, uns den Führer so nahe und so volksnahe zu bringen wie Heinrich Hoffmann (...). Das persönliche Freundschaftsverhältnis zum Führer gibt ihm die Möglichkeit, Bilder zu schaffen, die dem deutschen Volke einen Einblick gewähren in die Seele seines herrlichen Führers, in sein Leben als Staatsmann und Privatmann, in seine Verbundenheit mit allen Schichten der Bevölkerung. Um dies zu erreichen, genügt kein noch so großes photographisches Können, kein noch so großes angebliches Künstlertum. Hier ist notwendig die seelische Erfassung, wie sie nur einem vertrauten und erprobten Freunde möglich ist."

Tiedemann begnügte sich nicht mit dieser salbungsvollen Erklärung. Am Ende seines Artikels wendete er gar die kritischen Regungen in die Aufforderung zu einer ehrfurchtsvollen Haltung der ganzen fotografischen Zunft gegenüber dem "Reichsbildberichter": "(...) wir Berufsphotographen können stolz darauf sein, daß einer aus unseren Reihen sich das besondere Vertrauen des Führers erworben hat und sich seiner besonderen Wertschätzung erfreut." Ende 1933 war Hoffmann von der "Gesellschaft deutscher Lichtbildner" (GDL) in ihre Reihen aufgenommen worden, ein, wie sich bald herausstellte, geschickter Schachzug, denn Hoffmann bewahrte die Vereinigung mit seiner finanziellen Unterstützung vor dem Bankrott und machte 1938 ihre Ausgliederung aus der Reichskulturkammer rückgängig. Als "Kleinbildfotograf" war er neben Dr. Paul Wolff eine Ausnahmeerscheinung in der konservativen, kunstfotografisch orientierten Standesorganisation, wurde von der GDL aber regelmäßig auf ihren Ausstellungen und eben auch bei entsprechenden Bilderschauen auf den spektakulären Industriemessen als vorbildlicher Fotograf präsentiert.[107]

Inhaftierung und Tod

Mit dem Zusammenbruch der NS-Herrschaft war der Untergang des Hoffmannschen Unternehmens besiegelt, wenn auch die Berliner Pressebildabteilung angeblich noch bis in den Sommer 1945 hinein gearbeitet haben soll.[108] Die Verlagshäuser in München und Berlin waren ausgebombt, das Bildarchiv nach Winhöring in Oberbayern ausgelagert. Hoffmann wurde im Mai 1945 in Oberwössen von der US-Army verhaftet und hatte sich im Juni in Alt-Aussee/Österreich Verhören durch amerikanische Stellen wegen seiner Verwicklungen in den nationalsozialistischen Kunstraub zu unterziehen. Im Oktober 1945 kam er ins "Witness house" des Gefängnisses des Internationalen Militärgerichtshofes in Nürnberg, anschließend ins dortige Zeugenhaus und erhielt den Auftrag, seine Archivbestände zu ordnen, um Beweisdokumente für die Kriegsverbrecher-Prozesse zu sichern. Die Wiener "Arbeiter-Zeitung" schrieb am 1. November 1945: "So viel Ehre, so viel Pech! Er selbst sitzt, der Schwiegersohn sitzt, die Hitlerbilder sind entrahmt, die Spitzwegs und andere Erwerbungen dürften auch nicht Hoffmannscher Familienbesitz bleiben. Das Ungewöhnliche ist wieder gewöhnlich geworden, und jetzt sortiert Heinrich Hoffmann in Nürnberg Photographien wie einst, als er ein kleiner Photograph in München war. Da kann man nur sagen: Gut, wenn einer was gelernt hat! Wenn alle Stricke reißen, kann Heinrich Hoffmann immer noch ein Buch herausgeben: 'Hitler, wie ich ihn sah!'"

Nach einjährigem Gewahrsam in Nürnberg wurde Hoffmann an die bayerischen Behörden in München überstellt, wo im Januar 1947 das Entnazifizierungsverfahren vor der Spruchkammer München III eröffnet wurde. Mit dem Urteil vom 31. Januar 1947 war der Prozeß jedoch nicht beendet. Die sich anschließenden Verfahren zogen sich bis Mitte der fünfziger Jahre hin, da Hoffmann gegen die Entscheidungen immer wieder Rechtsmittel einlegte.[109] Nachdem er 1950 aus der Haft (zuletzt Internierungslager Nürnberg-Langwasser und Arbeitslager Eichstätt) entlassen worden war, lebte Hoffmann wieder in München. Als Berufsfotograf war er nicht mehr tätig, betrieb mit seinem Sohn ein historisches Fotoarchiv und versuchte sich als Kleinunternehmer im Vertrieb von Spirituosen. Im Dezember 1955 skizzierte ein Schreiben seines Anwalts an die Kammer ein erbarmungswürdiges Bild vom Befinden des Mandanten. Hoffmann, durch die Haft gesundheitlich geschädigt, "ist völlig verarmt und führte während der letzten 10 Jahre ein dürftiges und kümmerliches Leben."[110] Nach längerem Leiden starb er im Alter von 72 Jahren am 16. Dezember 1957.

Unternehmensgeschichte

Während die nationalsozialistische Publizistik immer wieder den "Führerfotografen" ins Rampenlicht stellte, blieben die wirtschaftlichen Dimensionen seiner Tätigkeiten vollkommen im dunkeln. In der Öffentlichkeit des Dritten Reiches war sein Unternehmen kein Thema. Offenbar schien es der damaligen Publizistik in Anbetracht von Hoffmanns Verherrlichung als "Fotograf des Führers", der angeblich der "einfache und bescheidene Mann geblieben"[1] sei, nicht angebracht, die wirtschaftlichen Größenordnungen realistisch darzustellen, da die von Hoffmann betriebene industrialisierte Massenproduktion der romantisch angehauchten Vorstellung vom Künstlergenie widersprach, ganz abgesehen davon, daß dann offenbar geworden wäre, zu welcher Goldgrube sie sich entwickelt hatte. Diese Tatsache zur Sprache zu bringen, blieb der Exilpublizistik vorbehalten, etwa dem Artikel "Luxus-Leben der Hitler-Führer" in der von Otto Strasser herausgegebenen "Deutsche Revolution. Organ der Schwarzen Front".[2]

Hoffmanns Unternehmen war am Vorabend des Zweiten Weltkrieges zu einer "großdeutschen" Bilderfabrik aufgestiegen, die mit dem "Ein-Mann-Betrieb" von 1923 nichts mehr gemein hatte und sich dank Hitlers Gnaden zu einer Art "Selbstläufer" entwickelte. Einmal in Gang gesetzt, funktionierte sie mit einer gewissen Automatik bis zum Zusammenbruch der NS-Herrschaft. Der Aufstieg des Unternehmens teilt sich unter quantitativen und qualitativen Gesichtspunkten in mehrere Phasen und zeigt, wie eng die Expansion der Firma an die Entwicklung der Bildproduktion im Dienste der "Bewegung" gebunden war und das heißt an den Kontext der jeweiligen "faschistischen Öffentlichkeit" seit 1923. Seit dieser Zeit läßt sich ihre wirtschaftliche Entwicklung in groben Zügen als Parallelprozeß zum politischen Aufstieg der NSDAP begreifen. Die Firma vollzog einen Wandel vom propagandistischen Instrument der NSDAP der Kampfjahre zum Mittel der NS-Staatspropaganda und wandte sich nach der politischen Konsolidierung des Dritten Reiches auch ganz neuen Geschäftszweigen zu. Immer deutlicher kristallisierte sich die Doppelfunktion der Firma als Güterproduzent und Dienstleistungsbetrieb heraus. Voraussetzung für diese Unternehmenspraxis war die weit vorangetriebene Arbeitsteilung auf der Basis einer modernen Fotografie- und Vervielfältigungstechnik.

"Photobericht Hoffmann" – Pressefotografie im Familienbetrieb

Ursprünglich war Hoffmanns fotografisches Unternehmen ein kleiner Handwerksbetrieb, der keine großen Kapitalmengen erforderte und dessen Ausgaben für Arbeitsleistungen vergleichsweise gering waren. Organisiert war die Bildproduktion nach einem erst in Ansätzen arbeitsteiligen Verfahren. Hoffmann fotografierte allein, sei es im Atelier oder unterwegs, und zog zur Weiterverarbeitung, insbesondere zur Herstellung größerer Postkartenauflagen, andere Hilfskräfte hinzu. Oft hatte die ganze Familie mitzuarbeiten, bisweilen ging auch der ihr seit den Regensburger Zeiten verbundene Fotograf Oskar Laifle zur Hand. Wahrscheinlich waren zeitweilig auch ein oder zwei Gehilfen beschäftigt. Zu den Produktionsmitteln der Firma "Photobericht Hoffmann" gehörten neben der Kameraausrüstung einige Laborgeräte und Apparate zur Entwicklung und Vervielfältigung der Positive. Das fotografische Rüstzeug eines Bildberichterstatters bestand seit etwa 1910 aus einer Spreizen-Klappkamera mit Schlitzverschluß und auswechselbaren Objektiven oder einer Spiegelreflexkamera. Wechselkassetten sorgten für einen zeitsparenden Austausch der Platten. Die gewöhnlichen Objektive mit 18 cm Brennweite hatten eine Lichtstärke von 6,3:1, lichtstärkere mit 21 cm Brennweite schon 4,5:1. Ein Arbeiten in geschlossenen Räumen war mit ihnen ohne künstliche Lichtquellen nur beschränkt möglich, da das übliche Raumlicht (Gas- oder Elektrobeleuchtung) längere Belichtungszeiten verlangte. Das auf offener Pfanne zu entzündende Magnesiumlicht war umständlich zu handhaben und bei Fotografen und dem Publikum wenig beliebt. Zur weiteren Ausstattung gehörte ein Leiterstativ, das für Überblicksaufnahmen bei Umzügen und Massenversammlungen verwendet wurde.

Mit Hilfe eines Schnellkopierautomaten, wie er als einfache Holzkastenkonstruktion mit eingebauter Lichtquelle seit 1900 in unterschiedlicher Bauweise angeboten wurde, konnten die fotografischen Negative im Kontaktkopierverfahren auf Bromsilber- oder Chlorsilberpapier abgezogen werden. Mit diesem einfachen handwerklichen Vervielfältigungsverfahren war es möglich, in kürzester Zeit eine größere Anzahl von Pressebildabzügen oder Fotopostkarten herzustellen und wenige Stunden nach der Aufnahme zum Verkauf anzubieten. So war der Produzent in der Lage, besonderen Käuferinteressen entgegenzukommen und das Risiko nicht absetzbarer Karten zu vermeiden. Möglich waren gleichermaßen Auflagen von 100 oder 1000 Stück, deren Herstellung jedoch mehrere Stunden in Anspruch nahm. Der flexiblen und aktuellen Produktion stand freilich der Nachteil gegenüber, daß mit diesem Verfahren keine größeren Auflagen zu erreichen waren, die ähnlich rentabel gewesen wären wie im industriellen Schnellpressendruck hergestellte. Gegebenenfalls, wenn die Nachfrage nach Postkarten stark expandierte und die eigene Kapazität nicht ausreichte, ließ Hoffmann seine Negative auch in anderen Betrieben abziehen. Das galt für den Postkartenboom im Sommer 1919, das galt auch für die Reichsparteitage 1927 und 1929 in Nürnberg. Nachweislich besorgte dies Willy Walcher, Besitzer eines Porträtateliers und einer fotografischen Bedarfshandlung in der Neuhauser Straße. Zeitweilig führte auch Hoffmanns Vater Robert Hoffmann in seiner "photographischen Druckerei", Schellingstraße 40, Vervielfältigungsarbeiten aus. Während Hoffmann selbst die Pressebildabzüge ohne zwischengeschaltete Agentur verschickte, war am Vertrieb der Fotopostkarten Michael Bauer – Inhaber eines Verlages und der Rahmen- und Bilderhandlung "Inama" – beteiligt; oder auch verschiedene Schreibwarenläden, die sich mit Anzeigen in einschlägigen Zeitungen und Zeitschriften an die nationalsozialistischen Parteigenossen richteten.

"Photohaus Hoffmann" – Amateurbedarf und Parteipropaganda

Die in Hoffmanns Betrieb praktizierten fotografischen Aufnahme- und Weiterverarbeitungsverfahren blieben lange Zeit unverändert. Zu gravierenden Neuerungen kam es erst in Verbindung mit der Erweiterung der Firma Ende der zwanziger Jahre. Schließlich verlangte die forcierte Bildberichterstattung im Dienste der NSDAP gerade auch anläßlich der "Deutschlandflüge" und die hiermit gekoppelte Belieferung der NS-Zeitungen mit aktuellem Bildmaterial den Aufbau einer speziellen Logistik und die Anstellung eigener Pressefotografen. Nun bediente sich Hoffmann der modernen Fototechnik – des Kleinbildfilms, der Leica und der Rolleiflex – und der zeitgemäßen Bildverarbeitung im eigenen Labor.[3]
Im Zuge der Professionalisierung der NS-Fotopublizistik begann um 1930 wahrscheinlich auch erstmals eine systematischere Archivierung des Bildmaterials für die fotografische Parteigeschichtsschreibung. Anstoß dazu gegeben hatte angeblich die Entdeckung Hitlers auf der Aufnahme der kriegsbegeisterten Menge von 1914 auf dem Münchener Odeonsplatz.[4]

Diese Veränderungen fielen zeitlich ungefähr zusammen mit der Gründung des "Photohaus Hoffmann" vom Oktober 1929 im ersten Stock über dem bekannten "Cafe Stefanie" an der Ecke Theresien-, Amalienstraße.[5] Hoffmann gab damit sein bisheriges Atelier Schellingstraße 50 auf, wohl auch deshalb, weil die dort residierende Reichshauptgeschäftstelle der NSDAP immer mehr Räume des Gebäudes in Beschlag genommen hatte. Nach ihrer Wiederzulassung im Frühjahr 1925 hatte er der Partei einige Räume, darunter auch das großräumige Atelier über seinem Fotostudio, vermittelt, in dem der "Ehrensaal der SA" eingerichtet wurde und die Parteispitze bisweilen tagte.[6] Hoffmanns neues Geschäft hatte mehrere Funktionen, bestand aus einem Fotoladen, der besonders Fotoamateure umwarb, gerade auch unter den Parteigenossen, und bildete zugleich einen Stützpunkt der nationalsozialistischen Fotopropaganda. Angeboten wurden fotografische Bedarfsartikel, die Ausführung von Fotoarbeiten wie auch aktuelle Fotopostkarten mit Bildnissen von Hunderten von NS-Führern und Aufnahmen der Parteitage. Insgesamt waren in der Firma mehrere Fotografen, kaufmännische Angestellte und Gehilfen beschäftigt. Ein erhalten gebliebener Lohnnachweis aus dem Jahr 1932 listet bereits 17 Angestellte auf, darunter die junge Eva Braun, die hinter der Ladentheke stand.[7]

Der offenbar "modern" gestaltete Laden war ein repräsentatives Geschäftslokal, sollte auch auf die Parteigenossen Eindruck machen und wurde vom 'Völkischen Beobachter' mit einem eigenen Artikel unter der Überschrift "Pg. Heinrich Hoffmanns neue Werkstätten" vorgestellt: "Zwei stattliche Fensterfronten zu je 6 Fenstern an beiden Straßen des 'lateinischen Viertels' bei der Universität verkünden im 1. Stockwerk über dem Café mittels großer moderner Transparente den Sitz des Photohauses Hoffmann. An der Amalienstraße befindet sich der orangebetonte Eingang zum vornehmen Treppenhaus, das in schmissigen Fotos einige starke Proben von der Kunst des Meisters in seinem Fache bringt. Die breite Treppe führt sofort in den offenen Ladenraum des 1. Stockes, dessen gediegene Ausstattung in Farbe und Formen großen künstlerischen Geschmack verrät: die feinen Möbel lachsfarbig mit grauem Strich, die Vorhänge hellblau,

Abb. 2/38-40

Heinrich Hoffmann: Vorderhaus Schellingstraße 50, 1926;
H. Hoffmann: Hinterhaus Schellingstraße 50, um 1924;
Schreiben H. Hoffmanns an die Lokalbaukommission der Stadt München vom 24. 3. 1926

Abb. 2/41-42

H. Hoffmann: Ehrensaal der SA in der Hauptgeschäftsstelle der NSDAP, Dachgeschoß des Hinterhauses Schellingstraße 50, um 1927 ; Hitler spricht auf der Führertagung der NSDAP vor den Organisationsleitern und Gauleitern, Ende Aug./Anfang Sept. 1928

vom gleichen Blau die Uhr im Schrankbau mit den gekreuzten Stäben auf dem Glas, hinter dem alles geboten wird, was der Amateur braucht, vom Dunkelkammerbedarf bis zum modernsten Apparat. Die Wände mit Tapeten in Lachs und Grau schmücken vergrößerte Fotos nach der 'Rolleiflex', einer ganz kleinen Kamera, deren Leistungsfähigkeit damit gezeigt wird."[8] Aufmerksamkeit schenkte der Autor auch den Werkstätten, "bei denen ein Zweckraum sich an den anderen reiht: ein Raum zum Zurichten der farbigen Bilder und Retouchieren mit einem Trockenschrank für Bilder, dessen elektrische Beheizung die Filme in 25 Minuten trocknet. Daneben folgt ein Lagerraum für Platten, dann ein Vergrößerungsraum, mit den neuesten Apparaten, wie Spüleinrichtungen für Leica-Vergrößerungen für 36 Bilder. Ein weiterer Vergrößerungsapparat dient gleichzeitig zum Verkleinern von Bildern. Auch den Kopierraum füllen die neuesten Apparate. Drei Fotos von der Riesenversammlung im Zirkus Krone am Freitag liegen hier schon unter Glas, versandbereit für unsere illustrierte Presse. Das Entwickeln der Platten und Filme, das Wässern mit mittels Wasserkraft rotierender Maschine erfordert weitere entsprechend eingerichtete Räume. (...) Auch das Hilfspersonal Hoffmanns besteht nur aus Fachleuten, geschult in den individuellen Entwicklungsmethoden (...)"

Die finanziellen Mittel für diese Neugründung stammten aus der eingangs erwähnten Erbschaft seines Onkels, der im Jahr zuvor gestorben war. Ob das Geschäft allerdings angesichts der Folgen der Weltwirtschaftskrise schnell zum Erfolg führte, ist ungewiß. Hoffmanns damalige wirtschaftliche Situation wurde später im Entnazifizierungsverfahren Gegenstand einer langen Auseinandersetzung.[9] Zweifelsohne war Heinrich Hoffmann dank der Erbschaft ein vermögender Mann geworden, doch hatte er mit großen Liquiditätsproblemen zu kämpfen und mußte beispielsweise im März 1930 bei der NSDAP ein Darlehen über 13 100 Reichsmark aufnehmen.[10] Zu diesem Zeitpunkt können auch die für ihn aus der Verbindung mit Hitler und der NSDAP erwachsenen wirtschaftlichen Vorteile noch nicht üppig gewesen sein. Schon Hoffmanns bisherige Unternehmungen waren nicht sonderlich gewinnbringend verlaufen, führten jedenfalls zu keiner dauerhaften Erweiterung des Betriebs und wurden nach kurzer Zeit wieder abgebrochen. Bevor sich Hoffmann Ende der zwanziger Jahre immer stärker der Parteiarbeit verschrieb, ging er verschiedenen anderen Beschäftigungen nach, die zum Teil außerhalb seiner Tätigkeit als Pressefotograf lagen und mit der NSDAP nichts zu tun hatten. In dieser Zeit war der Bildbedarf der "Bewegung" nicht groß, da sich die geschrumpfte und politisch erfolglose Partei in der Stabilisierungsphase der Weimarer Republik erst einmal darauf einstellte, zu "überwintern".

Auffallend bleibt dabei, mit welcher Energie Hoffmann in verschiedenen Sparten sein Glück versuchte. Die verschiedenen Aktivitäten bestätigen das sich schon vor dem Ersten Weltkrieg abzeichnende Bild eines agilen und anpassungsfähigen Fotografen. Schon im Sommer 1919 zog er einen überregionalen Versandhandel für Fotoabzüge unter dem Firmennamen "Bayerische Photo-Werke" auf.[11] Als während der Inflationszeit ein Boom in der deutschen Filmindustrie einsetzte und das Auslandsgeschäft winkte, folgte ein kurzzeitiger Ausflug in die Spielfilmproduktion. Zuerst war Hoffmann Standfotograf der Filmgesellschaft "Weiß-Blau", die im Dachgeschoß in der Schellingstraße 50 ihre Studios hatte. Nach ihrem Konkurs gründete er zusammen mit Atto Reti Marsani und dem Münchener Filmer Martin Kopp die Filmgesellschaft "Hokomar", die jedoch nur einen einzigen Film produziert haben soll.[12] 1923 führte Hoffmann zeitweilig einen Kunsthandel in der Schellingstraße 51, im Jahr darauf betrieb er einen Laden für Radio- und Fotogeräte in der Barerstraße 74. Schließlich firmierte Hoffmann von 1925 bis 1927 als verantwortlicher Redakteur der Bildbeilage "Heimat und Welt" der Zeitungen des "Bayerischen Zeitungsblockes", der mit der "Bayerischen Volkspartei" verbunden war. Zur gleichen Zeit gab er die "Photographischen Berichte" heraus, die sich der Berichterstattung über große Festveranstaltungen, etwa der Eröffnung des "Deutschen Museums" widmeten, nach einigen Nummern aber ihr Erscheinen einstellten.[13]
Diese vielfältigen Tätigkeiten müssen der

Abb. 2/43-45

Unbek. Fotograf: "Photohaus Hoffmann" im ersten Stock des Eckhauses Theresien-/Amalienstraße, um 1930; Anzeige, in: Illustrierter Beobachter, Nr. 50, 14. Dezember 1929, S. 666; Anzeige, in: Völkischer Beobachter, 8./9./10. Juni 1930

Abb. 2/46-47

Unbekannter Fotograf:
Eva Braun in den Verkaufsräumen des "Photohaus Hoffmann", frühe dreißiger Jahre

wachsenden propagandistischen Inanspruchnahme durch die NSDAP in den letzten Jahren der Weimarer Republik zunehmend im Wege gestanden haben, zumal sie ja zum Teil, wenn auch nur indirekt, einer gegnerischen Partei zugute kamen. Ob und inwieweit daraus Konflikte entstanden, ist im einzelnen nicht bekannt. Offenkundig hing es nur von der weiteren Dynamik der "Bewegung" ab, daß sich Hoffmanns Aktivitäten ganz auf die Partei richten sollten.

"Heinrich Hoffmann. Verlag nationalsozialistischer Bilder"

Nach 1933 entstand aus dem einstigen Kleinunternehmen ein Großverlag, der seine Umsätze bis weit in den Krieg hinein steigern konnte und ein Heer von Mitarbeitern beschäftigte. Am 1. März 1943 waren im Stammhaus und in zehn Niederlassungen über 300 Personen beschäftigt. In ihrer Umsatz- und Gewinnentwicklung zeigte die Firma eine einzigartige Erfolgskurve bis zum Jahr 1943; für 1944 und 1945 gibt es keine Belege mehr. Lag der Umsatz 1933 noch bei 680 000, so erreichte er im Jahre 1943 über 15 Millionen Reichsmark und damit das 22fache des Wertes von 1933. Besonders nach 1937 beziehungsweise 1939 beschleunigte sich die Umsatzentwicklung und erreichte in den Jahren 1940 bis 1942 ungefähr das Eineinhalbfache des Vorjahresumsatzes. Bis 1943 summierte sich der Gesamtumsatz laut Steuerakten auf 58 Millionen Mark.

Das Großunternehmen hieß "Heinrich Hoffmann – Verlag nationalsozialistischer Bilder" und bestand aus den Hauptabteilungen "Presse" (jetzt "Presseillustrationen Heinrich Hoffmann") und "Verlag". Zu letzterem zählte ein Buch- und Postkartenverlag (einschließlich der Produktion von Farbdrucken und Mappenwerken). Ausgangspunkt und unveränderter Mittelpunkt war und blieb die Pressefotografie. Um sie gruppierten sich weitere fotopublizistische Verwertungsformen und neue Produktbereiche, wie die Herstellung von Bronzebüsten der Parteiführer und verschiedenartigen Kunstreproduktionen, darunter auch Aquarelle Hitlers aus dem Ersten Weltkrieg. Zum Angebot der Firma gehörten schließlich seit längerem auch Wandschmuckblätter mit Porträts der Parteigrößen.[14] Das entscheidende Produktionsprinzip der Firma bestand darin, das produzierte Bildmaterial möglichst vielseitig in verschiedenen Formen und unterschiedlichen Zusammenstellungen zu verwerten. Hoffmann war Zulieferer von aktuellem Bildmaterial an diverse Presseorgane und Publikationsmedien und betrieb zugleich die eigene verlegerische Verwertung der Aufnahmen. Seine Aufnahmen druckten nicht nur die Parteipresse, die "gleichgeschaltete" Tages- und Illustriertenpresse und die Auslandspresse. Sie wurden von

Unbek. Fotograf: Ladengeschäft der Niederlassung der Firma Hoffmann in Düsseldorf, 1938

Hoffmann selbst auch auf Postkarten und in Fotobänden verbreitet und erschienen auf "Aushangfotos" und in kleinformatigen Büchlein für die Winterhilfswerk-Propaganda, die Auflagen von über 30 Millionen erreichten[15] und schließlich auch auf "Hoffmanns Antikommunistischen Bildtafeln" reproduziert wurden. Das waren Fotoplakate, die alle zehn Tage in den Betrieben gewechselt wurden.

Um in Berlin, der "Hauptstadt der deutschen Presse", präsent zu sein, hatte Hoffmann noch vor der Machtübernahme der NSDAP Mitte 1932 das Illustrationsbüro des Berliner Pressefotografen Carl Weinrother übernommen und eröffnete dann 1933 zuerst provisorisch in der Friedrichstraße 214, dann Ende 1934 in der Kochstraße 10 im Berliner Zeitungsviertel einen zweiten Firmensitz.[16] Im Hotel "Bristol", Unter der Linden 65, etablierte er ein Atelier für Presseporträts und Bildnisse für Wandschmuckblätter der Parteigrößen und nahm selbst im Hotel "Kaiserhof" Wohnung.[17] Das Münchener Stammhaus mit Büro- und Ausstellungsräumen war in der Theresienstraße 74 untergebracht und zog später in die Friedrichstraße 34 um. Niederlassungen entstanden in Düsseldorf, nach der Expansion des Deutschen Reiches auch in allen angegliederten und okkupierten Ländern. 1938 wurden in Wien und Reichenberg Zweigstellen gegründet, 1939 in Prag und Posen, 1940 in Den Haag und Straßburg, 1941 in Paris und schließlich 1942 in Riga. Die Niederlassungen bestanden – mit Ausnahme eines Fotolabors in Wien – nur aus Ladenverkaufsräumen mit angeschlossenen Lagern. Dieses Filialnetz ermöglichte den optimalen Vertrieb der Bilderwaren, vor allem an Parteistellen und Behörden. In den Kriegsjahren sollte sich zeigen, daß diese Infrastruktur in Verbindung mit einem eigenen Wagenpark sehr nützlich war, um Grundmaterialien, vor allem Papier, auf dem Schwarzmarkt zu beschaffen. Besondere Bedeutung gewann die Dependance in Wien, als sich Hoffmanns kunstverlegerische Tätigkeiten ausweiteten und Baldur von Schirach, seit 1932 mit Hoffmanns Tochter verheiratet, 1940 zum Statthalter von Wien ernannt wurde und seine schützende Hand über Hoffmanns Unternehmungen hielt. Hier residierte der Verlag in einer arisierten Kunstmöbelhandlung in vorzüglicher Lage am Opernring.[18]

Speziell für die Verbreitung von stereoskopischen Aufnahmen stieg Hoffmann 1937 als Teilhaber in den "Raumbild-Verlag Otto Schönstein" in Dießen am Ammersee ein, 1938 erwarb er die Wiener Kunstzeitschrift "Kunst dem Volke" und spielte gar mit dem Gedanken, namhafte Großdruckereien wie Braun & Co in Straßburg aufzukaufen.[19] Ansonsten wurde eng mit spezialisierten Firmen des Druck- und Reproduktionsgewerbes zusammengearbeitet. Die Anfertigung von Großvergrößerungen für Ausstellungen wurde an eine Berliner Fachfirma delegiert, die Herstellung von Postkartengroßauflagen an einen Betrieb am Starnberger See, der Druck der Fotobände und Wandschmuckblätter an Thiemig, Bruckmann und Hanfstaengl in München, an Neubert in Prag beziehungsweise andere Großdruckereien in Berlin und Wien.

Infolge der nationalsozialistischen "Säuberung" des Agenturwesens von 1933 – und das bedeutete auch die Beseitigung von Konkurrenten – stieg Hoffmanns Bildagentur bald zur größten privaten Pressebildagentur neben den halbstaatlichen Agenturen im Dritten Reich auf. Von vielen offiziellen Repräsentationsakten und Auftritten Hitlers waren allein von Hoffmanns Agentur entsprechende Aufnahmen zu bekommen beziehungsweise deren Verwendung

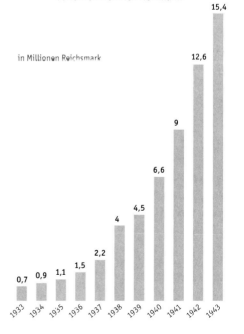

Gesamtumsätze der Firma Hoffmann 1933 - 1945

Nach Steuerunterlagen im Spruchkammerverfahren Heinrich Hoffmann

in Millionen Reichsmark

Jahr	Umsatz
1933	0,7
1934	0,9
1935	1,1
1936	1,5
1937	2,2
1938	4
1939	4,5
1940	6,6
1941	9
1942	12,6
1943	15,4

Abb. 2/49

"Hoffmanns Antikommunistische Bildtafeln", Nr. 35/XII 38, 1938, Plakat

durch Direktiven des Propagandaministeriums angeordnet. Dank der Rückendeckung von oben konnte Hoffmann auch die Preise für Presseaufnahmen heraufsetzen.[20] Seine Agentur stand im Austausch mit zahlreichen Pressebildagenturen im Ausland, in besonders engem Kontakt mit der "New York Times" in New York, und diente während des Krieges auch als Vermittlungsstelle für Aufnahmen aus dem Ausland.[21] Über die Kontakte mit der schwedischen Agentur "Pressensbild" gelangten beispielsweise Aufnahmen der sowjetischen Agentur "Tass" nach Berlin. Hoffmann versicherte sich der Mitarbeit erfahrener Fachleute, um über die Parteipresse hinaus auch allgemein mit der deutschen Presse besser ins Geschäft zu kommen und den Absatz zu steigern. Die Presseabteilung produzierte anfangs ausschließlich aktuelle Bildberichte, die im täglichen Versand an über 160 Zeitungs- und Zeitschriftenredaktionen geliefert wurden – oft in enger Abstimmung mit den Meldungen des "Deutschen Nachrichten Büros".[22] In Einzelfällen wurden die Aufnahmen in Form von Erstrechten verkauft, vor allem an den "Illustrierten Beobachter" und die "Berliner Illustrirte", ansonsten aber im Abonnementsystem vertrieben.[23] Einen eigenen Matern- oder Klischeedienst baute Hoffmann nicht auf, suchte aber die Zusammenarbeit mit etablierten Firmen.

In der zweiten Hälfte der dreißiger Jahre kam eine Abteilung für journalistisch anspruchsvollere Bildreportagen hinzu, die zumeist als Exklusivserien in enger Abstimmung mit Illustriertenredaktionen, wie etwa der "Koralle" produziert, von eigenen Schriftleitern betreut und von "Serienfotografen" wie Eitel Lange fotografiert wurden.[24] Von vielen Veranstaltungen wurden nun auch – meist von Hugo Jaeger – regelmäßig Farbfotografien aufgenommen, die vorerst aber kaum publiziert werden konnten. Heinrich Hoffmanns persönliche Angelegenheit blieben die Hitlerporträts und Aufnahmen aus dessen unmittelbarer Umgebung, vor allem auf dem Obersalzberg und während seiner Reisen. Mit zunehmender Häufigkeit wurden jedoch auch seine Cheffotografen Fritz Schulz oder Franz Gayk, beide Mitglieder der SS, und später Heinrich Hoffmann jun. eingesetzt. Das galt nach dem Kriegsausbruch für die Führerhauptquartiere an der West- und Ostfront und Hitlers Frontbesuche und sicherte die Sonderstellung der Firma auch während des Krieges. Die Urheber der Aufnahmen wurden auf den Pressebildabzügen nicht namentlich genannt und besaßen keine großen individuellen Einwirkungsmöglichkeiten, da die Schriftleiter der Presseabteilung bestimmten, zu welchen Ereignissen und Veranstaltungen sie geschickt wurden, hernach die gemachten Aufnahmen selektierten und die Pressebildabzüge betexteten. Im Unterschied zu den Fotografen erschienen ihre Namenskürzel auf den rückseitigen Angaben.[25] Ihrerseits waren die Schriftleiter gehalten, sich nach Anweisungen der Pressekonferenzen des Propagandaministeriums zu richten, zu denen wiederum Hoffmanns Hauptschriftleiter

Hoffmann | Unternehmensgeschichte

Abb. 2/50

Firma Heinrich Hoffmann (Hugo Jaeger?):
Hitler spricht bei der Grundsteinlegung zur Volkswagen-
fabrik in Fallersleben, 26. Mai 1938, Farbdia

Abb. 2/51-53

Firma H. Hoffmann: Bildarchiv der Presseabteilung in der Berliner Zentrale der Firma Hoffmann, Ende 30er/Anfang 40er Jahre; Gummistempel "Presse-Illustrationen Heinrich Hoffmann" für Pressebildabzüge

Günther Beukert erscheinen mußte. Unter dem umfangreichen Personal der Presseabteilung, das mit der technischen und redaktionellen Weiterverarbeitung, dem Versand und Verkauf beziehungsweise der Archivierung der Aufnahmen beschäftigt war, machten die Pressefotografen eine relativ kleine Gruppe aus. Wie aus einer Personalaufstellung hervorgeht, befanden sich unter den etwa 50 im Jahr 1938/39 im Berliner Pressebetrieb tätigen Mitarbeitern nur sechs Pressefotografen.[26] Nach Kriegsbeginn und der damit verbundenen Übernahme von Aufnahmen der Propagandakompanien in das Agenturangebot sank ihr Anteil. So weist die Aufstellung vom 1. März 1943 – dem Jahr, als die Firma ihre größten Umsatzzahlen erreichte – nur mehr vier Bildberichter unter den 66 Berliner Firmenangehörigen aus.[27] Im Jahr 1938/39 waren vier, 1943 fünf Schriftleiter bei Hoffmann beschäftigt und für den Innen- und Auslandsdienst, den Bildversand und das Bildarchiv verantwortlich.[28] Ingesamt gehörten damals 48 männliche und 60 weibliche Mitarbeiter dem Berliner Betrieb an. Für München führt die Aufstellung von 1938 mit insgesamt 28 Angestellten nur einen einzigen Pressefotografen an, was bestätigt, daß im Münchener Betrieb die Pressefotografie keine große Rolle spielte,[29] da bei größeren Veranstaltungen in der "Hauptstadt der Bewegung" eigens Pressefotografen der Berliner Zentrale nach München kamen.[30]

Die von Hoffmann herausgegebenen Fotobände kamen anfangs ausschließlich im "Zeitgeschichte-Verlag" in Berlin heraus, in späteren Jahren zum Teil auch im eigenen Buchverlag.[31] Den Anfang hatte 1932 der Bildband "Hitler wie ihn keiner kennt" gemacht, zu dem Hoffmann von Wilhelm Andermann, dem völkisch eingestellten Inhaber des "Zeitgeschichte-Verlages" und "Braunen Buchrings", angeregt worden war.[32] Das Buch wurde ein unerwarteter Verkaufserfolg und sollte das Vorbild für die Produktion der späteren Bände werden. Auflagenhöhen

Abb. 2/54

Sortimentskatalog "Heinrich Hoffmann. Verlag nationalsozialistischer Bilder", 1940

von mehreren Hunderttausend Stück erreichten die auf Hitler konzentrierten Fotobände, vorzugsweise die des "privaten Führers". Sie waren absolute Renner auf dem Buchmarkt und stellten die Publikationen über die Partei in den Schatten. Bis 1938 erschienen Hoffmanns Bildbände über die Reichsparteitage; andere Bildbände dokumentierten nationale Feiertage, Gebietseingliederungen ins Deutsche Reich und ab 1939 die deutschen Eroberungszüge. Die von Hoffmann herausgegebenen Fotobände folgten immer einem ähnlichen Strickmuster. Dem Geleitwort von Prominenten, oftmals Baldur von Schirach, schloß sich ein kompakter Bildteil mit einer kurz betexteten Abbildung pro Buchseite an. Bei anderen Buchproduktionen waren Hoffmanns Partner das Winterhilfswerk, Großunternehmen und Rüstungsbetriebe wie Messerschmitt. Eine enge Zusammenarbeit entstand mit dem Zigarettenkonzern Reemtsma in Altona-Bahrenfeld, der unter anderem auch Sammelalben zur NS-Geschichte herausbrachte. Hoffmann war ab 1933 Bildlieferant für den "Zigaretten-Bilderdienst" und zeichnete für die "künstlerische Durcharbeitung" verschiedener Reemtsma-Alben verantwortlich.

Hoffmanns Hitlerbücher profitierten in hohem Maße davon, daß Konkurrenzangebote auf dem Buchmarkt durch die parteiamtliche Prüfungskommission weitgehend ausgeschaltet waren. Dazu bemerkte Dietrich Strothmann: "Das Angebot an 'Führer-Literatur', das nach 1934 und aufgrund der verschärften Zensur der Bouhlerbehörde schlagartig zurückging, wurde bis 1945 nur von Hitlers eigenem Buch und der Bildbandreihe des 'Reichsbildberichterstatters' Heinrich Hoffmann getragen."[33] Die Fotobände wurden in das "Verzeichnis der zur Beschaffung für Schulbüchereien geeigneten Bücher" aufgenommen und auf Geheiß des Reichserziehungsministers von den Schulen in Sammelbestellungen geordert. Bezugnehmend auf Hoffmanns Band "Hitler in seinen Bergen" hieß es im

Abb. 2/55-56

"Der Führer macht Geschichte", Abzeichen des Winterhilfswerkes, 1939; Bestellformular des Zeitgeschichte-Verlags, Berlin, 1939

Erlaß des Reichsministers vom 9. Januar 1937: "Ich weise die Schulen auf das Buch hin, weil es besonders geeignet ist, der deutschen Jugend die Persönlichkeit des Führers noch näher zu bringen."[34] Darüber hinaus kaufte die Reichsregierung für die Schul- und Werksbibliotheken auch sogenannte Restauflagen, die ihr regelmäßig von Hoffmanns Vertretern angeboten wurden. Da das Reichsministerium für Wissenschaft, Erziehung und Volksbildung nicht über die notwendigen Mittel verfügte, übernahm häufig die Reichskanzlei die Finanzierung der "Bücherspenden", oft auf persönliche Anordnung Hitlers. So schrieb der Chef der Reichskanzlei am 12. Juli 1939 an Hoffmann: "Ihre Anregung, Mittel zur Beschaffung Ihres Werkes 'Ein Volk ehrt seinen Führer' für die Schulen zur Verfügung zu stellen, habe ich dem Führer vorgetragen. Auf Grund dieses Vortrags beim Führer bin ich bereit, 10 000 Stück Ihres Werkes aus meiner Bewirtschaftung unterliegenden Mitteln für Schulbüchereien anzukaufen."[35] In den überlieferten Reichskanzleiakten sind eine Reihe von Bestellungen dokumentiert, die jedoch wohl nur einen Teil der staatlich angekauften Bildbandbestände ausmachen.[36] Angeführt sind: "Hitler in seinen Bergen" (25. Mai 1938; 14 000 Stück); "Sieh das Herz Europas" (26. November 1938; 7000 Stück); "Ein Volk ehrt seinen Führer" (12. Juli 1939; 10 000 Stück); "Neues Deutschland" (15. Juni 1940; 10 000 Stück); "Mit Hitler im Westen" (5. Dezember 1940; 12 000 Stück); "Für Hitler bis Narvik" (17. Januar 1942; 12 000 Stück); "Deutscher Osten - Land der Zukunft" (3. April 1943; 12 000 Stück).

Einen gewichtigen Sektor des Verlagsprogramms machten die Wandschmuckblätter mit Bildnissen der politischen Führer des Dritten Reiches aus, allen voran Hitlers, die in vielfältiger Form, Technik und Aufmachung offeriert wurden. Wie die Sortimentskataloge der Firma ausweisen, handelte es sich neben rein fotografischen Blättern um Gemäldereproduktionen, die in den Formaten zwischen 18 mal 24 cm und 70 mal 100 cm und in allen Aufmachungen, auch komplett gerahmt und in Altsilber oder Altgold angeboten wurden. Hierbei lag Hoffmann mit dem alteingesessenen Verlag Hanfstaengl, der von Edgar Hanfstaengl, dem Bruder des Parteigenossen und Auslandspressechefs der NSDAP Ernst Hanfstaengl, geführt wurde, im Clinch um den NS-Wandschmuckmarkt vor allem in Süddeutschland.[37] Der Verlag Hanfstaengl hatte nach 1933 sein umfangreiches, bereits bestehendes Bildnisangebot mit nationalen Führer- und Heldengestalten nur um die neuen nationalsozialistischen Prominenten erweitern müssen und bot ausschließlich von Malern und Grafikern gestaltete Porträts an, die freilich auch meist auf Fotografien zurückgingen.[38]

Zu einer ersten Kollision zwischen beiden Protagonisten des politischen Wandschmuckgeschäfts im Dritten Reich war es schon im Frühjahr 1933 gekommen. Hoffmann erwirkte eine einstweilige Verfügung gegen Hanfstaengl, da dieser von dem Dresdener Maler Böhringer gezeichnete Porträtblätter Hitlers und Görings anbot, als deren Vorlagen Hoffmann seine eigenen Aufnahmen identifizierte. In einer außergerichtlichen Vereinbarung anerkannte Hanfstaengl, daß Hoffmanns Aufnahmen die Grundlage der "künstlerischen Neuschöpfungen", das heißt der Kreidezeichnungen des Dresdener Bildnismalers K. J. Böhringer waren, und verpflichtete sich, Hoffmann mit zwölfeinhalb Prozent am Verkaufserlös der Blätter zu beteiligen. Dieser erklärte sich seinerseits bereit, "mit der Firma Hanfstaengl wegen der Herstellung weiterer Bilder zusammenzuarbeiten," was dann auch noch mehrfach geschehen sollte.[39] Hoffmann setzte sich durch – Hanfstaengl hatte gegen das Urheberrecht verstoßen. Und doch zeigt sich hier schon eine neue Gewichtsverteilung zwischen den Konkurrenten, denn die von Hoffmann abgegebene Erklärung entsprach sowieso seinen eigenen Interessen, während Hanfstaengl sich nun zu Hilfeleistungen für Hoffmann verpflichten mußte. Gegen Hoffmann konnte Hanfstaengl auf Dauer nicht mithalten, denn staatliche Stellen protegierten diesen massiv bei der Beschaffung von Wandschmuckblättern für Amtszimmer. Das war geradezu exemplarisch für seine Sonderposition. Der Reichsinnenminister Frick empfahl in einem Erlaß vom 27. Oktober 1934 bezüglich "Amtlichen Maßnahmen zur Ehrung des Führers und Reichskanzlers" ausdrücklich Bilder aus Hoffmanns Sortiment und leitete sogar dessen Firmenprospekte mitsamt den Unterlagen für Sammelbestellungen an die Behörden weiter: "Die Firma gewährt, wie aus dem Prospekt ersichtlich ist, bei Sammelbestellungen einen Preisnachlaß. Die Bestellungen werden daher zweckmäßig im Bereich jeder Verwaltung nach Möglichkeit zusammengefaßt und der Firma mit einer Sammelbestelliste nach beiliegendem Muster aufgegeben."[40] Wie gut Hoff-

Abb. 2/57

"Deutschland erwacht.
Vom Werden, Kampf und
Sieg der NSDAP",
1933, S. 132 - 133

mann in diesem Zusammenhang über die behördlichen Interna informiert war, zeigt sich daran, daß er bereits ein paar Tage nach dem Erlaß an die bayerische Staatskanzlei schrieb, um sich auch in Bayern für Sammelbestellungen stark zu machen.[41]

Aus Hoffmanns passionierter Kunstliebhaberei entstand schließlich eine eigene Produktionssparte des Unternehmens. Er verband seine – bereits an anderer Stelle geschilderten – kunsthändlerischen Aktivitäten vielfach mit verlegerischen Überlegungen und machte die Herstellung von Kunstblättern im Lauf der Jahre zu einem immer wichtigeren Sektor seines Verlags. Nicht zu Unrecht nannte Berthold Hinz Hoffmann den "dominierende(n) Statthalter im Reich der Kunstreproduktionen."[42] Neben den alten Meistern bot Hoffmann Farbreproduktionen der zeitgenössischen deutschen Malerei an, vor allem der auf der "Großen Deutschen Kunstausstellung" gezeigten Werke, die er an Presse- und Buchverlage und selbst in Mappenwerken, Bildheften, auf Postkarten in Millionenserien verkaufte.[43] Dazu kam ab Februar 1939 die Kunstzeitschrift "Kunst dem Volk. Monatszeitschrift für bildende und darstellende Kunst, Architektur und Kunsthandwerk", die Hoffmann wohl auch als privates Steckenpferd betrachtete. Um das bestehende Zeitschriftengründungsverbot zu umgehen, kaufte Hoffmann 1938 eine angeblich vom Konkurs bedrohte Wiener Kunstzeitschrift auf und gab sie unter neuem Namen im eigenen Verlag in Wien heraus.[44] Während sie in der "Ostmark" frei erhältlich war, soll sie im "Altreich" nur im Abonnement vertrieben worden sein, da Alfred Rosenberg in ihr eine unliebsame Konkurrenz zu der von ihm selbst herausgegebenen offiziösen Kunstzeitschrift "Die Kunst im Dritten Reich" (später "Kunst

Firma H. Hoffmann, (Hugo Jaeger?): Verkaufsräume der Niederlassung der Firma "Heinrich Hoffmann. Verlag nationalsozialistischer Bilder", in Wien nach 1938, Farbdia

im Deutschen Reich") sah und angeblich ihre weitere Verbreitung zu verhindern verstand.[45] Die Zeitschrift war ein Erfolg, aber die Geschäftsbilanzen der Wiener Niederlassung, wo "Kunst dem Volk" auch buchhalterisch abgewickelt wurde, lassen nicht darauf schließen, daß die Kunstzeitschrift die anderen Verlagsprodukte an Bedeutung übertraf, was Hoffmann nach 1945 behaupten sollte.[46]

Welche Anteile die jeweiligen Einzelabteilungen der Firma am Gesamtumsatz besaßen beziehungsweise welche eventuellen Gewichtsverschiebungen im Lauf der Jahre eintraten, läßt sich nicht verläßlich ermitteln, da entsprechende Firmenunterlagen fehlen und in den vorhandenen Unterlagen nur pauschal zwischen "Presse" und "Verlag" unterschieden wird. Laut Umsatzaufstellung der Firma Hoffmann für den Zeitraum 1933 – 1943 hat der Bereich Pressefotografie nur zehn Prozent vom Gesamtumsatz des Unternehmens ausgemacht.[47] Diese Angabe belegt zuallererst, welch überragenden Stellenwert der über die verschiedenen Filialen abgewickelte Verkauf von Verlagsprodukten, vor allem Fotobüchern und Wandschmuckblättern für die Firma besaß. In der Aufstellung sind jedoch auch speziell die Umsätze für die Verlags- beziehungsweise Presseabteilung in Berlin aufgeführt. Dabei stehen für den Zeitraum 1933 – 1943 9,2 Millionen Reichsmark Umsatz im Verlag 5,3 Millionen Reichsmark Umsatz in der Presseabteilung gegenüber. Die Jahresumsätze zeigen auch, daß sich das anfängliche Verhältnis von 2:1 in der Mitte des Krieges zugunsten des Pressesektors verschob und fast 1:1 erreichte. Die tatsächliche Bedeutung der Pressefotografie dürfte jedoch über dem buchhalterischen Wert liegen, denn Bildagentur und Bildarchiv waren immerhin eine unerläßliche Grundlage für die Fotobuchproduktion der Firma. Die damit erzielten Umsätze wurden aber natürlich unter der Rubrik "Verlag" verbucht. Nachweislich war auch die Zahl der in der Berliner Presseabteilung Beschäftigten um ein Vielfaches größer als die der Mitarbeiter der Verlagsabteilung.[48] Dies erklärt sich wahrscheinlich unter anderem daraus, daß unter dem Oberbegriff "Presse" alle mit Pressefotografie beschäftigten Mitarbeiter subsummiert wurden, selbst dann, wenn sie mit allgemeinen Verwaltungsaufgaben befaßt oder im Archiv beschäftigt waren und Leistungen für den Buchverlag erbrachten.

Geschäftsgebahren und Unternehmensführung

Hoffmanns diverse Firmenaktivitäten lassen immer wieder erkennen, daß ihre Entfaltung entscheidend vom privilegierten Sonderstatus des Firmenchefs im Führerstaat begünstigt wurden. Mit welchen Mitteln Hoffmann seine politischen Positionsvorteile im Sinne seines unternehmerischen Interesses durchsetzte, ist nicht immer klar auszumachen. Es ist zu vermuten, daß zur Protektion durch Partei und Staat, deren gesamter Umfang aufgrund fehlender Quellen nicht annähernd zu erfassen ist, auch die Ausübung von massivem Druck auf Konkurrenzunternehmen hinzukam und Hoffmann die Notsituation anderer Firmen ausnutzte. Aktenmäßig zu belegen sind diesbezügliche Geschäftspraktiken nur in Einzelfällen. Otto Schönstein, Inhaber des "Raumbild-Verlages", gab beispielsweise nach dem Krieg zu Protokoll, daß er im Jahr 1937 Hoffmann in seinen Verlag als stillen Teilhaber aufnahm, da die "Reichsstelle zur Förderung des deutschen Schrifttums" seiner "Raumbild-Idee" ablehnend gegenüberstand und er sich nur von einem Mann wie dem "Reichsbildberichterstatter" einen nachhaltigen Einfluß erwartete. Der gewünschte Erfolg stellte sich ein, Schönstein fühlte sich aber bald durch Hoffmanns steigende Einflußnahme auf sein Unternehmen geknebelt, zumal dieser schließlich seine Umwandlung in eine Kommanditgesellschaft durchsetzte. Aus Angst vor Repressionen traute sich Schönstein schließlich nicht mehr, eine Trennung von Hoffmann zu betreiben.[49]

Schon in der "Kampfzeit" suchte Hoffmann nachweislich aus seiner Stellung Generalansprüche auf Führeraufnahmen abzuleiten und ein Monopol aufzubauen. Im "Völkischen Beobachter" nannte er sich 1931 den "alleinigen Hersteller und Urheber sämtlicher Photoführerkarten".[50] Mit dem Aufstieg der NSDAP wuchs die Nachfrage nach Hitlerbildern und häuften sich, folgt man Hoffmanns Äußerungen, auch die unberechtigten Reproduktionen. In mehreren Annoncen im Parteiorgan warnte er im gleichen Jahr vor der Herstellung und dem Vertrieb von Reproduktionen seiner Aufnahmen: "Warnung! In letzter Zeit mehren sich die Fälle, wonach verschiedene Personen und Fabrikanten Postkarten von Adolf Hitler und anderen Persönlichkeiten aus der Bewegung nach meinen Originalen herstellen oder herstellen lassen und in den Handel bringen. Dies ist eine grobe Verletzung des Urheberrechtes und eine Angelegenheit des Staatsanwalts."[51] In später folgenden Annoncen bat Hoffmann "alle Ortsgruppenführer, den Verkauf der Karten zu kontrollieren und mir im Zweifelsfalle Mitteilung zu machen".[52] Wieweit dieser Versuch, zur Sicherung der eigenen Ansprüche auch die Parteiorganisation einzuspannen, letztlich Erfolg hatte, ist nicht bekannt. Auf jeden Fall half ein offiziöser Titel

"Führende Männer von Partei, Staat und Wehrmacht", Sortimentskatalog "Heinrich Hoffmann. Verlag nationalsozialistischer Bilder", 1940

Abb. 2/60-64

Photo-Hoffmann: "Das Urteil des Paris" von Josef Thorak, Haus der Deutschen Kunst, München, Postkarte, 1941; "Entwurf für das Denkmal der Arbeit" von Josef Thorak, zweite Architektur- und Kunsthandwerksausstellung, Haus der Deutschen Kunst, München, Dezember 1938 - April 1939, Postkarte, 1938; "Im Lebensfrühling" von Johann Schult, Haus der Deutschen Kunst, München, Postkarte, 1942

zur Durchsetzung der eigenen Interessen. Zudem konnte sich Hoffmann auf den "Führerwillen" berufen, dargestellt in Form von Berichten über den Kampf ums "erste" Hitlerbild und vorgetragen erstmals 1932 in Schirachs Vorwort zu "Hitler, wie ihn keiner kennt": "(…) übertrug ihm Hitler später, als seine Anhänger ihn nach Aufnahmen drängten, das alleinige Recht zur Herstellung seiner Bilder für die nationalsozialistische Bewegung."[53] Ein offizielles Monopol für Hitlerporträts besaß Hoffmann auch nach 1933 nicht, jedenfalls ist es aktenmäßig nicht belegbar. De facto gewährte Hitler aber fast ausschließlich Hoffmann Porträtsitzungen und akzeptierte bei vielen Gelegenheiten nur ihn als Fotografen – und dies machte zusammen mit seiner prinzipiellen Bevorzugung durch Partei- und Staatsbehörden einen entscheidenden Vorsprung aus.

Hoffmanns Produkte waren Mittel der staatlichen Repräsentation – und zugleich kommerzielle Handelswaren beziehungsweise urheberrechtlich geschützte Aufnahmen, die nur gegen Honorarzahlungen an den Privatmann Hoffmann reproduziert werden konnten. Wie schon angedeutet, verfolgte er Verletzungen seiner Urheberrechte rigoros in zahlreichen Prozessen und betrieb zugleich die Änderung der gesetzlichen Grundlagen.[54] Das erste bekannte Verfahren fällt noch in das Jahr 1932, als er Fritz Gerlich, den Herausgeber der Zeitschrift "Der gerade Weg", wegen der Abbildung von Hitlerporträts verklagte. In diese Urheberrechtsklage spielten freilich politische Dimensionen hinein, da Gerlich einen strikt hitlerfeindlichen Kurs verfolgte und in seiner Zeitschrift den nationalsozialistischen Parteiführer mit Hoffmanns Aufnahmen attackiert hatte.[55] Das damals geltende Urheberrecht sicherte auch Hoffmann nicht auf Dauer die Verwertungsmöglichkeiten seiner Aufnahmen. Die Bildrechte an seinen millionenfach reproduzierten Führerporträts und Aufnahmen aus der Frühzeit der "Bewegung" verfielen sukzessive nach 1933, da

die damalige fotografische Schutzfrist nur zehn Jahre betrug. Deshalb schrieb er im April 1939 an den Chef der Reichskanzlei Lammers: "Beispielsweise könnten also alle meine Aufnahmen, auch die, welche ich s.Zt. unter den größten Entbehrungen gemacht habe, einwandfrei von einem Verleger ausgenützt werden, weil diese Aufnahmen bereits vor 10 Jahren erschienen sind. Das würde heißen, daß alle von mir bis 1929 gemachten Aufnahmen schon jetzt vogelfrei wären."[56] Hoffmann verfolgte daher eine fotografenfreundliche Neuregelung des Urheberrechts und erreichte nach einer persönlichen Intervention bei Hitler, daß die allgemeine Schutzfrist mit Verkündung im Reichsgesetzblatt am 16. Mai 1940 auf 25 Jahre verlängert wurde.[57]

"Adolf Hitler. Aquarelle", Titelseite, und ein Aquarell aus der Mappe, herausgegeben von Heinrich Hoffmann, o. J.

Unbekannter Fotograf: Belegschaft der Berliner Zentrale der Firma Hoffmann vor dem Haus Kochstraße 10, Oktober 1934

Wie die Umsatz- und Gewinnzahlen belegen, mangelte es dem Hoffmannschen Unternehmen wahrlich nicht an wirtschaftlichen Erfolgen.

Rückblickend stimmen jedoch einstige Firmenmitarbeiter, auch der Juniorchef, darin überein, daß dem Unternehmen ein fähiges Management fehlte.[58] Nach ihrer Überzeugung hatte das Unternehmen die bestehenden Möglichkeiten tatsächlich noch gar nicht ausgeschöpft. So gesehen war es geradezu die Protektion, die zukunftsorientierte Überlegungen überflüssig erscheinen ließ. Ungeachtet aller fotografischen und verlegerischen Findigkeiten und trotz des Lobes im Parteiorgan ist anzunehmen, daß Hoffmann überfordert war, einen Großbetrieb zu leiten, ganz abgesehen davon, daß sein eigenes Interesse in andere Richtungen wies und er sich immer mehr seinen privaten Kunstambitionen verschrieb. Durch seine verlegerische Zuwendung zur Kunst wurden neue Firmenzweige erschlossen, was dem Gesamtunternehmen beziehungsweise der Fotopublizistik nur bedingt zugute kam. Langfristig hätten sich damit freilich nach dem Zusammenbruch der NS-Herrschaft neue Perspektiven ergeben können, ohne daß dies schon ursprünglich intendiert gewesen war. Überhaupt förderte Hoffmanns handwerklich geprägtes Selbstverständnis nicht unbedingt die Entwicklung von zukunftsweisenden Unternehmensstrategien. Im Vordergrund stand immer das Tagesgeschäft. Selbst sein Sohn sollte nicht einen journalistischen oder kaufmännischen Beruf erlernen, sondern eine Lehre als Chemigraph absolvieren und hernach im Archiv arbeiten, und er nahm auf den väterlichen Betrieb keinen erkennbaren Einfluß. Auch bei der Einsetzung fähiger Geschäftsführer bewies der Firmenchef keine besonders glückliche Hand, wechselten doch im Berliner Betrieb in zwölf Jahren, wie sich alte Firmenmitarbeiter erinnern, viermal die Geschäftsführer.[59] Obschon sich die wichtigsten Firmenaktivitäten in Berlin konzentrierten, blieb die Zentrale der Firma in München, geleitet seit 1934 von Michael Bauer, der ab 1939 auch als Generalbevollmächtigter fungierte. Dessen Kompetenz wurde immer wieder in Zweifel gezogen, schließlich kam es 1944 gar zu einem "Aufstand" der Filialleiter, die das Unternehmen über den Krieg retten wollten, aber die langjährige Freundschaft mit Hoffmann verhinderte Bauers Entlassung.[60]

Für ehrgeizigere Pressefotografen, die bei Hoffmann angestellt waren, bedeutete die dortige Tätigkeit eine kurze Durchlaufstation und blieb ohne größere Bedeutung für ihren weiteren Berufsweg. Wohl nicht viel länger als ein Jahr waren Helmuth Laux oder Eitel Lange in Stellung. Eitel Lange ging zu Göring, Helmuth Laux zu Ribbentrop und baute in der Presseabteilung des Auswärtigen Amts den Pressebilderdienst "Laux" auf. Gerhard Gronefeld war 1935/36 bei Hoffmann angestellt und schied aus der Firma aus, als man ihm, wie er selbst berichtet, den Eintritt in die Partei oder eine ihrer Unterorganisationen nahelegte.[61] Das klingt deshalb merkwürdig, weil nach übereinstimmenden Berichten der befragten Mitarbeiter die Parteimitgliedschaft in Hoffmanns Betrieb nicht verlangt wurde.[62] In der Tat gehörte auch nur ein kleiner Teil der Mitarbeiter der NSDAP an. Selbst von den Redakteuren der Bildagentur war keiner in der Partei, nicht einmal der Hauptschriftleiter. Anders sah es bei den angestellten Pressefotografen aus, die in ihrer Mehrheit offenbar Parteigenossen waren – was für Gronefelds Schilderung sprechen würde.[63] Die Tatsache, daß sich Fotografen und Redakteure unterschiedlich verhielten, verlangt eine Erklärung. Die Vermutung liegt nahe, daß den Pressefotografen deshalb der Beitritt nahegelegt wurde, damit sie eine Uniform tragen und sich damit optisch dem Erscheinungsbild der offiziellen Veranstaltungen anpassen konnten. Auf jeden Fall waren damit die Aktionsmöglichkeiten im nationalsozialistischen Deutschland vergrößert – noch bevor von Staats wegen ein Uniformzwang der Fotografen angeordnet wurde. Die Annahme, daß die Gründe für die Parteimitgliedschaft der Pressefotografen tatsächlich nur im Außenverhältnis des Unternehmens zu suchen sind, wird dadurch bestärkt, daß ungeachtet aller politischen Dienstbarkeit in der Firma keineswegs der zackige Ton herrschte, wie ihn vielleicht die Firma eines "Reichsbildberichterstatters" erwarten lassen könnte, sondern eine geradezu "unpolitische" Betriebsatmosphäre. Darin stimmen die Zeitzeugen überein, so unterschiedlich sie ansonsten die Firma und ihre Chefs erlebt haben und heute zu ihrer einstigen Arbeit bei Hoffmann stehen.

Vor der Spruchkammer

In der deutschen Nachkriegspresse fand der Fall des nach 1945 häufig "Leibphotograph Hitlers" titulierten Heinrich Hoffmann reges Interesse. Hoffmann wurde moralisch heftig attackiert, gestützt auf die in seinem Fall ziemlich einzigartige Verbindung von propagandistischer Unterstützung der NSDAP und dem daraus gezogenen finanziellen Nutzen, und avancierte zum Inbegriff des "Nazibonzen". Werner Friedmann zeichnete in der "Süddeutschen Zeitung" das Porträt "eines der raffgierigsten Parasiten der Hitlerpest" ("als Beispiel für ungezählte andere") und enthüllte der deutschen Öffentlichkeit die Besitztümer des Multimillionärs.[1] Die Zielrichtung des vor Prozeßbeginn erschienenen Artikels war klar: "In einer Zeit, da ungezählte kleine Mitläufer des Naziregimes sühnen müssen und Rechenschaft zu geben haben über ihre Vergangenheit, bedroht vom bitteren Verlust ihrer Existenzen, geht es nicht an, daß ein notorischer Nutznießer der braunen Korruption auch nur den leisesten Versuch unternimmt, sein Vermögen (…) als 'rechtmäßig erworben' hinzustellen und – in grotesker Verdrehung der Tatsachen – den 'Unschuldigen' zu spielen." Nach der Verurteilung kommentierte die satirische Berliner Zeitschrift "Eulenspiegel" lapidar: "Herr Professor und Reichsbildberichterstatter Heinrich Hoffmann, Verfertiger rührender Diktatorenknipsungen mit treuem Jagdhund und emporgehobenen unschuldigen Kindern mit Blumen, Erzeuger ganz alberner Alben mit kitschigen Berghof-Idyllen (…). Dieser unsägliche und gefährliche Kitschier mit der Fotolinse also wurde für zehn Jahre aus dem Verkehr gezogen."[2]

Hoffmanns langjährige Spruchkammerverfahren waren nicht nur ein Politikum der deutschen Nachkriegszeit, sondern reflektierten auch nachdrücklich die damalige Schwierigkeit, Hoffmanns Funktion im Kontext der Staatsöffentlichkeit des Dritten Reiches und vor allem seinen tatsächlichen rechtlichen Status zu erfassen und die Bedeutung seiner fotografischen Bildproduktion im Spannungsfeld von Dokumentation und Propaganda adäquat zu bewerten. Aufgeworfen waren vor allem folgende Fragen: wie und in welchem Umfang unterstützte Hoffmann mit seiner fotografischen Tätigkeit die NS-Propaganda, wie entwickelten sich sein Unternehmen beziehungsweise seine Einkommensverhältnisse und welcher Art war seine Beziehung zu Hitler und der NSDAP?

Was auf den ersten Blick vielleicht so evident am Fall Hoffmann erschien, erwies sich damals keineswegs immer als eindeutig beweisbar. Pauschale und überzogene Anschuldigungen, fehlende Beweismittel und ungenaue Vorstellungen vom bildjournalistischen Metier auf Seiten der Anklage, abenteuerliche Unschuldsbekundungen, vorgetäuschte Unwissenheit, Gefälligkeitsgutachten und Falschaussagen auf der Gegenseite bestimmten die Verfahren. Der öffentliche Kläger übernahm vorschnell die von der NS-Publizistik vorgenommene Stilisierung und versah sie nur mit negativen Vorzeichen. Als besonders irreführend erwies sich der Titel "Reichsbildberichterstatter der NSDAP", weil er fälschlicherweise eine hohe Stellung in der Parteihierarchie suggerierte. So kam es erst im Lauf der weiteren Verfahren zu einer präzisen Beweiserhebung. Eine inhalts- oder bildanalytische Bewertung der Hoffmannschen Publikationen spielte dabei nur eine untergeordnete Rolle.

In der ersten Instanz wurde Hoffmann am 31. 1. 1947 als Hauptschuldiger (Gruppe I) eingestuft und zum Höchstmaß der möglichen Sühnemaßnahmen verurteilt.[3] Er erhielt zehn Jahre Arbeitslager, Vermögenseinzug bis auf 3000 Mark zur Wiedergutmachung sowie zehn Jahre Berufsverbot und verlor überdies seinen Professorentitel und sein Wahlrecht. Nach vergeblichen Wiederaufnahmeanträgen erklärte der vom Angeklagten angerufene Kassationshof am 3. 11. 1949 die bisherigen Entscheidungen wegen erheblicher Verfahrensmängel für aufgehoben und verwies die Sache zur erneuten Verhandlung an die Hauptkammer.

Im Zuge der weiteren Verfahren erreichte Hoffmann im November 1950 die Zurückstufung in Gruppe II (Belastete), die Reduzierung des Vermögenseinzugs auf 80 %, die Verkürzung der Haftstrafe auf vier Jahre beziehungsweise des Betätigungsverbots auf fünf Jahre und 1953 – auf dem Gnadenweg – die Aufhebung seiner Berufsbeschränkung. In den danach angestrengten Verfahren ging es dann nur mehr um das Maß der Sühnemaßnahmen. Schließlich wurde das ihm zugestandene Vermögen im Februar 1956 auf 350 000 DM festgesetzt, nachdem Hoffmann nachweisen konnte, daß die Kammer sein Nachkriegsvermögen mit 5.8 Millionen Reichsmark (ursprünglich betrug der Streitwert sogar 9 Millionen Reichsmark) zu hoch eingeschätzt hatte, da Plünderung und Veruntreuung durch die öffentlichen Verwalter die Vermögenswerte erheblich verringert hatten.

Anklage und Verteidigung im Widerstreit

Hoffmanns Verurteilung im Januar 1947 stützte sich auf drei Bestimmungen des "Befreiungsgesetzes" von 1946. Die Spruchkammer hielt es für erwiesen, daß Hoffmann schuldig war nach Artikel 5/6, "da er der nationalsozialistischen Gewaltherrschaft ausserordentliche propagandistische Unterstützung gewährt hat und aus seiner Verbindung mit dieser für sich und andere sehr erheblichen Nutzen gezogen hat". Ferner nach Artikel 5/4 "als Reichsbildberichterstatter der NSDAP" und nach Artikel 5/5 "als Kreistagsabgeordneter, Stadtrat in München und Reichstagsabgeordneter, da er sich in der Regierung des 3. Reiches und eines Landes in einer führenden Stellung betätigt hat, wie sie nur von führenden Nationalsozialisten bekleidet werden konnte". Die Kammer kam zu dem Schluß: "Der Betroffene hat durch seine Bildpropaganda ganz wesentlich dazu beigetragen, daß Hitler zur Macht gelangte." Ihre Einschätzung gipfelte in einem Vergleich mit anderen prominenten NS-Propagandisten: "Die von dem Betroffenen betriebene Propaganda im Bilde setzt die Spruchkammer in ihrer Verwerflichkeit und Verlogenheit der Propaganda in Wort und Schrift eines Goebbels und Fritzsche als gleichwertig an die Seite." Dabei sei Hoffmanns späterer Erfolg "nur zu einem kleinen Teil auf seine beruflichen Fähigkeiten, zum größten Teil aber auf seine Eigenschaft als ausgesprochener Günstling des sog. Führers und auf seine Monopolstellung, die er sich kraft seiner Beziehungen zu Hitler und der Partei zu sichern wußte, zurückzuführen".[4]

Der Kassationshof hob dieses Urteil mit der Begründung auf, daß dem Angeklagten zu Unrecht Artikel 5/4 und Artikel 5/5 zur Last gelegt wurden, da er keine führende Stellung in der NSDAP innehatte und nicht der Reichsregierung oder einer Landesregierung angehörte. Der Titel "Reichsbildberichterstatter" war damit nicht mehr verfahrensrelevant. Zu überprüfen waren jedoch die Voraussetzungen des Artikels 5/6, also die Frage, ob Hoffmann der NS-Gewaltherrschaft eine außerordentliche propagandistische Unterstützung zukommen ließ beziehungsweise ob er einen sehr erheblichen Nutzen aus der Verbindung mit der NS-Herrschaft zog. Beide Tatbestände wurden in allen folgenden Verfahren immer bejaht. Strafmildernd sollte sich Artikel 39/II auswirken, da der Angeklagte belegen konnte, mehrfach rassisch und politisch Verfolgten geholfen zu haben, was die Berufungskammer am 15.11.1950 sogar als eine "zumindest partielle Gegnerschaft gegen den Nationalsozialismus" wertete.[5] Die Berufungskammer bekräftigte im November 1950 Hoffmanns besonderen Status im bildpublizistischen Bereich, ohne jedoch – aus Mangel an Beweisen – eine Monopolstellung zu konstatieren, wie dies die Spruchkammer noch 1947 getan hatte.[6] Diesen Vorwurf hatte bereits die Hauptkammer in ihrer Entscheidung vom 31. Mai 1950 fallengelassen.[7] Die Kammer spezifizierte Hoffmanns enge Beziehung zu Hitler

Abb. 2/66

Unbekannter Fotograf: Heinrich Hoffmann im "Witness house" des Internationalen Militärgerichtshofes in Nürnberg, 1945/46

nicht näher (während die Verteidigung immer wieder betonte, diese sei rein privater und ganz "unpolitischer Natur"), wertete jedoch seine Produktionsvorteile als klaren Beweis für die "Nutznießerschaft durch die Verbindung mit Adolf Hitler, d. h. mit der nationalsozialistischen Gewaltherrschaft".[8] Deren außerordentlicher Umfang ergab sich aus dem "geradezu lawinenartig steigende(n) Einkommen und Vermögen des Betroffenen", deren Zuwachs sich in den für die Jahre 1933 bis 1943 vorhandenen Steuerunterlagen deutlich widerspiegelte.

Um gegen diese Argumentation anzugehen, suchte Hoffmanns Verteidigung die Umsätze nach den verschiedenen Unternehmenssparten aufzuteilen und den enormen Umsatzzuwachs ausschließlich der Beliebtheit der Kunstblätter und der Herausgabe der Zeitschrift "Kunst dem Volke" zuzuschreiben, um somit die Bedeutung der politischen Bereiche herunterzuspielen. Zugleich machte sie geltend, daß Hoffmann vor 1933 aufgrund verschiedener Erbschaften kein "armer

Abb. 2/67-68

*Unbekannter Fotograf:
Heinrich Hoffmann vor
der Spruchkammer,
München, Januar 1947*

Schlucker" gewesen war, der erst nach 1933 zu Vermögen gekommen sei. Diese Tatsache hob den Vorwurf der "außerordentlichen Nutznießerschaft" unter der NS-Herrschaft zwar nicht auf, sollte jedoch für die Feststellung der Sühnemaßnahmen noch relevant werden. Schließlich brachte der Verteidiger beim Wiederaufnahmeantrag 1955 ganz neue Gesichtspunkte ins Spiel und behauptete, daß Presseagentur und Bildarchiv 1937 in die Hände des Sohnes des Betroffenen Heinrich Hoffmann jun. übergegangen und von diesem selbständig geführt worden seien, "während sich der Betroffene selbst fast ausschließlich der Arbeit im Kunstverlag (...) widmete. (...) Vom Betroffenen selbst ist dieses Archiv lediglich durch eigene Aufnahmen bereichert worden, die er bei besonderen Gelegenheiten selbst machte".[9] In einer eidesstattlichen Erklärung versicherte Hoffmann jun., daß er laut vertraglicher Vereinbarung seit 1937 "alleiniger Eigentümer des zeitgeschichtlichen Archivs" und "alleiniger Inhaber der Presse-Agentur" sei.[10] Außerdem, so erklärte die Verteidigung, sei 1939 Michael Bauer als Generalbevollmächtigter eingesetzt worden. Deshalb könne Heinrich Hoffmann auch nicht mehr als Täter der ganzen ihm zur Last gelegten propagandistischen Unterstützung der NS-Herrschaft betrachtet werden. Von diesem Vorstoß der Verteidigung zeigte sich die Hauptkammer in ihrem Spruch vom 1. Februar 1956 nicht sehr beeindruckt und ließ es dahingestellt, ob Hoffmann tatschlich bestimmte Geschäftsbereiche seinem Sohn überließ: "Seine außergewöhnlichen Einnahmen stehen aber fest und seine persönlichen Beziehungen zu Hitler haben sie ermöglicht. Daß er selbst bei der starken Vergrösserung des Geschäftes nicht alles allein erledigen konnte, ist selbstverständlich. Mit ihm aber stand und fiel der Verlag, die Presseagentur und alles, was geschäftlich damit zusammenhing, unabhängig davon, wer im Innenverhältnis mehr oder weniger maßgeblich beteiligt war oder Anordnungen treffen konnte."[11]

Der öffentliche Kläger konnte keine Zeugen aufbieten, die Belastendes zu Hoffmanns Geschäftsgebahren bekundeten. Unlautere Konkurrenz, Nutznießung von "Arisierungen" oder politische Erpressungen wurden dem Angeklagten nicht zur Last gelegt.[12] Die Verteidigung verfügte hingegen über zahlreiche Zeugen, die für Hoffmann aussagten. Zu ihnen gehörten – abgesehen von den Zeugen für Hoffmanns humanitäre Hilfe – zahlreiche Prominente, darunter der ehemalige Reichspressechef Otto Dietrich, Protokollchef von Dörnberg oder der Schatzmeister der NSDAP Franz Xaver Schwarz, der Filmer Martin Kopp, der Zeitschriftenredakteur Harald Lechenperg oder der Fotograf Franz Grainer, der es fertigbrachte, seine linientreue Hoffmann-Laudatio von 1937 entsprechend der neuen politischen Situation umzuschreiben. Von Angehörigen des Hoffmannschen Betriebes oder von Pressefotografen aus der NS-Zeit war vor der Kammer nichts Kritisches zu hören. Offenbar bestand nicht nur innerhalb der früheren Belegschaft, sondern auch unter den Pressefotografen und Bildpublizisten ein starker Solidarisierungseffekt. Vielleicht kam es vielen so vor, als werde Hoffmann stellvertretend für die ganze mehr oder weniger belastete Branche abgeurteilt. Hoffmanns Anwalt verwies auf Fälle, wo namhafte Fotografen trotz ihrer propagandistischen Tätigkeit und Zugehörigkeit zur SS und SA, wie Himmlers Fotograf F. F. Bauer oder Ribbentrops Fotograf Gerhard Laux, angeblich nicht weiter belangt wurden.[13] Merkwürdig war auch, daß der anfangs noch gegen Hoffmann erhobene Vorwurf, führend im Geschäft mit Wandschmuckblättern von Parteigrößen tätig gewesen zu sein, fallengelassen wurde – offenbar, nachdem die Verteidigung die Tatsache zur Sprache gebracht hatte, daß solche Blätter auch von der Firma Hanfstaengl im großen Stil angeboten worden waren, deren Inhaber Edgar Hanfstaengl nach 1945 als Mitglied des demokratischen Vereins Stadtrat in München war und vom "Befreiungsgesetz" angeblich nicht betroffen war.[14]

Pressefotograf oder Propagandist

Bis zuletzt bestimmte die alternativ formulierte – somit ganz entscheidend verkürzte und falsche – Frage, ob der Angeklagte als Bildberichter oder als Propagandist einzuschätzen sei, die Kontroverse zwischen Kläger und Verteidiger. Hoffmanns eigene Rechtfertigung war so simpel wie falsch. Im Mittelpunkt standen verschiedene Behauptungen, die in dem Anspruch, seine Tätigkeit entspreche dem Berufsbild eines üblichen "unpolitischen" Pressefotografen zusammenliefen. Politik sei für ihn ausschließlich Mittel seiner beruflichen Tätigkeit gewesen. In diesem Sinn reklamierte er für sich ein handwerkliches, das heißt ein nicht-journalistisches Berufsverständnis jenseits der Verwertungszusammenhänge, das den Pressefotografen als bloßen Bildlieferanten definiert, der keine eigenen publizistischen Ambitionen verfolgt und auf die Verwendung seiner Aufnahmen keinen weiteren Einfluß nimmt und nehmen will.[15] Und diese Berufspraxis hätte seine Tätigkeit von ihren beruflichen Anfängen bis ins Dritten Reich bestimmt. Hoffmann konstruierte also die Kontinuität eines "unpolitischen" Pressefotografen, der sich unter dem Druck der Umstände, sprich aus beruflichen Gründen, den politischen Zeitläufen anpassen mußte – und deshalb zur NSDAP stieß.

Schon bei seiner ersten Vernehmung durch deutsche Stellen im Dezember 1946 nahm Hoffmann stereotyp die Rolle eines unpolitischen, außerhalb des Parteienstreits stehenden fotografischen Chronisten in Anspruch und bestritt entschieden, Propagandist der NSDAP gewesen zu sein, denn "Propaganda sei die Anpreisung von Dingen unter subjektiven Gesichtspunkten. Die Hefte, die ich herausbrachte, geben jedoch nur Tatsachen wieder. Für die Texte unter den Bildern bin ich nicht verantwortlich."[16] Hoffmann wies jede journalistische Verantwortung zurück. Bei seinen Bildern handle es sich nicht um "eigene Schöpfungen", und Bildfälschungen habe er nicht begangen. An Politik hätte er nie Interesse gehabt und wäre allein seinem Beruf gefolgt: "Ich habe mich immer nur bemüht, das Zeitgeschehen im Bilde festzuhalten, rein objektiv und ohne jedes politische Interesse. Zu allen Zeiten, unter jeder Regierung, von allen Parteien habe ich die aktuellen Ereignisse aufgenommen."[17] Deshalb habe er auch Hitler begleitet. Und er fuhr fort: "Ich bemerke ausdrücklich, daß ich mich nie um Politik gekümmert habe, mein ganzer Lebensinhalt war mein Beruf – das Zeitgeschehen im Bild festzuhalten."[18] An anderer Stelle schrieb er: "Was ich zu erzählen habe, ist die Geschichte, die ich erlebte, und nicht meine eigene. Der Photograph bildet ab, hält fest, sonst nichts. Und er verschwindet auch symbolisch unter dem schwarzen Tuch, das ihn verhüllt."[19]

Was ist von diesen Selbstdarstellungen, von solcher vorgeblichen Enthaltsamkeit zu halten? War es dreiste Frechheit, oder muß man Hoffmann tatsächlich derartige Naivität unterstellen? Oder lassen sich die offenkundigen Widersprüche zwischen Selbsteinschätzung und realer Berufspraxis irgendwie aufheben? Hoffmanns Verteidigung übernahm jedenfalls die Positionen ihres Mandanten und suchte der "objektiven" und unverfälschten fotografischen Berichterstattung des Angeklagten die propagandistisch, das heißt mit "schärfsten Mitteln" vorgehende Werbung gegenüberzustellen und behauptete, daß "objektive Bildberichte" keine Propaganda sein könnten.[20] Gegen das Spruchkammerurteil Stellung nehmend, legte Hoffmanns Anwalt beim Wiederaufnahmeantrag 1947 dar: "Es ist absurd, die Behauptung aufzustellen, daß ein photographisches Bild, also das

Abb. 2/69

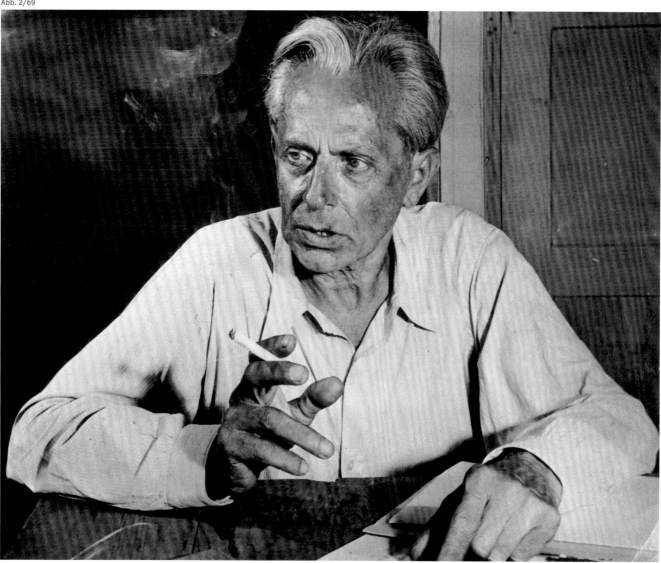

Unbekannter Fotograf:
H. Hoffmann während
seiner Inhaftierung, 1947

Ergebnis eines völlig objektiven technisch physikalischen Ablaufs 'verlogen sein soll' (…). Derjenige, der diesen Verschlußmechanismus auslöst, kann nicht in diesem Moment gleichzeitig 'lügen'. Es ist also absurd, die Bildberichterstattung des Antragstellers als solche verlogen zu bezeichnen und mit der Verwerflichkeit und Verlogenheit der Propaganda in Wort und Schrift eines Goebbels und Fritsche gleichzusetzen (…). Die Propaganda kann logischerweise erst dann beginnen, wenn man derartige unverfälschte Bildberichte mit bestimmten Texten versieht und durch diese Texte mit werbender Tendenz den Beschauer dazu bringen will, sich ein bestimmtes im Sinne des 'Propagandisten' gelegenes Urteil zu bilden."[21] Als Fotograf sei Hoffmann für solche Texte nicht verantwortlich zu machen und hätte seinerseits den Erwerbern seiner Bilder, die den üblichen Preis dafür bezahlt haben, keine Vorschriften machen können. Er hätte beispielsweise nichts dagegen machen können, daß, so sein Anwalt 1948, in dem Buch "Hitler wie ihn keiner kennt" "beispielsweise Baldur von Schirach anhand der gleichen Bilder des Betroffenen Hitler verherrlichte".[22]

Das war schon reichlich absurd. Die Verunklärung gipfelte in einem Statement, das 1955 Alfred Seidl, von Hoffmann kurzzeitig eingeschalteter Anwalt und späterer bayerischer Justizminister, abgab: "In Wahrheit hat der Betroffene

Hoffmann nichts anderes getan, als alle Pressefotografen und Bildberichterstatter seit der Erfindung der Fotografie auf der ganzen Welt tun: Er hat mit den Mitteln der modernen Fotografie das Zeitgeschehen festgehalten und seine Aufnahmen den modernen Nachrichtenmitteln, insbesondere also den Nachrichtenagenturen zur Verfügung gestellt. Dieses Zeitgeschehen ist aber nicht von ihm gestaltet worden, sondern war das Ergebnis historischer Entwicklungen, auf die selbstverständlich ein Mann wie der Betroffene nicht den geringsten Einfluß nehmen konnte."[23] Solche Darlegungen, die die subjektiven Momente auf seiten des Produzenten derart aufs Ökonomische reduzierten, die ursprünglichen Zwecksetzungen und tatsächlichen publizistischen Produktionszusammenhänge ausklammerten und zugleich eine strenge Scheidung zwischen Bildproduzenten und Bildpublizisten beschworen, um Hoffmann zum reinen Handwerkerfotografen zu erklären, waren nur möglich aufgrund des Objektivitätsmythos und der besonderen, technisch fundierten Eigenschaften des Mediums Fotografie. Die in der Tat vielfältige Verwendbarkeit des fotografischen Bildmaterials bildete schließlich den Ausgangspunkt für die im ersten Moment vielleicht bestechende, aber besonders unsinnige Beweisführung der Verteidigung, die darauf hinauslief, von der nach dem Zusammenbruch der NS-Herrschaft erfolgten Verwendung der Hoffmannschen Aufnahmen auf deren ursprüngliche propagandistische Unschuld zurückzuschließen. So präsentierte die Verteidigung 1948 als "schlüssigsten Gegenbeweis" gegen die Ansicht der Spruchkammer, daß Hoffmann durch seine Tätigkeit die NS-Gewaltherrschaft außerordentlich unterstützt habe, die Tatsache, daß Hoffmanns Aufnahmen "auch von der amerikanischen Regierung nach 1945 nicht als Propaganda, sondern als zeitgeschichtliche Dokumente" verstanden wurden. "Der Betroffene musste vor dem Nürnberger Gerichtshof den Eid leisten, dass seine Aufnahmen den tatsächlichen Vorgängen entsprechen, nicht verfälscht und entstellt worden sind. Nach Ablegung dieses Eides, den der Betroffene mit gutem Gewissen leisten konnte, wurden die Photos des Betroffenen als unbestechliches Beweismittel sowohl für die Anklage als auch für die Verteidigung bei den Nürnberger Prozessen zugelassen."[24]

Die Kammern hielten sich nicht weiter damit auf, solche Darstellungen im einzelnen zurechtzurücken und näher auf die aufgeworfenen fototheoretischen und publikationspraktischen Fragen einzugehen. In der auch möglicherweise gegenläufigen Verwendbarkeit von Hoffmanns Aufnahmen lag ja tatsächlich der Unterschied zur Wort-Propaganda von Goebbels, mit dem Hoffmann im ersten Verfahren verglichen worden war. Auch die anderen Entscheidungen wiesen die Verkürzung von Hoffmanns Tätigkeit auf das fotografische Handwerk prinzipiell zurück, beschränkten sich auf seine Bildpublikationen und bewerteten diese als eindeutig propagandistisch, da sie "zweckbedingt zusammengestellt" seien. Hoffmann sei "der Lieferant der Bilder, der Herausgeber bzw. der geistige Urheber und damit auch der Nutznießer dieser eindeutigen außerordentlichen Propagandaschriften für Hitler und die Partei (...)",[25]

Nochmals eingehend mit dem Komplex Fotografie und Fotopublizistik beschäftigte sich die Berufungskammer im Herbst 1950, um Hoffmanns besondere Stellung zu präzisieren, und kam zu folgender Feststellung: "Es mag sein, daß die Ausübung des Berufs eines Pressefotografen während des 3. Reiches an sich keine Propaganda, zumindest keine außerordentliche Propaganda für den Nationalsozialismus gewesen ist. Es kommt darauf an, wie weit die Verbreitung der Pressefotografien und der Aufnahmen Adolf Hitlers, der Gliederungen der Partei und ihrer Tätigkeit nicht nur durch einfachen Verkauf, sondern durch geschickte Zusammensetzung und Herausgabe bestimmter, die Bewegung besonders stützender Fotografien seitens des Fotografen getätigt worden ist."[26] Diese Tatsache bejahte die Kammer für Hoffmanns Fall und verwies auf die unterschiedlichen Arbeitsbedingungen der Pressefotografen: "Es kommt weiter darauf an, inwieweit der Fotograf durch seine Beziehungen zur Partei in der Lage gewesen ist, bei allen Gelegenheiten Aufnahmen zu machen und insbesondere, ob der Fotograf im Gegensatz zu anderen Fotografen die Möglichkeit gehabt hat, Aufnahmen bei allen, vielleicht anderen Fotografen nicht zugänglichen Gelegenheiten zu machen. Dies muß für den Betroffenen, der sich nicht zu Unrecht lange Zeit hindurch den Titel Reichsbildberichterstatter oder Fotoberichterstatter der Reichsleitung der NSDAP zulegte, bejaht werden."[27]

Nationalsozialistische Fotopropaganda

Hoffmanns fotografische Berichterstattung und seine publizistischen Aktivitäten im Dienste der NSDAP entwickelten sich auf der Grundlage der allgemeinen Expansion der visuellen Massenmedien und der fortschreitenden fotografischen Illustrierung der Zeitungs- und Zeitschriftenpresse der 20er Jahre. Ihre sukzessive Entfaltung vollzog sich in enger Anlehnung an die Presse- und Propagandapolitik der NSDAP, wenngleich sie nicht ausschließlich an nationalsozialistische Zeitungen und Zeitschriften als publizistische Träger gebunden war und anfänglich gar nichts mit diesen Medien zu tun hatte. Ihrerseits nahm die nationalsozialistische Fotopropaganda mehrfach Hoffmanns Impulse auf und gewann dadurch besondere Konturen. Die Aneignung der Fotografie als Mittel der Parteipropaganda und des Führerkults verlief schneller und umfassender als die Erschließung des Films durch die NSDAP.[1] Technisch und finanziell bedingte Beschränkungen fielen weniger ins Gewicht als bei der kapitalaufwendigeren Filmpropaganda und Differenzen in den Propagandakonzepten spielten eine geringere Rolle. Im Unterschied zur Filmpropaganda gelang der NSDAP bis zum Ende der Weimarer Republik der Aufbau einer eigenen fotografischen Medienöffentlichkeit, die einigermaßen professionell gemacht war und mit den bürgerlichen Illustrierten und der sozialistischen Bildpresse in Konkurrenz treten konnte.

Dieser Aneignungsprozeß erfolgte aber keineswegs geradlinig und konsequent, vieles wirkt widersprüchlich, unkoordiniert und zufällig. Bezogen auf Organisation, Rezeption und Thematik lassen sich ein paar hervorstechende Strukturmerkmale im Prozeß dieser Aneignung feststellen: die ersten fotografischen Aufzeichnungen der öffentlichen Auftritte der NSDAP gingen nicht auf eine Initiative "von oben" zurück. Bevor die Partei die Fotografie für sich entdeckte und für sich auch reklamierte, gab es bereits Initiativen von anderer Seite. Entscheidend waren nicht parteipropagandistische Strategien, sondern Bildbedürfnisse "von unten". Erst daraus entstanden die Anfänge der nationalsozialistischen Fotopropaganda. Neben Interessen "von außen" (der bürgerlichen Illustriertenpresse) waren Erinnerungsbedürfnisse von Parteimitgliedern und -sympathisanten, die nach bildlichen Belegen von Parteiveranstaltungen in Form von Fotopostkarten verlangten, ausschlaggebend. Die entscheidenden Impulse für die Fortschritte der nationalsozialistischen Fotopropaganda entstanden aus der Absicht, den propagandistischen Erfolg der Massenveranstaltungen, der spektakulärsten Propagandainstrumente der Partei, auf der medialen Ebene quasi noch einmal zu wiederholen. Daran schloß sich dann eine Praxis auf neuem Niveau an. So begann Hoffmanns fotografische Dokumentation mit dem ersten Reichsparteitag im Januar 1923; anläßlich des Weimarer Parteitags kam die erste Nummer des "Illustrierten Beobachters" als "Erinnerungsblatt" für die Teilnehmer heraus.[2] Und der Professionalisierungsschub der NS-Fotopropaganda von 1932 hing eng mit dem expandierenden Wahlkampf und neuen Wahlkampfmethoden zusammen.

Im Kampf gegen Weimar
Die Frühphase (1923 - 1925)

Die Gründe, warum Hoffmann von 1920 bis Anfang 1923 offenbar nichts vom Parteigeschehen dokumentierte, liegen im dunkeln. Die nationalsozialistischen Parteiereignisse der ersten Jahre wurden – selbst nach der Intensivierung der Propagandaaktivitäten infolge von Hitlers parteiinterner "Machtergreifung" im Sommer 1921 – allenfalls von Amateurfotografen und von diesen nur sporadisch zu privaten Erinnerungszwecken festgehalten. Im Zusammenhang mit dem Aufstieg der NSDAP in den Jahren 1922/23 zu einem wichtigen Machtfaktor in der bayerischen Innenpolitik spielten Fotografien keine Rolle.[3] Der schnelle Aufstieg der NSDAP stützte sich auf eine äußerst aktive und spektakuläre Versammlungs- und Demonstrationspropaganda, die in der zweiten Jahreshälfte 1922 einen ersten Höhepunkt erreichte. Obschon die NSDAP damit gerade auch auf ein breites Presseecho mit überregionaler Resonanz zielte, wurde kein Versuch unternommen, diese Veranstaltungen auch auf bildlicher Ebene zu verbreiten.

Einen Einstieg markierte das Jahr 1923. Im Lauf des Jahres entstand erstmals eine umfangreichere fotografische Parteidokumentation, traten zugleich aber auch die Unzulänglichkeiten des damaligen Fotografiegebrauchs zutage. Anläßlich des ersten Reichsparteitages im Januar 1923 begann Hoffmann mit der fotografischen Dokumentation der Parteiaktivitäten, und der "Völkische Beobachter" betonte erstmals die propagandistische Bedeutung solcher Aufnahmen. Von nun an trat Hoffmann regelmäßig als Fotograf der völkischen und nationalsozialistischen Veranstaltungen auf – offenbar ohne Auftrag der Partei und in seinen Entfaltungsmöglichkeiten sogar eher noch durch den fotoscheuen Parteivorsitzenden behindert. Dies sollte sich im Herbst 1923 ändern, als Hitler seine reservierte Haltung aufgab. Einen Bedeutungszuwachs als Propagandamedium erfuhren Fotografien dann erst nach Hitlers Inhaftierung – also in dem Moment, als die Partei beziehungsweise vor allem ihr Führer nicht mehr öffentlich auftreten konnten und Fotografien eine besondere Mittlerfunktion übernahmen.

Ein erster Schritt zur Aneignung der Fotografie durch die NSDAP war getan. Die NSDAP besaß einen eigenen Fotografen, vielleicht sogar als einzige Partei in Deutschland, der regelmäßig das Parteigeschehen dokumentierte, aber sie besaß noch kein eigenes aktuelles Publikationsorgan für Fotografien. Der 1920 von der NSDAP aufgekaufte und ab Februar 1923 täglich erscheinende "Völkische Beobachter" konnte aus drucktechnischen Gründen keine Fotografien reproduzieren. Die Verbreitung von Fotografien blieb daher mehr oder weniger auf Hoffmanns Fotopostkarten und einige Bildbroschüren beschränkt, größere Resonanz stellte sich nur bei wenigen spektakulären Ereignissen ein. Zur Entfaltung gelangte Hoffmanns Arbeit im Dienste der Partei, als die Partei dem Putschismus abschwor und im Rahmen der parlamentarischen Partizipation am öffentlichen Meinungskampf teilnahm und auch der Fotopublizistik größeres Gewicht als Mittel der Massengewinnung beimaß. Einen Übergang zu dieser Phase markierten Hoffmanns Bildbroschüren über die aktuelle NS-Politik, die Anfang 1924 beziehungsweise im Frühjahr 1926 herauskamen und Propaganda für die "Bewegung" machten – und als eigentlicher Anfang der NS-Fotopropaganda verstanden werden können.

Aufbauphase (1926 - 1929)

Mit der allmählichen fotografischen Illustrierung der nationalsozialistischen Tageszeitungen, vor allem aber der Gründung einer eigenen Parteiillustrierten, begann die Integration der fotografischen Berichterstattung in die NS-Presse. Die fotografische Illustrierung folgte zwei Zielsetzungen: Fotografien berichteten über die "Bewegung" und dienten damit der direkten politischen Propaganda, vor allem in Form der Selbstdarstellung, zum anderen präsentierten sie zeitgenössische Unterhaltungsangebote entsprechend den kulturpolitischen Ambitionen der Partei. Je nach Konzeption des Presseorgans und temporären Erfordernissen kam der eine oder der andere Schwerpunkt stärker zur Geltung.
So konträr dabei die Ausgangspositionen waren, so sehr setzte sich allmählich in den Zeitungen eine breite Diversifikation der Themen durch.
Von entscheidender Bedeutung für die weitere Entwicklung der nationalsozialistischen Fotopropaganda sollte die Gründung des "Illustrierten Beobachters" im

*Heinrich Hoffmann: Hochdruckrotation, auf der der "Völkische Beobachter" gedruckt wurde, Münchner Buchgewerbehaus, München, undatiert;
Lieferwagen des Franz-Eher-Verlages, München, 1928*

Abb. 2/72

*Illustrierter Beobachter,
Nr. 10, 19. Mai 1928, S. 122*

Sommer 1926, eineinhalb Jahre nach der Wiederzulassung der NSDAP werden.[4] Die Gründung der – in der ersten Nummer erst vier Seiten starken – Illustrierten markiert den Übergang zum massenpropagandistisch motivierten Fotografieeinsatz der NSDAP. Das ab Oktober 1928 wöchentliche Erscheinen der Illustrierten machte eine kontinuierliche Publizierung von aktuellen Fotografien vom Parteigeschehen möglich. Gerade die Erkenntnis von der Bedeutung der "pressemäßigen Auswertung"[5] der öffentlichen Auftritte der NSDAP und ihrer Führer forcierte auch weiterhin die Ausweitung und Weiterentwicklung der NS-Fotoberichterstattung. Als visuelle Ergänzung des "Völkischen Beobachters" sollte der "Illustrierte Beobachter" (er wurde gleichfalls im "Münchner Buchgewerbehaus" gedruckt) an die Popularität der zeitgenössischen Bildpresse anknüpfen und den Illustrierten aus dem bürgerlichen und linken Lager Konkurrenz machen. Abermals zeigte sich, daß die Fotopublizistik ein wichtiges Mittel zur Steigerung der Popularität von Presseerzeugnissen war. Bereits mit der ersten Nummer übertraf der "Illustrierte Beobachter" die Auflagenhöhe des noch fast bildlosen "Völkischen Beobachters" und vergrößerte weiterhin seinen Vorsprung. Aber auch die Auflagensteigerung des "Völkischen Beobachters" verlief parallel zu der raschen Vermehrung seiner fotografischen Abbildungen. Offenbar handelt es sich dabei um eng aufeinander bezogene Prozesse: in dem Maße, in dem die Fotografie in die NS-Presse integriert wurde, trug sie maßgeblich zur Verbreitung der Blätter bei und wurde schließlich zum unverzichtbaren Bestandteil populärer Massenorgane.

Dadurch, daß die nationalsozialistische Fotopropaganda eng an die NS-Presse gebunden war, war sie in besonderer Weise auch von Hitlers restriktiver Pressepolitik betroffen.[6] Hitlers ursprüngliche Propagandakonzeption, wie er sie in "Mein Kampf" formuliert hatte, sah keineswegs den Aufbau einer starken parteieigenen Presse vor. Hitler verstand die bestehende Presse als eine "schlimme Großmacht im Staate", als wichtige Waffe in der Hand des politischen Gegners, leitete daraus aber nicht die Notwendigkeit ab, eine eigene Parteipresse als Gegengewicht zu etablieren. Erst nach der Machtübernahme sollte die Partei die bestehende Presse übernehmen und zum staatlichen "Erziehungsmittel" umwandeln. Den Weg dorthin sollten andere Propagandamittel ebnen, vor allem aber das auf Massenversammlungen gesprochene Wort, dessen suggestive Wirksamkeit Hitler immer wieder beschwor. Hitlers pressepolitisches Interesse richtete sich nur auf die Herausgabe der zentralen Parteiorgane, die im Eher-Verlag erschienen. Den "Völkischen Beobachter" sah er als persönliches Sprachrohr, das Führungsaufgaben zu erfüllen hatte und dessen Hauptfunktion im innerparteilichen Sektor lag.[7] Der "Völkische Beobachter" sollte über das Parteileben berichten, die ideologische und organisatorische Geschlossenheit der "Bewegung" gewährleisten und Hitlers Führungsanspruch sicherstellen. Vergleichbares in puncto Status und Funktion galt auch für den "Illustrierten Beobachter".

Dem zentralen Aufbau eines starken und reichsweit einheitlich organisierten Presseapparates der NSDAP stand Hitlers pressepolitische Haltung also entgegen. Dennoch wurde auf regionaler und lokaler Ebene eine Vielzahl von NS-Zeitungen gegründet, vollkommen dezentral, ohne bestimmten Plan und ohne aktive Hilfe aus München, gestützt allein auf die Initiative von Gauleitern oder einzelnen Parteimitgliedern. Diese Entwicklung war von der Parteiführung nicht gewollt, weil dadurch die Position der Gauleiter innerhalb der Parteihierarchie gestärkt wurde beziehungsweise eine Konkurrenz zum Zentralorgan entstand und Hitlers Führungsansprüche eingeschränkt wurden.[8] Aus dem geringen Interesse der Reichsleitung an der Entwicklung der Gaupresse resultierten auch das unzureichende Nachrichtenwesen für die Parteipresse wie das Fehlen zentral organisierter Versorgung der Gaupresse mit fotografischem Bildmaterial.[9] Hoffmanns Aktivitäten konzentrierten sich lange Zeit auf die Versorgung der Zentralorgane der Partei und kamen der NS-Provinzpresse kaum zugute. Es gab offenbar vorerst keine Koordination zwischen den Zentralorganen und der Gaupresse, es entstand auch keine reichsweite Organisation der mit der NSDAP sympathisierenden Fotoamateure, vergleichbar mit der Arbeiterfotografen-Bewegung auf kommunistischer Seite.[10] Die Redaktionen der Gauzeitungen waren auf sich gestellt und hatten – von Ausnahmen abgesehen – das Bildmaterial selbst zu beschaffen. Dazu mußten sie oft auf das für sie nur bedingt interessante Bildangebot der bürgerlichen Presseagenturen zurückgreifen oder mit lokalen Amateuren und Berufsfotografen zusammenarbeiten und für die hohen Kosten der Litho- und Klischeeanfertigung aufkommen.[11]

Der "Illustrierte Beobachter" war sofort nach seiner Gründung zum parteioffiziellen Bilderblatt mit Monopolstatus erklärt worden und das war gleichbedeutend mit einem Gründungsverbot für andere Bildzeitschriften und Bildbeilagen von Tageszeitungen. "Als der Bamberger Verlag 'Die Flamme' ankündigte, er werde regelmäßig eine illustrierte Beilage für Parteimitglieder herausbringen, erhielt der Verleger, Gottfried Feder, eine scharfe Zurückweisung aus dem Münchener Hauptquartier. Man erinnerte ihn daran, daß jede für den Verkauf und die Verbreitung unter Parteigenossen bestimmte Publikation der besonderen Genehmigung der Reichsleitung bedürfe. Und für ein illustriertes Blatt, das dem unter Hitlers Schirmherrschaft stehenden Illustrierten Beobachter Konkurrenz machen könne, werde keine Genehmigung erteilt werden."[12] NS-Reichsgeschäftsführer Philipp Bouhler begründete die ablehnende Haltung der Parteiführung: "Wenn jeder Privatverlag in Deutschland, selbst wenn er zur Herausgabe eines offiziellen Parteiblattes befugt ist, diese von dem Zentralorgan mühsam geschaffene Verbesserung nachzuahmen oder zu überbieten sucht, dann haben wir bald ein paar Dutzend illustrierter Zeitungen und können zusehen, wie die Illustrierte Beobachter, der doch in erster Linie eine Stützung unseres Zentralkampfblattes sein soll, an die Wand gedrückt wird."[13]

Der Monopolstatus des "Illustrierten Beobachters" hatte wahrscheinlich weitreichende Folgen für die NS-Fotopropaganda: er hemmte die Entwicklung von fotografischen Aktivitäten auf Gauebene und verhinderte größere fotopublizistische Initiativen der Gaupresse. Das hieß aber auch, daß die nationalsozialistische Fotopropaganda der Weimarer Republik in wichtigen Bereichen deckungsgleich war mit der Fotografie des "Illustrierten Beobachters" – und diese wiederum mit der Arbeit Hoffmanns, des weitaus bedeutendsten Bildlieferanten der Parteiillustrierten. Andere Pressefotografen aus den Reihen der NSDAP, wie beispielsweise

Abb. 2/73-74

Illustrierter Beobachter, Nr. 19, 15. Oktober 1927, Titelseite; *Illustrierter Beobachter*, Nr. 17, 13. September 1927, S. 245

Abb. 2/75-76

Illustrierter Beobachter,
Nr. 3, 16. Januar 1932, S. 55;
Illustrierter Beobachter,
Nr. 17, 23. April 1932, S. 379

Rosenkranz aus Hattingen, kamen hier kaum zum Zuge. Abgesehen davon, daß dieser Umstand eine Bekräftigung von Hoffmanns Sonderstatus als Parteifotograf und seines informellen Monopols über die aktuelle Fotoberichterstattung auf Reichsebene bedeutete, war damit auch festgeschrieben, daß seine Sicht maßgeblich das Bild von "Führer" und Partei prägte. Und dies entsprach den Bedürfnissen der Münchener Parteiführung. Etwaige Alternativen waren unmöglich oder zumindest stark behindert.

Professionalisierungsphase (1930 - 1932)

1930 wurde offenkundig, daß Hitlers pressepolitische Grundsätze im Widerspruch zu den wachsenden publizistischen Bedürfnissen der zur Massenpartei aufsteigenden NSDAP standen. Um sich der wachsenden Wählerschaft auf Dauer zu vergewissern und die Basis für die Übernahme der Macht im Staat zu verbreitern, war ein Wandel in der nationalsozialistischen Pressearbeit unumgänglich. Es galt nachzuholen, "was während der ersten Jahre infolge des Einsatzes aller Kräfte für die Propaganda durch das Wort nicht getan werden konnte," wie Josef Berchtold 1930 schrieb.[14] Innerhalb der Partei war Hitlers Pressepolitik vielfach auf Kritik gestoßen und von der Praxis widerlegt worden.[15] Die Gaupresse nahm nun infolge von Neugründungen und der Umwandlung von Wochenblättern in Tageszeitungen eine stürmische Aufwärtsentwicklung und trat aus dem Schatten des zentralen Parteiorgans heraus. Die Anfang der 30er Jahre ergriffenen Maßnahmen leiteten einen Wendepunkt in der nationalsozialistischen Pressepolitik ein. Es galt, die Parteipresse aufzuwerten und ihre Leistungsfähigkeit zu steigern.[16] Man setzte darauf, die Pressearbeit zu professionalisieren und eine zentrale Presseorganisation aufzubauen. Hitlers Erfahrungen mit widerspenstigen Gauzeitungen legten zudem eine verstärkte Kontrolle der einzelnen Organe nahe. Im August 1931 wurde die "Pressestelle der Reichsleitung der NSDAP", die spätere "Reichspressestelle der NSDAP", unter dem zum Reichspressechef ernannten Otto Dietrich eingerichtet. Die Stelle war zunächst der Reichsorganisationsleitung unterstellt und im Braunen Haus untergebracht. Zu ihrer Aufgabe zählte neben der Kontrolle über das gesamte nationalsozialistische Pressewesen die Unterstützung der einzelnen Redaktionen und der Aufbau eines parteiinternen Nachrichtendienstes. Im Januar 1932 erschien erstmals auch die von Wilhelm Weiß herausgegebene "NS-Parteikorrespondenz" (NSK), die bereits auf dem Weimarer Parteitag von 1926 gefordert worden war.[17]

Im Zuge einer allmählichen Funktionsverschiebung gewann die NS-Presse an öffentlichem Gewicht und übernahm neben den primär binnenkommunikativen allmählich auch erste außenkommunikative Aufgaben. Hauptadressaten wurden nun die NS-Sympathisanten als zu gewinnende Wähler und Mitglieder.[18] Die "ambivalente Struktur" (Peter Stein) der NS-Presse blieb bis zur Machtergreifung bestehen. Im Vergleich zur Presse aus dem bürgerlichen und linken Lager lag die schnell gewachsene NS-Presse noch immer zurück, litt unter strukturellen Schwächen und bot vielfach ein desolates Bild, bedingt durch das Fehlen von Geldmitteln und journalistisch qualifizierten Mitarbeitern. Im Herbst 1932 existierten immerhin über 200 Monats-, Wochen- und Tageszeitungen.[19] Mitte 1932 lag die Auflagenhöhe der täglich erscheinenden NS-Zeitungen bei ungefähr 750 000 und entsprach in etwa der Presse der beiden Arbeiterparteien.[20] Die NS-Blätter erreichten aber nur einen kleinen Teil der NSDAP-Wählerschaft, wie Gregor Strasser und Otto Dietrich im Juni 1932 in einer Denkschrift konstatierten: "Wenn wir diese Auflage in den nächsten Monaten wirklich auf 1 Million zu steigern in der Lage wären, blieben immer noch 11 – 12 Millionen nationalsozialistische Wähler, die eine andere Zeitung haben."[21]

Fotografien gewannen infolge der Zunahme der mediengestützten Öffentlichkeitsarbeit, der Aktivierung der Zeitungspropaganda und der Koordination der Bildveröffentlichungen weiter an Bedeutung und wurden nun fester Bestandteil der "nach großen massenpropagandistischen Gesichtspunkten ausgestatteten Parteipresse" (Otto Dietrich). Welchen Entwicklungsschub der Fotografiegebrauch in der NS-Presse zu Ende der Weimarer Republik machte, trat anläßlich von Hitlers "Deutschlandflügen" im Jahr 1932 zutage, nachdem im Jahr zuvor schon bildästhetische und bildvermittelnde Innovationen vorausgegangen waren. Die "Deutschlandflüge" koppelten verschiedenste Propagandamedien und -methoden im Bereich der Binnen- und

Illustrierter Beobachter, Nr. 19, 10. Mai 1930, S. 299

Abb. 2/78

Firma H. Hoffmann (August Kling): Heinrich Hoffmann und Otto Dietrich während einer Wahlkampftournee, April 1932

Außenkommunikation zu einer Einheit und bildeten den ersten Höhepunkt des straff organisierten Medienverbundes. Im Unterschied zu den früheren Parteitagen zielten die "Deutschlandflüge" auf die gesamte deutsche Bevölkerung als Adressaten und waren eines der wichtigsten Mittel, um den Hitler-Mythos außerhalb der Partei zu popularisieren, und verwiesen bereits auf die "totale Propaganda" unter der NS-Herrschaft.[22] Zentralisierung und Straffung der NS-Presse erfolgten im Zusammenhang mit dem Konzept der aggressiv-kämpferischen "Trommlerpresse", das Goebbels nach dem Vorbild des "Angriffs" für die Massenmobilisierung in der Endphase der Weimarer Republik propagiert hatte. Die gesamte NS-Presse wurde direkt den Weisungen der Reichspropagandastelle unterstellt und damit ihre Unabhängigkeit von der Parteileitung aufgehoben, eine schnelle und einheitliche Nachrichtenübermittlung mit Hilfe eines neuen Meldekopfsystems organisiert und das regionale und örtliche Pressewartsystem ausgebaut, damit die Presse "einheitlich und in größter Aufmachung losschlagen"[23] konnte. Im Frühjahr 1932 wurden erstmals ein aktueller NS-Pressebilderdienst und eine Bildmaternzentrale eingerichtet, um aktuelle Aufnahmen von Hitlers Wahlkampfauftritten systematisch in die Pressepropaganda einzubauen und eine schlagkräftige Bildagitation zu erreichen. Zur stärkeren Aktualisierung erprobte man auch die telegrafische Bildübertragung.[24] Die fotografische Berichterstattung lag wiederum in den Händen von Heinrich Hoffmann, der zusammen mit seinen Assistenten zum Stab der NS-Journalisten in Hitlers Wahlkampftroß gehörte. Zur weiteren Vervollkommnung des Medienverbundes gehörte, daß rechtzeitig zum Wahlkampf Ende März 1932 Hoffmanns erster Hitlerbildband "Hitler wie ihn keiner kennt" erschien und danach die retrospektive Verwertung der ersten beiden Deutschlandflüge in Form von Hoffmanns Bildband "Hitler über Deutschland" erfolgte.[25] Bereits vor Hitlers Deutschlandflug sollten alle NS-Zeitungen als Vorbereitung auf der ersten Seite einen großen Bildbericht über Hitler bringen und hierzu Hoffmanns Aufnahmen verwenden. Rückblickend auf die geleistete Wahlkampfpropaganda und Hoffmanns Tätigkeit schrieb Otto Dietrich: "Wir haben die Berichterstattung über die Deutschlandflüge seinerzeit von der Reichspressestelle der Partei aus einheitlich organisiert und zentral für alle unsere Blätter in die Hand genommen. (...) Auf diese Weise war es möglich, daß jeweils bereits am nächsten Morgen unsere sämtlichen Tageszeitungen die Deutschlandflugberichte in großer Aufmachung als eigene Spezial- und Drahtberichte veröffentlichen und damit jede Konkurrenz schlagen konnten. Die dazugehörigen Bilder lieferte der Bildberichterstatter, der an der Reise teilnahm, mit Hilfe einer in München eingerichteten Bildmaternzentrale."[26]

Bei Hitlers drittem und viertem Deutschlandflug im Oktober/November 1932 war die fotografische Berichterstattung ein fester Bestandteil der Propagandakampagnen der NS-Presse. Als Otto Dietrich in einem Brief vom Oktober 1932 an die Schriftleitungen auf die Wichtigkeit von fotografischen Abbildungen hinwies, klang das schon fast wie eine Selbstverständlichkeit: "Von besonderer Bedeutung ist natürlich immer die Bildberichterstattung, die auch bei dieser Führerreise vom Bildberichterstatter der Partei Hoffmann durchgeführt wird. Alle nationalsozialistischen Zeitungen, die Interesse für laufende Bildberichterstattung haben, werden gebeten, sich bereits jetzt unverzüglich schriftlich an den Bildberichterstatter Heinrich Hoffmann, München/Amalienstr. 25 zu wenden und dort laufend Bildmaterial zu bestellen. Im übrigen sind die Bilder ja nicht an den Tag gebunden und können laufend nach Eintreffen veröffentlicht werden."[27]

Das Konzept der "Trommlerpresse" hatte zu einer Verbesserung der Bildversorgung der Gaupresse und überhaupt zu einer Professionalisierung im Bereich der ganzen fotografischen Bildpublizistik geführt – unabhängig davon, daß dieses Pressekonzept bald wieder fallengelassen wurde, da es den Lesegewohnheiten des Publikums nicht entsprach, wie Otto Dietrich und Gregor Strasser im Sommer 1932 konstatierten. Weil der Aufbau einer qualitätvollen Presse, die mit den gegnerischen Zeitungen konkurrieren konnte, vorerst an fehlenden Mitteln scheiterte, suchte die NSDAP nach Möglichkeiten, auch auf die bürgerliche Presse Einfluß zu nehmen. Otto Dietrich schrieb: "Die sogenannte große bürgerliche Presse ist dasjenige große Reservoir von Propagandamöglichkeiten, das für uns noch völlig unausgeschöpft ist. Diese bürgerliche Presse (...) war bisher das fast ausschließliche propagandistische Machtmittel der bürgerlichen Parteien. (...) Heute sind diese bürgerlichen Parteien der Mitte zerschlagen oder nur noch aktionsunfähige Trümmer – aber die dazugehörige Presse ist noch im gleichen Umfang wie bisher vorhanden (...) Aus diesen Blättern muß (...) auf geeignete Weise noch vor der Wahl das Bestmögliche an Propaganda für uns herausgeholt werden. In den meisten Fällen sind derartige Blätter diesem Gedanken im Hinblick auf die Volksstimmung durchaus nicht so unzugänglich, und klagen zum Teil ihrerseits über Mangel an geeignetem und für sie abdruckreifem redaktionellen Material."²⁸

In welchem Umfang man von seiten der NSDAP in diesem Rahmen verstärkt auch einschlägiges fotografisches Bildmaterial in die bürgerliche Presse zu lancieren suchte, ist nicht zu klären. Hoffmann bemühte sich darum schon seit längerer Zeit, wahrscheinlich mit zwiespältigem Erfolg. In den bürgerlichen Illustrierten in der Endphase der Weimarer Republik war die NSDAP – von sporadischen Ausnahmen abgesehen – kaum präsent. Ein Beispiel für eine geglückte Lancierung war die ausführliche und sensationell aufgemachte Reportage: "Die Ersten Aufnahmen aus dem nationalsozialistischen Hauptquartier. Das braune Haus" in der "Kölnischen Illustrierten Zeitung".²⁹

Die Wahlkämpfe des Jahres 1932 bedeuteten die Generalprobe für den propagandistischen Einsatz der Fotografie. Die fotografische Berichterstattung war praktisch und konzeptionell in die NS-Pressepropaganda integriert worden.³⁰ Innerhalb des Parteiapparates beziehungsweise der Reichspressestelle erfuhr sie aber keine institutionelle Verankerung: weder wurde ein Bilderdienst an die "NS-Parteikorrespondenz" angegliedert, noch eine eigene Bildpressestelle der Partei geschaffen. Unverändert lag dieser Bereich in den Händen von Hoffmann.

Nationalsozialistische Staatspropaganda

Nach der Machtübernahme zielte die nationalsozialistische Medienpolitik auf die Monopolisierung und vollkommene Beherrschung der öffentlichen Kommunikation, um die "Geistes- und Willensausrichtung der Nation" zu vereinheitlichen. Presse, Rundfunk und Film sollten nicht länger "Ausdrucksmittel bestimmter Meinungsgruppen im Staate, sondern (…) Führungsmittel des Staates selber sein."³¹ Die "Neuordnung der deutschen Presse" machte auch die Pressefotografie zum massenwirksamen Mittel der nationalsozialistischen Staatspropaganda und führte zur Totalisierung der Fotopropaganda. Die Aufnahmen von "Führer", Staat und Partei wurden permanent in alle Kanäle und Organe der fotografisch illustrierten Massenmedien eingespeist und entfalteten unter diesen Umständen ihre bildprägende Kraft.

Unter den veränderten politischen Rahmenbedingungen wurde Hoffmanns propagandistische Tätigkeit gewissermaßen "verallgemeinert", seine Bedeutung als einzelner Fotopublizist im Dienste der NSDAP relativiert, denn nun waren nicht mehr allein er und die – vielfach noch kümmerliche – Parteipublizistik für die nationalsozialistische Fotopropaganda zuständig. Die Übernahme der Regierungsgewalt brachte eine Neuausrichtung und Aufgabenerweiterung der Fotopropaganda mit sich. Aus dem Wandel der kämpferisch-oppositionellen Agitation zur staatstragenden Propaganda ergaben sich neue Themenstellungen und Funktionen. Im Vordergrund stand nun die beeindruckende Darstellung der nationalsozialistischen "Errungenschaften". Die "Deutsche Presse" schrieb später: Das fotografische Bild "erwies sich als tragfähige Brücke zur Festigung des Vertrauens zum jungen Staat und seiner Führung. (…) Das Bild war es, das den Betrachter Augenzeuge der ersten Reichstagssitzungen und der Reichsparteitage sein ließ. Das Bild war es auch, daß von den ersten Erfolgen des Winterhilfswerkes berichtete und die ersten KdF-Urlauber auf der Reise, die ersten Kindergärten, Müttererholungsheime und sonstigen Schöpfungen der NSV zeigte. In Ausstellungen, die die Rechenschaftsberichte des jungen Staates enthielten, war es wiederum das Bild, das in leicht faßlicher und überzeugender Weise das belegte, was geschaffen worden war. Seitdem ist das Bild (…) als informierendes, berichtendes und belehrendes Mittel nicht mehr wegzudenken."³²

Als Teilbereich der allgemeinen fotografischen Bildpublizistik besaß die politische Fotoberichterstattung eine zentrale Funktion und war den organisatorischen Regelungen, politischen Zielsetzungen und taktischen Maßnahmen der nationalsozialistischen Pressepolitik unterworfen. Ihre Formierung als publizistisches Lenkungsmittel des Dritten Reiches vollzog sich auf verschiedenen Ebenen. Hierzu gehörte die "Gleichschaltung" der Berufsverbände, die inhaltliche Steuerung der Publizistik und die Umstrukturierung durch den ökonomischen Konzentrations- und Monopolisierungsprozeß. Dabei waren Pressefotografie und Illustriertenpresse in besonderem Maß von den Funktionsstörungen der nationalsozialistischen Propaganda betroffen, die die Wirksamkeit der Pressepropaganda einschränkten und von machtpolitischen Rivalitäten, organisatorischen Schwierigkeiten und vor allem den strukturellen Schwächen der intensiven Lenkung herrührten.

Voraussetzung für eine regierungsfreundliche Berichterstattung und die gleichzeitige Unterdrückung unliebsamer Meldungen war die "Gleichschaltung" der bürgerlichen Presse und die Ausschaltung der systemkritischen Opposition und vor allem die Liquidierung der sozialistischen Publizistik. Genauso wie die bürgerliche Presse nach der Machtübernahme vorerst beibehalten wurde, zu ihrer ideologischen Ausrichtung aber ein umfangreicher Lenkungsapparat entstand, so wurden auch die Pressefotografen nicht durch Parteigenossen ersetzt, sondern an die kurze Leine genommen. Der NSDAP waren im Bereich der Pressefotografie in den letzten Jahren manche Kräfte zugewachsen, doch genügten diese auch nicht annähernd für eine flächendeckende Pressearbeit. Auch hier erwies sich die Umgestaltung wirkungsvoller als die Neuorganisation. Für den vorläufigen Fortbestand der bürgerlichen Presse sprachen aus Sicht der NSDAP nicht nur die Rücksicht auf die konservativen Eliten und die noch nicht gefestigten Machtpositionen der NSDAP, sondern auch die fehlenden Voraussetzungen für den schnellen Ausbau der eigenen

Berufsbilder der Pressefotografen

Das Schriftleitergesetz bedeutete das Ende des Rechts auf freie Meinungsäußerung, für die Pressefotografen freilich eine berufliche Aufwertung, da sie nun nicht mehr dem Fotografenhandwerk zugerechnet, sondern den Textjournalisten gleichgestellt wurden.[106] Das war schon lange ein Anliegen vieler Pressefotografen. Ihre beabsichtigte Eingliederung in den "Reichsverband der deutschen Presse" (RDP) fand ein positives Echo. Man sah diesen Schritt als "Markstein in der Entwicklung der gesamten deutschen Presse. Die Auswirkungen werden weit größer sein, als dies heute noch manchem Bildberichter klar ist, denn sein Platz in der Presse ist fortab ein anderer als bisher. Zum ersten Male seit Bestehen der Bildpresse ist er Mitträger der Verantwortung dem Staat und der Volksgemeinschaft gegenüber. Er ist nicht bloßer äußerlicher Zuträger von Bildnachrichten, sondern ist ein lebendiger, werteschaffender Faktor beim Aufbau im Bildzeitungswesen."[107]

Bereits in den zwanziger Jahren waren die berufliche Ausbildung und die journalistische Qualifikation der Pressefotografen verschiedentlich Gegenstand von Diskussionen und Kritik: "Gute Fotografen sind sie wohl alle, gute Journalisten nicht allgemein. Die meisten kommen vom fotografischen Handwerk her, und erst sehr wenige von der Presse."[108] Für die publizistische Fachpresse war die Abgrenzung der Pressefotografen von den Fachfotografen eine klare Sache, da das "journalistische Sehen" im Vordergrund zu stehen hatte: "Mit der Kenntnis der technischen Handgriffe allein ist es nicht getan. Notwendig ist: Augenmaß für die Wichtigkeit öffentlicher Vorgänge, aktueller Instinkt, Kenntnis der Zeitgeschichte und der Persönlichkeiten. Mit einem Wort: journalistisches Blut. Dazu eine scharfe Beobachtungsgabe und Geistesgegenwart. Je intelligenter ein Bildberichterstatter ist, je höher sein Bildungsniveau, desto leistungsfähiger wird er in seinem Beruf sein können."[109]

Mit der Neudefinition des Berufsbildes des Pressefotografen wurde ein berufssoziologischer Differenzierungsprozeß gesetzlich sanktioniert, der letztlich in der Abgrenzung von fachfotografischer Hand- und journalistischer Kopfarbeit begründet lag und zu jahrelangen Auseinandersetzungen zwischen den Fotografenvereinen und den Pressefotografen, die sich gegen die Zugehörigkeit zu den fotografischen Innungen wehrten, geführt hatte.[110] Die formelle Festschreibung des Berufsbildes der Pressefotografen ließ aber viele Fragen offen. Auch kam es trotz der Aufwertung der Pressefotografen durch das Schriftleitergesetz erst im Februar 1939 zur Einführung einer speziellen "Berufsausbildung für Bildberichterstatter", in deren Anordnung es hieß: "Der Beruf des Bildberichterstatters ist kein Handwerk wie die Fachphotographie. (…) Bildberichterstatter sind Schriftleiter, die statt der Feder die Kamera führen. Ihre Arbeit besteht nicht nur in der Lieferung von Ereignisberichten, sondern auch in der Schilderung von Zuständen politischer, gesellschaftlicher, wirtschaftlicher, kultureller Natur (…)."[111]

Die Abgrenzung von Fotohandwerker und Pressefotografen steckte nur den äußeren Rahmen ab. Innerhalb der beruflichen Praxis war der Differenzierungsprozeß bereits weiter fortgeschritten. Dies rührte nicht zuletzt aus der Konkurrenz zwischen den Illustrierten und den Tageszeitungen her, die zunehmend das aktuelle Nachrichtenbild in ihr Redaktionsprogramm aufnahmen.[112] So hatten sich unter den für die Presse tätigen Fotografen die "Bildjournalisten" herausgebildet, die, wie Hans Diebow 1934 schrieb, "mit eigenen Ideen, selber mit der Kamera und zugleich als Textreporter ihre Arbeit leisten. Sie sind die begehrtesten Schöpfer der Bildserien. In ihnen ist ein ganz neuer Typ des Journalisten entstanden, der seiner Leistung nach unter die Zeitungs-Sonderkorrespondenten zu rechnen ist. Das fesselnde Thema herbeizubringen überläßt er nicht dem Zufall. (…) Ohne die überzeugende Idee, die ihn ganz erfüllt und begeistert, kann er nicht beginnen. Eine lähmende Verzweiflung, wenn ihn Mangel an Einfällen zur Untätigkeit verurteilt. Glücksgefühl ohnegleichen, wenn es Themen hagelt. In diesem Ringen um den Stoff gleicht er dem Dramatiker, Maler, Musiker."[113] Diebow setzte die besondere Arbeitsweise der Serienfotografen, wie die Bildjournalisten offiziell hießen, deutlich ab von der üblichen Art der Nachrichtenbeschaffung der Pressefotografen, die im "vereinten Angriff auf eine weltbekannte Persönlichkeit" auftreten, und betonte "die ausgesprochen geistige, künstlerische Arbeit der Gestaltung von Bilderserien". An anderer Stelle schrieb er: "Es ist nicht zu viel gesagt, daß ein 'Serienphotograph' von Rang zu den Kulturträgern der Nation gehört."[114]

Trotz der Aufwertung der Pressefotografen durch das Schriftleitergesetz riß die Kritik an der Bildberichterstattung nicht ab, und Differenzen über die spezifischen Aufgaben von Fotografie als Medium der Presseberichterstattung blieben bestehen. Eine prägende Auffassung brachte 1936 Fritz Hansen zum Ausdruck: "Nach sachverständigem Urteil werden von den Verlegern der Welt etwa 18 bis 20 Millionen Reichsmark für photographische Illustrationen ausgegeben. Trotzdem ist die Photoreportage, die Bildberichtertstattung, bei uns in Deutschland zweifellos noch nicht so hoch entwickelt wie zum Beispiel in Amerika, und unsere Bildredakteure haben es trotz der Fülle des angebotenen Materials manchmal nicht leicht, die geeigneten Bilder zu erhalten. Das erklärt sich aus der Tatsache, daß es immer noch an journalistisch ausgebil-

Willi Pragher: Zeitungsstand am Leipziger Platz, Berlin, 1936

deten Photoreportern fehlt."115 Hansen machte dafür ein falsches Verständnis der Bildberichterstattung verantwortlich, die man oft mit "schönen Bildern" gleichsetze, und fuhr fort: "Die Photoreportage muß (...) alle sonst gültigen Regeln ablehnen. Bildmäßigkeit, Komposition usw., auf die die künstlerische Photographie so stolz ist, existieren für ihr Schaffen nicht. Der Photoberichterstatter soll die Dinge mit aller Schärfe und Realistik wiedergeben, und muß dabei von der üblichen Art des Sehens abweichen."116 Die Hauptaufgabe der Bildberichterstattung bestünde darin, das "besonders Charakteristische eines Vorganges" festzuhalten; die "gute Bildwirkung" sei dagegen "Nebensache".

Von anderer Seite maß man der Gestaltungsqualität von Pressefotografien größere Relevanz bei. So schrieb Hugo Steindamm 1934 unter dem Titel "Welche Bilder fesseln den Leser?": "Auch beim aktuellen Photo liegt der Wert nicht, wie noch häufig angenommen wird, im mechanischen Knipsen allein, sondern auch aus ihm muß uns Gestaltungskraft und Phantasie entgegenspringen, wenn es die Bedeutung des Ereignisses in uns einprägen, Weltbild oder Weltanschauung – oder beides – formen soll."117 Auch die 1939 erlassenen Richtlinien für die Berufsausbildung der Bildberichterstatter suchten das Verhältnis von Form und Inhalt der Pressefotografie zu definieren, indem sie der Bildästhetik eine optimierende Funktion zuerkannten: "Die Idee des Dargestellten (steht) im Mittelpunkt der Berufsarbeit. Die Eignung eines Bildes für die Presse hängt von seinem Nachrichtenwert ab. (...) Der Inhalt ist wichtiger als die Form. Am besten ist packender Inhalt in vollendeter Form (...)."118

Parteipresse und die Einsicht, daß der Sprachrohrcharakter der nationalsozialistischen Organe nur einen bedingten publizistischen Wert besaß und eine herrschaftskonforme bürgerliche Presse zur faschistischen Formierung der Gesellschaft viel brauchbarer war.33

Die NS-Presselenkung beruhte auf drei sich durchdringenden Organisationen, die jeweils von Partei, Staat beziehungsweise Berufsstand ausgingen und durch Personalunion miteinander verbunden waren: die NS-Presseleitung, das Reichspropagandaministerium und die Reichspressekammer in der Reichskulturkammer. Die zentrale Lenkungsbehörde für das gesamte öffentliche Leben und alle publizistischen Bereiche bildete das am 11. März 1933 neu gegründete und von Joseph Goebbels geleitete Propagandaministerium mitsamt seinen Landesstellen.34 Instruktion und Überwachung der Presse war Sache der Abteilung IV unter Otto Dietrich, der 1937 zum Pressechef der Reichsregierung avancierte.35 Dort wurde im März 1933 auch ein eigenes "Bildpresse-Referat" eingerichtet, das der wachsenden Relevanz der Fotografie in den Massenmedien Rechnung tragen und ihre weitere Durchsetzung im Sinne der "Aufbauarbeiten des nationalsozialistischen Deutschlands" forcieren sollte. Das Heiner Kurzbein unterstellte Referat war zuständig für die Überwachung der gesamten, stark arbeitsteilig organisierten Fotopublizistik, das heißt für die illustrierte Presse, die Bildagenturen und die Pressefotografen als Lieferanten des Bildmaterials.36

Entsprechend dem Reichskulturkammergesetz mußten die Pressefotografen wie alle anderen Presseangehörigen den neuen berufsständischen Pflichtorganisationen beitreten und sich in Berufslisten der Landesverbände des "Reichsverbandes der Deutschen Presse" (RDP) eintragen.37 Sie unterlagen den Bestimmungen des im Oktober 1933 verabschiedeten Schriftleitergesetzes, das die rechtliche Grundlage für die Kontrolle und Disziplinierung der Journalisten schuf. Das Gesetz reglementierte "die Zulassung zu den bisher völlig freien Presseberufen, entband den Journalisten vom politischen Weisungsrecht seines Verlegers und nahm ihn in die Pflicht des Staates".38 Schriftleiter konnte nur sein, wer deutscher Staatsbürger, arischer Abstammung, nicht jüdisch verheiratet war und früher nicht für die Presse von SPD, KPD und Gewerkschaften gearbeitet hatte. Die Journalisten wurden zu Sachwaltern des nationalsozialistischen Staates erklärt und darauf verpflichtet, ihren Beruf "im

die neue linie,
Nr. 1, September
1938, S. 14

Einklang mit der nationalsozialistischen Weltanschauung"[39] auszuüben. Parteimitglieder mußten sie nicht sein. Die neuen politischen Verhältnisse sollten in den verdeutschten Berufsbezeichnungen zum Ausdruck kommen: Journalisten hießen offiziell fortan Schriftleiter, Pressefotografen Bildberichterstatter.[40]

Hoffotografen der nationalsozialistischen Polykratie

Die Berufsverbote für jüdische und "marxistische" Fotografen, die Emigration namhafter Vertreter des modernen Bildjournalismus, die "Arisierung" jüdischer Agenturen und die Übernahme von ausländischen Firmen durch die Reichsbehörden hatten zur Folge, daß die Zahl der selbständigen Pressebildagenturen zurückging und sich die marktbeherrschende Position der führenden Bildagenturen des Dritten Reiches herausbildete.[41] Zu den privilegierten Agenturen gehörte neben "Atlantic" und "Weltbild" als größtes privates Unternehmen die Illustrationsfirma "Presseillustrationen Heinrich Hoffmann". Im Besitz des Reiches waren die direkt dem Propagandaministerium unterstellte Agentur "Atlantic" und die Agentur "Weltbild", die im April 1935 aus der anglo-amerikanischen Firma "Keystone View" hervorging und an das "Deutsche Nachrichtenbüro" angeschlossen wurde. "Transocean" arbeitete als privates Unternehmen in staatlichem Auftrag weiter. Die Bildabteilung von Associated Press bestand bis zum Kriegseintritt der USA.[42]

Die auf die politische Berichterstattung spezialisierten Pressefotografen und Bildagenturen waren oft im Umfeld der miteinander rivalisierenden Machtzentren der NS-Herrschaft und ihrer jeweiligen Pressestellen angesiedelt, hervorgerufen durch die polykratische Machtstruktur der NS-Herrschaft: "Jede Einrichtung, die etwas auf sich hielt, baute ihren eigenen Propagandaapparat auf und suchte ihr Handeln durch eine entsprechende öffentliche Selbstdarstellung zu legitimieren."[43] Das Bildangebot der Pressestellen war neben allgemeinen Themen gerade auch auf die partikularen Sonderinteressen und eigenmächtigen Profilierungsabsichten der einzelnen Dienststellen von Partei und Staat abgestellt. Minister und Parteiführer legten sich eigene "Hoffotografen" zu, die sie bei ihren öffentlichen Auftritten wie auch im Privatleben begleiteten, zu besonderer Verschwiegenheit verpflichtet waren und eine Art Selbstzensur praktizierten. Diese Ausstattung mit "persönlichen" Fotografen entsprach ganz dem Vorbild Hitlers und seiner Favorisierung Hoffmanns. Beispielsweise gehörten Helmut Kurth beziehungsweise Eitel Lange zum engeren Kreis um Hermann Göring, Fritz Franz Bauer zu Himmlers Begleitern und Gerhard Laux zu denen von Joachim von Ribbentrop. Analoge Beobachtungen lassen sich auch auf Gauebene und für die Gauleiter machen. Unter denFotografen waren zum Teil alte Parteigenossen, wie etwa bei F. F. Bauer und Heinrich Hoffmann, oder junge Aufsteiger aus der Fotografenszene. In puncto publizistischer Bedeutung und persönlichen Einflusses reichte keiner von ihnen an Hoffmann heran.

Die verschiedenen Pressestellen, Agenturen und Pressefotografen boten Zeitungen und Zeitschriften Bildmaterial an, waren ihnen gegenüber aber nicht weisungsbefugt.[44] Zuständig für die Steuerung und Kontrolle des Einsatzes von Fotografien in der Presse waren die

Hoffmann | Fotopropaganda

Abb. 2/81

Deutsche Presse-Photo-Zentrale: Berliner Pressefotografen bei der Ankunft von Sven Hedin am 14. April 1935, knieend links vorne Georg Pahl und Willi Jacobsen

wöchentliche Reichszeitschriftenkonferenz (kulturpolitische Pressekonferenz) und gelegentliche Sonderpressekonferenzen für illustrierte Zeitschriften, abgesehen von speziellen Einzelanweisungen.45 Ohne speziell darauf ausgerichtet zu sein, nahm aber auch die "Pressekonferenz der Reichsregierung" regelmäßig im Rahmen ihrer allgemeinen Anweisungspraxis Einfluß auf die Bebilderung der Tageszeitungen beziehungsweise der Illustriertenpresse, die seit Anfang 1934 den Regelungen für die Tagespresse unterstand.46 Die tägliche Pressekonferenz im Propagandaministerium bildete das Kernstück des NS-Presselenkungssystems und sollte die enge Bindung der Presse an die Regierung gewährleisten.47 Vor den versammelten Korrespondenten der Presse und der Nachrichtendienste erklärte Goebbels im März 1933: "Selbstverständlich sollen Sie hier Informationen bekommen, aber auch Instruktionen. Sie sollen nicht nur wissen, was geschieht, sondern sollen auch wissen, wie die Regierung darüber denkt und wie Sie das am zweckmäßigsten dem Volke klar machen können."48 Die Presseanweisungen dienten keineswegs nur der Lenkung der bürgerlichen Presse, sondern auch der politischen Disziplinierung insbesondere der Parteiblätter in der Provinz, die oft eigene Wege gingen,49 und waren selbst das Resultat eines langwierigen und von Kompetenzstreitigkeiten zwischen Goebbels und Otto Dietrich geprägten Entstehungsprozesses.50 Die auf der Konferenz ausgegebenen "Sprachregelungen" betrafen die Nachrichtengestaltung auf allen Gebieten des gesellschaftlichen Lebens, der Innen- und vor allem der Außenpolitik. Die streng vertraulichen Anweisungen hatten empfehlenden oder definitiv verpflichtenden Charakter, legten fest, ob und in welcher Aufmachung bestimmte Themen zu behandeln waren, enthielten Hintergrundberichte und waren selbst, wie alle Fragen der publizistischen Regie, in der Öffentlichkeit absolut tabu. Dabei wurden auch Journalisten und Pressefotografen für ihre mißliebigen Pressebeiträge dezidiert gerügt. Begleitet und ergänzt wurden die Anweisungen durch die Meldungen vor allem des "Deutschen Nachrichtenbüros" (DNB), das Ende 1933 aus der Zwangsfusion des "Wolffschen Telegraphen-Büros" mit der bis dahin zum Hugenberg-Konzern gehörenden "Telegraphen-Union" hervorgegangen war und "halbamtlichen Charakter" besaß.51 Über DNB wurden auch Auflagennachrichten verbreitet, die wortwörtlich veröffentlicht werden mußten und oft mit der Lieferung von Auflagenbildern der großen Agenturen gekoppelt waren.

"Monoform im Willen und polyform in der Ausgestaltung"

Bei der Durchsetzung ihrer Pressepolitik stieß die NSDAP auf wenig Widerstand und die politische Berichterstattung bekam sie rasch in den Griff. Unter den Presseleuten, auch im Bereich der Fotopublizistik und der Bildpresse, dominierten Sympathie mit der NS-Herrschaft oder Selbstanpassung, begleitet von Angst vor Repressionen.52 Angesichts der Anpassungsbereitschaft konnte die NS-Presselenkung in der Vorkriegszeit auf die Vorzensur und die Abstellung von Staatskommissaren für die Redaktionen grundsätzlich verzichten.53 Mit der Errichtung des "Führerstaates" 1934 "schmolzen die Möglichkeiten politisch-publizistischer Dissidenz drastisch zusammen"54 und verstärkten sich die Kontrolle und Reglementierung im Bereich der politischen Fotoberichterstattung.55 Diese zeigte sich auch ganz äußerlich: Mit dem Hinweis auf die "Würde der Veranstaltungen" wurde ab 1936 die Zulassung zu den "großen Festtagen" von einer "einheitlichen Kleidung" abhängig gemacht. Verlangt war die Uniform der NSDAP und ihrer Gliederungen oder "ein dunkler zweireihiger Anzug mit langer Hose, weißem Oberhemd und weißem Kragen und langem schwarzen Binder".56 1938 wurde eine eigens geschaffene "Bildberichterstatter-Uniform" eingeführt, die den Fotografen auf Gesuch vom Propagandaministerium "verliehen" wurde.57 Von nun an galt: "Für die Teilnahme an staatswichtigen Veranstaltungen ist das Tragen der Bildberichterstatter-Uniform oder einer Partei-Uniform Bedingung."58 Konsequenterweise führte die militarisierte Kleiderordnung der Bildberichterstatter schließlich zur Wehrmachtsuniform der Fotografen der Propagandakompanien.

Reichsweit geregelt wurden nach anfänglichen Improvisationen die Zulassungsbestimmungen der Pressefotografen zu den Veranstaltungen von Staat und Partei. Während das Gros der Fotografen jeweils um Aufnahmegenehmigungen nachzusuchen hatte, räumte das Propagandaministerium einer Reihe von Pressefotografen, die sich in seinen Augen besonders bewährt hatten, einen Sonderstatus ein: "Die durch die rote und grüne Armbinde mit Hoheitszeichen gekennzeichneten Berichterstatter sind nicht nur die besten Kameramänner der Bildpresse und Wochenschauen, sondern sie gewährleisten auch bei richtigem Einsatz ein diszipliniertes, die Veranstaltung nicht störendes Arbeiten! Außerdem sind sie vor Erteilung der Armbinde mit Ausweis auf Herz und Nieren geprüft! (...) Durch Erlaß des Reichsministers für Volksaufklärung und Propaganda sowie durch Befehl des Reichsführers SS ist festgelegt, daß die roten und grünen Bild- und Filmberichterstatter-Armbinden immer - ohne Zusatzausweis! - Gültigkeit haben." Besonderes Augenmerk galt den Vertretern der führenden Bildagenturen: "Unbedingt wichtig für die Erfassung der gesamten illustrierten Presse des In- und Auslandes ist die Zulassung eines Bildberichterstatters folgender Bildnachrichtenbüros: Presse-Illustration Heinrich Hoffmann; Weltbild-DNB; Atlantic-Photo GmbH; Pressebildzentrale (alle Berlin), die überall im In- und Ausland eigene Vertreter unterhalten."59

Nach Goebbels' Vorstellung sollte die Presse "den Anschein einer im natio-

nalsozialistischen Geist frei arbeitenden Presse"⁶⁰ vermitteln und nicht als Meinungsäußerung der Reichsregierung erscheinen. Zwar ausschließlich dem Willen der NS-Führung folgend, sollte sie dennoch abwechslungsreich aufgemacht sein und sich je nach Zeitungstyp in der journalistischen Präsentationsweise und Ausdrucksform unterscheiden: "Die Presse soll monoform im Willen und polyform in der Ausgestaltung des Willens sein."⁶¹ Gerade die aktuelle fotografische Bebilderung hatte die Aufgabe, die publizistische Attraktivität der "alten" Printmedien zu steigern – in einer Zeit, als die "Massenkommunikation durch das Aufkommen bzw. die Perfektionierung 'neuer Medien' eine erhebliche Intensivierung und einen enormen politischen Bedeutungszuwachs erfuhr (...)."⁶²
In der Praxis geriet Goebbels' Wunschbild einer "polyformen Gestaltung" jedoch aufgrund der zentralen Lenkungspraxis stark in Bedrängnis. Gerade in der politischen Bildberichterstattung zeigte sich bald die Tendenz zur Eintönigkeit, und es entstand eine höhere Konformität bei der Bebilderung als in politikfernen Bereichen. Denn die Monopolisierung der Nachrichtenquellen durch die staatliche Öffentlichkeitsarbeit bestimmte in einem hohen Maße die Themenwahl der Berichterstattung und lähmte auch die Eigeninitiative und Recherchekraft der Pressefotografen. Angst und Unsicherheit führten häufig zur Überanpassung und hatten Langeweile in der Pressefotografie zur Folge, zumal Eigeninitiativen von den Lenkungsbehörden ungern gesehen wurden. Goebbels wollte dieser Entwicklung entgegensteuern und suchte immer wieder die Journalisten zu kreativer Eigenleistung, zur farbigen und abwechslungsreichen Ausgestaltung der propagandistischen Vorgaben zu motivieren. Entsprechende Appelle an die Presseleute wechselten ab mit massiver Kritik an ihrer Arbeit. Grundsätzliche Lockerungen in der Pressepolitik gab es trotz zeitweiliger Liberalisierungsversuche der "neuen Pressepolitik" vom Mai 1934

nicht. Die Anweisungen der Reichspressekonferenz blieben bindend und eine Aufhebung der Sprachregelungen unmöglich, denn ihr Zweck war nicht primär, oppositionelle Kräfte niederzuhalten, sondern die Presse zum taktischen Instrument gerade für die Außenpolitik zu machen.
Zwar betraf die monierte Eintönigkeit die politische Berichterstattung und weniger die Unterhaltungsbereiche, doch war aus Sicht der nationalsozialistischen Machthaber eine beunruhigende Situation entstanden, zumal die Gesamtauflage der deutschen Presse sank beziehungsweise stagnierte und deren propagandistische Massenwirksamkeit gefährdet war. Die Zeitungskrise hatte verschiedene Gründe. Abgesehen von den gewandelten Lese- und Konsumgewohnheiten des Publikums herrschte im Zeitungsgewerbe seit längerem eine desolate Wirtschaftslage, die durch den politischen Machtwechsel noch verschärft worden schien.⁶³ Die NS-Führung hatte anfangs ein Nebeneinander von Privat- und Parteipresse propagiert, rückte dann davon ab, als sich gezeigt hatte, daß sich die Gaupresse trotz der Aneignung von konfiszierten SPD- und KPD-Druckereien nicht gegen die bürgerliche Konkurrenz behaupten konnte.⁶⁴ Ende 1934 war den NS-Funktionären klargeworden, daß nur staatliche Zwangsmaßnahmen eine Vorherrschaft der NS-Presse sichern konnten. Die Gaupresse wurde reorganisiert und sollte zu einer verkäuflichen Massenpresse gemacht werden – mit der Folge, daß fortan die Parteipresse vollkommen zentralisiert wurde und Max Amann mit einer Holdinggesellschaft des Eher-Verlags über diesen Bereich herrschte. Die "Gesundung" der Presse im Sinne der NS-Führung zielte neben der Rationalisierung und Zusammenlegung unrentabler Betriebe auf die Verdrängung des unliebsamen Privatbesitzes.⁶⁵ Im Zuge der im Frühjahr 1935 erlassenen "Amann-Anordnungen" erfolgten in den nächsten Jahren ungefähr fünfhundert Zusammen-

Foto Heinscher: "Die neue Dienstkleidung für Bildberichterstatter", 1937

schlüsse, Liquidationen und Notverkäufe von Verlagen zugunsten des Eher-Verlages und dessen Tochtergesellschaften⁶⁶ – eine Transaktion, die gleichbedeutend war mit der "umfangreichsten Konfiszierung von Privatbesitz im Dritten Reich"⁶⁷, damals aber nicht bekannt wurde, da die Zeitungen ihre alten Namen behielten. Am Vorabend des Krieges besaß beziehungsweise kontrollierte der Eher-Verlagstrust schließlich zwei Drittel der täglichen Gesamtauflage der deutschen Presse.⁶⁸
Politische "Säuberung", ökonomische Konzentration und technische Modernisierung stärkten die wirtschaftliche Basis der verbliebenen Zeitungen, erbrachten aber keinen Zugewinn an neuen Lesern – ein Umstand, der bedenklich war, da mit der verbesserten Beschäftigungslage seit 1937/38 auch Arbeiter und Angestellte wieder über mehr Geldmittel verfügten.⁶⁹ Ausgenommen davon war allein die Illustriertenpresse, die einen beachtlichen Aufschwung erlebte, dessen sich Adolf Hitler in seiner Reichstagsrede am 20. März 1938 rühmte.⁷⁰ Verglichen mit der Situation von Anfang 1934 hatte sich die Gesamtauflagenhöhe bis Anfang 1939 um fast 50 Prozent gesteigert, die des "Illustrierten Beobachters" aber nur unwesentlich.⁷¹

"Eintönigkeit der Presse" – Eine Fachdiskussion

Auf der Jahrestagung des "Reichsverbandes der Deutschen Presse" im Frühjahr 1934 hatte Goebbels nicht von ungefähr die Pressefotografie als Paradigma genannt, um die "Eintönigkeit der Presse" anzuprangern und ihr seine eigenen Vorstellungen von einem lebendigeren Erscheinungsbild entgegenzuhalten: "Wenn beispielsweise ein führender Nationalsozialist im Sportpalast eine Rede hält, so bin ich davon überzeugt, daß ich, (…) wenn ich Photograph wäre, die Intelligenz hätte, die Versammlung in hundert verschiedenen Variationen zu photographieren. Ich würde mich nicht – das ist zwar bequem, aber es ist langweilig – vor das Podium hinstellen und immer wieder den Redner knipsen. (…) Das kennt ja doch das Publikum. Ich würde auf die Galerie gehen und würde Typen photographieren, die auf der Galerie zuhören. Ich würde Gruppen von Arbeitern photographieren, Gruppen von alten Frauen, Gruppen von jungen Hitlermädels und würde das dem Publikum offerieren. Ich bin der Überzeugung: das würde nicht so langweilig sein, wie die Bilder, die man heute in den Zeitungen zu sehen bekommt."[72]

Goebbels Philippika hatte offenbar nichts ausgerichtet, und so begann im Mai 1935 im Fachorgan "Deutsche Presse" eine ausführliche Diskussion zwischen Schriftleitern und Pressefotografen über die Uniformierung der politischen Fotoberichterstattung, die vergleichsweise offenherzig ausfiel und ein aufschlußreiches Dokument über den Zustand der politischen Fotoberichterstattung darstellt. Der breite Raum läßt den großen Stellenwert, den man diesem Problem gab, erkennen. Zur Sprache kamen Fragen, die die bildhafte Qualität der Pressebilder wie die arbeits- und produktionstechnischen Schwierigkeiten der Pressefotografen betrafen. Vorangegangen waren vereinzelte Klagen in anderen Organen an untergeordneter Stelle.

Abb. 2/83

Sportbildverlag Max Schirner: "Der Führer legte den Grundstein zur Wehrtechnischen Fakultät. Adolf Hitler begibt sich in Begleitung von Generalfeldmarschall v. Blomberg, Generaloberst Göring und Generaladmiral Dr.h.c. Raeder zum Grundstein Pressebildabzug, Berlin, 27. November 1937

Anläßlich der "Kamera"-Ausstellung im Herbst 1933 polemisierte Werner Fiedler in der Pressefotosondernummer des "Zeitungsverlages": "Die Photoreportage hat ihren hohen und unbestrittenen Wert. Aber es muß auch tatsächlich etwas reportiert werden, das heißt es muß ein wirklicher Bildbericht sein, in dem etwas über bemerkenswerte Vorgänge oder eine besondere Lage oder Atmosphäre ausgesagt wird. Unmöglich aber sind die ewigen, auf Draht gezogenen Gruppenphotos bei der Abreise oder Ankunft, bei denen selbst Sachkenner unter dem Schleier des Rasterkorns den Sekretär für den Minister und den Manager für den Boxer halten. Unerträglich sind die ständig gleichen Blitzlichtphotos, auf denen ein unglücklicher Redner mit von grellem Licht verglasten, wildumschatteten Augen gezeichnet wird. Sinnlos sind die eintönigen Photos von Sportfesten und Massenaufmärschen." Fiedlers Resümee: "Dafür könnte man einfach ein Universal-Klischee, das bei jeder Gelegenheit wieder hervorgeholt wird, zurechtlegen."[73]

Den Auftakt in der "Deutschen Presse" bildete eine Attacke des Hauptschriftleiters des Berliner "Angriffs", Hans Schwarz van Berk, gegen die ermüdende politische Bildberichterstattung: "Jeder Minister des Dritten Reichs kann heute sagen, daß er seit seinem Amtsantritt mindestens ein paar tausendmal photographiert worden, und daß sein Gesicht dem Volke so vertraut ist wie früher die Herrscherköpfe auf den Geldstücken. Hier hat das Lichtbild die Aufgabe, volkstümlich zu wirken, restlos erfüllt. Ebenso selbstverständlich sind alle Kundgebungen im Berliner Sportpalast jeweils von einem Dutzend Bildberichterstattern besucht worden. Ebenso ist jeder Aufmarsch der Partei, der SA, des Arbeitsdienstes unter großzügiger Verwendung von Filmstreifen vollzogen worden. Ebenso ist an jedem Montagmorgen in allen Schriftleitungen eine Sturzwelle von offiziellen Bildern eingebrochen, mit der man kaum fertig werden konnte. Hier ist ein photographischer Leerlauf eingetreten, eine ungeheure Verschwendung von Kraft, Zeit und Material."[74] Der Diagnose der öden Eintönigkeit des Zeitungsbildes pflichteten die Verfasser der folgenden Beiträge bei, waren sich aber nicht einig, wie dieses Problem zu lösen sei. Schwarz van Berk verlangte "neue Blickpunkte", "die dieselben Menschen

Abb. 2/84

Atlantic: "Die feierliche Grundsteinlegung für den Neubau der Wehrtechnischen Fakultät. Der Führer trifft mit den Ministern auf dem Baugelände ein." Pressebildabzug, Berlin, 27. November 1937

und die wiederkehrenden Begebenheiten immer wieder in einer neuen Perspektive erfassen" und dabei zu mehr "menschlich" ansprechenden Aufnahmen führen. Er forderte "Tuchfühlung mit dem Ereignis", mehr Beachtung für das "inoffizielle Beiwerk beim offiziellen Anlaß" und schließlich eine "Kehrtwendung vom offiziellen Gegenstand, um seinen Reflex aufzunehmen"! Zusammenfassend bemerkte er: "Dies ist das Geheimnis des photographischen Erfolgs, daß das Objektiv sich nicht vom offiziellen Gegenstand gefangennehmen läßt, sondern sich auf das Volk richtet, auf die Zuschauer, die Mitwirkenden, die Zaungäste."[75]

Originelle fotografische Motiv- und Perspektivenwechsel und "human interest"-Berichte über die politische Prominenz, nach dem Vorbild der angelsächsischen Presse gestaltet (ohne deren "Sensationshäscherei") – das war Schwarz van Berks Vorschlag, der damit ganz auf der Ebene von Goebbels' Linie lag. Andere Autoren wünschten sich Bilder "von wirklich monumentaler Wirksamkeit und dauernden Wertes".[76] Die Fotografen sollten bei großen politischen Ereignissen "mit Scharfblick und Intelligenz die Einmaligkeit eines solchen Augenblicks in künstlerisch vollendeter Form für alle Ewigkeit festhalten".[77] Dem "wahren, schönen und guten Bild" sollte der Vorzug vor der "Aktualität um jeden Preis" gegeben werden.[78] Von seiten der Klischee- und Maternkorrespondenzen, "von denen doch schließlich die bildliche Ausgestaltung 90 v. H. aller deutschen Tageszeitungen abhängt", brachte man gegen Schwarz van Berks Vorschlag vor, daß die aktuelle Fotoberichterstattung in der Tagespresse sich auf ein Einzelbild zu konzentrieren hat und nicht "vom Gegenstand hinwegführen", sondern "den Höhepunkt, den Mittelpunkt des Geschehens erfassen" muß.[79] "Die große Zeitung oder die Illustrierte, die an eine bestimmte Bilderzahl nicht gebunden ist, kann selbstverständlich ein Ereignis von allen Seiten erfassen. Aber was soll diejenige Zeitung, derjenige Schriftleiter tun, der mit nur einem Bilde das ganze Ereignis erschöpfend darstellen soll?" Daher der Vorschlag: "Man bebildere nicht jedes offizielle Ereignis, bringe aber von dem, das bebildert werden soll, möglichst mehrere Bilder, die in ihrer Gesamtwirkung die Einmaligkeit und Besonderheit dieses Ereignisses genügend zum Ausdruck bringen."[80]

Verbesserungsvorschläge für die fotografische Praxis machte der Münchener Pressefotograf Heinz Valérien. Sein Wunsch nach besseren Aufnahmemöglichkeiten bei offiziellen Veranstaltungen verrät indirekt die herrschenden Reglementierungen vor Ort: "Es muß den Pressephotographen wieder eine freie Arbeitsweise gestattet sein. Es geht nicht an, daß bei wichtigen Ereignissen, zum Beispiel politischer Art, Leute zu Aufsichtspersonen den Männern der Kamera beigegeben werden, die einfach nichts verstehen und jedes persönliche und menschliche Bild von Anfang an vereiteln. Ein Fall mag genügen: Eröffnung der Arbeitsschlacht durch unseren Führer und Reichskanzler in Unterhaching bei München. Jeder Kameraträger bekam einen SS-Mann als Wächter. Platz wurde angewiesen – so, hier bleibt jeder stehen –, wer nicht will, kommt raus! Nun bewegte sich der Führer mit seiner Umgebung auf einem ganz anderen Weg. Allgemeine Bestürzung unter den Kameraden. Die Bilder waren alle schematisch und schlecht. Wenn Bildberichterstatter nur deshalb an die Kette gelegt werden müssen, weil sie sonst Haltung und Takt verlieren, so gibt es ja ein Berufsgesetz, das Handhabe bietet, jeden, der seine Berufspflichten verletzt, aus der Berufsliste zu streichen."[81] Dieser Darstellung konnte sein Berufskollege Wilhelm Braemer nur zustimmen: "Mit Neid kann es einen Bildberichterstatter erfüllen, wenn er immer wieder bei großen Anlässen sehen muß, welche Unterstützung Filmoperateuren zuteil wird. (...) Wir verkennen nicht, daß sich die amtlichen Stellen alle denkbare Mühe geben, uns die Arbeit zu erleichtern. (...) Bei der beschränkten Zulassung der Bildberichterstatter müßte es möglich sein, diesen wenigstens ein freieres Arbeiten zu gewähren. Wie oft müssen wir auf ein gutes, ausgefallenes Bild verzichten, weil wir nicht herankönnen. Leider müssen wir zum Objekt, denn es kommt selten zu uns."[82]

Abb. 2/85-86

*Heinz Valérien: Adolf Hitler während des Vorbeimarsches am Braunen Haus,
ganz rechts im Bild H. Hoffmann, München, 9. November 1934 ;
H. Hoffmann: Adolf Hitler auf dem Balkon des Brauen Hauses, München, 9. Nov. 1933*

Die Forderung nach größerer Freiheit für die Fotografen fand die Unterstützung anderer fotografischer Fachorgane. Mit Verweis auf Leni Riefenstahls Parteitagsfilm hieß es im "Atelier des Photographen": "Das Ergebnis des Filmes vom letzten Reichsparteitag, bei dem man die Kameramänner großzügig gewähren ließ, spricht für diese Ansicht."[83] Zugleich empfahl man den Pressefotografen die Verwendung von Teleobjektiven, vor allem aber den Gebrauch von Kleinbildkameras – auch wenn die Pressefotografen, die nicht mehr mit der "großen Knipskiste" anrückten, oft für Amateure gehalten wurden. Diese Empfehlung kam der offiziellen Anweisung von 1937 zuvor, die den Gebrauch von Kleinbildkameras zur Pflicht machte: "Gemäß einer Verfügung des Herrn Reichsministers für Volksaufklärung und Propaganda wird den Bildberichterstattern, die sich in der aktuellen Bildberichterstattung betätigen, zur Erreichung lebendiger Bilder die Verwendung von Kleinbildkameras zur Pflicht gemacht. In Zukunft sind der Besitz und die vollkommene Beherrschung der Kleinbildkamera Voraussetzung für den Erhalt des von dem Ministerium herausgegebenen Sonderausweises (rote Armbinde)."[84]

Was bewirkte diese Diskussion für die praktische Arbeit der Pressefotografen? Wurde die politische Fotoberichterstattung abwechslungsreicher? Goebbels jedenfalls wollte von der Eintönigkeit der Presse nichts mehr hören. Er sah sich offenbar einem Dilemma gegenüber, das er nicht lösen konnte und erklärte kurzerhand im Grußwort des Sonderheftes der "Deutschen Presse" zum Reichspressetag Ende November 1935 die Uniformität für überwunden: "Man komme mir nicht mehr mit den Phrasen von der Eintönigkeit der deutschen Presse. Solche Behauptungen kennzeichnen nur den, der keine Zeitungen liest oder böswillig urteilt."[85] Es ist kaum anzunehmen, daß sich die Verhältnisse grundlegend änderten. In den Fachzeitschriften fehlen groß aufgemachte Erfolgsmeldungen. Auch in den folgenden Jahren erschienen hin und wieder kritische Artikel zur Einförmigkeit der fotografischen Berichterstattung und wurde an die Pressefotografen appelliert, mehr Phantasie an den Tag zu legen.[86] Der Ausdruck "Standardbilder" avancierte zum stehenden Begriff "für jene immer wiederkehrenden Aufnahmen gleicher oder ähnlicher Veranstaltungen, wie wir sie aus vielen Blättern kennen und die der Leser mit Recht nicht mehr sehen will".[87] Mit diesen Aufnahmen in großen Mengen überschwemmten die großen Bildagenturen und Materndienste weiterhin den Illustrationsmarkt. Verbessert wurden wahrscheinlich die Arbeitsbedingungen der Fotografen vor Ort. In der Zeitschrift der Reichspropagandaleitung "Wille und Weg" kam das Thema "Berichterstattung von Großveranstaltungen" immer wieder zur Sprache und man forderte – ganz im Sinne von Valérien und Braemer – die Organisatoren der Partei- und Staatsveranstaltungen zu mehr Verständnis für die Fotografen auf.[88] Heiner Kurzbein schrieb 1937: "Der Film- und Bildberichterstatter muß mit seiner Kamera nahe heran an das Ereignis. Er ist kein Störenfried! Er sieht für Millionen, die an unseren Veranstaltungen teilnehmen können! Erleichtert ihm die Tätigkeit, denn wir brauchen seine Film- und Bildberichte zur Schulung, Volksaufklärung und Propaganda!"[89]

Bemerkenswert an der Auseinandersetzung in der Fachpresse ist nicht zuletzt das, was nicht näher zur Sprache kam. Die nationalsozialistische Formierung des politischen Lebens mit den fortwährend wiederholten Gelöbnisritualen mußte mit einer gewissen Zwangsläufigkeit die fotografische Berichterstattung uniformieren, denn den Möglichkeiten der Pressefotografen, vorgegebene Veranstaltungen mit fotojournalistischen Mitteln abwechslungsreich darzustellen, waren enge Grenzen gesetzt. Nicht außer acht zu lassen sind dabei die Motive der beklagten Aufnahmen. Dabei handelte es sich sicherlich häufig um Veranstaltungen der

Presse-Illustrationen Hoffmann: "Zeitungen für die Front. In den Straßen Berlins sind jetzt an den Straßenecken Sammelkästen aufgetaucht, in welchen Illustrierte, Wochen- und Monatszeitschriften durch die Ortsgruppen der Partei gesammelt werden." Pressebildabzug, Juli 1942

NSDAP – und diese besaß bei einer Bevölkerungsmehrheit nicht gerade großes Ansehen, ihre öffentlichen Selbstdarstellungsszenarien wirkten auf viele ermüdend. Aber das konnte wohl nicht zur Sprache kommen. Kein negatives Wort verlautete auch über die standardisierten Presseaufnahmen von Hitler, die es ja in Hülle und Fülle gab. Waren Hitlerbilder nie langweilig? Fielen die Bilder des abgöttisch verehrten "Führers" nicht unter das Verdikt des eintönigen Bildes. Durften Aufnahmen des "Führers" nicht öffentlich kritisiert werden? Jedenfalls wurde eine Reihe von Hitleraufnahmen als besonders geglückt hervorgehoben und wegen ihres großen Anklangs beim Publikum gepriesen, nicht ohne einen Hinweis auf ihren Urheber Hoffmann. War das reiner Byzantinismus?

In der "Deutschen Presse" hieß es 1934 unter den einschlägigen Aufnahmen: "Ein Hauptschlager der Firma Heinrich Hoffmann: Der Führer mit den Reichsministern Dr. Goebbels und Darré beim Eintopfgericht in der Reichskanzlei. Das Bild ist nicht nur in Deutschland unzählige Male veröffentlicht worden, sondern hat auch in die illustrierte Welt-

Abb. 2/88

Presse-Illustrationen H. Hoffmann: "Zwei Ferngeschütze, die Fernkamera und das schwere Flakgeschütz, zielen auf den Gegner. Jede Phase des Kampfes wird von der Kamera festgehalten." Pressebildabzug, September 1940

Für die Kriegspropaganda im Zweiten Weltkrieg

Nach dem Kriegsausbruch stand auch die NS-Bildpresse vor neuen propagandistischen Aufgaben. Die Fachpublizistik war voll des Lobes über die Presse der ersten Kriegswochen: "Die einheitliche Ausrichtung hat indessen weder eine Uniformierung noch eine etwa mögliche Gleichheit der Veröffentlichungen zur Folge gehabt. Im Gegenteil: wer heute die Bilder der Tageszeitungen und die illustrierte Wochenpresse unter diesem Gesichtspunkt betrachtet, wird mit Erstaunen feststellen müssen, wieviel Eigenarbeit innerhalb der durch die Lage der Dinge gebotenen Grenzen geleistet werden konnte. Gerade bei den wöchentlich erscheinenden Bildblättern wird dies deutlich: Hier gleicht kein Blatt dem anderen, jedes kommt mit eigenem Material heraus oder in jedem wird das gleiche in eigener, von den anderen abweichender Form bearbeitet."[91] Überdeutlich trat nun der Sieg der modernen Bildmedien zu Tage, denn der Zweite Weltkrieg zeigte erstmals, "daß die Presse ihre Vormachtstellung bei der Beeinflussung des öffentlichen Bewußtseins eingebüßt hatte und nur noch sekundäre Bedeutung besaß. Das Zusammenspiel der Medien Presse, Film und Rundfunk leitete über zum Zeitalter audio-visueller Techniken (...)."[92] Der politischen Berichterstattung war während des Krieges so gut wie jeder Spielraum genommen. "Die Erfordernisse der militärischen Geheimhaltung, vor allem das im Lauf des Krieges zunehmende Bedürfnis, Niederlagen zu verschleiern, führten zu einer immer weitergehenden Einengung der Möglichkeiten der Presseberichterstattung."[93] Eine reguläre Zensur "für bestimmte politische und vor allem militärische Themenkomplexe"[94] war erstmals während der Sudetenkrise im Herbst 1938 eingeführt worden und bildete die "Probe für den Kriegsfall".[95] Sie galt auch für Fotografien. Nach der Unterzeichnung des deutsch-russischen Vertrags wurde am 26. August 1939

presse Eingang gefunden, da überall die Frage interessierte, ob auch der Führer selbst den Eintopf-Sonntag des deutschen Volkes mitmachte." "Auch dieses Bild: Der Führer inmitten der Arbeiter des Siemens-Werkes in Berlin-Siemensstadt am Tage der Reichstagswahl 1933 hat in der ganzen Welt den stärksten Beifall gefunden und zählt zu den glücklichsten Eingebungen Heinrich Hoffmanns." "Am beliebtesten sind in Amerika von deutschen Photos solche, die die Reichswehr im Paradeschritt zeigen, Hindenburg in Uniform und mit Helm auf dem Kopfe, Adolf Hitler inmitten der Arbeiter oder in Situationen von 'human interest', etwa wie er ein Kind streichelt oder mit einem alten Mütterchen 'shake hands' macht."[90]

"eine begrenzte Vorzensur in Form einer Vorlegepflicht für bestimmte Themengebiete und Publikationen (etwa illustrierte Zeitschriften) verhängt."[96]

Die fotografische Kriegsberichterstattung an den Fronten war allein Sache der militärischen Stellen und lag in den Händen der "Propaganda-Kompanien". Private Fotografen waren nicht zugelassen. Die führenden Pressebildagenturen dienten nur mehr als Verbreitungsinstrument der fertig betexteten, von der Zensur freigegebenen und vom Bildpressereferat verteilten Aufnahmen von den Kriegsschauplätzen.[97] Eine aus Fotografen bestehende Kriegsberichtertruppe (als Teil der neuen "Propaganda-Einsatzstelle") war erstmals im Zuge der beginnenden Kriegsvorbereitungen anläßlich der Herbstmanöver 1936 aufgestellt worden.[98] Dem vorausgegangen war ein Tauziehen zwischen Wehrmacht und Propagandaministerium um die Abgrenzung der beiderseitigen Propagandaaktivitäten, das die Wehrmacht langfristig für sich und damit gegen die "parteiamtliche Kriegsberichterstattung" des Propagandaministeriums entscheiden konnte.[99] 1938 erfolgte die "mobilmachungsmäßige Aufstellung" der ersten vier "Propagandakompanien", die jeweils über einen Bildtrupp für fotografische Berichterstattung verfügten und erstmals bei der deutschen Besetzung des Sudetenlandes zum Einsatz kamen. Den Propagandakompanien wurde ein hoher Stellenwert beigemessen, hieß es doch in dem zwischen Wehrmacht und Propagandaministerium geschlossenen "Abkommen über die Durchführung der Propaganda im Kriege": "Der Propagandakrieg wird in seinen wesentlichen Punkten dem Waffenkrieg als gleichrangiges Kriegsmittel anerkannt."[100] Zum ersten Mal standen Pressefotografen als Soldaten an der Front.

Der Nachrichtenhunger des Publikums ließ die Auflagen schnell steigen. Die Publizistik, vor allem die Massenpresse erlebte eine Hochkonjunktur und die NS-Propaganda erreichte ihren Zenit. Kaum waren fremde Länder unter deutsche Herrschaft geraten, weitete der Eher-Verlag seine Aktivitäten auf diese Gebiete aus. Das galt schon für den "Anschluß" Österreichs, die Annexion des Sudetenlands und die Errichtung des Protektorats Böhmen-Mähren. Die Zeitungsgesamtauflage stieg von 20,7 auf 26,7 Millionen, die Auflage der "Berliner Illustrirten Zeitung" von 2 Millionen bei Kriegsausbruch auf 3 Millionen am Jahresende 1940.[101] Neue Blätter wurden ins Leben gerufen: Als journalistisch anspruchsvolles Wochenblatt erschien "Das Reich" erstmals im Mai 1940, seit April 1940 kam "Signal" für die Auslandspropaganda heraus und prägte einen neuen Stil der hautnahen Kriegsdarstellung.[102] Dem explosionsartigen Aufschwung folgten 1943 die ersten Anzeichen des katastrophalen Niedergangs der Presse. Unter dem Eindruck der militärischen Niederlagen traten die bestehenden Funktionsprobleme verstärkt zutage und schwächten die Glaubwürdigkeit der Pressepropaganda.[103] Wegen der Verschlechterung der Rohstofflage, des Mangels an Arbeitskräften und der Zerstörung der Druckereien und der allgemeinen Infrastruktur mußten immer mehr Zeitungen ihr Erscheinen einstellen. Etappenweise erfolgte Stillegungsaktionen dezimierten die Zahl der Presseorgane und verursachten eine weitere Vereinheitlichung des publizistischen Spektrums.

Aber trotz der notwendig gewordenen Papiereinsparungen, der damit verbundenen Raumeinschränkung und erschwerten Klischeeherstellung wurde auf die fotografische Bebilderung zumeist nicht vollkommen verzichtet.[104] Stiewe meinte noch 1944: "Verleger und Schriftleiter erproben dauernd, wie sie das Bild unterbringen und für die politische Propaganda nutzbar machen können. Aber der umfangreiche und erschöpfende Bildbericht von einst ist zusammengeschmolzen. Man kann heute nicht mehrere Seiten oder Spalten dafür zur Verfügung stellen, sondern muß auf engstem Raum größte Wirkungen erzielen."[105] Bei Kriegsausbruch war der Höchstumfang der Tageszeitungen mit Berliner Format auf 8 Seiten, der Illustrierten auf 28 Seiten begrenzt worden. Mit Sommerende 1944 wurden der Zeitungsumfang auf 4 Seiten reduziert, die Illustrierten bis auf wenige Ausnahmen eingestellt. Der "Illustrierte Beobachter" und die "Berliner Illustrirte Zeitung" erschienen auch mit den Kopfblättern von anderen Illustrierten. Ihr Ende erreichte die nationalsozialistische Fotopropaganda am 22. April 1945 mit der letzten Ausgabe der "Berliner Illustrirten Zeitung" und dem Titelblatt "Ein Melder kommt überall durch".

Abb. 2/89

Presse-Illustrationen H. Hoffmann: "Ehrenbürger der Nation. Wie Deutschland für seine Kriegsverwundeten sorgt. Unterhaltsame Bastelarbeiten geben der verletzten Hand wieder Geschick und fördern die Heilung." Pressebildabzug, November 1941

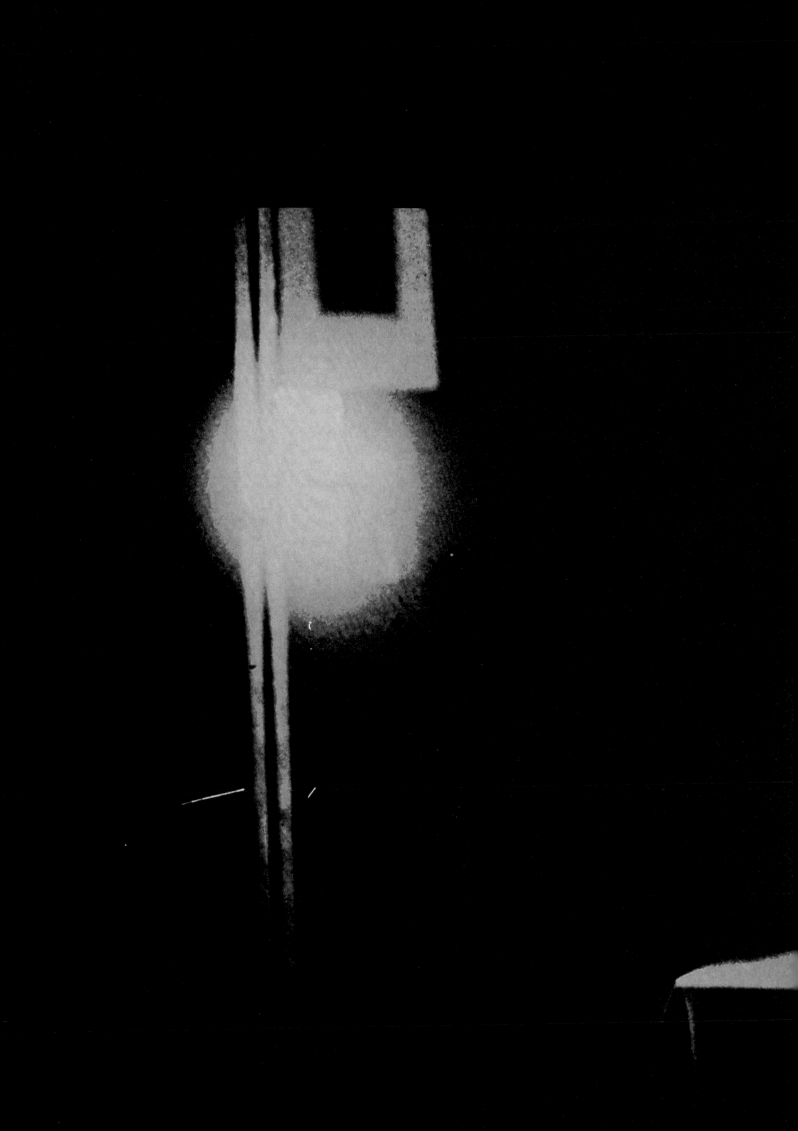

Hitlerporträts 1923–1939

Hitlerporträts 1923-1939

Der Aufstieg der NSDAP zur Massenbewegung und erst recht das Dritte Reich waren untrennbar verknüpft mit Hitlers Physiognomie. Die Verehrung Hitlers, die auf ihn gerichteten politischen Sehnsüchte breiter Schichten der deutschen Bevölkerung fanden im Porträt-Medium eine ihrer plakativsten Ausdrucksformen und nahmen die Züge eines Bildkults an. Nach 1933 durchdrang Hitlers Porträt so gut wie alle Bereiche des öffentlichen Lebens, wurde über alle verfügbaren Bildmedien popularisiert, als nationales Symbol ehrfürchtig verehrt, sein "Mißbrauch" aber gerichtlich verfolgt und streng bestraft. Die Gegenwart der Führerbilder forderte Ehrerbietung und Unterwerfungsbereitschaft, vermittelt vor allem durch Hitlers Blick und seine mystifizierten Augen, die beobachteten und forderten und die Ansprüche des Führerstaates gegenüber jedem "Volksgenossen" signalisierten.

Bildloser Hitlerkult

In ihrer Frühphase war Hitlers Verehrung als "Führer des kommenden Deutschland" ein Kult ohne Porträts. Diese Bildlosigkeit ging auf Hitler selbst zurück, der sich den Pressefotografen verweigerte und bis zum Herbst 1923 seine fotografische Anonymität in der Öffentlichkeit wahren konnte. An diesem sonderbaren Faktum gibt es keinen Zweifel. Aktuelle Pressemeldungen, Berichte von Zeitgenossen sowie Hitlers eigene Auslassungen bei den "Tischgesprächen" im Führerhauptquartier ergeben einen eindeutigen Befund.[1] Hitlers visuelle Anonymität führte in der Öffentlichkeit zu Irritationen, zumal ansonsten auch Bildnisse von unbekannteren Politikern auf Postkarten erhältlich waren. Der Karikaturist Thomas Theodor Heine suchte im Mai 1923 im "Simplizissimus" vergebens nach einer Antwort auf die Frage: "Wie sieht Hitler aus?" und vermerkte unter dem letzten seiner zwölf Darstellungsversuche: "Die Fragen mußten unbeantwortet bleiben. Hitler ist überhaupt kein Individuum. Er ist ein Zustand. Nur der Futurist kann ihn bildlich darstellen."[2] (Abb. 3/1) Auch waren mancherlei Gerüchte im Umlauf, darunter eine Falschmeldung, wie sich später zeigte, die am 6. April 1923 in der "Münchner Post" erschien: "Die Deutsche Allgemeine Zeitung will erfahren haben, daß die nationalsozialistischen Führer Hitler, Dietrich Eckart und Drexler von dem Herausgeber einer amerikanischen Zeitungskorrespondenz je 600 Dollar, also insgesamt 36 Millionen Mark für Überlassung des Vervielfältigungsrechtes ihres Bildes erhalten haben."[3] Rückblickend schrieb Konrad Heiden über Hitlers damalige Auftritte: "Adolf Hitler hatte verboten, daß man ihn photographierte. In seinen Versammlungen verstand er es, durch raffinierte Beleuchtungstricks halb unsichtbar zu bleiben. Wenn er den Saal betrat, ging er rasch durch eine von SA gebildete Gasse und blieb für die meisten Besucher ein hastig vorüberwehender, sofort verwischter Eindruck. Stand er erst einmal oben, dann gewahrte man durch das rauchige, fahle Licht eine hagere, oft nach vornüber schnellende Gestalt im schwarzen Gehrock gestikulieren; das Gesicht war durch einen dunkelblonden Bart halb verhüllt. Er wollte draußen nicht erkannt werden."[4]

Man hat verschiedentlich über die Gründe für Hitlers fotografische Verweigerung spekuliert und darin den genau kalkulierten Schachzug eines raffinierten Propagandisten gesehen, der sein Gesicht zum geheimnisvollen und werbewirksamen Gegenstand machen wollte.[5] Genau besehen, wirft die Frage nach den Gründen für sein Verhalten freilich Probleme auf. Die nationalsozialistische Publizistik bietet für eine Lösung keine zufriedenstellenden Antworten, wenngleich in beinahe jeder biografischen Würdigung des "Reichsbildberichterstatters" auch die Rede von der Fotoscheu des "Führers" und Hoffmanns vergeblichen Versuchen war, ihn auf die Platte zu bannen. Den Auftakt dazu bildete das Geleitwort zu Hoffmanns Bildband "Hitler wie ihn keiner kennt" von 1932, in dem Baldur von Schirach Hitlers grundsätzliche Abneigung gegen die Veröffentlichung seiner Bilder behauptete: "Populär sein heißt: viel photographiert werden. Adolf Hitler hat sich immer dagegen gesträubt, Objekt der Photographen zu sein. Besonders vor zwölf Jahren, als sein Name zum ersten Mal aus dem Dunkel der Unbekanntheit auftauchte, war er ein erklärter Gegner der Kamera. Schon damals versuchte die illustrierte Presse der ganzen Welt ein Bild des Führers zu erlangen. Ohne Erfolg. Trotz hoher Geldangebote lehnte Hitler jede Bitte um Überlassung einer Aufnahme zum Zweck der Reproduktion rundweg ab."[6] Anstatt nun Hitlers befremdliche Weigerung einsichtig zu machen, brachte Schirach im Fortgang des Geleitwortes nur zum Ausdruck, mit welcher Entschlossenheit Hitler seine bildliche Anonymität verteidigte, auch gegenüber dem fotografierenden Parteigenossen Hoffmann: "In jener Zeit forderte eine große amerikanische Zeitung den Münchner Presse-Photographen Heinrich Hoffmann auf, ihr ein Bild des Vorsitzenden der Nationalsozialistischen Deutschen Arbeiterpartei zu besorgen. Durch seinen Freund Dietrich Eckart versuchte Hoffmann nun eine günstige Gelegenheit für die Aufnahme zu erhalten. Aber der Anschlag mißglückte. Zwar bekam Hoffmann den Führer zu sehen, als er im Begriff war, sein Auto zu besteigen, aber im Augenblick wie er ihn photographieren wollte, stürzten drei hünenhafte Begleiter Hitlers auf ihn zu und hielten ihn fest, während der Wagen des Führers davonbrauste."[7]

Für die Gemeinde der Hitler-Verehrer war der Verweis des Reichsjugendführers auf den bloßen Willen des Führers wohl schon eine befriedigende Erklärung und bedurfte keiner weiteren Ausführungen mehr. Andernorts gab man sich damit nicht zufrieden. G. Ward Price, Deutschland-Korrespondent der englischen Zeitung "Daily Mail", bemerkte später über Hitler: "Er glaubte, es läge im Interesse

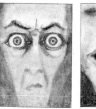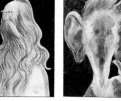

Thomas Theodor Heine: "Wie sieht Hitler aus?", Simplizissimus, Nr. 9, 28. Mai 1923

seiner Propaganda, daß wohl sein Name allgemein bekannt würde, aber seine Erscheinung mysteriös blieb. Wenn er öffentlich sprach, wurden zwei oder drei seiner Gefolgsleute abkommandiert, um die Fotografen daran zu hindern, ein Bild von ihm aufzunehmen."[8] Die Annahme einer propagandistisch motivierten Verweigerungshaltung wurde in der Nachkriegszeit häufig aufgegriffen und verdichtete sich vielfach zur Gewißheit. Joachim Fest konstatierte: "Zu Beginn seiner politischen Laufbahn wachte (Hitler) eifersüchtig darüber, daß kein Bild von ihm veröffentlicht werde, und mitunter hat man darin den wohlüberlegten Zug des seiner Wirkungen sicheren Propagandisten gesehen: als der Mann, dessen Gesicht unbekannt war, machte er sich erstmals zu einem Gegenstand geheimnisumwitterten Interesses."[9] Auf den ersten Blick wirken solche Darstellungen sogar plausibel. Ein propagandistisches Kalkül könnte in der Tat ein Grund für Hitlers "Kamerascheu" gewesen sein. Zugleich liegt die Vermutung nahe, daß es sich hierbei um die Rückprojektion des Klischees vom äußerst raffiniert kalkulierenden Propagandisten Hitler handelt, zumal handfeste historische Belege fehlen. Weder G. Ward Price und schon gar nicht Hoffmanns Schilderung sind im strengen Sinne verläßliche Quellen. Damit drängt sich die Frage auf, ob nicht die Deutung von Hitlers Verhalten als propagandistisch motivierter Schachzug die tatsächlichen und komplexeren Zusammenhänge überlagerte und unkenntlich machte. Wurde Hitlers Verhalten nicht vielleicht durch Umstände bestimmt, die außerhalb seines Ermessens lagen und die ihn damals geradezu zwangen, Pressefotografen zu meiden? Dafür gibt es deutliche Hinweise, die nicht weiter beachtet wurden, da sie außerhalb des Klischees der werbewirksamen Heimlichtuerei liegen.

Die Suche nach einer Antwort führt mitten hinein in die besonderen Verhältnisse des Nachkriegs-München und in die politischen Auseinandersetzungen zwischen Bayern und dem Reich. Der politische Aktionsradius Hitlers, Anfang der zwanziger Jahre ein Lokalmatador, ging nicht weit über Oberbayern hinaus. Hier konnte er unbehelligt von behördlichen Verboten auftreten, im Unterschied zu Preußen und anderen norddeutschen Staaten, wo die NSDAP aufgrund des Republikschutzgesetzes verboten war und Hitler zum Teil steckbrieflich gesucht wurde.[10] Dies hatte für Hitler unangenehme Folgen, da er bei Reisen in diese Länder inkognito bleiben mußte.[11] Mit welchen Tarnmaßnahmen beispielsweise Hitlers Reise im April 1923 nach Berlin verbunden war, um Polizeikontrollen in Sachsen zu entgehen und in Berlin unerkannt zu bleiben, hat Ernst Hanfstaengl, Hitlers Reisebegleiter und späterer Auslandspressechef der NSDAP, in seinen Erinnerungen geschildert. Bemerkenswert ist in diesem Zusammenhang sein Bericht, daß Hitler während eines Besuches im Berliner Luna-Park von einem Fotografen entdeckt und fotografiert wurde. Hanfstaengl soll ausführlicher zu Wort kommen: "Auf der Treppe zum Terrassenrestaurant, in dem wir zum Abschluß unseres Bummels ein Bier trinken und den reizvollen Ausblick auf das westliche Vorgelände Berlins genießen wollten, begegneten wir einem Fotografen, der unsere Gruppe knipsend aufs Korn nahm. Bevor ich den Vorfall überhaupt bemerkt hatte, war Hitler bereits auf den Kameramann zugestürzt, als wolle er ihn verhaften. Eine mehr als peinliche Situation folgte: Offensichtlich in dem Glauben, einen Bildreporter vor sich zu haben, der es darauf anlege, ihn, den Wortführer der nationalen Sache, vor der Kulisse eines Vergnügungslokals im verjudeten roten Sündenbabel Berlin mit einem Schnappschuß zu erledigen, verlangte Hitler drohend die Herausgabe des Films. Damit nicht genug, behauptete er schließlich noch, daß mit der Veröffentlichung einer einzigen dieser Aufnahmen der deutschen Freiheitsbewegung der Todesstoß versetzt würde. Mir lief es heiß und kalt über den Rücken. War Hitler verrückt geworden? Erkannte er denn nicht das Risiko, das er sich mit seinem Getobe einhandelte? Denn wenn der Kameramann tatsächlich wußte, wen er aufs Korn genommen hatte, waren Hitlers hochtrabende Redensarten kaum dazu angetan, ihn entgegenkommend zu stimmen. Und wenn er es nicht wußte, mußte er ebenfalls sehr bald erkennen, daß seiner Kamera ein guter Fang geglückt war. Dann stand möglicherweise das Foto morgen bereits in irgendeiner Berliner Zeitung – und – die Jagd der preußischen Polizei auf den laut Fahndungsblatt in Schutzhaft zu nehmenden p.p. Hitler aus München konnte beginnen. Und in München? Kaum auszudenken, welche Folgen das blamable Geschehnis erst an der Isar haben würde."12

Hanfstaengl kannte den Pressefotografen nicht und wußte auch nicht, daß Hitler ihm bereits bekannt war. Es war Georg Pahl, Inhaber der Berliner Presseillustrationsfirma "ABC", der Hitler schon einmal in München – vergeblich – zu porträtieren versucht hatte. Der von Pahl verfaßte Bericht und Hanfstaengls Schilderung stimmen trotz verschiedener Perspektiven und Ausschmückungen im Kern überein und können als authentisch gelten. Pahl notierte: "Gerade hatte ich eine Anzahl Aufnahmen gemacht, da sah ich, ich meinte zu träumen, Adolf Hitler in der Menge der Schaulustigen stehen. Meine Kamera war schußbereit, die Position eingenommen. Entfernung 5 Meter. Perplex schaute Hitler in die Kamera, versuchte sich abzuwenden, aber schon schnappte der Verschluß, Hitler war auf die Platte gebannt. Er sprang auf mich zu, versuchte mit einem Stock, den er stets bei sich trug, die Kamera zu zerschlagen. Ich hielt den Apparat hinter meinen Rücken und versuchte so, ihn vor den wütenden Stockschlägen zu schützen. Die Zuschauer wurden aufmerksam, Hitler ließ nach. Mein Freund stand erstaunt dabei. Keiner kannte Hitler. 'Wir gehen zur Polizei', rief er, 'das lasse ich mir nicht gefallen, ich habe ein Recht am eigenen Bild!' 'Können wir,' sagte ich, und ging dem Ausgang zu. Dort standen zwei Polizisten. Unschlüssig blieb Hitler stehen. Der ganze Elan schien wie weggeblasen. 'Ich habe es mir anders überlegt', rief er aus. 'Kommen Sie, wir gehen wo anders hin.'"13 Mit einiger Mühe gelang es Hitler, Pahl zu überreden, das Negativ zu vernichten. Davon berichtet auch Hanfstaengl und fährt fort: "Ich war bereits auf das Schlimmste gefaßt und wollte gerade, nachdem Hitler mit dem Photographen im Gewühl untergetaucht war und nahezu eine halbe Stunde verschwunden blieb, die Suche nach ihm beginnen, als er, wesentlich friedlicher gestimmt und Genugtuung ausstrahlend, wieder an unserem Tisch erschien. Seiner Miene war unschwer anzusehen, daß ihm das Unwahrscheinliche tatsächlich geglückt war: Von Hitlers Suada offenbar in Grund und Boden geredet, hatte der Photograph schließlich willenlos das Negativ herausgerückt, ohne für sein Entgegenkommen auch nur einen Pfennig Entschädigung zu verlangen."14

Gerade Hanfstaengls Schilderung zeigt ziemlich klar, daß Pahls Aufnahme für Hitler wegen ihrer Verwendungsmöglichkeit zu Fahndungszwecken sehr brisant war und Hitler ein einleuchtendes Motiv besaß, warum ihm damals an der Verbreitung seines Porträts nicht gelegen war und er sich den Pressefotografen verweigerte.15 Dabei hatte er vielleicht ähnliche Befürchtungen wie einige Jahre zuvor führende Vertreter der zweiten Münchener Räterepublik, die gleichfalls alles taten, um die Verbreitung eigener Porträts zu verhindern.16 Zusammenfassend läßt sich daher festhalten, daß Hitler offenbar in Kauf nahm, daß der rasant anwachsende Kult um seine Person vorerst ohne das Medium des Porträts auskommen mußte – und das war aus propagandistischer Sicht zuallererst einmal kontraproduktiv. Ob sich aus diesem Manko schließlich auch ein Propagandaeffekt ergab, ob Hitler diesen überhaupt intendierte, wie es unterstellt wurde, muß angesichts der Quellenlage ungeklärt bleiben. Dabei ist freilich auch in Rechnung zu stellen, daß sich Hitler vor seiner Haft als "Trommler" und noch nicht als der kommende "Führer" verstand.17 Aus seiner Sicht bedurfte es vielleicht gar keiner stärkeren visuellen Präsenz, während gleichzeitig ein wachsender Bedarf an Hitler-Bildnissen entstand und aus den Reihen seiner Anhänger und Verehrer wie von seiten der Illustriertenpresse Porträtwünsche an ihn herangetragen wurden: jedenfalls eine ziemlich groteske Situation, die dem Bildgebrauch bei der Verehrung politischer Führer widersprach.

Arbeit am Führerbildnis

Die Verbreitung von Hitlers Porträts war überfällig geworden, und es blieb letztlich nur eine Frage der Zeit, bis Hitlers Restriktionen irgendwann unterlaufen werden sollten. Tatsächlich war Hitlers Versteckspiel beendet, nachdem Georg Pahl beim "Deutschen Tag" am 2. September 1923

Heinrich Hoffmann: Gruppenaufnahme der Angeklagten im Hitler-Prozeß (von links nach rechts: Heinz Pernet, Friedrich Weber, Wilhelm Frick, Hermann Kriebel, Erich Ludendorff, Adolf Hitler, Wilhelm Brückner, Ernst Röhm, Robert Wagner), 1. April 1924

in Nürnberg Hitler endgültig mit einem Schnappschuß auf die Platte bannte. Pahl schrieb: "Am nächsten Tag ging Hitler zu Heinrich Hofmann in München und sagte: 'Machen Sie eine Porträtaufnahme von mir.'" Anfang September 1923 kam es tatsächlich zu Hitlers ersten Porträtsitzung bei Hoffmann, der umgehend auch für die Vervielfältigung der Porträts sorgte und sie in unterschiedlichen Ausführungen als Wandbildnisse, Postkarten und Presseaufnahmen anbot. Sie stießen auf großes Interesse, erschienen alsbald in der "New York Times" wie in der "Berliner Illustrirten Zeitung" und dienten als Vorlagen für verschiedenste Nachzeichnungen, die großteils von Otto von Kursell stammten und im "Völkischen Beobachter" beziehungsweise in der völkischen Broschürenliteratur abgedruckt wurden oder die Devotionalien des frühen Hitler-Kults dekorierten.[18]

Es kennzeichnete Hitlers Medienbewußtsein wie Hoffmanns Geschäftstüchtigkeit, daß es trotz Hitlers Inhaftierung nicht lange bei diesen ersten Porträts blieb und verschiedenenorts weitere Termine für Aufnahmen anberaumt wurden, deren aktuelle Botschaften dem frühen Führerkult neue Nahrung geben und den visuell-symbolischen Kontakt der Hitlerverehrer mit ihrem Idol stärken sollten. So posierte Hitler für Hoffmanns Kamera als jüngster und zugleich herrischster der Hochverräter vom November 1923, die sich nach dem Urteilsspruch des Münchner Volksgerichts am 1. April 1924 zu einer Gruppenaufnahme versammelten. Kurz darauf, am 12. April, mimte er für den eigens angereisten Fotografen in der Landsberger Festungshaftanstalt den freiheitsdürstenden und unschuldig inhaftierten Helden am vergitterten Fenster.[19] Nach der Haftentlassung posierte er schließlich vor dem Landsberger Stadttor, diesmal mit der Geste demonstrativer Entschlossenheit neben dem Wagen von Adolf Müller, dem Drucker des "Völkischen Beobachters"; daß das scheinbare Gefängnistor nur das Landsberger Stadttor war, tat der intendierten Botschaft "Hitler verläßt Landsberg" keinen Abbruch und wirkte allemal authentisch.[20] Solche eigens arrangierten Aufnahmen sprengten den Rahmen herkömmlicher Atelierporträts und sollten neben diesen und den eigentlichen Live-Aufnahmen eine nicht unwichtige Rolle für das Hitlerbild spielen.

Am 20. Dezember 1924 war Hitler aus der Haft entlassen worden. Daß bald darauf weitere Ateliersitzungen folgten und sich diese in den nächsten Jahren fortsetzten, kann angesichts des bereits sichtbar gewordenen Interesses Hitlers an eigenen Aufnahmen nicht sonderlich überraschen. Aus dem überlieferten Bildmaterial sind zahlreiche Sitzungen zu rekonstruieren, die interessante Einblicke in Adolf Hitlers Rollensuche und den Prozeß der Bildfindung bieten. Präzise Datierungen der entstandenen Aufnahmeserien sind schwer möglich und lassen sich nur annäherungsweise aus Vergleichen bestimmen, weil auf den überlieferten Abzügen und Glasnegativen entsprechende Hinweise fehlen. Erstaunlicherweise sind trotz der allgemein beobachtbaren Verluste relativ viele unveröffentlichte Aufnahmen aus den zwanziger Jahren überliefert, obwohl sie aus Sicht der Beteiligten zumeist doch nur Ausschußmaterial dargestellt haben können. Da sich Hoffmann über diese Sitzungen nie geäußert hat, bleibt die wichtige Frage, von wem die Initiative für die Porträts ausging, unbeantwortet und sind die mit den Aufnahmen konkret verknüpften Verwendungszwecke und publizistischen Strategien allein in Einzelfällen rekonstruierbar. Der Abdruck eines Porträts in der im Juli 1925 erschienenen Erstausgabe von "Mein Kampf" gibt beispielsweise neben Anhaltspunkten für die Datierung der entsprechenden Aufnahmeserie auch einen Hinweis auf die Überlegungen, die dieser Sitzung zugrundelagen und offenbar darauf hinausliefen, Hitler dezidiert als geistigen Begründer der nationalsozialistischen Weltanschauung in Szene zu setzen (Abb. 3/12). Auf der anderen Seite bietet etwa das Erscheinungsdatum der verschiedentlich im "Illustrierten Beobachter" publizierten Bildnisse auch keinen verläßlichen Hinweis auf den Aufnahmezeitpunkt, da sie in Einzelfällen schon einige Zeit vorher fotografiert worden waren.

Die vor 1933 entstandenen Aufnahmeserien changieren zwischen unterschiedlichen, geradezu konträren Persönlichkeitsentwürfen, die sich gegenseitig ergänzen – und genau darauf beruhte die Konstruktion des fotografischen Führerbilds. Nach Hitlers Haftentlassung splitteten sich die Bildnisse in ikonografische Extreme auf. Den einen Pol bildet der martialische und paramilitärisch

Abb. 3/3

Heinrich Hoffmann:
"Adolf Hitler in der
Festung Landsberg",
12. April 1924, Postkarte

gekleidete Kämpfer und Tatmensch, der sich energisch und durchsetzungsbereit in heroischer Pose zeigt, den anderen der kultivierte und honorige Führer, der sich als geistige Leitfigur verstanden wissen will. Das demonstrative Vorzeigen einer Hundepeitsche auf einem Bildnis aus der Zeit von ungefähr 1930 bringt die Grundaussage der Bilder auf den Punkt: Hitler ist ein ehrenwerter Politiker, der auch fähig und willens ist, hart und entschlossen durchzugreifen (Abb. 3/43). Als Grundtenor lassen die Serien Imponiergehabe und Resolutheit erkennen, zeigen in zunehmender Tendenz aber die Abkehr von einer streng wilhelminischen Körpersprache und die Zuwendung zu einem moderat-kommunikativen Auftreten, gekoppelt mit der Einführung modernerer fotografischer Bildnisauffassungen. Unter fotoästhetischen oder fotografiegeschichtlichen Gesichtspunkten erscheint die Hoffmannsche Porträtproduktion freilich nicht besonders ergiebig, läßt stellenweise Stilmerkmale der ausklingenden Kunstfotografie und dann der "Neuen Sachlichkeit" erkennen. Symptomatisch für diese Tendenz scheinen der allmähliche Verzicht auf die fotografische Untersicht und die Setzung eines härteren Lichtes. Dabei zeigt sich, daß jede Aufnahmeserie Hitlers Rollenfundus um zusätzliche Entwürfe erweiterte, die sich schließlich zu einer ansehnlichen Summe addierten: Hitler als Privatmann, als Gelehrter, als Bismarck-Erbe, als bodenständiger Bayer, als sportlicher Zeitgenosse, als Mussolini-Kopie, als martialischer oder mal moderater Chef einer Privatarmee oder bloß als physiognomisches Markenzeichen. In welcher Rolle er auch immer auftrat, das signifikanteste Element war allemal die einprägsame, zumeist maskenhaft erstarrte Physiognomie mit dem gestutzten Schnauzbart und der diagonal fallenden Stirnlocke, die etwas später hinzukam: die Verbindung zweier geometrischer Figuren, eines Dreiecks und eines Vierecks, zu einer prägnanten Gestalt.

Die Porträts spiegeln nur zu deutlich die von Fotograf und Modell intensiv

betriebene Suche nach möglichst effektvollen Stilisierungen. Das war ein langwieriger Lernprozeß, ein oft verkrampftes und beklemmend wirkendes Ringen um Posen und nicht zu vergleichen mit der entspannten Selbstdarstellung anderer nationalsozialistischer Führer vor Hoffmanns Kamera. Bei Hitlers Sitzungen wurden verschiedene Konzepte ausprobiert – und auch wieder verworfen, vielerlei Posen arrangiert, die Kleidung gewechselt, die Frisur geändert, das Mienenspiel trainiert und manch dramatisierende Lichtsetzung und Perspektive gewählt. Diese beharrlich betriebene Arbeit in Hoffmanns Studio belegt nicht nur, daß Hitler seinem öffentlichen Bild eine beträchtliche Bedeutung beimaß, sondern zeigt auch, wie vieler Aufnahmen und Sitzungen es erst bedurfte, um zu einem zufriedenstellenden Resultat zu gelangen, denn die tatsächlich publizierten Aufnahmen waren ja nur ein kleiner, überlegt selektierter Teil der Gesamtproduktion. Damals gab es wohl kaum einen Politiker in Deutschland, der sich so intensiv und häufig von einem Fotografen porträtieren ließ.[21] Auch von den anderen nationalsozialistischen Parteiführern kam niemand auch nur annähernd so oft ins Atelier wie Hitler. Hitlers Unsicherheit und Unzufriedenheit waren wohl der Motor für immer wieder neue Anläufe, und der ungewöhnliche Umfang einzelner Serien (bis zu 20 Aufnahmen im Format 13 mal 18 cm oder 18 mal 24 cm) legt den Schluß nahe, daß Hitler nicht mit einer fertigen Bildvorstellung in Hoffmanns Atelier kam, sondern sich seine fotografische Selbststilisierung dort erst herausschälte.

Damit ist auch die Frage angesprochen, ob die Produktion der Bildnisse über die visuelle Führerpropaganda hinaus für Hitler eine operative Bedeutung als körpersprachliches Kontrollmedium besaß und auf seine reale Selbstdarstellung zurückwirkte. Allein die hohe Anzahl der Aufnahmeserien und ihr Rückgang nach 1933 könnte ein Indiz dafür sein, wofür ansonsten keinerlei Quellen vorhanden sind. Auffallendstes Merkmal der Produktion der Führerbildnisse bleibt nämlich der Umstand, daß den zahlreichen Aufnahmeserien aus der Zeit vor der nationalsozialistischen Machtübernahme weitaus weniger Ateliertermine und ein paar improvisierte Sitzungen in den Jahren nach 1933 folgten. Und bereits 1933 entstanden diejenigen Aufnahmen, die bis zum Ende der NS-Herrschaft als repräsentative Fotografien des "Führers und Reichskanzlers" fungierten. Mit der Findung dieser allgemein und dauerhaft gültigen Porträts gelangte dann die langjährige Entwicklung, die deutlich experimentellen Charakter besaß, zu ihrem Abschluß.

Wie verliefen die Sitzungen mit Hitler in Hoffmanns Studio? Wir wissen es nicht. Man sollte Hoffmanns Rolle jedoch nicht überschätzen und in ihm den "Imageschöpfer" oder "Art-Direktor" sehen, ist doch kaum anzunehmen, daß sich der selbstdarstellungsbewußte Hitler von seinem Fotografen in irgendeine Richtung drängen ließ. Der vielseitig erfahrene Porträtist stand seinem Parteiführer wohl in erster Linie als gestaltender Ratgeber zur Seite und war ihm viel zu ergeben, um seinen Vorstellungen zu widersprechen. Letztlich war das veröffentlichte Hitler-Bild dann doch abhängig von verschiedenen, miteinander verknüpften Faktoren – von Hitlers Selbstdarstellungsfähigkeit und dem Vermögen des Fotografen, diese wirksam zur Geltung zu

Heinrich Hoffmann: Adolf Hitler vor dem Landsberger Stadttor, 20. Dezember 1924; Der Nationalsozialist, Nr. 10/11, 25. Dezember 1924, Titelseite

Abb. 3/6

Heinrich Hoffmann: Adolf Hitler, Anfang September 1923

Heinrich Hoffmann, Postkarten: Adolf Hitler, Anfang September 1923; "Adolf Hitler. Führer der N.S.D.A.P.", Anfang September 1923, von Hitler mit Bleistift signiert

bringen, wie aber auch von den Erwartungen und Einflüssen im Umfeld des Parteiführers. Schwierigkeiten machte nicht nur Hitlers Rollenfindung, auch Hoffmanns Aufnahmen fehlte es nicht selten an gestalterischen und handwerklichen Qualitäten, was angesichts seiner bisherigen soliden Leistungen überrascht und sicherlich auch mit Hitlers eigentümlichem Verlangen zu erklären ist.

Mehrfach zu beobachten sind kompositorische Schwächen und eine mitunter amateurhaft erscheinende Darstellung der szenischen Arrangements und auch eine mangelnde Beherrschung der Bildschärfe. Erinnern einige Ausleuchtungen vielleicht sogar an ungewollte Anfängerfehler, so zeigt sich im Gesamtvergleich der Aufnahmen, daß Hitlers teigiges Gesicht besondere Maßnahmen verlangte. Hoffmann ging von einer gleichmäßigen Ausleuchtung ab – oft zugunsten einer Lichtsetzung mit Kreuzlichtschatten an der Nasenwurzel, um dem Gesicht eine härtere und markantere Form zu geben. Diese leicht dramatisch wirkende Lichtsetzung sollte sich bezeichnenderweise in dem Moment verlieren, als sich auch Hitlers körpersprachliche Selbstdarstellung beruhigte und festere Formen annahm. Einen besonderen Kunstgriff bildete der Umgang mit dem Gegenlicht bei Profilaufnahmen, das die Kontur gut nachzeichnete und die Augen besonders aufleuchten ließ, während es die Augenhöhlen abschattete. Auffallend ist, daß sich Hoffmann oft dafür entschied, Hitler nicht ganz ins Profil zu setzen. So blitzte immer auch noch das im Bild hintere Auge hervor, was die Bedeutung der "Augen des Führers" noch erhöhte.[22] Eine ähnliche Lichtsetzung verwendete er später gerne auch bei prominenten Nationalsozialisten, etwa bei dem Münchener Gauleiter Adolf Wagner, tendierte bei der Darstellung namenloser SA-Männer für die Illustrierung völkisch-rassistischer Artikel im "Illustrierten Beobachter" jedoch zu strengen Profilaufnahmen.[23] Der Reflex von Hitlers Pupillen in Hoffmanns Schwarzweißaufnahmen – war das nicht ein Ersatz für die ansonsten immer wieder beschworenen "blauen Augen des Führers"?

Porträtsitzungen 1923 – 1932

Für Hoffmanns erste Aufnahmen präsentierte sich Hitler Anfang September 1923 als seriöser Privatmann, im dunklen Anzug mit dem Parteiabzeichen am Revers beziehungsweise bei einer Dreiviertelfiguraufnahme auch mit Trenchcoat, Hut und Stock. Bereits diese ersten zur Veröffentlichung bestimmten Bildnisse, vor allem die Dreiviertelaufnahmen, zeigen die Körpersprache der späteren Führerbildnisse und setzen sich damit deutlich ab von dem unverkrampften Privatbildnis des Jünglings, das noch ein paar Jahre zuvor entstanden war. Die neue Aufgabenstellung forderte offenkundig ein anderes Bildmuster. Fortan gehörten Hitlers starre Mimik und der stereotyp grimmige Gesichtsausdruck zu den häufig anzutreffenden Porträtmerkmalen. Die zusammengezogenen Augenbrauen mit wulstigen Falten über der Nase wollen – analog den damals herrschenden Vorstellungen – fanatische Willensstärke, Entschlossenheit und Härte signalisieren. Derart konsequent und unzweideutig hat sich kein anderer Politiker der Weimarer Republik mit dieser Attitüde von Gewaltentschlossenheit gezeigt. Dementsprechend ist – bei allen Unterschieden in der Gestik – Hitlers Bildnispose von einer forciert männlichen, wilhelminisch inspirierten Körpersprache bestimmt, die oft zusätzlich durch die fotografische Untersicht verstärkt wurde: der stockstiefen Körperhaltung, den verschränkten Armen und der herrisch in die Hüfte gestemmten Linken. Letztere wirkt in Verbindung mit der auf einen Stock gestützten Rechten wie ein später und matter Abglanz des absolutistischen Staatsporträts vom Rigaud-Typus.[24] Auffallend ist auch der eng geschlossene Mund mit den leicht nach unten gezogenen Mundwinkeln, was wohl die Grundstimmung des

Abb. 3/9-10

*Heinrich Hoffmann: Adolf Hitler,
Anfang 1925 (von der NS-Publizistik
nicht veröffentlicht);
Adolf Hitler, Anfang 1925*

gekränkt-leidenden und in seiner Würde verletzten Nationalisten zum Ausdruck bringen sollte und häufig auf seinen Porträts zu beobachten ist. Vollkommen verschwunden war nun auch das linkische Gehabe, das Zeitgenossen an ihm oft beobachteten.

Die Aufnahmen lassen ahnen, welche Energien Hitler darauf verwenden mußte, seinem Aussehen überzeugende Konturen zu verleihen, und symbolisieren und überspielen zugleich alle tiefsitzenden Unsicherheiten seines Auftretens in der Öffentlichkeit, mit denen er in den ersten Jahren seiner politischen Tätigkeit zu kämpfen hatte. Davon berichteten Zeitgenossen, die ihm damals begegneten, immer wieder. Hanfstaengl erinnert sich beispielsweise, wie Hitlers Wohltäterinnen aus den besseren Kreisen Münchens seine Kleidung den gesellschaftlichen Erfordernissen anzupassen versuchten. Frau Bechstein "veranlaßte ihn, sich einen Smoking, gestärkte Hemden und Lackstiefel zuzulegen. Das hatte zur Folge, daß Hitler eine Zeitlang zu jeder Tageszeit in halbhohen Lackstiefeln erschien, bis ich mir die Freiheit nahm, ihn darauf aufmerksam zu machen, daß dies wohl kaum die richtige Fußkleidung für den Tag, geschweige denn für einen Arbeiterführer beim Erscheinen vor seinen notleidenden Anhängern sei."[25] Karl Alexander von Müller notierte über ein Zusammentreffen mit Hitler im Hause Hanfstaengl Anfang der zwanziger Jahre: "durch die offene Tür sah man, wie er auf dem schmalen Gang die Gastgeberin fast unterwürfig höflich begrüßte, wie er Reitpeitsche, Velourhut und Trenchcoat ablegte, schließlich einen Gürtel mit Revolver abschnallte und gleichfalls am Kleiderhaken aufhängte. Das sah kurios aus und erinnerte an Karl May. Wir wußten alle noch nicht, wie genau jede dieser Kleinigkeiten in Kleidung und Benehmen schon damals auf Wirkung berechnet war, nicht anders wie das auffällig kurzgeschnittene Schnurrbärtchen, das schmaler war als die unschön breitflügelige Nase. Der Mann, der hereinkam, war nicht mehr der trotzigverlegene Ausbilder in einer schlechtsitzenden Uniform, der mir 1919 gegenübergestanden war; aus seinem Blick sprach schon das Bewußtsein des öffentlichen Erfolges: aber etwas seltsam Linkisches haftete ihm immer noch an, und man hatte das unangenehme Gefühl, er spürte es und nahm es einem übel, daß man es bemerkte."[26]

Man muß Karl Alexander von Müllers Annahme einer angeblich perfekt durchkalkulierten Strategie, die Hitler auf sein Äußeres verwandt haben soll, nicht folgen. Realistischer erscheint die naserümpfende Bemerkung Hanfstaengls über den Kleinbürger Hitler. Konrad Heiden, ein genauer Beobachter und damals noch in der Nähe des nationalsozialistischen Parteiführers, konstatierte schließlich Hitlers "Mut, aufzufallen" und zugleich – wie andere Autoren bekräftigen – sein "pedantisches Streben nach dem bürgerlichen Normalgesicht". "Die einzige 'Note' ist ein Stock, später eine Hundepeitsche aus Nilpferdhaut."[27] So bleibt das Gesamtbild etwas unscharf, doch scheint bei allen Autoren die damals tatsächlich virulent gewordene Frage durch, mit welchem Habitus und welcher Rolle ein populistisch orientierter Nationalist seinem Publikum entgegentreten sollte – in einer Zeit, die bestimmt war von traumatischer Verunsicherung, Identitätskrise im nationalen Lager und dem Kampf um die Neuordnung von Staat und Gesellschaft. Was gab es für Vorbilder, an wem konnte sich Hitler orientieren? Klar war wohl nur, von wem sich Hitler absetzen wollte, und zwar von den Parlamentariern, den Stehkragenpolitikern der Weimarer Republik, den Arbeiterführern, den Protagonisten der Novemberrevolution und dem Typus des linksradikalen Revolutionärs, wie ihn beispielsweise die Anti-Räte-Propaganda gezeichnet hatte.[28] Verschwommener war schon die Vorbildfunktion von militärischen Führern oder von Mussolini. So fand Hitlers Rollensuche letztlich auf dem gleichen schwankenden Boden statt wie die krittelnden Bemerkungen seiner Beobachter, die im rechten Lager nur zu gut wußten, daß die traditionellen Leitbilder nicht mehr verfügbar waren, oder wie im Falle des zum sozialistischen Flügel der NSDAP gehörenden Herbert Blank, alias Weiland von Miltenberg, der Hitlers Führerstilisierung an der autoritären Idealfigur Mussolini maß.

In der Zeit des Neubeginns der politischen Tätigkeit Hitlers nach der Haftentlassung entstand Anfang 1925 eine Porträtserie, die im Zusammenhang mit den Vorbereitungen für die Herausgabe von "Mein Kampf" zu sehen ist und erstmals einen Hitler präsentierte, der das Bewußtsein besaß, zum Führer bestimmt zu sein.[29] Was bedeutete dies für dessen Selbstdarstellung? Offensichtlich sah Hitler die von ihm beanspruchte Führerrolle

Hitlerporträts | Sitzungen 1923-1932

Heinrich Hoffmann: Adolf Hitler, Anfang 1925 (von der NS-Publizistik nicht veröffentlicht)

Abb. 3/12-13

Heinrich Hoffmann: Adolf Hitler, Anfang 1925, Postkarte; Adolf Hitler, Anfang 1925 (von der NS-Publ. nicht veröffentl.)

am besten in Verbindung mit kulturellen beziehungsweise nationalgeschichtlichen Attributen verbildlicht. Dazu wurde einiges inszeniert und eine populäre Symbolsprache mit Bücherbord, Bismarckporträt und Schäferhund bemüht.[30] Größere Verbreitung fand dann davon nur eine Aufnahme, bezeichnenderweise ein reines Porträt, das auf das ganze Ambiente verzichtet. Es war eine Profilansicht, die Hitler als jugendliche Lichtfigur, als durchgeistigten und erleuchteten Denker darstellt und sich am gängigen Typus des Gelehrten- und Schriftstellerporträts orientiert und zudem noch den Einfluß der Kunstfotografie um 1900 spüren läßt (Abb. 3/12).[31] Mißglückt aus Sicht ihrer Produzenten müssen hingegen die symbolträchtigen Aufnahmen gewesen sein, die Hitler in Verbindung zu einem Bismarck-Kunstdruck an der rückwärtigen

Adolf Hitler. Eine Biographie

Konrad Heiden, 1936

"Es gibt keine Bilder von Hitler. Keine Photographie erfaßt dieses Doppelwesen, das ewig zwischen seinen beiden Polen hin- und herzuckt. Was es gibt, sind Zustandsaufnahmen des Rohstoffes Hitler. Er ist nie er selbst; er ist in jedem Augenblick eine Lüge von sich selbst; darum ist jedes Bild falsch. Die Platte hält nur die äußere Erscheinung fest, und diese Erscheinung ist nun einmal eine minderwertige Hülle. Das Gesicht ein ausdrucksloser Untergrund, auf den mit spärlichen Mitteln eine rohe Maske aufgetragen ist. Es läßt sich nicht bestreiten, daß an dieser Maske Haarsträhne und Schnurrbartbürste das Ausdrucksvollste sind; die von Bewunderern gerühmte Kraft des Auges wirkt auf nüchterne Beobachter wie ein gieriges Stechen ohne jenen Schimmer von Anmut, der den Blick erst zwingend macht; ein Blick, der mehr verjagt als fesselt. (...) In seiner neutralen Rohheit ist dies Gesicht ein idealer Tummelplatz für die wechselnden Ausdrücke, die darüber hinwegziehen. Die haarbedeckten Teile stecken für die Ausdrucksmöglichkeiten einen bestimmten Raum ab und legen über den ewigen unruhigen Wechsel den Schimmer einer gewissen Härte. Man kann das Gleichnis wagen: der Schnurrbart ist der Führer. Nun haben die großen Männer der Geschichte wahrscheinlich alle anders ausgesehen als ihre Gemälde. Napoleon sah nicht aus wie Napoleon, und Goethe nicht wie Goethe; nur die Maler haben sich eingebildet, in das Gesicht des von ihnen gemalten Herrn den Faust oder die Schlacht bei Austerlitz hineinlegen zu müssen. Aber was diesen gemalten schönen Idealköpfen fehlt und was die Originale, nach sonstigen Schilderungen und gelegentlichen Zeichnungen zu schließen, durchaus besaßen, ist das Persönliche, Einmalige, vielleicht auch Schöne, aber Originelle. Doch eben dies mangelt gerade dem lebendigen Hitler. Das Gesicht eines Menschen ist ja kein unabwischbarer Stempel der Natur, ein für allemal ohne Widerruf und Gnade aufgedrückt; jeder Mensch formt vielmehr sein Gesicht, sowohl von innen her durch die dawider arbeitenden Seelen- und Geisteskräfte, als auch von außen durch Haar und Bart und lebenslange Spiegelübungen. Aus was für einem Gesicht hat nun Adolf Hitler was für ein Gesicht gemacht? Eine kalmückische Anlage mit hochstehenden Backenknochen und geschlitzten Augen, etwas grausam und leicht schreckhaft aussehend, ist durch Haar und Bart zum Modell 'schöner Mann' gewaltsam vermanscht worden – ob das Ziel erreicht wurde, ist Geschmackssache. Anfangs wurde das Haar zu diesem Zweck fast in der Mitte gescheitelt und nach hinten gekämmt; später verfiel er auf die affektierte, an der Stirn klebende Haarsträhne. Ein pedantisches Streben nach dem bürgerlichen Normalgesicht, möglichst weit weg vom Bohemien und 'Schlawiner'; möglichst nahe am Durchschnitt, möglichst fern vom Individuellen. Ein Mensch, der keine Freude an seinem natürlichen Äußeren hat, sondern es versteckt. Hitler ist als Normalmensch maskiert. Nach dem Durchschnitt strebt er auch in der Kleidung. Seit Beginn seiner Laufbahn ist er angezogen wie der Herr aus dem Modealbum; zunächst mit bescheidenen Mitteln, später elegant, aber sehr normal. Es ist kein günstiges Zeichen für einen Menschen, wenn im Gesamteindruck die Kleidung sich hervordrängt und über Figur und Gesicht dominiert; an Hitler, namentlich in den früheren Jahren, fallen der korrekte weiche Kragen und der korrekte Schlips, das korrekte zweireihige Sakko, auch der korrekte braune Mantel und die korrekten langen Hosen dermaßen auf, daß der erste Eindruck nur der eines korrekten unbedeutenden Herrn ist. Die einzige 'Note' ist ein Stock, später eine Hundepeitsche aus Nilpferdhaut (...)."[120]

Wand setzen oder ihn zusammen mit einem Schäferhund neben einem Klavier sitzend zeigen. Dabei sollte wohl auch der Schäferhund in einer bemühten Analogie zu Bismarcks bekannten Doggen auf den Gründer des Deutschen Reichs verweisen.[32] Die Aufnahme mit der Botschaft von Hitlers politischem Erbschafts- und Führungsanspruch erscheint reichlich anmaßend und von unfreiwilliger Komik, die andere offenbart einen nervös auf seinem Stuhl hin und her rutschenden schöngeistigen Hundeliebhaber, unfähig zu einer lockeren und souveränen Haltung, so als verliere er, wenn er nicht eine herrische Pose zeige, jeden Halt. Wenig vorteilhaft machte sich auch hier die Lichtregie bemerkbar, die Hitlers Gesicht sehr flach und fade wirken ließ und jeglicher Spannkraft beraubte.

Daß Bismarck bei den Selbststilisierungsversuchen jetzt ins Bild rückte, war folgerichtig, denn dieser war in Hitlers Augen die "Verkörperung germanischen Geistes" – wie Hitler überhaupt in den großen deutschen Führerpersönlichkeiten die "notwendigen Exponenten der arischen Rasse" sah. "Notwendig deshalb, weil er jegliche Entwicklung in Kultur, Gesellschaft und Politik (...) auf die Leistungen von Einzelpersönlichkeiten zurückführte."[33] Und in diese Reihe stellte er sich seit der Inhaftierung in Landsberg nun selbst und meldete globale politisch-ideologische Führungsansprüche an.[34] In "Mein Kampf" hatte Hitler mit historischen Verweisen eine Führertheorie behauptet, die seinen eigenen Machtambitionen entsprach. "'Man wirft uns vor, wir treiben Personenkult', äußerte er auf einer Mitgliederversammlung im März 1926; 'das ist nicht wahr. In allen großen Zeiten tritt in der Geschichte immer nur eine Person in einer jeden Bewegung hervor; und nicht eine Bewegung, nur Personen werden in der Geschichte genannt.'"[35]

Weitere Versuche, Hitlers Führeransprüche mit Hilfe ähnlicher Arrangements zu realisieren, wurden bezeichnenderweise nicht mehr unternommen. Ging es bei dieser Aufnahmeserie um Überlegungen, Hitlers Image mit einer symbolträchtigen Umgebung historische Größe zu verleihen, kreiste eine nächste Sitzung direkt um die Kleiderfrage. Für das Bild des jungen aktivistischen Führers warf Hitler eine modische Windjacke über, die er damals zusammen mit einem Schlapphut auch bei öffentlichen Auftritten trug. Mochte sie auch Assoziationen an einen Sportsmann wecken, war sie auf jeden Fall ein erster Schritt zur Uniformierung, denn solche Jacken gehörten zur damaligen Kleidung der SA. Mit dieser Aufnahme wurde der nationalsozialistische Parteiführer dann auch programmatisch auf dem Titelblatt der ersten Nummer des "Illustrierten Beobachters" plaziert – überdimensional einmontiert als Exponent seiner Hakenkreuzfahnen tragenden Anhängerschar. Interessant ist, daß sich Hitler bei dieser Sitzung in gleicher Pose auch noch mit bayerischer Trachtenjacke und kurzer Lederhose fotografieren ließ, diese alternative Lösung aber nicht publiziert wurde.

Hinter dieser Entscheidung könnte man die Überlegung vermuten, zugunsten des reichsweiten Führungsanspruchs auf das süddeutsche Image, das Bodenständigkeit und bajuwarisches Brauchtum signalisierte, zu verzichten, um bei Parteigenossen im Norden des Deutschen Reiches kein Befremden auszulösen. Doch als symbolisches Kleidungsstück war die Lederhose noch keineswegs passé, denn in einer folgenden Sitzung wurde sie mit der nationalsozialistischen Parteisymbolik kombiniert. Ende 1926, Anfang 1927 muß diese umfangreiche Atelier-Serie mit dem nach der Neugründung der Partei eingeführten Braunhemd entstanden sein, denn auf dem Titelblatt der Nummer 4 des "Illustrierten Beobachters" vom Februar 1927 trat Hitler in dieser Montur und erstmals mit der Hakenkreuzarmbinde dem Betrachter entgegen: "Der eine unter 60 Millionen, dem bis heute das Reden verboten wurde."[36] Zu sehen war ein bayerischer Kraftprotz, derb, provozierend und zupackend, eine Mischung

Heinrich Hoffmann: Adolf Hitler, 1925/26 (von der NS-Publizistik nicht veröffentl.); Heinrich Hoffmann: Adolf Hitler, 1925/26; Illustrierter Beobachter, Nr.1, Juli 1926, Titelblatt

Abb. 3/17

H. Hoffmann: Adolf Hitler, Ende 1926/Anfang 1927
(von der NS-Publizistik nicht veröffentlicht)

aus wilhelminisch-bürgerlicher und proletarischer Männlichkeitspose – ein gewissermaßen völkisch-krachledernes Gegenbild zum Typus des nachdenklichen Parteiführers, wie man es sich krasser kaum vorstellen kann. Im Rahmen dieser Aufnahmeserie entstand schließlich ein Profilporträt, das diese beiden Extreme durch eine gelassen wirken wollende Körpersprache und eine sensible Lichtregie zu einer neuen Einheit austarierte. Hitler sitzt ruhig da und blickt seitwärts aus dem Bild, beschienen von einem Spitzlicht, das die Profillinie nachzeichnet und dem Blick einen visionären Charakter gibt (Abb. 3/18). So wirkt er von außen inspiriert, öffnet sich aber zugleich dem Betrachter als aufgeweckter Naturbursche, jugendlich bewegt, wie ein bündischer Jugendführer. Diese Aufnahme kam offenbar dem Geschmack der Hitleranhänger – damals noch immer eine kleine Minderheit – entgegen, fand sogar noch nach der Machtübernahme als Postkartenmotiv Verwendung und regte zahlreiche grafische Nachahmungen an, so wiederum Otto von Kursell zu einer Zeichnung, die anläßlich von Hitlers 40. Geburtstag in Verbindung mit einem emphatischen Lobgesang auf den "Führer" im "Illustrierten Beobachter" erschien.[37]

Wie labil die ganze Selbstdarstellung, wie unsicher die geschmacklichen Entscheidungen und bildlichen Vorstellungen des Duos Hitler und Hoffmann noch immer waren, offenbart eine Serie vom Frühjahr 1927, die Naturmetaphern aktivieren will und doch nur beklemmend komische Gefühle hinterläßt: Hitler posiert mit der schon bekannten Kluft in einem Waldstück zur Zeit der Schneeschmelze, mal keck, mal verhalten, zwanghaft an einem Baum Anlehnung suchend, und ringt narzisstisch um einen gehaltvollen, respektheischenden Ausdruck. Wie bei der Sitzung Anfang 1925 funktionierte auch in diesem Fall die Selbststilisierung im real-räumlichen Kontext nicht recht. Die ganze Serie blieb unveröffentlicht und es scheint nachvollziehbar, daß sich fortan die Porträtsitzungen ganz auf die

Heinrich Hoffmann: "Reichskanzler Adolf Hitler", Aufnahme Ende 1926/Anfang 1927, Postkarte nach 1933

Heinrich Hoffmann: Adolf Hitler, Ende 1926/Anfang 1927 (außer Abb. 3/20 von der NS-Publizistik nicht veröffentlicht)

Abb. 3/23-26

*H. Hoffmann: Adolf Hitler, Frühjahr 1927
(von der NS-Publizistik nicht veröffentl.)*

Inszenierung der Person im Dunkel des Studios konzentrierten. Das galt insbesondere für eine weitere Sitzung aus dem gleichen Jahr, die erstmals Hitlers Gesicht und Mimik ganz in den Mittelpunkt rückte. Dieser trat nun als Zivilist auf und ließ sich zu einem exaltierten Mienenspiel hinreißen, wie wir es sonst von keiner anderen Porträtsitzung kennen. Grimassierend, mit herausforderndem Blick, die Augen leicht zusammengekniffen, suchte er nach einem Ausdruck, der Trotz, Wut und Willenskraft signalisieren sollte und an das Mienenspiel von Stummfilmstars erinnert (Abb. 3/29-30). Wahrscheinlich war die Mimik Mussolinis als Leitbild für diese überzogen inszenierte Brutalität mit im Spiel. Folgerichtig scheint es, daß im Zusammenhang mit diesen Stilisierungen auch die bekannte Serie mit den Rednerposen entstand, die den Übergang vom statuarischen Porträt zum dynamischen Rollenbild vollzog und Hitlers expressiv-rednerische Gestik auf ihre Art durchaus glaubhaft stilisierte.

Für Veröffentlichungszwecke wurde die Porträtserie verworfen, abgesehen von zwei Aufnahmen. Diese zielten auf eine allgemeine Akzeptanz bei großen Bevölkerungsgruppen und stellten Hitler als Zivilisten ohne Parteiabzeichen vor, betont seriös, mit beruhigtem Gesichtsausdruck, weniger martialisch und schauspielerisch. Besonders sticht die Aufnahme mit der formatfüllenden Drehung des Kopfes fast ganz ins Profil hervor, was den Eindruck würdevoller Repräsentanz vermittelt (Abb. 3/28). Solche stark profilierten Bildnisse waren in der damaligen Fotopublizistik eher selten, rücken den Porträtierten vom Betrachter ab und signalisieren wie in der bildnerischen Tradition einen abgehobenen Status: "Die hoheitliche Distanz gibt jedem Profilbildnis eine Aura des amtlich Gültigen, wie denn Siegel, Medaillen, Plaketten und Münzen, als die geläufigsten Träger staatlicher Ehrungen und Hoheitsrechte, mit Vorliebe Profilbildnisse zeigen."[38] Es ist vielleicht nicht übertrieben, im Gebrauch dieses Bildtypus' ein deutliches

Signal für Hitlers gestiegene Geltungsansprüche und sein wachsendes Führerbewußtsein zu sehen, das die Anhängerschaft nur bestätigte: "Er stieg empor aus Urwelttiefen / und wurde ragend wie ein Berg. / Und während wir ins Elend liefen / und bebend nach dem Retter riefen, / begann er groß sein heilig Werk." Als die Aufnahme 1928 erstmals in der Partei-Illustrierten im Zusammenhang mit dieser Geburtstagshuldigung erschien, hingen hoheitliche Ansprüche natürlich vollkommen in der Luft, ganz anders als im Februar 1933, als der "Illustrierte Beobachter" sie auf die Titelseite setzte und Hitler in der Bildunterschrift als "Kanzler des deutschen Volkes" vorstellte.[39]

Das häufig verwendete Porträt entwirft freilich ein zwiespältiges Image. Zwar zeigt es ein markantes Profil, läßt auch einen Wulst über den Augenbrauen als traditionelles "Zeichen des Tatmenschen" und seiner geballten Energie zutage treten und erinnert an klassische Heroenbildnisse wie auch Cranachs bekanntes Lutherporträt,[40] doch wird dieser entschlossen-maskuline Ausdruck wieder zurückgenommen, da Backe und Hals plastisch nicht weiter durchmodelliert sind und zu einer weißen Fläche verschwimmen, was den Eindruck vermittelt, als entblöße sich Hitler und zeige gar Schwäche. Dafür verantwortlich war das direkte und harte Licht, ein deutlicher Indikator für eine moderne, realistischere Porträtauffassung, die sich auch in dem zweiten publizierten Bildnis dieser Serie, einer En-face-Ansicht wiederfindet, die für das bekannte Hitler-Plakat des zweiten Wahlgangs der Reichspräsidentenwahl im April 1932 Verwendung fand. Hell leuchtend taucht Hitlers ausgeschnittener Kopf aus dem Dunkel des Plakatfonds auf – wie auf Plakaten von Stummfilmstars, Aufrufen zur Kriegsanleihe oder einem Mussolini-Plakat von 1925 –, unterschrieben mit dem einzigen Schriftzug des Plakates: "Hitler". Die radikale Verkürzung auf Namen und Gesicht reflektiert die stark personalisierende, auf Hitler ausgerichtete Wahlkampfpropaganda

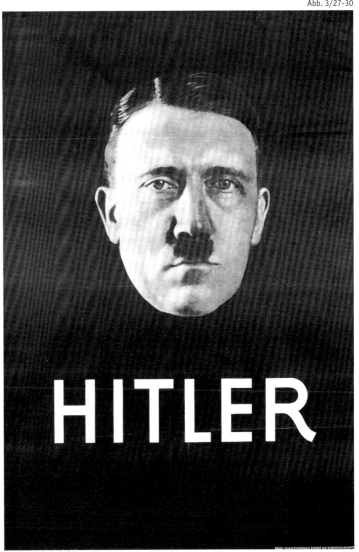

der NSDAP und entwickelt suggestive, dämonisierende Qualitäten, berechnet auf eine hohe Signalwirkung in der Öffentlichkeit wie auf Plakatwänden, lebenden Litfaßsäulen und Propagandalastwagen. Ein Verweis auf die NSDAP fehlt – Hitlers Name und Gesicht waren bereits Programm und Markenzeichen: ein Minimum an Aussage weckte ein Maximum an Erwartungen. Gemessen an ihrem später verfestigten Markenzeichen war die zum optischen Kürzel gewandelte Physiognomie noch nicht "fertig". Noch fehlte die schräg in die Stirn fallende Haarsträhne.

Die 1927 überdies im Studio entstandenen Redneraufnahmen entsprachen offenbar ganz der Idealvorstellung Hitlers vom Bild eines suggestiven Redners und wurden mehrfach im "Illustrierten Beobachter" publiziert, Anfang 1928 auf einer Titelseite oder als Ersatz für Live-Aufnahmen.[41] Zudem brachte sie Hoffmann in einer Auswahl als Postkarten heraus, die in einer Mappe von sechs Stück noch bis in die späten dreißiger Jahr vertrieben wurden (Abb. 3/32-37).[42] Die Aufnahmen bekräftigten ganz entscheidend Hitlers Image – sei es für die Gegner als hemmungloser oder lächerlicher Demagoge, sei es für die Anhänger als mitreißender Volksredner – und gehörten zu den Aufnahmen, die die Zeitgenossen wie die Nachwelt immer wieder beschäftigten und überdies die Vermutung belegen sollten, Hitler habe seine Rednerposen vor einem Spiegel geübt.[43] Eine immer wieder kolportierte Legende besagt schließlich auch, es habe sich um Geheimaufnahmen gehandelt, die damals nicht veröffentlicht worden seien.[44] Charlie Chaplin kam in seiner Autobiografie auf die Aufnahmen zu sprechen und berichtete, wie sie auf ihn gewirkt haben: "Vanderbilt schickte mir eine Serie Postkarten, die Hitler zeigten, während er eine Rede hielt. Das Gesicht war in obszöner Weise komisch – eine schlechte Imitation von mir, mit dem absurden Schnurrbart, den ungekämmten, strähnigen Haaren und dem widerwärtigen,

"Hitler", Plakat zum zweiten Wahlgang der Reichspräsidentenwahl im April 1932, unter Verwendung eines Porträts von Hitler, vor August 1927;
Illustrierter Beobachter, Nr. 5, 4. Februar 1933, Titelblatt;
Heinrich Hoffmann: Adolf Hitler, vor August 1927

Ein Hitler-Film

Bernhard Viertel, 1937

"Schwer, über deutsche Schauspieler zu sprechen, seit der Eine sie alle zu Komparsen gemacht hat – er, der sämtliche großen Rollen der Geschichte und der Literatur verkörpert, von Christus bis Caesar und, vielseitig wie Zettel, der Weber, die heilige Johanna noch dazu. Er war der Trommler in der Nacht, der Deutschland zum Erwachen brachte. Der Gefreite mit dem Kanzlerhut im Tornister. Er war, wie verlautbart wurde, der Unbekannte Soldat. (...) Daß solchem Darsteller Freiluftbühnen von der Größe ganzer Städte gebaut werden, nimmt nicht wunder. Gefilmt hat er noch nicht richtig, obwohl er regelmäßig in den news auftritt; aber das mit höchster Bescheidenheit, wenn in Betracht gezogen wird, welch wesentlichen Teil der news er liefert.

Da bringt mir die Post einen Adolf-Hitler-Film ins Haus, oder etwas, das sehr wohl ein Surrogat für einen solchen bieten kann. Es ist zwar nur eine Serie von sechs Ansichts-Postkarten, wie sie in Deutschland zur Belehrung und zur Erhebung des Volkes feilgeboten werden. Die Bilderfolge, auf jedem Blatt eine andere Pose, kann jedoch als fortlaufende pantomimische Handlung erlebt werden. Sie ist hergestellt von Photo-Hoffmann. München Theresienstr. 74, und dort erhältlich. Der Nachdruck ist, leider, verboten. Das Verbot kann wohl nur der Reproduktion der Person, nicht aber dem Zitieren und Erläutern der authentischen Aussprüche gelten, die am unteren Rande jedes Blattes als Text des Bildes erscheinen. Ich lege die sechs Aufnahmen nebeneinander und führe mir einen Adolf-Hitler-Film vor. (...) Als Filmkritiker muß ich vergessen, daß ich ein Todfeind bin. Ich erinnere mich: solche Ansichtskarten-Filme wurden des öfteren zur Verherrlichung großer Dirigenten hergestellt, die in den verschiedenen Phasen ihrer künstlerischen Handlung ertappt worden waren. Eine gute Idee, den großen Volksredner blitzartig in den Posen festzuhalten, die der Akt der Überredung in ihm bewirkt. – Nein, der Demagoge ist hier nicht auf frischer Tat ertappt worden. Vielleicht ist es ein Greuelmärchen, das ich hiermit verbreite: aber diese Bilder sind gestellt, jedes ist einzeln beleuchtet. Sie sind, wie die stills der Filmschauspieler, die in den Schaukästen der Theater das Publikum zur Kasse locken sollen, sie stellen das Verbrechen wieder her, nachdem es bereits begangen ist .... "Erinnern Sie sich! So fuhren Sie dem Bösewicht an die Gurgel. Stillhalten! Ganz still!" Knipsen. Der Furchtbare muß, nachdem er die Pose hergestellt hatte, einen Augenblick lang, in ihr erstarrt, still gehalten und sich nicht gemuckst haben. Das ist nicht so schlimm. Man exponiert rasch, heutzutage. (...) Jetzt kommt die geballte linke Faust hoch oben, eine sehr unnatürliche, krampfige Stellung. Die Kamera nimmt sie von rechts, vergrößert den schlapp herunterhängenden Arm, den der Darsteller in der Erregung ganz vergessen hat, und der, trotz der hervortretenden Adern der Hand, tot scheint. Diese Einstellung macht die drohende, beschwörende linke Faust, in der Höhe des Ohres, zu einem knabenhaften Fäustchen. Die verzerrende Optik der Kamera, mit der aber hätte gerechnet werden müsen. Dieses "Merks!" wirkt dadurch schwach, ohnmächtig, was dem Text gar nicht entspricht. Der Kopf ist in den Nacken geduckt, und macht sich klein (wie Köpfchen); Gesichtsausdruck spiegelt Schuldbewußtsein. Die ganze Haltung hat etwas Schleichendes, Sich-Anschleichendes. Text: "Wenn sechzig Millionen Menschen nur den einen Willen hätten, fanatisch national zu sein – aus der Faust würden die Waffen herausquellen. An dem Tage, an dem in Deutschland der Marxismus gebrochen wird, brechen in Wahrheit für ewig seine Fesseln." Die beiden Sätze gehören nicht zusammen. Jeder von ihnen würde eine eigene Pose verdient haben. Es ist die reine Verschwendung. Und so bleibt es rätselhaft, daß aus einer so kleinen, so machtlosen Faust so ungeheure Waffenvorräte gequollen sind. Nicht nur die Rüstung Deutschlands, sondern auch die Gegen-Rüstung der übrigen Welt, die sich bedroht fühlt. (In dieser Aufnahme – diesem "Schuß", wie die englische Sprache es benennt – erinnert der Heldendarsteller merkwürdigerweise an den Wiener Kabarettier Paul Morgan. Sollten es überhaupt Morgan-Aufnahmen sein in einer Hitler Rolle? Das würde eine gewisse wienerische Weichlichkeit erklären, die durchgängig ist.)

Das letzte Bild ist das beste. Das Gesicht voll weinerlicher Wut. Die rechte Hand im Vordergrund erhoben und vergrößert in einer Pose innigen Wünschens und Planens. Die linke an der Hüfte allerdings ist wieder ein Schrumpfhändchen, erinnert an den geflohenen Kaiser. Das Zusammengeduckte der ganzen Haltung, wie von einem Tiger, der springen wird – ist sehr ausdrucksvoll. Es ist ein wirklich überzeugender Moment. Text: "Wenn an der Front die besten fielen, dann könnte man zu Hause wenigstens das Ungeziefer vertilgen, die verräterischen Burschen aus dem Versteck holen und an den höchsten Galgen hängen."

Der Satz – der einen komplizierten Wunschtraum umreißt, verdient eine nähere Betrachtung. Wenn einträte, was der Redner wünscht, bliebe nicht viel vom deutschen Volk übrig. Die Besten an der Front gefallen, der Rest, der sich zu Hause versteckt hat, an höchste Galgen (lauter höchste) gehängt: tabula rasa. Gottseidank bietet die Wirklichkeit nichts so Vollkommenes. Wenn im letzten Kriege alle Besten gefallen wären, gäbe es heute keine Nationalsozialisten. Übrigens: Wenn die Besten fallen, wer soll die Verräter hängen? Offenbar gibt es doch etwas zwischen diesen und den Besten: nämlich die Guten. Nach diesen fahnden wir schon lange, nach den guten Deutschen, die es doch auch geben muß, die sich aber ebenso erfolgreich versteckt zu haben scheinen, wie die Verräter."[121]

Heinrich Hoffmann:
Adolf Hitler, vor August 1927

Abb. 3/32-37

*H. Hoffmann:
Adolf Hitler,
vor August 1927,
Serie von
sechs Postkarten*

ADOLF HITLER
Erfüllst du die höchsten Pflichten gegenüber deinem Volk?
Wenn ja, dann bist du unser Bruder!
Wenn nicht, dann bist du unser Todfeind.

ADOLF HITLER
Der gesunde Mensch mit festem Charakter ist für die Volksgemeinschaft wertvoller als ein geistreicher Schwächling.

ADOLF HITLER
Mögen Jahrtausende vergehen, so wird man nie von Heldentum reden dürfen, ohne des deutschen Heeres des Weltkrieges zu gedenken.

ADOLF HITLER
Wenn 60 Millionen Menschen nur den einen Willen hätten, fanatisch national zu sein, aus der Faust würden die Waffen herausquellen. An dem Tage, an dem in Deutschland der Marxismus gebrochen wird, brechen in Wahrheit für ewig seine Fesseln.

ADOLF HITLER
Falsche Begriffe und schlechtes Wissen können durch Belehrung beseitigt werden. Widerstände des Gefühls niemals. Die Voraussetzung zur Tat ist der Wille und der Mut zu Wahrhaftigkeit

ADOLF HITLER
Wenn an der Front die Besten fielen, dann könnte man zu Hause wenigstens das Ungeziefer vertilgen, die verräterischen Burschen aus dem Versteck holen und an den höchsten Galgen hängen.

dünnen, kleinen Mund. Ich konnte Hitler nicht ernst nehmen. Jede Postkarte zeigt eine andere Pose: Einmal griff er mit klauenartigen Händen in die Menschenmasse, dann wieder hatte er wie ein Kricketspieler beim Schlag den Arm steil emporgestreckt, während der andere schlaff herabhing. Auf der nächsten Karte sah man ihn mit ausgestreckten Händen, die Fäuste geballt, als hebe er eine Hantel. Die Gebärde des Grußes, bei der er die Hand über die Schulter zurückwarf, wobei die Handfläche nach oben gerichtet war, erweckte in mir den Wunsch, ein Tablett mit schmutzigen Tellern draufzustellen. 'Das ist ein Verrückter!' dachte ich. Doch als Einstein und Thomas Mann gezwungen wurden, Deutschland zu verlassen, war dieses Gesicht Hitlers nicht mehr komisch, sondern unheimlich."[45]

Chaplin hatte Hitlers Posen eingehend betrachtet – diese gehörten jedoch nicht zum gestischen Repertoire, mit dem Hitler als Redner seinem Publikum tatsächlich gegenübertrat. In den Filmdokumenten seiner Rednerauftritte der späten zwanziger Jahre sind die Gesten nicht wiederzufinden. Es handelte sich offenbar um reine Bildnisposen und authentische Dokumente von Hitlers exaltierter Selbstinszenierung, expressiv ausholend, allein für Hoffmanns Kamera in Szene gesetzt und in filmischer Manier wiedergegeben, wie schon Berthold Viertel beobachtet hatte: "Nein, der Demagoge ist hier nicht auf frischer Tat ertappt worden. Vielleicht ist es ein Greuelmärchen, das ich hiermit verbreite: aber diese Bilder sind gestellt, jedes ist einzeln beleuchtet. Sie sind, wie die stills der Filmschauspieler, die in den Schaukästen der Theater das Publikum zur Kasse locken sollen, sie stellen das Verbrechen wieder her, nachdem es bereits begangen ist."[46]

Auf den Postkarten sollten Hitlers Gestik und sein fanatisch verzerrter Gesichtsausdruck unterstreichen, daß er es ernst meinte mit seinem politischen Programm, das in Form von einzelnen Aussprüchen auszugsweise wiedergegeben war. Da war zu lesen: "Erfüllst du die

Abb. 3/38

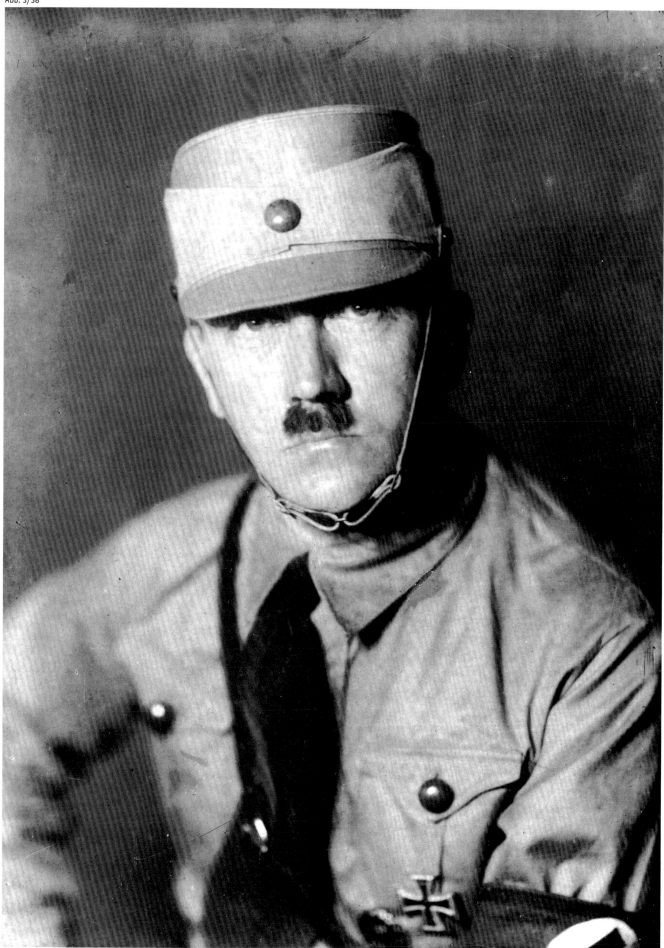

H. Hoffmann: Adolf Hitler, 1928/29
(von der NS-Publizistik nicht veröffentl.)

H. Hoffmann: Adolf Hitler, 1928/29, nach 1933 als Postkarten veröffentlicht (Nr. 41-42 von der NS-Publ. nicht veröffentl.)

höchsten Pflichten gegenüber deinem Volk? Wenn ja, dann bist du unser Bruder! Wenn nicht, dann bis du unser Todfeind." Oder: "Wenn 60 Millionen Menschen nur den einen Willen hätten, fanatisch national zu sein – aus der Faust würden die Waffen herausquellen. An dem Tage, an dem in Deutschland der Marxismus gebrochen wird, brechen in Wahrheit für ewig seine Fesseln." Expressive Gesten bei Aufnahmen von redenden Politikern waren in der Ära des Stummfilms nicht unüblich und in der Illustriertenpresse ein nicht seltenes Bildmotiv. 1910 präsentierte beispielsweise die "Woche" auf einer ganzen Seite den englischen Politiker Sir George Doughty mit beeindruckenden Rednerstudien.[47] Obschon Hitlers Bildrhetorik heute (und auch für seine damaligen Gegner) maßlos überzogen und grotesk wirkt und mit dem verhaltenen Gestus einer argumentativen Rede nicht viel zu tun hatte, überzeugte sie mit ihrem authentisch demonstrierten Fanatismus und ihrer Entschlossenheit sicherlich seine gläubige Anhängerschar.[48] Wie beliebt solche erlebnisstarken Darstellungen waren, belegt die Tatsache, daß Hoffmann noch ein "Daumenkino" herausbrachte. Er annoncierte im August 1930: "Das leben de Bild Adolf Hitlers – 80 Filmaufnahmen von einer Rede Adolf Hitlers ergeben aneinandergereiht bei raschem Durchblättern ein bewegliches Bild, das die temperamentvolle Rede unseres Führers naturgetreu wiedergibt."[49]

Den wohl überzeugendsten Beitrag zur fotografischen Ausgestaltung des Hitler-Mythos Ende der zwanziger Jahre lieferte eine Porträtserie, die den harten Kämpfertypus vermenschlichte und Hitlers Physiognomie endgültig zum prägnanten Markenzeichen stilisieren sollte. Sie wurde 1928/29, vielleicht auch etwas später aufgenommen – zu einem Zeitpunkt, als sich die NSDAP zur Massenbewegung wandelte.[50] Die Serie belegt Hitlers selbstdarstellerischen Lernprozeß und vereint in ihren schlüssigsten Bildern eine gedämpft kämpferische Grundhaltung mit einer persönlichen Ausstrahlungskraft, wie sie bislang nicht zu beobachten war. Hitler wollte nicht mehr schroff und abweisend, sondern gewinnend wirken, war auf Sympathiewerbung bedacht, und trat erstmals mit der später so typisch werdenden Stirnlocke und dem neuen Braunhemd vor die Kamera, probeweise auch mit einer SA-Sturmmütze.[51] In einer entspannten Sitzposition, die verschränkten Hände im Schoß und den Oberkörper leicht schräg haltend, suchte er nach einem direkten Sichtkontakt, der durch die Retusche der Augen und die Aufhellung des Augapfels noch unterstrichen wurde. Zugleich präsentierte er sich erstmals mit dem Verwundetenabzeichen und dem Eisernen Kreuz I.Klasse, das er "als einfacher Soldat durch höchste persönliche Tapferkeit" (Goebbels) verdient habe (Abb. 3/40).

Wie sich an der großen Verbreitung zeigen sollte, kam dieses neue Führerbild den Publikumserwartungen offenbar sehr entgegen, stärker jedenfalls als eine zugleich entstandene Ganzfiguraufnahme mit einer kühl-distanzierten Ausstrahlung (Abb. 3/39). Die gefällige Aufnahme erschien alsbald als Postkarte und wurde in verschiedenen Varianten häufig in der NS-Presse reproduziert. Eine Variante mit vignettiertem Brustbild beziehungsweise Kopfausschnitt gewann geradezu Ikonencharakter und wurde in Form verschiedenartiger Nachzeichnungen auf Postkarten und Wandschmuckblättern (u.a. von Böhringer und auch von Hoffmann selbst) zum Publikumsrenner. Die Firma Hanfstaengl bot sie im Frühjahr 1933 als "das seit langem anerkannt beste und verbreitetste Bildnis des Führers" an und hatte sie wie Hoffmann bis Ende der dreißiger Jahre im Verlagssortiment.[52] Diese jugendlich-jovialen Bildnisse prägten in Verbindung mit einigen ähnlich auffordernd und gewinnend gestimmten Porträts, die zudem Seriosität und Verantwortungsfähigkeit assoziierten und ganz das Individuum hervorkehrten, das Führerbild in der nationalsozialistischen Propaganda im Jahr 1932 und

Abb. 3/43

*Heinrich Hoffmann:
Adolf Hitler, vor April 1932*

sollten wohl Hitler als modernen Selfmademan vorstellen – den "Mann aus eigener Kraft", wie ihn Schirach einmal nannte. Symptomatisch dafür sind die Porträts auf zwei Titelblättern des "Illustrierten Beobachters" vom Januar und März 1932.[53] Sie zeigen Hitler zum einen im Kampfanzug, zum anderen im Einreiher, in beiden Fällen sehr schlicht, ganz privat und auf Nähe zum Betrachter bedacht (Abb. 3/43 A).

Folgt man Hanfstaengls Memoiren, bestanden in Hitlers Umgebung konkurrierende Vorstellungen, wie das fotografisch gestützte Führerimage in der Öffentlichkeit aussehen sollte, und waren die schroff wirkenden Hitleraufnahmen Einwänden ausgesetzt. Hanfstaengl berichtet, daß er dem amerikanischen Journalisten H. R. Knickerbocker einen Interviewtermin bei Hitler veschaffte und dieser den bekannten New Yorker Fotografen James Abbe mitbrachte, um während des Gespräches Aufnahmen zu machen. Hanfstaengl schreibt: "Mir war selbst daran gelegen, von dem Mann, dessen Sache ich als Presse- und Propagandamanager vor der öffentlichen Meinung des Auslands vertreten mußte, endlich einmal Aufnahmen zur Verfügung zu haben, die ihn nicht, wie oft auf Heinrich Hoffmanns Bildern, in der Attitüde eines Tobsüchtigen zeigten. Hitler hatte ich deshalb klargemacht, wie propagandistisch unerläßlich es gerade unter den derzeitigen Umständen sei, ihn der

Adolf Hitler Wilhelm III

Weigand von Miltenberg, 1931

"Seine Gebärden sind unschön, unfrei. Die ausladende, eine Welt abzirkelnde Geste des Duce fehlt ihm ganz. Jede Bewegung zeigt den kleinen Mann – mit dem großen Herzen. Irgendetwas an ihm ist immer in der Beuge, die Arme, der Körper. Seine Anhänger und geschäftstüchtigen Photographen pflegen seine einzelnen Posen liebevoll zu knipsen. Es wird jedesmal ein ästhetisches Malheur. Wenn Mussolini die Zähre fletscht oder die Lippen aufwirft, so wirkt das immer irgendwie antik. Bei Hitler sind dieselben Gebärden Krampf eines aufgeregten Steuerzahlers, (...) was dem Korporal Mussolini selbstverständlich, gelingt seinem Nachbeter, dem Gefreiten Hitler, nimmermehr. Hitlers Person und seine Kleidung sind eine Diskrepanz ohnegleichen. Er hat weder ein für ihn charakteristisches Kleidungsstück noch überhaupt irgendeine Montur, die er seiner Haltung untertänig gemacht hätte. Dazu kommt seine erschreckende Geschmacklosigkeit. Einzig und allein im neutralen blauen Anzug wirkt er erträglich und einigermaßen unauffällig. Es stimmt nachdenklich, daß allein dieser bürgerliche Habitus ihn einheitlich aussehen läßt, während alle seine übrigen Uniformen sofort ins Auge fallen durch ihre geschmacklose Zusammmenstellung und durch störende Einzelstücke. Selbst das Braunhemd, das jedem einigermaßen gut Gewachsenen eine anständige äußere Form gibt, zerfleddert er in der Wirkung dadurch, daß er entweder plumpe, halbhohe Schaftstiefel dazu trägt oder sich vom Gürtel ab 'oberbayerisch' gehabt, mit großmütterlichen, häßlich-grauen Stutzen. Die Züge des Gesichts, in dem als erschreckender Mittelpunkt unter der Nase die schwarze Fliege steht, sind alle weich und rund. Oftmals gemütlich-väterlich. Seine Liebe zum nordischen Gedanken dokumentiert Hitlers Kopf dadurch, daß er eine ausgesprochen dinarische Schädelform zeigt, sein Geburtsort Braunau, in Deutsch-Österreich, nahe der bayerischen Grenze, also auch mit seiner rassischen Herkunft übereinstimmt.

Wer ihn beobachtet, ist bereits nach fünf Minuten überzeugt, daß es mit der nordischen 'Herrenrasse', die er züchten will, noch lange Wege hat. Er ist stets entweder linkisch oder forsch. Aber die verschlossene Gehaltenheit, die in der inneren, ihrer Aufgabe bewußten Sicherheit des Führers ruht, hat ihm stets gefehlt (...). Keine seiner Gesten ist fertig, abgerundet. Aus jeder spricht die Ängstlichkeit des kleinen gehobenen Mannes, der befürchten muß, wieder etwas falsch gemacht zu haben, aber noch nicht genau weiß, auf welche Art es aufkommen wird. Aber er hat noch nie das Gefühl gehabt, daß seine Stellung als Führer einer Millionenpartei auch im Äußeren Verpflichtungen auferlege. Hin und wieder macht er zwar Anläufe zum Dekorativen; aber er scheitert stets damit, wie er überhaupt immer scheitern wird. Der Dinge ärgstes jedoch ist die Peitsche, die er fast stets bei sich führt. Es ist dies etwa keine lange Reitgerte, die der Diktator im Zorn federnd gegen den Unterschenkel schlagen könnte, damit die Schärfe oder Dringlichkeit eines Kommandos unterstreichend. Sondern es ist eine – Hundepeitsche. Mit dickem, silbernem Knopf und kurzer stummeliger, abgenutzter Lederkordel. Zuweilen hält er sie wie einen Marschallstab und dann glaubt man jeden Augenblick, das Glockenzeichen zum Beginn der Zirkusvorstellung zu hören. Diese Peitsche ist ein Symbol; sie langt einfach nicht. Sie ist nicht kurz genug, um als Stab zu dienen, und nicht lang genug, um Federung zu verleihen. Diese Peitsche ist ein Dilettant – wie der ganze Mann. Aber gerade deshalb ist er der Massenführer, der Kleon der deutschen Bürgerlichkeit." [122]

Illustrierter Beobachter, Nr. 10/11, 12. März 1932, Titelseite

James Abbe: Adolf Hitler im Braunen Haus, Ende 1931/ Anfang 1932; Kölnische Illustrierte Zeitung, Nr. 41, 10. Okt. 1931, Titelseite

Welt einmal in der überlegenen Haltung eines Staatsmannes zu präsentieren und nicht in der bereits bis zum Überdruß bekannten Pose des Massenredners mit geballter Faust und wutvoll verzerrten Gesichtszügen. Hitler war einverstanden, und so kam eine ungewöhnlich harmonisch ablaufende Unterhaltung zwischen Knickerbocker und ihm zustande, wo bei Abbe geschickt den täuschenden Eindruck erweckte, als fotografiere er die beiden Gesprächspartner, während er in Wirklichkeit nur Hitler allein im Auge hatte und von ihm Studien schoß. So bekam ich tatsächlich zum erstenmal Fotos von Hitler in die Hand, die ihn als einen interessanten und intelligenten Menschen in natürlicher und Sympathie gewinnender Haltung zeigten."[54] Hanfstaengl schildert Hitlers Reaktionen auf die Aufnahmen und fährt fort: "Doch als ich Hitler die Fotos zur Genehmigung für die Veröffentlichung vorlegte, schrie er mich wütend an: 'Was soll denn das?! Das ist ja untaugliches Zeug! So sehe ich doch nicht aus!' 'Gott sei Dank, Herr Hitler', erwiderte ich, rasch gefaßt, ' das Kompliment müssen Sie mir schon gestatten: So sympathisch sehen Sie tatsächlich aus! Und außerdem möchte ich auch nicht gerne in Verlegenheit kommen, unseren Freunden Knickerbocker und Abbe sagen zu müssen, daß Sie die Fotos ausnahmslos untauglich finden und ihre Veröffentlichung ablehnen.'" Dem Ende der Erzählung gibt Hanfstaengl eine etwas prosaische Wendung, die die nicht unbedingt freundschaftlichen Kontakte zwischen ihm und Hoffmann durchschimmern läßt: "Nach einigem Hin und Her glückte es mir dann endlich auch, einige Bilder zur Veröffentlichung freizubekommen, allerdings erst nach Widerlegung zahlreicher törichter Argumente, die mir klarmachten, wo ich den Schlüssel für die ursprüngliche generelle Ablehnung zu suchen hatte: Offenbar hatte Heinrich Hoffmann Wind davon bekommen und war aus Sorge, sein Fotomonopol könne durchbrochen werden, bei Hitler vorstellig geworden."

Falls sich die Episode tatsächlich so zugetragen haben sollte, wirft sie nicht nur ein bezeichnendes Licht auf Hitlers Selbstbild, das lange Zeit durch Hoffmanns Porträts unterstützt und verfestigt wurde. Dann hätte erst der Gegenentwurf von James Abbe zu einer Aufweichung dieses Klischees und einer Anpassung an die Auftrittsformen eines modernen "Staatsmannes" geführt (Abb. 3/44).[55] Diese folgenreiche Entwicklung wäre also ursprünglich auf Außeneinflüsse zurückzuführen, vermittelt durch Hanfstaengl, bezeichnenderweise sogar in Verbindung mit der Rücksicht auf Bilderwartungen des amerikanischen Publikums. Hanfstaengls Erzählung verunklärt jedoch die realen Zusammenhänge, da sie Hoffmanns Hitleraufnahmen pauschal abqualifiziert. Zugleich verweist sie auf eine spätestens 1931 tatsächlich virulent gewordene Notwendigkeit, das fotografische Führerbild dringend den neuen Anforderungen der populistischen Massenpropaganda anzupassen. Interessant, daß Hanfstaengl offenbar unter dem Eindruck der damals aktuellen amerikanischen Massenpublizistik eine staatsmännische Haltung nicht in würdevollen Posen, sondern im privaten und unprätentiösen Auftreten sah. Ähnliches galt freilich auch für Hoffmann, denn er hatte schon einige Monate zuvor Aufnahmen von Hitler im "Braunen Haus" gemacht, die den Porträts von Abbe zum Teil ähneln und Ansätze zu einem neuen Hitlerbild mit legeren und moderaten Zügen zeigten und somit Hanfstaengls Vorstellungen von der "überlegenen Haltung eines Staatsmannes" entsprochen haben müßten. Eine dieser Aufnahmen zeigt Hitler und den Stabschef der SA Röhm in das gemeinsame Aktenstudium vertieft und erschien im Oktober 1931 bezeichnenderweise sogar als Aufmacher für einen Bericht über das "Braune Haus" auf der Titelseite der "Kölnischen Illustrierten Zeitung" (Abb. 3/45).

Den überdeutlichen Kontrapunkt zu dieser privat-intimen und später nie wieder aufgegriffenen Porträtauffassung bildete Hitlers Aufnahme am Schreibtisch im "Braunen Haus", die im Dezember 1931 auf dem Titelblatt des "Illustrierten Beobachters" publiziert wurde und den Blick freigab auf seine Wirkungsstätte in der neu errichteten Münchener Parteizentrale. Obschon noch weit von der Macht im Staate entfernt, präsentierte sich Hitler im respektheischenden Arbeitszimmer als hoher Amtsträger – mit vorgreifenden Ansprüchen auf das höchste Amt im Staate. Dies brachte das Schreibtischbild auf den Punkt – ein populärer und traditionsreicher Bildtypus, der ursprünglich im frühen 19. Jahrhundert, erinnert sei an Davids "Napoleon in seinem Schreibzimmer", dazu diente, dem Publikum etwas von dem "unbegreiflichen Wesen" des Herrschers verständlich zu machen und ihm Zutritt zu gewähren zu dem Ort, an dem dieser seine einsamen Entschlüsse über das Schicksal seiner Untertanen traf, bevor er dann in der Biedermeierzeit umdefiniert wurde und der "bürgerlichen Wunschvorstellung" folgte, "der Monarch kümmere sich väterlich um jedes Anliegen seiner Untertanen".[56]

Vorbild für Hoffmanns Aufnahme könnte eine Fotografie von Felix H. Man gewesen sein, die Mussolini im Palazzo Venezia zeigte und im Frühjahr 1931 im Rahmen einer Reportage von der "Münchner Illustrierten Presse" mit folgendem Text veröffentlicht worden war: "Dem Besucher scheint es eine Ewigkeit zu dauern, bis er das riesige Arbeitszimmer im Palazzo Venezia Mussolinis durchschritten hat, an dessen äußerstem Ende der Schreibtisch des Duce steht."[57] Den bombastischen Eindruck, der sich bei Felix H. Mans Aufnahme durch die realen Raumverhältnisse ergab, erreichte Hoffmanns überdimensional gesteigerte Raumaufnahme durch den großen Bildwinkel. Daß Hitler dadurch hinter seinem Schreibtisch fast verschwand, tat ihrer Funktion als Projektionsfläche für die machtbegeisterten Phantasien seiner Anhänger wohl keinen Abbruch. Und doch stand die Titelseite in einem spannungsreichen Kräftefeld der Erwartungen verschiedener Adressaten. Für die SA bedeutete sie: hier saß in der neu erbauten Parteizentrale einer der ihrigen, deutlich erkennbar am einfachen Braunhemd. Darauf war die Parteibasis stolz, auch wenn sie schon häufiger gegen die Parteiführung den Verdacht des "Bonzentums" erhob. Für das Publikum außerhalb der Partei signalisierte die Aufnahme in plakativer Form die erlangte Machtfülle und Solidität des Obersten SA-Führers.

Hitlers Repräsentationsbedürfnisse nach 1933 waren immens, der Neubau der Reichskanzlei ihr symptomatischer Ausdruck, aber so überdimensioniertkompensatorisch wie 1931 wurde das

Abb. 3/46-47

Illustrierter Beobachter,
Nr. 50, 12. Dezember 1931,
Titelseite;
Münchner Illustrierte Presse,
Nr. 9, 1931, S. 261

Abb. 3/48

*Illustrierter Beobachter,
Nr. 8, 25. Februar 1933,
Titelseite*

Motiv des Schreibtischbildes später nie mehr formuliert. Das signalisierte schon Hoffmanns unprätentiöse Aufnahme von Hitler unmittelbar nach der Machtübernahme in der Berliner Reichskanzlei. Und überhaupt zeigte sich Hitler ganz selten in diesem Sujet, widersprach solche bürokratische Schreibtischtätigkeit doch seinem Image als genialischer "Führer".

Porträtsitzungen 1933 – 1939

Die Atelierporträts, die Hoffmann nach Hitlers Ernennung zum Reichskanzler im Februar 1933 aufnahm, legten ein schlagartig gewandeltes und souverän verfestigtes Führerbild an den Tag, dessen denkmalartige Monumentalisierung auch in späteren Porträtsitzungen nur mehr modifiziert werden sollte. Während der Führermythos also im Medium der Fotoporträts selbst keine weitere Ausdruckssteigerung erfuhr, spiegelten sich seine Entfaltung und Hitlers steigende Machtfülle im enorm wachsenden Verbreitungsgrad seiner Bildnisse und ihrem Bedeutungszuwachs als staatliche Repräsentationsmittel wider. Damit verschoben sich die Gewichte von der Produktions- auf die Reproduktionsseite: an die Stelle der intensiven Porträtarbeit im Studio trat die explodierende Vervielfältigung einer begrenzten Anzahl von Porträts, verbunden mit der starken Tendenz zu ihrer Veredelung durch Kunstmaler. (Selbst Hoffmann versah die Aufnahmen nun häufig mit seiner Signatur.) Für die massenhafte Vervielfältigung der repräsentativen Staatsbildnisse im Dritten Reich einschließlich ihrer zahlreichen malerischen Nachahmungen und Abwandlungen waren also schon am Anfang der NS-Herrschaft das fotografische Ausgangsmaterial geschaffen und die grundsätzlichen Normen für das Motiv "Der Führer als Staatsmann" festgelegt. Hitlers staatsmännische Darstellungsansprüche folgten der Zeitlosigkeit der klassischen Repräsentationsbildnisse, und so hingen 1945 die gleichen Hitlerbildnisse in öffentlichen Räumen wie im ersten Jahr der NS-Herrschaft und noch 1943 wurden Briefmarken nach Porträts aus der Frühzeit von Hitlers Kanzlerschaft gestaltet.[58]

Das propagandistische Programm der offiziellen Staatsporträts Hitlers konzentrierte sich auf die Demonstration von ästhetischer Schlichtheit und inszenatorischer Schmucklosigkeit, die in einem merkwürdigen Gegensatz zum rituellen Pomp der nationalsozialistischen Repräsentationsakte stand, und offenbarte einen weitgehenden Verzicht auf die nationalsozialistische Parteisymbolik.[59] Das hatte seinen Grund. Die faschistische Staatsgewalt vermittelte sich direkt über Hitlers Person, bestand doch geradezu eine faktische Identität zwischen Hitler und der staatlichen Gewalt. Denn Hitler war nicht nur die Verkörperung des Ideologems des "erwachenden Deutschlands". Wie im Absolutismus war die Scheidung von Amt und Person aufgehoben. Oder wie Hitler selbst sagte: "Mein Name ist mein Titel." Einen größeren Titel als seinen Namen gäbe es nicht.[60] Alles kam also auf die Person an, bildlich verkürzt auf Hitlers Physiognomie, die in ihrer stereotypen Ausformung der "Amtsmiene absolutistischer Staatsporträts" (Rainer Schoch) glich. Kompliziertere Symbolisierungsstrategien entfielen deshalb im Porträtbereich: es handelte sich hier gewissermaßen um eine absolutistische Repräsentation ohne allegorischen Pomp, reduziert auf ein Zeichen mit hohem Wiedererkennungswert.

Die Bildnisse nach 1933 waren auf ganz wenige Grundmuster und ein stereotypes Repertoire an Posen und mimischen Ausdrucksqualitäten reduziert, was das Ende der früheren Ausdruckssuche und -experimente bedeutete. Die Bildnisse, in der Mehrzahl Kniestücke, die wiederum je nach Bedarf ausschnittweise vergrößert und verarbeitet wurden, präsentierten eine im Lauf der Jahre statuarischer und schließlich wie erstarrt wirkende Führergestalt, die sich, dem Stilisierungsdruck folgend, ganz auf ein Ausdrucksminimum beschränkte. Die vornehmlich militärisch inspirierte Kleidung, der Verzicht auf Staffagen und Insignien der Macht, das reduzierte fotografische Arrangement mit neutralem Bildhintergrund – kurz gesagt der stark minimierte Symbolapparat – sind die weiteren Merkmale der meisten dieser Bildnisse, die auf die Tradition des preußischen Uniformporträts und die "Schlichtheit des altpreußischen Königtums" verweisen.[61] Hiermit setzten sie sich von den Bildnissen des ordenüberladenen Kaisers Wilhelm II. ab, obgleich dessen körpersprachliches Imponiergehabe mitunter noch als Vorbild durchscheint.[62] Hitler trat auf den Bildnissen vornehmlich mit braunem Uniformrock, der "Politischen Uniform", auf. Sie "war geschaffen worden", wie es in einem einschlägigen Uniformhandbuch heißt, "damit Hitler die Möglichkeit hatte, in seiner Rolle als Führer und Reichskanzler des deutschen Volkes eine Uniform zu tragen, die militärische Stilelemente enthielt". Hitler "regierte aus einer Position, die weit entfernt und über allen anderen Größen angesiedelt war, ganz gleich welchen Rang sie auch immer bekleiden mochten. Das dürfte auch der Grund dafür gewesen sein, weshalb Hitler nie Uniformen trug, die nur eine einzige Organisation repräsentierten."[63] Mit dem Uniformrock hatte er sich erstmals am 12. März 1933

Abb. 3/49-50

Heinrich Hoffmann:
"Reichskanzler Adolf Hitler",
Februar/März 1933,
Postkarte;
Adolf Hitler, Februar/März
1933, mit einkopierter
Signatur Hoffmanns

in München öffentlich gezeigt und tauschte ihn am 1. September 1939, zu Beginn des Polenfeldzuges, gegen den feldgrauen Rock mit dem Hoheitsadler auf dem linken Ärmel ein.[64] Er war einfach geschnitten, ohne Rangabzeichen; den einzigen Schmuck bildeten außer der Hakenkreuzarmbinde und dem goldenen Parteiabzeichen jene Auszeichnungen, die Hitler im Ersten Weltkrieg verliehen bekommen hatte: das Eiserne Kreuz I. Klasse und das Verwundetenabzeichen.

Hoffmanns Porträtserie von Anfang 1933 wollte offenbar das Image des meinungspolarisierenden Parteiführers in das beschwichtigende Bild einer nationalen Integrationsfigur überführen und nahm Anleihen bei der traditionellen Herrscher-Ikonografie und spekulierte mit weit verbreiteten, aber ziemlich diffusen Bilderwartungen autoritär-militärischen Zuschnitts. Von dieser ersten Aufnahmeserie waren vier verschiedene Bildnisse in Umlauf, zwei Stand- und Sitzbilder mit variierenden Blickrichtungen. Hitlers Körpersprache war deutlich beruhigt, er wirkte distanziert, aber nicht entrückt. An die Stelle des kämpferischen Gestus waren Festigkeit und herrschaftliche Würde getreten, machtvoll und gebieterisch in Szene gesetzt, um Autorität und staatsmännische Besonnenheit auszustrahlen. Über Haut und Uniformstoff zog sich auf den Fotografien eine weiche und samtige Tonigkeit, hervorgerufen durch Retusche und Nachbelichtung, und ließ die ganze Figur wie aus einem Guß erscheinen, was ihren geschlossen-denkmalartigen Charakter erhöhte.

Das Sitzbild der Serie, das die Hakenkreuzarmbinde hier noch als Blickfang einsetzt, zeigt einen bereits etwas gealterten Mann, der entweder den Betrachter oder ein fernes Ziel fixiert und dessen ernste, leicht schroffe Mimik vielleicht an das Bild des sorgenvollen und die schwere Bürde der Verantwortung tragenden Landesvaters denken lassen sollte. Die Sitzposition verriet Energie und Spannkraft, der schwach erkennbare Stuhl ließ Assoziationen mit dem klassischen Thronmotiv anklingen. Verglichen mit früheren Porträts war das Gesicht durch die extrem in die Stirn gekämmte Haarsträhne zu einem überprägnant formulierten Zeichen zugespitzt und hatte durch die stärker hervortretenden Tränensäcke und die weit geöffneten Augen an suggestiver Ausdruckskraft gewonnen, die entfernt sogar an das Gesicht des gealterten Bismarck erinnerte. Selbst der imposant inszenierte Entwurf der heroisch aufragenden Führergestalt mit wirkungsvoll drappiertem Mantel und herrisch in die Hüfte gestemmter Rechten schien zwar durchaus respektheischend, besaß aber keinen militanten Drohgestus und betrieb ein raffiniertes Spiel zwischen offenen und versteckten Gewaltmetaphern. Der Gesichtsausdruck war starr, der Blick auf den Betrachter forsch, doch wiederum nicht so gebieterisch, wie wir ihn von Live-Aufnahmen kennen. Anleihen an traditionelle Herrscherbilder finden sich in der absolutistischen Körperhaltung Rigaudschen Musters und im wallenden Mantel, der an das Motiv des Königsmantels erinnert. Aufschlußreich erscheint die geballte, seitwärts an den Oberschenkel gedrückte Faust. Mit dieser Geste präsentierte sich Hitler schon auf früheren Porträts – ein Motiv, das in zeitgenössischen Fotoporträts kaum, häufig jedoch bei grafischen Darstellungen von Frontsoldaten, vor allem beim Typus des Handgranatenwerfers zu finden ist und kämpferische Energie und Entschlossenheit signalisiert.[65] War das nicht noch einmal ein Hinweis auf Hitlers soldatische Grundhaltung, auf seine latente Gewaltbereitschaft und Aggressivität?

Trotz aller Anleihen an Mustern traditioneller Herrscherbilder ließen diese Uniformbildnisse nicht viel von Hitlers charismatischem Führertum und seinem messianischen Sendungsbewußtsein ahnen. In eine solche Richtung tendierten zwei etwas später, 1933/34, entstandene Profilbildnisse, deren starke Lichtregie offenkundig die Absicht verfolgte, Hitler zu entmaterialisieren und ihm den

Heinrich Hoffmann:
"Reichskanzler
Adolf Hitler",
Februar/März 1933,
Postkarte

Abb. 3/52

Heinrich Hoffmann: Adolf Hitler, 1933/1934

Abb. 3/53

Heinrich Hoffmann:
Adolf Hitler, 1933/1934

Nimbus einer Lichtgestalt zu geben. Insbesondere das nach links gerichtete Profilbildnis verwandelte Hitler in einen Visionär, ein übermenschliches Gebilde aus Licht und Schatten, das Gesicht verklärt und hell erstrahlt von einem fernen Gegenlicht (Abb. 3/54). Freigestellt vor schwarzem Grund erschien die Aufnahme Ende August 1934 auf der Titelseite des "Illustrierten Beobachters".66 Das Erscheinungsdatum ist bemerkenswert: unmittelbar nach dem Plebiszit vom 19. August 1934, das die Verfassungsänderung und die Übernahme des Reichspräsidentenamtes durch Hitler legalisierte, ein paar Wochen nach der Liquidation der SA-Führung. Hitler hatte seine ganze politische Machtfülle erlangt, vereinigte in seiner Person so viel Autorität, wie niemand sonst in Deutschland, und sein charismatischer Nimbus erreichte einen ersten Höhepunkt. Sollte dies auch die Botschaft des Titelblattes sein?

Man könnte in der entrückten Lichtgestalt tatsächlich eine ausdrucksteigernde Führerdarstellung sehen – entsprechend dem machtpolitischen Zuwachs Hitlers auch das "Mystikum der Inkarnation des Volkswillens in Hitler"67, wie es ab 1934 allenthalben verkündet wurde. Und doch bleibt festzuhalten, daß diese Art der Stilisierung keine typenprägende Kraft entfalten sollte und auch weiterhin nur eine untergeordnete Rolle spielte, wenngleich das nach links gerichtete Profilbildnis etwa eine zu Hitlers 50. Geburtstag 1939 erschienene Postkarte Hoffmanns schmückte, die die "Errungenschaften" der Führerherrschaft auflistete. Allem Anschein nach war Hitlers Inszenierung als Lichtgestalt nicht sonderlich populär, denn unter den überlieferten Aufnahmen von Führerbildern in privaten Wohnstuben sind diese Bildnisse, die Hoffmann in seinem Sortimentsprospekt anbot, kaum zu finden.68 Mit den Wunschvorstellungen, die das Publikum im Dritten Reich mit seinem Führeridol verband, verhielt es sich fast so, wie die "Photographische Rundschau" schon 1915 spekuliert hatte: " (...) das große Publikum will seine Heerführer nicht als idealisierte Heldengestalten haben, sondern einfach in ihren schlichtgrauen Uniformen, so wie sie im Felde leben und wirken. Das ist kaum eine vorübergehende Kriegserscheinung – hier findet eine Geschmacksbildung der Massen statt, die der photographischen Industrie auch nach dem Kriege zugute kommen wird."69 Solchen Vorstellungen kamen Hitlers Uniformbildnisse sehr nahe, am nächsten vielleicht diejenige Variante, die das Pathos der Schlichtheit mit einem visionären Blick verknüpfte und dabei die maskenhaft-regungslose Ernsthaftigkeit der Physiognomie nochmals zuspitzte. In der Verbindung dieser Elemente sah Hitler offenbar den adäquaten Ausdruck staatsmännischer Würde und messianischen Sendungsbewußtseins. Leicht abgewandt, stützte er sich mit dem linken Arm auf eine Stuhllehne, die Rechte in die Hüfte gestemmt, und blickte mit bedeutungsvoller Miene am Betrachter vorbei und über ihn hinweg in eine imaginäre Zukunft. Dabei reduzierte Hoffmanns Schrägansicht die Sichtbarkeit des Hakenkreuzes auf der Armbinde auf ein Minimum und drängte Hitlers Funktion als Parteiführer in den Hintergrund.

Mit den rezeptionsgeschichtlich so folgenreichen Ateliersitzungen von 1933/34 war der Bedarf der Führerpropaganda an Repräsentationsbildnissen im

Abb. 3/54-56

Illustrierter Beobachter, Nr. 34,
25. August 1934, Titelseite;
Photo-Hoffmann: sog. Ruhmes-
karte anläßlich von Hitlers
50. Geburtstag, 1939; Adolf Hitler,
Gemälde von Willi Exner, o.J.

*Heinrich Hoffmann:
Adolf Hitler, Arbeitszimmer
auf dem Obersalzberg,
Anfang 1936, Postkarte*

wesentlichen abgedeckt. Hitler hatte offenbar auch kein großes Interesse mehr an Ateliersitzungen, und so wurden die weiterhin noch entstehenden Porträts ohne großen Aufwand entweder in der Reichskanzlei oder auf dem Obersalzberg aufgenommen. Diese Porträts sollten eine weit geringere Öffentlichkeit erlangen oder blieben zum Teil sogar ganz unpubliziert. 1936 fand vermutlich in der Reichskanzlei eine Porträtsitzung statt, die die ästhetischen und inhaltlichen Botschaften der letzten Bildnisserien von 1933/34 wieder aufnahm – wenngleich in modifizierter Form. Hitler zeigte sich ausschließlich mit moderatem Habitus und in ziviler Kleidung und die Parteisymbolik erschien allenfalls in einer kleinen Anstecknadel auf seinem Anzug. Waren diese Entwürfe als Versinnbildlichung des friedfertigen "Führers", des "Friedenskanzlers" gedacht?[70] Ganz offensichtlich ging es noch einmal darum, den "Visionär" Hitler ins Bild zu setzen. Vor allem in den leicht variierten Halbprofilansichten versuchte Hoffmann dabei, der schwammig wirkenden Physiognomie durch seitlich hart einfallendes Licht und zusätzliche Retusche Konturen zu verleihen und erzielte dadurch auch eine deutliche Überbetonung der Augen, deren Glanz durch kräftige Retuschen verstärkt wurde – ganz offenkundig eine weitere Bekräftigung der vorgeblich mystischen Ausdruckskraft der "Führer"-Augen. Diese Darstellung der Augen ist im übrigen ein geradezu charakteristisches Merkmal von Hoffmann-Porträts der nationalsozialistischen Größen und wurde etwa auch in dem Fotoband "Die Pioniere des Dritten Reiches" von 1934 eingesetzt.

Aus der Reihe der strengen staatsmännischen Stilisierungen fallen die Aufnahmen, die wahrscheinlich Anfang 1936 in Hitlers neuem Arbeitszimmer auf dem Obersalzberg entstanden und als Postkarten und als Beilage des "Illustrierten Beobachters" veröffentlicht wurden. Sie bezeugen einen privaten Darstellungsstil, der an Abbes Aufnahmen von vor 1933 erinnert oder an Live-Aufnahmen Hitlers im Kreise der NS-Elite oder Gesinnungsgenossen. Hitler präsentierte sich dem Fotografen in einem hellen, eleganten Zweireiher, einmal mit ruhig-geschlossener Körperhaltung in seinem Schreibtischstuhl sitzend, ein andermal steil aufgerichtet mit in den Taschen vergrabenen Händen hinter seinem Schreibtisch. Die Lichtregie folgte auch hier dem erprobten Muster, ohne jedoch symbolische Dimensionen anzunehmen. Welche Absichten wurden mit den Aufnahmen verfolgt? Sollten sie einen voyeuristischen Blick auf den privaten Hitler im "Allerheiligsten" der Macht, auf seine Arbeitsstätte gewähren? Arbeitsatmosphäre vermittelten die Aufnahmen freilich nicht, sondern sie persiflierten gar die Intentionen der herkömmlichen Schreibtisch-Bilder und deuteten das Motiv um, wenn Hitler auf der Tischkante des Schreibtisches sitzend für den Fotografen posierte – eines leeren Schreibtisches, der nur mehr als Repräsentationsgegenstand und nicht als Arbeitsinstrument erschien (Abb. 3/57).[71] Hitler posierte hier locker und leger wie ein moderner Filmstar oder Hollywood-Regisseur, der alles Interesse auf seine Person lenken möchte, wie ein Populist, der sich des Beifalls der Massen sicher war und nicht mit angestrengter Arbeitsmiene eine bürokratische Tätigkeit suggerieren mußte.

Die beiden in den Jahren 1937 und 1939 folgenden Porträtserien belegen dann die gänzliche Erstarrung des gestischen und mimischen Repertoires Hitlers und gleichzeitig den Schwund von Hoffmanns fotografischem Gestaltungsinteresse. 1937 versuchte sich der bereits sichtlich gealterte und aufgedunsen wirkende Hitler auf der Terrasse des Obersalzbergs in Anlehnung an seine Selbstdarstellung von 1933 noch einmal in entschlossener Feldherrenpose (Abb.3/60). Doch nicht zuletzt sein unbeholfen wirkendes Auftreten und die geradezu dilettantische Bildgestaltung Hoffmanns führten nur zu einem amateurhaft wirkenden Resultat. Unwillkürlich fragt man sich nach dem Grund für die Entstehung dieser Porträts. Eine der Kleinbildaufnahmen diente jedenfalls als Vorlage für ein Gemälde von Heinrich Knirr, eine andere als Titelaufnahme für ein Sonderheft des "Illustrierten Beobachters". Wie wenig Hitler in diesen Jahren überhaupt noch an einer porträtmäßigen Selbststilisierung lag, spiegelt die Tatsache wider, daß auch eine Änderung seiner offiziellen Kleidung keinen Anlaß mehr zu neuen Porträts bot: nach dem Einmarsch in Österreich trug er ein neues Symbol an der Mütze: zusätzlich zum Hoheitsadler eine Kokarde, umgeben vom goldenen Eichenlaub der Wehrmacht[72] – eine eher noch diffizile Feinheit, verglichen mit dem feldgrauen Uniformrock seit dem 1. September 1939, jenem Rock, der Hitler angeblich immer "der heiligste und teuerste" war und gemeinhin sichtbar seine beginnende Feldherrnmission anzeige.[73] Nach Kriegsausbruch gab es überhaupt keine Porträtsitzungen mehr. Hitlers letzte Sitzung – sie ist auf den 20. Juli 1939 datiert – fand wiederum auf dem Obersalzberg statt und läßt in aller Deutlichkeit den selbstdarstellerischen Erstarrungsprozeß zutage treten (Abb.3/58-59).

Hoffmann fotografierte Hitler auf einem Schreibtischstuhl sitzend oder aufrecht im Raum stehend, mit maskenhaft unbeweglicher Physiognomie und in stocksteifer Körperhaltung. Hitler wirkt apathisch und ohne Ausstrahlungskraft, wie eine Wachsfigur, seine selbstdarstellerischen Potenzen erscheinen wie

Heinrich Hoffmann: Adolf Hitler, Arbeitszimmer auf dem Obersalzberg, 20.Juli 1939 (von der NS-Publizistik nicht veröffentlicht)

Abb. 3/58-59

Abb. 3/60

H. Hoffmann:
Adolf Hitler,
Terrasse auf dem
Obersalzberg,
1937, Kleinbild-
Kontaktstreifen

Abb. 3/61

Photo Hoffmann:
Adolf Hitler, Gemälde
von Heinrich Knirr,
o.J., Postkarte

erloschen. Die Aufnahmen blieben unveröffentlicht und markieren den Endpunkt dieser Art der engen Zusammenarbeit zwischen Hitler und seinem langjährigen Porträtisten.

In der Berichterstattung der NS-Presse spielten Hitlers Atelierporträts eine wichtige, aber keine überragende Rolle und erschienen häufig an seinen Geburtstagen, oft mit pseudo-aktualisierender Beschriftung.[74] Schon seit Jahren war es in der Presse üblich, vor allem auch für die Titelblätter der Illustrierten, neben den aktuellen Ereignisaufnahmen auf stark ausschnitthafte Porträtstudien zurückzugreifen, die während Hitlers öffentlichen Auftritten entstanden. Diese Tendenz war nicht allein eine Reaktion auf ein Defizit an Porträts, sie war auch Ausdruck des betont aktuellen und dynamischen Hitlerbildes in der Presseberichterstattung. Für die starke Bedeutung des "Handlungsporträts" steht exemplarisch Hoffmanns Bildband "Das Antlitz des Führers" von

1939, dessen Bildnisstudien den engen Rahmen des Atelierporträts sprengen und die tendenzielle Auflösung der Trennung zwischen den Gattungen Studioporträt und Ereignisaufnahme belegen.

Neben den zahllosen Arten ihrer drucktechnischen Vervielfältigung dienten Hoffmanns Führerbildnisse auch als Vorlage für verschiedenartige Überarbeitungen (beispielsweise für Wahlplakate) und malerisch veredelte Nachahmungen, die den Porträts "Kunstcharakter" verleihen sollten, dann wiederum reproduziert und als farbige Drucke in großen Stückzahlen von Hoffmanns Firma auf den Markt gebracht wurden und sich beim Publikum und den offiziellen Stellen großer Beliebtheit erfreuten.[75] Ihr ziemlich kruder Naturalismus hat die Ausstrahlung kolorierter Abbildungen der populären Reemtsma-Bilderdienst-Alben und hielt sich meist eng an die fotografischen Vorlagen oder orientierte sich an beliebten Bildvorwürfen der trivialen Bilderwarenindustrie. Dem Publikumsgeschmack folgend, verlebendigte Willy Exner das entmaterialisierte Hitlerporträt und nahm es als Ausgangspunkt für die zahllosen Varianten seiner Hitlergemälde, die sich an einen populären Bildnistyp anlehnten, der im frühen zwanzigsten Jahrhundert bei der Darstellung von sturmerprobten Marinekapitänen oder Hochseefischern häufig zu finden war, und den "Führer" mit hochgeschlagenem Mantelkragen, gewissermaßen den Unbilden der Naturgewalten trotzend, zeigten (Abb.3/56). Auf das visionär gestimmte Uniformporträt von 1933/34 ging der Bestseller unter den Kunstdrucken, das "repräsentative Bild des Führers nach dem Originalgemälde von Prof. H. Knirr", zurück und verschaffte dem Motiv größte Verbreitung. Auch Knirrs Gemälde, das von Hoffmann wiederum in verschiedenen Formaten als Wandschmuckbilder oder Postkarten angeboten wurde, arbeitete die Parteisymbolik nicht weiter heraus. Wie eng sich Knirr an Hoffmanns Vorlage gehalten hat, belegt die hohe Ähnlichkeit mit einem zur Volksabstimmung 1938 herausgebrachten Plakat mit dem Slogan "Ein Volk, ein Reich, ein Führer!", für das das gleiche nachträglich kolorierte und dabei dramatisierte Foto verwendet wurde (Abb.5/124).[76]

In späteren Jahren griffen die Maler verstärkt auch auf traditionelle Muster der Darstellung von königlichen Hoheiten und Militärführern zurück. Knirr orientierte sich etwa am ganzfigurigen Uniformporträt mit tiefem Landschaftshorizont, wie es beispielsweise Franz Krüger für das Bildnis des preußischen Königs Friedrich Wilhelm III. von 1836 benutzt hatte.[77] Für aktualisierte Führergemälde verwendeten die Bildnismaler nun auch entsprechende Live-Aufnahmen, so Hugo Lehmann, der für das stark untersichtige Bildnis "Der Führer" Hoffmanns Aufnahme von Hitlers Auftritt in Linz verwendete, oder ganz analog Bruno Jakobs in seinem Gemälde "Am 1. September 1939", das Hitler als Redner im Reichstag abbildete.[78]

Rekonstruktion der Porträtsitzungen
Stand Herbst 1993

Anfang **September 1923:** eventuell zwei Sitzungen, da eine Serie mit Kunstlicht, die andere mit Tageslicht aufgenommen; Brustbild, Halbfigur und Kniestück; dunkler Anzug bzw. Trenchcoat mit Hut und Stock, Parteiabzeichen.

1. April 1924: verschiedene Gruppenaufnahmen der Verurteilten im Hitler-Prozeß vor dem Gerichtsgebäude in München; Hitler mit Trenchcoat und Hut.

12. April 1924: vor Gitterfenster in der Festungshaftanstalt Landsberg; Halbfigur; Trachtenjacke.

Anfang 1925: eventuell in den Räumen der Hauptgeschäftsstelle der NSDAP; Brustbild und Ganzfigur; wechselnde Arrangements: Bücherregal, Bismarck-Kunstdruck, Lehnstuhl mit Schäferhund neben Klavier; dunkler Anzug, Parteiabzeichen.

1925/26: Brustbild und Kniestück; Trachtenjacke, kurze Lederhose und Wadenstrümpfe, Parteiabzeichen (von der NS-Publizistik nicht veröffentlichte Aufnahmeserie).

Vor Juli 1926: Kniestück; Lederhose und Trachtenjacke bzw. Windjacke und Stoffhose, Parteiabzeichen.

Ende 1926/Anfang 1927: umfangreiche Sitzung mit über zwanzig Aufnahmen; Brustbild, Kniestück, Ganzfigur; Braunhemd und Lederhose, Hakenkreuzarmbinde und Parteiabzeichen auf Krawatte.

Frühjahr 1927: auf Waldlichtung; Ganzfigur; Braunhemd und kurze Lederhose, Hakenkreuzarmbinde und Parteiabzeichen auf Krawatte, (von der NS-Publizistik nicht veröffentlichte Aufnahmeserie).

Vor August 1927: Brustbild; dunkler Anzug, Parteiabzeichen; u.a. starkes Mienenspiel.

Vor August 1927: im Zusammenhang mit vorheriger Sitzung; zahlreiche Rednerposen; Halbfigur und Ganzfigur; dunkler Anzug, Parteiabzeichen.

1928/29: umfangreiche Sitzung mit über 20 Aufnahmen; Brustbild, Kniestück, Ganzfigur; neu eingeführtes Braunhemd mit Schulterriemen, Stoffhose, Schaftstiefel, erstmals Eisernes Kreuz I. Klasse und Verwundetenabzeichen, Parteiabzeichen auch mit SA-Mütze.

1931: Brustbild; dunkler Anzug, Revers mit Samt gefaßt, Parteiabzeichen.

Herbst 1931: Arbeitszimmer im Braunen Haus, zusammen mit Ernst Röhm am Schreibtisch bzw. allein hinter Schreibtisch; Brustbild bzw. Ganzfigur; Braunhemd mit Hakenkreuzarmbinde.

Vor April 1932: Kniestück; Stoffmantel, mit bzw. ohne Peitsche.

Vor April 1932: Brustbild, dunkles Jackett, gestreifte Hose, Parteiabzeichen in Rautenform.

Erste Februartage 1933: Arbeitszimmer in der Reichskanzlei; Kniestück; dunkler Anzug, Parteiabzeichen.

Wahrscheinlich **Anfang 1933 oder Anfang 1934:** nicht identifizierter Raum, möglicherweise Reichspräsidentenpalais; Ganzfigur, Frack und Zylinder.

Februar/März 1933: Brustbild und Kniestück; "Politische Uniform", Goldenes Parteiabzeichen auf Krawatte, Eisernes Kreuz I. Klasse, Verwundetenabzeichen und Hakenkreuzarmbinde, mit bzw. ohne schweren Mantel.

Herbst 1933: wahrscheinlich auf dem Obersalzberg; Kniestück; "Politische Uniform", Goldenes Parteiabzeichen auf Krawatte, Eisernes Kreuz I. Klasse, Verwundetenabzeichen, Schaftstiefel, Schirmmütze, Hundepeitsche.

1933/1934: Brustbild und Halbfigur; "Politische Uniform", Goldenes Parteiabzeichen auf Krawatte, Eisernes Kreuz I. Klasse, Verwundetenabzeichen.

1933/34: Brustbild; Profil nach links; dunkler Anzug und gemusterte Krawatte.

Anfang 1936: vermutlich Reichskanzlei; Brustbild; dunkler Anzug, Krawatte mit hellen Tupfen, Parteiabzeichen.

Anfang 1936: Arbeitszimmer auf dem Obersalzberg; Kniestück und Ganzfigur; heller Sommeranzug und gepunktete Krawatte, Parteiabzeichen.

1937: Terrasse auf dem Obersalzberg; Ganzfigur; "Politische Uniform", Goldenes Parteiabzeichen auf Krawatte, Eisernes Kreuz I. Klasse, Verwundetenabzeichen und Hakenkreuzarmbinde, auch übergeworfener Mantel.

20. Juli 1939: Arbeitszimmer auf dem Obersalzberg; Brustbild und Kniestück; "Politische Uniform" bzw. weißer Uniformrock mit Hakenkreuzarmbinde (von der NS-Publizistik nicht veröffentlichte Aufnahmeserie).

Soweit nichts anderes vermerkt, handelt es sich um Ateliersitzungen. Aufgeführt sind auch außerhalb des Ateliers entstandene Porträts, soweit sie mit einer Aufnahmeserie verbunden waren, die erkennbar den Charakter einer Porträtsitzung besaß.

"Hitler – das deutsche Antlitz schlechthin"

Einen Gesichtspunkt haben wir bislang bei der Darstellung der Hitlerbildnisse noch nicht behandelt, dem aufgrund seines zentralen ideologischen Stellenwerts einige Bedeutung zukommt – und zwar die Frage, wie sich Hitlers Bildnisse zum rassebiologischen Theorem der Nationalsozialisten verhielten und wie sein Porträtist die "Aufnordung" seiner Physiognomie betrieb. Die verschiedentlich von Hoffmann eingesetzten fotografischen Kunstgriffe konnten nicht darüber hinwegtäuschen, daß die Physiognomie des Exponenten der sich rassisch begründenden "Bewegung" nicht dem propagierten arischen Idealbild entsprach und ihm auch in den Porträts nicht viel näher kam. Hoffmanns Stilisierungen versuchten, mit Hilfe der Lichtregie dem flachen Gesicht Hitlers markantere Konturen zu verleihen, gerade in Verbindung mit den ins Profil gedrehten Ansichten, und gleichzeitig die Augen tiefer zu legen. In attributiver Weise wurden rassebiologische Akzente gesetzt, wenn Hitler beispielsweise mit langbezopften blonden Mädchen oder nach "arischen" Gesichtspunkten ausgewählten SA-Männern für Hoffmanns Kamera posierte. Das waren Kompensationsmaßnahmen für ein ästhetisch-ideologisches Manko, das nicht zu umgehen war. Und so ist es wohl zu verstehen, daß es zu den Eigentümlichkeiten der nationalsozialistischen Führerpropaganda gehört, Hitler zwar fortwährend als "Erhalter der deutschen Rasse" zu verherrlichen, jedoch ihn selbst nicht unmittelbar mit rassebiologischen Deutungen in Verbindung zu bringen, auch wenn sie ansonsten alles Mögliche in seinem Gesicht entdeckte. Die hitlertreue Anhängerschaft konnte über die Widersprüche wohl hinwegsehen, da sie auf die "inneren Werte" des durch seine Taten geadelten Kämpfers setzte und moralische Attribute zu seiner Verherrlichung bereithielt. Alles andere waren dann nur Äußerlichkeiten.

Einem direkten Test unterwarfen Hitlers Gesicht nur seine Gegner. Fritz Gerlich, Herausgeber der katholisch orientierten Zeitung "Der gerade Weg" und erklärter Gegner der Nationalsozialisten, veröffentlichte im Juli 1932 einen polemischen Angriff mit dem Titel: "Hat Hitler Mongolenblut?" und stützte sich dabei auf seine Bildnisse.[79] Gerlichs Verfahren beruhte auf dem Bildvergleich. Er wollte den nationalsozialistischen Parteiführer in gewisser Weise mit seinen eigenen Waffen schlagen, indem er seine Physiognomie nach den Maßstäben der rassekundlichen Werke von F. K. Günther, der "bekanntlich vom thüringischen nationalsozialistischen Minister Frick zum Professor für Rassenkunde an der Universität in Jena gemacht worden ist", beurteilte. Er verwies dabei explizit auf Aufnahmen, die kurz zuvor in Hoffmanns Band "Hitler, wie ihn keiner kennt" erschienen waren: "Volkstümlich gesprochen sagt man: Der nordische Mensch habe sehr scharf geschnittene, also markante Gesichtszüge. Nach dem Bilde, das wir uns gemäß dem 'Photoberichterstatter der Reichsleitung der NSDAP' von Hitler machen sollen, sieht sein Gesicht folgendermaßen aus: (Es folgen Porträtabbildungen, d. Verf.). Daß dieses Gesicht Hitlers 'eigentlich kühn' wirkt und eine 'nach außen gebogene Nase' abgesehen von der ' nach außen' vordringenden Nasenspitze hat, wie das des nordischen Menschen – um mit Günther zu sprechen – wird man nur schwer behaupten können. Dieses Gesicht wirkt vielmehr nichtssagend, 'gewöhnlich' und so 'fad', wie das folgende Porträt eines dem damaligen Hitler ungefähr gleichaltrigen jungen Mannes mit innerasiatischem Einschlag, das wir ebenfalls Günthers 'Rassenkunde des deutschen Volkes' entnehmen." Der Journalist fuhr fort: "Die Augen des echten nordischen Menschen sind tiefliegend. Deshalb spricht Günther in seiner 'Rassenkunde des deutschen Volkes', 15. Auflage, 1930, Seite 22, von 'zurückliegenden Augen' des nordischen Menschen. Wie die Profilaufnahme Hitlers zeigt, liegen seine Augen aber nicht zurück, also nicht tief, sondern ausgesprochen flach. Welche Rassen haben nun aber das flachliegende, sich der Augenbrauenbogenlinie nähernde Auge? Die Mongolen!"

Resümierend hielt Gerlich fest: "Man tut nun niemandem ein Unrecht, wenn man ihn selbst an den Maßstäben mißt, an denen die von ihm geleitete Partei seine Mitmenschen gemessen sehen will. Also tun wir auch Hitler als dem Führer der völkischen Bewegung zur nordischen Rasseerneuerung kein Unrecht, wenn wir ihn hier einmal daraufhin untersuchen, wie weit seine Körpermerkmale – gemessen an der von seinen eigenen Gesinnungsgenossen aufgestellten Rassewissenschaft – dem Bilde des nordischen Menschen entsprechen. Wenn diese Untersuchung bisher im wesentlichen verneinend ausgefallen ist – wenn also bei objektiver Anwendung der von der nordischen Rassewissenschaft aufgestellten Erkennungsmerkmale Hitler als eine undefinierbare, aller Wahrscheinlichkeit nach ostisch-mongolische Rassemischung mit leichtem dinarischen Einschlag, also wahrscheinlich frei von nordischen Rassemerkmalen angesehen werden muß, so trifft dafür nicht uns, sondern die völkischen Rassewissenschaftler wie Günther die Verantwortung." Schließlich versäumte er es nicht, darauf hinzuweisen, daß in Günthers "Rassekunde des Deutschen Volkes" kein einziges Porträt "irgendeines besonders hervorragenden Führers der Hitlerpartei" zu finden sei. Daß Gerlich dem nationalsozialistischen Parteiführer die "nordisch-germanischen" Eigenheiten absprach und deshalb auch die Fähigkeit, "nordisch-germanische Gedanken" überhaupt denken und vertreten zu können, rief bei Hitler und seiner Gefolgschaft offenkundig große Verärgerung hervor. Jedenfalls erstattete Hoffmann prompt Anzeige wegen Mißachtung des Urheberrechtes, was wohl auch ein Racheakt war, und hatte Erfolg. Denn am 18. November 1932 erhielt Gerlich eine Geldstrafe von

Ein Antlitz – vom Kampf geformt

Illustrierter Beobachter, Sondernummer: Adolf Hitler. Ein Mann und sein Volk, 1936, S. 42-43

500 Reichsmark und mußte eine ebenso hohe Buße an Hoffmann zahlen.[80] Nach Hitlers Machtübernahme war Gerlich praktisch ein toter Mann. Er wurde im März 1933 inhaftiert und am 30. Juni 1934 ermordet.

Wir haben nur einen kurzen Ausschnitt aus Gerlichs umfangreicher, an polemischen Tönen nicht armer Darlegung zitiert. Sie unterschied sich mit ihrer quasi-wissenschaftlichen Argumentation von den Charakterisierungen, die ansonsten Hitlers Gegner zu dessen Gesicht abgaben und dabei erhebliche Projektionsleistungen an den Tag legten. Die Spannweite ihrer Äußerungen reichte von spöttischen Bemerkungen bis zu haßerfüllten und projektiven Zerrbildern, was mitunter nur allzu offen die eigene politische Ohnmacht und Hilflosigkeit kompensierte. Da war die Rede von einer "Exkrementalvisage", einem "aufgeschwemmten Kleinbürgergesicht" und "teigigem Mondgesicht", einem "Götzen mit Glotzaugen" oder gar einem "blutigen Hausknecht mit Strizzigesicht". Einig war man sich vor allem über die belanglose Hohlheit und "Normalität" seines Gesichtes. 1932 brachte Konrad Heiden diese Kritik auf den Punkt: "Sein Antlitz ist für die Anhänger eine Verlegenheit, für die Gegner Schadenfreude. Keine Beschönigung hilft darüber hinweg, daß es ein nichtssagendes Gesicht ist. Der Münchener Rassenhygieniker von Gruber hat es für schlechte Rasse erklärt und das eingehend begründet. Die dunkelblonde Haarsträhne, das Bürstchen unter der Nase sind so alltäglich wie möglich. Höchstens in den Augen glimmt etwas. Im Zustande der Erregung scheint ein Namenloser dazustehen, der unbekannte Soldat, der plötzlich die Gedanken von Millionen Namenloser ausspricht. (...) Vielleicht ist dies überhaupt der Schlüssel zur ganzen Persönlichkeit: Durchschnitt in höchster Ausprägung."[81] Für derartige Charakterisierungen bildeten oftmals Hoffmanns Bildnisaufnahmen das Anschauungsmaterial – genauso wie für die nationalsozialistischen Hymnen, die in meist sehr allgemein gehaltener Form im Gesicht des "Führers" alle positiven Eigenschaften eines nationalen Heros wiederfinden wollten und es schließlich zum deutschen "Nationalgesicht" erklärten. Ihr auffälligstes Merkmal ist, daß pauschale Bemerkungen dominieren, eingehende Beschreibungen der individuellen Züge Hitlers fehlen und meist nur Augen und Hände des "Führers" ausführlicher gewürdigt werden. Beispielhaft für die Wahrnehmung und die Rezeptionsanleitung der Hitlerbildnisse in der NS-Publizistik im Dritten Reich ist neben Hoffmanns 1939 erschienenem Bildband "Das Antlitz des Führers" eine Doppelseite in der Sondernummer

Abb. 3/63

Firma H. Hoffmann: Hermann Göring verteilt Reproduktionen mit Hitlers Porträt, undatiert

des "Illustrierten Beobachters" anläßlich von Hitlers Geburtstag 1936. Sie trug den Titel: "Ein Antlitz – vom Kampf geformt" und versammelte sechzehn (nicht immer richtig datierte) Porträts, die für Hitlers Biografie in den Jahren zwischen 1916 und 1936 stehen sollten {Abb. 3/62).[82] Die Fotoserie belegt noch einmal, wie gleichförmig Hitlers Physiognomie über einen langen Zeitraum auf Hoffmanns Aufnahmen ausfiel; die serielle Art der Präsentation und der enge Bildausschnitt verstärkten den Eindruck von Hitlers Cäsarenmaske, und doch war die relative Gleichartigkeit der Bildnisse überhaupt erst die Voraussetzung für diese Präsentationsmöglichkeit.

Ausgangspunkt wie Quintessenz der Leseanleitungen in beiden Publikationen war die Gleichsetzung von Hitlers Physiognomie mit "Deutschland". Was die Autoren darüber hinaus in Hitlers Physiognomie zu dechiffrieren glaubten, waren ihre eigenen mystifizierenden Projektionen. Schirach koppelte Hitlers Physiognomie direkt mit Leben und Leid der Bevölkerung, wenn er formulierte: "Spiegelt doch das Antlitz des Führers unser aller Leben wider, wie es sich aus der Tiefe des deutschen Zusammenbruchs durch Not, Kampf und Arbeit zur Höhe dieser Zeit erhob (...)."[83] Die Bildnisse waren ihm aber auch Ausdruck des Hitlerschen Innenlebens und seiner aufopfernden Haltung: "Wenn wir in diesen, uns so teuren Zügen lesen, erfahren wir von Sorgen und Entschlüssen, die unserem Dasein gelten, und bewegt und beschämt erkennen wir das Gesicht eines Menschen, der nie an sich selbst denken mochte." Solche Deutungen der Gesichter von prominenten Staatsführern waren nicht neu. Auch der Nationalsozialist Schirach projizierte Hitlers Gesinnung auf dessen Gesicht zurück und erklärte nicht die "arische Abstammung" zur formenden Kraft: "Es ist dieser selbstlose, ausschließliche Glaube an Deutschland, der hier das deutsche Antlitz schlechthin prägte (...)."[84]

In Schirachs Vorwort war genausowenig die Rede von Hitlers rassischer Herkunft wie im "Illustrierten Beobachter", um so mehr aber von dessen Genialität und seinem "Ringen um den Sieg". Und zusätzlich von nationaler Pflichterfüllung, Unterwerfung und Ehrfurcht, zu der die Bildnisse die deutschen Volksgenossen anhalten sollten.[85] Der "Illustrierte Beobachter" war eindeutig in seinen Folgerungen und Forderungen. Hitlers überwältigende Eigenschaften und Leistungen, seine Uneigennützigkeit verlangten eine uneingeschränkte Opferbereitschaft der Volksgenossen. Das war ein häufiges Argumentationsmuster: "Wir können das Antlitz des Führers nicht anders sehen, als wie das ganze deutsche Volk es sieht: mit dem Herzen. In unserem Herzen aber ist, wenn sein Bild vor uns aufsteigt, in welcher Form und aus welcher Zeit es auch sein mag, nichts als rückhaltlose Bewunderung, bedingungslose Anerkennung seiner beispiellosen Leistung und aus ihr heraus Hingabe ohne Grenze."[86] Das Verhältnis der Gefolgschaft zum Führer, das war eine Sache des Herzens, eine Sache des nationalen Gefühls, an das die NS-Propaganda appellierte. Ihr Erfolg war die massenhafte Verankerung des Führerglaubens, ersichtlich an der universellen Präsenz seiner Porträts und ihrer prägenden Wirkung: "Es hat nie ein Bildnis gegeben, das in Millionen und aber Millionen Herzen, in den Herzen dreier lebenden Generationen eines ganzen Volkes, vom Kinde bis zum Greis, so tief und beherrschend eingebrannt war und ist und bleiben wird, wie das des Führers. Sein Antlitz leuchtet in uns als Erfüllung der Sehnsucht nach irdischer Vollendung." Hitlers Bildnis war das "erhabene Symbol eines ganzen Volkes", wie Schirach schrieb: " (...)so daß in Zukunft kein Deutscher seiner Heimat wird erinnern können, ohne das Gesicht des Führers vor sich zu sehen."[87]

Gebrauch der Führerbildnisse

Bis in die Endphase der Weimarer Republik ging die Verbreitung der Hitlerbildnisse kaum über die "Bewegung" hinaus. Den Durchbruch zur tatsächlichen Massenpräsenz hatte wohl allein das zur Reichspräsidentenwahl 1932 erschienene Plakat geschafft. Doch spielten innerhalb der nationalsozialistischen Anhängerschaft Hitlerporträts auch in der Stagnationsphase eine kaum zu unterschätzende Bedeutung als Integrationsmedium, gestützt auf ein Zusammenspiel von Parteiführung, Privatverleger und Parteibasis. Als Hitler 1924 in Haft war, forderte Alfred Rosenberg in einem Schreiben an die Ortsgruppe Hannover: "Die beiliegende Hitlerpostkarte muß

Anzeigen, in: Völkischer Beobachter, Nr. 195, 22. 9. 1923; Völkischer Beobachter, Nr. 288, 4. 12. 1930

in Millionen Stücken als Symbol unseres Führers in unserem Volke wirken. Der Name Adolf Hitlers muß immer wieder dem deutschen Volke in Erinnerung gebracht werden."[88] Früh nahm die Hitlerverehrung qua Führerbildnis die Züge einer kultischen Personenverehrung an, der gegenüber sich Hitler eher zurückhaltend verhielt: "Hitler war sich über den Nutzen vermutlich im klaren, doch vermied er es peinlich, sich damit zu identifizieren, weil solche Auswüchse ihn dem Spott der Öffentlichkeit aussetzten."[89] Damit zeichnete sich schon damals eine Konstellation ab, die dann nach 1933 besonders in den populären Bildmedien virulent werden sollte: Herstellung und Verwendung der Führerbildnisse bewegten sich oft im Grenzbereich zwischen sanktionierter und geförderter Führerpropaganda und absonderlichen Blüten des nationalsozialistischen Heroenkults. Beispielsweise veranlaßte Hitler schon 1927, ein anläßlich des Reichsparteitages aufgehängtes überdimensionales Hitler-Ölbild "mit scharf geschnittenem Profil" vom Tagungsort des Delegiertenkongresses wieder zu entfernen.[90] Verärgert reagierte er, als 1929 eine überschwengliche Geburtstagshuldigung im "Illustrierten Beobachter" erschien, und stellte deswegen sogar zeitweise seine Mitarbeit an der Zeitschrift ein. Dort hatte es neben einer Porträtzeichnung von Kursell in der ersten Strophe des Gedichtes geheißen: "Bist Wieland der Schmied! Bist Siegfriedgestalt! / Dein Wort ist Schwert und Hammergewalt./ Durch das in gärenden Tagen/ In tausend Herzen der heil'ge Brand / Der Liebe zu Volk und Vaterland / Neu lodernd empor geschlagen."[91] Die kultische Verehrung lieferte der gegnerischen Presse Angriffspunkte für Hohn und Spott. Redner der "Bayerischen Volkspartei" verkündeten im Frühjahr 1932 mokant, daß Hitleranhängerinnen Hausaltäre errichten, "wo anstelle der Monstranz das Hitler-Bild" stehe.[92] In der Tat hatte Anfang des gleichen Jahres die den Nationalsozialisten nahestehende "Preußische Zeitung" ihren Lesern eine entsprechende Empfehlung gegeben: "Wenn wir von der Tatsache ausgehen, daß der Altar in den Kirchen beider Konfessionen den Haupt- und Mittelpunkt ausmacht, um den sich das kirchliche Leben dreht, so können auch Andersdenkende nichts dagegen sagen, wenn wir in unserer Wohnung ein Plätzchen, das der Ehrung Hitlers dient, mit Altar bezeichnen. Jedes nationalsozialistische Haus muß eine Stätte, einen Platz haben, wo der Führer uns greifbar nahe ist und unsere Gedanken ihn merkbar umkreisen können. An solcher Stätte müssen ihm auch gebefreudige Hände und Herzen kleine Ehrungen in Form von Blumen und Ranken darbringen, um zu zeigen, wie lieb und wert er uns ist."[93]

Das wachsende Angebot an Hitlerporträts im Anzeigenteil des "Völkischen Beobachters" ab Ende der zwanziger Jahre bezeugt, wie stark in diesen Jahren der Bilderkult um sich griff. Der Eher-Verlag forderte: "In jedes deutsche Haus gehört das Bild Adolf Hitlers!"[94] Die "Kunstblätter", "Photokarten" und "deutschen Lesezeichen" wurden vom Parteiverlag, von Heinrich Hoffmann und privaten Herstellern offeriert. Ein nationalsozialistischer Kunstverlag in Braunschweig bot Tiefdruckabzüge von Originalzeichnungen in "gediegenem schwarzen 7 1/2 cm breiten Eichenrahmen" an.[95] Ende 1930 annoncierte der Eher-Verlag ein koloriertes Kunstblatt: "Das schönste Weihnachtsgeschenk für jeden Deutschen ist ein Bild von Adolf Hitler. Einzige autorisierte mit Faksimile 'Adolf Hitler' versehene Ausgabe einer Originalphotographie des Parteiphotographen Heinrich Hoffmann, München, in natürlichen Farben."[96]

Hitlers Ernennung zum Reichskanzler, die Etablierung des nationalsozialistischen Führerstaates und die "Gleichschaltung" der Presse schufen die Voraussetzung für die totale Durchdringung der politischen Öffentlichkeit mit Hitlers Porträt. Nach 1933 blieb kaum ein populäres Publikationsmedium übrig, das nicht zur massenhaften Verbreitung der fotografischen Hitler-Bildnisse herangezogen wurde, um die allgegenwärtigen Ansprüche des Führerstaates zu manifestieren. Erst dieser ubiquitäre Bildgebrauch konstituierte die hohe Bedeutungsaufladung des Hitlerbildes und verankerte Hitlers Physiognomie im öffentlichen Bewußtsein. Hitlerporträts gab es in allen Größen, Aufmachungen und Reproduktionsarten, in Zeitungen, Zeitschriften, Büchern und Broschüren, auf Briefmarken, Plakaten und Wandschmuckblättern, mit und ohne faksimilierter Unterschrift, in diplomatischen Vertretungen und Gerichtssälen, Schulzimmern, Parteibüros, Fabrikhallen, Verkaufsräumen und schließlich in den soldatischen Unterständen im Zweiten Weltkrieg.

Der repräsentative Ort für Hitlers Staatsporträts waren die deutschen Amtsräume.[97] Ihre Ausstattung mit Hitlers Bildnissen erfolgte sukzessive und wurde – nach den ministeriellen Anweisungen zu urteilen – erst im Herbst 1934, also nach Hitlers Übernahme des Reichspräsidentenamtes, im großen Stil organisiert. Umgehend beseitigt worden

Abb. 3/66

Heinz Valérien: Mercedes-Sonderschau im ehem. Bernheimer-Haus am Lenbachplatz, München, April 1935

waren im Frühjahr 1933 die Porträts "von Persönlichkeiten, die an dem Novemberputsch 1918 beteiligt waren" – denn diese "können nicht länger in Dienstgebäuden geduldet werden, in denen nunmehr ein anderer Geist als der des November 1918 herrschen soll", wie Reichsinnenminister Frick schrieb.[98] Als Haupthindernis für die schnelle Ausstattung mit Führerbildern galt lange Zeit die "außerordentlich gespannte Finanzlage des Staates". Im Protokoll der bayerischen Ministerratssitzung vom 23. Mai 1933 hieß es: "Der Ministerpräsident wies darauf hin, daß die Beschaffung von Bildern des Führers und Reichskanzlers Adolf Hitler für alle Amtsräume dem Finanzministerium Ausgaben verursachen würde, die nicht tragbar wären. Es müsse den einzelnen Ämtern überlassen werden, aus den verfügbaren Regiemitteln Bilder zu beschaffen. Nach Aussprache beschloß der Ministerrat, die Regelung der Frage jedem Staatsministerium für seinen Geschäftsbereich anheimzugeben."[99]

Aufschlußreich für den weiteren Verlauf der hoheitlichen Dekorierung mit den Führerbildnissen sind die Erlasse des Reichsinnenministers unter dem Stichwort "Bilder in Amtsräumen". Sprach Frick im Mai 1933 noch vom "Wunsch des Herrn Reichskanzlers", "daß sämtliche amtlichen Maßnahmen zur Ehrung seiner Person in jeder Form unterbleiben möchten,"[100] so hieß es in seinem Brief vom 27. Oktober 1934 an die Obersten Reichsbehörden, Reichsstatthalter und Landesregierungen: "Nachdem der Führer und Reichskanzler Staatsoberhaupt geworden ist, läßt sich dieses Rundschreiben nicht mehr aufrechterhalten. Mit Zustimmung des Führers und Reichskanzlers hebe ich es daher auf."[101] Die Anschaffung von Hitler-Bildern war bis dahin über vorhandene Sachbedarfsmittel zu finanzieren. Jetzt schrieb Frick: "Amtliche Maßnahmen zur Ehrung des Führers und Reichskanzlers, namentlich amtliche Beschaffung von Bildern für repräsentative Amtsräume, sind hiernach künftig im Rahmen der Haushaltsansätze zulässig." Im Januar 1935 wandte sich Frick noch einmal an die gleichen Adressaten, nun konnte es ihm nicht schnell genug gehen, Hitlers visuelle Allgegenwart in den Behörden durchzusetzen: "In Ergänzung meines Rundschreibens bitte ich dahin zu wirken, daß im Rahmen der verfügbaren Haushaltsmittel möglichst viele Amtsräume, vor allem die öffentlichen Sitzungssäle, beschleunigt mit dem Bild des Führers und Reichskanzlers ausgestattet werden."[102] Mitte der dreißiger Jahre war es im Deutschen Reich selbstverständlicher Usus, daß in wichtigen öffentlichen Räumen an zentraler Stelle Hitlerporträts hingen, und wenn nicht, dann war schnellster Vollzug angesagt, wie etwa aus einem Brief des bayerischen Innenministeriums vom 24. Juli 1935 an den "Herrn Bürgermeister und Parteigenossen" von Bad Wörishofen hervorgeht: "Dem Herrn Staatsminister wurde heute mitgeteilt, daß in dem großen Kursaal in Bad Wörishofen zwar ein Bild des Pfarrers Kneipp hängt, nicht aber ein Bild des Führers. Ich habe die Ehre Ihnen mitzuteilen, daß der Herr Staatsminister wünscht, daß umgehendst ein Bild des Führers an einem entsprechend würdigen Platz anzubringen ist. Ich darf um Vollzugsmeldung innerhalb kürzester Frist bitten."[103] Eine Woche später antwortete der Bürgermeister: "Unter ergebener Bezugnahme auf die Zuschrift vom 24. Juli 1935 beehre ich mich mitzuteilen, daß im Kursaal ein Bild des Führers nunmehr angebracht ist. Außerdem wurde eine Büste des Führers im Kasinogebäude aufgestellt. Ich gestatte mir zu bemerken, daß in den übrigen Räumen des Kasinos Bilder des Führers bereits vorhanden waren und daß bei jeder feierlichen Gelegenheit insbesondere das im Lesezimmer hängende größere Ölbild des Führers in den Kasinosaal gebracht und entsprechend ausgeschmückt wurde."[104]

Wie die überlieferten Aufnahmen von Innenräumen aus diesen Jahren belegen, gab es keine übergeordneten Leitlinien für die Auswahl der Bilder aus dem Sortiment der Großanbieter wie vor allem Hoffmann und Hanfstaengl. So war Hitler gleichzeitig als jugendlicher SA-Führer wie als gealterter Landesvater gegenwärtig, wobei für SA-Heime Darstellungen mit Hitler in SA-Uniform bevorzugt wurden und in Großräumen meist großformatige Ganzfigurenporträts hingen. Solche repräsentativen Führerporträts hatten bei feierlichen Veranstaltungen oftmals eine explizite Stellvertreterfunktion inne und orientierten das ganze Geschehen auf sich – so als wohne Hitler dem Ereignis selbst bei und bestimme es. Beispielsweise bei der Einführung hoher Justizbeamter im Münchener Justizpalast oder der Pressekonferenz von Außenminister Ribbentrop vor der In- und Auslandspresse am 22. Juni 1941. Vor Hitlers Porträt fand schließlich auch die feierliche Vereidigung von Rekruten statt. In dezidierter, das Umfeld beherrschender Imposanz traten gigantische Großvergrößerungen mit Hitlers Porträt im öffentlichen Raum auf. Wohl der größte fotografische Kopf Hitlers mit 18 Meter Höhe prangte 1937 auf der Ausstellung "Gebt mir vier Jahre Zeit" in Berlin.[105] Anläßlich der

Abb. 3/67

Unbekannter Fotograf:
Ausstellung "Gebt mir vier
Jahre Zeit", Berlin, 1937

Propaganda für die Reichstagswahl vom März 1936 warf nachts eine Diaprojektion ein fast 50 Quadratmeter großes Hitlerporträt an die Fassade des Neuen Münchener Rathauses.[106]

Mit der fotografischen Führerpropaganda im Großformat korrespondierte das häusliche Führerbekenntnis der deutschen "Volksgenossen" in kleinen Bildformaten und war bei besonderen Anlässen auch massenhaft nach außen gerichtet in den Wohnungsfenstern. Diese demonstrativen Bekenntnisse waren keineswegs immer freiwillig, wie aus einer Schilderung der "Deutschland-Berichte" der exilierten SPD über die Vorbereitung für die Abstimmung am 19. August 1934 in München hervorgeht: "Noch nie ist eine Wahl oder Abstimmung mit einem solchen Aufwand an Propagandamitteln durchgeführt worden.(…) Hitler an allen Anschlagtafeln, Hitler in allen Schaufenstern, ja Hitler überhaupt an allen Fenstern, die irgendwo zu waren. Jede Straßenbahn, die Fenster der Eisenbahnwagen, jedes Autofenster, – Hitler schaute aus allen Fenstern. Die SA brachte die Bilder gratis in

Abb. 3/68-70

Presse-Illustrationen H. Hoffmann, Pressebildabzüge: "Reichsminister v. Ribbentrop verlas heute am 22. 6. 41 im Bundessaal des Auswärtigen Amtes vor der In- und Auslandspresse eine Note des Auswärtigen Amtes an die UdSSR."; "Erinnerungstreffen des Reichsarbeitsdienstes (...) Dieser Ausschnitt von dem Erinnerungstreffen zeigt den Reichsarbeitsführer Hierl bei der Begrüßung seiner alten Mitarbeiter, denen er eine Erinnerungsgabe überreichte.", Oktober 1941; "Neue Kämpfer für den Führer und für Deutschland werden anläßlich der Gedenkfeiern des 9. November vereidigt.", November 1943

die Wohnungen und forderte die Wohnungsinhaber auf, die Bilder an die Fenster zu kleben, wenn nach einigen Stunden der Auftrag noch nicht erfüllt war, kam die SA wieder und mahnte. Dadurch erreichte man, daß am Samstag gegen Abend kaum mehr ein Fenster einer Privatwohnung zu sehen war, das nicht Hitler zeigte. Selbst die eingefleischtesten Anti-Hitlerianer haben diesmal dem Druck nachgegeben."[107]

Der Gebrauch von Führerbildern als Ausdruck des persönlichen Bekenntnisses der "Volksgenossen" zum "Führer" wurde schließlich auch von den lokalen Behörden und Mitarbeitern des "Sicherheitsdienstes" der SS genau beobachtet und als Indikator für die Volksstimmung gewertet. So existiert beispielsweise der Bericht eines Blockwartes aus Mühldorf am Inn, der darauf hinweist, welch starke Resonanz der Führerglaube bereits 1935 gerade bei armen Volksschichten fand, die Hitler vielfach persönlich "als Spender der sozialen Wohltaten" des Regimes ansahen und abgöttisch verehrten. Die Frau eines ehemaligen Kommunisten soll dem Blockwart erzählt haben: "Anfangs haben wir uns schon hart getan, denn Du weißt ja selbst, daß wir als Kommunisten verschrien waren. Aber wenn einmal andere vier Jahre arbeitslos sind, dann werdens auch radikal. Seit zwei Jahren arbeitet nun mein Mann in Töging. Da schau her, da hängt nun der Führer (sie zeigte auf ein Führerbild) in unserer ehemaligen Kommunistenbude, und unter dem Bild habe ich meinem Dirndl das Vaterunser gelernt, ich, die ich 1932 aus der Kirche ausgetreten bin. Alle Tage muß mein Dirndl für den Führer ein Vaterunser beten, weil er uns das tägliche Brot wiedergegeben hat."[108]

Vor diesem Hintergrund kann man sich unschwer vorstellen, was der Besitz eines von Hitler persönlich signierten Porträts für die Führergläubigen bedeutete. Seit der Frühzeit der Bewegung war Hitler vielfach mit solchen Bildwünschen seiner Anhänger konfrontiert und setzte das Verschenken seiner Porträts populistisch motiviert wie auch sehr gezielt als Mittel des persönlichen Gunstbeweises ein. "Die neue unveröffentlichte und unverkäufliche Photographie Adolf Hitlers mit der Unterschrift des Führers" setzte der Eher-Verlag 1927 als Prämie für die Werbung von zehn Beziehern der Partei-Illustrierten aus: "Diese Werbeprämie allein muß jeden Parteigenossen veranlassen, sich diese Auszeichnung zu erringen. Wie oben angedeutet, wird dieses neue Hitlerbild nur den Parteigenossen verliehen, die sich durch hervorragende Werbearbeit im Dienste der Bewegung auszeichnen."[109] Bei einer Werbekampagne Anfang 1929 wurden wiederum Hitlerbilder angeboten, diesmal nach der Zahl der Neubezieher in der Größe abgestuft zwischen 18 x 24 cm und 40 x 50 cm.[110] Später wurden bei Hitlers Zusammentreffen mit Bevölkerungsgruppen regelrechte Signierstunden abgehalten, und es gehörte zum Ritual bei vielen Empfängen, daß verdiente Persönlichkeiten und Staatsgäste Porträts überreicht bekamen, meist in edle, dreifach abgestufte Silberrahmen gefaßt.[111] Signierte Führerbilder waren in allen Volksschichten beliebt, wie die in den überlieferten Resten der Akten der Parteikanzlei der NSDAP dokumentierten "Führerbildwünsche" belegen, die vor allem von alten Parteigenossen, Auslandsgruppen der NSDAP, Angehörigen deutscher Kolonien und zahllosen Privatpersonen vorgetragen wurden. In den Bittbriefen kam ein anhängliches, sentimentales und oft pathologisches Abhängigkeitsverhältnis der deutschen Zeitgenossen zu ihrem Führer zum Vorschein.[112] Auch untere Parteidienststellen bemühten sich oft um signierte Hitlerporträts als Geschenke bei Ehrungen von Parteimitgliedern und strichen deren Verdienste, um die "hohen Auszeichnungen" zu rechtfertigen, heraus. Den Gesuchen wurde wohl meist entsprochen, wenn nicht, dann, wie in der "Kampfzeit", auf Hitlers Arbeitsüberlastung verwiesen; im Krieg wurden derartige Wünsche zunehmend abgeblockt. Bedroht sahen die NS-Machthaber den visuellen Führerkult durch zwei ganz konträr gelagerte Erscheinungen und gingen dagegen mit Hartnäckigkeit, im anderen Fall mit blankem Terror vor. Nicht viel übrig hatten die Nationalsozialisten für den Gebrauch von Führerbildern für die kommerzielle Warenwerbung und die Verzierung von alltäglichen Gebrauchsartikeln und verwahrten sich schon 1932 gegen diesen "Mißbrauch unserer Symbole".[113] Die nach der "nationalen Erhebung" aufblühende Produktion von Andenken- und Geschenkartikeln schreckte vor der trivialisierenden Verwendung der nationalsozialistischen Hoheitszeichen (auf Geschirr, Zigarettendosen, Christbaumständern etc.) nicht zurück. Das rief die Reichsregierung auf den Plan, die sich vom "patriotischen Kitsch" als Ausdruck "der Volkstümlichkeit einer Sache" distanzierte und im Mai 1933 das "Gesetz zum Schutz der nationalen Symbole" erließ. Begründet wurde die Notwendigkeit des Schutzes der Würde der nationalsozialistischen Symbole mit dem besonderen Rang der "äußeren Zeichen" für die NS-Bewegung, denn diese sei einer "religiösen Bewegung" verwandt, wie es in der offiziellen Begründung hieß: "Bewegungen solcher Art werden in äußeren Zeichen faßbar und anschaulich. Diese äußeren Zeichen nennen wir Symbole; ein Wort von langer Geschichte. Im Symbol erneuert sich für den Menschen immer wieder die Bewegung, in ihm wird die Idee immer von neuem lebendig. Wird diese stetige Erneuerungskraft des Symbols geschwächt, so ist das eine Schwächung der Bewegung selbst. Geschwächt aber wird sie durch Mißbrauch, durch Abnutzung."[114]

Aus solcher Sicht bedeutete jede triviale Verwendung der NS-Symbole einschließlich der Führerbilder ein tendenziell staatsgefährdendes Sakrileg, wenngleich in der Praxis gerade bei den Devotionalien des überbordenden Hitlerkults die Verwirrung zwischen verschiedenen Dienststellen groß war, ob das einzelne Stück dem "nationalen Kitsch" zuzurechnen sei oder nicht. Das betraf

Mantler: "Wertvolles Andenken für ein ganzes Leben. Junge Menschen kommen zum Obersalzberg, den geliebten Führer zu besuchen, und geduldig unterschreibt er Karte für Karte mit seinem Namenszug." Pressebildabzug, 1938

Unbekannter Fotograf: Führerbild in einer deutschen Privatwohnung, undatiert

Aus den Akten des Sondergerichts München

◆ Jakob Huber, 25 Jahre, verh. Schlosser, wurde im Januar 1936 vom Sondergericht München wegen eines Vergehens gegen das Gesetz vom 20. Dezember 1934 zu einer Gefängnisstrafe von vier Monaten und den anfallenden Kosten verurteilt. "Im Januar 1935 traf der Angeklagte Frau Allwang im Keller des Anwesens. Der Angeklagte war in seinem Kellerabteil eben damit beschäftigt, ein Bild des Führers einzurahmen. Er rief Frau Allwang zu sich her, zeigte ihr das Führerbild und erklärte dabei: 'Jetzt hab ich ihn eingerahmt, jetzt häng ich ihn 'nauf ins Scheißhaus.' Kurz darauf äußerte er sich in seinem Kellerabteil Frau Allwang gegenüber weiter: 'Adi, alter Depp, jetzt hast deinen letzten Schoas getan, die Kugel haben sie für dich auch schon gegossen.' Frau Allwang begleitete dann den Angeklagten aus dem Keller in das Erdgeschoß des Anwesens hinauf, um zu sehen, wo der Angeklagte das Bild hinhänge. Der Angeklagte trug das Bild in seine Wohnung und hängte es in seiner Küche über den Divan auf. (…) Der Angeklagte gab die Äußerungen zu, er brachte zu seiner Verteidigung lediglich vor, daß er damit den Führer nicht habe beleidigen wollen. Die Äußerungen des Angeklagten im Keller des Anwesens gelegentlich der Einrahmung des Führerbildes enthalten einen denkbar ungehörigen und unflätigen Angriff gegen den Führer. Sie zeugen von niedriger Gesinnung und sind bei der gemeinen Art und Weise, mit der der Angeklagte den Führer und Reichskanzler verächtlich gemacht und beschimpft hat, geeignet, das Vertrauen des Volkes zur politischen Führung zu untergraben." (StAM, StA Mü1 Nr. 8359)

◆ Fristlos entlassen wurde im April 1938 der Mechaniker Johann Wagner aus seinem Arbeitsverhältnis auf dem Fliegerhorst Schleißheim. Ein strafrechtliches Verfahren wurde nicht eingeleitet. "Am 11. 4. 1938, während der Arbeitszeit, unterhielt ich mich in der Instrumentenwerkstatt mit meinen Arbeitskollegen. Dabei wurde mir erzählt, daß die Wochenkarte zur Bahnfahrt von München nach Schleißheim vom Fliegerstandort nicht mehr vergütet werden soll. (…) Wegen dieser Mitteilung habe ich mich augenblicklich so aufgeregt, daß ich 2 Wahlplakate, die den Führer darstellten, und an einer Wand mit Reißnägeln befestigt waren, herunterriß, zerknüllte und in den Kehrrichtkasten warf. Dabei sagte ich: 'Da leck' mich doch alles am Arsch, jetzt kriegen wir die Fahrt nicht mehr bezahlt.' In der Werkstätte befand sich an der Wand noch ein etwa 30 x 40 cm großes gerahmtes Bild vom Führer. Dieses Bild nahm ich ebenfalls von der Wand, hielt es empor und sprach: 'Soll ich es an den Kasten hinhauen?' Ich beherrschte mich aber wieder und hängte das Bild unbeschädigt wieder auf. (…) Ich kann mir nicht erklären, daß ich mich zu einer derartigen Handlung und Äußerung hinreißen habe lassen. Der NSDAP oder einer ihrer Gliederungen gehörte ich nicht an. Von 1927 bis 1929 war ich Mitglied beim Metallarbeiterverband. Da ich mein Verhalten bereue, erstatte ich hiermit gegen mich selbst Anzeige."
(StAM, StA Mü1 Nr. 3819)

◆ Der Gendarmeriestation Traunstein machte Ende Oktober 1938 die Rentnersfrau Maria Wolferstetter folgende Mitteilung: "Ich bekam eine Anzahl Führerbilder, Größe 30 : 20 cm, zugesandt, die ich pro Stück für 30 Rpf. verkaufen soll. Hiervon hatte ich bis zum 18.10. 1938 schon einen Teil verkauft. Am 18.10. 1938 gegen 13 Uhr kam der Brotfahrer Theodor Herbst zu mir in die Wohnküche und brachte Brot. Ich sagte zu Herbst: 'Geh Herbst, kauf mir ein schönes Hitlerbild ab und zeigte diesem ein solches vor.' Herbst erwiderte darauf: 'Pfui Teufl, da hab ich gar kein Interesse daran' und schaute das Bild auch nicht an. Ich sagte weiter, sowas sagt man doch nicht. Inzwischen kam meine Tochter Rosa in die Wohnküche herein und hat dem Herbst ebenfalls ein Führerbild angeboten." Wolferstetter, Rosa, led. Haustochter, 25 Jahre alt, gab folgendes an: "Ich sagte zu dem in der Küche anwesenden Herbst: 'Herr Herbst, kaufen Sie mir ein Führerbild ab.' Er antwortete: 'Die in Dachau gewesen sind, die werden alle sagen, die sollen mich im Arsch lecken mit dem Bildl.'" Theodor Herbst, ehemaliges KPD-Mitglied, wurde umgehend in Schutzhaft genommen, später ins Konzentrationslager Weimar-Buchenwald gebracht. Das Sondergericht für den Bezirk des Oberlandesgerichts München bei dem Landgericht München I verurteilte ihn am 16.Juni 1939 zur Gefängnisstrafe von sechs Monaten wegen des Vergehens gegen das Gesetz vom 20.Dezember 1934: "Nach der Machtübernahme will sich der Angeklagte nicht mehr politisch betätigt haben. Wegen einer staatsabträglichen Äußerung, die er aber bestreitet, kam er am 24.April 1934 in Schutzhaft und am 29.Mai 1934 in das Konzentrationslager Dachau, wo er bis 14. September 1937 verblieb. Der Angeklagte ist überzeugt, die lange Schutzhaft unschuldig erlitten zu haben. (…) Der Angeklagte gibt den gesamten Sachverhalt zu und erklärt, das sei ihm eben so herausgerutscht, weil er durch den langen Aufenthalt in Dachau so verbittert sei. Der Angeklagte hat aber mit seinen Äußerungen nicht nur den Kauf des Bildes ablehnen wollen und dabei ganz unbewußt dieser seiner Verbitterung Ausdruck gegeben, sondern gleichzeitig auch dem in ihm wurzelnden Abscheu und Haß gegen den Führer und Reichskanzler. Es bedarf keiner weiteren Erläuterung, daß die Worte des Angeklagten eine gehässige, hetzerische und von gemeiner Gesinnung zeugende Äußerung über den Führer und Reichskanzler selbst darstellten, die geeignet ist, das Vertrauen des Volkes zur politischen Führung zu untergraben." (StAM, StA Mü1 Nr. 9268)

◆ Im Juli 1939 ermittelte die Schutzpolizeidienstabteilung Füssen gegen Hermann Wegschneider, Facharbeiter in den Hanfwerken in Füssen, nachdem er von Kollegen denunziert worden war. Der Beschuldigte gab an: "Ich war von 1929 bis 1933 Mitglied der KPD. Politisch betätigt habe ich mich aber weiter nicht. Ich bin kein Gesinnungslump – habe mich zwar umgestellt, aber Nationalsozialist bin ich offen gestanden nicht. (…) Am 1. 5. 1939 wurde ich krank. (…) Am 19. 6. 1939 ging ich wieder zur Fabrik. Nun war neben meiner Arbeitsstätte an der Wand ein Führerbild angeklebt. Es war ein Zeitungsausschnitt, umrahmt mit goldfarbigem Papier. Vor Monaten hatten Arbeitskameraden an die Wand einen Spiegel gehängt. Ich nahm diesen weg und ebenso ein Bild, das eine Frauensperson darstellte. (…) Ich habe noch nie geduldet, daß an die Wand etwas hingehängt oder hingeklebt wird. Außerdem ist die Wand zu schmierig und dreckig, um gerade hier ein Führerbild anzubringen. Ich muß zugeben, daß ich es auch auf Grund meiner Einstellung gar nicht gerne sah. Einige Tage bevor ich das Führerbild abriß, hörte ich sagen: 'Jetzt ist der Wegschneider auch Nationalsozialist geworden!' Wer dies sagte, weiß ich nicht. Ich habe mich aber über diese Hänselei geärgert. Am vergangenen Samstag riß ich dann während des Arbeitsganges das Bild und anschließend, wenn ich vorbeikam, die zurückgebliebenen Fetzen weg. Ich habe mir wegen des Zeitungsausschnittes keine Gedanken gemacht und habe daher die Handlung auch nicht heimlich begangen."
Wegschneider kam in Polizeihaft im Amtsgerichtsgefängnis Füssen. Sein Schwiegersohn, politischer Leiter der schwäbischen Ortsgruppe der NSDAP, machte bei Rudolf Heß eine Eingabe.

Am 26. September 1939 wurde das Verfahren von der Anklagebehörde beim Sondergericht München eingestellt: "Die Entfernung des von dritter Seite am Arbeitsplatz des Beschuldigten angeklebten, wertlosen Führerbildes ist nach dem äußeren Sachablauf strafrechtlich nicht erfassbar. Die Tatsache, daß Wegschneider nachträglich erklärt hat, 'aufgrund seiner politischen Einstellung das Führerbild nicht gerne gesehen' zu haben, kann den Vorgang mangels besonderer Tatumstände nicht zu einer böswilligen, gehässigen oder hetzerischen 'Äußerung' gegen den Führer machen." Wegschneider wurde die Mitteilung am 6. Dezember 1939 im Konzentrationslager Sachsenhausen gemacht, wo er zuletzt interniert war.
(StAM, StA Nr. Mü1 Nr. 4983)

◆ Am 4. Juli 1940 verurteilte die 1. Kammer des Sondergerichts für den Bezirk des Oberlandesgerichts München bei dem Landgericht München I den Landwirt Vitus Unger zu sechs Monaten Gefängnisstrafe wegen Vergehens gegen das Gesetz vom 20. Dezember 1934. "Er ging in die Stube, schlug dort mit einem Stock das Kruzifix, 3 Heiligenbilder und das Bild des Führers, welche Gegenstände sämtlich in einer Ecke hingen, herunter. Dann warf er alles in den Hausgang. Obiger Sachverhalt steht auf Grund der glaubhaften Einräumungen des Angeklagten zur Überzeugung des Gerichtes fest. Der Angeklagte gibt den Sachverhalt insoweit zu. Er bringt zu seiner Verteidigung vor, daß er über die schmähenden Äußerungen seiner Frau ihm gegenüber in eine sinnlose Wut geraten sei; im übrigen will er weder zersetzende Äußerungen gemacht, noch das Bild des Führers in den Ofen geworfen haben. (…) Das Zerschmettern des Bildes enthält eine Äußerung im Sinne des Paragraphen 2 a.O. in Bezug auf den Führer, die nicht nur gehäßig, sondern auch geeignet war, das Vertrauen des Volkes

zur politischen Führung zu untergraben. Der Angeklagte wollte in jenem Winkel alles herunterschlagen, was der Familie heilig war, dazu gehört auch das Führerbild. Aus der Art des Vorgehens des Angeklagten erhellt sich auch seine Böswilligkeit; mit Rücksicht auf das gespannte Verhältnis, in dem er zu seiner Ehefrau stand, mußte er auch damit rechnen, daß diese 'Äußerung' in die Öffentlichkeit dringen würde."
(StAM, StA Mü1 Nr.9845)

◆ Das Sondergericht 3 beim Landgericht München I verurteilte am 2. April 1943 den Reichsbahnzugführer Andreas Schramm wegen zersetzenden Hetzreden gegen den Führer zur Gefängnisstrafe von drei Jahren: "Am Freitag, den 4. September 1942, kam der Angeklagte in die Kantine des Ostbahnhofes in München und bestellte sein Essen. Die dort bedienstete Kassiererin, die Zeugin Sedlmeier, brachte ihm das Essen, welches aus Spinat und Kartoffeln bestand. Hinter dem Platz des Angeklagten befand sich das Führerbild. Der Angeklagte, der darüber verärgert war, daß er kein Fleisch bekam, drehte sich gegen das Führerbild um und rief unwillig aus: 'Gleich schmeiß ich Dir alles in die Fotzen, Du Dreckhammel Du dreckiger'. Die anderen am Tisch sitzenden Bahnbediensteten waren über diese Äußerung betroffen und die Zeugin Sedlmeier sagte zu dem Angeklagten, er dürfe nicht so laut denken. (…) Der Angeklagte selbst hat bestritten, die von der Zeugin bekundete Äußerung gebraucht zu haben. Er hat erklärt, er habe seit früh nichts zu essen gehabt, habe den ganzen Tag arbeiten müssen und sich über das fleischlose Essen geärgert. In seinem Unmut habe er gesagt, das Essen sei nicht mehr wert, als daß man es hinschmeiße. Den Führer habe er keinesfalls beleidigt, sich auch gar nicht nach dem Führerbild umgesehen."
(StA, StA Mü1 Nr.12380)

Abb. 3/73

Amerikanischer Armeefotograf: "Zwei Franzosen zeigen, was sie mit Hitler machen wollen. Sie gehören zu der gewaltigen Menschenmasse, die an der Siegesparade zur Befreiung der französischen Hauptstadt teilnahm, 26. August 1944"

natürlich weniger Porträtfotografien selbst, sondern vor allem ihre künstlerische Umsetzung in Grafiken und Gemälden. Sogar Produkte der Firmen Hoffmann und Hanfstaengl waren vor Rügen beziehungsweise der Beschlagnahme durch die zuständigen Gutachterstellen nicht sicher, wie aus den einschlägigen Akten der zuständigen Polizeiverwaltungen hervorgeht.[115] Zumindest zeitweise eingezogen wurde beispielsweise Hanfstaengls populäre Postkarte "Potsdam 21. März 1933". Sie zeigt Hoffmanns Aufnahme von Hitlers tiefer Verbeugung vor Hindenburg, die durch die Einfügung der Zeichnung eines "nationalen Altars" im Hintergrund der Szene einen sentimental-kitschigen Beigeschmack gab (Abb.5/10). Auch die Postkartenreproduktion von Lanzingers Gemälde Hitlers im Gewand eines Bannerträgers, das immerhin 1937 auf der "Großen Deutschen Kunstausstellung" zu sehen war, wollte die Geheime Staatspolizei in Frankfurt eingezogen wissen und sie mußte sich erst von der Münchener Polizeidirektion belehren lassen, daß selbst Hitlers Kanzleichef Bouhler das Gemälde als eines der besten Führerbildnisse bezeichnet hatte.[116] Immerhin hielt es selbst Hoffmann für angebracht, seinen Prospekten Beiblätter mit einem Quasi-Zertifikat von

Goebbels beizulegen, um seine Hitlerporträts vor dem Verdacht des "nationalen Kitsches" in Schutz zu nehmen, auf dem es beispielsweise hieß: "Ich halte dieses Bild für eine der besten Photographien des Führers. Sie ist wahrheitsgetreu, ohne Pose und ohne Übertreibung. Sie stellt den Führer dar, so wie er wirklich ist. Ich halte mich zu dieser Erklärung für verpflichtet in Anbetracht dessen, daß die Fabrikation des nationalen Kitsches neuerdings nicht einmal vor der Person des Führers Halt macht, und deshalb alles daran gesetzt werden muß, die Person des Führers dem Volk so zu zeigen, wie sie in Wirklichkeit aussieht."[117]

Rücksichtslos verfolgt und bestraft wurden Vergehen an Führerbildern, besonders solche, die politische Motive vermuten ließen. In ihrer ganzen Bedeutung und ihrem Umfang ist die Schändung von Führerbildern als Ausdruck von Unmutsäußerungen der Bevölkerung heute quellenmäßig nur schlecht erschließbar. Zu den dokumentierten Beispielen öffentlicher "Bildschändung" zählt jener Fall, als im November 1939 nach dem Attentat auf Hitler die Schaufenster von Hoffmanns Geschäft, in denen Bilder von Hitler ausgestellt waren, zertrümmert wurden.[118] Wie zielstrebig auch im privaten Bereich angesiedelte Taten verfolgt wurden, zeigt die Durchsicht der betreffenden Akten des Sondergerichtes München, dessen Einschüchterungspolitik, gestützt auf das Heimtückegesetz vom Dezember 1934, nur zu deutlich zutage tritt.[119] Die meist privaten, selten halböffentlichen Handlungen hinderten das Gericht nicht, aus dem Faktum der bloßen Denunziation schon einen öffentlichen Charakter der inkriminierten Handlung abzuleiten, der strafserschwerend wirkte. Möglich wurden die polizeilichen Ermittlungen durch eine weitverbreitete, aus Gehässigkeit, persönlichen Rachemotiven und Obrigkeitshörigkeit gespeiste Denunziationswut. Zur Anzeige kamen zum Beispiel das Abreißen und Verbrennen, das

Abb. 3/74

*Unbekannter Fotograf:
Depot mit zerstörten Hitlerbildern im ehemaligen Verwaltungsbau der NSDAP, München, Sommer 1945*

Aufhängen von Führerbildern auf dem Kopf stehend, despektierliche und distanzierende Äußerungen und schließlich auch das Bewerfen mit Fliegen oder die Aufbewahrung zusammen mit pornografischen Aufnahmen. Bei Beschuldigten, die vor 1933 auf seiten der politischen Linken tätig waren, reichte allein der Tatverdacht, um sie während der Ermittlungen monatelang in Konzentrationslagern zu inhaftieren. Gerade die Reproduktionen von Hitleraufnahmen auf wertlosen Bildträgern wie Zeitungen und ihre Allgegenwart öffneten Tür und Tor für die willkürliche Beantwortung der Frage, ob bedeutungslose oder tatsächlich symbolische Handlungen vorlagen. Bände spricht der Fall des Facharbeiters Hermann Wegschneider aus Füssen, der 1939 einen Zeitungsausschnitt mit einem Führerbild an seinem Arbeitsplatz nicht dulden wollte, ihn entfernte und deswegen ein halbes Jahr im Konzentrationslager Sachsenhausen inhaftiert war, bevor sein Verfahren eingestellt wurde.

Etappen der fotografischen Führerpropaganda

140 | Hitler erstmals im Visier der Fotografen

162 | Der frühe Hitlerkult in Fotobroschüren

170 | Führerprofile im "Illustrierten Beobachter"

Hitler erstmals im Visier der Fotografen

Nachdem die ersten Jahre der "Bewegung" allein in ein paar Aufnahmen von Amateuren festgehalten wurden, begann Hoffmanns fotografische Dokumentation der NSDAP Anfang 1923 – zu einem Zeitpunkt, als die Nationalsozialisten bereits in den Mittelpunkt der innenpolitischen Auseinandersetzungen in Bayern getreten waren. Ihr putschistisches Politikverständnis und die allmähliche Herausbildung des Führerkults bilden den Hintergrund für die Frage nach der spezifischen Relation von Fotografie und Nationalsozialismus im Jahre 1923.

"Geschäftig eilten die Photographen hin und her, um von dieser gewaltigen Heerschau Aufnahmen zu machen, und schon in den nächsten Tagen wird man es in den illustrierten Blättern des In- und Auslandes lesen können, wie riesig die nationalsozialistische Bewegung angeschwollen ist. (…) Ein Anschauungsunterricht, der viel eindringlicher wirkt als das gedruckte Wort."[1] Das schrieb der "Völkische Beobachter" über den Auftritt der Pressefotografen beim Münchener Parteitag der NSDAP im Januar 1923. Einige Monate später, am 5. September 1923, war im Parteiorgan anläßlich des "Deutschen Tages" wiederum von der Pressefotografie die Rede: "Berichterstatter der in- und ausländischen Blätter waren vertreten, besonders aber arbeiteten die Lichtbildkorrespondenten. Soweit wir es beurteilen konnten, sind die besten Aufnahmen, die sprechendsten und überwältigendsten Bilder von der bekannten photographischen Berichterstattung Heinrich Hoffmann, München, Schellingstraße 50, Rgbde., gemacht worden. Herrn Hoffmann gelang es auch, was wir bisher bei allen Veranstaltungen verhindern konnten, einige, wie nicht zu leugnen ist, ganz hervorragende Aufnahmen unseres Führers Adolf Hitler zu machen. Eine Publikation dieser ersten Aufnahmen konnten wir nicht mehr verhindern."[2]

Beide Zitate sind allem Anschein nach die frühesten Äußerungen des nationalsozialistischen Parteiorgans zur Darstellung der "Bewegung" und ihres Führers im Medium der Pressefotografie und offenbaren widersprüchliche und nicht ganz durchsichtige Verhältnisse, geprägt von hohen publizistischen Erwartungen und tatsächlichen Beschränkungen, dem Anliegen, den Parteiführer, immerhin das propagandistische Zugpferd der Partei, von den Pressefotografen abzuschirmen und einer Kollision der Interessen des späteren Parteifotografen mit denen seines "Führers". Mit der in der "Kampfzeit"-Presse später noch häufiger zu beobachtenden Erwähnung der Pressefotografen sollte offenbar herausgestrichen werden, wie groß das von außen an die Partei herangetragene Medieninteresse war, und das eigene Selbstbewußtsein aufgewertet werden. Der "Völkische Beobachter" schrieb der Pressefotografie eine größere Werbekraft als der Textberichterstattung zu und signalisierte damit eine sich langsam durchsetzende allgemeine Einschätzung.[3] Auch die explizite Erwähnung der Fotografie war kein Zufall, spiegelten sich darin doch die stark auf Öffentlichkeitswirkung ausgerichteten Intentionen der Veranstalter.[4] Zwischen der Beschwörung der fotopublizistischen Wirkungskräfte und der tatsächlichen Praxis der NSDAP bestand freilich ein offenkundiger Gegensatz, denn in Ermangelung eigener, zur Publizierung von Fotografien geeigneter Parteiorgane mußten sich die Erwartungen auf fremde Presseorgane richten, die zwar ein größeres Publikum über die spektakulären Auftritte der Münchener Rechtsradikalen informierten, nationalsozialistische Einwirkungsmöglichkeiten aber kaum zuließen.

Tatsächlich sollte der nationalsozialistische Parteitag in der deutschen Illustriertenpresse auch Widerhall finden. In mehreren Illustrierten und Bildbeilagen erschienen aktuelle Aufnahmen, die außer von Heinrich Hoffmann von vier Berliner Pressefotografen stammten, die eigens zu der schon im Vorfeld von Putschgerüchten begleiteten Veranstaltung nach München gekommen waren.[5] Nach diesem Auftakt stieß erst wieder der Novemberputsch auf ein vergleichbares Interesse der deutschen Illustriertenpresse. Den nationalsozialistischen Aktivismus im turbulenten Putschjahr 1923 kontinuierlich zu dokumentieren, blieb jedoch allein Sache Heinrich Hoffmanns. Er war als Presse- wie auch als Postkartenfotograf tätig, sein besonderes Augenmerk richtete er aber auf das Postkartengeschäft, nicht zuletzt deswegen, weil es in München in der Nachkriegszeit keine Illustrierte als potentiellen Bildabnehmer gab. Verglichen mit Berlin und anderen deutschen Großstädten wirkt die fotografische Medienöffentlichkeit der bayerischen Landeshauptstadt ziemlich rückständig.[6] Nachdem die "Münchner Illustrirte Zeitung" am 1. April 1918 ihr Erscheinen eingestellt hatte, kam erst wieder ab Dezember 1923 eine Illustrierte (die "Münchener Illustrierte Presse") heraus. Die Funktion eines aktuellen fotografischen Bildmediums hatten deshalb eigentlich nur Fotopostkarten inne.[7]

Nachweisbar ist der Vertrieb von Hoffmanns Fotopostkarten über ein Schreibwarengeschäft, das dem nationalsozialistischen Parteimitglied Quirin Distl gehörte und von Anton Voll, ebenfalls ein Parteigenosse, geführt wurde.[8] Distl annoncierte seine Karten im "Völkischen Beobachter" und im "Heimatland", dem Organ der völkischen Kampfverbände (Bund Oberland, Blücher-Bund, Reichsflagge), was darauf hindeutet, daß die Postkarten insbesondere an Adressaten innerhalb der völkischen Wehrverbände und der sprunghaft gewachsenen NSDAP, deren Mitgliederzahl von etwa 4 000 im Jahr 1922 auf rund 50 000 im November 1923 stieg, gerichtet waren.[9] Gerade die seriell aufgenommenen Fotografien von Umzügen und Aufmärschen der Verbände dienten primär binnenkommunikativen Bildbedürfnissen und knüpften an individuelle Erinnerungsbedürfnisse der Teilnehmer an. Von solchen Ereignissen gab es über zehn verschiedene Postkartenaufnahmen. Distls Verkaufsannoncen erschienen über das ganze Jahr 1923 und geben einen

Etappen der Führerpropaganda | Im Visier der Fotografen

Heinrich Hoffmann: "Hitler spricht!", Massenveranstaltung der NSDAP im Zirkus Krone, München, 1923

Abb. 4/2

Anzeige, in: Völkischer Beobachter, Nr. 141, 14. Juli 1923, S. 141

Aufnahmen

Von der **Fahnenweihe** der **Sturm-Abt.** der N.S.D.A.P. (12 Postk.)
„ „ **Geländeübung am 15. April 1923** (13 Postk., 11×17)
„ „ **Geburtstagsfeier Hitlers** (18×24)
„ „ **Trauerfeier für Leo S hlageter** (8 Postk., 11×17)
sowie vom **Turnfest** bei

Quirin Distl, München, Karlstraße 1

Überblick über Hoffmanns fotografische Dokumentation und lassen ihre Grundmuster erkennen. Wenn der Eindruck nicht täuscht, konzentrierten sich Hoffmanns Aufnahmen vor allem auf nationale Großkundgebungen beziehungsweise Veranstaltungen, die entweder von der SA allein oder in Zusammenarbeit mit den verbündeten völkischen Wehrvereinen bestritten wurden. Diese Veranstaltungen bildeten wichtige Höhepunkte der völkisch-nationalen Aktivitäten im Jahr 1923 in München und reflektierten eindringlich die Vorherrschaft der nationalistischen Rechten im öffentlichen Leben der bayerischen Landeshauptstadt. Ende Oktober 1923 hatte Distl Aufnahmen folgender Ereignisse des Jahres 1923 im Angebot:
- Reichsparteitag am 27./28. Januar
- Geländeübung am 15. April
- Geburtstagsfeier Adolf Hitlers im Zirkus Krone am 20. April
- Schlageterfeier auf dem Königsplatz am 10. Juni
- Deutsches Turnfest am 14. Juli
- Deutscher Tag am 1./2. September in Nürnberg
- Denkmalsenthüllung in Schliersee am 30. September.[10]

Motivspektrum und Bildästhetik der Aufnahmen entsprachen in etwa der herkömmlichen Ereignisdokumentation, wie sie sich auch in Hoffmanns Bildproduktion zur Zeit der Gegenrevolution 1919 in München fanden. Seine Dokumentationstätigkeit orientierte sich auch jetzt vorrangig an inszenierten Wirklichkeiten, das heißt ritualisierten Formen des öffentlichen Lebens, die auf breite Wirksamkeit ausgerichtet waren, zumeist Großveranstaltungen, die unter freiem Himmel stattfanden. Auffallend dabei ist der relativ geringe Differenzierungsgrad des Motivspektrums, das vor allem geprägt war von eindrucksvollen, insbesondere militärisch-ritualisierten Auftritten etwa bei Fahnenübergaben, Aufmärschen und Umzügen und durch Aufnahmen von militärischen Übungen und putschistischen Aktivitäten ergänzt wurde. Informellere Formen von Öffentlichkeit und Randerscheinungen des politischen Geschehens waren kaum vertreten. Das galt auch für aufsehenerregende Formen der nationalsozialistischen Aktivitäten wie die Propagandafahrten der SA durch die Stadt, die beispielsweise Adolf Hitler in "Mein Kampf" geschildert hat: "Zwei Lastkraftwagen (…) wurden in möglichst viel Rot eingehüllt, darauf ein paar unserer Fahnen gepflanzt und jeder mit fünfzehn bis zwanzig Parteigenossen besetzt; sie erhielten den Befehl, fleißig durch die Straßen der Stadt zu fahren, Flugblätter abzuwerfen, kurz, Propaganda für die Massenkundgebungen am Abend zu machen. Es war zum erstenmal, daß Lastkraftwagen mit Fahnen durch die Stadt fuhren, auf denen sich keine Marxisten befanden. Das Bürgertum starrte daher den rot dekorierten und mit flatternden Hakenkreuzfahnen geschmückten Wagen mit offenen Mäulern nach, während in den äußeren Vierteln sich auch zahllose geballte Fäuste erhoben, deren Besitzer ersichtlich wutentbrannt schienen über die neuesten 'Provokationen des Proletariats' (…)"[11]

Hoffmann reduzierte also das schon zu dieser Zeit facettenreiche öffentliche Auftreten der NSDAP auf ein stark vereinfachtes Schema und forcierte damit das Bild ihrer paramilitärischen Ausrichtung noch zusätzlich. Zu dieser Sichtweise paßte, daß Massenauftritte von zivilen Parteianhängern (wie beim Umzug anläßlich des Parteitages) und sogar die damalige Versammlungspropaganda der NSDAP keine weitere Beachtung fanden. Abgesehen von einer einzigen Aufnahme des Auditoriums während einer Redeveranstaltung Hitlers im Zirkus Krone (Abb. 4/1) ist die nationalsozialistische Kundgebungswelle des Jahres 1923 bildlos geblieben – und damit auch Hitlers vielfach beschworene massenmobilisierende Anziehungskraft als Redner und sein damaliger Aufstieg zum Münchener Rednerstar.

Nun waren Innenaufnahmen von Redeveranstaltungen durch fototechnisch bedingte Probleme erschwert, was mit ein Grund für das Defizit an entsprechenden Darstellungen von Hitler war. Einen nicht zu unterschätzenden Einfluß auf Hoffmanns Entscheidungen hatte freilich der Widerwille Hitlers gegen die Aufnahme und Veröffentlichung seines Konterfeis und dies erklärt einige wichtige Dokumentationsdefizite in diesen Monaten. Hoffmann hatte Hitler zwar erstmals schon im Januar auf dem Parteitag fotografiert und ihn als etwas verloren wirkenden Redner im Schneetreiben festgehalten. Das tolerierte Hitler offenbar noch, doch sorgte er dafür, daß der fotografierende Parteigenosse seine Aufnahmen damals nicht publizierte und keine weiteren Fotografien "schoß".[12]

Und die damals angereisten Pressefotografen wurden von Hitlers Begleitung offenbar erfolgreich von jeglichen Aufnahmen des Parteiführers abgehalten. Grundsätzlich blieb also Hitlers Physiognomie bis zum Herbst 1923 für die aktuelle Fotoberichterstattung tabu. Dies war offenkundig die Ursache dafür, daß viele Bildmotive, wie sie gerade die fotografische Dokumentation einer führertreuen, paramilitärischen Truppe erwarten lassen sollte, in diesen Monaten des gesteigerten völkischen Aktivismus gänzlich fehlen und die SA auf der Bildebene wie eine führerlose Truppe erscheint. Hitlers

Heinrich Hoffmann: Adolf Hitler hält die "Fahnenrede" auf dem ersten Reichsparteitag der NSDAP, Marsfeld vor dem Zirkus Krone, München, 28. Januar 1923 (in der zeitgenössischen Publizistik nicht veröffentl. Aufnahme)

Verhalten verhinderte signifikante Aufnahmen der von ihm auf dem Parteitag vorgenommenen Standartenweihe und der salutierenden SA-Kolonnen, die bei dieser oder anderen Gelegenheiten am Parteiführer vorbeimarschierten. Dieses vollkommene Defizit an Darstellungen des Verhältnisses von Führer und Gefolgschaft ist das hervorstechende Merkmale der allerersten Phase von Hoffmanns NS-Dokumentation und das setzt sie dann doch ab von traditionellen fotografischen Dokumentationsmustern.

Der erste Reichsparteitag der NSDAP

Standartenweihe und Vorbeimarsch an Hitler hatten die Aufgabe, "auch den einfachsten Parteigenossen auf dem Weg über die Mobilisierung des Gefühls in den Bann der 'Idee' zu schlagen und ihm neue Zuversicht und Ausdauer für den 'täglichen Kampf' zu vermitteln."[13] Das Programm des Parteitags enthielt "bereits das Grundmuster, das allen späteren Parteitagen der 'Kampfjahre' – die ihrerseits wiederum die Nürnberger Veranstaltungen des Dritten Reiches vorprägten – gemeinsam war".[14] Gegenüber der Vorjahresversammlung standen 1923 öffentliche Veranstaltungen im Vordergrund und damit wurde insbesondere der steigenden Bedeutung der SA Rechnung getragen. Nach verschiedenen Massenversammlungen mit Ansprachen Hitlers am Samstagabend trafen sich am Sonntagvormittag angeblich sechstausend Angehörige der SA und verbündeter Kampfverbände sowie Zivilisten auf dem Marsfeld vor dem Zirkus Krone. Das "Niederländische Dankgebet" wurde intoniert, Hitler hielt eine kurze "Fahnenrede" und nahm anschließend die Fahnenübergabe vor. Während sich die Hakenkreuzfahnen im weiten Viereck senkten, ein Präsentiermarsch und das vertonte Sturmlied Dietrich Eckarts gespielt wurden, übergab Hitler die ersten Standarten gegen den Treueeid, "die Fahnen niemals zu verlassen", an die SA-Hundertschaften München I und II, Nürnberg und Landshut. Zum Abschluß nahm er mit führenden Parteigenossen den Vorbeimarsch der SA ab, der über die Arnulfstraße, Paul-Heyse-Unterführung, Schwanthalerstraße, Sonnenstraße, Sendlingertorplatz, Blumenstraße, Frauenstraße zum Isartorplatz führte.

Ungeachtet struktureller Entsprechungen der Gestaltungselemente des ersten und der späteren Reichsparteitage war der Gesamteindruck grundverschieden. Im Januar 1923 stand die ästhetische Formierung der Partei erst am Anfang. Feierlichkeit und militärische Ritualität waren intendiert, wurden aufgrund fehlender Mittel freilich kaum erreicht. Auch sollte die Veranstaltung der Protestversammlung der Vaterländischen Verbände und der Reichswehr gegen die französische Besetzung des Ruhrgebiets am 14. Januar 1923 auf dem Königsplatz, die von Hitler boykottiert wurde, entgegentreten, verblaßte jedoch in puncto Massenbeteiligung.[15] Dennoch bedeutete der Parteitag für die NSDAP ihre bislang "spektakulärste Machtdemonstration" und

Abb. 4/4-6

Heinrich Hoffmann: Die ersten
vier Standarten der SA und
Hakenkreuzfahnen auf dem
ersten Reichsparteitag der NSDAP,
28. Januar 1923, Postkarten

unterstrich nachdrücklich ihren Status als "bestorganisierte und entschlossenste politische Kraft innerhalb der politischen Rechten der Stadt".[16] Der Berichterstatter des "Völkischen Beobachters" schwelgte in militärischen Tönen, sprach von der "Aufstellung einer wohl kriegsstarken Division" und konstatierte "militärischen Schneid und Manneszucht" bei den SA-Männern. Sein Resümee lautete: "Es war ein militärisches Schauspiel, bei dem nichts als die Waffen fehlten."[17]

Vor dem Hintergrund solcher Stilisierungswünsche und tatsächlicher Inszenierungsdefizite ergaben sich für die fotografische Parteitagsdokumentation hinsichtlich Motivwahl und Gestaltung einige Schwierigkeiten. Auf das Dilemma, daß die fotografische Berichterstattung vorerst auf die Darstellung der auf Hitler ausgerichteten Rituale verzichten mußte, wurde bereits hingewiesen. Zusätzlich standen, abgesehen vom winterlichen Wetter, die Ortsverhältnisse stärker überhöhenden Darstellungen im Wege, denn im Gegensatz zum ursprünglich anvisierten Veranstaltungsort vor dem Armeemuseum beziehungsweise dem Königsplatz, der vielfach für völkisch-nationalistische Veranstaltungen diente, bot die Architekturkulisse des Wittelsbacher Gymnasiums am Marsfeld keinen besonders symbolträchtigen Rahmen für eine feierliche Aufwertung der Veranstaltung.[18]

Hoffmann folgte der Gewohnheit der Pressefotografen, Überblicksaufnahmen und zugleich verschiedene Einzelansichten aufzunehmen. Erstere zielten vor allem darauf, den ganzen Umfang der Veranstaltung kenntlich zu machen. Auch aus dieser Perspektive ergaben die angetretenen SA-Verbände und Parteianhänger kein geschlossenes Bild, waren nur ein unmilitärisches und ungeordnetes Gemenge aus Zivilisten und Uniformierten ohne zeremonielle Ausstrahlung. Es erinnert beinahe an proletarische Massenversammlungen der Revolutionsmonate 1918/19, würden nicht die flatternden

Heinrich Hoffmann: Anhänger der NSDAP und Angehörige der SA während der Fahnenübergabe auf dem ersten Reichsparteitag der NSDAP, München, 28. Januar 1923

Hakenkreuzfahnen deutlich hervorstechen.[19] Aspekte militärischer Ordnung boten die Nahaufnahmen mit kleineren Personengruppen, insbesondere die einheitlich uniformierten und in Reih und Glied angetretenen Träger der ersten vier SA-Standarten, geschmückt vom erstmals präsentierten offiziellen Hoheitszeichen der NSDAP, dem von einem Eichenlaubkranz umzogenen und von einem aufliegenden Adler bekrönten Hakenkreuz.[20] In ihrer Gesamtheit läßt Hoffmanns Parteitagsdokumentation keine stilisierende Sichtweise erkennen. Seine fotografischen Entscheidungen erfolgten offenbar nur zum geringen Teil unter ästhetischen Gesichtspunkten. Ordnungsbetonende beziehungsweise ordnungsnegierende Aspekte halten sich die Waage. Dabei blieb die Parteitagsdarstellung, wenngleich umfangreicher als die freilich nur teilweise überlieferte Bildproduktion der anderen Fotografen, ohne einheitlichen Gestaltungswillen. Sicherlich waren die Voraussetzungen für eine durchgehende Stilisierung nicht besonders gut. Aber dies kann den beobachteten Sachverhalt nicht allein erklären, denn Hoffmann hatte immerhin im Sommer 1919 mehrfach bewiesen, daß er entsprechende Verfahrensweisen beherrschte.[21] Das legt den Schluß nahe, daß die fotografische Idealisierung beziehungsweise die Kompensation der ästhetischen Defizite der nationalsozialistischen Veranstaltung damals noch kein so zentrales Anliegen war.

Solche Stilisierungsfragen sollten auch nicht überbewertet werden. Wichtig für die damaligen Adressaten war schon der bloße Beleg der ästhetisch-symbolischen Okkupation der städtischen Öffentlichkeit durch die "Bewegung", zumal anfangs die Veranstaltung ganz untersagt

Abb. 4/8-9

Berliner Illustrirte Zeitung,
Nr. 6, 11. Februar 1923, S. 103;
Heinrich Hoffmann: Umzug
von Anhängern der NSDAP durch
die Innenstadt, München,
28. Januar 1923, Pressebildabzug

war und auch nach der Intervention von Hitlers Fürsprechern im Münchener Wehrkreiskommando bei der Staatsregierung die Standartenübergabe und der Auftritt der SA unter freiem Himmel verboten blieben. Die Aufnahmen bezeugten allemal, daß die Partei "ihr Banner stolz entfalten" konnte (Ernst Röhm) und waren zugleich Dokumente des Triumphes über die von Hitler brüskierte Staatsgewalt, dessen Nimbus damit weitere Nahrung erhielt. Systematisch als Propagandainstrument wurde die Hakenkreuzfahne – von Hitler entworfen und offiziell im August 1920 als Parteifahne angenommen – freilich erst in den späten zwanziger Jahren eingesetzt. Hakenkreuzfahnen, die später zum wichtigen Mittel der nationalsozialistischen Massenregie werden sollten, hatten zu diesem Zeitpunkt noch "primär Binnenfunktionen als Orientierungs- und Integrationsmittel der eigenen Anhängerschaft". Sie fehlten ab 1922 bei keinem Aufmarsch und keiner Versammlung der NSDAP und wurden sukzessive in den folgenden Jahren auch in die propagandistischen Großveranstaltungen der Partei integriert. Im Selbstverständnis der Partei errang das Hakenkreuzbanner (insbesondere die "Blutfahne") zunehmend den Status eines mythisch-politischen Symbols – Hitler selbst bezeichnete es 1929 als "Fahne der werdenden Freiheit" oder "Symbol der deutschen Zukunft" – und bei den Reichsparteitagen gehörten Fahnenweihe und Fahneneinmarsch zu den liturgisch-rituellen Höhepunkten.[22]

Mit der Wiedergabe der Parteitagsaufnahmen in der Illustriertenpresse wurde zum ersten Mal die Symbolik und das paramilitärische Auftreten der nationalsozialistischen Parteitruppe massenhaft fotografisch vorgestellt. In der "Hamburger Illustrierten Zeitung" hieß es: "Die im Zuge getragenen Embleme und der auch sonst zutage getragene Zuschnitt gemahnten nicht wenige an die italienischen Faszisten." Während die "Leipziger Illustrirte Zeitung" ohne weitere Wertung zwei kleinformatige, von Hoffmann

stammende Abbildungen der Standarten und des Umzugs brachte, wetterte die sozialdemokratische Zeitungsbeilage "Volk und Zeit" anhand der Aufnahmen von Robert Sennecke gegen das ungehinderte Auftreten der NSDAP: "Anläßlich des nationalsozialistischen Parteitags in München feierte die 'kochende Volksseele' wieder einmal wüste Orgien. Unsere Bilder zeigen, mit welcher Frechheit der Faszismus in Bayern auftreten kann; sie zeigen, wie groß die Niederlage der bayerischen Regierung ist, die sich dieses Auftreten gefallen lassen mußte, zumal eine Sturmabteilung der Hitlerleute sich in Uniformen zeigte, die denen der Reichswehr zum Verwechseln ähnlich sieht." Vom nationalsozialistischen "Unfug der Politisierung der Jugend" distanzierte sich schließlich die "Berliner Illustrirte Zeitung" mit der Unterschrift unter einer Aufnahme von John Graudenz, die Schulkinder mit Hakenkreuzfahnen beim Umzug zeigt.[23]

Provokationen der Staatsgewalt

Bei seiner Ereignisdokumentation orientierte sich Hoffmann an dem Schema, Rituale und ästhetische Szenarien, mit denen die NSDAP politische Geltungsansprüche in der Öffentlichkeit artikulierte, fotografisch wiederzugeben. Der Fotograf reproduzierte und veröffentlichte also Ansichten von Machtdemonstrationen, die ihrerseits bereits auf größtmögliche Wirkung abgestellt waren und vor möglichst zahlreichem Publikum stattfanden. Etwas anders gelagert war ein zweiter Bereich in Hoffmanns Bilddokumentation des Jahres 1923: es handelt sich um Aufnahmen von Exerzier-, Felddienst- und Kampfübungen, die von den mit der SA in der "Arbeitsgemeinschaft vaterländischer Kampfverbände"[24] zusammengeschlossenen Organisationen abgehalten wurden und zumeist vor kleinem Publikum außerhalb der Stadtgrenzen stattfanden. Die Übungen standen unter dem starken Erwartungsdruck der

Heinrich Hoffmann: Verbände der SA und Reichskriegsflagge nach Wehrübungen auf dem Oberwiesenfeld, München, März oder April 1923, Postkarten

Abb. 4/13

Heinrich Hoffmann: Maschinen-
gewehrposten der SA auf
dem Oberwiesenfeld, München,
1. Mai 1923, Pressebildabzug

nationalsozialistischen Mitgliederbasis, die auf Hitlers stereotype Redewendung "in vierzehn Tagen wird marschiert"[25] vertraute. Militärisch gesehen, besaßen sie keinen großen Wert, sollten vor allem "den politischen Druck der Verbände auf öffentliche Meinung und Regierung aufrechterhalten und verstärken"[26] und auch den inneren Zusammenhalt der Verbände stärken. Ernst Röhm, damaliger Reichswehroffizier und Schlüsselfigur der paramilitärischen Aktivitäten, schrieb rückblickend: "Uns kam es (…) bei den Übungen mehr darauf an, die Leute innerlich zusammenzuschweißen, und durch den Anblick der Masse zu stärken. In gleicher Weise wollten wir den Marxisten und den schlappen Spießern Achtung einflößen. Dieses gelang uns ganz bestimmt; die rote Presse spritzte Gift und Galle."[27]

Für publizistische Zwecke im Sinne Röhms waren Hoffmanns Fotografien dieser militärischen Demonstrationen wohl weniger gedacht; sie erfüllten in erster Linie binnenkommunikative Funktionen, was sich direkt an ihrer Verwendung für Gruppenaufnahmen beziehungsweise ihrem teilweise seriellen Aufnahmecharakter bei Umzügen ablesen läßt.(Abb. 4/10-12) Dabei erinnert Hoffmanns Dokumentation wieder stark an seine Fotografien von Freikorps und Regierungstruppen aus dem Jahr 1919. Die Erscheinungsweise und das Auftreten der SA-Verbände waren jedoch keinesfalls mit den damals von Hoffmann effektvoll in Szene gesetzten uniformierten Soldatenformationen zu vergleichen. Das Bild einer disziplinierten und militärisch gedrillten, schlagkräftigen Truppe gaben die verschiedenen Verbände vorerst nicht ab, und Fotografien von ihnen erinnern oft an die von den bunt zusammengewürfelten, überwiegend zivil gekleideten Freiwilligenverbände der gegenrevolu-

tionären Zeit. In einer als "Heimkehr von militärischen Übungen nach München" beschrifteten Bildserie marschieren die Verbände unter Hakenkreuzbanner und Reichskriegsflagge in wenig geordneten Formationen. Die SA, darunter das SA-Regiment München unter Wilhelm Brückner, war noch unterschiedlich gekleidet, zum Teil in ehemalige Militäruniformen. Vereinheitlichend wirkten die Hakenkreuzarmbinden. An die Stelle dieses "Räuberzivils" trat im Lauf des Frühjahres 1923 eine uniformähnliche Bekleidung, die bereits die Standartenträger beim Parteitag trugen: Windjacke, Reithosen, Wickelgamaschen, Skimütze, Schnürschuhe, "Hackelstecken" und Hakenkreuzarmbinde.[28]

Welche Übungen die Aufnahmen dokumentieren, ist im einzelnen nicht genau nachweisbar – wahrscheinlich entstanden sie anläßlich von zwei Großübungen im Frühjahr auf dem Oberwiesenfeld und einer "Truppenschau" auf der Fröttmanninger Heide vom Herbst 1923.[29] Auch ist der Ereigniszusammenhang der einzelnen Aufnahmen nicht gesichert. Gemeinsam ist den dokumentierten Szenarios der Aufnahmegruppen, daß sie im Kontrast zum Bild der ästhetischen Okkupation städtischer Öffentlichkeit durch die kärglich-ländliche Topografie und weniger Zuschauer wie Aufnahmen putschistischer Trockenübungen im Niemandsland wirken.

Handfeste Demonstrationen von Gewaltbereitschaft mit Waffenausgabe, Inspektionen und Schießübungen sind schließlich Gegenstand einer zweiten Aufnahmeserie, die am 1. Mai 1923 auf dem Oberwiesenfeld entstand. Hier traten die Verbände erstmals als bewaffnete, sich mitunter martialisch gebende Truppe auf, die für den Bürgerkrieg probte und das Oberwiesenfeld regelrecht in ein militärisches Feldlager verwandelte. (Abb. 4/13-16)[30] Hoffmanns Aufnahmen vom Oberwiesenfeld spiegeln nachdrücklich den von umstürzlerischen Sehnsüchten getragenen Aktionismus der SA, ihre im Frühjahr 1923 erfolgte

Heinrich Hoffmann: Bewaffnete Angehörige der SA und anderer völkischer Kampfverbände auf dem Oberwiesenfeld, München, 1. Mai 1923, Pressebildabzüge

Abb. 4/17

Georg Pahl: Adolf Hitler während des Vorbeimarsches der Wehrverbände anläßlich des "Deutschen Tages" auf dem Hauptmarkt, Nürnberg, 2. September 1923, Pressebildabzug

Militarisierung wie auch ihre enge Verbindung mit den anderen Kampfverbänden. Eine eindeutige Ausrichtung gab Hoffmann den Aufnahmen allerdings nicht und aggressive wie defensive Botschaften halten sich die Waage.[31]

War schon eine militärische Übung der Arbeitsgemeinschaft am 15. April mit ultimativen Forderungen an die Regierung verknüpft gewesen, so zielten die Aktionen am 1. Mai auf eine erneute Machtprobe mit der bayerischen Staatsregierung und eine direkte Provokation der SPD und der Gewerkschaften. Der SA-Führer Göring erklärte: "Die Kampfverbände können es unter keinen Umständen dulden, daß die Sozialisten mit roten Fahnen durch die Stadt ziehen, das wird unter allen Umständen verhindert, und wenn es nicht anders geht, mit Gewalt. Es wird eben dann geschos-

sen."[32] Um ihrer Forderung nach Verbot der Maifeier Nachdruck zu verleihen, verbreiteten Hitler und die Verbände das Gerücht, die Gewerkschaften planten einen Putsch, und erreichten sogar, daß die Staatsregierung die geplante Gewerkschaftsveranstaltung auf die Theresienwiese beschränkte. Ungeachtet ihres Teilerfolges versammelten sich die Verbände in den frühen Morgenstunden des 1. Mai auf dem Oberwiesenfeld, beschafften sich Waffen aus Reichswehrdepots, exerzierten und warteten ungeduldig, gegen die Linke losschlagen zu können. Als sich zeigte, daß sich die Reichswehr solchen Aktionen entgegenstellte und nicht zu den Rechtsradikalen überwechselte, wurden die Vorbereitungen abgeblasen und die Verbände lösten sich nach einem Demonstrationszug auf, nicht ohne vorher noch Arbeiter zu verprügeln und deren Fahnen zu verbrennen. Diese Niederlage offenbarte die Selbstüberschätzung der Rechtsradikalen, unter den Mitgliedern machte sich, wie nach dem 15. April, Enttäuschung breit. Für Hitler bedeutete dies eine schwere Blamage, "die erste persönliche Krise seiner Aufstiegsjahre".[33]

"Hitler erstmals photographiert"

Verglichen mit dem Parteitag vom Januar 1923, zeigte sich auf dem am 1. und 2. September in Nürnberg abgehaltenen "Deutschen Tag", welche Fortschritte die tatsächliche Formierung der SA in der Zwischenzeit gemacht hatte. Zugleich sollte er eine neue Phase im Verhältnis von fotografischer Berichterstattung und der "Bewegung" signalisieren, da sich Hitlers Haltung zur eigenen Porträtpräsentation in der Öffentlichkeit entkrampfte und frühere Einschränkungen für Pressefotografen wegfielen. Zu den Neuerungen zählte schließlich auch, daß in Nürnberg erstmals zwei professionelle Dokumentarfilme entstanden, hergestellt von der Nürnberger Filmfirma "Nickel-Film" beziehungsweise dem Münchener Kameramann Martin Kopp, dessen Film

später auch bei Massenkundgebungen der NSDAP im Zirkus Krone zum Einsatz kam.³⁴

Der "Deutsche Tag", veranstaltet anläßlich des Jahrestages des deutschen Sieges von Sedan, war "eine lärmende Heerschau verschiedenster Kräfte, die durch den Grundkonsens gegen 'Berlin' und gegen den 'Marxismus' geeint waren".³⁵ Bei dem militärisch geprägten und von Gewaltdrohungen und Terrorakten gegenüber den sozialistischen Parteien begleiteten Treffen kulminierte die nationalistische Stimmung des Herbstes 1923: "Gerade weil der Deutsche Tag in eine politisch hochgespannte Situation fiel, erweckte er die Vorstellung, er sei der Auftakt zu dem erwarteten größeren Unternehmen."³⁶ Nach der Veranstaltung sollten sich die Ereignisse bis zum 8. November in immer schnellerer Folge überstürzen, nicht zuletzt forciert durch den in Nürnberg gegründeten "Deutschen Kampfbund", zu dem sich unter Ludendorffs Einfluß der harte Kern der völkischen Kampfverbände (SA, Bund Oberland und Reichsflagge) zusammenschloß.³⁷ Ihren Höhepunkt fand die Nürnberger Veranstaltung in einem Feldgottesdienst vor circa 100 000 Verbandsangehörigen mit anschließendem Schwur und einem Vorbeimarsch der beteiligten Wehrverbände, vaterländischen Verbände, Kriegervereine und Offiziersbünde an den nationalen Führern: "(...) vor einer dekorativen Kulisse aus Fahnen, Blumen und pensionierten Generalen huldigten Hunderttausende in Reden und Umzügen dem beleidigten Gefühl nach nationaler Größe und dem Bedürfnis nach schöner und erhebender Anschaulichkeit: 'Brausende Heilrufe', so hieß es mit amtsfremder Ergriffenheit in dem Bericht des Staatspolizeiamtes Nürnberg-Fürth über den 2. September 1923, 'umtosten Ehrengäste und Zug, zahllose Arme streckten sich ihm mit wehenden Tüchern entgegen, ein Regen von Blumen und Kränzen schüttete sich von allen Seiten über ihn: Es war wie ein freudiger

Heinrich Hoffmann: Adolf Hitler, Nürnberg, 2. September 1923, Postkarte; Anzeige, in: Völkischer Beobachter, Nr. 179, 4. September 1923, S. 6

Abb. 4/20

Heinrich Hoffmann: Die Wehrverbände während des Feldgottesdienstes anläßlich des "Deutschen Tages", Nürnberg, 2. September 1923, Pressebildabzug

Aufschrei hundertausender Verzagter, Verschüchterter, Getretener, Verzweifelnder, denen sich ein Hoffnungsstrahl auf Befreiung aus Knechtschaft und Not offenbarte (…).'[38]

Euphorisch war auch der Tenor der Berichte im "Völkischen Beobachter". Einige Tage nach der Veranstaltung erschien schließlich auch der bereits erwähnte Artikel mit der Überschrift "Bilder vom 'Deutschen Tag'. Hitler erstmals photographiert".

Folgt man den Erinnerungen des Berliner Pressefotografen Georg Pahl, war nicht Hoffmann, sondern er es, der zuerst den nationalsozialistischen Parteiführer während der Parade in Nürnberg aus nächster Nähe fotografierte, nachdem sein erster Versuch in Berlin mißglückt war. In seiner Niederschrift "Die Jagd nach dem ersten Hitlerbild" hat Pahl später die Nürnberger Vorgänge plastisch und wohl auch etwas dramatisierend geschildert: "Der Vorbeimarsch an General Ludendorff ist in vollem Gange. Aber von Hitler weit und breit nichts zu sehen. Zum Schluß marschieren die 'Völkischen' auf. Da passiert's. Unweit von Ludendorff drängelt sich ein Mann durch die Menge. Adolf Hitler! Er will seine Vasallen vorbeiziehen sehen. Ich glaube, sie sehen ihn nicht, wissen vielleicht gar nicht, daß er da ist. Ich mache erst eine Aufnahme vom Vorbeimarsch. Hitler steht im Hintergrund. (…) Dann werde ich mutig. Gehe auf drei Meter an ihn heran und knipse. Verkniffen blickt er in den Apparat. Wütend ruft er hinter sich 2 Leute herbei, die mit Reitpeitschen auf mich stürzen. (…) Schnell laufe ich durch und verschwinde. Die Verfolger geben auf. Die erste Aufnahme von Hitler ist gemacht."[39]

Es muß offenbleiben, ob Pahl sich tatsächlich noch mit großen Restriktionen Hitlers herumzuschlagen hatte und ihn gegen seinen Willen ablichtete. Denn Hitler konnte die Heimlichtuerei angesichts seiner zahllosen Auftritte vor großem Publikum überhaupt nicht länger aufrechterhalten und mußte sich früher oder später fügen.

Nach Pahls Vorstoß nutzte Hoffmann seinen neuen Handlungsspielraum zu mehreren Hitleraufnahmen beim Vorbeimarsch, die umgehend als Postkarten und Pressebilder auf den Markt kamen und in der Illustriertenpresse als Novitäten vorgestellt wurden: "Der vielgenannte Mann: Erste Aufnahme Adolf Hitlers, des Führers der bayrischen National-Sozialisten, in der Öffentlichkeit."[40] Bemerkenswert ist dabei, daß Hoffmann schon damals Hitler mit fotografischen Mitteln zu einer herausragenden Führerfigur zu stilisieren suchte, indem er ihn gegenüber den Exzellenzen und Generälen, die zusammen mit Hitler den Vorbeimarsch der Vaterländischen Verbände am Marktplatz abnahmen, durch eine monumentalisierende Untersicht und einen verengten Bildausschnitt heraushob. Tatsächlich war Hitler nur ein völkischer Exponent unter anderen und mußte neben Ludendorff verblassen.[41] Im Sinne einer parteilichen Sichtweise überwand Hoffmann die visuelle Gleichrangigkeit der verschiedenen Persönlichkeiten, steigerte die Ausdruckskraft des körpersprachlichen Imponiergehabes des sich nach vorne drängenden Hitler und schuf ein Gegenbild zu Pahls Schnappschußporträt. Die Aufnahme belegt seine Unterstützung für Hitlers Selbstbehauptung im völkischen Lager und reflektiert wohl auch die Führersehnsüchte, die zunehmend auch das völkische Lager auf Hitler projizierte, der sich zu diesem Zeitpunkt freilich noch gar nicht als der kommende "Führer" verstand.

Hitler machte in Nürnberg eine seltsame Figur. Er war der jüngste unter den völkisch eingestellten Persönlichkeiten und unterschied sich schon äußerlich dadurch, daß sein Auftreten weder der militärischen Kleiderordnung noch tradierten Vorstellungen vom Erscheinungsbild eines seriösen Politikers entsprach. Salopp mit einem hellen Trenchcoat bekleidet, mit Hut und Stock in

Abb.4/21-23

Heinrich Hoffmann: Vorbeimarsch der völkischen Wehrverbände an den nationalen Führern, Nürnberg, 2. September 1923, Pressebildabzug;
Heinrich Hoffmann: Verbände der SA während des Feldgottesdienstes, Nürnberg, 2. September 1923, Pressebildabzug;
Georg Pahl: "Fahneneid der Wehrbereiten" im Anschluß an den Feldgottesdienst, Nürnberg, 2. September 1923, Pressebildabzug

Abb. 4/24

Max Rudolph: Adolf Hitler auf dem
"Deutschen Tag" in Hof,
15./16. September 1923, Postkarte

der Hand, signalisierte Hitlers Auftreten Jugendlichkeit und großstädtische Modernität und unterstrich seine Andersartigkeit, ohne dabei einen Anhaltspunkt über seine Funktion zu geben, zumal er auch nicht die Armbinde mit dem Parteisymbol trug. War es Unsicherheit oder Kalkül – Hitler nahm damals bei der Suche nach einem adäquaten Auftreten als "Führer" eine Rolle ein, die Zeitgenossen oft mit Ironie und Spott bedachten.

An Hoffmanns wie Pahls Aufnahmen fällt auf, daß sie ihr Augenmerk offenbar sehr stark oder fast ausschließlich auf die Nationalsozialisten und deren Parteiarmee richteten, obwohl diese bei der Nürnberger Großveranstaltung zwar eine wichtige, aber keineswegs eine alleinbeherrschende Rolle gespielt hatten.[42] Ihre Bildberichterstattung könnte gar den Eindruck erwecken, der "Deutsche Tag" sei eine nationalsozialistische Veranstaltung gewesen – aufgrund dessen es der NS-Publizistik später ein leichtes war, diese Kundgebung für sich zu beanspruchen. Die Zentrierung der Fotografen auf die Nationalsozialisten erfolgte freilich aus unterschiedlichen Motiven. Bei Pahl dominierte offensichtlich die Suche nach ausgefallenem Bildmaterial, begründet in Hitlers bisheriger bildlicher Anonymität beziehungsweise dem Ruf der SA als berühmt-berüchtigter Parteiarmee der NSDAP.[43] Für Hoffmann waren wohl die Rücksicht auf bestimmte Erwartungen seiner völkisch-nationalsozialistischen Käuferschaft beziehungsweise parteipolitisch motivierte Gesichtspunkte ausschlaggebend.

Hoffmanns Nürnberger Dokumentation orientierte sich am militärischen Erscheinungsbild der SA-Verbände und formulierte erstmals einige fotografische Standards späterer Reichsparteitagsdarstellungen, etwa den massenhaften Auftritt der SA und ihre Okkupation eines freien Areals in Form eines Massenornaments und das Bild des "Fahnenwaldes" von Hakenkreuzfahnen. (Abb. 4/20) Nicht von ungefähr wurde gerade in Verbindung mit solchen Fotografien der "Deutsche Tag" als "Urbild der späteren Parteitage in Nürnberg" gedeutet.[44] Der grundlegende Unterschied zu den späteren Reichsparteitagsdarstellungen lag jedoch darin, daß insbesondere Hoffmanns Dokumentation den Eindruck vermittelte, in Nürnberg seien die Völkischen unter sich geblieben, da sie nämlich das zustimmende Verhältnis der Zuschauer zu den völkischen Aktivisten und deren Ovationen überhaupt nicht thematisierte. Es bleibt zu fragen, warum Darstellungen des massenhaften Publikums und damit Belege einer quasi plebiszitären Zustimmung zu den Völkischen fehlen. Denkbar wäre auch hier die Dominanz binnenkommunikativer Bildbedürfnisse.

Bei seiner Nürnberger Fotodokumentation legte Hoffmann grundsätzlich keine neue fotografische Vorgehensweise an den Tag. Unterschiede zur Parteitagsdokumentation vom Januar 1923 sind vor allem im vielfältigen ästhetischen Angebot der Nürnberger Veranstaltung selbst begründet. Dabei tritt im Vergleich mit Pahls Nürnberger Aufnahmen Hoffmanns relativ einförmige Betonung der Massenhaftigkeit der Parteiarmee hervor, abgesehen von seiner stärkeren Hitlernähe und -fixierung. Pahl zeichnete ein differenziertes und perspektivenreiches (und letztlich richtungweisenderes) Bild der Veranstaltung und würdigte mit Einzelaufnahmen auch Details der politischen Ästhetik, darunter das Ritual des Handaufhebens zum Schwur (noch keineswegs des Hitlergrußes), das er prägnanter als Hoffmann ins Bild zu setzen verstand.[45] Die Gründe für diese Unterschiede sind zum Teil wohl wiederum in Hoffmanns stärkerer Ausrichtung auf die Postkartenproduktion, andererseits in Pahls ausschließlich pressepublizistisch orientierter Arbeitsweise zu suchen.

Hoffmanns Versuch einer Führerstilisierung war eine erste tastende Annäherung, nicht Ausdruck einer festgefügten Gestaltungskonzeption für ein tragfähiges Führerbild. Wie unsicher und wenig zielgerichtet er bei der Behandlung dieses Themas vorging, wie gering die Abstimmungen zwischen Fotograf und Akteur waren und welch qualitativ unterschiedliche Ergebnisse dabei zustande kamen, sollte sich in diesen Wochen noch mehrfach zeigen. Nach Nürnberg war der Bann um Hitlers Bildlichkeit gebrochen, doch gab es in München vorläufig wenig Gelegenheiten, Hitler in seiner Funktion als Führer der Parteiarmee aufzunehmen, da infolge des Ende September 1923 verhängten Ausnahmezustandes öffentliche Demonstrationen der SA verboten wurden. In dieser Zeit trat Hitler bei den "Deutschen Tagen" in verschiedenen bayerischen Städten auf und ließ sich dort von den jeweiligen Lokalfotografen auf offener Straße ablichten.[46] Öffentlich

Heinrich Hoffmann: Alfred Rosenberg, Adolf Hitler und Friedrich Weber während der Parade der SA und anderer Wehrverbände nach der Grundsteinlegung des Kriegerdenkmals, München, 4. November 1923

Heinrich Hoffmann: Die Frau des russischen Thronfolgers Prinz Kyrill und Adolf Hitler, Fröttmanniger Heide bei München, Oktober 1923

zeigte sich die SA wieder in den Straßen der bayerischen Landeshauptstadt anläßlich der Trauerfeier und der Grundsteinlegung des Kriegerdenkmals vor dem Armeemuseum am 4. November 1923 und paradierte in trauter Einigkeit mit anderen Wehrverbänden vor der versammelten Prominenz aus dem konservativen und völkischen Lager.[47] In der Maximilianstraße nahmen Adolf Hitler und die militärischen Führer der völkischen Dachorganisation, in der Marstallstraße die Führer des konservativen Lagers mit Kronprinz Rupprecht den Vorbeimarsch ab. Hoffmann hat Hitler nach herkömmlichem Muster bei der Parade des "Bundes Oberland" festgehalten, den Aufmarsch der eigenen Parteiarmee offenbar aber verpaßt, die anschließend in Achterreihen und im strengen Gleichschritt, wie die Aufnahmen anderer Fotografen aus der Marstallstraße zeigen, auch an Kronprinz Rupprecht vorbeizogen. Hoffmann zeichnete unter anderem die Ansicht einer illustren, aus Uniformierten und Zivilisten bunt gemischten Zuschauergruppe auf, darunter neben Alfred Rosenberg und Friedrich Weber auch eine Frau und ein Kind, die sich am Straßenrand um den zivil gekleideten und pronociert herrisch dreinblickenden Hitler scharte. Mit dieser Aufnahme, die jeder militärischen Ritualität Hohn sprach, war wenig Staat zu machen, aus Sicht der NSDAP schon gar nicht. Für ihre Publizistik war sie unbrauchbar – und wurde von Hoffmann tatsächlich auch nicht veröffentlicht. Eine überraschende Stilisierung des

Verhältnisses von Führer und Gefolgschaft in Form einer prägnanten Feldherrendarstellung glückte Hoffmann indes im Oktober 1923 anläßlich einer militärischen Übung der SA und anderer Kampfbundverbände auf der Fröttmanninger Heide. Sie gehört zu einer umfangreicheren Aufnahmeserie, deren genaues Entstehungsdatum nicht ganz geklärt ist. (Abb. 4/27)[48] Hitler, am 26. September 1923 auf Röhms Betreiben hin zum Führer des "Deutschen Kampfbundes" gewählt, zeigte sich in der herbstlichen Heidelandschaft beim Aufmarsch von Kampfbundverbänden selbstbewußt vor Hoffmanns Kamera und schließlich mit linkischer Höflichkeit auch bei der Begrüßung der "Frau des russischen Thronfolgers Prinz Kyrill (Koburg), aus dessen Familienfonds Hitler Geld erhielt".[49] Dies war eine der ganz wenigen Aufnahmen, die Hitler zusammen mit einflußreichen Geldgebern zeigt. (Abb.4/26)

Das "Feldherren-Bild", das Hoffmann in zwei leicht variierenden Ansichten entwarf, bildet eine prägnante, zeitlich und räumlich entrückte Formulierung der Unterordnung der Gefolgschaft unter ihren Führer und erinnert an Napoleon-Darstellungen. Steil aufragend posiert Hitler vor hellem Himmel auf einer kleinen Anhöhe, abgehoben von den unscharf gezeichneten Truppen im Hintergrund und in gebührender Distanz von seinem "treuen Begleiter" Ulrich Graf flankiert. Stolz auf einen Stock gestützt, tritt der Führer von einem "Feldherrnhügel" aus seiner Gefolgschaft gegenüber, hält vielleicht gerade während einer Ansprache inne. Hitler selbst bleibt so gut wie gesichtslos, seine Physiognomie ist auf das Profil reduziert. Daß es sich hier um den Führer der "Bewegung" handelt, darauf verweist eigentlich nur Grafs Hakenkreuzarmbinde. Das Gegenlicht unterstreicht die Konturen, verleiht Hitlers Figur eine geschlossene, denkmalartige Wirkung und verstärkt das zugleich bekennerische wie gebieterische Moment seiner Körperhaltung, mit der er den angetretenen Verbänden Gefolgschaftstreue abfordert. Diese bekunden denn auch dem Führer in der zweiten Aufnahme ihre Ergebenheit, indem sie gemeinsam die Rechte erheben – wahrscheinlich die erste Aufnahme des Hitlergrußes.[50]

Hitlers monumentale, zudem historische Ansprüche andeutende Stilisierung, die sicherlich wie andere Live-Aufnahmen dieser Zeit auch auf eine Image-Aufwertung zielten, hing, realpolitisch gesehen, ziemlich in der Luft. Selbst als Führer des "Deutschen Kampfbundes" war er "keineswegs zum uneingeschränkt herrschenden Diktator innerhalb des Kampfbundes aufgestiegen". Er stand "weiterhin im Schatten Ludendorffs, dem innerhalb des völkisch-nationalistischen Lagers allgemein die Rolle eines zukünftigen Diktators zugeschrieben wurde". Aus Röhms Sicht war Hitler "in erster Linie der in der Öffentlichkeit wirksame 'Trommler'".[51] Und doch ist Hoffmanns Aufnahme ein interessanter Indikator. Sie besagt nicht soviel über Hitlers Selbstüberschätzung als über die auf ihn gerichteten Führer-Hoffnungen vieler seiner Anhänger – und zu denen gehörte auch Hoffmann als der Urheber der Aufnahmen, der instinktiv die Chance zu dieser überhöhenden Darstellung erfaßt hatte. So gesehen verdichtete Hoffmanns Aufnahme ein Wunschbild aus der Sicht "von unten", das dem beginnenden Personenkult um Hitler innerhalb des völkischen Lagers entgegenkam, und half zugleich die mehrfach evident gewordenen Führungsschwächen Hitlers zu kompensieren.[52] Für die bildliche Ausgestaltung des Hitler-Mythos war die Aufnahme prädestiniert, und sie gehörte als eine der wichtigsten und am häufigsten abgebildeten Darstellungen aus frühester Zeit auch zum späteren fotografischen Basisrepertoire – so als sei hier ein Initiationsritus festgehalten: "Adolf Hitler wird der Führer und unermüdliche Propagandist der Bewegung."[53] Publiziert wurde eine der Aufnahmen erstmals in der "Berliner Illustrirten Zeitung", interessanterweise unter einer Abbildung des kränkelnden Lenin im Rollstuhl.[54]

Etappen der Führerpropaganda | Im Visier der Fotografen

Adolf Hitler hält eine Ansprache an die SA und die Verbände des "Kampfbundes", Fröttmanninger Heide bei München, rechts Ulrich Graf, Oktober 1923, Pressebildabzug

Abb. 4/28-30

Heinrich Hoffmann: Adolf Hitler bei Wehrübungen der SA und anderer Kampfverbände, Fröttmanninger Heide, Oktober 1923, Pressebildabzüge;
Heinrich Hoffmann: Mitglieder der "Roßbach-Truppe", Fröttmanninger Heide, Oktober 1923, Pressebildabzug

Der Novemberputsch – Hoffmann kam zu spät

Hoffmanns fotografische Berichterstattung des Jahres 1923 läßt immer wieder erkennen, daß der Fotograf seine Aufnahmetätigkeit schon damals in Einklang mit der nationalsozialistischen Parteiräson zu bringen suchte. Wenn ihm dies nicht immer gelang, dann lag es primär an den fehlenden Abstimmungen und am mangelhaften Informationsfluß von seiten der Parteiführung. Hoffmann hatte das Profil eines eng mit der NSDAP liierten Pressefotografen gewonnen, obgleich sich die Parteiführung offenkundig nicht besonders für die publizistischen Dienste des Parteigenossen interessierte. Auch nachdem Hitler einen Schlußstrich unter die restriktive Behandlung seiner visuellen Identität gezogen hatte, war die Fotografie keineswegs in die Propagandapraxis der NSDAP integriert. Unter funktionalen Gesichtspunkten gab es 1923 keine zukunftweisende Entwicklung in Hoffmanns fotografischer Dokumentation. Nur zu deutlich machte dies der Novemberputsch.

Im Herbst 1923 hatte sich in Bayern, dem Zentrum der deutschen Gegenrevolution, die politische Situation schnell verschärft, gespeist aus der galoppierenden Inflation, dem neu aufkommenden Antikommunismus und der wachsenden Feindschaft gegen das "linke Berlin", das aus Sicht der nationalen Kräfte in München mit der Beendigung des passiven Widerstands gegen die französische Ruhrbesetzung in schändlicher Weise kapituliert hatte. Die beiden Richtungen im rechten Lager, auf der einen Seite die Radikalen mit Hitler und Ludendorff und auf der anderen das "Triumvirat" mit Generalstaatskommissar von Kahr, waren sich einig in der Frontstellung gegen die Reichsregierung und der Zielsetzung einer rechtsgerichteten Diktatur in Berlin, um innen- und außenpolitische Revisionen einzuleiten. Sie unterschieden sich aber vor allem in taktischen Überlegungen und standen sich "teils drohend, teils

Etappen der Führerpropaganda | Im Visier der Fotografen

Heinrich Hoffmann: Bewaffnete Putschisten aus dem Münchener Umland, München, 9. November 1923, Pressebildabzug

abwartend gegenüber: Verhandlungen und gegenseitige Einschüchterungsversuche wechselten einander ab".[55]

Hitler furchtete, von seinem Rivalen von Kahr, dem neuen "starken Mann" in Bayern, überspielt zu werden, geriet unter wachsenden Druck seiner Anhänger, deren Erwartungen er immer höher getrieben hatte, und mußte nun seine Glaubwürdigkeit beweisen. Er fühlte sich als Vorreiter der nationalen Erhebung, als er am 8. November 1923 die "Regierung der Novemberverbrecher" in Berlin für abgesetzt erklärte und die "provisorische Nationalregierung" mit General Ludendorff an der Spitze ausrief, und hoffte, die noch zögernden Machthaber Bayerns mitzureißen. "Deren Illoyalität gegenüber dem Reich wurde von ihrer Sorge, sich durch ein derart unzulänglich vorbereitetes Unternehmen zu diskreditieren, noch übertroffen."[56]

Hitler hatte die politischen Verhältnisse vollkommen falsch eingeschätzt und resignierte bereits am Morgen des 9. November. Das Scheitern des Putsches, mit dem Hitler die Initiative wieder zurückgewinnen wollte, zeigte nur zu deutlich, daß sich die SA gegenüber der bewaffneten Staatsmacht nicht behaupten konnte und die putschistische Taktik wie auch die Militarisierung der SA in eine Sackgasse führten. Beim Wiederaufbau der SA 1925 wurden daraus die Konsequenzen gezogen.

Der äußere Ablauf der Ereignisse am 8. und 9. November ist bekannt: während der abendlichen Rede von Kahrs im

Abb. 4/32-33

Heinrich Hoffmann: Straßensperre
der Putschisten (u.a. Heinrich
Himmler und Ernst Röhm)
vor dem Kriegsministerium in der
Schönfeldstraße, München,
9. November 1923, Pressebildabzug;
Heinrich Hoffmann: Verhaftung
sozialdemokratischer Stadträte durch
Hitler-Anhänger vor dem
"Münchner Kindl-Keller", München,
9. November 1923, Pressebildabzug

Bürgerbräukeller ließ Hitler das Gebäude von der SA umstellen, stürmte das Podium und verkündete nach einem Pistolenschuß in die Decke die nationale Revolution. Unter Androhung von Gewalt verhandelte er daraufhin mit von Kahr, von Lossow und von Seißer über ihre Teilnahme an der neuen nationalen Regierung, die er angeblich bereits zusammen mit General Ludendorff gebildet hatte. Diese gingen auf Hitler ein, organisierten jedoch Gegenmaßnahmen, nachdem sie den Bürgerbräukeller verlassen hatten, so daß sich die Putschisten am nächsten Morgen einer Übermacht von Polizei und Reichswehr gegenübersahen und nur mit einer Flucht nach vorn reagieren konnten. So zog am Vormittag des 9. November eine annähernd 3000 Mann starke, teils bewaffnete Kolonne, an deren Spitze eine Hakenkreuzfahne und die Flagge des Bundes Oberland wehten, vom Bürgerbräukeller in Richtung Innenstadt. In der vordersten Reihe marschierte Hitler zwischen Ludendorff, Kriebel und führenden Parteimitgliedern. Vom Marienplatz aus, wo Streicher vor einer großen Menge eine Rede hielt, bewegte sich die Demonstration durch die Residenzstraße zum Odeonsplatz, der von einer bewaffneten Polizeikette abgesperrt war. Der weitere Verlauf der Ereignisse bleibt im Dickicht der Legenden unklar. Übereinstimmung herrscht jedoch, daß ein einziger Schuß fiel, der einen kurzen, heftigen Feuerwechsel auslöste und vierzehn Angehörige des Zuges und drei Polizisten das Leben kostete. Hitler wurde von seinem tödlich getroffenen Nebenmann zu Boden gerissen und ergriff in dem panischen Durcheinander die Flucht, wurde jedoch nach zwei Tagen verhaftet und in die Festung Landsberg eingeliefert.

Der nationalsozialistische Pressefotograf hatte – nach seinem späteren Bekunden – von Hitlers Putschplänen keine Ahnung und war im entscheidenden Moment nicht zur Stelle, weder beim Auftakt des hochverräterischen Unternehmens im Bürgerbräukeller noch beim "Marsch zur Feldherrnhalle". Hoffmann schrieb: "Am Morgen des denkwürdigen 9. November 1923 war ich schon früh mit meiner Kamera unterwegs. Der Tag war trüb, kein Wetter zum Fotografieren. (…) Ich kam gerade zurecht, um die Verhaftung der sozialistischen und kommunistischen Stadträte zu fotografieren. In kurzer Zeit war mein Plattenvorrat erschöpft. Im Bürgerbräu beriet man, ob ein unbewaffneter Propagandamarsch durch die Stadt gemacht werden sollte. Schnell fuhr ich in die Schellingstrasse, um neue Platten zu holen. Eine Stunde würde ich schätzungsweise für den Weg brauchen!

Etappen der Führerpropaganda | Im Visier der Fotografen

Heinrich Hoffmann: Ein nationalsozialistischer Redner spricht unter dem Schutz bewaffneter Putschisten auf dem Marienplatz, München, 9. November 1923, Pressebildabzug

Aber ich kam zu spät zurück! An der Feldherrnhalle hörte ich von dem schnellen und furchtbaren Ende, den der Aufmarsch genommen hatte."[57] Bei den dramatischen Auftritten der namhaften Protagonisten waren sonst keine Fotografen zugegen. Die Höhepunkte der Ereignisse fehlen daher in der fotografischen Dokumentation – und auch Hitler oder andere namhafte Putschisten sind auf keiner der Aufnahmen Hoffmanns auszumachen. Im Sinne einer fotografischen Parteidokumentation bedeutete der Putsch eine verpaßte Chance. Daß die fotografische Ausbeute des mit den Putschisten sympatisierenden Hoffmann so gering ausfiel, entbehrt nicht einer gewissen Komik. Denn seit Anfang November hatten sich die Putschgerüchte verdichtet und deshalb war wahrscheinlich auch Hoffmanns Kollege, der Berliner Fotograf John Graudenz am Totensonntag, an dem viele Zeitgenossen bereits einen Putsch erwarteten, nach München gekommen. Hoffmann blieb jedoch der einzige Fotograf der Novemberereignisse, sieht man von einem unbekannten Amateurfotograf ab, und daher konnte die Bilderpresse zur Illustrierung des Novemberputsches nur auf das Agenturangebot des Putschistenfreundes zurückgreifen.[58]

Hoffmanns Dokumentation der Ereignisse vom 9. November umfaßt vorrangig militärische Aspekte: den "Stoßtrupp Hitler" auf Lastwägen vor dem Bürgerbräu, die Abführung von verhafteten sozialdemokratischen Stadträten,[59] Mitglieder der "Reichskriegsflagge" mit Röhm und Himmler hinter einem Stacheldrahtverhau am Kriegsministerium, aber auch einen Massenauflauf mit einem Parteiredner auf dem Marienplatz, und dann – post festum – Kommandos der Landespolizei auf dem Odeonsplatz. Dabei scheint es wiederum so, als ob sich Hoffmann mit Vorliebe der SA widmete.[60]

Die Aufnahmen vom Auftritt der bewaffneten Kampfverbände schließen sich direkt an Hoffmanns frühere Aufnahmen von militärischen Übungen an und lassen sich in ein paar Fällen nicht einmal eindeutig davon unterscheiden. Kulminierte in der realen Gewaltanwendung am 8./9. November der frühere Drohgestus der Kampfverbände, so lassen Hoffmanns Aufnahmen keinen Unterschied zwischen Gewaltdrohung, der Simulation einer Gewaltanwendung und realer Gewalt erkennen. Auch in Thematik und Bildästhetik unterscheiden sich Hoffmanns "Putsch-Aufnahmen" nicht entscheidend von seinen Aufnahmen aus den ersten Tagen der Novemberrevolution 1918. Revolution und Putsch bildeten ein Zwillingspaar, da der Fotograf nach identischen Bildstandards arbeitete.

Der frühe Hitlerkult in Fotobroschüren

Mit dem Ende des völkischen Aktionismus des Jahres 1923 verringerte sich auch Hoffmanns aktuelles Bildangebot schlagartig. Der Fotograf orientierte sich neu und vollzog Anfang 1924, als Hitler inhaftiert und die NSDAP verboten war, den Übergang von der Fotoberichterstattung zum dezidert propagandistischen Fotografieeinsatz im Dienste von "Führer" und "Bewegung", indem er Fotobroschüren herausgab. Seine in den Jahren zwischen 1924 und 1926 erschienenen drei Broschüren waren der Beginn der nationalsozialistischen Fotopropaganda und beleuchten wichtige Stationen der Parteigeschichte in der Verbotszeit beziehungsweise der Phase der Neugründung und Konsolidierung. War ihre publizistische Zielrichtung im Zusammenhang mit dem Hitler-Prozeß mehr retrospektiv-legitimatorisch, griffen sie, als sich eine nationalsozialistische Ersatzorganisation an den Wahlen und damit am Wahlkampf beteiligte, auch direkt politisch ein und betrieben nach der Wiederzulassung der NSDAP schließlich aktive Werbung für die Partei. Den Anfang machte Mitte Februar 1924 Hoffmanns Bildbroschüre "Deutschlands Erwachen in Bild und Wort"; einige Wochen später folgte die völkische Wahlkampfbroschüre "Wen soll ich wählen". Der "zweite Teil" von "Deutschlands Erwachen in Bild und Wort" erschien dann im Sommer 1926, als die NSDAP wieder zu einem Parteitag rüstete. Aufgrund ihrer starken fotografischen Illustrierung setzten sich Hoffmanns Broschüren von der Flut der bildlosen völkischen Schriften dieser Jahre ab, ohne in ihrer Aufmachung schon eindeutig zukunftsweisende Bedeutung zu besitzen. Dabei offenbart der schon in den frühesten Publikationen betriebene Führerkult, welch zentrale Rolle Hitlers Anhänger dem Führer der verbotenen Partei auch während seiner Abwesenheit zumaßen. Dessen Verherrlichung als völkischer Hoffnungsträger in der "führerlosen Zeit" konnte freilich nicht darüber hinwegtäuschen, daß die "Bewegung" in konkurrierende Gruppierungen zersplittert war, die sich zunehmend bekämpften, denn nach Hitlers Inhaftierung fehlte eine integrierende Person, und dieser sah sich selbst außerstande, von Landsberg aus steuernd einzugreifen.

"Deutschlands Erwachen in Bild und Wort"

"Deutschlands Erwachen in Bild und Wort" kam zur Eröffnung des Prozesses gegen die nationalsozialistischen Hochverräter heraus, trug wohl zu dem für Hitler positiven Meinungsklima vor Gericht bei und sollte seinerseits von dem aufsehenerregenden Prozeß profitieren.[1] Rechtfertigung des Putsches und moralische Aufrichtung der Parteimitglieder, verbunden mit dem Lobpreis von Hitlers Führertum, waren die Hauptaufgaben der Broschüre. Diese richtete sich an Anhänger und Sympathisanten der verbotenen Partei, stieß aber auch außerhalb auf positive Resonanz.[2] Albrecht Tyrell schrieb über Hitlers Erfolg vor Gericht: "Die offene Sympathie des Münchener Volksgerichts und all derer, die eine 'nationale Erneuerung' herbeigesehnt hatten, die Details des dilettantischen 'Hitlerputsches' aber nicht kennen konnten, gab Hitler die Chance, den Hochverratsprozeß in ein Propagandaforum zu verwandeln. Indem er sich zum Vollstrecker des Volkswillens stilisierte, pathetisch alle Schuld vor der Geschichte auf sich nahm und das Scheitern lediglich dem Versagen Lossows und des bayerischen Generalstaatskommissars von Kahr zuschrieb, gelang es ihm, nicht nur ein mildes und ehrenhaftes Urteil zu erwirken, sondern zugleich die Grundlagen dafür zu schaffen, daß der Rechtsradikalismus in Deutschland weiterhin in ihm einen seiner bedeutendsten Führer sehen mußte."[3]

Hoffmann brachte mit seiner fotografisch illustrierten Rückschau die in den zurückliegenden Monaten und Jahren entstandenen Aufnahmen der völkischen Bewegung erstmals in einen größeren Sinnzusammenhang und prägte bestimmte Topoi der späteren nationalsozialistischen Veröffentlichungen über die frühe Parteigeschichte. Erstmals machte sich hier auch der Nutzen seines Archivs für die völkische Bildpropaganda bemerkbar. Auf 32 Seiten enthält die Broschüre circa 100 Aufnahmen, zur Hälfte Ereignisaufnahmen, zur Hälfte Porträts von völkischen Protagonisten und bayerischen Landespolitikern.[4] Mit dieser Art der Publizierung seiner Fotografien wiederholte Hoffmann ein Verwertungsprinzip, das er erstmals Ende 1919 im Zusammenhang mit den Revolutionsfotografien praktiziert hatte, jetzt jedoch offenbar ohne großen geschäftlichen Erfolg, da auch ein Jahr nach Erscheinen die Broschüre nicht ausverkauft war und auch seine späteren nationalsozialistischen Biografen nie viel Aufhebens von ihrer Auflagenhöhe machten.[5] Das Geleitwort des Heftes reklamierte aufklärerische Absichten und wies dem "sorgfältig ausgewählten Bildmaterial" besondere Bedeutung bei: "Den Titel 'Deutschlands Erwachen' rechtfertigen allein schon die Bilder, die Zeugnis ablegen von den Riesenkundgebungen, die der deutschen Lebensfrage galten – und die Gestalten jener Männer, die abseits vom parlamentarischen Getriebe revolutionärer Prägung kraft der Eingebungen ihres Blutes Vorkämpfer einer neuen Lebensidee für ihr Volk sein mußten."[6] An gleicher Stelle wurde auch über das Verhältnis von Bild und Text reflektiert und den Fotografien der Vorrang als zuverlässige Informationsquelle eingeräumt: "Das vorliegende Bilderwerk 'Deutschlands Erwachen' verdankt (…) seine Entstehung dem Bedürfnis einer möglichst kurzen und doch zuverlässigen Information. Was eignet sich hierzu wohl vortrefflicher als das photographische Bild? Deswegen sollen hier in chronologischer Anordnung Bilder sprechen. Getreuer denn das Wort überliefert gegenwärtig das Bild hervorragende Begebnisse der Zeitgeschichte. (…) Der Text ist nur gedacht als Rahmen für die erzählenden Bilder, wo notwendig, sie miteinander verbindend."⁷ Diese Sätze mit dem Lobpreis der Fotografie wiederholen Überlegungen, die schon im Vorwort von Hoffmanns Revolutionsatlas zum besten gegeben worden waren und der zeitgenössischen Illustriertenideologie und ihrer Überschätzung der fotografischen Vermittlungsfähigkeit entsprachen.

Auch die Bildästhetik der Aufnahmen wie ihre Präsentationsweise bewegten sich im Rahmen der bereits vier Jahre zurückliegenden Revolutionsbroschüre. Die Wiedergabe der in den Text eingestreuten Aufnahmen folgte herkömmlichen Mustern, ohne besondere Mittel zur Steigerung der Bildwirkung wie etwa Bildausschnittvergrößerungen zu verwenden. Die Aufnahmen sind teils freigestellt, teils auch in ovalen und kreisrunden Formen und eingeschnittenen Rechtecken gefaßt. An einer Stelle wich die Bildpräsentation der Broschüre von Hoffmanns erstem Bildheft jedoch ganz deutlich ab – und zwar in der Art und Weise der Hervorhebung ihres Helden, des nationalsozialistischen Parteiführers. Hier zeigt sich einmal mehr, wie stark sich Hoffmanns Ambitionen auf Hitler richteten. Hitler ist auf eine Ebene mit dem legendären Weltkriegsgeneral gestellt und neben Ludendorff allein mit einem ganzseitigen Bildnis (aus der Porträtsitzung vom September 1923) präsent.⁸ Seine besondere Bedeutung "als stärkste politische Persönlichkeit der nationalen Bewegung und als Führer der völkisch-deutschen Freiheitsbewegung"⁹ wurde zusätzlich noch durch eine ganzseitige Abbildung mit dem Titel "Hitler spricht" unterstrichen, deren Bild-Text-Kombination eine ästhetisch-syntaktische Innovation bildet und in der fotografischen Führerpropaganda noch häufiger verwendet werden sollte. Im Gegensatz zum Bildtitel ist nicht Hitler während einer Rede zu sehen, sondern eine riesige Menschenmenge im Zirkus Krone, die einer Rede des "Führers" lauscht. Der Bildtitel machte also eine Umkehrung, bezieht sich nicht auf das Aufnahmemotiv, sondern auf das Gegenüber, den Anlaß der Versammlung. Zugleich sollte die Aufnahme der von Hitlers Worten ergriffenen Zuhörerschaft die im Text mehrfach angesprochene Verehrung Hitlers und seinen quasi-religiösen Nimbus bekräftigen: "Warum blickten Millionen sehnsüchtig nach Adolf Hitler aus, und warum wird er bis zur Stunde vergöttert? Was gibt ihm die große Macht über deutsches Gemüt? Weil deutsches Führertum sein Wesen bestimmt, das sich durchzusetzen bestrebt ist, nur um des Ganzen willen."¹⁰ Direkte Christus-Assoziationen, nationalistisch gewendet, suchte gar das Geleitwort zu wecken: "Ein Mann, aufgestanden mitten aus dem Volk, verkündet das Evangelium der Liebe zum Vaterland (...)."¹¹

Verantwortlich für den Broschürentext zeichnete Max Sesselmann, früherer

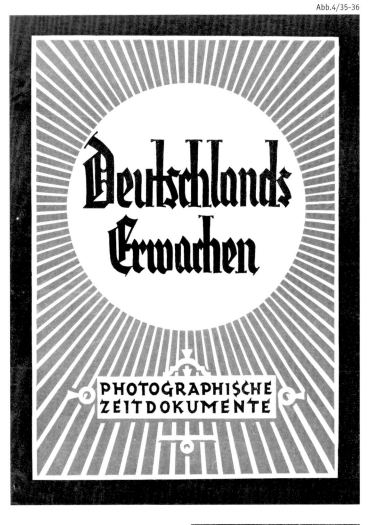

Deutschlands Erwachen in Bild und Wort. Photographische Zeitdokumente von H. Hoffmann, München (1924), Titelseite;
Anzeige, in: Völkischer Beobachter, Nr. 200, 21. November 1925, S. 4

Abb. 4/37

Deutschlands Erwachen in Bild und Wort, 1924

Schriftleiter des "Völkischen Beobachters" und aktiver Putschteilnehmer. Seine militant antisemitische und republikfeindliche Darstellung ergreift bedingungslos Partei für die NSDAP – ohne parteioffiziell aufzutreten, da nach dem Putsch jede Parteipublizistik verboten war. Einleitend verbreitet er völkische Glaubenssätze und räsoniert über "Deutschlands Zusammenbruch", herbeigeführt vom "Weltspekulationsgeist" und seinem "Versklavungsplan".[12] Sesselmann beklagt eine allgemeine Entsittlichung und setzt der "Scheinkultur des Modernismus", der momentanen "Entartung am Mark des Volkstums" die "ideale Macht des Germanentums"[13] entgegen: "Alles Edle, alle Kräfte des Guten sind rassisches Erbgut. So wird das Ideal wahrer Volksgemeinschaft gebildet von der brüderlichen Verbundenheit aller, die deutschen Blutes, deutscher Sprache und Gesinnung sind. (…) Unser Volk muß wieder ein deutsches Antlitz tragen, auf daß nicht fremdes und verderbtes Blut den Geist der Gemeinschaft zersetze und das gewaltige Kulturerbe des germanischen Geistes in den Schlamm der Anarchie stoße. Blutsreinheit läßt in einem Volk die Kultur des Wahren, Schönen und Edlen erblühen und gibt Kraft und Ausdauer in Gefahr."[14] In diesem Geiste sieht Sesselmann "heroische Kräfte" auf den Plan treten, die "Deutschlands Erwachen" begründen. Im Anschluß an die Beschwörung völkischer Glaubenssätze entwirft er eine Geschichte der völkischen Gruppen und der aus ihnen hervorgegangenen NSDAP aus nationalsozialistischer Sicht und endet mit einer moralischen Rechtfertigung des Putschversuches: "Sind die höchsten Dinge verraten, so gibt's keinen Hochverrat."[15] "Die Bewegung vom 8. November wollte nichts Böses im Sinne der sittlichen Weltordnung, im Sinne der sittlichen Staatsidee! Vielmehr endlich ein gutes Regiment – und das ist kein Verbrechen!"[16]

Ohne eigenes Vorwissen erschließt sich dem Leser aus Sesselmanns schwülstigem Text die zurückliegende Entwicklung der NSDAP wohl kaum. Ganz zu schweigen von den Einzelereignissen auf den vielfach nur mangelhaft beschrifteten Abbildungen. Eine textliche Erläuterung des Novemberputsches fehlt vollkommen. Die im Geleitwort formulierten Ansprüche realisierten sich nicht. Das alles fiel vielleicht nicht so ins Gewicht, sollte die Broschüre doch vor allem "die Erinnerung all jener, die an den Ereignissen mitwirkend oder miterlebend teilnahmen, verknüpfen mit den bedeutungsvollen Begebenheiten und ihren Sinn wachhalten für die großen gemeinsamen Aufgaben der Zukunft".[17] Einen solchen memorativen und appellativen Zweck erfüllten wohl vor allem die Bilder der Broschüre. Führergestalten, marschierende Massen und Hakenkreuzfahnen, ästhetisch nicht gerade prägnant herausgearbeitet, aber in ihrem Grundmuster und Beziehungsschema schon erkennbar, das ist der Kern der visuellen Signatur der Broschüre. In ihrer Abfolge entwickeln die Ereignisaufnahmen eine eigene Aussagetendenz: aus der breiten Massenbewegung der Einwohnerwehr schält sich eine zunehmend militarisierte und uniformierte Truppe heraus, deren Auftritt im Waffeneinsatz beim Novemberputsch ihren Höhepunkt findet und mit dem "Opfertod" der "Gefallenen vom 9. November 1923" endet. Sie werden auf einem eigenen Tableau präsentiert. Ihr Scheitern wird als "Geburtsstunde jener innerlich geläuterten Volksbewegung" gedeutet, "die die Kinderkrankheiten und Unklarheiten ihrer Frühzeit überwunden hat und ihr großes Ziel nunmehr in kristallklarer Reinheit vor sich liegen sieht."[18]

Im ganzen gesehen wirkt die Zuordnung von Bild und Text nicht so überzeugend wie in der Revolutionsbroschüre von 1919, was im Fehlen einer auch visuell prägnanten antithetischen Freund-Feind-Grundstruktur und zudem darin begründet liegt, daß die Broschüre der Ausbreitung der völkischen Glaubenssätze sehr viel Platz einräumt. So steht der völkisch theoretisierende Eingangsteil ohne Bezug zu den an gleicher Stelle reproduzierten Abbildungen von Veranstaltungen der Einwohnerwehr. Im Text kommt die Einwohnerwehr, als Vorläufer der NSDAP verstanden, erstmals auf Seite zwölf zur Sprache, auf der aber bereits Aufnahmen von NS-Veranstaltungen abgebildet sind. Auch im Fortgang erreicht die Broschüre keine befriedigende Synchronisation von Bild und Text. Eine "Potenzierung des Sinnes"[19] erscheint daher mehr zufälliges Resultat, wie etwa auf Seite sechs, wo ohne sachlichen Zusammenhang unterhalb des Satzes: "Die deutsche Aufgabe muß gelöst werden, Gott will es, denn er hat sie uns auferlegt" eine Aufnahme von Kardinal Faulhaber abgebildet ist. Als vergleichbare Berufungsinstanz fungierte auch Kronprinz Rupprecht mit einer Abbildung, wie er nach der Grundsteinlegung des bayerischen Kriegerdenkmals Anfang November 1923 den Vorbeimarsch eines SA-Verbandes abnahm. Es war sicherlich kein Zufall, daß Hoffmann gerade diesen Verband beim Vorbeimarsch zeigte. Wie wichtig es ihm war, das Ritual deutlich sichtbar unter das Zeichen des Hakenkreuzes – "das Symbol des Urgermanentums ist das Zeichen der Lebensanschauung jener, die eher sterben, als tatenlos und feige in Schmach und Knechtschaft zu versinken" (Sesselmann) – zu stellen, zeigt sich daran, daß er zur Retusche griff und auf einer Aufnahme seines Fotografenkollegen Spiessl das kaum erkennbare Parteisymbol auf der Fahne des vorbeimarschierenden Trupps gänzlich neu nachzeichnete.

Eine ähnliche manuelle Manipulation zur sinnstiftenden Zurichtung des

Deutschlands Erwachen in Bild und Wort, 1924;
Spiessl: Vorbeimarsch der SA an Kronprinz Rupprecht, München, 4. November 1923, Postkarte

Abb. 4/40

Wen soll ich wählen? Ein Ratgeber für Unbelehrbare. Photobericht Hoffmann, München (1924), Titelseite

fotografischen Materials war auch schon in Hoffmanns "Revolutionsatlas" von 1919 zu beobachten. Solche Eingriffe bildeten damals aber ein Phänomen am Rande von Hoffmanns fotopublizistischer Tätigkeit.[20] Den Rahmen des dokumentarischen Anspruches von Fotografie sollte freilich bald darauf Hoffmanns Bildbroschüre "Wen soll ich wählen? Ein Ratgeber für Unbelehrbare" vollkommen sprengen, die einen fotopublizistischen Sonderfall darstellt und sich einer extrem plakativen Bildrethorik zur direkten politischen Agitation bediente.

"Wen soll ich wählen? Ein Ratgeber für Unbelehrbare"

Das sechszehnseitige Heft "Wen soll ich wählen? Ein Ratgeber für Unbelehrbare" kam noch während des Hitler-Prozesses heraus und machte anläßlich der bayerischen Landtagswahlen vom 6. April 1924 Propaganda für die Kandidaten des "Völkischen Blocks", einer Wahlorganisation verschiedener rechtsgerichteter Gruppierungen.[21] Die Wahlbeteiligung der Völkischen erfolgte ursprünglich gegen den Willen Hitlers, der in seiner Machtlosigkeit jedoch einlenken mußte:

"Ihn verdroß vor allem, daß er als österreichischer Staatsbürger, dessen Ausweisung die bayerische Regierung betrieb, selbst nicht von den mit einer Wahl in den Landtag verbundenen Vorteilen profitieren konnte wie z.B. Gregor Strasser als Mittäter des 8./9. November."[22] In der Broschüre stand Hitler als ideologischer Bezugspunkt trotz zahlreicher Zitate aus seinen Reden nicht zu übersehen im Hintergrund. Die recht zusammengewürfelt und hausbacken wirkende Broschüre verband eine derb ausufernde Bildagitation gegen den politischen Gegner mit einer vergleichsweise kurzen Selbstdarstellung in Form von Texten und Porträts der völkischen Kandidaten, unter anderen Anton Drexler, Gregor Strasser und Julius Streicher. Auf eine eingangs präsentierte Reihe von Karikaturen gegnerischer Kandidaten, von dem völkischen Grafiker Otto von Kursell gezeichnet, folgte eine politische Abrechnung mit Hilfe von Fotomaterial. Es handelt sich zumeist um politische Ereignisaufnahmen der letzten Jahre, die nach Maßgabe der globalen Frontstellung der Broschüre gegen Juden, Pazifismus, Bayerische Volkspartei, Sozialdemokratie und Kommunismus funktionalisiert wurden, um zentrale Ideologeme der NS-Propaganda zu illustrieren – wohl eine ihrer ersten fotopublizistischen Umsetzungsversuche. Von Nutzen war dabei abermals Hoffmanns Bildarchiv, auch in puncto Fremdmaterial.

Vorherrschendes Muster war die einfache Gegenüberstellung von zwei Aufnahmen, deren ironische bis sarkastische Kommentierung erhellende Aussagen über Ursachen und Wirkungen, über Anspruch und Wirklichkeit der Politik der anderen Parteien ergeben sollte. Über mehrere Seiten präsentierte die Broschüre auf diese Weise das Bildmaterial. So war eine Schützengrabenaufnahme ("Das deutsche Volksheer schützte die deutschen Grenzen vier Jahre lang mit seinen Leibern") mit einer Aufnahme von Revolutionssoldaten ("Unterdessen wurde in der Heimat unter jüdischer Führung die glorreiche Revolution vorbereitet") kontrastiert, um die Dolchstoßlegende plastisch zu illustrieren und den Eindruck zu vermitteln, daß die Heimat bereits kapituliert hätte, als die Front noch kämpfte. (Abb. 4/41) Einen zusätzlichen Akzent erhielt die Gegenüberstellung dadurch, daß "Eisners Schutzgarde beim Landtag am 9. November 1918" herkömmlichen Vorstellungen von soldatischer Haltung widersprach und auch Eisners einmontiertes Bildnis, das in Bayern zum antisemitischen Schreckbild verkommen war, pejorative Assoziationen wecken sollte.[23] Diese Art der mit der Broschüre betriebenen Bildagitation fand keinen Nachfolger in Hoffmanns Publikationen. In seinen künftigen Bildbänden sollte es um die – positive – Selbstdarstellung von Führer und Partei gehen. Das schloß freilich nicht aus, daß Hoffmann für andere publizistische Kontexte auch Bildmaterial lieferte, das auf Feindbildpropaganda abgestellt war.

"Deutschlands Erwachen in Bild und Wort. Zweiter Teil"

Als im Sommer 1926 der "Zweite Teil" von "Deutschlands Erwachen in Bild und Wort"[24] herauskam, waren über zwei Jahre seit Hoffmanns letzter Fotopublikation vergangen, und auch die Neugründung der Partei lag über ein Jahr zurück. Hitler und die NSDAP stießen in der Öffentlichkeit nur mehr auf wenig Resonanz, und die Zeitungen, insbesondere die Illustrierten, berichteten kaum mehr über die völkische Splitterpartei. Ihre Lage schien in den "goldenen Jahren" der Weimarer Republik wenig aussichtsreich; bei den Reichstagswahlen 1924 hatte die "Nationalsozialistische Freiheitsbewegung" nur 3 % der abgegebenen Stimmen bekommen und zerfiel rasch, Hitler hatte Redeverbot und konnte in den meisten deutschen Ländern keine öffentlichen Versammlungen abhalten. Und doch dehnte sich in dieser Zeit die Parteiorganisation reichsweit aus, wuchs die Zahl der Parteimitglieder stark an und

Abb.4/41-42

Wen soll ich wählen?
Ein Ratgeber für
Unbelehrbare, 1924

konsolidierte sich Hitlers Führerstellung. Im Frühjahr 1926 bekehrten sich die nordwestdeutschen Gauleiter zu Hitler und kurz darauf folgte auch Joseph Goebbels, Wortführer des stärker sozialistisch und programmatischer orientierten Parteiflügels, der noch im Januar 1926 Hitler angeblich aus der Partei ausschließen wollte. Sie hatten alle den Wert des Personenkults um Hitler erkannt.[25]
"Ihnen war klar, daß die Verwirklichung ihrer Pläne von einem Massenerfolg der NSDAP abhing, der nach dem Chaos von 1924 – wenn überhaupt – nur mit Hitler möglich sein würde."[26] Der konsequente Ausbau des Führermythos war unerläßlich, um der Partei nach außen hin ein geschlossenes Erscheinungsbild zu geben, zumal sie doch aus ziemlich heterogenen Elementen bestand, noch weitgehend uneinheitlich und dezentralisiert war und in programmatischer Hinsicht diffus wirkte.

Begleitet von der Aufbaustimmung des Frühjahrs 1926 und den auf den Parteitag in Weimar gerichteten Erwartungen, kam im Juni 1926 Hoffmanns neue Publikation, die "Bilderschrift über den Wiederaufstieg", heraus und wurde groß angekündigt: "Achtung! Achtung! Hier 'Deutschlands Erwachen'. 120 Bilder aus der Bewegung für die Bewegung soeben erschienen. Preis 2 Mark. Überall erhältlich."[27] Der parteieigene Eher-Verlag, der auch für Vertrieb und Werbung sorgte, legte die Broschüre den Parteimitgliedern als "Propaganda-Mittel", "das jeden Nationalsozialisten bei seiner Werbetätigkeit wirksam unterstützt," besonders ans Herz.[28]

"Deutschlands Erwachen" war ein Meilenstein des visuellen Personenkults um Hitler, der der unangefochtene Star des Heftes war und sich nicht mehr mit Ludendorff Platz eins teilen mußte. Nicht von ungefähr führte die Vorankündigung

Abb. 4/43-44

Deutschlands Erwachen in Bild und Wort. Zweiter Teil. Herausgeber: Photobericht Hoffmann, München (1926), Titelseite; Anzeige, in: Völkischer Beobachter, Nr. 134, 15. Juni 1926, S. 4

besonders Aufnahmen von Hitler an, die mit ganzseitigen Abbildungen auch breiten Raum einnahmen und "Deutschlands Erwachen" symbolisierten: Hitler als freiheitsdürstender Häftling "in der Festungshaft in Landsberg", als bodenständiger Bayer "in den Bergen" und auf dem "Deutschen Tag" 1925 in Fürth als umjubelter "Führer", erstmals beim Bad in der Menge.[29] Die fotografische Entfaltung des Kults um den "Propheten des kommenden Reiches"[30] stand seiner textlichen Stilisierung nicht mehr viel nach und hatte die frühere Enge ihres Motivspektrums durchbrochen.[31]

Dabei erinnerten Machart und Erscheinungsbild des Heftes noch immer stark an seine Vorgänger, ähnlich wie das zum dritten Mal verkündete fotografische Bekenntnis Hoffmanns im Geleitwort. Dort hieß es dann auch über die publizistische Zielsetzung der Broschüre: "Das vorliegende zweite Heft nimmt den Faden dort auf, wo er mit dem Abschluß des ersten unterbrochen wurde, dem Hitlerprozeß, und verfolgt die Schicksale des Nationalsozialismus bis auf diese Tage. Wer sich über diese Volksbewegung orientieren, sich ein wahrheitsgetreues Bild ihrer Ziele, Absichten, des Wirkens ihrer Führer machen will, findet in dem Text und noch mehr in den Bildern dieser Folge reiches Material. Sie will zunächst durch ihre Photos wirken, die hier gleichsam die Rolle des Berichterstatters übernehmen. Nichts prägt sich gründlicher ein als eine gute Aufnahme. Der Text liefert zu dem reichhaltigen Bildermaterial gewissermaßen den Rahmen, das stimmungshaltige Drum und Dran."[32]

Die meisten der 120 Abbildungen der Publikation stammten von Hoffmann, vor allem die Aufnahmen Hitlers und des Parteigeschehens im süddeutschen Raum, und bekräftigten Hoffmanns Rolle als "Führerfotograf". Doch im Unterschied zu dem Vorgängerheft nahmen fremde Aufnahmen einen größeren Raum ein, da sich die Broschüre nicht mehr nur auf das Parteigeschehen in München und Oberbayern beschränkte. Das Bildmaterial ging neben unbekannten Quellen auf die namentlich genannten Fotografen Wiesener aus Pforzheim und Rosenkranz aus Hattingen zurück, die ihrerseits zu den frühen Fotografen der nationalsozialistischen Bewegung gehörten und in späteren Jahren den "Illustrierten Beobachter" mit Bildmaterial versorgten.

Der Text der Broschüre, verfaßt von dem strammen Nationalsozialisten und Redakteur des "Völkischen Beobachters" Hans Buchner, verteidigte nachdrücklich die parlamentarische Betätigung der NSDAP, wies Einwände der Kritiker an diesem Kurs zurück und verurteilte die völkischen Dissidentengruppen im Interesse von Hitlers Führungsanspruch und der Einheit der "unaufhaltsam wachsenden Bewegung". In mehreren knapp gehaltenen Kapiteln befaßte sich Buchner mit der Entwicklung der NSDAP vom Novemberputsch bis zum Jahr 1926, der völkischen Ideologie, dem Auftritt ihres "Führers" als Redner, den Märtyrern der "Bewegung", der gegenwärtigen Ausbreitung der Partei und ihrer Organisation wie Pressepropaganda.[33] Je nach Thema wechselte sein Sprachstil, gab sich zum einen sachlich referierend, etwa bei der Darstellung der Meinungsgegensätze in der völkischen "Bewegung" nach dem Verbot der NSDAP, zum anderen pathetisch beim Nachruf auf den völkischen Dichter und Hitlerförderer Dietrich Eckart und ausgesprochen emotional bei der Schilderung einer Hitlerrede.

Die Broschüre schließt mit einer Aufnahme Hitlers "an den Gräbern der am 9. November 1923 Gefallenen", zu deren "Opfertod" es heißt: "Im kommenden Reich erst wird ihres Todes Opfer erfüllt sein. Dann werden sie ruhen und schlafen. Dann sind sie nicht umsonst gestorben!"[34]

"Deutschlands Erwachen" wurde in der Broschüre als Synonym für den "ungeheuren Aufstieg" der NSDAP nach ihrer Wiederzulassung gedeutet. Diese Gleichung wurde auch auf der bildlichen Ebene mehrfach aufgestellt, und dementsprechend war die Bebilderung der Broschüre ganz auf die Selbstdarstellung der inzwischen reichsweit agierenden Partei angelegt und teilte sich in vier Bereiche auf: die Präsentation des Parteiführers, der Führungselite der Partei und der SA sowie der Parteirituale. Das große Gewicht, das die Publikation der Darstellung der parlamentarischen Vertretung der NSDAP wie auch der Plakatpropaganda und der Pressepropaganda einräumte, spiegelt die neue legalistische Politik der NSDAP. Mehrere Tableaus versammeln die Bildnisse von NS-Mitgliedern in den Stadträten beziehungsweise im Land- und Reichstag.[35] Nach dem gleichen Muster werden auch NS-Gauführer fotografisch präsentiert – als Ausdruck einer bürokratisierten, durchorganisierten und mitgliederstarken Partei.

Deutschlands Erwachen in Bild und Wort.
Zweiter Teil, 1926, S. 16/17

Gegenüber der fotografischen Präsentation Hitlers trat die kleinformatige fotografische Darstellung der Parteiarmee und der Parteileitung zurück. Während die Parteigrößen mit meist stereotypen Paßbildporträts abgebildet wurden, sollte mit zahlreichen Fotografien von Aufmärschen und Gruppenaufnahmen der SA, die die Mengenhaftigkeit der Parteifahnen mit dem oft stark nachgezeichneten Hakenkreuz hervorhoben, deren allgegenwärtige Präsenz in "allen Gegenden Deutschlands" und eine reichsweit agierende NSDAP vorgestellt werden. Paradigmatisch hieß es in der Bildbetextung: "Überall, auch in der Stadt Scheidemanns, in Kassel, in dem bisher besetzten Düsseldorf, in den Arbeiterstädten Elberfeld und Hattingen, im 'roten' Halle, sogar in den kleinsten Orten des Ruhrgebietes oder in dem jüdisch-demokratischen Frankfurt finden wir den Vormarsch der Idee Hitlers."[36] Auch wenn sich der Text militärischer Begriffe zur Schilderung der SA-Aktivitäten bediente, so trat die SA aber nicht mehr als bewaffneter Verband wie in der ersten Folge von "Deutschlands Erwachen" auf, sondern als Parteiarmee für die Massenpropaganda im Sinne der "Idee Hitlers".

Von den Abbildungen der Broschüre behaupteten sich in späteren Bildpublikationen nur ein paar Aufnahmen von Hitler und anderen Parteiführern. Gerade die ästhetisch überwiegend unmarkanten Aufnahmen der SA waren über ihre aktuelle Aufgabe hinaus nicht von Belang. Insofern ist auch die Bedeutung einer Passage des Geleitwortes zu begrenzen, die über eine künftige Perspektive der Bildverwertung reflektiert und diese in einen politischen Zusammenhang stellt: "Auch mit vorliegender Folge erscheint das Bildermaterial, welches unter dem zusammenfassenden Titel 'Deutschlands Erwachen' mit der Zeit zusammengefaßt werden soll, nur für heute bewältigt. Ob die nächste Folge, welche über kurz oder lang Deutschlands langsames, aber sicheres Erwachen schildern soll, noch das gleiche Motto tragen wird wie die vorliegende, steht freilich dahin."[37] Einen Nachfolger sollte die Broschüre nicht haben. Die herkömmliche textintensive Heftform hatte sich überlebt. Neue Publikationsformen für Fotografien traten auch im Kontext der NSDAP auf den Plan. Es waren das Medium des Fotobuchs und die aktuelle und periodisch erscheinende Illustrierte – und bezeichnenderweise standen sie ganz im Zeichen des Hitlerkults.

Führerprofile im "Illustrierten Beobachter"

Die Parteiillustrierte als Experimentierfeld der Führerpropaganda

Wichtigstes Experimentierfeld und Publikationsorgan der fotografischen Führerpropaganda der "Kampfzeit" war seit Mitte der zwanziger Jahre der "Illustrierte Beobachter". In der Parteiillustrierten entwickelten sich die visuellen Standards des nationalsozialistischen Führertums und summierten sich schließlich 1932 zu einer Rollenvielfalt, die mit dem Bild des Parteipolitikers der Frühzeit nicht mehr viel gemein hatte. Mit einem bunten Kaleidoskop von Aufnahmen wurde Hitler als umjubelter Volksführer, Chef einer militanten Parteiarmee, tapferer Frontsoldat, Staatsmann und bieder-familiärer Privatmann vorgestellt, war der entrückte, über dem Parteiengezänk und den Massen schwebende Befreier, andererseits der ganz diesseitige Mensch. Aus diesem Spektrum von autoritär-ritualisierten und andererseits quasi-privaten, scheinbar formlos ungezwungenen Auftritten resultierte ein Spannungsbogen von Monumentalität und Intimität, der Hitlers Image prägte und schon auf das Bild des an die Macht gelangten nationalsozialistischen Parteiführers verweisen sollte.

Bis 1930 stand Hitler noch keineswegs im Zentrum der fotografischen Bildwelt des "Illustrierten Beobachters", obwohl die NSDAP das klare Profil einer "Führerpartei" besaß und eine starke Führerbindung propagierte, um "die Uneinheitlichkeit und Unklarheit der Ideologie und Programmatik der Partei"[1] auszugleichen, und einen ausgeprägten Kult um die Person ihres Parteivorsitzenden betrieb. Die Gründe dafür, daß die Parteiillustrierte nicht stärker zum Organ eines visuellen Führerkults ausgebaut wurde, sind wohl im Fehlen systematischer Überlegungen für eine visuelle Hitlerpropaganda zu suchen. Organisatorische Mängel, mit denen die Parteiillustrierte ansonsten oft zu kämpfen hatte, standen einer solchen Propaganda wohl kaum im Wege, da die Beschaffung entsprechender Aufnahmen eigentlich keine Schwierigkeiten bereitet haben kann. Enge Beziehungen bestanden nicht nur zwischen Hitler und seinem Fotografen, sondern auch zwischen Hoffmann, "unserem Sonderberichterstatter", wie ihn das Blatt häufig nannte, und dem verantwortlichen Redakteur Hermann Esser, womit eigentlich gute Voraussetzungen für die Entwicklung entsprechender Werbestrategien gegeben waren. So erscheint das anfangs ziemlich konzeptionslose Führerbild der Illustrierten letztlich als Spiegel der Unstimmigkeiten und Mängel der Propaganda der NSDAP bis zur Übernahme der Reichspropagandaleitung durch Goebbels im Jahre 1930.

Zwar prangte schon auf der ersten Nummer der Parteiillustrierten die Fotomontage mit einem prononcierten Führerbildnis, in den Jahren zwischen 1927 und 1930 war Hitler jedoch nur höchstens dreimal pro Jahr auf den Titelseiten zu sehen. Im Inneren der Illustrierten fiel Hitlers Präsenz höher aus und stellte die anderen führenden nationalsozialistischen Politiker in den Schatten. In erster Linie stützte sich das Führerbild auf Aufnahmen von Hitlers Auftritten bei imposanten und massenmobilisierenden Parteiveranstaltungen, über die wiederum nur sehr selektiv berichtet wurde. Von den 56 öffentlichen Redeveranstaltungen Hitlers fanden im Jahr 1927 fünf, von den 66 Versammlungen beim Wahlkampf 1928 vier und von den 29 Versammlungen im Jahr 1929 wiederum nur fünf im "Illustrierten Beobachter" einen fotografischen Niederschlag.[2] Offenkundig ging es der Illustrierten nicht darum, Hitler besonders häufig zu präsentieren. Wenn sie ihn aber zeigte, dann mit möglichst viel Anhang und im beeindruckenden Rahmen. Wie ausgeprägt dieses Dokumentationsmuster war, offenbaren die Illustriertenausgaben zu den Parteitagen von 1927 und 1929, in denen Hitler jeweils häufiger abgebildet war als im ganzen restlichen Jahr!

Während betont hierarchisierende Stilisierungen Hitlers vorerst nur selten zu beobachten sind, stand die Botschaft von der NSDAP als Massenbewegung im Vordergrund, was geradezu als ein Merkmal des frühen, ziemlich eindimensionalen Hitlerbildes erscheint. Ob es nun Aufnahmen des Auditoriums bei Massenveranstaltungen oder des Vorbeimarsches der Parteiarmee waren – die mobilisierende Kraft des Führerglaubens wurde ganz unmittelbar sichtbar und publizistisch eingesetzt, um mit der zutage tretenden Stärke und Massenhaftigkeit wiederum Werbung für den "Führer" zu betreiben.[3] Hierzu waren Fotografien ein ideales Werbemittel. Dabei folgte die fotografische Berichterstattung einfachen Reproduktionsmustern und machte nur wenige Anstrengungen, Hitlers Person im Veranstaltungskontext durch fotografische Mittel besonders hervorzuheben. Auf vielen damaligen Live-Aufnahmen ist Hitler physiognomisch oftmals schwer zu erkennen, zumal auch die Bildpräsentation die verfügbaren Veranstaltungsaufnahmen recht summarisch behandelte und lange Zeit auf zeitgemäße fotojournalistische Gestaltungsformen zur Akzentuierung und Dramatisierung verzichtete.

Dies blieb bis etwa 1930 so. Nach dem Durchbruch der NSDAP zur Massenpartei bei der Septemberwahl 1930 und ihrer steigenden Resonanz in der Öffentlichkeit änderte sich die Gesamtsituation ziemlich grundlegend: "Der Punkt war erreicht, an dem der Hitler-Kult aufhörte, nur das Faszinosum einer kleinen fanatischen politischen Gruppe zu sein, sondern anfing, für Millionen von Deutschen die Hoffnung auf ein neues politisches Zeitalter zu signalisieren."[4] In Übereinstimmung mit neuen propagandistischen Anstrengungen zeichneten sich dann im kommenden Jahr auch gravierende Änderungen in der aktuellen Fotoberichterstattung ab, die Hitler schließlich zu einem persönlich profilierteren Image verhalfen. Das Führerbild differenzierte und polarisierte sich, nahm hierarchisch-entrückte Dimensionen an, wobei nun verstärkt ein auf monumentalisierende Wirkung bedachter Formenkanon eingesetzt wurde, und gewann dann auch an menschlich-privaten Zügen. Dieser Wandel ging in mehreren Schritten vor sich. Während 1930 das Bild des Massenredners und 1931 das Bild des Befehlshabers der Parteiarmee dominierte, erfolgte 1932 quasi eine Synthese dieser beiden Aspekte, angereichert mit dem "menschlichen Hitler". Die "menschliche Komponente" war wohl die prägnanteste Neuerung der fotografischen Hitlepropaganda und zielte in diesem Jahr der permanenten Wahlkämpfe zu den Landtags-, Reichstags- und Präsidentschaftswahlen auf die Erschließung neuer Wählerpotentiale. Die mit dem neuen Hitler-Image verknüpften, fortlaufend wiederholten und jeweils in neuen Abbildungen aktualisierten Botschaften vermittelten den Eindruck eines rastlos tätigen Parteiführers und kündeten von seiner Stärke und einigenden Kraft, seinem wachsenden Zuspruch bei allen gesellschaftlichen Gruppen, dem konfliktfreien Verhältnis von Führer und Gefolgschaft, der Disziplin der "Bewegung" und nicht zuletzt den so überaus sympathischen Charakterzügen des Parteiführers. Wer mit diesen machtvollen wie volkstümlichen Attributen vorgestellt wurde, erhob den Anspruch, das "neue Deutschland" zu repräsentieren, und tat so, als sei er schon im Besitz der Macht – und dies als populärer Volkskanzler und nicht als herkömmlicher Parteipolitiker.

Die Neuformierung des Führerbildes im "Illustrierten Beobachter" wäre undenkbar gewesen ohne die Einführung moderner fotojournalistischer Arbeitsweisen und entsprechender Layouts für die Bildpräsentation, die zur bildmäßigen Umsetzung von Hitlers Auftritten bei Massenritualen herangezogen wurden und sein Erscheinungsbild dynamischer, lebendiger und abwechslungsreicher erscheinen ließen. Fotomontagen, wie sie in der "Arbeiter-Illustrierten-Zeitung" gebräuchlich waren, waren die Ausnahme. (Abb. 4/46) Neuartige Fotoreportagen lösten die ziemlich unterschiedslose und ästhetisch anspruchslose Anhäufung von Aufnahmen der Anhängerschaft ab und entwarfen eine eigene visuelle Rhetorik des Führerkults, basierend auf individualisierenden Darstellungen des Verhältnisses von Führer und Gefolgschaft. Dabei wurde auch die enge und ausschließliche Bindung der fotografischen Präsenz Hitlers an seine Auftritte im Rahmen offizieller Veranstaltungen gelockert – und der Fotografie im Zuge der Integration auch informeller Auftritte eine Aufgabe zugeschrieben, die über das Dokumentieren von Veranstaltungen hinausging.

Der Wandel des Führerbildes in den frühen dreißiger Jahren ging mit Hitlers stark wachsender visueller Präsenz im "Illustrierten Beobachter" einher. An die Stelle sporadischer Erscheinung trat die immer häufigere visuelle Gegenwärtigkeit. Ein Indikator dafür ist die wachsende

Abb. 4/46

Illustrierter Beobachter, Nr. 32, 9. August 1930, S. 539

Abb. 4/47-49

Photo-Hoffmann: Joseph Goebbels spricht, nach 1927, Postkartenserie

Anzahl der Titelblätter mit Hitlerdarstellungen. Sie stieg steil an, 1931 auf 8 und 1932 auf 11 Titelblätter. Die Illustrierte überschritt 1932 nach eigenen Angaben die Auflagenhöhe von dreihunderttausend Stück und war zur Massenillustrierten geworden.[5] Auch organisatorisch bildete das Jahr 1932 die Zäsur der fotografischen Führerpropaganda. Erstmals im Zusammenhang mit den "Deutschlandflügen" erfolgte, reichsweit abgestimmt, in der NS-Presse eine auf Fotografien gestützte Hitlerpropaganda, und nun ging auch der "Völkische Beobachter" dazu über, Fotografien in diesem Sinne systematisch einzusetzen. Gleichzeitig kamen die ersten Hitlerbildbände Hoffmanns heraus, die die verschiedenen Aspekte des Führerbildes ausgiebig illustrierten. Für den agilen, omnipräsenten Wahlkämpfer und modernen Volkstribunen stand der Band "Hitler über Deutschland". "Hitler wie ihn keiner kennt" repräsentierte den menschlichen und zum Volkskanzler prädestinierten Tugendhelden und "Das braune Heer" zeigte den herrischen, unbedingte Gefolgschaftstreue fordernden Gebieter über die Parteiarmee.

Charakteristisch für das Bild Hitlers und seiner Bewegung, wie es der "Illustrierte Beobachter" und Hoffmanns Bildbände entwarfen, war schließlich neben der dominanten Präsenz der öffentlichen Selbstdarstellung die absolute Tabuisierung der zunehmenden Gewalttätigkeit der nationalsozialistischen Parteiarmee, die diese Selbstinszenierung der Partei realiter begleitete. Nicht weniger bemerkenswert ist die Tatsache, daß ein Bereich der politischen Aktivitäten Hitlers, der in der letzten Phase der Weimarer Republik zunehmend an Bedeutung gewann und über die NS-Machtübernahme entscheiden sollte, allenfalls am Rande in den Bildmedien aufschien: Hitlers Zusammenkünfte mit den herrschenden politischen Machteliten.[6] Dadurch, daß diese arkanpolitischen Kontakte mit einflußreichen Kräften ausgeblendet wurden, konnte die nationalsozialistische Machtübernahme 1933 umso mehr als das Resultat einer kraftvollen Massenbewegung erscheinen. Gemeinsames Posieren mit führenden Staatsmännern vor Hoffmanns Kamera war wohl nicht zu vereinbaren mit Hitlers Image und seiner radikalen Gegenposition zum Weimarer System.

"16 000 im Berliner Sportpalast..." Hitler als Redner

Von der NSDAP und ihren führenden Vertretern wurde die überragende propagandistische Bedeutung des gesprochenen Wortes immer wieder betont.[7] Hitler selbst hatte 1924 in "Mein Kampf" schon festgestellt: "(...) die größten Umwälzungen auf dieser Welt sind nie durch einen Gänsekiel geleitet worden! Nein, der Feder blieb es immer nur vorbehalten, sie theoretisch zu begründen. Die Macht aber, die die großen historischen Lawinen religiöser und politischer Art ins Rollen brachte, war seit urewig nur die Zauberkraft des gesprochenen Wortes."[8] Diese Wertschätzung der Rede lag in Hitlers eigener Erfahrung als Redner begründet, abgesehen davon, daß Redeveranstaltungen lange Zeit das kostengünstigste Propagandamittel für die NSDAP bildeten. Hitlers primäres propagandistisches Medium blieb immer die Rede, meist eingebunden in das suggestive Versammlungsritual von Großkundgebungen mit seinen feierlichen Überhöhungen.

Rednerfotografien von Hitler waren eines seiner wichtigsten Markenzeichen. Bis 1930 blieben solche Darstellungen jedoch ausgesprochen selten. Abgesehen von den Redebeschränkungen und -verboten für Hitler in den Jahren 1925 bis 1928, gab es dafür wahrscheinlich mehrere Gründe.[9] Nicht ohne Einfluß waren fototechnische Probleme. Zu Hitlers Vorlieben gehörte es, abends zu sprechen, doch war das damals übliche Filmmaterial für die Lichtverhältnisse in dunklen Versammlungsräumen noch nicht sensibel genug und erforderte längere Belichtungszeiten. Und lichtstarke Kameras wie die Ermanox oder Leica verwendete Hoffmann erst später. Aufhellungen durch Blitzlicht kamen nicht in Frage. Hoffmann berichtete später von einem frühen Versuch, Hitler während einer Rede auf einer abendlichen Massenversammlung aufzunehmen, was in einem Fiasko endete, da der Rauch des Magnesium-Blitzlichtpulvers Hitler zum Husten reizte und die Rede verdarb.[10] Von den damals vorhandenen aufnahmetechnischen Schwierigkeiten zeugen verschiedene Fotografien, die in diesen Jahren im "Illustrierten Beobachter" erschienen und Hitler meist nur verwischt und schemenhaft zeigen.[11] Diese unbefriedigenden Resultate bildeten wohl auch einen der Gründe dafür, daß Hoffmann Ende 1927 mit Hitler die Atelieraufnahmen mit dramatisierten Rednerposen aufnahm (Abb.3/31-37).

Nicht auszuschließen ist jedoch auch, daß Hitler anfänglich gewisse ästhetisch motivierte Einwände gegen derartige Schnappschußaufnahmen von ihm als Redner hatte und in ihnen die auch von seinen Gegnern attestierte Suggestivität seiner Rede nicht adäquat wiedergegeben fand. Denn auch Hitlers damalige Rednerauftritte im Freien wurden vorerst nicht stärker für entsprechende Aufnahmen genutzt.[12] Ganz im Gegensatz zu den effektvollen Auftritten von Joseph Goebbels, dessen Rednerporträts seit 1927 mehrfach im "Illustrierten Beobachter" publiziert wurden und ebenfalls als Postkartenserie erschienen.[13] Ab 1930 fanden dann solche Aufnahmen Hitlers vermehrten Eingang in die Hitlerberichterstattung, erstmals im Zusammenhang mit der Wahlkampfpropaganda im Herbst dieses Jahres, und sie zeigten ihn "in einer seiner typischen Rednerposen während seiner eindrucksvollen Riesenkundgebung im Berliner Sportpalast".[14] Eine mehrteilige Serie folgte Mitte 1931, entstanden während des oldenburgischen Wahlkampfes bei einer Rede in Jever.[15] Weitere Fotografien von Hitlers Redeauftritten unter freiem Himmel schlossen sich an, meist mit markanten Profilansichten, die die anfänglichen frontalen Aufnahmen in den Hintergrund drängten. Auffallend bleibt dabei jedoch zweierlei, daß diese Bilder in der damaligen NS-Publistik eine vergleichsweise geringe Rolle spielten und daß Hitlers gewalttätige und forcierte Gestik als Ausdruck seiner Entschlossenheit fotografisch beziehungsweise in der Bildpräsentation nicht stärker herausgearbeitet wurde.

"Hitler spricht" – das bedeutete in der fotografischen Führerpropaganda vor 1933 weniger die fotografische Dokumentation seiner eigenen Person als Redner, sondern vielmehr die imposante Darstellung seiner Anziehungskraft auf die Massen. Hitlers Resonanz im Spiegelbild seiner Zuhörerschaft wurde zur dominierenden visuellen Signatur der damaligen NS-Fotopublizistik, er selbst synonym mit massenhaftem Zuspruch. So fehlte in den Fotoberichten über Führerkundgebungen lange Zeit jegliche visuelle Repräsentanz Hitlers, allein Titel oder Bildunterschriften wie "Hitler spricht" signalisierten seine Gegenwart als Redner. Diese Vertauschung wurde zum prägnantesten Stilmittel für die Visualisierung von Hitlers Popularität.[16]

Zur Darstellung der Massenversammlungen dienten insbesondere Panoramaaufnahmen, die zu einem der hervorstechendsten Kampfmittel der nationalsozialistischen Fotopropaganda in der Weimarer Republik werden sollten. Die "Spezialaufnahmen für den Illustrierten Beobachter" stammten zumeist von Hoffmann, der sich mit der entsprechenden Aufnahmetechnik vertraut gemacht hatte und auch bei Innenraumaufnahmen brauchbare Bildresultate ohne zu starke Kontraste und Überstrahlungen erreichte. Der Rückgriff auf das Medium der Massenpanoramen zeugte von der Absicht der NS-Fotopublizistik, mit diesen besonderen fotografischen Vermittlungsformen eindrucksvolle "Bilddokumente" der massenmobilisierenden Kraft der NS-Veranstaltungen vorzuweisen und mit ihnen in Erfolgsmeldungen zu schwelgen – eine Bildrhetorik, die gewissermaßen politische Urteile durch die bloße Vorführung von Quantitäten herstellte. Einen ersten und noch bescheidenen Vorläufer hatten die Massenpanoramen in der Einzelansicht Hoffmanns aus dem Jahr 1923, die das Publikum im Zirkus Krone aus der Sicht des Redners Hitler zeigte und 1924 in der Bildbroschüre "Deutschlands Erwachen" erschienen war.[17] Ab 1926 setzte man grundsätzlich mehrere Einzelaufnahmen zu einer Gesamtansicht zusammen, deren Bildwinkel bis zu 180 Grad erreichen konnte.[18] Hoffmann, der die Aufnahmen wohl immer kurz vor dem Auftritt Hitlers anfertigte, richtete die Kamera aus der leicht überhöhten Position des Redners auf die Gesichter des andächtig aufschauenden Publikums. Auf diese Weise entstanden gewissermaßen aus der Perspektive des Redners oftmals suggestive Ansichten erwartungsvoller Massen, durch Licht- und Schattenwirkung mitunter dramatisierte Gruppenbilder der antizipierten "Volksgemeinschaft". Wegen der längeren Belichtungszeit mußte das Publikum unbeweglich verharren, gleich einer andächtig lauschenden Kirchengemeinde, und deshalb ist von Begeisterungsstürmen und exaltierten Huldigungen, wie sie von den Hitlerkundgebungen immer wieder berichtet wurden, auf diesen Aufnahmen nichts zu erkennen. Überdies dokumentierten Hoffmanns Aufnahmen nichts von der liturgischen Ordnung dieser Veranstaltungen, den Zeremonien des Fahneneinzuges, der SA- und SS-Spaliere und der Rednerwache.

Hitlers Auftreten und die besondere Atmosphäre während seiner Redeveranstaltungen hat Joachim Fest zu chrakterisieren versucht und beschrieb, wie Hitler "im Lichtband der Scheinwerfer durch tobende, schluchzende Spaliere schreitet, eine 'Via triumphalis...aus lebenden Menschenleibern' (...) Einige Augenblicke blieb er vor dem Podium, mechanisch Hände schüttelnd, stumm, abwesend, mit ruhelosem Blick, doch medial bereit, sich von der Kraft emporführen zu lassen, die sich im Schrei der Massen ankündigte. Die ersten Worte fielen gedämpft und tastend in die atemlose Stille, oft ging ihnen eine minutenlange und bis ins Unerträgliche gesteigerte Versammlungspause voraus. Der Anfang blieb eintönig, trivial, meist verharrend bei der Legende seines Aufstiegs (…) Mit diesem formelhaften Beginn verlängerte er nicht nur die Spannung noch einmal bis in die Rede selbst hinein, er diente ihm vielmehr auch dazu, Witterung zu nehmen, sich einzustimmen. Ein Zwischenruf konnte ihn dann unvermittelt inspirieren: zu einer Antwort, einer zuspitzenden Bemerkung, bis der erste begierig erwartete Beifall aufbrandete, der ihm Kontakt verschaffte, ihn rauschhaft steigerte (…) Mit wilden, explosiven Bewegungen, die metallisch verwandelte Stimme unnachsichtig in die Höhe treibend, schleuderte er dann die Worte aus sich heraus, nicht selten zog er, im Furor der Beschwörung, die geballten Fäuste vor das Gesicht und schloß die Augen (…)."[19]

Zur Steigerung des visuellen Eindruckes der "unfaßbaren" Masse der Hitleranhänger experimentierte der "Illustrierte Beobachter" mit verschiedenen Präsentationsformen und -formaten der Panoramen, legte die länglichen Ansichten meist quer über eine Doppelseite, ordnete sie senkrecht und sogar seitensprengend diagonal an oder setzte auch mehrere Ansichten übereinander.[20] Dabei zeigte sich eine allmähliche inhaltliche und formale Verdichtung. Faßte man anfangs Aufnahmen von verschiedenen Veranstaltungen der NSDAP zu einer Doppelseite mit der Überschrift "Der Nationalsozialismus marschiert" zusammen, konzentrierte sich das Layout zunehmend auf eine einzige Veranstaltung. Hoffmanns Panoramaaufnahmen zielten auf eine besonders imposante Darstellung von Menschenmengen, schufen riesenhaft vergrößerte Auditorien unter gigantischen Gewölben und sollten schlagartig Hitlers massenhaften Zuspruch belegen: "16 000 im Berliner Sportpalast. Adolf Hitler spricht …"[21]

Abb. 4/50

Illustrierter Beobachter,
Nr. 22, 30. Mai 1931, S. 450/451

Oder wie es unter dem ersten Massenpanorama einer Hitlerveranstaltung von 1927 hieß, als der fotografische Beweischarakter noch stärker herausgestrichen wurde, um gegen die Berichterstattung der gegnerischen Presse zu polemisieren: "Das Ende des Redeverbots: Adolf Hitlers Wiederauftreten in Bayern. Die Riesenkundgebung im Zirkus Krone am 9. März 1927. Die sozialdemokratische 'Münchner Post'in der Nr. 57: 'Schon der Besuch war kein 'Ansturm auf die Sitze'. Der Zirkus füllte sich langsam. Er war annähernd voll, nicht überfüllt!!!' – so wird gelogen."[22] Mit Hilfe der Panoramen wurde vor allem in den ersten Jahrgängen des "Illustrierten Beobachters" häufig der gegnerischen Berichterstattung widersprochen und die Massenaufnahmen direkt als ein "photographisches Dokument" vorgestellt, "das wohl die beste und nicht zu widerlegende Antwort auf den roten und schwarzen Zeitungsschwindel darstellt".[23]

1930 war das Jahr der explosionsartig vermehrten Reproduktion von Massenpanoramen im "Illustrierten Beobachter". Ihr Einsatz kulminierte in diesem Jahr mit circa 25 Abbildungen, sank 1931 und 1932 auf etwa die Hälfte und nahm nach der NS-Machtübernahme weiter ab. Die Massenpanoramen berichteten vorrangig von Großveranstaltungen und Wahlkundgebungen, auf denen die Parteiführer (neben Hitler auch Goebbels, Streicher, Frick) redeten. Anfangs beschränkten sich die Panoramaaufnahmen im "Illustrierten Beobachter" zumeist auf Innenansichten von Versammlungshallen mit zivilem Publikum, 1931 traten Außenaufnahmen mit SA-Aufmärschen in den Vordergrund, während 1932 wiederum das zivile Publikum in Außenansichten überwog, bevor dann nach der Machtübernahme Panoramen zumeist nur noch geometrisierenden Darstellungen von SA-Aufmärschen dienten.

Der seit Frühjahr 1930, insbesondere vor den Reichstagswahlen stark wachsende Einsatz läßt erkennen, daß die Massenpanoramen in der politischen

Abb. 4/51-53

Illustrierter Beobachter,
Nr. 41, 11. Oktober 1930, S. 710/711;
Illustrierter Beobachter,
Nr. 44, 1. November 1930, S. 770/771;
Illustrierter Beobachter,
Nr. 40, 4. Oktober 1930, S. 690/691

Situation eine spezifische Funktion erfüllten. Zu diesem Zeitpunkt stand die NSDAP auf der Schwelle zur Massenbewegung – was von den Panoramen in gewisser Weise bereits signalisiert wurde. Diesen Trend versuchte die Illustrierte möglichst werbewirksam auszuschlachten und verbuchte den Zustrom weiterer Bevölkerungsteile zur NSDAP als Ausdruck fundierter Kritik an Weimar: "Ihre ständig wachsende Teilnahme an nationalsozialistischen Kundgebungen ist die beste Kritik der Masse am heutigen System."[24] Die forciert publizierten Panoramen von Hitlerkundgebungen in verschiedenen deutschen Städten sollten den Anspruch der NSDAP als unaufhörlich weiter wachsende Massenbewegung, die überall beträchtliche Anhängerpotentiale mobilisieren konnte, immer wieder anschaulich vor Augen führen. In den Bildunterschriften hieß es: "So sieht es wöchentlich mindestens einmal in Deutschlands größtem Versammlungsraum, dem Berliner Sportpalast, aus (...). Aber auch in anderen Großstädten zeigt sich allwöchentlich das gleiche Bild: In Köln beispielsweise ist alle 7 Tage der Riesensaal der Messe von der NSDAP belegt."[25] Und ein paar Wochen später, Ende März 1931, hieß es dann triumphierend: "Die nationalsozialistische Lawine wächst: A. Hitler spricht in Stuttgart und Kaiserslautern."[26] Massenpanoramen sollten gar den "Gesinnungswandel" von ganzen Städten zum Ausdruck bringen: "Die Hitlerversammlung in Delmenhorst, einer dem Nationalsozialismus bisher ziemlich ablehnend gegenübergestandenen Stadt. Heute ist auch Delmenhorst ein fester Stützpunkt der NSDAP."[27]

Mit den Massenpanoramen wurde immer wieder auch der einzigartige Charakter der "Bewegung" und der Alleinvertretungsanspruch der NSDAP als rechte Sammlungspartei herausgestrichen. 1931 war beispielsweise im "Illustrierten Beobachter" zu lesen: "Eigentlich müßte schon der Umstand, daß, wo immer auch unsere Aufmärsche stattfinden und wo immer auch unser Führer Adolf Hitler diesen beiwohnt, immer Tausende zusammenströmen, und dieselbe herzliche Begeisterung überall zutage tritt, auch dem Einfältigsten allmählich klar machen, daß es in ganz Deutschland nur eine Bewegung gibt, die es fertigbringt für eine Idee die Massen so zu begeistern, und das ist die unsre. Gibt es in ganz Deutschland eine Partei, die so viele Opfer von ihren Mitgliedern fordert, und die es trotzdem fertigbringt, immer neue Massen für diese neue Weltanschauung zu bekehren und in ihren Bann zu schlagen? Nein und abermals nein! Unser ist die Zukunft und unser ist der Sieg."[28]

Wegen des relativ konstanten Abbildungsmaßstabes und der durchwegs extrem kleinteiligen Massendarstellungen blieben die Möglichkeiten zur Wirkungssteigerung der Panoramen jedoch begrenzt. Der Gefahr von Redundanz suchte der "Illustrierte Beobachter" durch neue bildpublizistische Formulierungen entgegenzusteuern und das Verhältnis von Führer und Gefolgschaft nicht mehr nur in pauschaler Art und Weise, sondern verstärkt auch unter qualitativen Gesichtspunkten zu behandeln und das Auditorium differenziert und personalisiert darzustellen. In der Folge wurden dann auch Errungenschaften übernommen, die der Bildjournalismus Ende der zwanziger Jahre entwickelt hatte, was zur größeren Abwechslung und Auflockerung der Bildpräsentation führte. Diese Neuorientierung war seit 1931, verstärkt im Zusammenhang mit den "Deutschlandflügen" Hitlers im Frühjahr 1932 zu beobachten. Sie bahnte sich bereits mit der Abkehr vom stereotypen Gebrauch der Panoramen und ihrer zahlenmäßigen Reduktion an. Jetzt wurde die Verbindung der beiden Bildmotive "Redner" und "Publikum" fest etabliert und den Massenaufnahmen wurden auch Einzeldarstellungen hinzugefügt. Dazu zählten neben formatfüllenden Redneraufnahmen und Begrüßungsszenen insbesondere Aufnahmen von namenlosen Vertretern einzelner Bevölkerungsgruppen. Ein frühes Beispiel dafür ist eine Reportage Hoffmanns über Hitlers Auftritt vor fränkischen Bauern im Juli 1930, die auch Porträtstudien miteinschloß: "Der fränkische Bauer hat den Nationalsozialismus in sich aufgenommen. Unser Photoberichterstatter hat eine Reihe charakteristischer Köpfe von Hesselbergbesuchern festgehalten."[29] (Abb. 4/54) Bei Aufnahmen im Freien rückte Hitler nun auch selbst als Redner mit in das Massenbild. Dazu wurde entweder seine Aufnahme in das Massenpanorama einmontiert, wie beispielsweise bei der erwähnten Reportage vom Hesselberg, oder aber der Kamerastandpunkt aus der Mitte und nach hinten gerückt, wodurch nun auch der Redner seitlich im Bild erschien.[30]

Hitler und die Parteiarmee "Der Kampf um die Straße"

Der Verbalradikalismus, den Hitler bei seinen Reden an den Tag legte, hätte ohne die Gewalt, wie sie die SA demonstrierte, wenig Überzeugungskraft besessen. Die SA gehörte zu den wichtigsten Propagandainstrumenten der NSDAP und besaß entscheidenden Anteil an ihrem Aufstieg von einer Splitterpartei zur Massenbewegung. Ihr "Kampf um die Straße" (er spiegelt die Doppelbödigkeit der Legalitätstaktik der NSDAP nach ihrer

Abb. 4/54

Illustrierter Beobachter, Nr. 30, 26. Juli 1930, S. 490/491

Wiederzulassung) richtete sich gegen die Arbeiterparteien und sollte zugleich die Anhänger der bürgerlichen Parteien für die NSDAP gewinnen. Unmißverständlich schrieb Goebbels 1932: "Die Straße ist nun einmal das Charakteristikum der modernen Politik. Wer die Straße erobern kann, der kann auch die Massen erobern; und wer die Massen erobert, der erobert damit den Staat."[31]

Es kennzeichnete die politische Praxis der nationalsozialistischen Parteiarmee, daß sie sich in Szenarien paramilitärischer Ästhetik zur Schau stellte und andererseits brachial gegen die Parteien und Anhänger der Arbeiterbewegung vorging.[32] Die SA demonstrierte damit nicht nur den "Willen zur Gewalt durch ästhetische Okkupation", sondern praktizierte "diesen Willen auch im direkten physischen Terror gegen die Arbeiterbewegung".[33] Diese spezifische Gewalt unterschied die SA von den paramilitärischen Verbänden der anderen Parteien und konzentrierte sich auf die Großstädte. Nach 1929 steigerte sich der Straßenterror der SA in Ausmaß und Härte; in der letzten Phase der Weimarer Republik gehörte er zu einer fast täglichen Erscheinung in den deutschen Großstädten und schuf in einer Atmosphäre von Angst eine regelrechte Bürgerkriegsstimmung. Das staatliche Gewaltmonopol schien bankrott und die NSDAP konnte sich als neue "Ordnungskraft" anbieten.

Abb. 4/55

Heinrich Hoffmann:
"Beerdigung gef. Nat.Sozialisten in Schleswig Holstein",
März 1929, Postkarte

Bildlich war jedoch die Brachialgewalt der SA aus dem "Illustrierten Beobachter" wie auch aus den anderen nationalsozialistischen Organen so gut wie vollständig verbannt – und die politische Praxis der SA auf die ästhetische Zurschaustellung ihres Gewaltpotentials reduziert.[34] Tote und Verletzte aus den Auseinandersetzungen mit dem politischen Gegner existierten im "Illustrierten Beobachter" nur auf der eigenen Seite und wurden im Zuge der "Rotmord"-Propaganda ausgiebig mit Fotografien vorgezeigt. "Völkischer Beobachter" und "Illustrierter Beobachter" zeigten Verletzte an der Spitze eines SA-Zuges oder im Krankenbett, aber auch Beisetzungsfeierlichkeiten, die zu Kundgebungen des "unerschütterlichen Glaubens an den Führer" umfunktioniert wurden.[35] Dabei war es im Bewußtsein der Nationalsozialisten immer der politische Gegner, der angriff, galt doch ihr eigener Terror der Verteidigung des Vaterlandes: "Sie sehen bei Auseinandersetzungen von vornherein das Recht auf ihrer Seite, weil sie – zu großen Opfern bereit – das höchste für sie vorstellbare Ideal praktizieren – 'Deutschland mehr zu lieben als sich selbst'. Die Rücksichtslosigkeit sich selbst gegenüber rechtfertigt den brutalen Umgang mit dem politischen Gegner. Im 'Novemberstaat' betrachten sich die Nationalsozialisten als die einzigen, die noch wirklich 'deutsch' empfinden und handeln."[36]

Die toten SA-Männer wurden als "Märtyrer der Bewegung" verherrlicht und als leuchtendes Vorbild nationalsozialistischer Opferbereitschaft und Unterwerfung unter den Führerwillen gefeiert. Ihre Begräbnisse bekamen ganz unmittelbar einen "höheren Sinn", wenn Hitler der Feier selbst beiwohnte und als Sinnstifter für ihren Tod fungierte. Am 4. Juli 1931 berichtete der "Illustrierte Beobachter" unter der Schlagzeile: "Ich hatt' einen Kameraden…" über Hitlers Besuch "am Grabe unseres von der SPD viehisch ermordeten Kameraden Josef Weber" und formulierte pathetisch: "Was unser Führer Adolf Hitler, was der Gauleiter diesen Ausführungen entgegensetzte, waren schwere Anklagen gegen dieses System, schwere Anklagen gegen die, die nur morden und hassen aus dem Grunde, weil unser Kamerad, SA-Mann Josef Weber, sein Volk noch mehr liebte als sich selbst.(…) Über Gräbern aber vorwärts zum Sieg!"[37] Hitlers Gegenwart am Grabe "unserer Gefallenen" wie auch der gemeinsame Akt, sich dabei mit SA-Männern fotografieren zu lassen, hatte für die SA eine hohe symbolische und integrative Bedeutung, wurde entsprechend häufig publizistisch verwertet und hinterließ selbst bei bürgerlichen Zielgruppen der NSDAP eine positive Wirkung. Das läßt beispielsweise ein Polizeibericht, der anläßlich der Beerdigung von zwei SA-Männern in Schleswig-Holstein im März 1929 verfaßt wurde, erkennen: "Der Leichenzug, die Aufstellung der Braunhemden am Grabe und das spätere Eingreifen der Schutzpolizei wurden fotografiert (...). Das persönliche Erscheinen des Hitler hat auf die Bevölkerung einen großen Eindruck gemacht. Man rechnete es dem Führer hoch an, daß er hier zur Beerdigung des Parteigenossen erschienen ist (...). Am Abend nach der Beerdigung in St. Annen hat Hitler die in Wöhrden verwundeten Parteigenossen besucht und sich mit ihnen fotografieren lassen. Auch das hat auf die Landbevölkerung einen Eindruck gemacht."[38] Kurz darauf erschien dazu in der Parteiillustrierten neben einem Titelbild auch ein doppelseitiger Bildbericht mit emotional dichten Aufnahmen gemeinsamer Trauer, die Hitlers Kameradschaftsgeist und die "unverbrüchliche Einheit" von Führungselite und Parteiarmee allen Parteigenossen vor Augen führen sollten.[39] Diese Aufnahmen verwiesen bereits auf eine stärker persönlich orientierte Darstellung des Verhältnisses von Führer und Gefolgschaft, auf die noch einzugehen sein wird.

Vom unablässigen Kampf gegen "Weimar", gegen "Novemberverbrecher" und das "Schanddiktat von Versailles" kündeten aber vor allem und immer wieder die Bildberichte über die Aufmärsche der SA. Ihr "Bewegungskult" prägte nicht nur das Image der NSDAP im "Illustrierten Beobachter", sondern bildete auch den Rahmen für die machtvolle Selbstdarstellung Hitlers, der als "Parteiführer" wie "Oberster SA-Führer" (ab August 1930) die weitgehend unabhängig voneinander agierenden Formationen der "Politischen Organisation" und der "Sturmabteilungen" (SA) in seiner Person vereinigte.[40] Indem der "Illustrierte Beobachter" fortwährend Aufnahmen von der Demonstrationspropaganda der SA brachte und einen Etappensieg nach dem anderen verbuchte, unterstrich er das scheinbar unaufhaltsame Wachsen der kämpferischen "Avantgarde" der "Bewegung" und stärkte damit den Glauben an den Führer und die Zuversicht der Parteigenossen auf den endgültigen Sieg, überdeckte damit freilich auch die zeitweiligen Spannungen zwischen Hitler und der SA.

Die spezifische Demonstrationsform der SA war das Auftreten in Kolonnen. Sie bündelte eine Reihe von propagandistischen Botschaften, symbolisierte Ordnung und Disziplin und erinnerte an das Heer als das zentrale "Massensymbol der geeinten deutschen Nation"(Canetti): "Das Bild der strammen Haltung war so zugleich optischer Erinnerungsrest an vergangene militärische Größe wie visuelle Utopie des kommenden braunen Reiches."[41] Ein SA-Befehl vom November 1926 umriß, welche propagandistischen Zielsetzungen mit der symbolischen Gewaltdemonstration der marschierenden Kolonnen verknüpft wurden: "Die einzige Form, in der sich die SA an die Öffentlichkeit wendet, ist das geschlossene Auftreten. Dieses ist zugleich eine der stärksten Propagandaformen. Der Anblick einer starken Zahl innerlich und äußerlich gleichmäßig disziplinierter Männer, deren restloser Kampfeswillen unzweideutig zu sehen oder zu ahnen ist, macht auf jeden Deutschen den tiefsten Eindruck und spricht zu seinem Herzen eine überzeugendere Sprache als Schrift und Rede und Logik es je vermag (...). Die innere Kraft der Sache läßt den Deutschen gefühlsmäßig auf deren Richtigkeit schließen; denn nur Richtiges, Ehrliches, Gutes kann ja wahre Kraft auslösen."[42]

Das Marschieren der SA hatte verschiedene Namen. Es gab den Aufmarsch, den Fackelmarsch, den Propagandamarsch, den Sternmarsch, den Trauermarsch, den Festmarsch und als Höhepunkt den Vorbeimarsch an den Führern der Parteiarmee und vor allem an Hitler.[43] Diese Rituale der permanent demonstrierten Gewaltbereitschaft kulminierten bei den Parteitagen 1926 in Weimar, 1927 und 1929 in Nürnberg und 1931 beim mitteldeutschen SA-Treffen in Braunschweig. Die Veranstaltungen unterschieden sich im Grad der Ritualisierung und ästhetischen Formierung und der öffentlichen Wirksamkeit und waren jeweils Spitzenleistungen der Selbstdarstellung der "Bewegung": was in Weimar noch wie ein provinzieller Umzug wirkte und in Nürnberg fast Züge eines volksfestartigen Spektakels annahm, sollte in Braunschweig zu einem bedrohlichen militärischen Ritual auflaufen. Die Mammutveranstaltungen verbanden den Einsatz verschiedenster Propagandaformen – wie Aufmarsch, Massenversammlung, Ansprache, Fahnenweihe, Totenfeier, Plakat-, Film-, Foto- und Pressewerbung – zu einer neuartigen Einheit.[44] Immer stand Hitler dabei im Mittelpunkt der Regie, die die Einheit von Führer, politischer Idee und Gefolgschaft demonstrieren wollte, und somit waren die Parteitage auch Meilensteine der Führerstilisierung.

Die NS-Reichsparteitage 1926 - 1929

Bei der Konzeption der Parteitage ging es Hitler darum, die NSDAP als eine vollkommen neue, straff geführte und von Meinungsverschiedenheiten freie politische Bewegung vorzuführen und ihre Treffen klar von den konträr geführten Parteitagsdiskussionen der anderen Parteien abzusetzen.[45] Die Parteitagsveranstaltung sollte vor allem die Mitgliederschaft ideologisch stabilisieren und zugleich der Werbung nach außen dienen. Goebbels: "Der Parteitag bietet keine Gelegenheit zu unfruchtbarer Diskussion. Er soll im Gegenteil der Öffentlichkeit ein Bild geben von der Einigkeit, Geschlossenheit und ungebrochenen Kampfkraft der Partei im ganzen und die innere Verbundenheit zwischen Führung und Gefolgschaft sichtbar vor Augen führen. Auf den Parteitagen soll der Parteigenosse neuen Mut und neue Kraft sammeln. Der Gleichklang der Marschtritte der SA-Bataillone soll ihn genauso wie die scharfe und kompromißlose

Abb. 4/56-59

Heinrich Hoffmann: Vorbeimarsch der SA an Adolf Hitler auf dem zweiten Parteitag der NSDAP, Weimar, 4. Juli 1926, Postkarten

Formulierung der geformten Beschlüsse erheben und stärken; er soll vom Parteitag wie neu geboren an seine alte Arbeit zurückgehen."[46]

Im Jahr 1926 hatte Hitler die Generalmitgliederversammlung vom Parteitag abgetrennt, das Plenum des Parteitags zum Akklamationsorgan herabgestuft und die Beratung von Sachthemen in Ausschüsse ("Sondertagungen") verwiesen, um innerparteiliche Kontroversen zu verhindern. Die Parteibasis konnte auf den Parteitagen diskutieren, aber nichts entscheiden – und gab sich einverstanden. Auch oblag die Einberufung des Parteitages fortan dem Parteiführer, der immer dann zu diesem Instrument griff, wenn es ihm geboten schien, die fortgeschrittene Formierung der Partei in der Öffentlichkeit vorzuführen: so in den Jahren 1927 und 1929, während in der Stagnationsphase 1928 ein Parteitag wenig effektiv schien und in der Endphase der Weimarer Republik die starke propagandistische Beanspruchung der NSDAP gegen eine solche Veranstaltung stand.

Eine massenwirksame Ausstrahlung versprach sich Hitler vom Einsatz effektiver Gestaltungsmittel – und das bedeutete den Rückgriff auf eine Reihe von Vorbildern, auf traditionelle Formen öffentlicher Feiern, die bei den Mittelschichten populär waren und einen hohen Symbolwert besaßen.[47] So trafen sich in den NS-Parteitagen neben Sprach- und Formelementen der christlichen Liturgie verschiedene Traditionslinien der nationalen Feierveranstaltungen des 19. Jahrhunderts. Zum einen waren es die Feiern der Schützen-, Sänger- und Turnvereine, die teilweise wiederum Vorbild waren für Festveranstaltungen der Arbeiterbewegung. Diese weihevoll gestalteten Veranstaltungen bestanden aus musikalisch untermalten Festzügen festlich gekleideter und teils auch uniformierter Gruppen, dem Vorbeimarsch an den Vorsitzenden, Ehrengästen und Honoratioren wie auch Weihe- und Gedenkfeiern und nächtlichen Fackelumzügen. Vorbild war ebenso die Selbstdarstellung der

Militärs mit Uniformen, Fahnen, Paraden und Marschmusik, wie sie auch bei den Kriegervereinen zu finden waren. Unmittelbare Anregungen für die öffentliche Selbstdarstellung erhielt die NSDAP offenbar vom "Deutschvölkischen Schutz- und Trutz-Bund", der – in seiner Funktion als nationalistische Sammelorganisation – seit 1920 die "Deutschen Tage" veranstaltete.[48] Aus dem Angebot der verschiedenen Gestaltungselemente synthetisierte die NSDAP einen politischen Stil, der "populär" (Mosse) war und ihr ein eigenständiges Profil verlieh. Es galt "überzeugend darzutun, daß zielbewußte Führung und begeisterte Gefolgschaft der NSDAP eine organisatorische und ideologische Geschlossenheit verliehen, die sie zum einzigen zukunftsweisenden Vorbild der für unabdingbar erklärten inneren Einigung des deutschen Volkes auf 'nationalsozialistischer' Grundlage werden ließen".[49] Mit der endgültigen Wendung der NSDAP zur "Führerpartei" auf der Bamberger Führertagung im Februar 1926 war es nur folgerichtig, daß diese Botschaft auf engste Weise an die Person Hitlers geknüpft war und sich das Veranstaltungsprogramm ganz auf ihn ausrichtete.

Nach der innerparteilichen Konsolidierung fühlte sich Hitler stark genug, im Juli 1926 einen Parteitag einzuberufen, und zwar ins traditionsreiche Weimar, da er in Thüringen kein Redeverbot hatte. Die erste derartige Veranstaltung nach der Wiederzulassung der NSDAP sollte Zuversicht und Siegeswillen ausstrahlen, doch bot der Zustand der Partei noch keine guten Voraussetzungen für eine eindrucksvolle öffentliche Selbstdarstellung. Aus Ungewißheit über die Anzahl der tatsächlich anreisenden SA-Männer wurden Generalappell und Standartenweihe ins Weimarer Nationaltheater verlegt, und für den anschließenden Festmarsch der Parteiarmee vorbei an ihrem Führer fehlte der rechte Rahmen. Die SA trug zum Teil das im Jahr zuvor eingeführte Braunhemd, wenngleich in Form und Farbe noch recht unterschiedlich, und füllte ihre Reihen beim Vorbeimarsch an Hitler mit nicht-uniformierten Parteigenossen auf.[50] Hitler selbst zeigte sich in "Räuberzivil", mit langer Windjacke, Krawatte und Gamaschenhosen und der unvermeidlichen Peitsche. Er stand als einziger überhöht im offenen Mercedes, umgeben von Gauleitern und führenden Mitgliedern der Reichsleitung, und nahm erstmals mit dem ausgestreckten Arm der italienischen Faschisten den Zug seiner etwa viertausend Gefolgsleute ab – wie insgesamt seine Attitüde deutliche Anleihen bei Mussolini verriet. Hoffmanns Parteitagsdokumentation blieb vorrangig auf den Vorbeimarsch fixiert und überlieferte ihn in zahlreichen, aus verschiedenen Perspektiven aufgenommenen Fotografien, die mitunter noch die Vorgehensweise seiner früheren Postkartenproduktion verraten. (Abb. 4/56-59) Doch finden sich in seinen Fotografien auch Reflexe eines massiveren öffentlichen Einsatzes der Parteisymbolik – Hakenkreuzfahnen und -armbinden – und nicht zuletzt auch deren Bedeutungsaufladung, wie sie in Alfred Rosenbergs Rückschau auf den Parteitag zum Ausdruck kommt: "Mit einer Fahne führt man Millionen in den Kampf, aber echten Wert hat eine Fahne nur, wenn sie Symbol eines aus dem menschlichen Urquell sprudelnden Lebensgefühls ist. Das ist das schwarze Hakenkreuz, das germanische Zeichen der Rasse und das Zeichen des Kampfes um die Werte unsres Volkstums. (…) Jetzt stehen wir im Chaos. Aus diesem Chaos, gegen dieses Chaos ringen sich klar und hell für jeden Sehenden bereits die Idee und Gestalt des Dritten Reiches empor: das ewige Rassezeichen und die heldenhaften alten Ehrenfarben in neuer uralter Form. Rasse und Ehre, Ehre und Rasse, das war es, was eine jede Fahne predigte, eine jede von den vielen, die am Sonntag, (…) fünfhundert an der Zahl, gefolgt von immer neuen Kolonnen, an Adolf Hitler

Heinrich Hoffmann: Adolf Hitler auf dem Marktplatz, Weimar, 4. Juli 1926, Pressebildabzug; Benito Mussolini, Berliner Illustrierte Zeitung, Nr.46, 12. November 1922, S. 887

Abb. 4/60 61

Abb. 4/62

Heinrich Hoffmann: Adolf Hitler nimmt den Vorbeimarsch der SA am Hauptmarkt auf dem dritten Parteitag der NSDAP ab, von links: Julius Streicher, Georg Hallermann, Franz von Pfeffer, Rudolf Heß, Adolf Hitler, Ulrich Graf, Nürnberg, 21. August 1927

vorübergetragen wurden. Dieses dann auf dem Marktplatz versammelte Fahnenmeer sprach später nochmals, wortlos, aber eindringlicher als alle Worte, das neue Bekenntnis aus."[51]

Beim Reichsparteitag 1927 in Nürnberg – die Entscheidung für die Stadt hatte organisatorische wie symbolische Gründe[52] – war die neu eingerichtete Oberste SA-Führung unter Franz von Pfeffer vor allem darum bemüht, der gesamten Veranstaltung einen feierlichen Charakter zu geben und das Erscheinungsbild der SA zu vereinheitlichen, weshalb nur noch Uniformierte am festlichen Vorbeimarsch teilnehmen durften. Für die SA hatte Pfeffer eher die "elastischere Disziplin" der Freikorps vor Augen.[53] Die Parteiarmee sollte im Gleichschritt auftreten, da der Exerziermarsch für die militärisch nicht gedrillte SA aus optischen Gründen nicht in Frage kam. Strenge Verhaltensregeln galten der Disziplin der Parteitruppe: "Jeder muß sich darüber klar sein, daß

*Heinrich Hoffmann:
Vorbeimarsch der SA
an Hitler auf dem Hauptmarkt, Nürnberg,
21. August 1927, Postkarte*

Hitler nahm am Hauptmarkt den Vorbeimarsch der SA-Kolonnen unter Begleitung von Marschmusik ab und stand im offenen Wagen vor der Publikumstribüne, einer lebendigen wie festlichen Hintergrundkulisse.

Der vierte Reichsparteitag der NSDAP, im August 1929 in Nürnberg abgehalten, markierte "in Aufwand und Ausmaßen einen absoluten Höhepunkt in der bisherigen Parteientwicklung"[55] und fand zu einem Zeitpunkt statt, als sich die Partei bereits in einem Aufwärtstrend befand, einige Erfolge bei Landtagswahlen verbuchen konnte und dank des Bündnisses mit Hugenberg bei der Bildung des "Reichsausschusses für das deutsche Volksbegehren" gegen den Young-Plan den Durchbruch in die große Politik geschafft hatte. Man erklärte das Treffen "zu einem Fest- und Gedenktag für das ganze nationale Deutschland" – vor dem Hintergrund, daß sich am 1. August 1929 der Tag des Ausbruchs des Ersten Weltkrieges zum fünfzehnten Male jährte – und präsentierte sich selbst als Symbol der nationalen Einheit und Stärke. Mehrere Tage beherrschte die Veranstaltung in aufdringlicher Weise das Bild der Stadt und knüpfte im wesentlichen an den aus der Sicht der Reichsleitung erfolgreich verlaufenen Parteitag von 1927 an, sollte aber noch festlicher und ritueller wirken. Neu eingeführt wurde eine Totenehrung vor der Standartenweihe im Luitpoldhain. Hitler nahm wieder am Hauptmarkt den Vorbeimarsch der inzwischen auf sechzigtausend Mann angewachsenen und feldmarschmäßig ausgerüsteten SA ab, diesmal bereits von SS-Männern abgeschirmt. Er trug das neue SA-Hemd, Kniebundhose und Schaftstiefel und das Eiserne Kreuz auf der Brust. Vom Trittbrett seines Wagens aus grüßte abermals von Pfeffer, um den Wagen standen die politischen Leiter der NSDAP und prominente Gäste. Die Uniformierung der SA-Kolonnen hatte Fortschritte gemacht, wenngleich sich die einheitliche Kleidung der Parteiführer vorerst auf Hemd und Mütze beschränkte.

der Parteitag für den SA-Mann keine Lustbarkeit, sondern eine außergewöhnliche Kraftleistung für unsere Sache bedeutet. Zudem ist gerade der SA-Mann in seinem weithin sichtbaren Dienstanzug der eigentliche Repräsentant der Bewegung und steht dauernd unter der Kontrolle von Tausenden von Augen; ein Fehltritt enttäuscht Tausende auf der einen Seite und wird von Tausenden der anderen Seite gierig aufgegriffen, um ihn zu unserem Schaden auszubeuten."[54]

*Photo-Bericht Hoffmann:
"Reichsparteitag d. N.S.D.A.P. in
Nürnberg", 1927, Postkarte*

Abb. 4/66

Heinrich Hoffmann: Adolf Hitler spricht auf dem vierten Reichsparteitag der NSDAP zur SA im Luitpoldhain, Nürnberg, 4. August 1929

Für die Parteitage wurde immer mehr Aufwand als für alle anderen NS-Veranstaltungen getrieben – und zugleich wurde versucht, diese erfolgreichen Tests der eigenen Stärke mit allen verfügbaren Mitteln publizistisch zu verbreiten. Um die erlebnishaften Momente vielen Zeitgenossen und Parteimitgliedern, die nicht "dabei sein" konnten, so nah wie möglich zu bringen, wurden sukzessive auch die visuellen Massenmedien erschlossen. Anfangs stand nur die Textberichterstattung des zentralen Parteiorgans zur Verfügung, 1926 kam erstmals die Parteiillustrierte hinzu und 1927 schließlich der von der Reichsleitung der NSDAP produzierte Filmbericht.[56] Welchen Stellenwert die Bildmedien inzwischen im Bewußtsein der Organisatoren besaßen, belegt eine Stelle des SA-Befehls von 1929, die der unruhigen SA erstmals mit Seitenblick auf die Bildberichterstattung Disziplin einschärfte, also die visuellen Massenmedien sogar als Disziplinierungsmittel verstand: "Die Augen vieler Tausender, vieler Photographen und Filmer, sind auf uns gerichtet."[57] Bei den Planungen erinnerte man sich offenbar auch an störende Auftritte von Pressefotografen und Filmoperateuren bei der letzten Nürnberger Veranstaltung und verfügte strenge Restriktionen - sicherlich auch mit der Absicht, ein "gereinigtes" und parteikonformes Bild der Veranstaltung zu bekommen. Im "Völkischen Beobachter" erschien am 26. Juli 1929 eine "Bekanntmachung", die die Arbeit von Fotografen und Filmern penibel reglementierte:
"1. Die Herstellung photographischer Aufnahmen bei sämtlichen Veranstaltungen des Reichsparteitags ist innerhalb geschlossener Räume und der polizeilichen sowie parteiamtlichen Absperrungen nur den mit einer besonderen Ausweiskarte versehenen Pressephotographen erlaubt. Allen anderen Personen, insbesondere auch allen Amateurphotographen ist das Photographieren innerhalb der Absperrungen strengstens untersagt. Nicht mit Ausweis versehene Photographen werden durch die Aufsichtsorgane augenblicklich vom Platze gewiesen. 2. Das Filmen mit jedem Gerät in geschlossenen Räumen und innerhalb der Absperrungen ist mit Ausnahme der von der Parteileitung beauftragten Operateurengruppe jedermann strengstens untersagt. 3. Das Aufstellen von Stativapparaten, Leitern und dergl. ist auch den zugelassenen Pressephotographen untersagt. Dies gilt besondes bei Aufnahmen im Luitpoldhain und am Hauptmarkt. 4. Der Beauftragte der Parteileitung hat Vorsorge getroffen, daß den Pressephotographen gute, übersichtliche und technisch brauchbare Plätze zur Verfügung stehen. Unnötiges Weg- und Umherlaufen innerhalb der Absperrungen kann dagegen nicht geduldet werden. Den

Aufsichtsorganen ist unbedingt Folge zu leisten. 5. Sämtliche zugelassene Photographen sind verpflichtet, von allen innerhalb der Absperrungen und in geschlossenen Räumen hergestellten Aufnahmen der Parteileitung einen Abzug zu Archivzwecken zu überlassen. Diese Bilder sind nach Möglichkeit noch in Nürnberg bei dem Beauftragten der Parteileitung im Standquartier der Parteipresse, Kultusvereinshaus, Musikzimmer, abzugeben oder an die Schriftleitung des 'Illustrierten Beobachters', München, Thierschstraße 11, einzuschicken.
6. Gesuche um Ausstellung eines Photographenausweises sind, soweit sie nicht schon von München aus erledigt wurden, beim Beauftragten der Parteileitung in Nürnberg in der Zeit vom 1. mit 3. August täglich von 6-7 Uhr abends im Standquartier der Parteipresse, Kultusvereinshaus, Musikzimmer, vorzubringen. Für die Parteileitung I. A. Hermann Esser." [58]

Die Parteitagsnummern des "Illustrierten Beobachters" von 1927 und 1929 kamen im Gegensatz zur vierseitigen Ausgabe von 1926 in einer Tiefdruck-Massenauflage mit jeweils sechzehn Seiten heraus und entwarfen beide Male mit ungefähr sechzig Aufnahmen, darunter auch Panoramen des SA-Aufmarsches im Luitpold-Hain, eine optimistisch gestimmte Parteitagsgeschichte. Den annähernd chronologisch geordneten Aufnahmen ging ein einführender Text voran, 1929 das angebliche "Nürnberger Tagebuch" Adolf Hitlers, eine ziemlich oberflächliche Reportage. Abgerundet wurde die fotopublizistische Verwertung der Veranstaltung im "Illustrierten Beobachter" mit vor- und nachbereitenden Berichten, so daß sich das Parteitagsthema insgesamt über mehrere Hefte erstreckte.[59]

Explizit sah der "Illustrierte Beobachter" auch hier seine Aufgabe darin, "den unverschämten Lügen" der gegnerischen Presse über die angeblich geringe Beteiligung an ihren Veranstaltungen entgegenzuwirken. Hieß es 1926: "Wer lügt? Die Photographie oder die Judenzeitungen?", so schrieb der "Illustrierte Beobachter" im Jahr 1927: "Die Bilder, die wir in dieser Ausgabe zu veröffentlichen in der Lage sind, sind nicht erfunden wie die Berichte sogenannter neutraler oder 'objektiver' Berichterstatter. Sie sind die wahrheitsgemäße und unwiderlegliche, wirklich objektive Wiedergabe von Ereignissen, die dem Stadtbild Nürnbergs einen unauslöschlichen Stempel aufgedrückt haben."[60] Die Zielrichtung war klar: der Verweis auf die fotografische Authentizität sollte belegen, daß die "nationalsozialistische Demonstration die Angelegenheit von breiten Massen des deutschen Volkes war", und die Glaubwürdigkeit der eigenen, oftmals stark übertriebenen Zahlenangaben untermauern.[61] Dabei galt, was Tyrell für den

Heinrich Hoffmann: Verbände der SA im Luitpoldhain, Nürnberg, 4. August 1929;
Heinrich Hoffmann: Adolf Hitler während des Vorbeimarsches der SA auf dem Hauptmarkt, Nürnberg, 4. August 1929

Abb. 4/69

Illustrierter Beobachter, Sondernummer 1, 1927, Titelblatt

Reichsparteitagsfilm von 1927 konstatierte: "Das für den normalen Betrachter (…) kaum widerlegbare Anschauungsmaterial lieferte den Erfolgsnachweis, dessen die Nationalsozialisten bei ihrer täglichen Propagandaarbeit noch fast überall bedurften."[62]

In diesem Bedarf an anschaulichen Erfolgsbelegen ist einer der Hauptgründe zu sehen, daß sich die Bebilderung der Illustrierten ganz auf die spektakulären Auftritte der SA konzentrierte und in weit mehr als der Hälfte der Aufnahmen den Aufmarsch der SA und auch die Standartenweihe (ab 1927) wiedergab. Hingegen fanden die nicht-öffentlichen und im engeren Sinne politischen Programmteile 1926 gar keine und später, als sich der Umfang der Illustrierten erweiterte, allenfalls am Rande Beachtung. Wenn uniformierte SA-Männer aufmarschierten, in geordneten Kolonnen zum Appell antraten, Hakenkreuzfahnen schwenkten, Standarten trugen und den rechten Arm zum Gruß hoben, dann war mit diesen Aufnahmen neben der Massenhaftigkeit auch die Botschaft der Dynamik und Geschlossenheit der Bewegung zu vermitteln und wirkte die Einheit von Führer und Gefolgschaft plausibel. Auch wenn Hitler selbst nicht immer auszumachen war, bildete er doch den Bezugspunkt für die Mehrheit der Abbildungen und schien das Zentrum der ganzen Veranstaltung zu sein. Auf fast einem Viertel aller Aufnahmen sah man ihn, meist im engen Kontakt mit seiner Gefolgschaft, oft im Ornament der Masse aufgehoben, selten ästhetisch prägnant hervorgehoben oder isoliert dargestellt, ganz entsprechend den damaligen Gewohnheiten in der Parteiillustrierten. Obgleich prominente Politiker der NSDAP mehrfach im Bild zu sehen waren, wurden sie erst 1929 auch namentlich genannt. 1927 fiel allein der Name Hitlers!

Zeugten die auf dem Parteitag gehaltenen Reden, einzelne Handlungselemente und die textliche Berichterstattung im "Völkischen Beobachter" von einer fanatischen Glaubensbewegung, die sich in Nürnberg zu kultischen Handlungen versammelt hatte,[63] bot der Parteitag im Spiegel der fotografischen Berichterstat-

Heinrich Hoffmann: Franz von Pfeffer, Adolf Hitler und Ritter von Epp im Luitpoldhain in Nürnberg, 1929, Postkarte; Heinrich Hoffmann: Adolf Hitler, Umfeld abgespritzt, 1929, Postkarte

Abb. 4/70-71

tung doch ein etwas anderes Bild. Denn in den Aufnahmen der Zeremonien erreichte die Gebärdensprache der Akteure noch nicht recht die intendierte Feierlichkeit – und die gelockerte Stimmung und Spontaneität der paradierenden SA-Kolonnen widersprach dem Eindruck kämpferischer Entschlossenheit und tiefer Glaubensbereitschaft. Solche Unterschiede zwischen NS-Selbstverständnis und Parteitagsrealität fielen in der fotografischen Darstellung freilich weniger ins Gewicht als in den Filmen der Reichsparteitage.[64] Gerade das Momenthafte der Aufnahmen und ihre später leichter mögliche Selektion begünstigten die Stilisierung.[65]

Von den verstärkten religiös-kultischen Anstrengungen kündete das Titelblatt der Parteitagsnummer 1929 mit der Abbildung der Standartenweihe. Erstmals wurde der Weiheakt in diesem Jahr durch die Einbeziehung der "Blutfahne" vom 9. November 1923 zu einer "pseudosakralen Kulthandlung ausgeformt, die zu zelebrieren hinfort nur dem Führer zustand"[66] und einen festen Bestandteil der Parteitage des Dritten Reiches bildete. Damals wirkte Hitlers pathetische Gebärde wenig geglückt, und dagegen half auch nicht ihre überhöhende Darstellung. (Abb. 4/69) Hoffmanns Aufnahme war aber ein Beispiel für seine seit 1929 mehrfach beobachtbaren Versuche, inszenatorische Unzulänglichkeiten auszugleichen, Hitler durch dezidiert fotografische Stilmittel monumentale Größe zu verleihen und ihn aus seiner Umgebung herauszuheben, sei es durch Untersicht- und frontale Bewegungsaufnahmen oder aber das nachträgliche Abdecken des fotografischen Bildhintergrundes oder das Einkopieren eines dramatischen Wolkenhimmels wie im Fall eines Titelblattes aus dem Jahr 1932, beschriftet mit einem Zitat Hitlers: "Wir wollen und werden die Zukunft Deutschlands auf den Schultern tragen."[67] (Abb. 4/70-74)

Mit der Illustriertennummer von 1929 wurde ansonsten eigentlich noch kein neues Kapitel der fotografischen Parteitagsdarstellung aufgeschlagen, obschon sich Ende der zwanziger Jahre andernorts im Fotojournalismus vieles änderte. Der Bildteil konnte kaum sichtbar machen, welche Fortschritte die NSDAP mit ihrer Selbstdarstellung in der Zwischenzeit gemacht hatte. Indifferente Massenhaftigkeit war offenbar noch immer wichtiger. Dennoch vermittelte die Bebilderung des "Illustrierten Beobachters" den imposanten Gesamteindruck einer von der SA regelrecht besetzten Stadt und ließ gar an eine vorübergehende nationalsozialistische Machtergreifung denken. Diese Machtentfaltung auch textlich näher auszumalen, blieb allein dem Heft von 1929 vorbehalten, vor allem den vielen anschaulich gehaltenen Bildbeschriftungen. Da war von "einem braunen Heerlager" und "braungefleckten Straßen" die Rede und wurden positive Weltkriegserinnerungen angesprochen: "Beim Vorbeimarsch erreicht der Jubel endlich Höhepunkte, wie sie kaum das Jahr 1914 sah." Und schließlich: "Das ergreifendste Bild des Vorbeimarsches bot die Hitlerjugend, die leuchtenden Auges an ihrem Führer vorbeizog: Deutsche Jugend unter Führung des Frontsoldatentums, die herrlichste Garantie für den Endsieg der Bewegung."[68] Diesen Texten war keine genaue politische Zielrichtung zu entnehmen, auch nicht zu den Nahzielen der "Bewegung", aber die Illustrierte stand ja auch in einem engen publizistischen Kontext mit anderen Parteiorganen, deren intensive Berichterstattung in der Regel von den Illustrierten vorausgesetzt wurde. Die Objekte des nationalsozialistischen Kampfwillens bildeten zuallererst die "Marxisten" und nicht von ungefähr verwendete Hitler in seinem "Tagebuch" einigen Platz darauf, deren Terrorisierung durch die SA mit Notwehrlügen zu rechtfertigen, da die SA in Nürnberg mit ihrem Disziplinverfall am Ende des Parteitags der Parteiführung aus dem Ruder gelaufen war und den propagandistischen Effekt der Veranstaltung bei den bürgerlichen Zielgruppen der Partei gefährdete.[69]

Abb. 4/72-74

Illustrierter Beobachter, Nr. 38, 19. September, S. 834; Illustrierter Beobachter, Himmel einkopiert, Nr. 12, 26. März 1932, Titelblatt

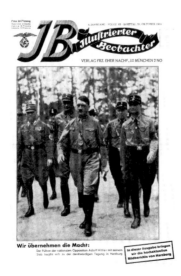

Illustrierter Beobachter, Nr. 43, 24. Oktober 1931, Titelblatt

Abb. 4/73-74

*Heinrich Hoffmann: Adolf Hitler
schreitet Formationen
von Fahnenträgern der SA ab,
Braunschweig,
18. Oktober 1931, Postkarte;
Illustrierter Beobachter,
Nr. 44, 31. Oktober 1931, S. 984*

Braunschweiger SA-Treffen 1931

Eine neue Dimension nationalsozialistischer Selbstdarstellung markierte die Ausgabe des "Illustrierten Beobachters" zum Braunschweiger SA-Treffen am 17. und 18. Oktober 1931.[70]

Die strenge militärische Ritualität des Aufmarsches in Braunschweig hatte mit der Ungezwungenheit des Nürnberger Vorbeimarsches von 1927 und 1929 nichts mehr gemein. Der Auftritt löste in einem hohen Maße das ein, was die NSDAP bislang an Ritualität zu inszenieren versucht, aber nicht erreicht hatte. Mit dieser "größten Demonstration von Willen, Disziplin, Opfern und Macht", wie der "Völkische Beobachter" am 20. Oktober schrieb, steuerte die NSDAP den Zenit ihrer nicht nur symbolischen Machtentfaltung vor 1933 an. Die ästhetische Überhöhung der massenhaft angetretenen SA-Truppen, Hitlers markante Führerstilisierung – in der Partei-Illustrierten eindringlich präsentiert – und die gleichzeitige visuelle Tabuisierung des SA-Terrors gegen die Arbeiterbewegung verwiesen bereits auf die typische Öffentlichkeitsarbeit der späteren Staatspartei.

Die NSDAP nutzte die für sie positiven Rahmenbedingungen in Braunschweig, da hier ein nationalsozialistischer Innenminister regierte, während gleichzeitig in Preußen striktes Uniformverbot bestand. Sie arrangierte eine fulminante Selbstdarstellung vor historischer Kulisse und machte ihren Auftritt zum Beispiel einer gelungenen Pressearbeit, die auch ein weltweites Presse-Echo auslöste. Der Massenaufmarsch der SA war Ersatz für den in den Jahren zuvor ausgefallenen Parteitag und übernahm aus dessen Programm Fackelzug, Fahnenweihe und Vorbeimarsch. Über ein Wochenende übte die SA faktisch die Polizeigewalt über die Stadt aus, präsentierte sich in perfektionierten Schaustellungen und terrorisierte zielstrebig die Arbeiterviertel, im Unterschied zu Nürnberg diesmal von der NSDAP-Führung und dem Innenminister des Landes Braunschweig geduldet beziehungsweise sogar ermuntert. Der Aufmarsch von angeblich über hundertausend SA-Männern, die ab Sonntagmittag in sechs Stunden an Hitler vorbeizogen, stellte das eine Woche zurückliegende "Harzburger Treffen" der "Nationalen Opposition" in den Schatten und machte in aller Deutlichkeit klar, daß die von der NSDAP beanspruchte politische Bedeutung über ihre bereits gewonnenen Sitze im Reichstag hinausging. Sie kämpfte um die Mehrheit im Parlament "auf der Straße", ohne explizit mit dem "Legalitätsprinzip" zu brechen.[71]

Die Botschaft des Heftes ("Das braune Heer in Braunschweig") war eindeutig: hier präsentierte sich eine Bewegung mit einem eindrucksvollen Ritual und verlangte voller Ungeduld nach Anerkennung als "entscheidender Machtfaktor im deutschen Volke" ("Times"), ungeachtet dessen, daß sie gerade mit ihrem Mißtrauensantrag gegen die Reichsregierung gescheitert war. Der Drohgestus war nicht zu übersehen. So wurde Hitler unter einer Aufnahme der Standartenweihe mit folgenden Worten zitiert: "Die Feldzeichen, die ich Euch heute übergeben habe, sind die letzten vor dem Sieg."[72] Ihren Machtanspruch sah die NSDAP im Echo der ausländischen Presse bestätigt. Die Illustrierte zitierte aus diesen Pressestimmen ausführlich und mit sichtlichem Stolz, wie beispielsweise aus dem "Daily Express": "Ist die Morgenröte eines faschistischen Deutschlands angebrochen? Hier in Braunschweig ist trotz der soeben vor zwei Tagen erlittenen knappen Niederlage der Nationalsozialisten im Reichstag keine Seele, die nicht so denkt, denn Braunschweig hat heute die eindrucksvollste Demonstration der kämpferischen Kraft des deutschen Faschismus erlebt, die man bisher sah."[73] Oder aus der "Times": "Die Parade von 70 000 Nationalsozialisten am letzten Sonntag in Braunschweig war eine äußerst bemerkenswerte Äußerung von Organisationskraft, Disziplin, Ernsthaftigkeit und des Vertrauens. Die Hitlerbewegung ist nicht das inhaltlose Überschäumen unverantwortlicher junger Männer, sondern repräsentiert unzweifelhaft das mächtigste Element der öffentlichen Gefühlsäußerung, das der Reichskanzler in Rechnung zu stellen hat."[74] Zur Werbung mit dem erzielten Presseecho gehörte auch noch, daß der Pressespiegel des "Illustrierten Beobachters" genauestens vermerkte, in welchen Organen wie viele fotografische Aufnahmen ("Bildtelegramme") des Braunschweiger SA-Aufmarsches erschienen waren.[75]

Heinrich Hoffmann: Adolf Hitler während des Vorbeimarsches der SA, Braunschweig, 18. Oktober 1931

Gegenüber der letzten Parteitagsnummer hatte der "Illustrierte Beobachter" seinen Umfang auf 32 Seiten verdoppelt, nicht zuletzt dank des stark erhöhten Aufkommens an Großanzeigen unter anderem von Mercedes, Zündapp und Photo Porst, die bis vor kurzem noch nicht im "Illustrierten Beobachter" inseriert hatten. Thematisch hatte sich gegenüber 1927 und 1929 nicht viel geändert, abgesehen vielleicht davon, daß nun auch die motorisierten Verbände der SA vorgeführt wurden, doch der Blick auf prägnante Einzelszenen, abwechslungsreichere Bildausschnitte, ungewohnte Perspektiven und eine großzügigere Bildpräsentation steigerten die visuelle Attraktivität der Parteiarmee und bekräftigten den Eindruck einer staatstragenden Veranstaltung. Ganz bewußt und groß herausgestellt wurde in der Illustrierten aber die Parteisymbolik, insbesondere die Parteifahnen, die in der propagandistischen Alltagsarbeit der NSDAP trotz ihrer immer wieder von führenden Nationalsozialisten zugesprochenen Bedeutung bislang nicht die gewünschte Rolle gespielt hatten.[76] Vor allem aber bot die Braunschweiger Veranstaltung die Voraussetzung für den Entwurf eines stark

Abb. 4/78

Heinrich Hoffmann: Gregor Strasser und Joseph Goebbels während des SA-Vorbeimarsches an Hitler, Braunschweig, 18. Oktober 1931

stilisierten Hitlerbildes. Mehrere Aufnahmen vom Vorbeimarsch der SA auf dem Schloßplatz visualisierten prägnant die Identität von nationalsozialistischer Idee, Führer und Gefolgschaft, wobei die historische Kulisse zusätzlich als erhöhender Bedeutungsträger eingesetzt wurde. Mit Blick über Hitlers Rücken sah man, wie er die Unterwerfungsgeste der salutierenden SA-Männer abnahm, die im Bildhintergrund am Führer vorbeizogen, während über diesem die "Blutfahne" im Wind flatterte und das Bild nach oben abschloß. Eine andere Ansicht des Rituals zeigte Hitler im Profil, an exponierter Stelle denkmalartig erstarrt, mit erhobenem rechten Arm und herrischem Blick.[77] Hitler hatte "Führerformat" erlangt und war nun deutlich von der nationalsozialistischen Führungselite abgerückt: Goebbels und Gregor Strasser verfolgten den Vorbeimarsch nur mehr von außerhalb der Absperrung. (Abb. 4/77-78) Die Fortschritte der Formierung des nationalsozialistischen Führerbildes sind evident: war in Braunschweig die prägnante Aufnahme des Verhältnisses von Führer und

Gefolgschaft "nur" die Sache eines gezielten Blickes des Fotografen auf das gelungene Veranstaltungsritual, hatte fünf Jahre zuvor, beim Weimarer Parteitag, eine vergleichbare Bildbotschaft angesichts fehlender Realinszenierungen noch mittels der Fotomontagetechnik formuliert werden müssen. (Abb. 3/16) Das Führerbild wurde fortan immer dynamischer, kämpferischer und aggressiver.

Mit Hoffmanns suggestiven Aufnahmen waren nun auch die Augen als Motiv für das Wechselspiel von Führer und Gefolgschaft eingeführt, das beim Vorbeimarsch seinen Höhepunkt erreichte: der Blick von Tausenden von SA-Männern war auf Hitler gerichtet, Tausenden von SA-Männern schien er ins Auge zu blicken, jeden einzelnen persönlich zu mustern und auf seinen Unterwerfungswillen hin zu prüfen. Dieses "Menschenmaterial der SA" ("Völkischer Beobachter") hatte unter der Regie des seit Anfang 1931 als Stabschef der SA tätigen Ernst Röhm einen verstärkten Formierungsprozeß durchlaufen und war nun näher an das Idealbild "von Kraft und Entschlossenheit", "Ordnung und Disziplin" und "eiserner Manneszucht" herangekommen. Die fortgeschrittene Uniformierung und bereits erreichte Exaktheit des Marschschrittes der SA, "Daily Express" sprach vom "preußischen Paradeschritt", boten schließlich die Grundlage für geometrisierende Aufnahmen aus der Vogelperspektive, die fortan ein Darstellungsmuster für SA-Auftritte bildete.[78] Die marschierende SA-Kolonne schien von einem einzigen Willen beseelt zu sein, der ihren einheitlichen Bewegungsablauf steuerte: "Aufgestellt in Reih und Glied, in Längs- und Querrichtung aneinander ausgerichtet, jeweils im gleichen Abstand, ergeben die Bewegungen der Körper das Ordnungsmuster: Linien in rechten Winkeln, eine sich fortbewegende Gitterstruktur, festgefügt, undurchdringlich, statisch, eisern. Sowohl die innere Struktur als auch die Erscheinungsfläche der SA-Kolonne verändert sich beim Marschieren nicht, nur

als Ganzes entwickelt sich ihre Dynamik, eine Bewegung en bloc."[79]

Die Abbildungen begleitete der "Illustrierte Beobachter" mit Bildunterschriften, die nicht müde wurden, die sinnliche Ausstrahlungkraft und den "überwältigenden Eindruck" des Erscheinungsbildes der SA zu betonen und einen bislang unbekannten Grad an ästhetisierender Deutung erreichten: "Das ist unsere herrliche Bewegung: Eine ergreifende Symphonie von Wille und Begeisterung, dazu der überwältigende äußere Rahmen, die harmonischen Farben unserer Standarten und Fahnen." Oder: "Um 10 Uhr sieht das Auge eine Aufstellung, die ebenso unerhört in den Dimensionen wie berauschend in den Farbwirkungen ist. Es ist eine Harmonie von Braun und Rot, und Weiß und Schwarz und dazwischen das Blinken und Funkeln von Tausenden von Fahnen (...). Als Adolf Hitler mit seinem Stabe auf dem Platze eintrifft, bietet sich ihm ein unerhört eindrucksvolles Bild. Alles, was besonders das marxistische Deutschland früher an Massen auf die Beine brachte, schrumpft dem gegenüber zu einem förmlichen Nichts zusammen."[80]

"Hitler über Deutschland" Moderner Wahlkampfmarathon

Anstelle der Großaufmärsche der SA mit ihrem letztlich doch begrenzten Wirkungsradius favorisierte die NSDAP im Jahr 1932 eine dezidiert nach außen gerichtete Propaganda und rückte ihren Parteiführer bei den zahlreichen Wahlkämpfen noch stärker in den Vordergrund. Mit den "Deutschlandflügen" organisierte sie einen spektakulären Wahlkampf im amerikanischen Stil, und es gelang ihr, den Hitlerkult weit über die NSDAP-Mitglieder hinaus zu verbreiten. Damit erreichte das neue populistische Führer-Image seinen Durchbruch und die fotografische Führerpropaganda trat in ein neues Stadium. Der Veranstaltungsmarathon war geradezu geschaffen

Heinrich Hoffmann: Adolf Hitler und seine Begleitmannschaft während der "Deutschlandflüge" (von links: Ernst Hanfstaengl, Heinrich Hoffmann, Adolf Hitler, Julius Schaub, Berchtold, Hans Baur, Wilhelm Brückner, Otto Dietrich, Snyder), April 1932

für eine pausenlose Folge von Fotoreportagen über Hitlers schnell wechselnde Auftritte in ganz Deutschland, zwischen Rosenheim und Flensburg, zwischen Trier und Königsberg. Das verlangte, daß die Pressefotografie fest in die Propagandakampagne integriert wurde und Hoffmann – zusammen mit seinem Assistenten August Kling – Hitler dauernd begleitete und an Bord der Führermaschine mitflog. Für eine wirklich aktuelle Publizierung der Aufnahmen kamen nur die täglich erscheinenden Zeitungen in Frage – und bezeichnenderweise begann erstmals im Rahmen dieser Kampagne eine kontinuierliche Fotoberichterstattung über Hitler und die "Bewegung". Während der Wahlkampfwochen erreichte Hitler im Parteiorgan eine visuelle Präsenz, die bereits an die Fotopublizistik nach 1933 erinnerte.

Hitler charterte erstmals beim Wahlkampf zum zweiten Wahlgang der Reichspräsidentenwahl am 10. April 1932 ein Flugzeug und konnte innerhalb weniger Tage (die Reichsregierung hatte die Wahlkampfzeit auf sieben Tage eingeschränkt) in zwanzig Städten Kundgebungen abhalten, die im Berliner Lustgarten ihren Höhepunkt fanden und Hitler mit einem Massenpublikum zusammenbrachten, was damals keinem anderen deutschen Politiker gelang. In den folgenden Wahlkämpfen wurden die Flüge fortgesetzt: "Auf seinen vier Deutschlandflügen zwischen April und November 1932 sprach Hitler auf insgesamt 148 Massenkundgebungen. Durchschnittlich zeigte er sich pro Tag bei drei Großveranstaltungen, in den Großstädten oftmals vor 20 000 bis 30 000 Menschen. Auf diese Weise sahen und hörten ihn buchstäblich Millionen Deutsche."[81] Ein solcher Veranstaltungsmarathon war in Deutschland ein absolutes Novum und markierte den Kulminationspunkt der NS-Propaganda vor 1933. Die Parole "Hitler über Deutschland" signalisierte Modernität und Schnelligkeit, bekräftigte Hitlers "Image einer jugendlichen, dynamischen Persönlichkeit, im Gegensatz zu den 'alten Männern' der reaktionären Rechten"[82] und verlieh ihm einen geradezu messianischen Nimbus. Verheißungsvoll verkündigte Josef Berchtold im "Völkischen Beobachter" den Beginn der ersten Wahlreise: "Ein Held aus dem größten Ringen in geschichtlicher Zeit ist uns gesandt worden: Adolf Hitler."[83]

Es war eine Wahlkampagne, die die NSDAP unter Einsatz aller ihrer Mittel führte und auch die Organisationsfähigkeit ihres Apparates unter Beweis stellen sollte: "Es ist kein leeres Schlagwort, wenn wir in diesen politischen Kämpfen von Schlachten sprechen. Diese ungeheuren Opfer an geistiger und körperlicher Energie seitens des Volksführers Adolf Hitler und seiner treuen Gefolgschaft erinnern an die größten Tage des Weltkrieges. Mut und Aufopferung bis zur Selbstentäußerung sind das Charakteristikum unseres Kampfes."[84] Charakteristisch für diese Werbekampagnen war, daß die Flüge mit verschiedenen Propagandamedien und -methoden zu einem straff und zentral organisierten Medienverbund gekoppelt wurden. Dazu zählten die intensive Vorbereitung der Veranstaltungen jeweils vor Ort, die groß aufgemachte Berichterstattung über Hitlers Reise durch Journalisten und Pressefotografen in den NS-Zeitungen (die in höheren Auflagen herauskamen) und der Versuch, mit dieser spektakulär herausgehobenen Veranstaltung auch andere, der NSDAP eher distanziert gegenüberstehende Pressemedien zu bewegen, über Hitler zu berichten. Primäre Aufgabe von Hoffmanns Fotoberichterstattung war der Nachweis von Hitlers Volksverbundenheit und seiner wachsenden Anziehungskraft, um ihn zum letzten Hoffnungsträger zu stilisieren und den Lesern ein lebendiges Führererlebnis zu vermitteln. Rückblickend auf den Reichstagswahlkampf schrieb der "Illustrierte Beobachter" am 13. August unter der Überschrift "Alle wollen Hitler sehen!": "Wir wissen es aus tausend Versammlungen, wo Stunden und Stunden vorher geduldige, begeisterte Menschen in riesiger Schar sich einfanden – den Führer zu sehen. (…) Sonnenglut und Hitze, Regen und Wind – es galt sich eins: Adolf Hitler kommt! Die Begleiter auf seinem Triumphzug durch Deutschland erinnern sich oft erschütternder Bilder kindlicher Liebe und rührender Anhänglichkeit! Meilenweit waren sie herbeigeeilt, manchmal in Tagesmärschen, weder Staub, Schweiß noch Mühe scheuend, wenn sie nur den großen Augenblick erleben durften,

*Völkischer Beobachter,
Nr. 96, 5. April 1932, Titelseite*

*Illustrierter Beobachter,
Nr. 12, 21. März 1931, S. 284
Illustrierter Beobachter,
Nr. 24, 11. Juni 1932, S. 538*

den Mann zu sehen, von dem alles spricht (Freund und Feinde), den die einen begeifern, die anderen lieben, für den und dessen Sache schon so manche starben – ihn sehen, ihn hören, ihm ins Auge schauen, um zu wissen: Dies ist der Mann, der uns erretten wird aus der Not, Schmach und Schande – ihm will ich dienen mit allen meinen Kräften!"[85]

Beim Bestreben, die Propagandakampagne möglichst unterhaltsam und abwechslungsreich aufzubereiten, zeigten sich zwischen Parteiillustrierter und Zentralorgan gewisse Unterschiede im Einsatz von Bild und Text. Im "Völkischen Beobachter" schilderten stimmungsvolle Artikel die Flugreise und Redeauftritte, ohne deren Inhalt näher zu referieren, und boten einen bunten Erlebnisbericht in täglichen Fortsetzungen, bisweilen angereichert mit dramatischen Schilderungen von Hitlers instinktsicheren Navigationskünsten bei Flügen in Unwettern.[86] Gleichzeitig ergoß sich in den Wahlkampfwochen eine wahre Flut von Massenpanoramen über den "Völkischen Beobachter" (Abb. 4/80). Entsprechend beschriftet, vermittelten sie den Eindruck eines einzigartigen Siegeszuges: "Adolf Hitlers Versammlungsreise durch Deutschland wird unter dem Jubel der Massen zu einer einzigen Huldigungsfahrt des kommenden Reichspräsidenten." – "Ohne Adolf Hitler wäre Deutschland heute ein bolschewistisches Chaos. Vor 25 000 sprach der Führer des neuen Deutschland in Stuttgart." – "Wo Adolf Hitler spricht, steht Deutschland." – "40 000 in Frankfurt trotz jüdischem Terror."– "Kein Platz ist groß genug, um all die Menschenmassen fassen zu können, die ihren Führer hören wollen."[87]

Bei der fotografischen Bebilderung des "Völkischen Beobachters" ergab sich ein griffiges Illustrationsmuster. Seitenbreite Massenpanoramen bestimmten über Wochen hinweg das Gesicht der Zeitung, waren nicht nur auf der Titelseite plaziert, sondern setzten sich zum Teil auf der letzten Seite fort. Zusätzliche Einzelansichten berichteten anekdotenhaft von der Flugreise, von Start, Ankunft und Empfang, von Hitlers Besichtigung lokaler SA-Verbände und zahlreichen Begrüßungen. Damit fand auch im "Völkischen Beobachter" Eingang, was sich im "Illustrierten Beobachter" schon stärker abgezeichnet hatte. Jetzt wurde Hitlers visuelles Gegenüber differenziert und damit der enge Rahmen, in dem sich das Führerbild bislang bewegte, erweitert.

In der Parteiillustrierten gingen die fotojournalistischen Veränderungen soweit, daß nicht mehr Aufnahmen der Großveranstaltungen das beherrschende Bildmotiv der Berichte waren, sondern Randszenen von Hitlers Auftritten und periphere Beobachtungen in den Mittelpunkt rückten. Zur Masse des Auditoriums und zu prominenten Parteigenossen und Zuhörern kam immer häufiger das Zusammentreffen des Führers mit namenlosen Einzelpersonen. Diese "persönliche Begegnung" mit dem Führer kristallisierte sich als eigenes plakatives Bildmotiv heraus und signalisierte Hitlers Popularität – ein ausgesprochen zukunftsträchtiges Motiv der Hitlerikonografie, das von der intensiven, engen und schließlich fast familiären Verbundenheit des Parteiführers mit allen Volksschichten zeugen sollte. Die Erweiterung des thematischen Spektrums der Hitledarstellung im "Illustrierten Beobachter" ging Hand in Hand mit einer variantenreicheren fotografischen Darstellungsweise und auch einer abwechslungsreicheren Bildpräsentation: im Zuge dieser neuen Illustrationsart wurde einiges probiert und manches wieder verworfen. Pate stand dabei oft der "unpolitische" Unterhaltungsteil der Parteiillustrierten, der seinerseits vom modernen Bildjournalismus inspiriert war. Offenkundige Parallelen gab es zwischen der Bildreportage "Seine Majestät das Publikum. Eine Photostudie vom Fußballplatz"[88] (Abb. 4/81) und einigen Bildberichten von Hitlers Auftritten während der "Deutschlandflüge".

Beispielhaft für die neue inhaltliche wie fotojournalistische Ausrichtung ist eine Wahlkampfreportage im Vorfeld der

Etappen der Führerpropaganda | Führerprofile

Abb. 4/83

*Illustrierter Beobachter, Nr. 45,
5. November 1932, S. 1062/63*

Reichstagswahlen im Juli 1932. Sie fügte sieben Einzelaufnahmen von Besuchern einer Hitlerkundgebung in Mecklenburg zu einer Bildserie zusammen und plazierte sie an zentraler Stelle, wobei die Betextung schon an Sprachregelungen nach der Machtergreifung gemahnt: "Ein Film von der deutschen Volksgemeinschaft, die im Zeichen Hitlers, im Zeichen des Nationalsozialismus ersteht."[89] Kurz darauf publizierte Berichte, wie die "Bilder vom Wahlkampf in Hessen", offenbarten eine weitere Variation beziehungsweise Veränderung des Reportagestils. Sie entstanden gar nicht mehr im direkten Zusammenhang mit einer Redeveranstaltung, sondern während Hitlers Überlandfahrten und beschränkten sich ganz auf Ansichten, wie dieser ganz leutselig einer Reihe Anhänger unterschiedlichen Alters die Hand schüttelte: "Des Führers Händedruck wird ihnen allen eine unvergeßliche Erinnerung bleiben!"[90] Andere Reportagen wiederum berichteten schließlich gar nicht mehr vom zusammenströmenden Wahlvolk, sondern vom eingehend dokumentierten Besuch des Führers bei seinen Anhängern im häuslichen Umkreis ("Einige Stunden Ruhepause").[91] Und dies schien der Gipfel der privatisierenden Darstellung seiner Popularität in der Wahlwerbung.

Unter soziologischen Gesichtspunkten wurde Hitlers fotografisch dokumentiertes Gegenüber meist indifferent behandelt und nicht weiter klassifiziert, im Herbst 1932 jedoch durch die Betextung stärker nach Beruf und sozialem Status unterschieden. Anonyme, markante Einzelpersonen wurden herausgegriffen und als Vertreter der verschiedenen Klassen und Volksgruppen kenntlich gemacht, derer besonderer Sympathie Hitler sicher sein sollte. Da gab es Bildberichte

Abb. 4/84

*Illustrierter Beobachter,
Nr. 52, 28. Dezember 1929, S. 701*

signalisierte am 2. April 1932 sogar den Auftakt des Wahlkampfes zum zweiten Wahlgang der Reichspräsidentenwahl. Mit der Bildunterschrift "Er hat die Jugend. Er hat die Zukunft" hatte es unzweideutig politisch-symbolträchtige Dimensionen angenommen.

"Der Vielgeknipste. Adolf in allen Lebenslagen"

Daß nun auch solche "unpolitischen" Aufnahmen in starkem Maße Eingang in die Parteipresse fanden, ging auf die neue Strategie der Führerpropaganda zurück, die sich konsequent auf Hitlers Persönlichkeit konzentrierte und hierbei der Fotopublizistik eine unverwechselbare Funktion zuwies. Thema war nun nicht nur Hitler als Massenagitator und Chef der nationalsozialistischen Parteiarmee, sondern vor allem "Adolf Hitler als Mensch" – ein jugendliches Gegenbild zu den als "Bonzen" und "hinterhältige Juden" abgestempelten Repräsentanten der "Systemzeit". Die genaueren Hintergründe der im Frühjahr 1932 so forciert betriebenen Modifikationen des Führer-Image liegen im Dunkeln. Festzuhalten bleibt, daß diese Strategie nicht schon beim Wahlkampf zur ersten Präsidentschaftswahl verfolgt wurde, sondern erst, als sich Hindenburg und Hitler im zweiten Wahlgang in einem Zweikampf gegenüberstanden. Und hierbei diente Hoffmanns neu herausgekommener Fotoband "Hitler wie ihn keiner kennt", der an anderer Stelle noch eingehend betrachtet werden soll, als besondere Wahlkampfmunition. Die Vorbereitungen und konzeptionellen Überlegungen für den Bildband müssen freilich schon deutlich früher begonnen worden sein, ganz abgesehen davon, daß viele der abgebildeten und das neue Hitlerbild prägenden Aufnahmen noch früher aufgenommen worden waren.

Im Zuge der Vorbereitung des kommenden "Deutschlandfluges" wurde Ende März 1932 allen NS-Zeitungen von

von Bauern ("Der deutsche Bauer steht zu Hitler") und entsprechend beschriftete Aufnahmen von Beamten und Arbeitern.[92]

Wachsender Beliebtheit erfreuten sich nun auch – gerade im "Völkischen Beobachter" – Fotografien, die Hitler im Kontakt mit Kindern zeigten und auf penetrante Art und Weise ein positives Charakterurteil verkündeten. Diese Aufnahmen waren im strengen Sinn auch keine Bildnachrichten mehr. Entsprechend beschriftet wandelten sie sich zu zeitlosen Sinnbildern, die Hitlers innige Kinderliebe verkündeten, ihn zum Hoffnungsträger und Beschützer der Jugend erklärten und allgemein Sympathie und Optimismus verbreiteten. Unter den Kinderaufnahmen war zu lesen: "Die Liebe des ganzen Volkes gehört Hitler." – "Des Führers erster Gruß gilt überall der Jugend." – "Und die Jugend gehört ihm!" – "Ein Blick aus Kinderaugen, Adolf Hitlers höchste Freude." – "Auch die Kleinsten lassen sich dem Führer schon vorstellen!" – "Die kleine Liselotte aus Zittau bringt dem Führer einen Blumengruß." – "Der schönste Tag für die Kleine."[93]

Das Bildmotiv "Hitler mit Kindern" war lange Zeit, nachdem es erstmals im Zusammenhang mit der Berichterstattung über den Nürnberger Parteitag von 1927 im "Illustrierten Beobachter" aufgetaucht war,[94] eine unauffällige Nebenerscheinung der Hitlerikonografie und wurde propagandistisch nicht weitergehend genutzt. Das änderte sich mit der zunehmend populistischen Ausrichtung der Hitlerpropaganda. Im Herbst 1931 wurde das Motiv titelblattwürdig und

Etappen der Führerpropaganda | Führerprofile

"Das ist Adolf Hitler der Mensch und Führer des deutschen Volkes. Zusammengestellt und Aufnahmen Heinrich Hoffmann", München 1932, Plakat

Der Unwiderstehliche

Kurt Reinhold: 1932

"Es ist – der freundliche Leser wird es bereits erraten haben – niemand anders als unser Adolf Hitler. Ein Band Photographien, hundert an der Zahl, will seinen Untertanen endlich den Mann ihrer Wahl zeigen, "wie ihn keiner kennt". Obwohl das übertrieben ist und zumindest seine Gegner, von denen es noch Dutzende gibt, sich längst ein unretouchiertes Bild von ihm haben machen können, möchte man das Album ungern missen. Es ist so triefend familiär und dabei nicht ein bischen ungezwungen, genau das, was bei Tante Ida immer auf dem Sofatisch in der guten Stube lag und von jedem Besuch mit Entzücken durchblättert wurde. Ein Schmuckstück fürs traute SA.-Heim. In dem an Superlativen nicht armen Vorwort betont Baldur von Schirach, der seinen Schwärmernamen zu Recht trägt und Reichslyriker der Partei ist, daß Hitler eigentlich dagegen sei, photographiert zu werden. Angesichts des vorliegenden Ergebnisses kann man ihm diese Abneigung zwar nicht glauben, aber durchaus nachfühlen. Hitler sieht sozusagen überhaupt nicht aus, er tut bloß manchmal so. Seine weichlichen, uninteressanten Kubinke-Züge scheinen durch alle mit den Jahren immer dicker aufgelegten Führermasken beruhigend hindurch und würden, noch dazu in dieser "undeutschen" Bearbeitung, keinen holsteinischen oder preußischen Bauern hinterm Ofen vorgelockt haben. Nein, er ist kein Star des stummen Films, und wäre nicht der Stutzerfleck auf der Oberlippe, dieses unverwechselbare Chaplinrequisit, das er schlauerweise durch all die Zeit gehegt und gepflegt hat, man wüßte auf die Frage nach besonderen Kennzeichen seines Kopfes nur mit dem Paßvermerk zu antworten: keine. Heute, wo er sie taub geredet hat, sind seine Leibeigenen sicher auch blind.

Nachdem Hitler seinen Abscheu vor der Kamera mannhaft unterdrückt hatte, in der richtigen Erkenntnis, daß auch Bilder Leute machen, kommandierte er den Münchner Heinrich Hoffmann zum "Photoberichterstatter der Reichsleitung der NSDAP" ab und ließ sich von ihm in allen Lebenslagen erhaschen, – lustig, düster fesch, gedankenvoll, würdig, verhalten, kinderlieb, diktatorisch, müde, vor Nietzsches Büste und Goebbels' Flügel, von des Meeres und der Liebe Wellen umbraust, mit und ohne Hund, am Waldes- und am Schreibtischrand. Wie in keinem kompletten Familienalbum, fehlen auch hier natürlich nicht die reizenden Erinnerungen aus der vorhistorischen Periode, Vater und Mutter sind da, das Baby blickt uns an, auf einer Schülergruppe steht klein Adolf schon obenan, und aus der Militärzeit lernen wir, daß der Infanterist Hitler noch einen Wilhelm-Schnurrbart hatte. Zwei Häuserskizzen deuten auf des Führers bessere Neigungen: "Es war ihm nie vergönnt, diesem Beruf nachzugehen. Aber er wurde zum Baumeister eines neuen Volkes." Schade.

Das Schönste an den Bildern ist, außer dem in Devotion und Theatralik ersterbenden Kommentar jenes Baldur, die Selbstverständlichkeit, mit der dem Beschauer die Entstehung der Aufnahmen nicht verheimlicht wird, – man sieht deutlich das "Bitte recht…" (folgt das jeweilig passende Adverb) heraus. Es sind lauter Feriengrüße für die Illustrierte. Einmal, es ist auf Nr. 51, sitzt Hitler mitten im Grünen, ein Reiseplaid unterm Po oder wie das bei einem Führer heißen mag, und schält sich einen Apfel. Hoffmann hat gebeten "Bitte recht bescheiden!", und ein jeder merkt: nicht das Stilleben, sondern die Kaiserhof-Rechnungen sind gemeint; es ist ein geknipstes Dementi mit dem Zusatz: "Ein Anspruchsloser". Ein andermal stellt ihn der Hofphotograph just in dem Moment, wo das Kreuz einer Kirchentür ihm zum Kopf herauswächst, ein Schnappschuß auf das skeptische Zentrum, das einen Heiligen verkennt; Unterschrift: "Eine photographische Zufälligkeit wird zum Symbol. Adolf Hitler, der angebliche 'Ketzer', beim Verlassen der Marinekirche in Bremerhaven." Großer Wert wird auf den bildlichen Beweis gelegt, daß Hitler, – der nicht raucht, nicht trinkt und kein Fleisch ißt, – das System der Natur restlos toleriert und daß er sich, ein Sonderling, in den Bergen und in seinem Landhaus am wohlsten fühle. Er ist als froher Lächler fixiert, den Baldur so ausdeutet: "Abgeschieden von Lärm und Unruhe der Städte ruht hier der Führer auf den großen Wiesen in der Nähe seines Häuschens von den Strapazen des Kampfes aus. Dabei liest er dann die gegnerischen Zeitungen und freut sich über die Märchen, die sie über ihn verbreiten: Sektgelage, jüdische Freundinnen, Luxusvilla, französische Gelder…" Die jüdischen Freundinnen hat sich der Dichter rasch noch hinzuerfunden, um sie abstreiten zu können. Hitlers Hunde haben auf die Platte müssen, weil "er sie fast so sehr liebt wie sie ihn", eine feine Unterscheidung, die bei aller Intimität die Distanz zwischen Herr und Kreatur gewahrt wissen will. Zu welchen Mitteln die Marxisten greifen, um den Führer zu vernichten, geht lückenlos aus dem Umschlagbild hervor, das einen schönen Schäferhund zur Seite seines finster dreinschauenden Besitzers darstellt. Was ist passiert? Schirach gibt Auskunft: "Als böse Menschen ihn in seinem Innersten treffen wollten, vergifteten sie seinen Lieblingshund. So kämpft die Gemeinheit gegen einen guten Menschen." Und da wundert man sich noch, wenn die Nationalsozialisten zu Revolver, Messer und zum Schlagring greifen? Wobei es allerdings ja noch umstritten ist, ob sie es überhaupt jemals getan haben…

In diesem Text geht es weiter, ein Vexierbild nach dem andern wird erklärt. Hitler telephoniert und spielt mit der Schnur, – Lösung: "Eingebürgert! Der Führer empfängt in seinem Arbeitszimmer im Hotel Kaiserhof die Mittei-

Heinrich Hoffmann: Adolf Hitler
während einer Wahlkampfreise in einem
Bauernhaus in Ostpreußen,
Aufnahme 1932, Postkarte nach 1933

lung von seiner Ernennung zum braunschweigischen Regierungsrat. Ein jahrelanger Frevel wird damit gesühnt: der Frontsoldat Hitler wird endlich deutscher Staatsbürger." Daß er in der Aufregung nicht den Photographen zu bestellen vergaß, zeugt von kaltem Blut. Hitler mit Opernglas am Strande, – Lösung. "Das ganze Deutschland ist seine Heimat!" Hitler im Regenmantel und mit der Peitsche – Lösung: "Mit großer Empörung haben die feindlichen Blätter gemeldet, daß Hitler immer eine Reitpeitsche bei sich führt. In Wirklichkeit handelt es sich um eine Hundepeitsche, die der Führer heute noch zur Erinnerung an die Zeit trägt, da ihm jede Waffe verboten war. Damals war diese Peitsche sein einziger Schutz…" Für Aufklärung ist man immer dankbar. Hitler, umrahmt von allerlei Schiffsgerät, – Lösung:" Besichtigung einer Station zur Rettung Schiffbrüchiger: Hitlers Interesse für Schiffahrt ist unbegrenzt." Hitler gibt vom Auto aus einem jungen Mann die Hand, der keinen Kragen, keinen Rock und die Hemdsärmel fein säuberlich aufgekrempelt hat, – Lösung: "Der Sohn des Volkes. Keinem anderen in Deutschland gilt so die Liebe des deutschen Arbeiters wie Adolf Hitler. Wo er auch immer ist, bricht diese Liebe spontan hervor. Ob es Tausende sind, die ihm zujubeln, oder ob ein Einzelner ihm die Hand drückt, sie alle sehen in ihm den Befreier und danken ihm mit dem Leuchten ihrer Augen." Hier dürfte allerdings ein kleiner Irrtum allzu greifbar unterlaufen sein, so nett der junge Mann am Wagenschlag auch dem Photographen gestanden hat.

Es wird neuerdings immer bestimmter erzählt, daß Adolf Hitler nur noch eine Wachspuppe in den Händen seiner Kamarilla sei. Das Buch würde zu diesem Gerücht ausgezeichnet stimmen. Denn mit dem Herrschertum einer Serenissima-Figur, wie man sie hier zusammengesetzt findet, ist es nie ganz einwandfrei bestellt."[103]

der Reichspressestelle "parteiamtlich" verordnet, verschiedene Einzelaspekte des Hitlerthemas aufzugreifen und : "Ab Osterdienstag, den 29. März, bis einschließlich Sonntag, den 3. April, soll für jeden Tag ein ganz bestimmtes einheitliches Thema auf der ersten Seite aller unserer Zeitungen in großer Aufmachung behandelt werden. Und zwar: Dienstag, den 29. März: Hitler als Mensch; Mittwoch, den 30. März: Hitler als Kamerad (Treue, soziale Einstellung usw.); Donnerstag, den 31. März: Hitler als Kämpfer (Gigantische Leistung durch seine Willenskraft usw.); Freitag, den 1. April: Hitler als Staatsmann." Ausdrücklich waren die Artikel, deren Grundlage jeweils ein Aufsatz von Joseph Goebbels in der Parteikorrepondenz bildete, fotografisch zu bebildern: "Die angegebenen Themen sollen möglichst reich durch Bilder illustriert werden. Zu diesem Zweck wird der Leiter des Presseamtes Groß-Berlin, Pg. Hinkel, M.d.R., Berlin SW 48, Hedemannstr.10, den Redaktionen Bildmaterial aus dem neuen Buche 'Hitler, wie ihn keiner kennt' per Nachnahme zum Versand bringen. Auch andere Bildillustrationen sind von den Redaktionen heranzuziehen."[95]

Hoffmanns Fotoband löste eine starkes Echo aus, lieferte Abbildungsvorlagen für viele Veröffentlichungen, sogar in der linken französischen Illustrierten "Vu" (Abb.4/87), und entwickelte sich zu einem Bestseller, der das massenhaft gewachsene Interesse belegt, Hitler aus privater Nähe zu "erleben", und daran ablesbar auch das Bedürfnis, Führerbindungen zu stärken und neue einzugehen. Er war ein geglücktes Propagandaangebot und entsprach offenbar verbreiteten Wunschbildern. Entsprechend hieß es denn auch in einer der zahlreichen Werbeannoncen des "Zeitgeschichte-Verlages": "Ungezählten Millionen Anhängern Hitlers bringt dieser Band Erfüllung ihrer Sehnsüchte: Einblick zu bekommen in das persönliche Leben des Führers, Näheres zu erfahren über seine weitreichenden Interessen und Neigungen."[96]

Spöttelnde Resonanz fand Hoffmanns Band in der linken Publizistik. Der sozialdemokratische "Vorwärts" druckte sogar die bereits erwähnte Werbeannonce des "Zeitgeschichte-Verlages" ab und nahm sie zum Anlaß eines ironischen Artikels mit dem Titel "Der Vielgeknipste. Adolf in allen Lebenslagen": "Hört, Millionen, eure Sehnsucht ist erfüllt! Ihr seht den großen Adolf des Morgens im Pyjama und des Abends im Frack, ihr seht ihn, wie er sich die Nägel lackiert, ihr seht ihn, wie er sich den Scheitel pomadisiert, ihr seht, wie er ißt, wie er trinkt, wie er redet, wie er schreibt. Seit zehn Jahren, das heißt seit seinem 33. Lebensjahr, hat der große Adolf den größten Teil seines Lebens damit zugebracht, sich photographieren zu lassen, und so sind an weniger als viertausend Tagen 'viele tausend Aufnahmen' entstanden, also offenbar an jedem Tag mehrere. So hat Adolf in aller Stille für sein Volk gearbeitet und dessen Sehnsucht erfüllt. Satt essen kann es sich zwar noch lange nicht, es kann sich aber jetzt an Adolf Hitler satt sehen! Heil!"[97] In die gleiche Kerbe schlug auch Kurt Reinhold mit seinem Aufsatz "Der Unwiderstehliche" im "Tage-Buch" und glossierte vor allem das propagandistisch-inszenatorische Moment von

Abb. 4/89

Vu, Nr. 213, 1932, S. 518

Hoffmanns Aufnahmen ("lauter Feriengrüße für die Illustrierte") und die entsprechend hagiografischen Bildunterschriften von Schirach – nicht zuletzt auch die Kluft zwischen Hitlers repräsentativem Anspruch und den trivialen Botschaften der Bilder; "Hitler sieht sozusagen überhaupt nicht aus, er tut bloß manchmal so. Seine weichlichen, uninteressanten Kubinke-Züge scheinen durch alle mit den Jahren immer dicker aufgelegten Führermasken beruhigend hindurch. (…) Nein, er ist kein Star des stummen Films, und wäre nicht der Stutzerfleck auf der Oberlippe, dieses unverwechselbare Chaplin-Requisit, das er schlauerweise durch all die Zeit gepflegt und gehegt hat, man wüßte auf die Frage nach besonderen Kennzeichen seines Kopfes nur mit dem Paßvermerk zu antworten: keine. Heute, wo er sie taub geredet hat, sind seine Leibeigenen sicher auch blind."[98]

Hoffmanns Bildband vom menschlichen Hitler beanspruchte, ein einseitiges Klischee aufzubrechen und fügte doch nur ein neues hinzu. Wie weit sich das Hitlerbild des Jahres 1932 bereits differenziert und wie stark zielgruppenorientiert die Hitlerpropaganda operierte, zeigten die darauf folgenden Hoffmann-Bildbände "Hitler über Deutschland" und "Das braune Heer". Der im Juni im parteieigenen Eher-Verlag erschienene Band "Hitler über Deutschland" bündelte das markanteste Fotomaterial der Wahlkämpfe zu einem gleichermaßen populistischen und kämpferischen Bild des "Alleskönners" und "Führers" Hitler.[99] Besonders das Vorwort von Josef Berchtold steigerte die Führerstilisierung gegenüber der Wahlkampfberichterstattung beträchtlich und gemahnt bereits an Huldigungsformen des Dritten Reiches: "Diese Flüge über Deutschland, diese einzigartige Symphonie der Begeisterung, die dem Führer überall entgegenbrandete, wo der riesige Vogel auf seiner Reise die Erde berührte, war das Gewaltigste und Erhabendste, das Deutschland je gesehen und erlebt. Wir sahen den Führer ruhig und kaltblütig in stärkstem Orkan, der uns in den Lüften schüttelte fast wie welkes Laub. Wir lernten die Spannkraft und den unbändigen Willen des Führers kennen (…). Und wir erlebten Deutschland in seiner Gesamtheit, das sich Hitler entgegenwarf in Jubel und inbrünstiger Liebe, das sich im tiefsten Herzen sehnt nach dem Befreier."[100]

Dagegen konzentrierte sich der gegen Jahresende 1932 publizierte Bildband "Das braune Heer", eingeleitet von einem Vorwort Hitlers, ganz auf den innerparteilichen Führungsanspruch Hitlers und seine Rolle als Führer der SA. Der ähnlich wie "Hitler, wie ihn keiner kennt" gestaltete Bildteil des Bandes reihte in chronologischer Folge größtenteils bereits publizierte Fotografien aneinander: Gruppenaufnahmen, marschierende und zum Appell angetretene SA-Formationen, sporadisch unterbrochen von Aufnahmen Hitlers als Befehlshaber und "Massenchoreograph" seiner Parteiarmee. Doch verstreut finden sich auch in einigen Fotografien Hoffmanns, deren inszenatorischer Charakter evident ist, stringente Zeugnisse für neue fotojournalistische Vermittlungsformen. Dazu gehören zum einen Aufnahmen von in disziplinierter Formation auftretenden SA-Männern, deren Erscheinungsweise durch starke Untersichten monumentalisiert wird. Zum anderen verdeutlicht sich diese neue Sichtweise in einem Tableau mit Profilbildnissen von SA-Männern, deren Physiognomien ersichtlich unter rassistischen Aspekten ausgewählt und Vorläufer für ähnliche Bildnisinszenierungen des "Deutschen Rassegesichtes" wurden, auch wenn sie in diesem Fall noch primär Härte und "eiserne Entschlossenheit" der SA versinnbildlichen sollten.

Dies entsprach auch dem Tenor von Hitlers persönlichem Geleitwort, das sich mit einer militanten Botschaft in erster Linie an die Angehörigen der nationalsozialistischen Parteiarmee und die militaristische Anhängerschaft der NSDAP richtete.[101] Offenkundig sollte hier Hitlers Verbalradikalismus die ungeduldig auf die gewaltsame Machtübernahme drängende und zunehmend zum Sicherheitsrisiko gewordene SA beruhigen und ihr gärendes revolutionäres Potential disziplinieren. In diesem Sinne ist auch sein Loblied auf Gehorsam, Opferbereitschaft und unbedingte Führergefolgschaft zu verstehen, während er für das deutsche Bürgertum nur Hohn und Spott übrig hat: "Diese Braunhemden-Armee ist nicht nur der eiserne Arm der Partei, sondern eine ungeheure Propaganda-Einrichtung. Sie hat in der Zeit größter Anforderungen und schwerster Opfer ihren Wert erprobt. Unzählige Male verboten, verfolgt, aufgelöst, die Führer verhaftet, in die Gefängnisse geworfen, ist sie aus jeder Unterdrückung nur noch stärker hervorgegangen. Es muß aber hier festgestellt werden, daß es noch nicht einmal Marxisten waren, die im Verfolgen dieser braunen Front das Höchste leisteten, sondern leider bürgerliche Erbärmlichkeit und bürgerliche Charakterlosigkeit. Was das deutsche Bürgertum unter dem Regiment seiner bürgerlichen Parteien an dieser Zukunft der deutschen Nation verbrochen hat, kann niemals wieder gutgemacht werden. (…) Aber nicht nur als große Schutzbewegung des deutschen Blutes und damit der Zukunft ist dieses braune Heer zu werten, sondern auch als große Schule der Brüderlichkeit, der Überwindung der Klassengegensätze, der Beseitigung der Standesvorurteile, der nationalen Opferbereitschaft und als Schule der nationalen Disziplin und des Gehorsams (…) Der Leichtsinn der Jugend früherer Generationen ist ihnen fremd! Das bürgerliche Wohlleben unbekannt! Die Schonung des eigenen Ichs unverständlich, (…) ja wenn nötig, erscheint selbst das eigene Leben als nichts! Deutschland allein ist alles. (…) In diesen Reihen mitzukämpfen, ist jedes einzelnen Stolz. Sie aber führen zu dürfen, empfinde ich als die größte Ehre meines Lebens."[102]

"Hitler über Deutschland" und "Das braune Heer" erfüllten spezifische propagandistische Funktionen in der Endphase des Kampfes der Nationalsozialisten gegen die Weimarer Republik. Verlegerisch gesehen waren die Bücher keine überragenden Erfolge, erwiesen sich nach der Machtübernahme als historisch überholt und verschwanden bald aus Hoffmanns Buchsortiment. Ganz im Gegensatz zum Fotoband "Hitler, wie ihn keiner kennt", der astronomische Verkaufszahlen erzielte, auch nach 1933 immer wieder neu aufgelegt wurde und bis in die Kriegsjahre erschien. Es kennzeichnet die damalige Entwicklung des populistisch orientierten Hitlerbildes, daß Hoffmanns Bildband, wenngleich zu einem Zeitpunkt entstanden, als sich Hitler noch im Vorraum der Macht befand, bereits einen auch noch im Dritten Reich gültigen Führerbildentwurf vorlegte. "Hitler, wie ihn keiner kennt" war gleichzeitig ein historisches wie aktuelles Buch über Hitler, das erstmals die zeitlose Botschaft von dessen vorgeblicher Menschlichkeit verkündete. Es stand schließlich Pate für eine Reihe von weiteren Bildbänden über Hitler, die in den nächsten Jahren erschienen, eine ähnliche Konzeption verfolgten und große Publikumserfolge wurden. In späteren Ausgaben wurde sein Bildteil neu gestaltet und von den Aufnahmen der ehemaligen Weggefährten Hitlers gesäubert, die in Ungnade gefallen waren und Hitlers Gewalt zu spüren bekommen hatten. Dazu gehörten der ermordete Ernst Röhm und Ernst Hanfstaengl, der ins Ausland geflohen war.

Illustrierter Beobachter,
Nr. 26, 25. Juni 1932, Titelseite
Anzeige, in: Völkischer
Beobachter, Nr. 353/354,
18./19. Dezember 1932

Hitlers Idolisierung in der Fotopublizistik des Dritten Reiches

202 | Vom Parteiführer zum "Volkskanzler"

214 | Choreograph der Unterwerfungsrituale

242 | "Abseits vom Alltag" Privates für die Medien

260 | Hitler als Symbol der NS-Aufbaupropaganda

278 | Annexionen: Triumphe eines Nationalhelden

Vom Parteiführer zum "Volkskanzler"

"Ich suchte unter den Fotos nach einem Bild, mit dem sich die Ereignisse der letzten Woche am besten charakterisieren ließen. Am Sonntag zuvor waren Wahlen gewesen. Hitler, Hugenberg und ihre Parteien hatten über fünfzig Prozent der Stimmen bekommen. Mehr als die Hälfte der deutschen Wähler hatte für sie gestimmt. Reichskanzler Hitler war der Mann der Stunde. Ich betrachtete sein Bild: Hitler, im Smoking vor dem Radio sitzend, beim Anhören der Wahlresultate. Ich fragte Foitzick, unseren Textredakteur: 'Was meinen Sie zu diesem Foto als Titelbild?' 'Kein Mensch will diesen Fatzke sehen', sagte er, 'in ein paar Wochen ist es mit seiner Reichskanzlerschaft vorbei.' Justizrat Heim kam ins Zimmer. Er war der Verbindungsmann zwischen der Direktion und mir. Wir waren Freunde. 'Wir können Hitler nicht auf der Titelseite bringen. Die Leser wären verärgert', war seine Meinung. 'Mehr als die Hälfte der Wähler hat für ihn gestimmt', warf ich ein. 'Aber sie meinten es nicht ernst', erwiderte Heim. Wieder klingelte das Telefon. Die Chemigraphie wollte die Titelseite haben. Ich nahm das Bild Hitlers und schickte es hinüber. Wir hatten ihn noch nie auf dem Titelblatt gebracht. 'Wir waren politisch immer neutral und wollen es auch in Zukunft bleiben', sagte ich zu Heim. 'Aber Hitler ist nun einmal der neue Mann. Wir müssen sein Bild auf der Titelseite bringen – das hat nichts mit meiner persönlichen Einstellung zu tun.' Heim schwieg."[1]

Das schrieb rückblickend Stefan Lorant, bis März 1933 Chefredakteur der "Münchner Illustrierten Presse", über einen seiner letzten Arbeitstage in der Redaktion. Am 19. März 1933 erschien dann Hitlers Fotografie von Hoffmann auf der Titelseite der Illustrierten.[2] Die Entscheidung für dieses ungewöhnliche Bild eines deutschen Reichskanzlers scheint durchaus treffend, signalisiert es doch schlagartig die Bedeutung der modernen Massenmedien im politischen Herrschaftszusammenhang und die Funktionalisierung des Rundfunks durch die neuen Machthaber. Lorants Bericht wirft zugleich ein bezeichnendes Licht auf ein journalistisches Verhaltensmuster, wie es bei den sich als "unpolitisch" verstehenden Illustrierten schon im Vorfeld von Goebbels Reglementierungen durch das Propagandaministerium häufig zu beobachten war. Nicht Kritik und Widerspruch gegen die Nationalsozialisten, ihre Politik und ihren Terror bestimmten die Redaktionspolitik, sondern Anpassungsbereitschaft und eine Art "Vogel-Strauß-Verhalten", "welches das offenkundige Dilemma liberaler Pressepolitik angesichts eines legalisierten Staats-Terrors enthüllt", wie Walter Uka feststellte. "Der Sieg und die Amtsübernahme Hitlers werden zwar nicht gefeiert, müssen jedoch gemäß den Grundsätzen einer aktuellen Berichterstattung ins Bild gerückt werden. Totale Abstinenz als 'Widerstandsform' widerspräche den liberalen Grundsätzen journalistischer 'Objektivität' und dem Geschäft. Der Weg zur Anpassung ist vorgezeichnet."[3]

Lorant wurde noch im März 1933 verhaftet – ein Schicksal, das er mit vielen Kollegen aus dem Lager der linken und liberalen Presse teilte. Im Gegensatz zu anderen Journalisten, die verfolgt und in Konzentrationslager gesteckt wurden, kam er noch glimpflich davon. Er wurde nach sechs Wochen aus der Haft entlassen und emigrierte nach England.[4] Zu diesem Zeitpunkt hatte sich Hitlers Macht in einem Klima der nationalistischen Masseneuphorie und des gleichzeitigen Terrors bereits weitgehend etabliert. Am 30. Januar war Hitler durch Reichspräsident Hindenburg zum Reichskanzler ernannt worden und hatte die Führung einer Mehrparteienregierung der "nationalen Konzentration" übernommen, die die Absicht, Deutschland vom "Marxismus" zu befreien und den Parlamentarismus zu beseitigen, einte.[5] Die konservativen Eliten setzten auf Hitler, weil nur er eine Massenunterstützung mobilisieren konnte, wie sie zur Durchsetzung einer autoritären Lösung der bestehenden Staats- und Kapitalismuskrise nötig war, und dachten, den nationalsozialistischen Parteiführer durch die Regierungsbeteiligung "zähmen" zu können, zumal sich Hitler mit nur zwei weiteren Ministerposten für die NSDAP zufrieden gegeben hatte.

Doch die Rechnung der Konservativen ging nicht auf, denn Hitler dachte nicht daran, nur eine Marionette im Spiel von Reichswehr, Wirtschaft und Großagrariern abzugeben. Um seine Politik der antimarxistischen Formierung abzusichern und der eingeleiteten Monopolisierung seiner politischen Herrschaft auch eine plebiszitäre Rückendeckung zu verschaffen, setzte er für den 5. März 1933 Neuwahlen zum Reichstag an. Schon während der Zeit des Wahlkampfes bauten die Nationalsozialisten ihre Machtpositionen aus und veränderten die politische Landschaft gewaltig. Der Beamtenapparat wurde "gesäubert" und die Presse- und Versammlungsfreiheit eingeschränkt, begleitet von Gewaltaktionen der nationalsozialistischen Parteibasis gegen Veranstaltungen und Einrichtungen der Arbeiterparteien. Die Kommunisten wurden publizistisch quasi

Münchner Illustrierte Presse, Nr.11, 19. März 1933, Titelseite
Abb. 5/1

Münchner Illustrierte Presse, Nr. 6, 12. Februar, S. 151-153

Unbekannter Fotograf: Hitler am Fenster der Reichskanzlei nach seiner Ernennung zum Reichskanzler, Berlin, 30. Januar 1933

mundtot gemacht und die Sozialdemokraten stark behindert. Den Reichstagsbrand vom 27. Februar nahm Hitler als Vorwand, um mit der "Verordnung zum Schutz von Volk und Staat" die bürgerlichen Grundrechte aufzuheben und einen unerklärten Ausnahmezustand einzuleiten, der bis zum Ende der NS-Herrschaft bestehen blieb und Hitlers Macht ganz wesentlich stabilisierte. So war es möglich, politische Gegner ohne Gerichtsbescheid unbegrenzt zu inhaftieren. Schließlich erhielt die Hitler-Regierung durch das am 23. März 1933 vom neuen Reichstag auch mit den Stimmen der katholischen Zentrumspartei verabschiedete "Ermächtigungsgesetz" die Gesetzgebungskompetenz. Sie sollte auf vier Jahre befristet sein. Damit war die Grundlage für die Gleichschaltung und politische Machtmonopolisierung der NSDAP geschaffen. Die Zerschlagung der Linksparteien bildete den Auftakt zur Beseitigung der politischen Opposition, ihr folgten die Auflösung der bürgerlichen Parteien und die formelle Errichtung der Alleinherrschaft der NSDAP im Juli 1933.

Hitlers Image sollte sich im Jahr 1933 grundlegend wandeln: Aus dem meinungspolarisierenden Parteiführer entstand ein "Symbol der Einheit des deutschen Volkes", mit dem sich die Mehrheit der deutschen Bevölkerung identifizierte. Stimmten bei der Märzwahl weniger als die Hälfte der Wähler für die NSDAP, lag das Ergebnis der wenngleich auch nicht

Abb. 5/5-6

Unbekannter Fotograf: Fackelzug der SA durch das Brandenburger Tor anläßlich der Ernennung Adolf Hitlers zum Reichskanzler, Berlin, 30. Januar 1933; Unbekannter Fotograf: Der für den Film "Hans Westmar" nachinszenierte Fackelzug der SA durch das Brandenburger Tor, Berlin, Sommer 1933

übernahme auf die Ebene der "hohen Politik", was fast an einen der ziemlich unscheinbaren Regierungswechsel, wie ihn die Weimarer Republik oft erlebt hatte, denken ließ. Unmittelbar nach Hitlers Regierungsantritt wurde in der "Berliner Illustrirten Zeitung" das neue Kabinett mit einer Gruppenaufnahme vorgestellt und in der "Münchner Illustrierten Presse" im Stil der Sensationspresse eine Schnappschußreportage des AP-Fotografen Borchert mit "unbeobachteten Momentaufnahmen" von der "Kabinettsbildung" publiziert.[6] (Abb.5/2-3) Von der öffentlichen Resonanz auf Hitlers Amtseinsetzung, vom Jubel der nationalsozialistischen Anhängerschaft war hier nichts zu finden. Anders jedoch in der Parteiillustrierten: Sie feierte Hitlers Ernennung zum Reichskanzler als Beginn einer neuen Epoche und machte dies auch bildlich deutlich. Ihre Bildselektion ließ den Machtwechsel als plebiszitäres und von unübersehbarer Begeisterung begleitetes Votum erscheinen und rückte Aufnahmen in den Vordergrund, die Hitler von jubelnden Menschen umringt oder bei der Entgegennahme von Huldigungen der Berliner Bevölkerung am Fenster der Alten Reichskanzlei in der Wilhelmstraße zeigten.[7] (Abb. 5/4)

Die Aufnahmen entstanden während des nächtlichen, wenige Stunden nach Hitlers Ernennung zum Reichskanzler vom Berliner Gauleiter Goebbels als Triumphfeier inszenierten Fackelzuges der SA. Er war das erste meisterliche Stück der Feierregie des Dritten Reiches und führte die endgültige Herrschaft der Braunhemden über die Straße vor Augen. Der "Illustrierte Beobachter" schrieb: "Schon am Abend jenes unvergeßlichen Tages bewies es sich in der Tiefe und Wahrheit seiner Bedeutung. Wie ein mächtiger Glockenton schwang die Nachricht 'Adolf Hitler ist Reichskanzler' über das ganze deutsche Land, überall in den Städten, in den kleinsten Dörfern, hellster Jubel, in den Betrieben ernste Freude, und in den Augen der Ärmsten, die ohne Brot, ohne Arbeit, ohne Glauben und Zuversicht wa-

mehr "freien" Volksabstimmung am 12. November 1933 bei über 90 Prozent. Hitlers einzigartiger Aufstieg zum nationalen Identitätssymbol wirft die Frage auf, welchen Beitrag die großen Massenillustrierten zur nationalsozialistischen Führerstilisierung in der Anfangsphase des Dritten Reiches leisteten und wie sich das von ihnen gezeichnete Bild des nationalsozialistischen Reichskanzlers von dem seiner Vorgänger unterschied. Zusammenfassend ist festzuhalten, daß sich das zwischen Regierungsübernahme und

Märzwahl von den bürgerlichen Illustrierten gezeichnete Hitlerbild durchaus noch nicht klar von Weimarer Traditionen absetzte. Bis zu den Reichstagswahlen Anfang März 1933 räumten sie dem nationalsozialistischen Reichskanzler keinen herausragenden Platz ein – im Unterschied zur Illustrierten der NSDAP, die dicht und kontinuierlich über Hitler berichtete. Die "Berliner Illustrirte Zeitung" wie die "Münchner Illustrierte Presse" beschränkten ihre fotografische Darstellung der nationalsozialistischen Macht-

ren, leuchtete wieder ein Schimmer von Hoffnung und Erleichterung. Und abends erlebte dann Berlin einen Feiertag, so mächtig, so gewaltig und mitreißend, wie ihn die Reichshauptstadt wohl seit jenen Augusttagen 1914 nicht mehr gesehen… Ein unendlicher Strom, der Massen aller Stände, aller Klassen wallt durch die Straßen. Fackeln leuchten auf, und unter den Klängen preußischer Märsche biegen die braunen Kolonnen ein in das Regierungsviertel, ziehen in die Wilhelmstraße, die Soldaten Deutschlands, die kämpften, bluteten, die alles hingaben und deren großer Sieg dieser Tag ist."[8] Im Sinne dieser Deutung der Machtübernahme und der gleichzeitigen Ausblendung der Koalition der Kräfte, die Hitler tatsächlich an die Macht gebracht hatte, wurde der 30. Januar von nun an in den nationalsozialistischen Rückblicken mit der Abbildung der Aufnahmen der Huldigungen beziehungsweise des nächtlichen Vorbeimarsches festgeschrieben.[9] Letztere Aufnahme wurde bald gegen eine weitaus prächtigere Ansicht eines perfekten Massenaufmarsches ausgetauscht, die einige Monate später anläßlich einer Nach-Inszenierung des Vorbeimarsches für den Film "Hans Westmar" entstand und bis heute in vielen Geschichtsdarstellungen als authentisches Dokument jenes Ereignisses gilt.[10] (Abb. 5/5-6)

Traditionsorientiertes Kanzler-Image

In den kommenden Wochen zeichneten die Illustrierten durchwegs ein beschwichtigendes und den Eindruck von "Normalität" vermittelndes Bild des neuen Reichskanzlers und präsentierten ihn nur selten im Zusammenhang mit der nationalsozialistischen Parteisymbolik, obschon in der Öffentlichkeit deren wachsende Vorherrschaft nicht mehr zu übersehen war. Als Parteiführer, ausgestattet mit der neuen "Politischen Uniform", war Hitler vorerst nur in einer Reportage des "Illustrierten Beobachters" zu sehen, der bei der Wahlkampfbericht-

erstattung an das vertraute Bild des Massenagitators im Braunhemd anknüpfte.[11] Hitler selbst legte offenbar Wert darauf, als ein gewissermaßen überparteilicher Garant einer an traditionellen Werten orientierten Politik zu erscheinen. Er suchte demonstrativ auch auf der visuellen Ebene nach einer "Verschränkung" seines Führertums mit den etablierten politischen Herrschaftsgruppen, um Irritationen bei Wirtschaft und Militär zu vermeiden und seine Legalitätsversprechungen auch dem Bürgertum glaubwürdiger zu machen.[12] Er schlüpfte in eine steife und würdevolle Kanzlerrolle und gab sich hinsichtlich Kleidung und Repräsentationsgestus betont seriös und bieder. Bei den großen Staatszeremonien trat er gar mit Zylinder und Frack auf, den Insignien der konservativen bürgerlichen Eliten.

Hervorstechendes Merkmal der aktuellen Fotoberichterstattung, vor allem des "Illustrierten Beobachters", war es denn auch, den Reichskanzler möglichst häufig mit Hindenburg, der alten nationalen Leitfigur darzustellen und damit das große Vertrauen, das Hindenburg genoß, auf Hitler zu übertragen. Im "Illustrierten Beobachter" waren 1933 allein drei Titelblätter den gemeinsamen Auftritten von Hindenburg und Hitler gewidmet und es wurden zahlreiche Reportagen über gemeinsame Repräsentationsakte veröffentlicht – beginnend mit einem ausführlichen Bericht vom "Volkstrauertag", bei dem Hitler visuell noch ganz im Schatten des Reichspräsidenten stand.[13] Bis zu Hindenburgs Tod am 2. August 1934 wurde die hohe Visualität Hindenburgs im Zusammenhang mit Hitler beibehalten.[14] Schon während des Wahlkampfes hatte die NSDAP-Propagandaleitung Plakate herausgebracht, die Hindenburg und Hitler als ein politisches Gespann präsentierten. Zur Volksabstimmung im November 1933 kam noch einmal ein Plakat mit einem Montage-Doppelporträt im Umlauf: "Der Marschall und der Gefreite kämpfen mit uns für Frieden und Gleichberechtigung." Deutlich war bei Hitlers und Hindenburgs öffentlichen

Heinrich Hoffmann: Adolf Hitler, möglicherweise Reichspräsidentenpalais, Berlin, Anfang 1933; Hans von Norden: "Was der König eroberte, der Fürst formte, der Feldmarschall verteidigte, rettete und einigte der Soldat", 1933, Zeichnung, Postkarte (Verlag Johannes Böttger)

Auftritten – vor allem während der Staatsakte – die Regie des Propagandaministeriums zu spüren, die mit einer neuen, an die Sinne appellierenden Ästhetik eine nationale Aufbruchseuphorie wecken wollte.

Den Höhepunkt der national-konservativen Selbstdarstellung der Hitler-Regierung bildete die Berichterstattung über die feierliche Konstituierung des neuen Reichstages in der Garnisonskirche von Potsdam am 21. März, der als "Tag von Potsdam" zu einer spektakulären Werbung Hitlers um das Bürgertum werden sollte.[15] Die Feier, ein weiterer Markstein von Goebbels' Propagandaregie und Medienpolitik, wurde als "Tag der nationalen Erhebung" und Begegnung des "alten" mit dem "neuen Deutschland" deklariert und "schien zu demonstrieren, daß der ungebärdige Naziführer

Theo Eisenhart: Hitler begrüßt Hindenburg am "Tag von Potsdam", Potsdam, 21. März 1932

endlich doch jenem nationalen Konservatismus ins Netz gegangen war".[16] Die Intentionen der Veranstalter fanden ihre hochgradige visuelle Verdichtung in der bekannten Fotografie von Hitlers Verbeugung vor Hindenburg. Sie sollte zu einem Sinnbild mit geschichtsbildprägender Bedeutung werden. Täuschte zwar Hitlers Unterwerfungsgeste, die er in ähnlicher Form gegenüber Hindenburg vor den Kameras der Pressefotografen Anfang 1934 noch einmal wiederholen sollte, so symbolisierte sie doch prägnant einen damals weitverbreiteten nationalistisch motivierten Versöhnungswunsch. Die tiefe Verbeugung des jungen Reichskanzlers vor dem steil aufgereckten Hindenburg in der Uniform eines Feldmarschalls vermittelte den Eindruck einer demutsvollen Reverenz vor der Tradition und ließ den nationalsozialistischen Parteiführer "gezähmt" und "eingerahmt" erscheinen, fast so wie es seine konservativen Koalitionspartner vorgesehen hatten.

Die Fotografie wirkt wie die kongeniale Stilisierung einer genau kalkulierten Geste im rechten Moment. Und doch gingen die Aufnahmen nicht auf Hitlers "Hoffotografen" zurück, sondern auf den bei der amerikanischen Agentur New York Times angestellten Pressefotografen Theo Eisenhart.[17] Das überrascht, erklärt sich aber aus der in der Frühphase der NS-Herrschaft noch locker gehandhabten Zulassungspraxis von Pressefotografen bei Großritualen. Die Potsdamer Veranstaltung war bis in Details des Ablaufs geregelt, und Hitler selbst hatte dabei seine Hand mit im Spiel. Zeit und Ort waren mit Bedacht gewählt. Der 21. März war zugleich der Tag, an dem Bismarck den ersten Deutschen Reichstag des Zweiten Kaiserreiches eröffnet hatte, und die Garnisonskirche mit dem Grabe Friedrichs des Großen verwies prononciert auf die friderizianische Tradition. Effektvoll waren die öffentlichen Gebäude und Häuserfronten mit der schwarz-weißroten Reichsflagge und der Hakenkreuzfahne dekoriert, die nach den Märzwahlen zu den offiziellen Staatsfahnen erklärt worden waren. Festgottesdienste leiteten den Tag ein, und gegen Mittag begrüßte Hitler Hindenburg vor der Garnisonskirche.

Umgeben von einer Atmosphäre nationaler Ergriffenheit und im Kreise von Preußenprinzen, Generälen der kaiserlichen Armee und der Wehrmacht, SA- und Stahlhelmführern, Diplomaten, den Regierungsmitgliedern, nationalsozialistischen Abgeordneten und schließlich Vertretern der Mittelstandsparteien sprachen Hindenburg und Hitler in der Garnisonskirche. Während Hindenburg um das Vertrauen und die Unterstützung der neuen Regierung warb, erbat Hitler als der "Gefreite des Ersten Weltkrieges" nach einer Huldigung an Hindenburg in seinem Abschlußwort von der Vorsehung "jenen Mut und jene Beharrlichkeit, die wir in diesem für jeden Deutschen geheiligten Raum um uns spüren, als für unseres Volkes Freiheit und Größe ringende Menschen zu Füßen der Bahre seines größten Königs".[18] Anschließend legte Hindenburg an den Särgen der Preußenkönige Lorbeerkränze nieder, um dann gemeinsam mit Hitler den Vorbeimarsch von Formationen der Reichswehr, SA, SS und des Stahlhelm abzunehmen: "Diese Bilder haben auf alle Teilnehmer, auf Abgeordnete, Militärs, Diplomaten, ausländische Beobachter sowie auf die breite Öffentlichkeit eine ungewöhnliche Wirkung gehabt und den Tag von Potsdam tatsächlich zu einem Tag der Wende werden lassen."[19]

Welch hohen propagandistischen Stellenwert der kurz zuvor zum Reichspropagandaminister ernannte Joseph Goebbels der massenmedialen Berichterstattung über solche Veranstaltungen beimaß, offenbarte seine Auslassung unmittelbar nach der Feier: "Ich halte es für unmöglich, daß ein nationales Ereignis, wie beispielsweise die Eröffnung des neuen Reichstags oder der Dankgottesdienst in den Potsdamer Kirchen oder die Parade eines Potsdamer Regiments vor dem Herrn Reichspräsidenten, sich nur vor 10 – 15 000 Menschen abspielt. Das ist ganz unmodern. Eine Regierung, die das zuläßt, braucht sich nicht zu wundern, wenn über die 15 000 Menschen hinaus an einem solchen nationalen Ereignis niemand Interesse hat. Im Gegenteil halte ich es für notwendig, daß die ganze Nation – denn dazu haben wir heute die technischen Hilfsmittel – an solchen Vorgängen unmittelbar Anteil nimmt und mithört. Wenn das Fernsehen ein-

Carl Langhorst: "Potsdam 21. März 1933", 1933, Postkarte (Verlag Franz Hanfstaengl, München); Illustrierter Beobachter, Nr. 13, 31. März 1933, Titelseite; Unbekannter Fotograf: Rede Adolf Hitlers in der Garnisonskirche, Potsdam, 21. März 1933

mal erfunden sein wird, dann soll auch die ganze Nation mitschauen können, wie sich diese Ereignisse abspielen."[20] Die massenmediale Reproduktion des Potsdamer Zeremoniells war einzigartig, stellte alles bisher dagewesene in den Schatten und popularisierte auf vielfältige Art und Weise die Propagandabotschaft, daß der "'Tag von Potsdam' die 'nationale Wiedererhebung', die 'Einswerdung' von Preußentum und Nationalsozialmus, die Verschmelzung von politischer Tradition und 'revolutionärer' Dynamik"[21] darstellte. Die Potsdamer Veranstaltung wurde im Radio von Baldur von Schirach live kommentiert, und alle großen Illustrierten berichteten in breiter Aufmachung über diesen ersten herausragenden Repräsentationsakt des Dritten Reiches. Ihre ausführlichen Reportagen machten ihr Einschwenken auf die Strategien der NS-Propaganda deutlich. So widmete beispielsweise die bis dahin zurückhaltende "Berliner Illustrirte Zeitung" dem Ereignis eine Sondernummer, die bezeichnenderweise auch noch einen positiv gestimmten Bildbericht über die Annahme des "Ermächtigungsgesetzes" in der Reichstagssitzung vom 23. März enthielt.[22]

Abb. 5/13-14

Georg Pahl: Nach der ersten Sitzung des neuen Reichskabinetts unter dem Vorsitz des Reichskanzlers Adolf Hitler. In der ersten Reihe v.l.: Göring, Hitler, v. Papen; in der zweiten Reihe v.l.: Graf v. Schwerin-Krosigk, Frick, v. Blomberg, Hugenberg, Berlin 30.Januar 1933, Pressebildabzug; Heinrich Hoffmann: Adolf Hitler und sein Kabinett, v.l.: Goebbels, Meißner, Frick, Rust, Göring, Kerrl, v. Neurath, Hitler, Lammers, v. Blomberg, Schacht, Gürtner, v. Schwerin-Krosigk, Darré, v. Eltz-Rübenach, Seldte, Funk, Berlin, 16. März 1935

Auch wenn Hitler bei seiner öffentlichen Selbstdarstellung an traditionell deutschnationale Repräsentationsformen anknüpfte und sich ausgesprochen verbindlich zeigte, so wurde im Frühjahr 1933 unübersehbar, daß sich das Bild seiner Regierungstätigkeit deutlich von dem der republikanischen Kanzler unterscheiden sollte. Das trat in scheinbaren Nebensächlichkeiten der fotografischen Berichterstattung zutage, wie zum Beispiel im Verhältnis des neuen Reichskanzlers zu seinem Amtssitz und zu seinen Kabinettskollegen. Als Ort für Hitlers öffentliche Selbstdarstellung besaßen die traditionsreichen Amtsräume der Reichskanzlei eine untergeordnete Bedeutung; obwohl es nach der Machtübernahme kurzzeitig so schien, als zielte die Entwicklung in eine andere Richtung, posierte Hitler doch gleich Anfang Februar für Hoffmanns bekannte und alsbald publizierte Aufnahme hinter seinem Schreibtisch, und auch der "Illustrierte Beobachter" brachte eine mehrseitige Bildreportage über die Reichskanzlei unter der neuen Führung.[23] Solche Fotografien und Berichte hatten jedoch eine mehr taktisch motivierte Aufgabe und sollten ein vertrauenerweckendes Bild von Hitlers neuem Regiment entwerfen.

Eine ganze Reihe in der Weimarer Republik häufiger anzutreffender Motive – Aufnahmen des Regierungschefs beim Aktenstudium oder bei Kabinettssitzungen im Kreise seiner Kollegen und Mitarbeiter – spielten für die Selbststilisierung des nationalsozialistischen Reichskanzlers überhaupt keine Rolle. Zwar präsentierte sich Hitler wie erwähnt nach seiner Ernennung zum Regierungschef am 30. Januar 1933 auch in einer gemeinsamen Gruppenaufnahme mit seinen Kabinettskollegen, doch sollte die Porträtsitzung die einzige ihrer Art während seiner ganzen Herrschaft bleiben. Eine allenfalls entfernt vergleichbare Aufnahme entstand offenbar nur noch einmal, und zwar im Zusammenhang mit einer Kabinettssitzung anläßlich des Beschlusses der allgemeinen Wehrpflicht im März 1935. Das frühe Verschwinden dieser Bildmotive war kein Zufall und verrät die Intention, die Darstellung der Aktivitäten der neuen Reichsregierung ganz auf Hitler auszurichten. Formell war die Reichsregierung "ein kollegiales Gremium, das unter Vorsitz des Reichskanzlers gemeinschaftlich über die Gesetzesentwürfe einzelner Reichsminister sowie über Fragen, 'die den Geschäftsbereich mehrerer Reichsminister berühren', zu beraten und mit Stimmenmehrheit zu beschließen hatte. Nur bei Stimmengleichheit sollte die Stimme des Reichskanzlers entscheiden."[24] Hitler hielt aber nur in den ersten Monaten regelmäßige Kabinettssitzungen ab. Fanden im Februar und März 1933 durchschnittlich alle zwei Tage Sitzungen der Reichsregierung statt, vergrößerte sich der Abstand zwischen den Sitzungen immer mehr, als das politische Machtmonopol auf die Nationalsozialisten überging, und ab 1935 wurde das Kabinett nur noch in Abständen von mehreren Monaten zusammengerufen. Das "Reichskabinett war schon längst kein beratendes, geschweige denn ein Entscheidungsgremium mehr; Kabinettsbeschlüsse gab es nicht. Die Minister sanken mehr in die Rolle von gehorsamen Ausführungsorganen des Führerwillens ab und waren darin anderen Institutionen vergleichbar oder gar noch weniger einflußreich als diese. Seit 1938 trat das Kabinett schließlich überhaupt nicht mehr zusammen; der prunkvolle Kabinettssaal in Speers neuer Reichskanzlei wurde nie benutzt."[25]

Daher war der Umstand, daß von den im Jahr 1933 noch tatsächlich stattfindenden Kabinettssitzungen keine Aufnahmen veröffentlicht und offenbar auch nicht gemacht wurden, ein Indikator für die weitere politische Entwicklung, das heißt die "Aushöhlung des Prinzips der Kabinettsregierung" zugunsten der Führerherrschaft mit ihrer "vollständigen Auflösung normaler Regierungstätigkeit".[26] Kollegialität wie auch bürokratische Tätigkeiten vertrugen sich nicht mit Hitlers Regierungsstil, da sie dem Nimbus des unnahbaren und unfehlbaren "Führers" widersprachen. Seine Distanz gegenüber dem "alltäglichen" Regierungsgeschäft entsprang seiner "charismatischen Selbststilisierung" und zugleich seiner eigenen Charakterstruktur und der Abneigung gegenüber einer konventionellen Arbeitsroutine, die er nach dem Tode Hindenburgs aufgab: "Als sich Hindenburg Ende des Jahres 1933 aus gesundheitlichen Gründen nach Ostpreußen zurückzog, hat Hitler jede Regelmäßigkeit in seinem Amt und seinem Dienst wieder beendet. Er blieb, wie es seine Gewohnheit war, bis mittags zurückgezogen und ging während des Tages nur zu wichtigen Empfängen in seine Dienstzimmer. Alles andere spielte sich in seiner Wohnung in 'fliegender Form' ab, im Stehen und Gehen, zwischen Tür und Angel."[27]

So sehr sich die Führerpropanda und gerade auch die Illustrierten darum bemühen sollten, Hitlers anstrengenden Arbeitsalltag herauszustreichen, so wenig Wert legte Hitler darauf, auch nur zum Schein das Bild eines hinter verschlossenen Türen emsig und eifrig tätigen Staatsmannes abzugeben und sich von Hoffmann beispielsweise bei dem von ihm intensiv betriebenen Studium diplomatischer Berichte fotografieren zu lassen. Hitler wollte in einer bürokratisch-administrativen Rolle nicht gesehen werden, und deshalb sollte es derartige Bildmotive in der offiziellen Führerikonografie auch nicht geben. Bestimmend für sein Image war der Drang nach Öffentlichkeit in populistischen Formen. So war es unter anderem auch folgerichtig, daß für öffentliche Auftritte an der Reichskanzlei 1935 ein Balkon angebracht wurde, von dem aus Hitler die Ovationen der Massen entgegennehmen konnte. Zur Selbstdarstellung als "Führer" gehörte auch die fortwährende Demonstration von Aktivität und Omnipräsenz, geleitet von Hitlers Reiselust und Unrast: "Am 26. Juli 1933 beispielsweise hielt er in München eine Ansprache vor einer Delegation von 470 italienischen Jungfaschisten, nahm um 14 Uhr an der Beerdigung des Admirals v. Schroeder in Berlin teil und war um 17 Uhr bereits im Festspielhaus von Bayreuth. Am 29. Juli, immer noch in Bayreuth, war er Ehrengast auf einem Empfang von Winifred Wagner und legte am folgenden Tag am Grabe des Komponisten einen Kranz nieder. Am Nachmittag sprach er auf dem Deutschen Turnfest in Stuttgart, begab sich anschließend nach Berlin, dann zu einer Tagung mit den Reichs- und Gauleitern auf den Obersalzberg und nahm am 12. August an einer Richard-Wagner-Feier in Neuschwanstein teil, wo er sich im Verlauf seiner Rede als Vollender der Absichten Ludwigs II. bezeichnete. Von hier fuhr er für eine Woche auf den Obersalzberg zurück, reiste am 18. August zur Vorbereitung des bevorstehenden Reichsparteitags nach Nürnberg und einen Tag später zu einer SA- und SS-Führerbesprechung nach Bad Godesberg."[28]

Abb. 5/15

Presse-Illustrationen Heinrich Hoffmann: Adolf Hitler auf dem Balkon der Reichskanzlei anläßlich seines 51. Geburtstages, Berlin, 20. April 1940, Pressebildabzug

Dieser von Energie und Dynamik strotzende Repräsentations- und Arbeitsstil, in dem dienstliches und privates Leben ineinander übergingen,[29] trieb den Pressefotografen, allen voran Hoffmann, die Motive regelrecht vor die Kamera und fand seine massenmediale Verbreitung und anschauliche Verdichtung ab Jahresmitte 1933 in entsprechenden Reportagen auch der bürgerlichen Illustrierten. War Hitler in diesen Organen während der Zeit der Weimarer Republik so gut wie gar nicht gegenwärtig, wurde er alsbald in ihnen mit einer visuellen Dichte präsentiert, die bislang noch kein anderer deutscher Staatsmann in der Illustriertenpresse erreicht hatte, und die sich in der Vorkriegszeit fast jährlich steigern sollte. Nach der Gründung des Reichspropagandaministeriums Mitte März 1933 übernahmen die bürgerlichen Illustrierten Schritt für Schritt die Sprachregelungen und visuellen Strategien der NS-Propaganda, stimmten ihre aktuelle Berichterstattung auf die nationalsozialistischen Veranstaltungen ab und betrieben eine Vertrauenspropaganda für Hitler. Das anfänglich noch in Anbiederung an die alten Machteliten entworfene Image wurde

Abb. 5/16-17

Sonderheft der Berliner Illustrirten Zeitung: Der Tag der nationalen Arbeit, 1. Mai 1933, Berlin, 1933, S. 16/17; Münchner Illustrierte Presse, Nr. 19, 14. Mai 1933, S. 562/563

von dem Bild des leutseligen "Volkskanzlers" überlagert, zu dessen Profilierung schließlich Anfang April die ersten Berichte dieser Blätter über Hitlers "private Lebenswelt" in der "Berliner Illustrirten Zeitung" und der "Münchner Illustrierten Presse" beitrugen.[30] Sie erschienen zum gleichen Zeitpunkt wie eine entsprechende Reportage des "Illustrierten Beobachters", was neben der Spekulation der Blätter auf das voyeuristische Interesse der Leser am Leben der neuen politischen Prominenz auch propagandistische Einflußnahme "von oben" vermuten läßt.[31]

Die volkstümliche Hitlerverehrung war zu diesem Zeitpunkt schon weit fortgeschritten, und insofern läßt sich annehmen, daß die Illustrierten, wenn sie vorhandene Stimmungslagen verstärkend aufgriffen, der allgemeinen Entwicklung gewissermaßen "hinterherliefen". Auch ihre Führerstilisierung unterlag einer sukzessiven Anpassung und Formierung. So spielte beispielsweise 1933 die in späteren Jahren so groß aufgemachte Würdigung des Führergeburtstages nur eine marginale Rolle als Illustriertenthema und beschränkte sich auf die bloße Präsentation von Porträts,[32] obwohl sich die Hit-

lerbegeisterung bereits in vielerlei organisierten und spontanen Veranstaltungen niederschlug. Mitte Mai 1933 bildeten dann die opulent ausgestatteten Reportagen über den neu institutionalisierten "Tag der nationalen Arbeit" am 1. Mai den Auftakt der künftigen Berichterstattung über Hitlers Auftritte auf den periodischen Veranstaltungen des nationalsozialistischen Feierjahrs. Die "Berliner Illustrirte Zeitung" ließ wie der "Illustrierte Beobachter" gar ein Sonderheft erscheinen.[33] Nun wurde Hitler im Unterschied zu den Bildreportagen über die Potsdamer Veranstaltung auch visuell stärker herausgehoben und der nationalsozialistischen Parteisymbolik breiter Platz eingeräumt. Fortan erschien Hitler in einer Doppelrolle als Kanzler und Parteiführer, sei es bei initiatorischen Akten im Zuge von arbeits- und kulturpolitischen Mobilisierungskampagnen, sei es bei der umfangreichen Berichterstattung über die Selbstdarstellungsszenerien der NSDAP wie anläßlich des Parteitages oder der Feierlichkeiten am 7. November, worauf später noch näher einzugehen st. Die Ritualisierung der nationalsozialistischen Politik hatte endgültig in den bürgerlichen Illustrierten Fuß gefaßt und diese in ein willfähriges Forum der Führerpropaganda verwandelt. Apostrophierte der "Illustrierte Beobachter" Hitler bereits nach der "Machtergreifung" als "Volkskanzler" und "Führer", übernahm die "Münchner Illustrierte Presse" im August diese Sprachregelung, gefolgt von der "Berliner Illustrirten Zeitung" im November 1933.

Reichstagsreden als Medienereignisse

Ende März 1933 erschien in der Presse anläßlich der Berichterstattung über die Reichstagssitzung am 23. März erstmals auch ein Bildmotiv, das den Lesern in den nächsten Jahren immer wieder begegnen sollte: Hitler als Redner im Deutschen Reichstag.[34] Bei der Reichstagssitzung, die mit der Verabschiedung des

Hitlers Idolisierung | "Volkskanzler"

Boris Spahn: Reichstagssitzung in der Krolloper. Hitler gibt eine Erklärung zur Niederwerfung des "Röhm-Putsches" ab. Rechts vor dem Rednerpult Heinrich Hoffmann mit Kamera, Berlin, 13. Juli 1934

Abb. 5/19

Illustrierter Beobachter, Nr. 30,
28. Juli 1934, S. 1226/1227

"Ermächtigungsgesetzes" endete, präsentierten sich Hitler und seine Anhänger in einer Art und Weise, die den totalen und gewalttätigen Führungsanspruch der NSDAP zum Ausdruck brachte.[35] Auch rein äußerlich wurde die Szenerie schon von der nationalsozialistischen Symbolik beherrscht: SA- und SS-Einheiten standen vor der Krolloper oder waren im Inneren postiert und forderten während der Sitzung lauthals die Verabschiedung des "Ermächtigungsgesetzes", während an der rückwärtigen Wand über der Rednertribüne nun eine riesige Hakenkreuzflagge hing und Hitler im Braunhemd vor die Abgeordneten trat, um nach seiner Regierungserklärung das erste und letzte Mal vor einem Parlament als Diskussionsredner zu agieren. Im "Völkischen Beobachter" war zu lesen: "(...) alle müssen das eine bestimmte Gefühl vor allen anderen gehabt haben: hier spricht ein Staatsmann, der geborener Führer ist, ein Mensch, der Härte im grundsätzlichen in genialer Weise mit der Vorsicht des staatsmännisch Notwendigen zu verschmelzen versteht. Der unbeirrbar bereit ist, zu vernichten, was vernichtenswert ist, und zu versöhnen, was versöhnbar ist. Ein Mann sprach aber auch, durch dessen Worte der unbändige Wille sprach, unter keinen Umständen mehr zu weichen, sondern fest entschlossen, seine Mission der Errettung Deutschlands durchzuführen. Wie Peitschenhiebe sausten Hitlers Worte auf den Marxismus nieder (...)."[36]

Mit der Verabschiedung des "Ermächtigungsgesetzes" hatte sich der Reichstag selbst zum bloßen Akklamationsorgan für Hitlers Reden degradiert und wurde zur Bühne für dessen dramatische Auftritte, für Erklärungen und Verkündigungen, Versprechungen und Drohungen. Hier rechtfertigte Hitler die Liquidation der SA-Führung vom 30. Juni 1934, verkündete im März 1935 die Wiederein-

Hitlers Idolisierung | "Volkskanzler"

Abb. 5/20-22

führung der allgemeinen Wehrpflicht und erklärte am 1. September 1939 Polen den Krieg. Hitlers Reden im Reichstag wie auch auf Großveranstaltungen, bei Kundgebungen und Feiern waren große Medienereignisse. Über seine Auftritte wurde im Rundfunk, Film und der Presse intensiv berichtet. Es gab keinen Auftritt im Reichstag, der nicht auch fotografisch dokumentiert und eingehend fotopublizistisch verwertet wurde. Seine Redneraufnahmen gehörten zu den politisch wichtigsten Motiven der Hitlerikonografie des Dritten Reiches. Gerade wenn die Rednerbilder aus dem Reichstag in der aktuellen Presseberichterstattung erschienen, machte dies für jedermann sichtbar, daß der "Führer" gewichtige Botschaften an sein Volk und die Welt gerichtet hatte und von seinen Untertanen Aufmerksamkeit und Gehorsam einforderte. Obwohl die aktuelle Signalfunktion dieser Redneraufnahmen bedeutsam war, so wirkten ihr Motivspektrum und die Präsentation in den Massenmedien insgesamt doch ziemlich stereotyp und beschränkten sich auf einige wenige Darstellungsmuster.

In der fotografischen Berichterstattung überwog ein dynamisch-agitatorisches Element mit gestenreichen Nahaufnahmen des zumeist im Profil gezeigten Redners – in den Illustrierten oft in einer Serie mit der Abfolge mehrerer Momentaufnahmen präsentiert, die die Gewaltbereitschaft und Härte vermittelnde Körpersprache Hitlers bevorzugten. Hinzu kam die Ansicht von Hitler am Rednerpult in der Totale, gerahmt von der auf ihn fixierten Zuhörerschaft von Regierungs- und Reichstagsmitgliedern. In fast allen Fällen wurde dabei die nationalsozialistische Staatssymbolik bilddominant in Szene gesetzt; prangte anfangs hinter Hitler eine einfache Wandbespannung mit einem überdimensionalen Hakenkreuz, so trat an ihre Stelle in der zweiten Hälfte der dreißiger Jahre ein plastisch ausgeformter, mit hell erleuchteten Strahlenbündeln umgebener Reichsadler, der von zwei Hakenkreuzen an den seitlich anschlie-

Presse-Illustrationen Heinrich Hoffmann: Der Reichstag während Hitlers Bericht über den Balkanfeldzug, Berlin, 4. Mai 1941, Pressebildabzug

ßenden Wänden flankiert wurde. Hingegen weist die Darstellung des Redner-Motivs auf den Fotopostkarten, die nur zum Teil datiert sind, in die entgegengesetzte Richtung: Das Rednerpult oft mit beiden Händen ergreifend, erscheint Hitler hier in der Pose des allen Widerständen trotzenden Kapitäns oder Predigers, wie auf einer Schiffsbrücke oder einer Kanzel, den Blick himmelswärts gewandt, so als kommuniziere er mit einer übermenschlichen Macht. Hitler war hier weniger der Redner, der etwas verkündete, sondern selbst die Verkündigung – ein Denkmal in einem halbabstrakten und fast bedeutungslos gewordenen Umfeld, wurden doch oft sichtbare Reichstagsmitglieder beziehungsweise Mitglieder der Reichsregierung auf der Regierungsbank einfach wegretuschiert.37 Belassen wurde indes vielfach das im Hintergrund erscheinende Strahlenmotiv, das der Gestalt Hitlers einen sakral anmutenden Nimbus verlieh - ein nicht seltener Topos der hymnischen Verklärung des "Führers", hieß es doch in einem mit zahlreichen Redneraufnahmen bebilderten Bericht des "Illustrierten Beobachters": "Wie die Erscheinung einer anderen Welt stand er vor den jubelnden Menschen."38

Photo-Hoffmann: "Der Führer während seiner historischen Reichstagsrede am 30. Januar 1939", Berlin, 1939, Postkarten

Choreograph der Unterwerfungsrituale

Massenveranstaltungen mit viel feierlicher Symbolik, auf eigens gestalteten Plätzen im Jahresrhythmus abgehalten, waren das herausragende Merkmal der öffentlichen Selbstdarstellung des Dritten Reiches und avancierten in der kulturkritischen Beschäftigung mit dem deutschen Faschismus zum Inbegriff der "Ästhetisierung der Politik" (Walter Benjamin). Die Feierszenarien besaßen unterschiedliche Anlässe und Schwerpunkte, dienten der Mythisierung der Kampfzeit, der Beschwörung der Volksgemeinschaft sowie dem Personenkult um Hitler und stellten mal stärker die Partei, mal das Staatsvolk oder bestimmte Klassen und Gruppen in den Vordergrund. Allemal lief ihre Intention darauf hinaus, die vorgeblich erreichte Einheit von Führung und Volk weithin sichtbar in Erscheinung treten zu lassen und die Unterwerfung der Gefolgschaft unter den Führerwillen zu feiern. Mit diesen Schauspielen inszenierte das Regime "sein eigenes Ideal gelungener Herrschaft" (Loiperdinger) und präsentierte seinen Untertanen wie dem Ausland das Idealbild einer geeinten und mobilisierten Nation.

Diese staatlich verordneten Öffentlichkeiten waren die gewaltigste Ausformung der Veranstaltungspropaganda des Dritten Reiches und bildeten d i e Begegnungsstätte von "Führer und "Gefolgschaft". Führermythos und Massenchoreografie fanden hier anschaulich zusammen. Es gab kein Großritual im NS-Feierjahr ohne Hitlers persönliche Gegenwart (und Ansprache) und kein Massenritual ohne ausführliche Berichterstattung in den Medien. Solche Veranstaltungen waren "Großkampftage" der Presse und Wochenschau. Auf der Basis der engen Abstimmung zwischen Veranstaltung und Berichterstattung entstanden brillante Medienversionen, die aus privilegierter Perspektive die Gesamtinszenierung, also das, was der "normale" Teilnehmer nicht erleben konnte, perfektioniert und idealisiert präsentierten. In dieser Form sollten die Feierszenarien schließlich in die Geschichte eingehen. Die publizistische Verbreitung von Hitlers Auftritten auf Massenveranstaltungen erschöpfte sich nicht in der anschließenden Würdigung. Häufig wurden die Reden Hitlers, die er auf der zentralen "Reichsfeier" hielt, über Rundfunk ausgestrahlt und auch an Parallelkundgebungen überall im Reich übertragen, um die Zahl der möglichst erlebnisnah angesprochenen Volksgenossen auszuweiten.[1] Das Fehlen der optischen Komponenten in den Live-Übertragungen – das Fernsehen befand sich noch im Versuchsstadium – versuchte man durch stimmungsvolle Hörberichte auszugleichen. Doch sprachen die Feierszenarien mit ihren Aufmärschen, Appellen, Kundgebungen, Fahnenweihen, Totenehrungen und ihren nonverbalen Verdichtungssymbolen wie Fahnen und Uniformen zuallererst den Gesichtssinn an. Film und Fotografie waren die wichtigsten Medien zur Verbreitung ihrer Botschaften.

Die Nationalsozialisten schrieben den Massenritualen eine zentrale Bedeutung als Mittel zum Zwecke der "geistigen Mobilmachung" (Goebbels) zu, die von Anfang an die Absicht verfolgte, die Bevölkerung auf den unvermeidlichen Krieg zur Durchsetzung der deutschen Vorherrschaft vorzubereiten.[2] "Ziel dieser geistigen Mobilmachung ist die innere Bereitschaft zum Einsatz für Staat und Nation, die vor dem Einsatz des eigenen Lebens nicht Halt macht. Jede Besinnung des abwägenden Verstandes, der noch nach Nutzen und Gründen fragt, muß bei diesem Vorhaben stören. Nationalsozialisten achten deshalb den Verstand gering, legen aber großen Wert auf die Feststellung, daß Nationalsozialismus Gefühlssache sei. Sie fördern das schon vorhandene Nationalempfinden nach Kräften: zum einen durch die Erfolge der nationalsozialistischen Revisionspolitik, die als Tilgung der 'Schmach von Versailles' gefeiert werden – von der Einführung der allgemeinen Wehrpflicht bis zum 'Anschluß' Österreichs; zum anderen durch öffentliche Veranstaltungen, die regelmäßig und in großer Zahl eigens zu dem Zweck inszeniert werden, den 'Volksgenossen' ein durch Pflichterfüllung starkes Deutschland vorzuführen."[3]

Indem Partei und Regierung fortwährend die Bevölkerung und die Parteigenossen zum Appell riefen und diese den Aufrufen folgten, wurde jeweils von neuem die massenmobilsierende Kraft der nationalsozialistischen Ideologie bezeugt, oder genauer gesagt: die Kraft des Führerglaubens. Dank der Massenaktivität entstand aus der papierenen Ideologie ein unübersehbarer und geschichtsmächtiger Faktor: "Ideologie, die als argumentative Präsentationsform immer noch Raum läßt für gedankliche Kontemplation, wird massenhaft umgesetzt in die motorische Aktivität des Rituals. Damit beweist sich der Faschismus symbolisch immer wieder aufs neue, daß sein Herrschaftsideal geistiger Mobilmachung deutsche Wirklichkeit ist. Die Dominanz der ästhetischen Szenarien des Rituals gegenüber der an die sprachliche Form gebundenen Verbreitung von Ideologie ist in der faschistischen Öffentlichkeit unübersehbar."[4] George L. Mosse bestätigte diese Beobachtung, wenn er schrieb, daß im Nationalsozialismus rituelle Kulthandlungen an die Stelle theoretischer Werke traten: "Nicht einmal 'Mein Kampf' wurde in dem Sinn zur Bibel der nationalsozialistischen Bewegung, wie die Schriften von Marx und Engels für die sozialistische Welt grundlegend waren. Es erübrigte sich, denn die Ideen von 'Mein Kampf' waren in Liturgik umgeformt worden, und die Druckseite wurde zum Massenritus nationalen, arischen Kults."[5]

Loiperdinger hat auf den steigenden Grad der intendierten Einvernahme der Adressaten durch Ideologie, Mythos und Ritual hingewiesen und das Massenritual als ihren höchsten Mobilisierungsgrad beschrieben. Im nationalsozialistischen Massenritual vergegenwärtigte sich der Parteimythos, hervorgegangen aus der Transformation der NS-Ideologie in archetypische und mythische Bilder, die vom Kampf zwischen guten und bösen Mächten, von verschwörerischen

Feinden und alles überstrahlenden Heldengestalten erzählten und Hitler zu einer mythischen Gestalt, die als diesseitiger Erlöser und Heilsbringer vor die Massen trat, erhöhten. Offenkundig orientierten sich die Ausdrucksformen des nationalsozialistischen Rituals an Vorbildern der christlichen Liturgie, doch ist umstritten, ob aus ihrer Affinität zum christlichen Kult auch schon auf den Charakter des Nationalsozialismus als "politischer Religion" (Vondung) geschlossen werden kann, zumal auch Ausdrucksformen aus der Tradition des preußischen Militärs und der sozialistischen Arbeiterbewegung Eingang fanden.[6]

In ihrem Kern entsprachen die Massenrituale dem Muster des militärischen Appells, der Demonstration gemeinschaftlichen Gehorsams gegenüber der Autorität, und fanden ihren feierlichen Höhepunkt im Treuegelöbnis für Hitler. In diesem Zusammenhang sprachen führende Nationalsozialisten gern vom "praktischen Exerzieren der Volksgemeinschaft" (Robert Ley) und betonten die Parallele zur militärischen Befehlsgemeinschaft.[7] Hitler begründete in seiner Rede zum 1. Mai 1936 diese Ausrichtung: "Es war notwendig, dem deutschen Volk jenes große Gefühl der Gemeinschaft zu geben, so wie der einzelne Soldat nichts ist, aber alles im Rahmen seiner Kompanie, seines Bataillons, seines Regiments, seiner Division, und damit im Rahmen der Armee, so ist auch der einzelne Volksgenosse nichts, aber alles im Rahmen seiner Volksgemeinschaft. Hier wird persönlich aus dem schwachen Willen von 60 Millionen einzelner ein gigantischer, gewaltiger, zusammengeballter Wille aller. Das muß jedem Volksgenossen sichtbar werden und deshalb hat auch unsere Bewegung dieses ganz besondere Gepräge bekommen, deshalb diese Massenkundgebungen, diese Massendemonstrationen, diese Generalappelle der Nation."[8] Aus Hitlers Sicht lag der ideologische Effekt der Massenkundgebung darin, die Macht des politischen Ideals sichtbar zu machen und der Sinnstiftung von

Münchner Illustrierte Presse, Nr. 37, 13. September 1934, Titelseite

Gemeinschaftlichkeit zu dienen. Der Massenritus hatte also eine vergesellschaftende Aufgabe und zielte darauf, im Zeichen des Führermythos "die aufgerufenen Individuen und Gruppen unbeschadet ihrer konkreten, gegensätzlichen Alltagsinteressen als freiwillig handelnde Mitglieder einer imaginären Volksgemeinschaft erscheinen zu lassen".[9]

Ovationen und Führerbekenntnis

Die deutschen Illustrierten strotzten nur so von permanenten Erfolgsmeldungen auf dem Sektor der "geistigen Mobilmachung" und warben mit dem bereits erzielten Erfolg dieser Maßnahmen, wenn sie regelmäßig mit großen Bildreportagen über die Massenrituale und "Hochfeste" des NS-Kalendariums berichteten.[10] Dabei stand nicht allein die strenge Unterwerfung, die organisierte Anordnung der gedrillten Massen in soldatischen Formationen und ihre anschauliche Unterstellung unter den Führer im Vordergrund. Das war ein wichtiger Punkt, daneben wurde über eine breite Palette von Aktivierungs- und Formierungsformen der Hitleranhänger berichtet. Nicht zuletzt angesichts der sich alljährlich an gleichen Orten unter sehr ähnlichen oder identischen Bedingungen wiederholenden Großrituale war eine fotopublizistische Aufbereitung angesagt, die die Errungenschaften des modernen Fotojournalismus für abwechslungsreiche Darstellungen nutzte. Die Bildberichte hoben allemal den "Führer" auch optisch hervor, ungeachtet der

Abb. 5/24-29

Presse-Illustrationen Heinrich Hoffmann: Teilnehmer des Deutschen Sängerbundfestes jubeln Adolf Hitler zu, Breslau, 31. Juli 1937, Pressebildabzüge

Variationen des verwendeten Bildmaterials und seiner Präsentationsformen und Betextungen, und kündeten vom hierarchischen Verhältnis zwischen "Volk und Führung", das wechselweise verschärft oder entspannt präsentiert wurde. Das Grundschema bildete die Gegenüberstellung und Verbindung der beiden Pole "Führer und Gefolgschaft", zwischen denen ein gegenseitiges Abhängigkeitsverhältnis mit fotografischen Mitteln nachinszeniert wurde: die "Volksgemeinschaft" war ohne "Führer" nicht die "Volksgemeinschaft" – und der "Führer" ohne die "Volksgemeinschaft" nicht der "Führer". Mit dem Blick des "Führers" korrelierten die Blicke des "Volkes" und traten in eine Interaktion. Auch wenn Hitler nicht direkt sichtbar wurde, war er im Bewußtsein des Betrachters immer präsent, wie zum Beispiel bei Aufnahmen jubelnder Massen, deren gemeinsame Blickrichtung und Körperhaltung den "Führer" vergegenwärtigten. (Abb. 3/24-29)

Die verwendeten Aufnahmen der Feierszenarien lassen sich auf einige Standards reduzieren: Hitler als Redner, beim Vorbeimarsch mit ausgestrecktem Arm, aus den übrigen Kundgebungsteilnehmern herausgehoben und meist in Untersicht aufgenommen; die Veranstaltungsteilnehmer wurden dagegen aus der Sicht des Redners als unübersehbare Menschenmassen oder Karrees von Uniformierten in Aufsichtsansichten mit der fotografischen Totalen gezeigt. Zudem gab es den wie mit einem Teleobjektiv aufgenommenen Blick in die Masse hinein, um einzelne, sich enthusiastisch gebärdende "Volksgenossen" oder die Huldigungsformen sozial differenter Kleingruppen verschiedener Altersstufen darzustellen. Ein Stereotyp war das Bild Hitlers, wie er, aufrecht stehend und grüßend, im offenen Wagen durch eine enge, von Anhängern gesäumte Gasse fährt; oder wie er würdevoll an der Spitze eines Zuges von uniformierten Begleitern frontal auf die Kamera zuschreitet. Die verschiedenen Aspekte und Perspektiven wurden je nach den Feierszenarien in den mehrteiligen Bildberichten variiert und kombiniert. Während beispielsweise bei den Berichten über die Feier zum 1. Mai oder das "Deutsche Erntedankfest" häufig volksverbindende Motive zu beobachten sind und zeitweilig sogar in den Mittelpunkt rückten, fehlten diese für die Gedenktage der NSDAP, vor allem für den Gedenkmarsch am 9. November vollkommen, da dessen liturgischer Charakter als "Totenfeier" nach höchster und weihevollster Feierlichkeit verlangte. Daher waren auch Randbeobachtungen der Pressefotografen, wie etwa von der Aufstellung vor dem "Passionsspiel" (Hans-Jochen Gamm), die der offiziellen Stilisierung der "alten Garde der Partei" zu kämpferischen Heroen entgegenliefen, von der Publizierung ausgenommen. (Abb. 5/32-36)

Die universelle, nicht nur bei den alljährlich wiederkehrenden Feiern, sondern auch bei anderen Ereignissen und Anlässen dominierende Akklamationsform in der Bildpresse des Dritten Reiches war die Massenovation. Wo immer Hitler auftauchte, genauer: in allen Berichten über seine Begegnungen mit der Bevölkerung, schien er die Massen in Begeisterung zu versetzen. Dieser Jubel wurde zu Hitlers Kennzeichen und gehörte zu den wesentlichen Bestandteilen des Führerbildes. Zu einem eigenen Topos verfestigten sich die Aufnahmen von "spontanen" Huldigungen, wenn Hitler sich auf dem Balkon der Reichskanzlei der Bevölkerung zeigte und als glorreicher Staatsmann oder triumphierender Feldherr feiern ließ, meist im Zusammenhang mit Staatsbesuchen, dem "Führergeburtstag" oder nach seiner Rückkehr von Besuchen in den annektierten Ländern.

In den Illustrierten fanden die Bekenntnisse für Hitler kein Ende: Hitler fuhr "durch das Spalier der jubelnden Millionen", war "umbraust vom Jubel der Zehntausenden". "Fast 24 Stunden drängten und jubelten die Menschen vor der Reichskanzlei und in den Straßen, durch die der Führer kam, und es kostete große Kraft und Geduld, um dem Wagen des Führers einen Weg zu bahnen."[11]

An der Betextung der Aufnahmen fällt immer wieder die Praxis auf, Einzelansichten von Feierritualen semantisch stark zu überfrachten und zum Beleg für den erfolgreichen Zusammenschluß des ganzen Volkes und seines Führers zu erklären. Die Publizisten setzten das Bild eines räumlich und zeitlich begrenzten Szenarios, in dem die Vorstellungen der Nationalsozialisten, wie sie selbst gesehen werden wollten, realisiert worden waren, mit der angeblichen politischen Realität des Dritten Reiches in eins. Im Frühjahr 1934 schrieb die "Münchner Illustrierte Presse" unter einer Aufnahme der Feier zum 1. Mai: "Einmütig und geschlossen steht das ganze deutsche Volk zu seinem Führer Hitler und seinem Wort."[12] Und Anfang Mai 1938 war in der "Berliner Illustrirten Zeitung" wiederum zu lesen: "Ein einiges Volk ist angetreten. In der Hauptstadt, im ganzen Reich und der neuen jungen Ostmark hören 75 Millionen Deutsche die Ansprache des Führers."[13] Solche Bildunterschriften ließen sich fast beliebig fortsetzen. Ende März 1936 stand in der "Berliner Illustrirten Zeitung" unter der Aufnahme einer Wahlveranstaltung im Zusammenhang mit dem Plebiszit vom 29. März 1936: "In der Festhalle der Krönungsstadt Frankfurt am Main wird der Führer erwartet. Zwanzigtausend hören begeistert seine Rede. Hunderttausend erleben sie am Rundfunk mit. Ganz Deutschland steht bei seinem Führer."[14]

Abgesehen von der gerade dem Rundfunk zugemessenen gemeinschaftstiftenden Funktion lassen diese Bildunterschriften die weite Verbreitung militaristischer Sprach- und Denkformen auch in der bürgerlichen Fotopublizistik erkennen und zeigen, wie die Illustrierten den Machtansprüchen der NS-Herrschaft entgegenkamen. Wie kategorisch dabei die Ansprüche gegenüber der Gefolgschaft auftraten, offenbart sich darin, daß das bloße Anhören einer Rede Hitlers schon mit dem zustimmenden Willen der Hörer zur Pflichterfüllung identifiziert wurde. Hören war gleichbedeutend mit dem

Abb. 5/30-31

Firma Heinrich Hoffmann (Hugo Jaeger?): Hitler begrüßt Teilnehmer des Erntedankfestes, Bückeberg bei Hameln, 3. Oktober 1937; Erntedankfest, Bückeberg bei Hameln, 3. Oktober 1937, Farbdias

Abb.5/32-36

Antreten zum Appell im Namen von Führer und Nation. Zwischen dem absolutem Machtanspruch des Führers und der bedingungslosen Gefolgschaftstreue sollte es keinerlei Differenz mehr geben. Dies war das nationalsozialistische Herrschaftsideal, das sich mit der Aufforderung zur Nachahmung an die Leser richtete und Anspruch auf das ganze Volk erhob.

Eine absolute und vorbehaltlose Zustimmung der Bevölkerung zu Hitler gab es, wie die empirischen Befunde zeigen, im Dritten Reich nicht.[15] So bestand beispielsweise zu Anfang des Jahres 1936 nach der Versorgungskrise des letzten Winters ein erheblicher Unwillen in breiten Bevölkerungskreisen, und der Konflikt zwischen Reichsregierung und der katholischen Kirche wuchs. Es schien Hitler angeraten, von den innenpolitischen Schwierigkeiten abzulenken und die alte Begeisterung für den "Führer" erneut zu entfachen – und zwar durch ein Plebiszit im Anschluß an den Einmarsch ins Rheinland. Diese Volksabstimmungen waren – abgesehen von Hitlers Bestätigung als Staatsoberhaupt nach dem Tode von Reichspräsident Hindenburg – immer an außenpolitische Coups und Triumphe gekoppelt, die Hitler zielgerichtet innenpolitisch einsetzte, um an das Nationalempfinden der Bevölkerung zu appellieren. Damit erreichte er, "daß das maximale Konsenspotential mobilisiert und sowohl den Zweiflern in Deutschland als auch dem Ausland signalisiert wurde, daß der 'Führer' die Masse des deutschen Volkes hinter sich hatte".[16] Wie Kershaw dargelegt hat, "bildete in gewissem Sinne der Umstand, daß Hitler sich seiner plebiszitären Unterstützung und seines Ansehens im Volk augenscheinlich immer wieder versichern zu müssen glaubte, eine gewichtige Bedingung seiner Machtausübung".[17] Sie zu erfüllen und den "Grundkonsens des Dritten Reiches in eine akklamatorische Unterstützung für das NS-Regime umzusetzen", das war eine Aufgabe, die sich nicht nur auf Hitlers Regierungsstil auswirkte, sondern auch den Grundtenor der Propaganda auf allen Ebenen bestimmte und immer wieder das große Mobilisierungspotential der Partei mit ihrer fanatischen Aktivistenbasis nutzte.

Szenarien des NS-Feierjahres

Die Volksabstimmungen – 1933 nach dem Austritt aus dem Völkerbund, 1936 nach dem Einmarsch ins Rheinland und 1938 nach dem "Anschluß" Österreichs – wurden jeweils von aufwendigen Wahlkampfveranstaltungen und einer massiven Pressepropaganda begleitet. Sie trugen zum Ausbau der persönlichen Machtstellung Adolf Hitlers wesentlich bei und gingen Hand in Hand mit den plebiszitär interpretierten Massenveranstaltungen. Nicht zuletzt bei den periodisch wiederkehrenden Ritualen des nationalsozialistischen Feierkalendariums wurden Bevölkerung und Parteimitglieder zum Appell gerufen. Die Feiertagsregie hatte auf der Basis bereits bestehender Parteirituale ihre eigenen Feiertage geschaffen und funktionierte populäre Gedenktage in ihrem Sinne um.[18] Wichtigstes Beispiel für die erfolgreiche Nationalisierung bestehender Gedenktage war der 1. Mai, ehedem internationaler Kampftag des klassenbewußten Weltproletariats. Aus dem "roten Feiertag" machte Goebbels den "Nationalen Feiertag des deutschen Volkes", der als gesetzlicher Feiertag festgeschrieben wurde und die Versöhnung der Klassen im Dritten Reich vorführen sollte.[19] Am Beispiel des Heldengedenktags zeigte sich die sukzessive Umwandlung und Neudefinition eines Feiertags. Der frühere "Volkstrauertag" war nicht mit der heroischen Lebensauffassung der NSDAP zu vereinbaren und wurde deshalb Stück für Stück mit dem neuen Geist des nationalsozialistischen Soldatentums erfüllt.[20]

Die jährlichen Feierrituale begannen im Januar und endeten im November. Offizielle und damit arbeitsfreie Staatsfeiertage waren der 1. Mai, der "Heldengedenktag"

Wilhelm Nortz: Die "alte Garde" versammelt sich vor dem Bürgerbräukeller zum Gedenkmarsch für die "Gefallenen der Bewegung", unter den Teilnehmern Adolf Hitler, Adolf Wagner, Karl Fiehler, Hermann Göring, Heinrich Himmler, Hermann Esser, München, 9. November 1934 (Abb. 32-33), 9. November 1936 (Abb. 34-36)

Abb. 5/37

Heinrich Hoffmann: Vereidigung von Rekruten vor der Feldherrnhalle, München, 9. November 1935

am 5. Sonntag vor Ostern und das "Erntedankfest" im Oktober. Der 1. Mai wurde als "höchstes Fest der Volksgemeinschaft" in Berlin gefeiert, zuerst auf dem Tempelhofer Feld und, zunehmend militärisch formiert, ab 1936 im Zentrum der Stadt mit einem Staatsakt im Lustgarten und einem Festzug. Auch der "Heldengedenktag" wurde in Berlin mit einer Kranzniederlegung und der Parade der Ehrenformationen begangen. Gleichfalls der Führergeburtstag am 20. April, zu dessen Feierlichkeiten Vereidigungen und eine große Militärparade gehörten. Der Führergeburtstag besaß offiziell nicht den Status eines Staatsfeiertages, den besaßen auch nicht die Feiertage der Partei.[21] Diese drei Gedenktage sollten der Entstehung, dem Kampf und dem Sieg des Nationalsozialismus eine "mythische Aura" verleihen und "die legendäre Version der 'Kampfzeit' jedes Jahr von neuem in aufwendig inszenierten Wiederholungen 'historischer' Geschehnisse lebendig werden lassen". Am 30. Januar gedachte man der "Machtergreifung", am 24. Februar der Parteigründung und der "Gefallenen der Bewegung" am 9. November. Im Gegensatz zum 30. Januar, der weithin als Anbruch einer neuen Ära verstanden wurde, blieb die Parteigründungsfeier eine interne Angelegenheit der "Alten Garde", die sich zusammen mit Hitler zur Erinnerung an die Verkündung des Parteiprogramms im Münchner Hofbräusaal versammelte.

Das Zentrum der nationalsozialistischen Mythologie bildete die Kultfeier für die "Gefallenen der Bewegung" am 9. November, die bereits seit 1926 als "Reichstrauertag der NSDAP" begangen und nun Jahr für Jahr als maßgebliches NS-Heldenepos, als "Feier des Sieges und der Auferstehung" in Szene gesetzt wurde. Der feierliche Erinnerungsmarsch der "alten Kämpfer" im "schlichten Braunhemd" vom Bürgerbräukeller zur Feldherrnhalle fand seine endgültige Form im Jahr 1935, als die fertiggestellten "Ehrentempel" für die "Märtyrer" am Königsplatz nun in den Totenkult integriert wurden und die Parteiformationen auf dem Platz zum "letzten Appell" antraten. Schmeer faßte zusammen: "Am 9. November lieferten die Parteiregisseure eines ihrer Meisterstücke. In traditionsbildender Wiederholung setzten sie alle Wirkungsmittel ein, die das menschliche Gemüt zu tiefem, feierlichem Ernst und innerlicher Ergriffenheit bewegen, und verdichteten das Schaugepränge dieses Tages zu einem Ritual von höchster Solennität, in dem die sechzehn Toten des Novemberputsches als unsterbliche Mahner und Wächter des Reiches figurierten, als Kultheroen eines nationalen Mythos, der die Partei und das ewige Deutschland in einer großen Synthese zu verschwistern und die Glaubenskräfte und die Glaubensbereitschaft der großen Menge im politischen Bereich wirksam zu machen bestimmt war. Das Vorbild der feierlichen Fronleichnamsprozession der katholischen Kirche schimmert durch den Erinnerungsmarsch des 9. November hindurch, und nicht ohne Grund hatten die NS-Regisseure versucht, Würde und Erhabenheit jener Darstellung religiöser Glaubensüberzeugung zu imitieren."[22]

Jedes Feierritual hatte seinen spezifischen baulichen Rahmen, um der Veranstaltung und ihren bildlichen Darstellungen einen unverwechselbaren Charakter zu verleihen. Je nach Situation wurde auf bestehende Architekturensembles zurückgegriffen, oder es wurden eigene Anlagen errichtet. Ende 1933 war im "Illustrierten Beobachter" zu lesen: "Nicht allein der disziplinierte Aufmarsch einer ungeheuren Menschenmenge, nicht allein die bedeutungsvollen, richtungsweisenden Reden des Führers gaben diesen Staatsakten ihr einzigartiges Gepräge, auch der künstlerische Rahmen war mitbestimmend für den Erfolg.(...) Wenn man die Bilder von diesem großen Aufmarsch der Partei betrachtet, kann man feststellen, daß die ganze Formgebung der künstlerischen Ausgestaltung sinngemäß Geist und Idee der Bewegung ausströmt. Tempelhof trug den Charakter eines großen Volksfestes in die Stadt, Nürnberg den strengen Charakter einer Tagung der disziplinierten Truppen. Danach folgte die größte Aufgabe: die Gestaltung eines großen Festes im freien Land: Der Tag der deutschen Bauern, das Erntedankfest auf dem Bückeberg. Hier galt es, eine ganze Landschaft, dem Charakter des Festes entsprechend, künstlerisch zu gestalten."[23]

Hitlers Idolisierung | Unterwerfungsrituale

Abb. 5/39

Presse-Illustrationen Heinrich Hoffmann: Die Spitze des Traditionszuges passiert den Marienplatz, München, 9. November 1936, Pressebildabzug

Abb. 5/40

*Illustrierter Beobachter, Nr. 45,
11. November 1937, Titelseite*

Reichsparteitage 1933 – 1938

Den Zenit architektonischer Gestaltung und überhaupt des organisatorischen, technischen und inszenatorischen Aufwandes wie auch des publizistischen Echos im In- und Ausland bildete jeweils im September der Reichsparteitag in Nürnberg. "Die bauliche Ausgestaltung der Reichsparteitagsanlagen erscheint gigantisch und beeindruckend, die organisatorische Vorbereitung der Veranstaltungen perfekt. Ihre Propagierung in Wort, Bild und Film spiegelt ein grandioses Schauspiel wider, dessen nachhaltiger Wirkung sich weder Teilnehmer, Zuschauer, noch – dank der Berichterstattung – die Daheimgebliebenen entziehen konnten (…)."[24] Nürnberg verwandelte sich alljährlich für eine Woche zur Bühne für ein "lebendes Bild" – von Hitler, den Parteiformationen und begeisterten Publikumsmassen in Szene gesetzt und von den Medien als die Wirklichkeit gewordene Alternative zu der von Interessenkonflikten erschütterten Weimarer Republik gefeiert. Die Reichsparteitage waren ein Ereignis, "das wie kaum ein anderes die Vorstellungen sowohl der Zeitgenossen als auch der Nachwelt prägte von der Machtfülle und Gigantomanie, von dem propagandistischen Geschick und der Fähigkeit des NS-Regimes, Massen zu begeistern und damit zu kontrollieren".[25]

Durch die Parteitagsanlagen konnten die Feierrituale ins Megalomanische gesteigert werden – ganz entsprechend der Konzeption der Parteitage, die nicht der parteiinternen Diskussion, sondern der möglichst imposanten, erhebenden und zugleich einschüchternden Selbstdarstellung der NSDAP und ihres Führers dienen sollten, der die Veranstaltung als Forum zur Verkündung seiner Entscheidungen (1935 beispielsweise die "Rassengesetze") wie auch zunehmend als unmißverständliche Demonstration der militärischen Stärke Deutschlands gegenüber dem Ausland verstand. In ihrer Anlage waren die Bauwerke auf die verschiedenen Programmteile zugeschnitten und für die augenfällige Betonung des hierarchischen Verhältnisses von Führer und Volk hin konzipiert. Dieser "gebaute Nationalsozialismus" (Silke Wenk) organisierte eine Ein- und Unterordnung der Menschen und lenkte den Blick auf Führertribüne und Führerkanzel, um die Ausrichtung des Dritten Reiches auf den "Führer" als ideologisches Zentrum, wie Wilhelm Lotz 1938 in der "Kunst im Dritten Reich" schrieb, vorzuführen: "Die Führung ist allgegenwärtig, denn in jedem Versammlungsraum und auf jedem Aufmarschplatz ist die Stelle, an der der Führer steht, architektonisch besonders hervorgehoben und festgelegt. Immer steht er vor der Versammlung, die, in bestimmter Ordnung aufgestellt, vor ihm aufmarschiert ist. Dieses Auge-in-Auge-Stehen, der Führer vor dem Volk und das Volk vor dem Führer, ist immer die bestimmende Ordnung der Anlage."[26]

An dieser Stelle ist es nicht nötig, detaillierter auf die ideologischen Implikationen dieser Art monumentaler Staatsarchitektur einzugehen und die Planungs- und Baugeschichte des Parteitagsgeländes darzustellen.[27] Anzumerken bleibt, daß die Parteitagsbauten ein ideales Arrangement für eine mediale Nutzung abgaben, daß aber nur ein Teil von dem, was in Albert Speers 1934 vorgelegter und von Hitler begeistert befürworteter Gesamtplanung vorgesehen war, auch tatsächlich vollendet wurde. Am Anfang der Baumaßnahmen stand die Umgestaltung der Luitpoldarena (früher Luitpoldhain), die als traditioneller Aufmarschplatz bei früheren Parteitagen besondere Bedeutung besaß und nur der SA und SS vorbehalten bleiben sollte.[28] 1934 erhielt die Luitpoldarena die massive Ehrentribüne. Auf dem Zeppelinfeld, ein Rechteck mit Haupt- und Seitentribünen, das als Aufmarschplatz des Reichsarbeitsdienstes, der Politischen Leiter und der Wehrmacht diente, wurde 1936 die Tribünenanlage mit Säulenhalle weitgehend vollendet. Ein Torso blieb die neue Kongreßhalle, unvollendet ebenfalls das Märzfeld; für das Deutsche Stadion, einen hufeisenförmigen Tribünenbau für 400 000 Zuschauer, waren lediglich die Ausschachtungarbeiten in Angriff genommen worden. Allein der Bedarf an Baumaterial warf kaum lösbare Probleme auf und wäre nicht "ohne eine gezielte Plünderung ausländischer Vorräte" zu sichern gewesen.[29]

Als Teilbereich der staatlichen Repräsentationskunst spiegelten auch die Parteitagsbauten die auf allen Ebenen forciert vorangetriebenen Ästhetisierungsanstrengungen des Dritten Reiches wider. Schon im Herbst 1933 waren betont ästhetisch inszenierte Rituale zur Feier des politischen Sieges und der NS-Herrschaft angesagt, da für die NSDAP die öffentliche Zurschaustellung physischer Gewalt mit der Machtübernahme hinfällig geworden war. Einen ernstzunehmenden innenpolitischen Gegner besaß sie nicht mehr. Die vermehrt zu beobachtende Ritualisierung und Stilisierung hatte die rohe Gewalt der SA-Propaganda der "Kampfzeit" zu kompensieren, weshalb strengste Anforderungen in bezug auf Erscheinungsbild und Disziplin an die Teilnehmer gestellt wurden. Und deshalb mußte auch die Darstellung des Parteitags im Medium des Films, des modernsten Propagandamittels, gesteigerten

Hitlers Idolisierung | Unterwerfungsrituale

Abb. 5/41-42

Firma Heinrich Hoffmann (Hugo Jaeger?): SA in der Luitpoldarena vor der Luitpoldhalle, Reichsparteitag der NSDAP, Nürnberg, 11. September 1938; "Tag der Gemeinschaft" auf dem Zeppelinfeld, Reichsparteitag der NSDAP, Nürnberg, 7. September 1937, Farbdias

Abb. 5/43

Firma Heinrich Hoffmann (Hugo Jaeger?): Heinrich Himmler spricht beim Gelöbnisritual von SA und SS in der Luitpoldarena, links Adolf Hitler, Reichsparteitag der NSDAP, Nürnberg, 11. September 1938, Farbdia

propagandistischen Ansprüchen gerecht werden. "Hitler und Goebbels sind sich dessen bewußt – und sie teilen offenbar beide die Einschätzung, daß die Filmleute der Partei dem gewachsenen Stilisierungsbedarf nicht entsprechen können. Angesichts der bisherigen Filmproduktionen der NSDAP, die allesamt nicht durch ästhetische Qualität bestechen, ist das nicht verwunderlich."[30]

Daher rührte Hitlers überraschende Entscheidung, mit der Produktion des Reichsparteitagsfilms von 1933 die junge Regisseurin Leni Riefenstahl zu betrauen. Ihr damals entstandener Film war der "Probelauf" für ihren definitiven Parteitagsfilm im nächsten Jahr, der den "gültigen Rhythmus des Geschehens in Nürnberg" (Henke) festschreiben sollte.[31] "Triumph des Willens", ausgestattet mit parteioffiziellem Status, bildete zweifellos den Höhepunkt der Berichterstattung über die Reichsparteitage und entwickelte nach seiner Premiere am 28. März 1935 in Berlin eine beispiellose Wirkungsgeschichte.[32] Er zeigte das Regime so, wie es sich selbst sehen wollte, und bestimmte das Bild der Veranstaltung im Bewußtsein eines Millionenpublikums derart stark, daß er, wie die häufige Verwechselung des tatsächlichen Namens mit dem Filmtitel zeigt, in der Erinnerung den realen Parteitag von 1934 verdrängte.

"Triumph des Willens" war nur der Gipfel einer Flut von verschiedenartigstem Propagandamaterial, von Plakaten, Festpostkarten, Plaketten, Broschüren und offiziellen Führern, ganz abgesehen von den Wochenschauen.[33] Zur propagandistischen Einstimmung brachten Tagespresse und Illustrierte Vorausberichte und danach folgend mehrseitige Bildreportagen. So erschienen in den Illustrierten Bildberichte mitunter über drei Nummern, in den Tageszeitungen oft täglich Aufnahmen aus Nürnberg. Breitesten Raum schenkte der "Illustrierte Beobachter" der Veranstaltung und bot eigene Sonderhefte an, in denen jeweils auch Hitlers Reichsparteitags-Proklamationen wiedergegeben wurden. Das starke publizistische Interesse im In- und Ausland für die Ereignisse brachte einen enormen Bedarf an aktuellen Presseaufnahmen mit sich, der von mehreren Pressefotografen gedeckt wurde, allen voran Hoffmann, der mit seinem Mitarbeiterstab und den Fotografen Ege, Gayk, Schulz und Schuppe in Nürnberg anwesend war und nicht zuletzt auch wegen des Verkaufs von Fotopostkarten an die Veranstaltungsteilnehmer jeweils im September eine eigene Zweigstelle in Nürnberg aufmachte. (Abb. 5/46)

Hoffmanns Parteitags-Fotobände

Wenige Monate nach der Großveranstaltung kamen schließlich noch mehrere Bücher heraus, die auch langfristige Wirkungen erwarten ließen. Im Eher-Verlag erschienen die mit dem jeweiligen Parteitagsemblem verzierten "offiziellen Berichte", die neben kommentierenden Berichten zu den Veranstaltungen den Wortlaut sämtlicher Reden des Parteikongresses und einen Bildteil enthielten.

Presse-Illustrationen Heinrich Hoffmann: Vorbeimarsch der Wehrmacht an Adolf Hitler am "Tag der Wehrmacht" auf dem Zeppelinfeld, Reichsparteitag der NSDAP, Nürnberg, 12. September 1938, Pressebildabzug

Presse-Illustrationen Heinrich Hoffmann: "Der Führer mit Stabschef Lutze (links) und der Künstlerin Leni Riefenstahl bei einer Besichtigung der neuen Aufmarschpläne für den bevorstehenden Reichsparteitag im Luitpoldhain," Nürnberg, August 1934, Pressebildabzug

Abb. 5/45

Ähnlich, wenngleich großzügiger aufgemacht und durchgehend stärker bebildert waren die von dem "Frankenführer" Julius Streicher, 1935 von Hanns Kerrl herausgegebenen Bände mit dem Titel "Reichstagung in Nürnberg". Das umfangreichste Bildmaterial enthielten jedoch die von Hoffmann erstellten Fotobände. Zwischen 1933 und 1938 erschienen sechs Fotobände im "Zeitgeschichte-Verlag", unpaginiert, 64 Seiten stark und in dem auch ansonsten von Hoffmann bevorzugtem Quartformat. Die Bände wurden im Tiefdruck vervielfältigt, ab 1937 im Buchdruck, und hatten einen Bildteil von 75 bis 100 Aufnahmen, dem das "Geleitwort" eines prominenten Nationalsozialisten vorangestellt war. In den ersten beiden Jahren stammte es von Baldur von Schirach, Jugendführer des Deutschen Reiches, im Jahr 1935 von Alfred Ingemar-Berndt, 1936 von Philipp Bouhler, Chef der Führerkanzlei, 1937 und 1938 von Otto Dietrich, Reichs-pressechef der NSDAP. In der Titelwahl folgten die Fotobände den jeweiligen Namen der Parteitage, mit einer Ausnahme: 1934 hieß der Band "Parteitag der Macht" statt "Reichsparteitag der Einheit und Stärke".[34]

Die Bände feierten Hitler als gestrengen Partei- und Staatsführer und präsentierten dementsprechend ein Führerbild, das den hierarchischen Gegensatz zwischen Hitler und seiner gehorsamen Gefolgschaft nachdrücklich herausstrich. Ein populistisch-volksnahes und informelleres Rollenrepertoire blieb daher weitgehend ausgespart. Im Lauf der Jahre entrückte Hitler auch realiter immer mehr seiner Gefolgschaft, erschien unnahbar und martialisch-militärisch. Das lag an der Veranstaltungsregie, an der Perfektionierung der Rituale und der effektsteigernden Wirkung der fortschreitend fertiggestellten Architekturkulissen, die den Aufnahmen zusätzlich ihren Stempel aufdrückten. Wie sich der "Volkskanzler" 1933 noch als Retter mit offenen Armen, dem sich die Hände seiner Anhänger entgegenrecken, präsentierte – das wäre in den folgenden Jahren im Zuge der wachsender Machtfülle Hitlers und seiner zunehmend autokratischen Selbstdarstellung undenkbar gewesen. (Abb. 5/47-48) Es paßte zu diesem Bild, daß er ab 1935 am "Tag der Wehrmacht" sogar die Spitzen der Generalität an sich vorbeimarschieren ließ.

Hoffmanns Reichsparteitagsbände ähneln sich auf den ersten Blick und wirken monoton, belegen freilich die zunehmende Erweiterung der Nürnberger Festszenarien. Hierbei ging die im Zuge der Aufrüstung forciert betriebene militärische Ausrichtung des Parteitags Hand in

Abb. 5/47-48

Photo-Hoffmann: "Der Führer wird von seinen Getreuen begrüßt", Reichsparteitag Nürnberg, 1933, Postkarte;
Heinrich Hoffmann: Hitler nimmt auf dem Balkon des "Deutschen Hofes" den Vorbeimarsch der Hitler-Jugend ab, rechts vorne Baldur von Schirach, Nürnberg, 12. September 1936

Hand mit der Aufnahme von auflockernden Unterhaltungsangeboten und einer stärkeren Berücksichtigung der Frauen, die in der Männerwelt der Parteitage lange Zeit überhaupt keine Rolle spielten. Die nicht-militaristischen Programmteile wurden in die Bände jedoch erst mit einiger Verzögerung aufgenommen – über die Ursachen wird noch zu sprechen sein. Im Jahr 1933 konnte Hoffmanns Fotoband nur über wenige Großveranstaltungen berichten. Sie sollten weiterhin den Kern des Nürnberger Rituals bilden: die Begrüßung und Eröffnung des Parteikongresses, der Appell der Politischen Leiter, der Appell von SA und SS, der Vorbeimarsch durch die Stadt und die Kundgebung der Hitler-Jugend. Im nächsten Jahr kamen Aufnahmen vom Aufmarsch der 50 000 Mitglieder des Reichsarbeitsdienstes in streng militärischer Ordnung hinzu und erstmals auch Paraden und Übungen der Reichswehr, 1935 das Schaufliegen von Bomberstaffeln, 1936 der Sperrsche Lichtdom über den versammelten Politischen Leitern und dem wachsenden Heer der kleinen und mittleren Parteifunktionäre sowie die Ausstellung "Das politische Deutschland", 1937 die Kundgebung mit der Reichsfrauenführerin Scholtz-Klink und die Verleihung des "Preises der NSDAP für Kunst und Wissenschaft", des nationalsozialistischen Pendants zum Nobelpreis, und der "Tag der deutschen Polizei". 1938, im Jahr des letzten Reichsparteitags, wurden der "Tag der Gemeinschaft" mit sportlichen Massenübungen und Kampfspielen und das KdF-Volksfest am Valznerweiher neu aufgenommen. Eingefügt wurden schließlich noch Hitlers Grundsteinlegungen, die einen wichtigen Platz im Feiergeschehen innehatten – so 1935 für das Kongreßgebäude und 1937 für das "Deutsche Stadion".

Mit dem wachsenden Programm der Parteitagsfeiern entstand in den Bildbänden ein abwechslungsreicheres Bild, das zusätzlich durch die professionellere fotografische Darstellung an Plastizität gewann. Die veröffentlichten Aufnahmen waren das Resultat einer immer strengeren Selektion des anwachsenden Bildmaterials. Der Seitenzahl der Bände blieb konstant, doch reduzierte sich die Zahl der Abbildungen nach 1933 um etwa ein Viertel und zugleich vervielfachte sich in den kommenden Jahren die Zahl der behandelten Programmpunkte. Besaß ein firmeninternes Arbeitsalbum mit den Kontakten der Leicanegative vom Parteitag 1934 noch 37 Seiten, waren daraus im Jahr 1938 98 Seiten geworden, ganz abgesehen von zahlenmäßig nicht erfaßten Aufnahmen in größeren Negativformaten.[35] Nicht abgedruckt wurden die ab 1937 auch in größerem Umfang aufgenommenen Farbdias der Veranstaltungen. Wie das Impressum ausweist, kam 1938 aber zusätzlich noch Bildmaterial von anderen Fotografen und Agenturen zur Verwendung.[36] Zu den sukzessive erfolgten fotopublizistischen Neuerungen gehörten ab 1934 eine Vergrößerung der Abbildungen, gezielt eingesetzte Luftaufnahmen und Ausschnittvergrößerungen, die Verbindung von Nahaufnahmen und Totalansichten und die spezielle Komposition von Doppelseiten. Zunehmend Beachtung fanden auch Ausstattungsdetails der Feiern, die Fahnenästhetik sowie Einzelpersonen (Mitglieder der Hitler-Jugend, behelmte SS-Wachen oder gläubige Zuhörerinnen), die als Vertreter des nationalsozialistischen Volksideals fungierten und der Masse ein "Gesicht" gaben.

"Parteitag der Macht" als idealer Parteitag

Unter fotografischen, mediengeschichtlichen und politischen Gesichtspunkten erweist sich Hoffmanns Reichsparteitagsband "Parteitag der Macht" von 1934 als besonders interessant – ohne daß er selbst ein "publizistisches Ereignis" gewesen war. Nicht einmal im "Völkischen

Abb. 5/49-50

Beobachter" konnte bislang eine Rezension des Fotobandes nachgewiesen werden. Der Band erschien zum Zeitpunkt der "Wende zum Führerstaat" (Norbert Frei) und spiegelt nicht nur die Nachwirkungen wie "Bewältigung" der "Röhm-Krise" wider, sondern zeigt auch – ungeachtet aller Mediendifferenzen und konzeptioneller und ästhetischer Unterschiede – an politisch neuralgischen Stellen überraschende Entsprechungen mit Riefenstahls Parteitagsfilm von 1934. Der "Parteitag der Macht" stand am Beginn der professioneller gemachten Bildbände und setzte sich deutlich ab von seinem Vorgängerband, der wegen des Fehlens eines schlüssigen Konzepts mißlungen war, da er an fotopublizistischen Gewohnheiten der "Kampfzeit" festhielt und ähnlich wie damals der "Illustrierte Beobachter" mit reinen Quantitäten der nationalsozialistischen Anhängerschaft operierte. Inbegriff dieses Schwelgens in redundanten Massenaufnahmen waren unbeholfene Fotomontagen, zusammengefügt aus kleinteiligen Bildfragmenten, die Hitler mit den Amtswaltern auf einer Treppe, Fahnenträgern, SA-Kolonnen und als Bekrönung abermals Hakenkreuzfahnen zeigen, dazwischen nochmals Hitler am Rednerpult. (Abb.5/52) Zu diesen massenbetonten Visualisierungsversuchen sind neben einem ausklappbaren Panorama des SA-Appells auch ornamentierende Aufsichten marschierender Kolonnen mit extrem engem Bildausschnitt zu rechnen, die später an Bedeutung verlieren sollten.[37]

Was war die politische Botschaft, die Hoffmanns Fotoband Ende 1934 dem Publikum mitteilen wollte? Schirachs Vorwort stellte Hitlers absoluten Machtanspruch und die innerparteiliche Geschlossenheit in den Mittelpunkt und erklärte die Phase der nationalsozialistischen Machtsicherung für beendet. Unter Anspielung auf die "Röhm-Affäre" schrieb er: "Ungeheure Ereignisse standen im Wege zwischen den beiden letzten Parteitagen, Ereignisse, deren innere Überwindung in jener großen Einigung ihren

Presse-Illustrationen Heinrich Hoffmann: Militärische Übungen während des "Tages der Wehrmacht" auf dem Zeppelinfeld, Reichsparteitag, Nürnberg, 11. September 1938, Pressebildabzüge

Presse-Illustrationen Heinrich Hoffmann: Nächtliche Kundgebung der Politischen Leiter auf dem Zeppelinfeld, Reichsparteitag, Nürnberg, 11. September 1936

Ausdruck fand, die das Erlebnis des diesjährigen Nürnberg war. Alle Nationalsozialisten stehen Schulter an Schulter. Politische Leiter, SA, SS, und HJ-Führer sind Mitglieder einer einzigen Kameradschaft. Der Gedanke von der Nationalsozialistischen Deutschen Arbeiterpartei als Grundlage aller Sonderorganisationen hat sich durchgesetzt. Es gibt nur einen Nationalsozialismus, so wie es nur einen Führer gibt. Damit hat diese Bewegung die einzige wirkliche Gefahr, die ihr drohen konnte, überwunden. Sie hat mit ihrer inneren Kraft alle Hoffnungen der Gegner zunichte gemacht, indem sie von sich stieß, was nicht zu ihr gehörte, und alle ihre Kämpfer zur Einheit zusammenschloß."[38] Die Beschwörung der Einheit der Partei war gleichbedeutend mit der mehrfach von Schirach geforderten "Treue zum Führer". Und die Treue der Gefolgschaft zum "Führer" wurde von ihm als Garant der politischen Erfolge des Nationalsozialismus gehandelt: "Weil wir treu waren. Nur weil wir treu waren." Der Klappentext faßte Schirachs Darlegung zusammen und nannte die Publikation "ein gewaltiges Zeugnis der totalen Herrschaft, die Führer und Bewegung in Deutschland antraten".[39]

Auch wenn Hoffmanns Fotoband nicht an die ästhetische und dramaturgische Stilisierungskraft einer Riefenstahl und ihre ideologische Verdichtung und mystische Glorifizierung des Verhältnisses von Führer und Volk herankam, verfolgte er doch ein ganz eigenes Konzept und bot eine stark überhöhende Gesamtdarstellung, da er die Nürnberger Veranstaltungen nach dem Muster eines "idealen Parteitags" präsentierte. Er wollte das Parteitagsgeschehen ausdrücklich nicht aus der Sicht eines "normalen" Teilnehmers wiedergeben. Das war damit gemeint, wenn es alljährlich im Klappentext hieß, daß der Urheber der Aufnahmen, "unter den Hunderttausenden von Nürnberg einer der wenigen war, die alles sahen und alles miterlebten, so wie es der Führer gesehen hat. In seiner unmittel-

Hitlers Idolisierung | Unterwerfungsrituale

Abb. 5/51

Abb. 5/52

Der Parteitag des Sieges. 100 Bild-Dokumente vom Reichsparteitag zu Nürnberg 1933. Herausgegeben von Heinrich Hoffmann (...), o.J. (1933), o.S.

baren Umgebung weilend, hat Hoffmann die größten, eindrucksvollsten und erhebendsten Momente mit der Kamera festhalten können." Diese exklusive und universelle Sichtweise "von oben", die sich nur wenigen Teilnehmern des Parteitags bot, war das Gegenteil zur empirischen Zuschauerperspektive und bildete die Voraussetzung dafür, die Inszenierungen in ihrer Idealität darzustellen, allein bestimmt von der Suche nach Erhabenheit, Schönheit und Größe der feierlichen Appelle und Aufmärsche.[40] Erst unter diesen Bedingungen war es möglich, die spezifische "'Ästhetik' im Zusammenwirken von steinerner und 'menschlicher Architektur'" (Berthold Hinz) auch fotografisch eindrucksvoll zur Geltung zu bringen.

Hoffmanns Fotoband stützte sich auf die zentralen Programmteile, jene Teile, die, wie Schirach im Vorwort schrieb, zum Parteitag gehören "wie die Liturgie zum Gottesdienst", und zeigte diese in ihren "größten, eindrucksvollsten und erhebendsten Momenten". Diese Leitlinie macht einsichtig, warum eine Reihe von Veranstaltungen bildlich überhaupt nicht zum Zuge kamen, obwohl sie zum offiziellen Parteitagsprogramm gehörten, da ihre Aufnahmen offenbar nicht den visuellen Maßstäben feierlicher Selbstdarstellung entsprachen.[41] Sie erklärt schließlich die Selektion bei den Bildmotiven einzelner Veranstaltungskomplexe, die alle störenden Wirklichkeitsaspekte, alle Pannen bei den Massenaufmärschen und jegliche Momente fehlender Disziplin und unordentlichen Auftritts aus den Abbildungen verbannte. Aus der Idealperspektive ergibt sich auch eine Erklärung dafür, warum der Fotoband kein Dokumentationsinteresse im Sinne einer sachlichen Auskunft über die Veranstaltungen, etwa über Programm, Ort, Zeit und Teilnehmerzahl an den Tag legte. Die Bildtexte bieten keine genaue Bezeichnung der abgebildeten Szenerien, auch keine einzige Zeitangabe. In Verbindung mit der Art der bildlichen Organisation entstand daraus eine nur rudimentäre Erzählung, die sich – genau betrachtet – vom Ablauf des offiziellen Parteitags nicht emanzipierte, aber gleichzeitig in einem fast mythischen Zeitkontinuum bewegte. Ein richtiger Bericht über den Parteitag war das genauso wenig wie ein in sich geschlossener, symphonischer Hymnus an Hitler – allenfalls ein eigentümlicher Zwitter zwischen beiden. Dabei überrascht an den Bildunterschriften, daß sie die Möglichkeiten der interpretatorischen Steuerung und Bedeutungserweiterung nicht stärker ausschöpften und zwischen einer extrem verkürzten und lakonischen Benennung ("SS-Standarten") und einer nur selten suggestiv aufgeladenen Deutung ("Durch Zucht zur Freiheit") hin- und herpendelten.[42] Dies wirft die Frage auf, ob der Produzent allein auf die sinnliche Rhetorik des entfalteten Bildmaterials zur Vermittlung der intendierten Botschaften vertraute und sich weitergehende verbalisierte Leseanleitungen tatsächlich erübrigten.

Der "Parteitag der Macht" schildert den Ablauf des Parteitages als eine einzige große Abfolge von prächtigen Begegnungen Hitlers mit seiner Gefolgschaft – ohne dramaturgische Strukturierung und die Einteilung in eine bestimmte Anzahl von Tagen. Es gab keinen Höhepunkt, weil alles Höhepunkt war. Kaum anzunehmen ist, daß durch die ziemlich willkürliche Einschaltung zweier nächtlicher Szenerien der Eindruck eines artifiziellen Zeitraums von drei Tagen erzeugt werden sollte und wurde. So hielt sich der Band bei der Anordnung des Bildmaterials im wesentlichen an die tatsächliche Chronologie der offiziellen Veranstaltungen und entwickelte keine dramaturgischen Spannungsbögen.[43] Organisiert war das Bildmaterial in Bildfolgen der wichtigen Programmteile, die jeweils zwischen fünf Aufnahmen (vom Parteikongreß) und sechzehn Aufnahmen (vom Vorbeimarsch von SA und SS) schwankten. Die einzelnen Programmteile wurden mit einer "Führer"-Aufnahme eingeleitet und meist auch abgeschlossen, womit Hitler eine Art Rahmenfunktion erhielt.

Hoffmann zeigte Hitler als Dreh- und Angelpunkt des Nürnberger Geschehens, vom ersten bis zum letzten Tag, vom feierlichen Einzug in die Stadt und der Eröffnung des Kongresses bis zu den Wehrmachtsübungen am Schluß.[44] Alles verwies auf ihn: die Blicke der Anhängerschaft, das Strammstehen zum Appell, die gemeinsam zum Gruß gehobenen Arme, die soldatische Bewegung in der Marschkolonne. Der Band legte es nahe, sich den Blick des unsichtbaren Führers vorzustellen, der seine Gefolgschaft prüfend musterte.[45] Dem "Führer" blieben nicht nur eine überragende visuelle Präsenz gegenüber allen anderen Parteiführern vorbehalten, sondern auch besondere Darstellungsformen – wie Großaufnahme und Untersicht – und Positionen, stehend im Auto, auf die Kamera zumarschierend, immer auch durch die Ausschnittwahl in engen Kontakt

Abb.5/53-55

Der Parteitag der Macht. Nürnberg 1934. Mit Originalaufnahmen von Heinrich Hoffmann (...), o.J. (1934), o.S.

Abb. 5/56

Heinrich Hoffmann: Adolf Hitler fährt die Reihen der im Sportstadion angetretenen Hitler-Jugend ab, Reichsparteitag, Nürnberg, 8. September 1934

zum Bildbetrachter gesetzt. Und das in übersichtlich komponierten Bildern, ordentlich und sauber, ohne visuelle Unklarheiten, Unschärfen oder problematische Überschneidungen.

Hitlers Präsenz als in jeder Hinsicht unangefochtener Star war augenfälliger Ausdruck seiner Führerrolle und der ihm zugeschriebenen Fähigkeit, jene "große Einigung" zu vollbringen, die Schirach im Vorwort ansprach und Hitler selbst mit den Worten zusammenfaßte, die als Bildunterschrift unter einer Redneraufnahme stand: "Wir mögen dem einen Partei sein, dem anderen Organisation, dem dritten etwas anderes, in Wirklichkeit sind wir das deutsche Volk." Das war die zentrale politische Botschaft von Hoffmanns fotografischer Inszenierung des Parteitags. Dementsprechend lief das Grundmuster des fotografischen Berichts darauf hinaus, Führer, Volk, Partei und Reichswehr auf wechselnden Schauplätzen in verschiedenen Varianten in Beziehung zu setzen, um immer wieder Hitlers herausragende Leistung zu demonstrieren und von dessen Kraft, die Nation zu einen, zu künden.

Nach einer kurzen Exposition – man sieht Hitlers Flugzeug über Nürnberg kreisen – begleiten bereits Huldigungen der Bevölkerung ("Einfahrt des Führers in seine treue Stadt Nürnberg") die Ankunft des "Führers" in der Stadt. Von nun an nimmt er immer wieder das Treuebekenntnis verschiedener Parteiformationen entgegen, zuerst von seinen Getreuen während des Parteikongresses, dann beim Appell des Reichsarbeitsdienstes auf dem Zeppelinfeld, von den Politischen Leitern beim abendlichen Appell und hernach von der SA und SS bei Totenfeier und Standartenweihe in der Luitpoldarena und schließlich der HJ im Stadion ("Führer, wir gehören Dir, wir Kam'raden, wir!") (Abb. 5/56) Nach diesen Gefolgschaftsritualen ist Hitler wieder in der Stadt, um auf dem Hauptmarkt den Vorbeimarsch von SA und SS abzunehmen, wobei nun auch die Bevölkerung, die der Parteiparade beiwohnte, ins Bild gerückt wird. Das Volk jubelte nun nicht allein Hitler, sondern auch den Parteisoldaten zu. Deren Vorbeimarsch galt Hitler, der, im offenen Wagen stehend, die Huldigungen der Marschkolonnen entgegennahm, galt aber auch der Bevölkerung. Diese Parade setzte erstmals Volk, Partei und Führer auf dem gleichen Schauplatz miteinander in Beziehung und zelebrierte das Mysterium der Einigung der deutschen Nation nationalsozialistischer Prägung. Den Abschluß bildeten, wiederum zu Ehren des "Führers", die Paraden und Gefechtsübungen der Wehrmacht, deren Auftritt in Nürnberg ursprünglich gar nicht geplant war. 1934 waren nun erstmals auch Arbeiter und Soldaten in Nürnberg aufmarschiert.

Fotografische Symbolisierungen zur Legitimation von Hitlers Macht

Das Treuebekenntnis zu Hitler, Voraussetzung für die Errringung der "großen Einigung", war ein Bekenntnis mit weitreichenden Folgen. Das machte Hoffmanns Fotoband an verschiedenen Stellen direkt und indirekt deutlich, vor allem bei der Beschwörung der Toten als Verpflichtung der Lebenden, nach ihrem Vorbild zu handeln. Auf die Opferideologie angespielt wurde etwa bei den Bildunterschriften zum Parteikongreß ("Stabschef Lutze verliest die Namen der Toten der Bewegung"), zur Totenehrung im Luitpoldhain ("Und ihr habt doch gesiegt") und schließlich beim Vorbeimarsch an Hitler ("Schwerbeschädigt, aber begeisterte Nationalsozialisten!").[46] Schirach sprach soldatisches Heldentum an, wenn er die Opferbereitschaft der Hitler-Jugend im Vorwort hervorhob, eine Verpflichtung, die auch das Opfer des eigenen Lebens ausdrücklich mit einschloß: "Der Führer hat an diesem Parteitag eine Mannschaft gesehen, die ihm noch ergebener ist als je zuvor. Als er das weite Rund des Stadions betrat und seine Jugend begrüßte, gab es unter diesen Glücklichen keinen, der ihm nicht freudig sein Leben gegeben hätte."[47]

Den Höhepunkt des nationalsozialistischen Märtyrerkults bildete die von Hitler selbst vorgenommene "Gefallenenehrung" beim Appell von SA und SS in der Luitpoldarena, deren eigentlicher Sinn darin bestand, die Angehörigen der Parteigliederungen auf ihr Bekenntnis zum Einsatz ihres Lebens für die Nation festzulegen. So wie Hoffmanns Fotoband diese Ritualhandlung ins Bild setzte, entstand daraus ein Höhepunkt des fotografischen Führermythos und der Unterwerfung der Massen unter die Regeln des Rituals. (Abb. 5/57-58) Die dazugehörenden zwei Doppelseiten mit ganzformatigen Abbildungen beginnen damit, daß Hitler vom Führerstand herabsteigt und über das breite Band der steinernen "Straße des Führers" durch die "Fronten der SA" zum Ehrenmal schreitet, begleitet nur vom Stabschef der SA Lutze und Reichsführer der SS Himmler. Die dritte Aufnahme zeigt die dicht gefüllte Luitpoldarena, die streng aufgereihten und einheitlich behelmten SS-Männer, die den Eindruck eines durchfurchten Ackerfeldes ergeben, und erfaßt im Hintergrund den Führerstand mit der Tribüne und den drei turmhoch aufgespannten überdimensionalen Hakenkreuzfahnen. Die vierte Aufnahme auf der gegenüberliegenden rechten Seite galt der eigentlichen Totenandacht. Dank des nochmals erhöhten und etwa auf die Mittelachse der "Straße des Führers" verlegten Kamerastandpunkts entstand ein überaus prägnantes Bild des Moments, als Hitler den Opfern des Weltkriegs und den "Gefallenen der Bewegung" den Ehrengruß erwies. In natura war dieses Ritual eingebettet in weitere Rahmenhandlungen der SA und SS und eine akustische und musikalische Kulisse, derer sich auch Riefenstahl bediente. Hoffmanns Übersichtsaufnahme, untertitelt mit der Zeile "Unsere Ehre heißt Treue", verdichtete diese Szene auf ein Schaubild, ganz vom "leeren, unüberbrückbaren Raum cäsaristischer Einsamkeit" beherrscht.[48] Schweigend und allein verharrte Hitler vor dem Kranzgebilde, Lutze und

Abb. 5/57-58

DER FÜHRER KOMMT

Adolf Hitler schreitet mit Stabschef Lutze und Reichsführer der SS. Himmler durch die Fronten der SA. zum Ehrenmal

„Und ihr habt doch gesiegt"

„Unsere Ehre heißt Treue"

Der Parteitag der Macht, 1934, o. S.

Himmler in respektvollem Abstand hinter sich, und doch inmitten von hunderttausend Parteisoldaten, die streng in Reih und Glied angetreten und zu bewegungslosen Blöcken erstarrt waren und der Zeremonie den feierlich-auratischen Rahmen gaben. Hitler trat in eine stumme Zwiesprache mit den toten Helden des Weltkriegs und den "Gefallenen der Bewegung", die sich im Glauben an ihn und seine Mission geopfert hatten. Und er (und nur er) empfing ihr Vermächtnis, um es in Form von Befehlen an die Lebenden weiterzugeben und von diesen das "Gelöbnis der Treue bis zum Tode" verlangen zu können. Mit diesem traditionstiftenden Ritual, mit dem Auftreten des "Führers" als Hoherpriester des nationalsozialistischen Totenkults, wurde Hitler weithin sichtbar die Einzigartigkeit seines Führertums bestätigt – und zugleich die Gefolgschaft auf einen künftigen Krieg eingestimmt.[49]

Hitler verlangte das Bekenntnis zur bedingungslosen Treue im Namen Deutschlands – und dieses Deutschland verkörperte er selbst. So verkündete es Rudolf Heß am 5. September 1934 bei der Eröffnung des Parteikongresses. In Hoffmanns Band wurde die Gleichsetzung von Hitler mit der Instanz "Deutschland" nicht direkt verlautbart, konnte wohl aber vorausgesetzt werden. Denn Hitler war nicht nur Regierungschef, sondern seit Hindenburgs Tod auch deutsches Staatsoberhaupt und galt nicht nur in den Augen der eigenen Parteimitglieder, sondern auch in vielen Bevölkerungskreisen als "Inkarnation Deutschlands".[50] Auf der Bildebene finden sich in Hoffmanns Reichsparteitagsband sehr bemerkenswerte Symbolisierungsversuche, die mitten in die politisch brisante Situation in Deutschland nach dem 30. Juni 1933 führten und auf besondere Weise Hitlers Führertum legitimieren sollten. In keinem einzigen von Hoffmanns späteren Bildbänden läßt sich etwas Entsprechendes wiederfinden. Entscheidender visueller Bedeutungsträger war in diesen Aufnahmen das Hakenkreuz, das nicht mehr nur als "dekoratives" Universalrequisit, sondern als bewußt die Aussage steuerndes Bildelement eingesetzt wurde. In den fraglichen Aufnahmen erscheint es jedesmal deutlich über Hitler plaziert: als riesenhafter Wandschmuck an der Stirnseite der Luitpoldhalle ("Während der Begrüßung") bei der Eröffnung des Parteikongresses oder als Bestandteil von überdimensionalen Fahnen. Wieviel Hoffmann an einer möglichst sinnfälligen Darstellung dieser Botschaft lag, offenbart schließlich noch seine Fotomontage, die das Deckblatt des Reichsparteitagsbandes schmückte: Hitler wird, selbst denkmalsartig erstarrt und die Rechte zum Gruß der vorbeimarschierenden Parteitruppe erhoben, von einem monumentalen Bronze-Reichsadler mit plastischem Hakenkreuz überragt, der einen der Flügeltürme der Haupttribüne der Luitpoldarena bekrönte.[51] (Abb. 5/59, 5/62)

In allen Fällen wurden Hitler und Hakenkreuzsymbol aus einer starken Untersicht gezeigt, so daß sich der Betrachter gegenüber beiden Bildelementen in einer untergeordneten Position befand und zu beiden aufschauen mußte. In der bildsprachlichen Hierarchie stand Hitler also zwischen der nationalsozialistischen Gefolgschaft und dem Hakenkreuzsymbol. Anders ausgedrückt: über Hitler gab es eine scheinbar übergeordnete Instanz. Daß diese Deutung keine unbegründete Spekulation, sondern offenbar "angesagt" und Teil einer mehr oder weniger bewußten Visualisierungsstrategie war, darauf weist nicht nur das gehäufte Auftreten dieser Darstellungsweise bei Hoffmann, sondern auch die Tatsache, daß sich bald darauf auch Riefenstahl an einer entscheidenden Stelle, bei der Darstellung von Hitlers Rede beim Gelöbnisritual der SA, der gleichen Inszenierungsweise bediente. Loiperdinger hat die entsprechenden Sequenzen eingehend analysiert. Übertragen auf die filmische Medienspezifik lief bei Riefenstahl das Verfahren darauf hinaus, daß sie Aufnahmen von Karrees von SA-Männern mit Untersichtaufnahmen von Hitler zusammenschnitt und diese Karrees im Mittelteil der Einstellungsfolge durch Reichsadler und Hakenkreuzfahnen in Untersichtansichten ersetzte. "Hakenkreuzfahnen visualisieren die 'nationalsozialistische Idee', das politische Ideal der NSDAP, das mittlerweile mit dem Ideal der deutschen Nation verschmolzen ist. So steht das Signet des Nationalsozialismus auch in 'Triumph des Willens' nicht einfach für eine Partei, 'Bewegung' oder Weltanschauung, sondern wird sukzessive mit der Vorstellung von 'Deutschland' semantisch aufgeladen: das Hakenkreuzsymbol repräsentiert getrennt von der realgeschichtlichen Existenz des Dritten Reichs die mentale Existenz eines nationalsozialistischen Deutschlands." Das bedeutete, daß die nationalsozialistische Autorität von zwei Instanzen verkörpert wurde, "einmal vom leibhaftigen Befehlshaber des bestehenden Staatsapparates, zum anderen vom Symbol für das politische Ideal dieses Staatswesens".[52]

Der politisch-ideologische Zweck dieser Konstruktion ist evident: indem Hitler quasi selbst als Instrument einer höheren Instanz zu handeln schien, relativierte sich der "Dualismus von Befehl und Gehorsam" im Verhältnis von Führer und Gefolgschaft. Aber nur scheinbar. Die Berufungsinstanz "nationalsozialistische Idee" war kein selbständiges Gebilde, sondern gleichbedeutend mit dem "Führerwillen", nur mit dem Unterschied, daß nach außen hin ihre symbolische Präsenz die scheinbare Faktizität einer höheren Verpflichtungsautorität schuf. Hitler war damit der Rücken gestärkt worden. Und dies war gerade in der konkreten politischen Situation nicht unwichtig. Der Treueschwur der SA wirkte 1934 äußerlich nicht anders als sonst, da er dem tradierten Gelöbnisritual entsprach. So selbstverständlich war der Appell der SA im Herbst 1934 aber nicht. Als Hitler in der Luitpoldarena der SA gegenübertrat und ihr Treuegelöbnis verlangte, war dies das erste Mal nach der "Nacht der langen Messer", in der auf seinen Befehl hin fast die ganze SA-Führung am 30. Juni 1933

Abb. 5/59-61

Der Parteitag der Macht, 1934, Titelseite;
Photo-Hoffmann: "Reichs-Parteitag Nürnberg", 1934, Postkarten

ermordet worden war. Beim "Parteitag des Sieges" im Jahr zuvor nahm Hitler noch zusammen mit dem Stabschef der SA, Ernst Röhm, die SA-Parade ab. Beide wurden, brüderlich vereint, in der Fotopublizistik hoch gefeiert. Ziel von Hitlers Mordaktion war es, die nationalsozialistische Parteiarmee zu entmachten, um die Auseinandersetzungen zwischen SA-Führung und Reichswehr um den Aufbau der neuen deutschen Wehrmacht zu beenden und Hitlers Bündnis mit den konservativen Kräften zu stärken, das durch die SA bedroht wurde.[53] Nun verlangte Hitler von seiner gedemütigten Parteiarmee den Treueschwur – und erhielt ihn.

Das konsequente Vorgehen bei der visuellen "Verdoppelung" der Führerautorität legt die Vermutung nahe, daß der Rückbezug auf die NS-Symbolik auch bei anderen Abbildungen in Hoffmanns Fotoband die Machtverhältnisse klarstellen und Hitlers Machtstellung untermauern sollte. Beispielsweise rückte eine Aufsichtsansicht die in der Luitpoldarena angetretenen SA-Kolonnen gezielt unter die Schwinge des Bronze-Adlers im Bildvordergrund und interpretierte damit die Unterwerfung der SA unter Hitlers Willen als Ausdruck einer höheren staatspolitischen Notwendigkeit, hieß es doch in der Bildunterschrift: "Unter den Fittichen des ewigen Adlers". (Abb. 5/64) Für die Truppen der ermordeten SA-Führung erleichterten solche Deutungsangebote die Zumutung, die eigene Entmachtung zu akzeptieren, und ließen zugleich Hitlers Position als zunehmend absoluter Herrscher unangreifbar erscheinen. Wie hatte doch Schirach im Vorwort geschrieben? "Es gibt nur einen Nationalsozialismus, so wie es nur einen Führer gibt."[54] Hoffmanns Band zeigte also nicht nur Nachwirkungen der "Röhm-Affäre". Sein spezifischer Beitrag zur "Bewältigung" der "Röhm-Affäre" bestand darin, den Nimbus von Hitlers Führerautorität um ein weiteres Stück zu steigern.

Im Sinn der Legitimation der uneingeschränkten Führerautorität sind schließlich auch quasi-religiöse Stilisierungen zu werten, die das grenzenlose Vertrauen der Anhängerschaft in Hitlers Person rechtfertigen und den "Führer" mit dem Image eines diesseitigen Erlösers ausstatten sollten. Entsprechende Szenerien, die von Riefenstahl für sakralisierende Überhöhungen genutzt wurden, wirken in der Bildsprache von Hoffmanns Fotografien weit weniger überzeugend. Eine symbolträchtige Stilisierung gelang Hoffmann eigentlich nur mit der Aufnahme vom Vorbeimarsch auf dem Nürnberger Hauptmarkt, (Abb. 5/60) die auch als Ausgangsmaterial für die erwähnte Montage mit dem Reichsadler diente.[55] Diese Aufnahme, untertitelt mit "Der große SA-Mann", ist von schräg unten aufgenommen und monumentalisiert Hitler zu einer Erlösergestalt, die die Frauenkirche im Hintergrund deutlich überragt. Seine ausgestreckte Rechte erinnert an eine segnende Geste, wirkt so, als halte der "Führer" seine schützende Hand über seine Truppe. Ganz eindeutig war die Botschaft der Aufnahme, die zudem als Titelblatt der Sonderausgabe des "Illustrierten Beobachters" zum Reichsparteitag 1934 wie auch als Postkarte große Verbreitung fand, freilich nicht. Sollte sie den Sieg des "politischen Messias" Hitler über die Kirchen verkünden oder ihn in Verbindung mit dem altehrwürdigen Gebäude als Vollender der deutschen Geschichte in der nationalsozialistischen Gegenwart charakterisieren? Für die kirchenüberragende Führerdarstellung bietet sich jedenfalls ein Vergleich mit der NS-Architektur an. Wie Silke Wenk beschrieben hat, sollte eine neue imperiale, gigantische Architektur in den Städten die bestehende architektonische Dominanz gerade der Kirchen beseitigen.[56]

Röhms Name fiel in Hoffmanns Reichsparteitagsband kein einziges Mal. Der angebliche "Röhm-Putsch" spielte aber unterschwellig eine nicht unwichtige Rolle. Und auch der entmachteten, auf Repräsentationsaufgaben zurechtgestutzten SA wurde noch beträchtlicher Platz eingeräumt, ganz im Unterschied zu den Bildberichten über den Parteitag 1934 in

Abb.5/62

WÄHREND DER BEGRÜSSUNG

Der Parteitag der Macht, 1934, o.S.

den bürgerlichen Illustrierten, die auf die Entmachtung der SA mit demonstrativem Desinteresse an der NS-Parteiarmee reagierten. In der "Berliner Illustrirten Zeitung" waren die SA und der offizielle "Höhepunkt" des Parteitags, der Appell im Luitpoldhain, überhaupt nicht präsent, in der "Münchner Illustrierten Presse" spielte die SA eine marginale Rolle. War es vielleicht noch Zufall, daß auf dem Titel ihrer ersten Ausgabe zum Nürnberger Parteiereignis der Reichsarbeitsdienst an Hitler vorbeimarschierte, so war es sicher keiner mehr, wenn auf dem zweiten Titelblatt Reichswehrminister von Blomberg den Reichsführer SS Himmler begrüßte – die Vertreter der beiden Machteliten, die am unmittelbarsten von der Entmachtung der SA profitierten.[57] An solchen Symbolbildern war kein Mangel: auf dem Deckblatt des Bildbandes "Nürnberg 1934. Ein Bildbericht vom Parteitag

Abb. 5/63

*Illustrierter Beobachter,
Nr. 48, 2. Dezember 1933,
Titelseite*

1934" reichten sich Hitler und von Blomberg vor der mittelalterlichen Frauenkirche die Hand.[58] So war der Zusammenschluß der Sieger das Symbol der Niederlage der SA. Diese Darstellungen entsprachen den neuen Machtverhältnissen und wirken zudem plausibel, wenn man sich die weitverbreitete Aversion gegen die "braunen Bataillone" und die breite Zustimmung, die Hitlers Vorgehen gegen die "Verräter" fand, vergegenwärtigt.[59] Hingegen nahm der "Illustrierte Beobachter" Rücksicht auf die eigene Leserschaft, zu der nicht wenige Mitglieder der Parteiarmee gehörten, und würdigte mit verschiedenen Ansichten die entmachtete SA, die von nun an "für ihre Verurteilung zur politischen Bedeutungslosigkeit mit der Aufgabe entschädigt wird, die Parteilegende zu repräsentieren."[60]

Erweitertes Identifikationsangebot

Die Stilisierung zum "idealen Parteitag" bedeutete – ungeachtet aller "konkreten" fotografischen Abbildlichkeit – eine weitgehende Enthistorisierung der Parteitagsveranstaltung und ihres politischen Kontextes im Jahr 1934. Hier folgte der Band den Ansprüchen auf Überzeitlichkeit, wie sie Schirach im Vorwort formuliert hatte: "Heute, schon nach wenigen Jahren, ergreift uns mitten in den Feierlichkeiten zu Nürnberg das Gefühl, als sei uns diese Form aus fernster Vergangenheit überantwortet, um auch in kommenden Jahrhunderten unverändert fortzubestehen. Und heute schon empfinden wir den Nürnberger Parteitag als ein Stück der deutschen Ewigkeit."[61] Pendant zu den Ewigkeitsansprüchen war auf der ästhetischen Ebene Hoffmanns Suche nach Größe und Erhabenheit in den Bildern der nationalsozialistischen Machtrituale. In ihrer starken Häufung liefen solche Darstellungen andauernder Feierlichkeit freilich Gefahr, öde und langweilig zu wirken und das Interesse des Betrachters zu verfehlen, denn ihre abgehobene Idealität stand quer zur empirischen Erlebnisperspektive, zum Alltag eines "normalen" Teilnehmers des Reichsparteitags. Andernorts wußte man um diese Probleme und zog daraus die Konsequenzen. So boten "Triumph des Willens" und die Berichterstattung der Illustrierten die Alltagsperspektive als "Einstiegsmöglichkeit" für den Betrachter und offerierten populäre Unterhaltungsangebote, deren "unpolitischer" Charakter auch ein nicht-nationalsozialistisches Publikum leichter erreichen konnte.[62] Aufnahmen von Rand- und Begleiterscheinungen des Parteitagsgeschehens gehörten ebenso dazu wie Szenen vom Lagerleben der Hitler-Jugend oder "romantische Bilder" aus dem "altdeutschen Schatzkästlein", die Erinnerungen an die "deutsche Kunst" weckten und Heimatgefühle mobilisierten.[63]

Solche identitätsbildenden Motive sucht man selbst in den späteren Parteitagsbänden Hoffmanns vergeblich, wenngleich sich deren Bildangebot mit der Ausweitung des offiziellen Parteitagsprogramms, wie erwähnt, allmählich vergrößerte und dabei zwar nicht Publikumsperspektiven übernommen wurden, doch das applaudierende oder andächtig lauschende Publikum selbst häufiger ins Bild rückte und die Masse erstmals auch ein "Gesicht" bekam. Eigenaktivitäten außerhalb des staatlich organisierten Akklamationsrahmens wurden den Parteitagsteilnehmern in den Fotobänden nicht zugestanden. Es ging den Bildbänden allein um Hitler, dargestellt im Widerschein seiner gehorsamen Gefolgschaft und ihrer Unterwerfungsrituale, deren Perfektion die Disziplin und den Grad der erreichten Gleichschaltung der Subjekte – das war die "Treue zum Führer" – signalisieren sollte. Davon kündeten die geglückte Geometrie der Appelle, die strenge Ordnung beim militärischen Exerzieren und die optimale Gleichheit der Bewegungen beim Vorbeimarsch. Sie alle bedeuteten das restlose Aufgehen des subjektiven Willens der Staatsbürger in den Anforderungen des Führerstaates. Das war das anschauliche Ideal der totalen Mobilmachung. In den ästhetischen Szenarien wurde es manifest. Und so gesehen relativierte sich die Notwendigkeit ausführlicherer Betextungen der Aufnahmen in Hoffmanns Band, auch wenn dadurch weiterführende Bedeutungsinhalte nicht aktualisiert wurden.

Daß Hoffmann an dem einmal entwickelten Schema der angestrengten, idealistisch-heroischen Dauerperspektive so zwanghaft festhielt und nicht lebensnähere und populäre Aufbereitungsformen für das Parteitagsgeschehen suchte, muß erstaunen, denn verlegerisch gesehen waren seine Parteitagsbände kein überwältigender Erfolg und bildeten das

Hitlers Idolisierung | Unterwerfungsrituale

Abb. 5/64

Unter den Fittichen des ewigen Adlers

Der Parteitag der Macht, 1934, o.S.

Schlußlicht bei den Verkaufszahlen seiner Hitlerbildbände. Laut Verlagsangaben erreichten die Auflagen nur einmal die Höhe von dreißigtausend Stück – im Fall des "Parteitags Großdeutschland" nach dem "Anschluß" Österreichs – und bewegten sich ansonsten in einer Größenordnung von fünfzehntausend Stück. Da sich offenbar die Auflage von fünfzehntausend Stück des Bandes von 1933 nicht verkauft hatte, war Hoffmann 1934 vorsichtiger geworden und legte den "Parteitag der Macht" zunächst nur in einer Höhe von zwölftausend Stück auf, um erst später noch eine Zweitauflage von fünftausend Stück nachzuschieben.

Vergegenwärtigt man sich, daß allein mehrere hunderttausend Teilnehmer, nicht nur Nationalsozialisten, in Nürnberg "mit dabei" waren, stellt sich unweigerlich die Frage nach den Gründen für das relativ geringe Publikumsinteresse an diesen Fotobüchern Hoffmanns. Immerhin war der populäre Volksführer der unumstrittene Star dieser Bände. Die vergleichsweise kleine Auflagenhöhe ist wohl kaum als Indikator geringer Resonanz des Reichsparteitags beim Publikum zu verstehen, wahrscheinlich eher als Ausdruck des geringen Zuspruchs, den diese Art von publizistischer Aufmachung fand, zumal auf diesem Sektor Hoffmanns Bände mit anderen Büchern konkurrieren mußten – ganz im Unterschied etwa zu seinen Büchern, die Hitler als Privatmann zeigten. Von den Büchern der Konkurrenz ist bekannt, daß sie zum Teil immerhin in die fünfte Auflage gingen, so etwa der Band "Nürnberg 1933. Der erste Reichstag der geeinten deutschen Nation", der neben den Reden einen Abbildungsteil mit vielen Stimmungsbildern enthielt und noch im Sommer 1934, dann in zensierter Form mit entfernten Röhm-Fotografien, auf dem Markt war. Unbeantwortet bleibt die Frage, ob sich aus der Auflagenhöhe auch der Schluß ziehen läßt, daß Hitler in der Rolle des autoritären und strengen, Unterwerfung und Gefolgschaftstreue fordernden Par-

Illustrierter Beobachter, Sondernummer zum Reichsparteitag 1934, o. S.

teiführers für sich allein genommen zu wenig Identifikationsmöglichkeiten bot, ganz abgesehen davon, daß sein weitverbreitetes Ansehen in der Bevölkerung gerade auf seiner Abgehobenheit von der Partei beruhte, er in Nürnberg aber gerade im permaneten Kontext der Partei auftrat und deshalb entsprechende Bildangebote außerhalb der Partei wohl auf kein großes Interesse stießen. Jedenfalls hatten Hoffmanns Reichsparteitagsbände für die Propagierung und weitere Intensivierung des Führer-Mythos keine herausragende Bedeutung, wie überhaupt der propagandistische Wert der Großveranstaltungen und Gelöbnisfeiern nicht zu überschätzen ist, was Thamer zu bedenken gibt: "Nicht der Rausch der Massenrituale und die nationalsozialistische Utopie verschafften dem Regime dauerhafte Popularität und Stabilität, sondern seine wirtschaftlichen und außenpolitischen Erfolge sowie seine Fähigkeit, die Bevölkerung von den weltanschaulichen Zumutungen seiner Herrschaft abzulenken."[64]

Auch das idealisierte Substrat des Parteitages in Hoffmanns Fotoband von 1934 hält manche Auskunft über die empirische Realität in Nürnberg bereit, historisch aufschlußreicher erscheint das Werk freilich als publizistische Quelle. Hoffmanns Fotoband verherrlichte die ästhetischen Massenszenarien als Unterwerfungsrituale, nahm ihnen nichts von ihrer Absicht, die Gewaltverhältnisse innerhalb des Nationalsozialismus wie seine militante Gewaltbereitschaft nach außen prägnant und eindrucksvoll zu demonstrieren – im Gegenteil. Im Medium Fotografie brachte er diese Absicht ziemlich einzigartig auf den Punkt. So gesehen – Hoffmanns Band steht hier exemplarisch – erscheint es zu kurzgegriffen, in dieser Art der ästhetischen Selbstinszenierung der Nationalsozialisten eine schönfärberische Fassade zu sehen, wie Peter Reichel meint, wenn er schreibt: "Mit der Dekoration der Macht schließlich konnte die häßliche Seite des NS-Staates buchstäblich zugedeckt werden."[65]

"Abseits vom Alltag": Privates für die Medien

Enorme Resonanz beim Publikum fanden Aufnahmen Hoffmanns, die Hitler jenseits der offiziellen Anlässe und großen Machtrituale zeigten; sie waren nicht wegzudenken aus der nationalsozialistischen Parteipresse, vorzugsweise dem "Illustrierten Beobachter", und der sonstigen Illustriertenpresse. Vor allem die Verbreitung der entsprechenden Fotobände Hoffmanns und seiner Fotopostkarten belegen nachdrücklich, wie erfolgreich und populär diese Strategie der visuellen Führerpropaganda war.[1] 1934 konstatierte das journalistische Fachorgan "Deutsche Presse": "Photos, die den Führer als Kinderfreund zeigen oder im Spiel mit seinen beiden Schäferhunden in Haus Wachenfeld, haben sich als die zugkräftigsten erwiesen. Ebenso gern gekauft werden Aufnahmen des lachenden Führers und solche des Führers mit Mütze."[2] Auch die kommerzielle Firmenwerbung wußte um den Wert solcher Aufnahmen. So offerierte die Keksfabrik Bahlsen 1935 eine Fotopostkarte des Sommerfrischlers Hitler mit einer Keksschachtel im Bildvordergrund ihren Kunden als Geschenk.[3] (Abb. 5/66)

Mit den Begriffen "Privatleben" oder "Freizeit" sind die entsprechenden Motivbereiche nur ungenügend gekennzeichnet, denn hier vermischten sich absichtsvoll Szenen aus Hitlers tatsächlichem Privatleben mit informellen und nur quasi-privaten Auftritten. Thematisch und ästhetisch war das offizielle Propagandabild vom privaten Schnappschuß oftmals nicht zu unterscheiden.[4] Ungeachtet der scheinbaren Transparenz blieben viele Seiten von Hitlers Privatleben, darunter die Existenz seiner Geliebten und späteren Ehefrau Eva Braun, vollkommen tabuisiert. Die Privatisierung des Führerbildes gipfelte in genrehaften Fotografien vom Beisammensein Hitlers mit Kindern und verlieh dem Hitler-Mythos einen spezifischen Ausdruck, wie er sich in dieser Art damals offenbar in keinem anderen Bildmedium wiederfand.[5] In diesem Bereich der Hitlerikonografie trafen die Idealisierungswünsche "von unten" mit der Propagandastrategie "von oben" besonders wirkungsvoll zusammen und prägten nachhaltig Hitlers Image als "guter Mensch" und volksverbundener "Führer". Die Botschaften, die mit den exemplarisch präsentierten Episoden gekoppelt wurden, berichteten von Hitlers Tier- und Naturliebe, seiner einfachen Lebensweise und seinem landesväterlichen Mitgefühl sowie von der Liebe der "Volksgenossen" zum höchsten staatlichen Repräsentanten und suggerierten ein persönliches und vertrauensvolles Verhältnis zwischen Volk und Führung.[6] Vor allem aber sollten sie von Hitlers vorgeblicher Friedfertigkeit künden und nährten damit eine verhängnisvolle Illusion.

Hoffmanns Fotobände über den Privatmann Hitler waren typisch für die "Entdifferenzierung der politischen Sphäre durch den Nationalsozialismus" (Reichel) und enthielten eine Reihe von positiven Identifikationsangeboten, die mit dem nationalsozialistischen Führertum allenfalls in einem lockeren Zusammenhang standen. Sie sprachen Wertorientierungen an, die über die Grenzen der verschiedenen politischen Kulturen in Deutschland hinaus Anerkennung besaßen und massenintegrativ wirkten.[7] Zu diesen Wertemustern zählten: Natur, Heimat, Jugend und Familie. Gerade Hoffmann setzte alles daran, Hitler immer wieder in Verbindung mit diesen Werten darzustellen, um es auch dem nichtnationalsozialistischen Publikum leicht zu machen, "in Hitler nicht nur das Bild das Führers, sondern auch das eines Vaters zu sehen".[8] Die enge personale Beziehung zum "Führer" sollte als Ersatz für parteipolitische Bindungen beziehungsweise. als deren Steigerung fungieren, wie es Schirach 1935 schrieb: "Den Führer verehren wir und folgen ihm alle in blindem Gehorsam; den Menschen Adolf Hitler aber lieben wir aus dankerfülltem Herzen gestern, heute und immerdar."[9] Aus der persönlichen Liebe sollte die optimale Gleichschaltung der Untertanen erwachsen: "Diese menschliche Nähe des Führers geht uns keine Stunde verloren. Sie ist es, die seinen Willen zu dem unseren macht."[10] Mit ihrer personalisierenden und zugleich entpolitisierenden Ausrichtung präsentierten diese Bildangebote Hitler par excellence als Vertreter einer "modernen Integrationspartei", wie die NSDAP von der neueren historischen Wahlforschung charakterisiert wird, und

Photo-Hoffmann: "Die kleine Autogrammjägerin", 1935, Postkarte

Abb. 5/66

vermied es, konträre politische Mentalitäten wachzurufen. Gerade am Fall dieses Angebots zeigt sich einmal mehr, wie versucht wurde, "den faschistischen Kult von Führer und Nation an nicht-faschistische Traditionen anzubinden",[11] um jenseits der Strenge des Rituals den subjektiven Wünschen und Projektionen des Publikums Raum zu bieten.

Die von Hoffmann zwischen 1932 und 1937 verlegten Hitlerbände kreisen mit unterschiedlichen Gewichtungen um ein paar Hauptthemen: um Hitlers private Lebenswelt auf dem Obersalzberg, seine Fahrten durch Deutschland und seine Begegnungen mit der Bevölkerung. Nicht von ungefähr spielte dabei die Parteisymbolik der NSDAP keine große Rolle und beschränkte sich auf wenige Hakenkreuzarmbinden und Ansteckzeichen. Soweit Hitler nicht allein zu sehen war, was vergleichsweise selten der Fall war, wurde er als der große "Kommunikator" vorgestellt, fortwährend von Menschen umgeben, Mitarbeitern und Freunden, Vertretern der politischen Eliten, vor allem aber namenlosen "Volksgenossen" aller Altersgruppen. Im engen Körperkontakt mit diesen begeisterten Anhängern erschien der "Führer" gut aufgehoben, getragen von einer Welle der Sympathie und in keiner Weise durch irgendwen gefährdet. Die Einrichtung und massenmediale Verbreitung solcher Begegnungen entsprachen Hitlers Überzeugung, daß man "nicht genug die Verbindung mit dem kleinen Volke pflegen" kann.[12] Die "Münchner Illustrierte Presse" meinte 1936: "Wann hat man je in einem Lande solche Bilder vor dem Jahr 1933 gesehen? Die vielgewandten Politiker und Schriftgelehrten der Systemzeit führten das Wort 'Menschlichkeit' im Munde. Adolf Hitler aber brachte die Tat. Ob er in den großen Sälen und Hallen zu den Frauen und Männern spricht oder im Kraftwagen durch das Land fährt, immer umbraust den verehrten Führer der Jubel des Volkes und der Zuruf der Jugend."[13] Ganz so harmonisch und ungezwungen ging es bei diesen "Begegnungen" allerdings nicht zu. Denn durch die Art ihrer Ausschnittwahl blendeten die Aufnahmen die Absperrungen und die Männer des Führer-Begleit-Kommandos aus, die Hitler auf Schritt und Tritt bewachten, und übersahen die im Lauf der Jahre verschärften Sicherheitsmaßnahmen.[14]

Begonnen hatte Hitlers Stilisierung zum "vorbildlichen Menschen" durch die nationalsozialistische Fotopropaganda in der Endphase des Kampfes der NSDAP um die Macht, und zwar beim zweiten Wahlgang zur Reichspräsidentenwahl im Frühjahr 1932. Ihren Höhepunkt erreichte die populistische Strategie in den ersten Jahren nach der Machtübernahme, bevor sie anschließend wieder abflaute und im Zweiten Weltkrieg vollkommen verschwinden sollte. Eingeleitet wurde sie durch Hoffmanns Fotoband "Hitler wie ihn keiner kennt", der neben der politischen Repräsentation des nationalsozialistischen Parteiführers erstmals

Abb. 5/67-70

Hitler wie ihn keiner kennt. 100 Bilddokumente aus dem Leben des Führers. Herausgegeben von Heinrich Hoffmann (...), Berlin 1932;
Jugend um Hitler. 120 Bilddokumente aus der Umgebung des Führers. Aufgenommen, zusammengestellt und herausgegeben von Heinrich Hoffmann (...), Berlin 1934;
Hitler in seinen Bergen. 86 Bilddokumente aus der Umgebung des Führers. Aufgenommen, zusammengestellt und herausgegeben von Heinrich Hoffmann (...) Berlin, 1935;
Hitler abseits vom Alltag. 100 Bilddokumente aus der Umgebung des Führers. Herausgeber: Heinrich Hoffmann (...), 1937, Titelseiten

Abb. 5/71-72

*Photo-Hoffmann, 1934,
Postkarten: "Fröhliche Weihnachten!";
"Der Führer als Tierfreund"*

Aufnahmen aus Hitlers "Privatsphäre" veröffentlichte und vieles von dem vorwegnahm, was später ausgeformt dargestellt wurde. Nach dem verlegerischen Erfolg des ersten Buches schlossen sich nach der Machtübernahme weitere Bände an, die sich nun ganz auf informelle und private Aspekte beschränkten. Ihre Titel lauteten "Jugend um Hitler" (1934), "Hitler in seinen Bergen" (1935) und "Hitler abseits vom Alltag" (1937). Der Verkaufserfolg gab dem Konzept recht: alle Bände erreichten Auflagen von über 200 000 Stück, "Hitler wie ihn keiner kennt" sogar über 400 000 Stück.

Bei der Zusammenstellung der Aufnahmen für die Bebilderung der Bände (die Anzahl der Abbildungen schwankte zwischen 86 und 120 "Bilddokumenten" pro Band) konnte Hoffmann auf einen beträchtlichen Fundus an Aufnahmen zurückgreifen, der im Lauf der Jahre entstanden war. Die publizierten Abbildungen des "privaten Hitler" waren Schnappschüsse, selektiert aus einer immensen Produktion von Kleinbildnegativen, wie die überlieferten Arbeitsalben mit eingeklebten Kontaktstreifen verraten. Hinzu kamen Aufnahmen, auf denen Hitler zusammen mit seinen Verehrern für das gemeinsame Gruppenfoto posierte. Überdies gab es genau abgesprochene Einzelaufnahmen, die den Charakter fotografischer Studien besaßen und auf stark bildmäßige und übersteigernde Wirkungen ausgerichtet waren, wie beispielsweise jene Ansichten, die Hitler vor einer gewaltigen Alpenkulisse im Hintergrund in Szene setzten.

Goebbels' neues Hitler-Image

Die Verbreitung von Hoffmanns populistischem Hitlerbild ging 1932 Hand in Hand mit einer Pressekampagne, zu deren Auftakt Joseph Goebbels einen exemplarischen Artikel im "Angriff" veröffentlicht hatte, der eine Reihe hochgradiger Idealisierungen bemühte, um dem Führerbild menschlich überzeugende Facetten zu geben, und Hitler mit Tugenden überhäufte, die zum weithin anerkannten bürgerlichen Moralkodex gehörten.[15] Aus einer angeblichen Defensive heraus ("erschrocken und erschüttert über soviel Lüge und Verleumdung") behauptete Goebbels: "Wenn man den Juden und Marxisten Glauben schenken wollte, dann handelte es sich bei Adolf Hitler um einen brutalen, durch keinerlei Rücksichtnahme gehemmten und instinktlosen Machtpolitiker, der unter Zuhilfenahme von Brachialgewalt nur Bürgerkrieg und Chaos über Deutschland einführen will." Ziel der gegnerischen Presse sei es gewesen, ein Bild von ihm zu entwerfen, "das ebenso widerwärtig wie abschreckend wirken" sollte: "Geist- und instinktlos, von keinerlei Erkenntnis und Erfahrung belastet, ein wütender Judenfresser, ein sinnloser Radaumensch, dessen einziges Argument der Gummiknüppel ist, ein Tyrann in seiner eigenen Umgebung und über seinen Unterführern, ein posenreicher Schauspieler, der sich seine Reden und Ansprachen vor dem Spiegel einstudiert, damit sie möglichst effektvoll wirken, ein Schlemmer und Prasser, ein Freund der Kapitalisten und ein Feind des arbeitenden Volkes (…)."

Gegen solche Verleumdungen sei Hitler immun, er brauche keine Kritik zu scheuen, "sein Leben und sein Werk liegen vor der Öffentlichkeit sichtbar zutage". Der "echte Hitler", hätte sich – künstlerisch begabt – der Architektur und Malerei verschrieben, sei dann aber durch das "namenlose Unglück des deutschen Volkes" dem Ruf der Politik gefolgt, ohne dabei seine menschlichen Qualitäten zu verlieren: "Adolf Hitler ist seiner Natur nach ein gütiger Mensch. Bekannt ist, daß seine besondere Vorliebe den Kindern gilt, denen er überall der beste Freund und väterlicher Kamerad ist." In sentimentalem Tenor wußte Goebbels sogar zu berichten, daß die deutschen Kinder das eigentliche Movens seiner politischen Tätigkeit seien: "Das wohl gibt ihm den Hauptanstoß zur Politik, daß unschuldigen deutschen Kindern in ihrem eigenen Vaterlande ein neues Leben geschaffen werden müsse, und sie es besser haben sollten als ihre Väter und Mütter." Dafür seien natürlich entsprechende Maßnahmen und die Übernahme der Staatsgewalt notwendig: "Selbstverständlich muß Adolf Hitler, um seine politischen Idee durchsetzen zu können, wie jeder Staatsmann die Macht für sich in Anspruch nehmen. Er will nicht den Bürgerkrieg und das Chaos. Sein Ziel besteht vielmehr darin, durch Herausbildung einer starken Autorität diese Gefahren ein für allemal von Deutschland zu verbannen." An Hitlers politischer Entschlossenheit ließ Goebbels keinen Zweifel: "So menschlich verständnisvoll Adolf Hitler anderen gegenüber ist, so unerbittlich und konsequent ist er in der Linienführung seiner Idee und Politik." Von Hitlers angeblich menschlichen Charakterzügen lobte Goebbels vor allem die "Kameradschaft", das "Verständnis" für seine Mitarbeiter,

den "geistigen Geschmack" und das "künstlerische Empfinden" und pries dessen einfaches Leben, Bescheidenheit und enormen Arbeitseinsatz: "Das ist Adolf Hitler, so wie er wirklich aussieht. Ein Mann, der nicht nur als Politiker, sondern auch als Mensch bei allen, die ihn kennen, die höchste Liebe und Verehrung genießt."

"Hitler wie ihn keiner kennt"

Hoffmanns Hitlerband von 1932 wirkt fast wie eine fotografische Illustration zu Goebbels Huldigungen. Ganz auf der Linie der neuen Führerstilisierung bewegte sich das Geleitwort von Schirach, der fortan häufiger zu den Bildbänden seines Schwiegervaters Texte beisteuerte. Vorangestellt war ein Lobgedicht des Reichsjugendführers, welches das "dialektische Wunschbild vom Führer" in zwei Strophen prägnant zusammenfaßte: "Das ist an ihm das Größte: daß er nicht / nur unser Führer ist und vieler Held, / sondern er selber: grade, fest und schlicht, / daß in ihm ruhn die Wurzeln unsrer Welt / und seine Seele an die Sterne strich / und er doch Mensch blieb, so wie du und ich …/"[16] Anschließend ließ sich Schirach über das Gegensatzpaar des "Helden" und des "doch Menschen" aus und sparte nicht an historischen Vergleichen, um Hitlers phänomenale "Größe" herauszustreichen. "Der Deutsche verlangt mit Recht (denn dies entspricht seinem Wesen und inneren Gesetz), daß der von ihm erkorene Führer gewissermaßen eine Synthese aus Werk und Persönlichkeit darstelle. Er fordert darüber hinaus von seinem Führer auch in den privaten Dingen des Lebens Vorbildlichkeit und menschliche Größe. So erklären sich die Liebe und Verehrung, die unser Volk zwei größten Söhnen, Goethe und Friedrich dem Großen, entgegenbringt, so erklärt sich aber auch jener fanatische Glaube an Adolf Hitler, für den täglich Nationalsozialisten verwundet und ermordet werden, für den wir alle in Gefahr

Photo-Hoffmann: "Der Führer in seinem Haus Wachenfeld", undatiert, Postkarte

und Gefängnis gegangen sind."[17] Nicht Hitlers Politik, sondern seine "tiefste Menschlichkeit" sollte die Verehrung begründen, die er bei seinen Anhängern fand. Schon der Glaube der Gefolgschaft war damit zur Garantie der moralischen Integrität Hitlers deklariert.

"Kraft und Güte" waren laut Schirach die herausragenden Eigenschaften des Mannes, dessen Wesen die Zeitgenossen allenfalls erahnen konnten, vorausgesetzt sie waren für eine Offenbarung bereit, die ihnen die Fotografien vermitteln sollten: "Wer diese Bilder als Bekenntnisse mit offenem Herzen liest, der ahnt vielleicht das Geheimnis dieser einzigartigen Persönlichkeit. Und begreift: Hier offenbart sich nicht allein ein mitreißender Führer, sondern ein großer und guter Mensch." Das wahre Wesen des überragenden Führers brauchte "unsere Zeit" gar nicht erfassen: "Sie soll nur immer wieder im Hinschauen auf die gewaltige Persönlichkeit des Führers ehrfürchtig werden und Gott im Himmel danken, daß er uns auch dieses Mal nicht verlassen hat."[18] Schirach führte damit auch "Gott im Himmel" als Berufsinstanz für die Führerstilisierung ein. Er hielt sich noch zurück, Hitler zum unfehlbaren Übermenschen zu erklären, tat freilich aber so, als hätte der Führer "sein Werk" bereits vollbracht: "Heute liegt der Schatten

Abb. 5/74-76

Hitler wie ihn keiner kennt, 1932, S. 40/41, S. 56/57, S. 38/39

dieses Mannes über Deutschland und fassungslos staunen viele über das Wunder, daß nach absoluter Herrschaft des Marxismus ein einziger das Antlitz der Nation so wandeln vermochte."[19] Im Frühjahr 1932 veröffentlicht, suggerierte das Geleitwort damit bereits das Dritte Reich als Wirklichkeit.

Mit seinem Titel weckte der Bildband Neugierde und verhieß erhellende Einblicke in Hitlers Biografie aus inoffizieller Perspektive: "Wem das Glück zuteil wurde, zu dem Führer des jungen Deutschland als Mitarbeiter in ein engeres Vertrauensverhältnis zu treten, der wurde und wird immer wieder gepackt und ergriffen von jener der Öffentlichkeit nicht zugewandten Wesensseite Adolf Hitlers, die mit dem vorliegenden Buch auch dem weiteren Kreise seiner Freunde zugänglich gemacht werden soll."[20] Realiter verband das Buch zum Teil bereits publizierte Pressebilder von öffentlichen Auftritten mit unbekannten privaten Aufnahmen zu einem Konglomerat, das das authentische Leben des Parteiführers als Panoptikum suggerieren sollte. In dieser facettenreichen Mischung steigerte gerade der belanglose private Schnappschuß die Glaubwürdigkeit des entworfenen Gesamtbildes. Auf Hitlers Werdegang, über die Weltkriegsjahre und die Inhaftierung in Landsberg bis hin zur Reichstagswahl von 1930 folgte in dem Band eine undefinierte Jetzt-Zeit, was daher rührte, daß die Aufnahmen als fortwährend gültige Sinnbilder mit allgemeinem Aussagewert vorgeführt wurden. Bildliche Gestalt – mit alten Aufnahmen und Hitlers Aquarellen illustriert – gewann erstmals neben Hitlers familiärer Herkunft auch der Mythos vom anonymen pflichtbewußten Weltkriegssoldaten, dem es später nicht vergönnt gewesen sei, seiner künstlerischen Begabung nachzugehen, da er sich der Mission verschrieb, den "Frevel an Deutschland" zu sühnen, und der so "zum Baumeister eines neuen Volkes" wurde. Ein propagandistischer Knüller war dabei die Veröffentlichung von Hoffmanns Aufnahme vom

2. August 1914, die den kriegsbegeisterten Hitler inmitten einer Menschenmenge auf dem Münchner Odeonsplatz zeigte und kurz zuvor entdeckt worden war und fortan ein unverzichtbarer Baustein der fotografisch illustrierten Hitlerbiografien sein sollte.[21]

Vor allem bemühte sich der Band aber darum, Hitler als vertrauenswürdigen und sympathischen Politiker vorzustellen, der eine ganze Palette herausragender Fähigkeiten und Charaktertugenden besaß: als einen Politiker, der anspruchslos und spartanisch lebte, enorm fleißig war und viel arbeitete, künstlerische Begabung und umfassende Bildung besaß, sich dem Volk verbunden fühlte und von seinen Parteigenossen verehrt wurde, die Arbeiter für den "deutschen Sozialismus" gewann, mit den "Führern der Industrie" sprach, Kinder über alles liebte und von diesen verehrt wurde, Schäferhunde züchtete und nur selten seine Natursehnsucht erfüllen konnte. Gegner schien dieser Mann eigentlich keine zu haben, außer den "bösen Menschen", die sogar seinen "Lieblingshund" vergifteten. (Abb. 5/74-76) Für die entsprechenden Leseanleitungen sorgten Schirachs Bildkommentare, die sich mehrfach auch mit der gegnerischen Propaganda auseinandersetzten, teilweise witzig und sarkastisch, und immer eine unzweideutige Botschaft verkündeten. So war unter der Aufnahme einer "Rast am Wege" zu lesen: "In den Städten findet der Führer keine Ruhe. Überall erkannt, ist es ihm unmöglich, dort eine stille Stunde zu verleben. So verzehrt er das einfache Mittagsmahl an irgendeinem abgelegenen Waldrand." Gerüchte über den ausschweifenden Lebenswandel Hitlers wurden mit mehreren Aufnahmen zurückgewiesen. "So lebt der 'Bonze'!" stand unter der Ansicht von Hitler am Tisch eines Ausflugslokals: "Marxistische Lügner täuschen den Arbeitern vor, Hitler feiere Gelage bei Sekt und schönen Frauen. In Wirklichkeit trinkt Hitler nie einen Tropfen Alkohol! (Hitler ist Nichtraucher)." Als einzige Frau an Hitlers Seite war dann auch nur seine Schwester zu sehen: "Bei der Schwester. Die Zeitungslektüre ergibt: Lügen und immer wieder Lügen, aber die Wahrheit ist nicht aufzuhalten. Der Glaube an den Führer ist größer als die Macht der Presse." Und Hitlers positives Verhältnis zu den christlichen Kirchen sollte unter anderem mit einer Aufnahme deutlich werden, die ihn unter einem Kirchenportal in dem Moment zeigte, als gerade ein hell erleuchtetes Kreuz über seinem Kopf zu schweben schien. Sinnig formulierte dazu Schirach: "Eine photographische Zufälligkeit wird zum Symbol. Adolf Hitler, der angebliche 'Ketzer', beim Verlassen der Marinekirche in Wilhelmshaven."[22]

Im Vordergrund standen die tugendhaften Seiten eines Mannes, dessen öffentliche Selbstdarstellung durch seine verbale Gewalttätigkeit und seinen Status als Chef einer militanten Parteiarmee geprägt war. Diese Funktion wurde nicht ignoriert, wenn auch nur am Rande behandelt. Die Akzentsetzung war klar: wenn Hitler mit dem Ausspruch "Es geschieht nichts in dieser Bewegung ohne mein Wissen" zitiert wurde, war damit angedeutet, daß der Führer seine Truppe im Griff hatte, bedingungslosen Gehorsam und blinden Glauben forderte.
Bei dieser Art von personenzentrierter Werbung, die Hitler selbst zum Programm machte, erübrigten sich weitergehende Aussagen über politische Absichten, obschon sich einzelne, durchaus aufschlußreiche Bildunterschriften finden, wie jene Zeilen unter der Aufnahme einer Schiffsfahrt mit Hitler, die schon auf die aggressive NS-Politik des "Lebensraums im Osten" hinweisen: "Nicht West- und nicht Ostpolitik darf das künftige Ziel unserer Außenpolitik sein, sondern Ostpolitik im Sinne der Erwerbung der notwendigen Scholle für unser deutsches Volk."[23] Dabei ist nicht zu übersehen, daß Herausgeber und Textautor bei der Konzeption des Bandes davon ausgingen, daß bereits ein weitgehend gefestigter Führermythos bestand und Hitlers Erfolge als Führer einer Massenbewegung schon beeindruckend waren. Denn wie sonst hätte das mediokre Hitlerbild, der weitgehende Verzicht auf Würdeformen, gewirkt? Hitler wäre der Lächerlichkeit preisgegeben gewesen. So aber wurden dem Hitlerbild vor der Folie der bereits erfolgten Überhöhung neue Attribute zugefügt, die den Führer menschlich und moralisch aufwerteten.

Als großangelegte Selbstdarstellung Hitlers vor und für Hoffmanns Kamera widerlegte der Fotoband schlagend die von Goebbels im "Angriff" aufgestellte Behauptung, Hitler sei es zuwider, sich mediengerecht in Szene zu setzen: "Zwar versteht dieser Mann nicht so, wie mancher andere, der Öffentlichkeit in rührseliger Weise zu zeigen, daß er Kinder liebt oder Vögel füttert. Ihm ist jede öffentliche Zurschaustellung in der Seele verhaßt." Goebbels' hohes Lied auf den kamerascheuen Hitler war wahrscheinlich eine Reaktion auf den bereits zitierten, kurz davor erschienenen Artikel im "Vorwärts", der unter der Überschrift "Der Vielgeknipste. Adolf in allen Lebenslagen" die exzessive Selbstdarstellung Hitlers attackiert hatte. Hieß es bei Goebbels: "Jede Pose, alle Zurschaustellung ist ihm (Hitler, d. Verf.) seinem Wesen nach fremd. Er gibt sich, wie er ist, natürlich und ohne Schminke", so war in Hoffmanns Fotoband zu lesen: "Die Aufnahme erfaßte den Führer, als er sich in seinem Zimmer allein glaubte." Unter einer Aufnahme mit Hitler im Liegestuhl stand: "Auch hier läßt Photo-Hoffmann keine Ruhe." Und Baldur von Schirach schrieb im Geleitwort, das erstmals auch die besondere Rolle des "Presse-Photographen" und "Mitkämpfers" Hoffmann würdigte: "Populär sein heißt: viel photographiert werden. Adolf Hitler hat sich immer dagegen gesträubt, Objekt der Photographen zu sein."[24] Wie auch Hitlers Verhältnis zu seiner fotografischen Darstellung gefaßt wurde, an der Echtheit seiner Selbstdarstellung und am "Anspruch auf dokumentarische Wahrheit" des entworfenen Bildes wurde bedingungslos festgehalten – und gerade

Abb. 5/77

*Berliner Illustrirte Zeitung,
Nr. 12, 19. März 1936, S. 388/389*

die Fotografien des "privaten Hitler" sollten als besonders authentisch erscheinen. Durch diese Aufnahmen setzte sich Hoffmanns Band ab von dem im Jahr zuvor erschienenen Hitlerfotoband von Hans Diebow und Kurt Goeltzer, der ausschließlich sattsam bekanntes Bildmaterial der offiziellen Auftritte zusammenfaßte, aber auch von anderen vergleichbaren zeitgenössischen Fotobüchern über Politiker wie Mussolini und Hindenburg.[25]

"Hitler wie ihn keiner kennt" war ein typisches Übergangsprodukt der Führerpropaganda zwischen "Kampfzeit" und "Systemzeit" – erkennbar an der Beschäftigung mit der gegnerischen Propaganda und vor allem am starken Gewicht, das den kämpferisch-militanten Zügen und politischen Aktivitäten des nationalsozialistischen Parteiführers beigemessen wurde. In den Hitler gewidmeten Fotobüchern nach 1933 sollte dieses Element ganz und gar fehlen. Aber schon 1932 erschien Hitler außerhalb der "Großen Politik" visuell eingebettet in eine heile, kleinbürgerliche und ländlich geprägte Welt, in eine anti-moderne Idylle, die einen wesentlichen Zug auch der späteren Fotobände ausmachte. Hitlers "nichtpolitische" Präsenz war dort gleichbedeutend mit der Ferne von Berlin, das heißt dem hektischen Großstadtleben und der populären Massenkultur. Beschauliche Szenerien auf Landstraßen und in Dörfern, in der bayerischen Alpenlandschaft und auf dem Obersalzberg bildeten die Folie für die Selbstdarstellung Hitlers, immerhin das Staatsoberhaupt einer der mächtigsten Industrienationen der Welt.[26] Die idyllische und stark naturbezogene Grundstimmung der Fotobände wurde schließlich dadurch verstärkt, daß Hitler meist in der freien Natur und bei Sonnenschein (dem sprichwörtlichen "Hitler-Wetter") zu sehen war. Hoffmanns sonnendurchflutete Aufnahmen assoziierten Natürlichkeit, Weite, Offenheit und Freiheit und vermittelten einen harmonischen Gesamteindruck. Dementsprechend wurde Hitler meist in freudiger, gelassener oder kontemplativer Haltung gezeigt.

"Jugend um Hitler"

Hoffmanns erster Hitlerfotoband nach der Machtübernahme widmete sich ausschließlich dessen Begegnungen mit Kindern und Jugendlichen. Hitlers angebliche Kinderfreundlichkeit avancierte in der Propaganda zum Paradebeispiel für die immer wieder beschworene enge Beziehung zwischen "Führer" und "Volk", oder wie es eine Bildunterschrift in Hoffmanns Band formulierte: "Führer und Volk – eine Familie."[27] Zwischen Hitler und der Jugend sollte ein von "Liebe und Vertrauen" bestimmtes Verhältnis bestehen, dementsprechend hieß es denn auch im Geleitwort: "Dies ist ein Buch von der Liebe der Jugend zu Adolf Hitler, ihrem treuesten Freund." Wieviel den Propagandisten diese emotional bewegende und vorgeblich natürliche "Liebe" wert war, zeigt noch ein anderes Zitat: "Kinder sind eine Freude des Führers. Gibt es ein besseres Urteil über einen Mann, wenn ihm die Kinder zujubeln und ihr Vertrauen schenken?"[28] Und so durften auf dem doppelseitigen Tableau der "Berliner Illustrirten Zeitung" "Ich will nicht der Diktator, sondern der Führer meines

Volkes sein!" selbstverständlich Aufnahmen von Jugendlichen und Kindern nicht fehlen.29 Gründe für diese "Liebe zu Hitler" kamen gar nicht mehr zur Sprache; sie wurden als gegeben vorausgesetzt und nur noch die verschiedenen, idealtypisch zugespitzten Ausformungen der "Liebe" als Werbemittel im Dienste des Führerkults eingesetzt. Daß diese "Liebe" und "Kameradschaft" nur die wohlklingende Überwölbung eines autoritären Unterordnungsverhältnisses darstellten, das auf bedingungsloser Verpflichtung gegenüber Hitler beruhte, schimmerte bei Schirach allenfalls am Rande durch, wenn er formulierte: "Das ist das Wunder unserer Kameradschaft, das ist es, was uns untereinander bindet und nach oben fest verpflichtet."

Hoffmanns Bildband appellierte an sentimentale Gefühlslagen des Publikums und bot dafür reichlich Nahrung, wenn er sich mit symbolträchtigen und emotional aufgeladenen Bildern zu zeigen bemühte, daß der mächtigste Mann des Dritten Reiches nicht nur förmlich Blumensträuße von Kindern entgegennahm, sondern zu wirklicher Zärtlichkeit und Fürsorge fähig war und bei Kindern und Jugendlichen auf größte Gegenliebe stieß, und das auch für die zahllosen Fotopostkarten (Abb. 5/80-91) Klar war: je kleiner die Kinder, desto rührseliger der Anblick. Der Fotoband präsentierte zahllose bildliche Abwandlungen von Hitlers Begegnungen mit der Jugend – nach dem bekannten Schema, Aufnahmen der freudigen Reaktionsweisen von "Hitlers Gegenüber" mit Aufnahmen von Hitlers eigenen Handlungen abzuwechseln – und zeigte Hitler in einer Fülle von verschiedenen Gesten und Posen, die möglichst lebensecht wirken sollten: Hitler nahm Kinder bei der Hand, beugte sich herab, umarmte sie, redete mit ihnen von Angesicht zu Angesicht und berührte sie liebevoll ("Die gütige Hand des Führers") oder fütterte gar Kleinkinder ("Kleine Kinder müssen fleißig Suppe essen!") und tröstete sie, war Onkel oder väterlicher Freund und redete auch den Müttern gut zu. Wenn

Abb. 5/78-79

Jugend um Hitler, 1934, o.S.

Abb. 5/80-91

Photo-Hoffmann:
Postkarten mit Kindermotiven, 1933 - 1939

Hitler seine Hand auf den Kopf der Kinder auflegte, mag dies Christus-Assoziationen hervorgerufen haben, ganz offenkundig wurde mit den Kinderaufnahmen aber auch ein Surrogat geschaffen für fehlende Aufnahmen von Hitler als tatsächlichem Familienvater, denn solche Bilder waren ein wichtiger Bestandteil nicht nur der Herrscherikonografie des 19. Jahrhunderts, sondern auch der Darstellung der Staatsmänner des 20. Jahrhunderts und sollten die Politikerfamilie als vorbildliche Keimzelle des Staates vorstellen.[30] Das galt trotz der Relevanz der staatlichen Erziehung auch für das Dritte Reich und wird durch häufige Illustriertenberichte über das Familienleben prominenter Nationalsozialisten wie etwa Goebbels, Göring, Heß und Ribbentrop belegt.

Hitlers visuelles Gegenüber war in Hoffmanns Bildband immer eine fröhliche und zufriedene Jugend, der es gut zu gehen schien, die nicht mehr von den Entbehrungen der Weltwirtschaftskrise belastet war und deren höchstes Glück darin bestehen sollte, den Führer zu sehen. Dies war eine wiederkehrende Lesart, etwa auch in Hoffmanns Bildbericht im "Illustrierten Beobachter" über "Jungvolk beim Führer" in der Reichskanzlei vom Januar 1934: "Es ist der hohe

Traum ihrer acht oder zehn oder zwölf Jahre, dem Führer die Hand entgegenzurecken und entgegenstrecken zu können. Und wenn dann der Führer die Hand nimmt oder sogar noch nach dem Woher und Wohin fragt, oder wenn die Hand des Führers liebkosend und väterlich über den Scheitel des Jungen streichelt, dann leuchtet das Gesicht im Widerschein grenzenloser Liebe, dann blitzen die Augen und geloben die ewige Treue."[31] Wie sahen die Bildunterschriften in "Jugend um Hitler" das Verhalten der Kinder? Die Kinder harrten aus ("Stundenlang warten sie auf ihren Führer"), jubelten überall begeistert und warfen sich dem "Führer" entgegen ("Einmal den Führer gesehen – unvergeßlich für's ganze Leben"), brachten ihm Geschenke ("Alles was er zu geben hat – seine Brieftaube"), wollten die Hand geben ("Sie hat dem Führer die Hand geben dürfen") und waren stolz, mit Hitler fotografiert zu werden. Dabei legte die Bebilderung immer wieder großen Wert darauf, anschaulich zu zeigen, daß Hitler bei den Kindern aller Klassen und Landsmannschaften Begeisterung hervorrief – oder auf einen kurzen Nenner gebracht: "Deutschlands Kinderherzen gehören ihm!" Das war durchaus wörtlich zu verstehen, denn es sollten ja alle deutschen Kinderherzen vereinnahmt werden. Und deshalb hielt sich der Anteil mit Aufnahmen der uniformierten und militarisierten Parteijugend in Grenzen.

Mit dem Fotoband warb Hoffmann nicht nur für ein menschliches Führer-Image, sondern betrieb zugleich auf der Ebene von Bild und Text nationalsozialistische Rassenpropaganda, wenn beispielsweise unter zwei Aufnahmen, auf denen der "Führer" mit "deutschen Jungen" posierte, zu lesen war: "Ihr seid Blut von unserem Blut – Geist von unserem Geist!" Zwischen den Aufnahmen von Hitlers Kinderbegegnungen waren Einzelporträts von meist auffallend blonden Jungen und Mädchen ("Jugend von Heute – Deutsche Frau von Morgen") eingestreut, die zu Trägern der rassisch begründeten Volksgemeinschaft erklärt wurden und dem arischen Schönheitsideal entsprechen sollten. Obwohl die Gesichter von Kleinkindern im Sinne dieser Strategie wohl weniger überzeugend wirkten, versammelte Hoffmann ihre Porträts auf Tableaus ("Viele deutsche Stämme – aber eine Rasse"), die fast wie eine unterhaltsame Abwandlung rassekundlicher Schautafeln wirken. Doch offenkundig entsprachen diese auffallend stark retuschierten und unnatürlich-puppenartig wirkenden Kinderbilder nicht dem Zeitgeschmack und wurden im Zuge der Überarbeitung in späteren Ausgaben ausgetauscht. (Abb. 5/78-79) Das galt bemerkenswerterweise nicht für eine Reihe von Aufnahmen, die den heftigen Widerspruch von ideologischen Hardlinern in der NSDAP hervorgerufen hatte. Der Umgang mit diesen Aufnahmen und die sich daran anschließende Auseinandersetzung "hinter den Kulissen" ist in mehrerlei Hinsicht interessant und zeigt nicht zuletzt, daß die Annahme fehl am Platze ist, Hitlers Selbstinszenierung als "Kinderfreund" sei immer fein säuberlich arrangiert und von langer Hand geplant gewesen.

Abb. 5/92

Photo Hoffmann: "Dank für Geburtstags-Einladung", 1933, Postkarte

Abb. 5/93

*Hitler in seinen Bergen,
1935, o.S.*

Am Ende des Bandes hatte Hoffmann mehrere Aufnahmen vom Besuch eines jungen Mädchens bei Hitler auf dem Obersalzberg ("Das bevorzugte Geburtstagskind – aus der Menge") zu einer Bildgeschichte kombiniert, die aus seiner Sicht offenbar sehr gelungen war. Hitler posierte hier besonders innerlich mit dem nordisch anmutenden Mädchen für den Fotografen. (Abb. 5/92) Die Aufnahmen waren zum Teil bereits im Herbst 1933 von Hoffmann als Postkarten verbreitet worden – und hatten einen Denunzianten auf den Plan gerufen, der die fotografische Idylle stören sollte. Am 22. September 1933 hatte der Hilfskriminalbeamte Lorenz Mesch an die "Bayerische Politische Polizei" berichtet: "Frau Nienau, München-Nymphenburg, Laimerstr. 33 Arztenswitwe, nahm in Berchtesgaden im Sommer 1933 Landaufenthalt und ließ durch ihr Töchterchen solange Bittbriefe an den Herrn Reichskanzler A. Hitler schreiben, bis er sie mit ihrem Kinde empfing und zu Kaffee und Kuchen einlud. Jetzt wird mit den damals aufgenommenen Lichtbildern zunächst in der Stadt München Sensation getrieben. Dabei ist die Mutter dieser Frau Nienau, also Großmutter des Kindes, reinrassige, aber getaufte Jüdin. Sie lebt bei ihrer Tochter. Mutter und Tochter blond, Großmutter Judentypus. Ein Vetter der Frau Nienau, (Name nicht bekannt), Dr. med, welcher Jude und Kom-

munist ist, ist zur Zeit in Dachau interniert, soll sich dort weigern, einen Entsagungsrevers hinsichtlich des Kommunismus zu unterzeichnen. Will angeblich lieber in Dachau bleiben. Ein 2. Vetter, ebenfalls Jude, ist bei Kaufhaus 'Eichengrün' in Stellung. Der Bruder von Frau Dr. Nienau ist bei der Polizei München tätig. Er ist Herr Major Helbig. Dieser Herr ist also Halbjude. Vor dem Umsturz hat diese Frau Nienau in der schamlosesten Weise mit gemeinen Ausdrücken über Adolf Hitler verleumderisch losgezogen und sich dann plötzlich umgestellt."[32]

Der Wahrheitsgehalt dieser Meldung läßt sich nicht überprüfen. Festzuhalten bleibt, daß die Firma Hoffmann umgehend durch die "Bayerische Politische Polizei" angehalten wurde, "von der beiliegenden Karte keine Neuauflagen mehr herzustellen, weil die Großmutter des mit dem Herrn Reichskanzler Hitler photographierten Mädchens eine Jüdin ist. Herr Hoffmann war selbst nicht anwesend. Dem technischen Betriebsleiter Hermann Ege wurde dieser Auftrag mündlich mitgeteilt. Herr Ege erklärte, daß er Herrn Hoffmann sofort davon unterrichten werde."[33] Hoffmann setzte sich über die Anweisung offenbar hinweg, ließ am 10. Oktober 1933 im "Völkischen Beobachter" eine Annonce mit der Abbildung der entsprechenden Postkarte abdrucken und nahm im Sommer 1934, wie gesagt, die Aufnahmen in den Fotoband auf. Dafür hatte Martin Bormann, Hitlers späterer Sekretär und Leiter der Parteikanzlei, nicht viel übrig und verlangte ihre Entfernung und damit die Vernichtung der Auflage.[34] Bormann muß schon früh über die fraglichen Aufnahmen informiert gewesen sein, denn er ließ der Frau Nienau und ihrer Tochter den weiteren Aufenthalt auf dem Obersalzberg verbieten. Hoffmann widersetzte sich Bormanns Aufforderung zur Beseitigung der Bücher und unterbreitete Hitler die Angelegenheit, der schließlich im Sinne seines Fotografen entschied und die Einwände beiseite schob. Aus seiner und seines Fotografen Sicht war die Herkunft des

Modells zwar mißlich, doch kam es bei diesen anonymen Sinnbildern der fürsorglichen Kinderliebe des "Führers" nicht auf den realen Hintergrund an, sondern auf die äußerliche, "arische" Stimmigkeit der fotografischen Resultate. Die namenlosen Statisten waren austauschbar, ihre Herkunft beliebig, entscheidend war nur, daß die Geheimhaltung gewahrt blieb und nichts über die Hintergründe an die Öffentlichkeit drang. Und so wurden sogar bei den später überarbeiteten Neuauflagen des Fotobandes die Aufnahmen nicht entfernt und kamen bei Hitlers Wahlkampf für die Volksabstimmung im August 1934 als Pressebilder, deren Abdruckhonorar von der Reichs-Wahlkampfleitung der NSDAP beglichen wurde, in Umlauf.[35]

"Hitler in seinen Bergen"

Hoffmanns 1935 erschienener Fotoband "Hitler in seinen Bergen" sollte "den größten Deutschen" in seiner "ganzen schlichten Menschlichkeit" vorstellen und verlegte den Schauplatz für die Darstellung seines Helden in die Berchtesgadener Landschaft, auf Hitlers "Berghof": "Denn hier", wie es im Waschzettel hieß, "in dem einfachen Landhaus auf dem Obersalzberg, im Zusammensein mit den Kampfgefährten schwerer Tage, bei Wanderungen und Fahrten durch die Berge, im Gespräch mit den Bauern und Sennen der Nachbaralmen, den Holzknechten und Flößern der Wildwasser, in der gläubigen Liebe dieser geraden und aufrichtigen Menschen der Berge: hier ist der Führer ganz zu Hause."[36] Der Fotoband führte dem Publikum das einfache und naturverbundene Leben des "Führers" vor Augen und spekulierte mit dessen Erwartung, Hitler unverfälscht zu erleben und ihm ganz nah zu sein. Ziel war abermals, die Bindung der "Volksgenossen" an den Privatmann Hitler zu vertiefen, im Klappentext blumig umschrieben: Die Bilder werden "in jedem deutschen Herzen Widerhall finden als die erneute Bekräftigung des Bewußtseins: denn er ist unser!"

Das Geleitwort setzte die Bergwelt gar in Beziehung zu Hitlers Anziehungskraft als politischer Glaubensspender und deutete sie als Ausdruck der Einzigartigkeit seines "Werkes": "Hier diktierte er den zweiten Teil von 'Mein Kampf' und es scheint, daß die monumentale Architektur der Berglandschaft in der Anlage des Werkes, das Hunderttausenden von Menschen Halt und Hoffnung gegeben hat, wiederkehrt." Der Obersalzberg und das "Haus Wachenfeld", der spätere Berghof und seit Anfang der dreißiger Jahre in Hitlers Besitz, spielten seit langem eine gewichtige Rolle bei Hitlers "Mythologisierung der eigenen Existenz", die dann von der NS-Publizistik in vielfältiger Weise fortgesponnen wurde. Über Hitlers Verhältnis zu "seinen Bergen" bemerkte Joachim Fest: "Vom Berghof aus hatte er vor sich das klobige Massiv des Untersbergs liegen, in dem der Sage zufolge Kaiser Friedrich schlief, der einst zurückkehren, die Feinde zerstreuen und sein bedrängtes Volk heimholen werde. Nicht ohne Ergriffenheit sah Hitler in der Tatsache, daß sein privater Wohnsitz diesem Berg gegenüber lag, einen bedeutsamen Fingerzeig: 'Das ist kein Zufall. Ich erkenne darin eine Berufung.'"[37] Der Obersalzberg wurde ideologisch aufgeladen, in den Rang eines religiös anmutenden Ortes erhoben und zum "Sinnbild der Beständigkeit des Führers" verklärt: "Unverändert grüßt sein Giebel den Untersberg wie zu jener Zeit, als sein Bewohner am Anfang seines Weges stand. Wohl sind Anbauten neben dem Hause entstanden, wohl sind Arbeitsräume geschaffen worden, in denen Schreibmaschinen klappern und Telephone klingeln, aber der Bann der zauberhaften Einsamkeit scheint immer noch ungebrochen, wenn man am späten Abend den Blick von den ungeheuren grünen Matten zu den langsam verglühenden Gipfeln der Alpen erhebt. Nachts steht dann das Berghaus unter Myriaden von Sternen und der Führer steht versunken im Anblick der vom Mondlicht beglänzten Landschaft, die ihm seit Jahrzehnten in allen ihren Einzelheiten vertraut ist."[38] 1937 war in einem Bildbericht des "Illustrierten Beobachters" zu lesen: "Das Berchtesgadener Land im südöstlichen Winkel des Reiches hat sich schon oft eingeschrieben in die deutsche Geschichte. Es ist immer so gewesen: Berge mit Wolken und Wettern weben mehr als in den Niederungen am tausendfältigen Fadengeflecht der großen und kleinen Schicksale ihrer Menschen, denen noch altrassige Wurzelkraft innewohnt. Schon bald nach seiner Landsberger Festungshaft zog es den Führer hierher, wo auch der deutsche Seher und Künder Dietrich Eckart sein 'Sturm, Sturm...' in das zerrissene Deutschland hinausrief. Der Führer, der sich glühend zu allem Echten und Gewachsenen bekennt, liebt seine Berge und findet in ihrem Gipfelglanz immer wieder neue Kraft zur Vollendung seines großen Werkes, das freies, glückliches Deutschland heißt."[39]

Die ersten Aufnahmen von Hitlers Landsitz waren in den bürgerlichen Illustrierten bereits einige Wochen nach der Machtergreifung publiziert worden und sollten einem breiten Publikum das

Photo-Hoffmann: "Der Kanzler am Obersee bei Berchtesgaden", 1933, Postkarte

Abb. 5/95-96

Unbekannter Künstler: Bismarck, Postkarte (herausgegeben von der Deutschnationalen Buchhandlung, Hamburg), um 1914; Hitler in seinen Bergen, 1935, o.S.

Gefühl von Vertrautheit mit den privaten Verhältnissen Hitlers vermitteln.[40] Weitere Bildberichte schlossen sich an, illustriert mit Aufnahmen Hoffmanns, die auch als Postkarten erschienen und sich nun in seinem Bildband neben zahlreichem noch nicht publizierten Bildmaterial wiederfanden. Im Sinne der doppelten Botschaft von "Größe" und "Schlichtheit" bot die alpine Landschaft die richtige Kulisse für beeindruckende Aufnahmen. Abwechselnd sah man den leger beziehungsweise in Tracht gekleideten Hitler mit verschiedensten Besuchern, im Zusammenhang des häuslichen Lebens auf dem Berghof, bei häufigen Spaziergängen und Ausflügen in die weitere Umgebung oder aber alleine vor der Kulisse eines mal beschaulichen, mal dramatischen Naturschauspiels, dessen Aufnahmen oft über eine Doppelseite ausgebreitet wurden. Diese eingeschobenen Berglandschaften mit Hitler im Vordergrund hatten fast die Funktion eines wiederkehrenden Leitthemas. Hitler erschien nachsinnend und empfänglich für Natureindrücke, ebenso stolz und selbstbewußt, nicht der Natur unterworfen, sondern ihr ebenbürtig. Die Aufnahmen zeigten Hitler aber auch unter touristischen Aspekten (wie auf dem Buchumschlag) oder in angespannter Stilisierung als energischen Tatmenschen, was in seltsamem Kontrast zu seiner spießig anmutenden Lebenswelt auf dem Obersalzberg stand. Sie erinnerten an den zeitgenössischen Bergkult oder Luis Trenkers Bergfilme, sprachen romantische Naturdarstellungen und heroische Landschaften als Ausdruck von Ewigkeitswerten an und kombinierten solche Vorstellungen mit dem Geniekult, um die heldenhafte Gesinnung des "Führers", die Einsamkeit und Schwere seiner Entschlüsse anzudeuten. Sie verrieten zugleich, daß die Vorstellungswelt Hitlers wie seines Fotografen von Bildklischees vor allem des späten 19. Jahrhunderts durchtränkt war, die manchmal verblüffende Parallelen zu etwaigen Vorbildern offenbarten.

Hitler als Wanderer oder Denker vor einer sich hoch auftürmenden Bergkulisse – das assoziierte schließlich Charakterwerte, die außerhalb der degenerierten Zivilisation und ihren angekränkelten und verdorbenen Empfindungen lagen. Tatkraft und Stärke, das Reine und Unmittelbare waren Ideale des seit der Jahrhundertwende oftmals völkisch inspirierten Lebensgefühls, das für die Gesundung der Gesellschaft eine volkhafte Archaik propagierte und den Quell neuer Kräfte im Landleben, vor allem in der Bergwelt suchte und den kämpferischen Helden der Berge als Retter feierte: "Seht ihr ihn herniedersteigen über die Berge, den Bringer der neuen Werte, an denen wir alle unsere Taten messen können? Nennt ihn, wie ihr wollt! Aber freut euch, daß er wieder da ist – der 'Tatmensch', auf den ihr alle gewartet habt!'"[41] Wohl an solche Bilder schloß sich auf diffuse Weise Hitlers Selbstdarstellung als Naturmensch an, die im ersten Fotoband von 1932 noch mehr unter dem Vorzeichen des erholungsuchenden Sommerfrischlers stand und bisweilen recht komisch wirkte und erst 1935 überzeugender zutage trat.

Naturliebe, Bodenständigkeit und nicht zuletzt die immer wiederkehrende Freundlichkeit – das wurde in Hoffmanns Band zu einem Paket geschnürt, das vielfältige Identifikationsmöglichkeiten bot und die touristischen Sehnsüchte und die Neugierde des Publikums ebenso ansprach wie völkische, antitechnische und zivilisationsfeindliche Lebensvorstellungen. Neben der Jugend bekam nun auch das Alter einen besonderen Platz als Folie zur Kennzeichnung der Charaktereigenschaften des "Führers" eingeräumt, wenn Hitler beispielsweise von einem alten Bauern auf untertänige Weise begrüßt wurde.[42] Mußte Hitler nicht ein bedeutender und verständnisvoller Mann sein, wenn ein Bauer aus der Nachbarschaft, der in seiner Person die Ehrwürdigkeit des Alters selbst verkörperte, sich in einer so sehr Rührung erweckenden Weise vor ihm verbeugte? Hitler – das war der nette Nachbar von nebenan, wie 1933 der "Illustrierte Beobachter" bemerkte: "Und die kleinen Oberlandermädels in ihrer Tracht kommen zu ihm und bringen ihm die ersten Frühlingsblumen, als einem der ihren, der zurückkehrte in die Heimat. Nichts erinnert daran, daß der Mann, der auf dem Bergpfad bei den Arbeitern steht, der zwischen den Tannen die freien Höhen genießt, der Grundpfeiler des deutschen Denkens und Lebens ist, die Geisterscheide des Jahrhunderts."[43]

Mit der Nachbarschaftsliebe des prominenten Obersalzberg-Bewohners war es nicht weit her. Hitler ließ mit Hilfe von Bormann, der mit der Verwaltung des

Obersalzbergs betraut war, den gesamten an das "Haus Wachenfeld" angrenzenden Grund aufkaufen, oftmals mit Hilfe brutalen Drucks auf die Bauern. Jahrhundertealte Höfe mußten von ihren Eigentümern verlassen werden, damit Hitler es sich auf dem Berg' so einrichten konnte, wie es ihm paßte, nachdem er 1935 beschlossen hatte, sein vergleichsweise kleines Ferienhaus nach eigenen Plänen in einen repräsentativen Wohnsitz umzubauen. Damit begann eine zehnjährige, fast ununterbrochene Bauzeit auf dem Obersalzberg, in deren Verlauf zahlreiche Einrichtungen, SS-Kasernen, Wachhäuser, Garagen und Häuser für andere Prominente wie Hermann Göring, Goebbels, Bormann und Speer entstanden und die Alpenlandschaft von Teerstraßen zerschnitten und von Bunkeranlagen unterhöhlt wurde. Jahrelang sollten deshalb auf den Baustellen bis zu fünftausend Bauarbeiter beschäftigt sein.⁴⁴

In den vielfach reproduzierten Postkartenansichten und Bildberichten über Hitlers umgebauten Landsitz war von den errichteten Wachanlagen nichts zu merken. Es blieb immer das "Idyll des Friedens" (Wilhelm Brückner) – ein Trugbild, vergegenwärtigt man sich die Destruktivität und Menschenverachtung der Pläne, die Hitler schon sehr früh auf dem Obersalzberg gefaßt hatte und die er dann im Kriege systematisch umsetzte: die Vernichtung des europäischen Judentums und der "weltanschauliche Kreuzzug" gegen die Sowjetunion. So gesehen war die Berghofidylle nichts anderes als eine Kraftquelle für die Inspirationen des nationalsozialistischen Massenmordes.

"Hitler abseits vom Alltag"

Daß der "Berghof" kein Ort des Müßiggangs war, sondern der gedanklichen Konzentration und Anregung seines genialen Schöpfers diente, das wurde im Vorwort zu Hoffmanns Fotoband "Hitler abseits vom Alltag", der 1937 als letzter dieser Bände herauskam, ganz deutlich

Hitler abseits vom Alltag, 1937, o.S.

betont: "Dort findet der Führer nach anstrengender Arbeit Erholung und zugleich Sammlung für neue Gedanken und Taten. Hier oben werden die Überlegungen und Entschlüsse geboren, die abseits vom Alltag Ruhe und ungestörtes Nachdenken verlangen."⁴⁵ An Hitlers phänomenaler Arbeitsleistung sollte es keinen Zweifel geben; selbst abseits vom Regierungsalltag durfte Hitlers unermüdliche Tätigkeit als "Führer" nicht ruhen und er sich keine Erholung gönnen. Dies war ein Topos der nationalsozialistischen Führerpropaganda, der sich auch in vielen Obersalzberg-Berichten der Illustrierten fand. Deren wichtigste Aufgabe schien geradezu in der Übermittlung dieser Botschaft zu bestehen, wie folgendes Zitat der "Berliner Illustrirten Zeitung" belegt:

"Urlaub und Losgelöstsein von jeder Tagesarbeit ist für den gewöhnlichen Sterblichen dasselbe. Für das Oberhaupt des Deutschen Reiches gibt es auch auf dem Obersalzberg keinen Urlaub (...) Staatsgeschäfte ruhen nie."⁴⁶

Die "große Aufgabe", "Deutschland hinaufzuführen auf den Platz, der ihm unter den Völkern gebührt," verlangte den totalen Einsatz, nicht nur des "Führers", wie Wilhelm Brückner in seinem Vorwort verklausuliert ausdrückte: "Das deutsche Volk soll nach dem Willen des Führers nicht länger abseits stehen, er möchte es mitten in das Geschehen der Weltgeschichte gestellt sehen. Das will der Führer, und das deutsche Volk folgt ihm." Im Sinne dieses Anspruchs machte es sich der Band zur Aufgabe, neben den vielfältigen Interessen des "Genies" Hitler die beschworene Gefolgschaftstreue sichtbar zu machen, und zwar nicht auf dem Feld der großen Gelöbnisrituale, sondern auf der Ebene informeller Bekundungen von "Liebe und Dank" der "Volksgenossen". Die Aufnahmen dieser akklamatorischen Begegnungen entstanden auf dem Obersalzberg, vor allem aber bei Hitlers Reisen durch Deutschland und entwickelten die Dramaturgie einer doppelten Bewegung: das Volk kam zu Hitler, Hitler ging ins Volk.

Hoffmanns Band begann wie ein anpreisender Prospekt für ein etwas eigentümliches Ferienhotel im Berchtesgadener Land und führte mit mehreren Innenaufnahmen vor, wie Hitler in seinem neu erbauten Landhaus wohnte: man sah die "große Halle" mit ihrer bedrückenden Kassettendecke, das "Arbeitszimmer des Führers", die "Loggia im zweiten Stock" und den "Ausblick auf den Untersberg".(Abb. 5/97) Über die Inneneinrichtung war das Vorwort voll des Lobes: "Der Berghof mit seinen architektonisch wohldurchdachten Räumen, mit seiner überaus wohnlichen Ausstattung. In der weiten Halle, wo das große Fenster einen so wundervoll schönen Ausblick auf die ganze Kette der umrahmenden Gebirgswelt gewährt, gibt es – wie in allen Räumen dieses Hauses – allerorts Plätze von unendlicher Gemütlichkeit und Wärme."[47] Anschließend folgten Aufnahmen von persönlichen Gästen Hitlers, denen sich unter dem Stichwort "Der Führer inmitten seiner deutschen Jugend" und "Deutsche Wallfahrt" Aufnahmen anonymer Besucher anschlossen. Damit zeigte sich abermals die absichtsvolle Vermischung zwischen Hitlers Privatwelt und den informellen Begegnungen mit seinen Anhängern, die den Effekt einer großen, aufs engste mittels des "Führers" untereinander verbundenen Familie erzeugte. Das bestätigte indirekt ja auch der Titel des Fotobandes, der die medienwirksamen und entsprechend ausgewerteten Begegnungen Hitlers mit seinen Untertanen nicht unter

Abb. 5/99

Illustrierter Beobachter, Nr. 35, 31. August 1933, S. 1134/1135

Hitlers Idolisierung | "Abseits vom Alltag"

den Begriff "Regierungspolitik" subsummierte, obwohl diese einen wichtigen Teil der Führerpropaganda ausmachten, sondern ihnen einen feierlich anmutenden Sonderstatus – "abseits vom Alltag" – einräumte.

Nach Hitlers Machtübernahme hatte sich der Obersalzberg bald zu einem regelrechten Wallfahrtsort von huldigungssüchtigen "Volksgenossen" gewandelt, in deren Auftritt Schirach bereits das nationalsozialistische, alle Klassen umfassende Herrschaftsideal verwirklicht sah. In "Hitler in seinen Bergen" hatte er formuliert: "Es gehört zu den schönsten Erlebnissen im Leben eines Nationalsozialisten, zu sehen, wie die vieltausendköpfige Menge, die stundenlang vor Haus Wachenfeld ausharrt, den Führer begrüßt, wenn er endlich hervortritt. Die leuchtende Freude dieser treuen Volksgenossen, die oft von weither und unter nicht geringen Opfern nach Haus Wachenfeld gepilgert sind, um diesen einen Augenblick zu erleben, sie strahlt dann im Antlitz des Führers wider und so wird diese tägliche Begegnung zwischen Adolf Hitler und seinem Volk eine strahlende Offenbarung der neuen deutschen Einheit. Denn diese Masse, die ihn jubelnd empfängt, ist in sich schon ein Abbild der neuen Volksgemeinschaft."[48]

Was gar an eine Prozession erinnern sollte, war aus Sicht der "Münchner Illustrierten Presse" vom Sommer 1933 oft nicht mehr als eine unangenehme Begleiterscheinung des Rummels um den "Führer": "Täglich umlagern Hunderte von Menschen das Haus Wachenfeld, um in zäher Geduld den Augenblick zu erhaschen, in welchem irgendeine Gelegenheit den Führer ihren Augen sichtbar macht. Man bemerkt teilweise sogar Besucher, die eher den Namen Beobachter verdient hätten. Und es läßt sich wohl kaum darüber streiten, ob es geschmackvoll ist, wenn allzu eifrige Volksgenossen jede Bewegung des Führers mit dem Feldstecher verfolgen und photographieren. Es ist zwar menschlich verständlich, wenn das Herz einmal mit dem Taktgefühl und der natürlichen Rücksichtnahme auf den Führer durchgeht, andererseits aber ist es schwer denkbar, daß ein Herz, welches in heißer Verehrung für den Führer schlägt, das Ruhebedürfnis des Kanzlers außer acht läßt. Neugier und Liebe sind oft schwer zu unterscheiden."[49]
In der Folge wurden die Sicherheitsmaßnahmen verstärkt und Hitlers öffentliche Auftritte auf dem Obersalzberg wandelten sich zu sorgfältig arrangierten Routineriten: "Bis etwa 1937 wurde täglich bis zu 2000 Personen erlaubt, sich innerhalb des Sicherungskreises nahe dem 'Berghof' zu versammeln und auf den Führer zu warten, der auf seinem Spaziergang, gewöhnlich nach dem Mittagessen, an ihnen vorbeischreiten würde oder die Besucher aus allen Teilen des Reiches an sich vorbeiziehen ließ. Gelegentlich

Abb. 5/100-101

Hitler abseits vom Alltag, 1937, o.S.;
Illustrierter Beobachter,
Nr. 18, 5. Mai 1934, S. 740

richtete er ein freundliches Wort an einzelne Besucher, legte seine Hand auf den Kopf eines kleinen blonden Mädchens, während der Reichsbildberichterstatter und seine Leute Aufnahmen machten."[50]

Diese Art, den Kontakt des "Führers" mit seinem "Volk" zu individualisieren und mit einer scheinbar persönlichen Note auszustatten, kennzeichnete auch die Fotografien im zweiten Teil des Bandes, die während der verschiedenen Reisen Hitlers durch Deutschland entstanden waren. Zeitpunkt und Zweck dieser Reisen beließ der Band im dunkeln, denn es ging ihm vor allem um die akklamatorischen "Begleiterscheinungen", die sich mit der Gleichung fassen lassen: wo sich Hitler zeigte, strömten seine Anhänger zusammen, oder wie es im Vorwort hieß: "Auf all den Reisen durch Deutschland, von Ostpreußen bis zum Rhein, von der Nord- und Ostsee bis zu den Bayerischen Bergen, überall begleitet den Führer die große Liebe seines Volkes. Ob in Städten oder Dörfern, ob bei Arbeitern oder Bauern, ob bei Soldaten oder Parteigenossen, überall klingt in der jubelnden Begeisterung, die den Führer empfängt, die Liebe und Dankbarkeit zu dem Manne durch, der Deutschland aus Schmach und Schande erlöst hat. (...) Wo sich das Auto des Führers zeigt, strecken sich ihm die Hände seines Volkes entgegen. Hände, die grüßen, Hände, die danken, und Hände, die Glück und Segen für den Retter Deutschlands herabflehen."[51]

Für die Botschaft spontaner und lebendiger Zustimmung eigneten sich für Hoffmanns Band statt Massenovationen am besten Aufnahmen von einzelnen Hitleranhängern, die sich besonders enthusiastisch und verzückt gebärdeten und sich vor lauter Begeisterung für Hitler selbst zu vergessen schienen. Hoffmanns unmittelbare Nähe zu Hitler während dessen Auftritten hatte ihm immer wieder Aufnahmen ermöglicht, die eine eruptive Verschmelzung zwischen "Führer" und "Volk" suggerierten und deren emotionale Energie sich auf den Betrachter übertragen sollte. Gerade Frauen, die weinten und schluchzten, demutsvoll zum "Führer" im offenen Wagen aufblickten und danach dürsteten, ihn zu berühren, oder lachende Kinder, die Hitler entgegengestreckt wurden und freudig winkten, boten durch ihre heftige Körpersprache ergreifende Bilder der Zustimmung und Dankbarkeit und brachten den exaltierten Führerglauben auf den Punkt. (Abb. 5/100-101)

Die Fotografien waren bereits größtenteils in den Illustrierten der vorangegangenen Jahre veröffentlicht worden, oft in mehrseitigen Reportagen, bestehend aus geschickt gemachten Bild-Text-Kombinationen, die dem Bildmaterial eine meist erheblich höhere suggestive Kraft verliehen als das einförmige Layout in Hoffmanns Bildbänden und damit die intendierte Aussage über Hitlers enge Anteilnahme am Leben des Volkes mit besonderem Nachdruck vor Augen führten: "Wenn es die Regierungsgeschäfte irgendwie erlauben, dann streift Adolf Hitler in Begleitung einiger alter Kampfgenossen im schnellen Kraftwagen durch das Land, taucht völlig unvermutet in dieser oder jener Gegend Deutschlands auf und bereitet überall die große Freude der Überraschung. Der Führer ist allgegenwärtig. Dieses Wissen gibt dem Volk das Gefühl des Geborgenseins, der Einheit mit ihm. Nicht irgendwo auf unerreichbarer Höhe lebt er, er ist mitten unter ihnen als ihresgleichen, in welcher Gegend des Reiches er auch weilen mag. Dann ist er bei ihnen, nicht nur mit seiner Person, sondern mit seinem ganzen Wesen, dann ist ihre Freude seine Freude, ihre Sorge seine Sorge. Jede Wegrast wird zur Bestätigung dieser innigen Verbundenheit. Da ist keine Scheu, keine ängstliche Zurückhaltung, er wird jubelnd begrüßt von jung und alt als bester Freund, denn er ist ja aus ihrer Mitte hervorgegangen, hat mit ihnen einst Schulter an Schulter gekämpft, mit ihnen geblutet, gedarbt, gehungert, hat all ihr Leben selbst durchlebt. Nur kurz können die Streifzüge des Führers sein, die gewaltige Arbeit, die noch vor ihm liegt, gönnt ihm nicht längere Zeit; aber der Glaube, der auf solchen Reisen von überallher ihm entgegenströmt, gibt ständig neue Kraft zu seinem schweren Werk."[52]

Aus den Bildern und den Presseberichten über Hitlers Auftritte war dessen Limousine, ein sechsrädriger Mercedes, nicht wegzudenken. Gegenüber Eisenbahn und Flugzeug bevorzugte Hitler den Kraftwagen und schwärmte vom kommunikativen Aspekt dieser Reiseform: "Ich liebe den Kraftwagen, denn er hat mir Deutschland erschlossen."[53] Wann immer es ging (und mitunter gegen die Ratschläge seiner Sicherheitskräfte), zeigte er sich im offenen Wagen und mied die geschlossene Staatskarosse. Das Automobil war mehr als bloßes Verkehrsmittel, es wurde geradezu zum Symbol von Hitlers vermeintlicher Ubiquität und engster Tuchfühlung mit dem Volk – ganz im Sinne eines propagandistischen Kalküls, wie sein Chauffeur Julius Schreck berichtete: "Auch heute noch gibt der Führer dem Kraftwagen den Vorzug, weil es ihm wichtig erscheint, in steter Fühlung mit den Volksgenossen und seinen alten Kämpfern zu bleiben."[54]

Als "Hitler abseits vom Alltag" 1937 erschien, hatte Hitlers populistische Selbstpräsentation ihren Zenit bereits überschritten. Das aktuelle Hitlerbild in der Illustriertenpresse wandelte sich. Hitlers fotografische Darstellung als allgegenwärtiger, im engsten Kontakt mit den Massen stehender Volksliebling, dieses Jubelbild war bereits im Jahr zuvor schwächer geworden. Bildberichte über den Obersalzberg galten nun kaum mehr der Begegnung von "Führer" und Volksgenossen", sondern Hitlers diplomatischen Verhandlungen oder Empfängen hoher Staatsgäste.[55] Auffallend bleibt auch, daß immer weniger aktuelle Aufnahmen von Hitler mit Kindern erschienen und sich die wenigen Aufnahmen auf Hitlers Begegnungen mit Kindern der Führungselite von Partei und Staat bezogen. Demonstrativ kinderlieb gab sich Hitler anläßlich der Taufe von Edda Göring im November 1938. Die "Berliner

Berliner Illustrirte Zeitung, Nr. 45, 10. November 1938, Titelseite

Illustrirte Zeitung" war dies einen Aufmacher wert: "Klein Edda schließt mit dem Führer Freundschaft."[56] (Abb. 5/102)

Die biografische Literatur hat gezeigt, wie mit Hitlers realem Machtzuwachs und seiner Selbstmythologisierung auch seine soziale Beziehungslosigkeit wuchs: "Je höher er stieg, desto mehr weitete sich der menschenleere Raum um ihn herum."[57] Albert Speer hat bezeichnenderweise gerade am Beispiel der späteren Auflagen von "Hitler wie ihn keiner kennt" auf die immer größer werdende Schere zwischen dem realen Hitler und seinem medialen Bild hingewiesen, da er unter den "besonderen Bedingungen seines Herrschaftsstils" zunehmend vereinsamte: "Denn dieser Hitler, den auch ich noch Anfang der dreißiger Jahre erlebt hatte, war selbst für seine engste Umgebung zu einem abweisenden, beziehungsarmen Despoten geworden."[58] Hoffmanns Bildbände stützten und perpetuierten das Klischee und damit die Illusion eines freundlichen, auf allen Ebenen kommunikativen und volksnahen Staatsmannes.

Hitler als Symbol der NS-Aufbaupropaganda

Hitler als "Erster Baumeister des Dritten Reiches" – das war ein zentraler propagandistischer Topos des Führermythos, der ihn als vermeintlichen Urheber eines gigantischen wirtschaftlichen Aufbauwerkes in die Sphäre des künstlerischen Genies erhob. Zum markantesten und sinnfälligsten Ausdruck der Bauherrn- und Architektenleistung, die als Metapher für Hitlers Politik schlechthin stehen sollte, avancierten in der fotografischen Bildpublizistik die Reichsautobahn, die nationalsozialistischen Repräsentationsbauten und Architekturprojekte – oder wie es übereinstimmend hieß: "Hitlers Straßen" und die "Bauten des Führers". Mit bemerkenswerter Kontinuität arbeitete die Fotopublizistik seit Festigung der Führerherrschaft an der Ausformung und Verbreitung dieses Mythos und reihte eine Erfolgsmeldung an die andere, stattete Hitler mit herkulischen und alsbald auch künstlerischen Prädikaten aus und sollte die Diskrepanz zwischen Realität und zukunftsorientiertem Anspruch durch die permanente Zurschaustellung von Teilerfolgen oder von Modellen, denen der Schein des Vollendeten verliehen wurde, überbrücken. Dabei brachte die Fotografie einige Bildleistungen hervor, die zu den populärsten ihres Genres auch nach 1945 gehören. Das gilt vor allem für Hoffmanns Fotografie von Hitlers erstem Spatenstich beim Baubeginn der Reichsautobahn, die zum geradezu symbolischen Bild von gesellschaftlicher Aufbruchstimmung und Mobilisierung avancierte und den Auftakt für eine Reihe von Aufnahmen initiatorischer Rituale wie Grundsteinlegungen, Richtfeste oder Stapelläufe bildete. Die vielfältige mediale Verbreitung von Hitlers spektakulärer Geste war in gewisser Hinsicht auch ein Mittel der moralischen Führerbindung, da sie Hitler in höchst anschaulicher Weise als leuchtendes Vorbild für erhöhte Arbeitsanstrengungen darstellte.

Daß ausgerechnet staatliche Repräsentationsbauten (und keinesfalls der Wohnungsbau) und ein zu dieser Zeit innovatives Straßenbauwerk zu Markenzeichen der Wirtschafts- und Sozialpolitik des NS-Regimes werden konnten, der industrielle Komplex hingegen keine nennenswerte visuelle Prägnanz in den Medien erhielt, kam nicht von ungefähr und zeigte einmal mehr, wie sehr der Führermythos auch von den Obsessionen und den Intentionen Hitlers abhängig war: gewissermaßen drückte der Autonarr und der verhinderte Künstler auch der bildpublizistischen Strategie seinen Stempel auf. Insbesondere Stadtplanung und Architektur hatten "bei Hitler vom ersten Tag seiner Amtsübernahme als Reichskanzler an absoluten Vorrang",[1] und Hitler gefiel sich zunehmend auch selbst in der Rolle des genialischen Baumeisters. Die Bauten, mit denen Hitler das künstlerische Erbe der früheren Weltreiche antreten wollte, bildeten den Auftakt für seine megalomanische Architekturplanung während des Krieges. In ihnen sah Jochen Thies ein Indiz für Hitlers Expansionspläne, zumal die deutschen Resourcen für ein derart gigantisches Bauprogramm nicht ausgereicht hätten: "Diese unvollendet gebliebene Architektur ist damit nichts anderes als die Vorwegnahme einer Weltherrschaft, die Hitler spätestens von 1925 an fest im Visier hatte."[2] Nichts anderes verraten auch die 1940 vorgelegten Pläne der Organisation Todt für ein riesiges, den europäischen Kontinent durchziehendes Autobahnnetz, auf dem die Deutschen im Volkswagen die eroberten Gebiete besuchen sollten.[3]

Derartige Projekte fanden allerdings in der Bildpublizistik keine Beachtung mehr. Auch die Berichterstattung über die zum Teil noch fortlaufenden Arbeiten an der Reichsautobahn und den Großbauten setzte mit Kriegsbeginn schlagartig aus – eine Präsentation dieser aufwendigen Renommierbauten war der unter den Kriegslasten leidenden Bevölkerung wohl auch nicht zuzumuten. Das hinderte Hitler jedoch nicht, sich im Verlaufe des Krieges von seinem Intimus Hoffmann privat immer wieder mit seinen Architekturmodellen und Bauplänen fotografieren zu lassen, und noch im März 1945 fertigte dieser eine Aufnahme des vor seinem Linzer Modell im Bunker der Reichskanzlei sitzenden greisen Diktators.[4]

"Die Straßen des Führers"

Die frühe Popularität Hitlers beruhte zu einem guten Teil auf den schnellen wirtschaftlichen und sozialpolitischen Erfolgen, die seine Regierung in den ersten Jahren nach der Machtergreifung vorzuweisen hatte und die dank einer geschickten Propaganda seinen Führungsqualitäten gutgeschrieben wurde. "Hitler wußte, daß eine erfolgreiche Wirtschafts- und Arbeitsmarktpolitik dem nationalsozialistischen Regime ein Kapital an Vertrauen und Zustimmung bringen würde und damit eine Autorität sicherte, 'wie sie noch kein Regiment vor uns besessen hat.'"[5] Während in den anderen westlichen Industrienationen nach wie vor eine hohe Arbeitslosigkeit herrschte, war die Vollbeschäftigung 1936 im Deutschen Reich nahezu erreicht, und auf einigen Gebieten wurde schon ein Arbeitskräftemangel spürbar, auch wenn die Statistik noch etwa 1,6 Millionen Arbeitslose auswies. In der Bevölkerung festigte das den Glauben an einen ungebrochenen Aufwärtstrend. Weitgehend blieb jedoch verborgen, daß der wirtschaftliche Boom im wesentlichen auf die mehr und mehr forcierte Rüstungsproduktion zurückging, auch wenn bis Ende 1933 sozialpolitische Motive Priorität hatten.[6] Ein staatliches Investitions- und Arbeitsbeschaffungsprogramm, dem die sich schon 1932 abzeichnende Konjunkturbelebung zugute kam, ermöglichte diesen im Ausland als "deutsches Wirtschaftswunder" bewunderten Aufschwung. Voraussetzungen für die Senkung der Arbeitslosenzahlen schufen die Gesetze "zur Verminderung der Arbeitslosigkeit" vom 1. Juni und September 1933, ein steuerbegünstigtes Instandsetzungsprogramm zur Ankurbelung der Bauwirtschaft – ganz abgesehen vom "freiwilligen Arbeitsdienst" und der unterbezahlten Beschäftigung von Arbeitslosen.[7]

Gerade im Bereich der Wirtschafts- und Sozialpolitik setzte die Reichsregierung von Anfang an auf eine propagandistische Begleitmusik, die die vorgeblichen Errungenschaften des Nationalsozialismus breit herausstrich und ein allgemeines Mobilisierungsbewußtsein schaffen sollte: "Unaufhörlich rief die Reichsregierung zur 'Arbeitsschlacht' auf, und mit jedem ersten Spatenstich und jeder Grundsteinlegung demonstrierten die Nationalsozialisten, daß zur Krisenbekämpfung auch Psychologie und Magie gehören."[8] Vor allem der am 23. September 1933 begonnene Bau der Reichsautobahnen wurde zum Aushängeschild des nationalsozialistischen Wirtschaftsaufbaues und des Kampfes gegen die Arbeitslosigkeit und bildete den wahrscheinlich öffentlichkeitswirksamsten und spektakulärsten Teil der in der Presse dargestellten Maßnahmen. Daß dabei das Propagandaministerium immer wieder seine Hand im Spiel hatte, geht beispielsweise aus einer Presseanweisung vom 20. Mai 1935 hervor: "Jetzt, nach Eröffnung der ersten Reichsautobahnstrecke, sollen die Zeitungen in weitestgehendem Maße den Reichsautobahnen ihre Aufmerksamkeit schenken. Laufend würden weitere große Strecken in Betrieb genommen, was immer Anlaß sein könnte, sich wieder grundsätzlich mit dem Problem der Reichsautobahnen zu beschäftigen, wobei man von der Zersplitterung im Straßenwesen der vergangenen Jahre ausgehen soll. Der Appell an die Zeitungen, sich der Reichsautobahn besonders anzunehmen, wurde mit besonderem Nachdruck ausgegeben."[9] In den Jahren bis Kriegsbeginn berichtete die Illustriertenpresse regelmäßig über den Fortgang der Bauarbeiten an der Reichsautobahn und widmete keinem anderen repräsentativen Bauunternehmen des NS-Regimes so viel Raum. Das fotografische Medium hatte jedoch nicht nur hier in hohem Maße eine Vermittlerrolle zur Popularisierung des Autobahnbaus. Abgesehen von Spezialpublikationen zur Autobahn finden sich zahlreiche Fotografien in den Bildbänden zur Geschichte des nationalsozialistischen Staates oder in Hitlerbiografien und auch für die großen Propagandaausstellungen des Regimes lieferte ein Heer von Presse- und Sachfotografen vielerlei Anschauungsmaterial.

Heinrich Hoffmann: Adolf Hitler vor dem Linzer Modell im Führerbunker, Berlin, März 1945

Vom Motiv her blieb Hitlers visuelle Präsenz im Zusammenhang mit dem Autobahnbau begrenzt und beschränkte sich auf einige Baustelleneröffnungen, informelle Besichtigungen von Streckenabschnitten oder Einweihungsfahrten. Das tat dem Schöpfermythos jedoch keinen Abbruch, denn die Propaganda verknüpfte das Thema Autobahn auf umfassende Weise mit Hitlers Namen. Die Presse berichtete mit großem Aufwand über die initiatorischen Akte, die anfangs Hitler vorbehalten blieben, und betonte immer wieder seine Urheberschaft, wenn sie fortan bei den Berichten über den Fortgang der Arbeiten von den "Straßen des Führers" sprach. Mit dieser sprachlichen Zuschreibung bei der Bild-Text-Koppelung wurde ein unübersehbares Gleichheitszeichen zwischen Reichsautobahn und Hitler gesetzt, um dessen Verdienst im allgemeinen Bewußtsein festzuschreiben und wachzuhalten. Oder wie Goebbels 1935 verlauten ließ: "Das sind die Straßen, die Adolf Hitler gebaut hat. Und wie der Führer in allen seinen politischen Maßnahmen mit genialem Weitblick in die Zukunft für des Volkes Wohl und Wehr sorgt, so ist auch das grandiose Werk des Autobahnnetzes Gegenwartsarbeit, die der Zukunft bis in die fernsten Geschlechter dienen wird."[10]

Hitler war keineswegs der Schöpfer der Autobahnen. Das NS-Regime konnte auf Planungen und Vorarbeiten zurückgreifen, die bereits während der Weimarer Republik entstanden waren.[11] Mitte der zwanziger Jahre wurden in den meisten europäischen Staaten intensive Planungen für den Bau von nur dem Autoverkehr vorbehaltenen Straßen angestellt, da das herkömmliche Straßennetz dem wachsenden Autoverkehr nicht mehr gewachsen war. In der Weimarer Republik bestanden mehrere Gesellschaften, die sich intensiv mit Fernstraßenbeziehungsweise Autobahnprojekten beschäftigten, und es lagen beispielsweise schon detailliert ausgearbeitete Pläne, einschließlich der Kostenvoranschläge für den Ausbau der Teilstrecke Frankfurt–Heidelberg, baureif vor. Das war auch ein

Abb. 5/104

Heinrich Hoffmann: "Hitlers erster Spatenstich" für die Autobahnteilstrecke Frankfurt–Heidelberg, 23. September 1933, Pressebildabzug

Grund für die Entscheidung, dem Ausbau der Reichsautobahn neben der Ankurbelung der Automobilindustrie signalsetzende Priorität zu geben.[12] Dabei darf vermutet werden, daß sich Hitler der propagandistischen Verwertbarkeit eines solchen Bauvorhabens mit seiner hohen anschaulichen Symbolik bewußt war und sich nicht zuletzt vom privaten Autobesitz einen massenpsychologisch nützbaren Statuseffekt versprach. Hitler hatte schon bei seiner ersten Rede anläßlich der "Internationalen Automobil- und Motorradausstellung" am 11. Februar 1933 in Berlin, deren alljährlicher Besuch durch den "Führer" von der Bildpresse immer wieder ausführlich gewürdigt wurde, steuerliche Erleichterungen für den Kraftverkehr und die "Inangriffnahme und Durchführung eines großzügigen Straßenbauplanes" angekündigt.[13] Das signalisierte aber auch die endgültige Kehrtwendung der NSDAP in der Autobahnfrage, die sich vor 1933 parlamentarischen Initiativen für Autobahnprojekte verweigert hatte, nicht zu reden von der Unterdrückung parteiinterner Widerstände gegen den Reichsautobahnbau.[14] Ende Juni wurde der Ingenieur Fritz Todt zum "Generalinspekteur" für das deutsche Straßenwesen ernannt, der als Parteimitglied "die alleinige Kompetenz für alle übergeordneten Straßenbaumaßnahmen erhielt und über eine Oberste Reichsbehörde (...) sowohl die Staats-, als auch Partei-Aufsicht über die Ausführungsorgane wie die Gesellschaft Reichsautobahn ausübte".[15]

Am 23. September 1933 erfolgte dann nach einer programmatischen "Rede vor den deutschen Bauarbeitern" mit dem ersten Spatenstich Hitlers der Beginn des Reichsautobahnbaus.[16] Hitlers handgreifliche Aktion war zweifelsohne eine wohlüberlegte, auch auf die massenmediale Reproduktion hinzielende symbolische Geste und demonstrierte in höchster Anschaulichkeit, daß der bald zum "Ersten Arbeiter des Dritten Reiches" avancierte Führer selbst harte körperliche Arbeit nicht scheute – und verpflichtendes Vorbild für ein Volk sein wollte, das entbehrungsreiche Arbeit auf sich zu nehmen hatte. Hoffmanns Momentaufnahme von Hitlers spektakulärem, alsbald legendär ausgeschmücktem Spatenstich sollte zum Sinnbild der Aufbauleistung des NS-Regimes und eines optimistisch zupackenden und selbst Hand anlegenden Führers werden. Mit der Betextung "Das gigantische Werk der Reichsautobahn. Brot und Arbeit für Hunderttausende von Volksgenossen" zierte sie bereits die Titelseite des "Illustrierten Beobachters", dessen erstmalige Berichterstattung unter dem programmatischen Titeltext "Die Weltnot Arbeitslosigkeit – Hitler-Deutschland ringt sie nieder!" ganz im Zeichen der Arbeitsbeschaffungspropaganda und der Werbung um die Arbeiterschaft stand.[17] Das zeigt nicht nur die Bildselektion und -beschriftung – Fotografien von Hitlers Ansprache ("Deutsche Arbeiter, ans Werk!"), der Hitler huldigenden Bauarbeiter ("Der große Festtag der Arbeit") und der feierlichen Übergabe der Arbeitsgeräte auf dem Börsenplatz in Frankfurt–, sondern auch der längere Begleittext: "Daß der Führer des neuen Deutschlands diese schlimmste aller Nöte der Gegenwart mit so stürmischer Entschlossenheit anpackte, und daß es ihm gelang, in der kurzen Zeit seit der Machtergreifung bereits 2,3 Millionen Arbeitslosen wieder Brot und wieder Arbeit zu geben, wird allein den Maulhelden des Sozialismus Kummer bereiten, die (...) das Vertrauen ihrer Gefolgschaft schamlos mißbrauchten. Nur ein geeintes Volk ist zu großen Taten fähig, und nur Werke von riesigem Ausmaß können eine beschleunigte Eingliederung der Millionen Erwerbsloser in die Wirtschaft herbeiführen. Das ist die tiefste Bedeutung des großen Werkes der Reichsautobahnen (...)."[18] Welche hohe ideologische Bedeutung man Hoffmanns Bildmotiv vom "ersten Spatenstich" beimaß, zeigt dessen Verwendung in der Montage auf dem hunderttausendfach verbreiteten Plakat "Die Armee der Arbeit und des Friedens antwortet dem Führer mit: Ja!", das zur Volksabstimmung über den Austritt aus dem Völkerbund am 12. November 1933 erschien. Das offenkundig an die Arbeiterschaft adressierte Plakat machte unverkennbar deutlich, daß Hitler von seinen "Volksgenossen" ein persönliches Treuebekenntnis und einen disziplinierten, an militärischen Ordnungsvorstellungen orientierten Arbeitseinsatz verlangte.[19]

Vorerst lag der Akzent der Pressepropaganda ganz auf der Verherrlichung von Hitlers Leistung als Beseitiger der Arbeitslosigkeit und Initiator der Aufbauarbeit, wie etwa aus einem Artikel des "Illustrierten Beobachters" vom Jahresende 1933 hervorgeht, der mit Verweis auf den ersten Spatenstich Hitler zum "ersten Arbeiter seines Volkes" stilisierte und ausdrücklich betonte: "Das war kein symbolischer Spatenstich, das war richtige Erdarbeit"[20]: "Zwei Monate sind vergangen seit der Führer bei Frankfurt am Main am 23. September nicht nur andeutungsweise den ersten Spatenstich tat, sondern kraftvoll den ersten Kubikmeter Boden im Dammkörper der ersten Reichsautobahn einbaute. Wer es erlebte, wie der Führer als Vorarbeiter einer ganzen Nation den Bau dieses gewaltigen Straßennetzes vorführte, bis auch auf seiner Stirne die Schweißtropfen glänzten, der wußte innerlich: Dieses Werk wird getrieben vom Geist und Willen Adolf Hitlers (…)."[21]

Zu diesem Zeitpunkt bedeutete der Bau der Reichsautobahn für die Beseitigung der Arbeitslosigkeit nicht viel mehr als ein Versprechen, denn bis Jahresende 1933 waren höchstens 4 000 Arbeiter an den Baustellen beschäftigt.[22] Mit der "Zweiten Arbeitsschlacht", die Hitler 1934 mit dem Spatenstich für die Teilstrecke München-Landesgrenze einleitete, erhöhte sich die Zahl der Beschäftigten. Insgesamt blieb diese Zahl jedoch hinter den Erwartungen zurück und hatte nicht den arbeitsmarktpolitischen Effekt, wie es die Propaganda weismachen wollte.[23] Selbst wenn man indirekte Arbeiten (Verwaltungs- und Planungspersonal, industrielle Zulieferer etc.) hinzurechnet, waren wohl 1936 insgesamt nicht mehr als 250 000 Menschen am Bau der Reichsautobahnen beteiligt. Die Zahl der Beschäftigten sollte sich in den Folgejahren sogar drastisch reduzieren, zumal sich mit dem Anwachsen der Rüstungsindustrie zunehmend ein Arbeitskräftemangel bemerkbar machte, der unter anderem durch Zwangsrekrutierungen und KZ-Häftlinge kompensiert wurde.[24]

Die Arbeitsbedingungen für die Bauarbeiter an den meist abseits gelegenen Baustellen waren schlecht, trotz niedriger Löhne wurden hohe Arbeitsleistungen verlangt, und die Atmosphäre in den eingerichteten Lagern schuf nicht selten

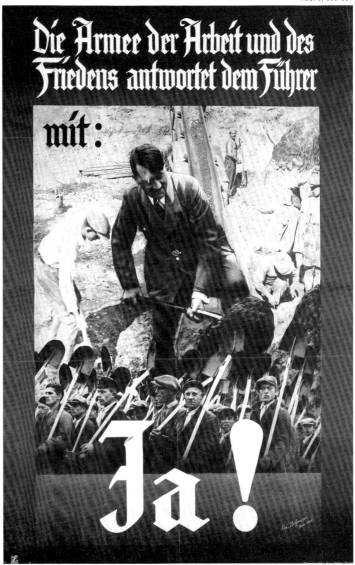

Heinrich Hoffmann: "Die Armee der Arbeit und des Friedens antwortet dem Führer mit: Ja!", Plakat zur Volksabstimmung am 12. November 1933; Heinrich Hoffmann: "Hitlers erster Spatenstich", freigestellte Figur, 1933, Pressebildabzug; Illustrierter Beobachter, Nr. 40, 7. Oktober 1933, Titelseite

Abb. 5/108

Illustrierter Beobachter, Nr. 38, 23. September 1933, Titelseite

Konflikte – nicht von ungefähr hieß die Reichsautobahn im Volksmund "Hunger- und Elendbahn".[25] Ungeachtet dessen wurde zu diesem Zeitpunkt der Reichsautobahn-Arbeiter in einigen Illustriertenberichten geradezu zum Sinnbild des freudig schaffenden deutschen Arbeiters stilisiert, und gelegentlich wurde er in monumentalisierender Darstellungsweise und optimistisch-zukunftsgerichtete Arbeitsfreude ausstrahlend auch titelblattwürdig, wobei die Bildunterschriften nicht selten den nun angeblich gesicherten sozialen und ökonomischen Status des Arbeiters verbürgten.[26] Diese Ansichten beschränkten sich jedoch auf den Typus des Handarbeiters, was durchaus der damaligen Beschäftigungspolitik entsprach, die anfänglich noch ganz im Zeichen des Kampfes gegen den "Rationalisierungswahnsinn" und den "Einsatz maschineller Hilfsmittel" stand. Ein typisches Beispiel für diese Präsentation sind die Arbeiterfotografien, die die von Todt geförderte und geschätzte Erna Lendvai-Dircksen in ihrem Fotoband "Reichsautobahn. Mensch und Werk" 1937 veröffentlichte und die Mitte der dreißiger Jahre entstanden waren.[27] Durch enge Bildausschnitte nahe an den Betrachter gerückt, werden hier einzelne "Helden der Arbeit", die fast ausschließlich die handwerkliche Komponente der Bauarbeiten vorführen, unter starker Betonung von Körperlichkeit in statuarisch-heroische Posen gesetzt. Hinzu kamen Aufnahmen der Feierabendidylle und des kameradschaftlichen Zusammenseins der Bauarbeiter in den 1934 geschaffenen "Reichsautobahnlagern", die die Verbesserung der Arbeitsbedingungen und die soziale Fürsorge des Regimes dokumentieren sollten.

Die Errichtung dieser "Musterlager" wurde bezeichnenderweise wieder der energischen Initiative Hitlers zugeschrieben, der auch in diesem Zusammenhang als heilender Wohltäter erschien: "Als der Führer erfuhr, daß die Barackenunterkünfte der Arbeiter an seinen Straßen zu wünschen übrig ließen, hat er innerhalb weniger Stunden mit der in solchen Fällen kompromißlosen Energie Wandel geschaffen. Unter Mitwirkung des Arbeitsdienstes wurden innerhalb weniger Wochen in ganz Deutschland Musterlager errichtet. Der Arbeiter an den Straßen Adolf Hitlers ist hier in sauberen Mannschaftsstuben untergebracht. In größeren Räumen wird die Verpflegung eingenommen. Jedes Lager hat große Wasch- und Duschanlagen mit warmem und kaltem Wasser und einen Raum für Unterhaltung am Feierabend. Einzelheiten dieser Lager hat der Führer selbst in Skizzen entworfen. Durch das Eingreifen des Führers im Herbst 1934 hat die Unterkunft der deutschen Arbeiter einen Stand erreicht, der in keinem anderen europäischem Lande auch nur annähernd wieder zu finden ist."[28]

Auch die Berichterstattung der deutschen Illustrierten über den Baubeginn der Teilstrecke München-Landesgrenze am 21. März 1934 in Unterhaching stand noch im Zeichen des Buhlens um die Arbeiterschaft und der Beseitigung der Arbeitslosigkeit. Nicht ohne propagandistische Nebenabsichten hatte Hitler an diesem Schauplatz inmitten von Reichsautobahnarbeitern seine berühmte Rede zum Auftakt der "Zweiten Arbeitsschlacht" gehalten.[29] Im Sinne der aktuellen Strategie wurden denn auch folgerichtig Fotografien von Hitlers Rede, die er symbolgerecht auf einer Kipplore stehend hielt, und Aufnahmen seiner Zuhörerschaft in den Mittelpunkt der teils opulenten Bildberichte gerückt. Bilder von informellen und deutlich Konsens ausdrückenden Begegnungen Hitlers mit einzelnen Arbeitern ergänzten die arbeiterfreundlichen Botschaften, wobei die Bildunterschriften auch die nationalsozialistische Leistungsbilanz bestätigten: "Der Arbeiter kann wieder schaffen und verdienen. Herzliche Begrüßung durch den Führer."[30]

Gegen Jahresende 1934 und in den folgenden Vorausberichten anläßlich der Eröffnung der ersten Teilstrecke Frankfurt-Darmstadt am 19. Mai 1935 legte die Illustriertenpresse dann die ersten, von Zukunftsmusik begleiteten Leistungsbilanzen vor. Haupttenor der Berichte mit Aufnahmen von der Arbeit an den Baustellen verschiedener Autobahnabschnitte war die Effektivität von Hitlers Arbeitsbeschaffungsmaßnahmen und der rasche Fortgang der Arbeiten. Das sollten vor allem Aufnahmen von Brückenkonstruktionen, fertigen Straßenabschnitten oder Arbeitskolonnen dokumentieren.[31] Akzentuierter wurden der positive Anteil der Technik und der Einsatz maschineller Hilfsmittel betont und gleichzeitig Zukunftshoffnungen auf eine umfassende Motorisierung und eine wirtschafliche Blüte Deutschlands durch den Autobahnbau geweckt. Beispielsweise hieß es in einem mehrseitigen Bildbericht des "Illustrierten Beobachters" vom Dezember 1934 unter der Schlagzeile "Die Straßen Adolf Hitlers wachsen": "Wir wollen ganz ehrlich sein: es gab eine Zeit, die uns gelehrt hat, jeden Fortschritt der Technik mißtrauisch zu beäugen. Das lag nicht an der Technik, sondern an jenen Menschen, die den Geist des Fortschritts notzüchtigten und ihn dazu mißbrauchten, für sich selbst alles zu erraffen, der Gemeinschaft aber nichts zu geben – gar nichts. Heute hat sich der Wind gedreht. (…) Wir stehen mitten in einer großen Arbeitsschlacht.

Illustrierter Beobachter,
Nr. 14, 7. April 1934, S. 518/519

(…) Die Autobahnen werden ja nicht gebaut, damit die wenigen Menschen, deren Zeit ein kostbarer Gegenstand ist, mit 180 Kilometer-Stunden der nächsten Konferenz entgegenrasen. (…) Die Reichsautobahnen werden mehr sein: Straßen des deutschen Volkes, und jeder Deutsche soll in einer nicht fernen Zukunft in der Lage sein, bequem, wirtschaftlich und sicher die Schönheit Deutschlands für sich zu entdecken. (…) Wir haben wieder den Glauben an uns selbst und den Glauben an eine bessere Zukunft. Und in diese Zukunft sollen uns die Autobahnen führen – Straßen zum Wohlstand der Nation!"[32]

Im Lichte des Führerkults fand dann im Mai 1935 die Eröffnung des ersten Streckenabschnittes Frankfurt-Darmstadt durch Hitler beträchtliche publizistische Resonanz.[33] Im Beisein zahlreicher NS-Prominenz nahm Hitler dort die Vorbeifahrt der Wagenkolonnen der Reichsbauarbeiter ab, um selbst in der Pose des Triumphators im offenen Wagen stehend die Strecke abzufahren. (Abb. 5/110,112) Die Inszenierung der Veranstaltung und ihre fotografische Darstellung machten deutlich, daß sich die Phase demonstrativer Arbeiternähe abgeschwächt hatte und nun andere Elemente des Führerbildes größeres Gewicht erhielten. Immer stärker in den Vordergrund trat die technisch-ästhetische Komponente des Autobahnbaus, gekoppelt mit der Volksgemeinschaftsideologie und Hitlers konzeptioneller Leistung.[34] Deutlicher umrissen wurde diese Strategie beispielsweise in einem Bildbericht der "Münchner Illustrierten Presse" über die Eröffnung der Teilstrecke München-Landesgrenze im Mai 1935, die neben einer repräsentativen Aufnahme Hitlers mehrere Ansichten von Baustellen abdruckte, während der Begleittext in abstrakterer Form das Ideal der arbeitenden Volksgemeinschaft

Abb. 5/110-111

Illustrierter Beobachter, Nr. 22,
30. Mai 1935, S. 860/861;
Illustrierter Beobachter, Nr. 18,
2. Mai 1935, S. 710/711

beschwor: "Die Straßen Hitlers. Was in den beiden vergangenen Jahren an der Reichsautobahn, dem genialen Werk des Führers, geleistet wurde, zeugt für die Zähigkeit und Schaffensfreude des deutschen Arbeiters. Das Ausland kann hier erkennen, was ein Volk vermag, wenn Einigkeit seine Arbeit und seinen Willen leitet. Die Leistungen beweisen aber auch, was deutsche Technik kann und mit welchem Tempo sie die Planung verwirklichen will."[35]

Mit aktuellen Berichten über Hitlers Repräsentationsakte auf "seinen Straßen" konnten die Illustrierten nur noch bei den Feierlichkeiten zur Fertigstellung der "ersten 1000 Kilometer" und seinem ersten, fotografisch allerdings weniger markant eingefangenen Spatenstich bei der Eröffnung der Autobahn Salzburg – Wien nach dem Anschluß Österreichs am 7. April 1938 aufwarten.[36] In der Folge verdünnte sich nun Hitlers fotografische Präsenz im Zusammenhang mit dem Reichsautobahnbau. Das lag sicherlich am zunehmend schwindenden Interesse Hitlers an solchen Feierlichkeiten, der den ersten Spatenstich für den Autobahnbau im "befreiten" Sudetenland am 1. Dezember 1938 in Eger denn auch seinem Stellvertreter Heß überließ. Mit konstanter Intensität berichtete die Bildpublizistik dennoch bis zum Kriegsbeginn über den Bau der "Straßen Adolf Hitlers", wobei neben dem Lobpreis der schöpferischen Leistung des "Ersten Baumeisters des Dritten Reiches" nun auch Ästhetik und Gebrauchswert der Autobahn eine Rolle spielten. Deutlicher in den Vordergrund traten die technischen Aspekte des Autobahnbaus und die Funktion der Autobahn als Anreiz für eine zukünftige Motorisierung, wie zum Beispiel bei der Propagierung des Volkswagens, und offenbarten die modernistisch-technikgläubigen Züge des Nationalsozialismus; für ihn spielte die Technologie eine wichtige Rolle zur Aufrechterhaltung der gesellschaftlichen Einheit und Dynamik: "Die Beherrschung der Natur war der nationalsozialistischen Gesellschaft Symbol ihrer Überlegenheit über alle anderen. Es waren vor allem die neuen Verkehrs- und Kommunikationstechnologien, die dem Nationalsozialismus seine gigantische Selbstverwirklichung ermöglichten".[37]

Abb. 5/112

Heinrich Hoffmann: Eröffnung der ersten Teilstrecke der Reichsautobahn durch Adolf Hitler, 19. Mai 1935, Pressebildabzug

Der vermehrte Hymnus auf die Reichsautobahn als technisches Meisterwerk fand seinen Ausdruck in der intensiveren fotografischen Darstellung maschineller Arbeitsvorgänge, der ausgiebigen Präsentation technischer Neuerungen im Straßenbau wie großer Kreuzungsanlagen und kühner Brückenkonstruktionen. Vor allem die großen Brückenbauten wurden zum "Zeichen für die technische und wirtschaftliche Leistungsfähigkeit des Dritten Reiches"[38] Ihre Fotografien standen überdies als herausragende Symbole des Autobahnbaus im Zentrum von Straßenausstellungen und waren ein wichtiges Element pompöser Propagandaausstellungen wie "Schaffendes Volk" (1937) oder "Gebt mir vier Jahre Zeit" (1937). So ist es sicherlich kein Zufall, wenn der Beginn des Kapitels "Adolf Hitler und seine Straßen" in dem 1936 publizierten Cigaretten-Bilderdienst-Album "Adolf Hitler. Bilder aus dem Leben des Führers" mit zwei gegenüberliegenden Fotografien von Hoffmann illustriert wurde, die Hitler zum einen im Gespräch mit Bauarbeitern, zum anderen vor dem bilddominanten Motiv eines Brückenbauwerks zeigen.[39] Diese verstärkte Betonung von Technik stimmte mit der Wende in der nationalsozialistischen Bewertung von industriell-maschinellen Produktionsvorgängen und der forcierten Weiterentwicklung zum Industriestaat überein, die auch vor dem Hintergrund der sich verstärkenden Rüstungsproduktion zu sehen ist. Anfänglich hatte Hitler die durch die Arbeitslosigkeit entstandene Angst vor der Industrie geschürt und "konfrontierte die als Chaos empfundene Demokratie mit eindrucksvollen Bildern der Stärke, um unter dem Eindruck der Fortschrittskrise die von der Technik enttäuschten bzw. vorindustriellen Teile der Bevölkerung an sich zu binden und die Modernisierung ungehemmt voranzutreiben. Aber schon 1936, als noch nicht alle Kräfte integriert waren, polemisierte (man) gegen 'Maschinenfeindlichkeit' und propagierte neue Rationalisierungsmaßnahmen, 'um möglichst alle Kenntnisse des wirtschaftlichen Fortschritts zur Hebung des Lebensstandards (...) zu verwerten'."[40]

Der modernistisch-technikgläubige Zug des Nationalsozialismus geriet allerdings in Konflikt mit Grundmustern der völkischen Ideologie des Regimes, die ja durchaus als ein Erbe der Industrie-,

Abb. 5/113

Heinrich Hoffmann:
Adolf Hitler an der Mangfall-
brücke, Sommer 1935

Stadt- und Zivilisationsfeindlichkeit des 19. Jahrhunderts anzusehen ist. Antizivilisatorische Ressentiments und Technikanpreisung galt es nun zu versöhnen. Gerade am Autobahnbau, der immerhin gravierend in die Natur eingriff, ließ sich die Lösung dieses Grundwiderspruches publizistisch am augenfälligsten darstellen. Insbesondere der Bildpublizistik kam die Aufgabe zu, die geglückte Verwirklichung der Einheit von Mensch, Technik und Natur beziehungsweise die Integration von Technik in die Sphäre von Kultur zu verheißen, wie es beispielsweise der Kunsthistoriker Werner Rittich 1938 programmatisch ausdrückte: "In diesen Straßen und Brücken ist ein Zusammenklang von Organisation, Technik, Natur und Kunst erreicht, der dem alles umfassenden, alles einbeziehenden Lebensgefühl unserer Zeit entspricht; aus dieser Haltung heraus ist in diesem Werk das technische Bauen von einer rein materiellen zu einer kulturellen Leistung umgewandelt worden."[41] Die Illustrierten und sonstigen Bildpublikationen wurden denn auch nicht müde, die Straßenführung der Reichsautobahn und den Brückenbau im Einklang mit der Natur und dem Landschaftsgefüge darzustellen. Im Kontext mit dieser Renaturisierung von Technik rückte häufig auch der Kunstcharakter der Reichsautobahn – zugleich Ausdruck des künstlerischen Willens des Führers und der kulturellen Leistung des deutschen Volkes – in den Vordergrund der Betrachtungsweise. Richtungweisend hatte Todt 1936 anläßlich der Fertigstellung der ersten 1000 Kilometer Reichsautobahn erklärt: "Größe und Wert der dem deutschen Straßenbau gestellten Aufgabe spiegeln sich naturgemäß im Werk der Reichsautobahn. Straßen sind nach Auffassung der nationalsozialistischen Technik Kunstwerke, ebenso wie die Bauten der Architektur (...). Der Kulturwille, der in allen Baumaßnahmen des Nationalsozialistischen Reiches sich ausprägt, muß auch die Grundhaltung des deutschen Straßenbaues bestimmen."[42] Immer wieder wurde in der fotografischen Bildpublizistik die ideale, künstlerischen Prinzipien verpflichtete Linienführung oder die ästhetisch-harmonische Einbettung der Autobahn in die Landschaft betont und diese Qualität häufig auf verschönernde Korrekturen und den künstlerischen Gestaltungswillen des "Ersten Baumeisters des Dritten Reiches" zurückgeführt. "Nicht Straßen also sollen entstehen, sondern Kunstwerke. So wie einst Tempel entstanden und keine Hütten, Dome und keine Bethäuser, Pyramiden und keine Grabsteine. So will es der Führer. Zum ersten Mal in der Geschichte der Menschheit erhebt er die Straße aus den Bereichen des naturhaften Pfades und des künstlichen Wegebaus in die edleren Sphären der Kunst."[43] Doch auch touristische Aspekte wurden damit gekoppelt: nach dem Dafürhalten der NS-Publizistik sollte

Hitlers Idolisierung | NS-Aufbaupropaganda

Abb. 5/114-115

AUF DER AUTOBAHN FLIEGT MAN!

Auf einer Reichsautobahnfahrt hat man das eigenartige Gefühl, durch die Landschaft zu
FLIEGEN.
 Bisher mußte der Autofahrer ständig auf scharfe Biegungen, Querverkehr und Wohngegenden achten, dauernd auf Gefahren lauern, öfters bremsen und anhalten. Auf der Autobahn fährt man aber in herrlicher Sicherheit, immerfort geradeaus oder in schwungvollen Kurven — vor sich immer
FREIE BAHN!
 So kommt einem die Fahrt auf dieser ersten endlos freien Fahrstrecke wie das Fliegen vor. Und in der Tat kommt man auch dementsprechend vorwärts. Erstens fährt man ohnehin viel rascher auf freier Strecke, zweitens fährt man immerfort im selben Tempo. Eine ständige Geschwindigkeit von 150 Stundenkilometer kann eingehalten werden. Und das grenzt schon an Flugzeuggeschwindigkeiten!
 Für dieses Flugtempo müssen allerdings neuartige Maschinen gebaut werden. Die Autobahn erzwingt also eine Revolution der deutschen Autoindustrie.

Gestern führte Amerika im Kraftfahrwesen. Heute Deutschland!

AUTOBAHN HEISST FREIE BAHN!

Die Reichsautobahn ist — nicht nur kreuzungsfrei — sondern auch noch gebührenfrei.
 Freie Bahn! — nicht nur dem einzelnen Autobesitzer, sondern überhaupt der gesamten Motorisierung. Dies ist ihre große Sendung!
 Wegbahner im Auto- und Motorenbau waren Deutsche: Otto, Diesel, Daimler, Benz. Aber durch Kriegsnot und Steuerbelastungen wurde dann die deutsche Autoentwicklung um Jahrzehnte zurückgeworfen. Heute lenkt nur jeder 75. Deutsche einen Kraftwagen — während bereits jeder 5. Amerikaner einen Wagen fährt.
 Ausgerechnet im autoarmen Deutschland wird nun das herrlichste Straßennetz der Erde gebaut. Ein tollkühnes Unternehmen! Aber eine echt nationalsozialistische Tat! Denn so wenig wie der einzelne Mensch ohne sein Volk lebensfähig ist, ebenso wenig kommt das Auto ohne ihm zukommende Fahrwege vorwärts ... In dieser Einsicht werden erst die Wege gebahnt. Dementsprechend wird sich die deutsche Autoindustrie zur Blüte entwickeln.

Das heißt im Plan des Führers: Jedem tüchtigen Volksgenossen sein eigener Wagen. Darum ist die Bahn frei!

*Sieh: Das Herz Europas.
Von Stanley Mc Clatchie,
Berlin (Verlag Heinrich
Hoffmann), o.J. (1937),
S. 54/55, 50/51*

Abb. 5/116

*Illustrierter Beobachter,
Nr. 17, 28. April 1938, S. 599*

die Reichsautobahn dem deutschen Volk die natürlichen und künstlerischen Schönheiten ihres Landes erschließen, ja selbst die Fahrt über die Autobahn wurde als Kultur- und Kunsterlebnis angepriesen.[44] "Künstlerische" Fotografien landschaftlich besonders reizvoller Streckenabschnitte aus der Perspektive des Autofahrers unterstützen dabei nicht selten die sprachlichen Rezeptionsanleitungen, und die häufige Darstellung der sich im Horizont verlierenden Autobahn assoziierte zusätzlich Weite und Ferne.[45] Diese zunehmend in der fotografischen Berichterstattung angewandten gestalterischen Mittel hatten sicherlich nicht nur die Funktion, dem nichtmotorisierten Publikum die fehlende Anschauung zu ersetzen, sondern auch – in entsprechender Zurichtung – einen weiteren Anreiz für die zukünftige Motorisierung des deutschen Volkes zu schaffen. Allemal führten nun mehrere Illustriertenberichte vor, daß die Reichsautobahn ein brauchbares Verkehrsmittel war,[46] nachdem im Februar 1938 auf der von Hitler eröffneten "Automobilausstellung" das Modell des Volkswagenwerkes vorgeführt worden und im Juni unter großem propagandistischem Getöse die Grundsteinlegung des Volkswagenwerkes erfolgt war, anläßlich der dann Hitler die erste Fahrt mit einem "KDF-Wagen"-Modell unternahm.[47] (Abb. 2/50)

Einen Kulminationspunkt fand die propagandistische Feier des Reichsautobahnbaus schließlich in der 1937 von Heinrich Hoffmann verlegten und opulent bebilderten Broschüre "Sieh: das Herz Europas" von Stanley McClatchie, deren erste englische Fassung sich vor allem an ein amerikanisches Publikum wandte und das als Beispiel für den latenten "Amerikanismus" des NS-Staates zu werten ist.[48] In ihr wird der Autobahnbau im Zusammenhang mit anderen Aufbauleistungen als die signifikanteste Errungenschaft des Dritten Reiches und nicht zuletzt des "größten Bauherrn aller Zeiten" angepriesen: "Das größte Bauwerk des Abendlandes. Das großartigste Straßennetz der Welt! Das gewaltigste Bauwerk, das jemals ein Mann in der Weltgeschichte unternommen hat."[49] Auch visuell rangiert die Präsentation der Autobahn vor den sonstigen Zeugnissen des nationalsozialistischen Aufbauwerkes, mit denen unter dem Titel "Deutschland empor" das Dritte Reich unter Mithilfe zahlreichen statistischen Materials als ein an die Weltspitze marschierendes Land des Fortschritts dargestellt wird, was seinen Ausdruck findet in der Abbildung zahlreicher großformatig, teils doppelseitig reproduzierter Fotografien verschiedener Streckenabschnitte. Dabei suggeriert die grafische Darstellung des geplanten Straßennetzes bereits die Fertigstellung des Gesamtbaus.

Nur noch in welthistorischen Dimensionen schwelgende Superlative schienen McClatchie für die Charakterisierung der "Straßen Adolf Hitlers" angemessen:

"Menschen kommender Jahrtausende werden auf die Reichsautobahn zurückschauen, wie wir heute auf die Pyramiden, die Römerstraßen und die chinesische Mauer. Als imposantester Willensausdruck eines einzelnen Menschen galt bisher die Cheops-Pyramide. Jedoch stehen alle Bauleistungen der Pharaonen zusammen weit hinter dem Straßenwerk Adolf Hitlers. Bisher galt als großartiges Reichsstraßennetz der Welt das der Römer. Aber in sieben Jahren wird das Dritte Reich das weitaus übertreffen, woran das Römische Reich jahrhundertelang baute. Als größtes Bauwerk der ganzen Welt gilt nach wie vor die chinesische Mauer. Eine ganze Dynastie beschäftigte sich mit diesem Unternehmen jedoch mehrere Jahrhunderte hindurch. Die Bauleistungen des Suez- und selbst des Panamakanals sind bereits nach drei Baujahren von der Reichsautobahn erreicht worden. Bis zur Fertigstellung werden alle Bauwerke des Abendlandes weitaus überflügelt."[50] Daß ein so großartiges Straßennetz auch eine "Revolution der deutschen Autoindustrie" erzwingen müsse, war für McClatchie ausgemachte Sache – und stimmte im übrigen mit der nun auch forcierten Kampagne für den Volkswagen und die deutsche Automobilindustrie in der Bildpublizistik überein. Doch damit nicht genug: unter dem Aspekt des wirtschaftlichen Wettstreites zwischen den Weltmächten USA und Hitler-Deutschland, der die gesamte Broschüre durchzieht, bot der Autor gewissermaßen als Reflex der NS-Weltherrschaftspläne weitreichende Zukunftsperspektiven an: "Gestern führte Amerika im Kraftfahrwesen. Heute Deutschland!"[51] (Abb. 5/114)

"Die Bauten des Führers"

Was dann McClatchie anschließend als "Die Bauten des Baumeisters des Dritten Reiches" auflistete, das war die Vorzeige-Architektur des Regimes, wie sie die Bildpublizistik bis zu diesem Zeitpunkt häufig veröffentlicht hatte: die Münchener "Führerbauten", die Ordensburgen, das "Haus der Deutschen Kunst", das "Reichssportfeld" (Olympiastadion) und das Modell der "Partei-Kongreßhalle" als Beispiel für die Bauvorhaben auf dem Nürnberger Parteitagsgelände. Hinzu kam als propagandistisches Aushängeschild noch der Siedlungsbau, der freilich realiter den Bauleistungen der Weimarer Republik hinterherhinkte und im großen und ganzen dem privaten Markt überlassen blieb.

Hitlers Baupolitik stand von Beginn an im Zeichen der monumentalen, sich vornehmlich an klassizistischen Vorbildern orientierenden Repräsentationsarchitektur. Sein architektonisches Konzept, dessen Grundzüge er schon während seiner Landsberger Haft entwickelt hatte, zielte auf eine symbolische Vergegenwärtigung der Staats- und Parteimacht und die Erhöhung des nationalen Selbstbewußtseins. Über seine Absichten hatte sich Hitler gegenüber Rauschning geäußert: "In meinen Bauten stelle ich dem Volk meinen zum sichtbaren Zeichen gewordenen Ordnungswillen hin. Von den Bauten überträgt sich der Wille auf die Menschen selbst. Wir sind von den Räumen abhängig, in denen wir arbeiten und uns erholen. Nur an der Größe und Reinheit unserer Bauten ermißt das Volk die Größe unseres Willens. Es wäre das Falscheste, was ich hätte tun können, mit Siedlungen und Arbeiterhäusern zu beginnen."[52] Für Hitler war das "Wort aus Stein" – wie er es selbst nannte – überzeugender als das gesprochene Wort und brachte die Wertschätzung seiner Wirksamkeit als nonverbales Herrschaftsmittel zum Vorschein.[53] Zweifellos nahm in Hitlers Denken die herrschaftsichernde Funktion der Architektur den ersten Rang ein, basierend auf einem massenpsychologischen Kalkül. Architektur sollte als "Wahrzeichen der Volksgemeinschaft" sozialintegrative und das Nationalgefühl steigernde Aufgaben erfüllen, was er zunehmend mit seinen Weltherrschaftsplänen verknüpfte. In diesem Sinne rechtfertigte er beispielsweise am 10. Februar 1939 bei einem Empfang der Gruppenkommandeure des Heeres seine riesigen Bauvorhaben – nicht ohne wieder in Konkurrenz mit der Weltmacht USA zu treten: "Also

Heinrich Hoffmann: "Leonhard Gall, Adolf Hitler und Albert Speer besichtigen den Baufortschritt am Haus der Deutschen Kunst", München, um 1936

Abb. 5/117

das geschieht bei mir auch nicht aus Großmannssucht, sondern es geschieht aus der kältesten Überlegung, daß man nur durch solche gewaltigen Werke einem Volk das Selbstbewußtsein geben kann. (…) Ich lasse aus diesem Grunde z. B. in Hamburg diese Brücke bauen (….). Was heißt Amerika mit seinen Brücken? Wir können genau das Gleiche. Deshalb lasse ich dort Wolkenkratzer hinstellen von der gleichen Gewalt der größten amerikanischen. Deshalb lasse ich Berlin zu einer gewaltigen Hauptstadt ausbauen. Deshalb in Nürnberg diese gigantischen Anlagen schaffen, deshalb in München desgleichen, deshalb diese riesigen Autostraßen im Deutschen Reich, nicht nur aus reinen Verkehrsgründen heraus, sondern auch noch zusätzlich aus der Überzeugung, daß es notwendig ist, dem deutschen Volk das zerbrochene, an sich früher schon nicht so große Selbstbewußtsein zu geben, das eine 80-Millionen-Nation beanspruchen kann und daher benötigt."[54]

Wie beim Autobahnbau fand auch Hitlers Tätigkeit auf dem Bausektor eine kontinuierliche bildpublizistische Resonanz. Galt Hitler anfänglich noch als bloßer Auftraggeber beziehungsweise Initiator einer richtungweisenden und Deutschlands Größe und Zukunft symbolisierenden Architektur, der sich auf "genialische" Baumeister wie Troost stützen konnte, so wurde er im Zuge der Fertigstellung zunehmend als Schöpfer "seiner" Bauvorhaben beschrieben, um schließlich als künstlerischer Baumeister eines riesigen Werkes gefeiert zu werden. Anders jedoch als beim Autobahnbau blieb er bis Kriegsbeginn im Bild stärker präsent.

Den Auftakt machte Hitlers Grundsteinlegung zum "Haus der Deutschen Kunst" in München am 15. Oktober 1933, bei der er in seiner Rede den Beginn einer neuen Kulturpolitik und den "Wiederaufstieg" der deutschen Kunst nach einer Epoche des Verfalls ankündigte. Dies sollte die vollständige Liquidation der Moderne im NS-Staat

Abb. 5/118

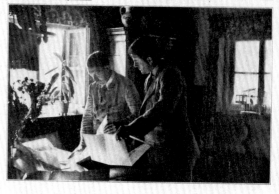

Illustrierter Beobachter, Sonderheft: Adolf Hitler – ein Mann und sein Volk, 1936, S. 70/71

schöner werden!

Die ewige Wache
Einer der beiden Ehrentempel am Königsplatz in München, in denen die 16 Gefallenen vom 9. November 1923 zur letzten Ruhe gebettet sind.

einleiten.[55] Als "Markstein in der Kunst des neuen Deutschlands" fand das Ereignis ein großes publizistisches Echo.[56] Hoffmanns Fotografien von Hitlers initiatorischem Akt erreichten allerdings nicht annähernd die Popularität des Spatenstichbildes von 1933; das lag sicherlich auch daran, daß es keine prägnanten Aufnahmen gab und kräftige Retuschen nachhelfen mußten, um ein Malheur zu verbergen, da Hitler beim ersten symbolischen Schlag der Hammerstiel zerbrach. In der Folge standen dann weitere Münchener Bauvorhaben – wie die ab 1933 begonnene Umgestaltung des Königsplatzes zum "Parteiforum" durch die "Ehrentempel", den "Führerbau" und das Verwaltungsgbäude der NSDAP – im Zentrum der Berichterstattung. Fast durchgängig wurde Hitlers Präsenz in den Vordergrund der Reportagen gestellt, die ihn vor allem in der Rolle des Privatmannes bei der Besichtigung von Baustellen zeigten. Dabei hoben die Bildunterschriften sein sachkundiges, sich um alle Belange sorgendes Interesse am Fortgang der Bauarbeiten heraus – gemäß der nun obligaten Devise, daß der Führer trotz hoher Arbeitsbelastung ein Augenmerk für alles habe und sich um alles kümmere.[57]

Analog zur Berichterstattung über den Autobahnbau hieß es ab 1935 etwa bei der Präsentation verschiedener Baustellen summarisch "Hitler baut" oder war von den "Bauten des Führers" die Rede. Der Künstler in Hitler nahm nun Konturen an, die markante bildsprachliche Umsetzung dieses Topos sollte freilich erst später erfolgen. Einen ersten Höhepunkt der sprachlichen Stilisierung bildet ein Aufsatz von Albert Speer in dem Hitleralbum des Reemtsma-Cigaretten-Bilderdienstes von 1936, der unter dem Titel "Die Bauten des Führers" neben den üblichen Fotografien von Baustelleninspektionen in monumentalisierender Sichtweise auch die ersten Bauleistungen in München und auf dem Reichsparteitagsgelände präsentierte.[58] Die wesentlichen Topoi von Hitlers Feier als genialischer Baumeister

Abb. 5/119-120

Illustrierter Beobachter, Sonderheft: Unser Führer. Zum 50. Geburtstag Adolf Hitlers am 20. April 1939, 1939, S. 52/53; Illustrierter Beobachter, Nr. 10, 11. März 1937, S. 318/19

waren hier im Rahmen einer Aufwertung der Architektur als "Führerin der Künste" bereits angesprochen. Da war von der schon früh keimenden Liebe Hitlers zur Baukunst, die Hitler selbst schon in "Mein Kampf" dargelegt hatte, und seiner künstlerischen Begabung die Rede, die allen symbolischen Ausdrucksmitteln der Bewegung "die endgültig künstlerische Gestalt" gegeben habe. Des weiteren bestimme der "Führer" die "Idee, nach der heute alle Bauten des Reichsparteitagsgeländes erstellt werden", wobei seine Kenntnis von bautechnischen und gestalterischen Problemen bis ins Detail seine fachmännische Omnipotenz erweisen sollen. Das alles mündet in die Hymne auf die historische Bedeutung und den Ewigkeitscharakter von Hitlers Bauten: "Es wird in der Geschichte des deutschen Volkes einmalig sein, daß an entscheidender Wende sein Führer nicht nur mit der größten weltanschaulichen und politischen Neuordnung unserer Geschichte beginnt, sondern gleichzeitig mit überlegener Sachkenntnis als Baumeister darangeht, auch die steinernen Bauten zu schaffen, die als Urkunden sowohl des politischen Willens wie des kulturellen Könnens noch in Jahrtausenden für ihre große Zeit zeugen sollen."[59]

Stärkere Beachtung fanden in den Illustrierten nun die Bauvorhaben auf dem Reichsparteitagsgelände, das Hitler häufig zu Besprechungen mit den Architekten und zur Begutachtung von Planfortschritten besuchte.[60] Hitler – der kreative Baumeister, gebeugt über Pläne von Grundrissen und beim Studium von Architekturmodellen, Speer ihm zumeist kollegial zur Seite stehend: das ist dann auch der vorherrschende Tenor der Bildberichte in den Illustrierten, die den Betrachter quasi in den schöpferischen Prozeß des "Führers" einweihten. Technische Aspekte des Bauens wurden dabei – im Gegensatz zum Autobahnbau – weitgehend beiseite geschoben, ganz offensichtlich um die künstlerisch-ideellen Aspekte in den Vordergrund zu stellen. Verwendung fand zumeist ein Basisrepertoire von immer gleichen oder ähnlich gestalteten Fotografien, die im Laufe der Zeit semantisch zunehmend "aufgeladen" wurden, um Hitlers Bauherren-Mythos fortzuschreiben. Beispielhaft dafür ist eine dreiseitige Reportage im "Illustrierten Beobachter" vom März 1937.[61] (Abb. 5/120) Unter dem Titel "Der große Bauherr unterwegs" zeigt eine Bildserie Hoffmanns Hitler im Kreise von "Mitarbeitern" bei der Bearbeitung und Begutachtung von Bauplänen, während auf der gegenüberliegenden Seite Hitler bei der kritischen Prüfung des Modells der Nürnberger Kongreßhalle vorgeführt wird. Beträchtlich steigerten nun die Bildunterschriften Hitlers Schöpfertum und den Rang seiner Bauleistungen: "Der Wille zur Gestaltung hat ja schon von Jugend auf vom Führer Besitz ergriffen; so sehen wir ihn hier, den Bleistift in der Hand, den Plänen seine persönliche Prägung aufzwingend mit der Sicherheit des genialen Schöpfers, der auch den toten Stein seinem gewaltigen Willen dienstbar macht." Und: "Mit allen Einzelheiten der Baupläne vertraut, versteht es der Führer, immer wieder fachmännische Anregungen zu geben, deren Verwirklichung nun schon seit Jahren der Baukunst des Dritten Reiches eine führende Stellung in der Welt sichert."

Mit der Wirklichkeit stimmte das allerdings nicht überein, auch wenn Hitler die Grundidee für das Bauprogramm hatte. Es war das "Unternehmen Reichsparteitagsgelände von der ersten Stunde an ohne klare Linie, ohne realistisches Konzept" (Zelnhefer), und die wesentlichen Entwürfe für das Zeppelinfeld, das Deutsche Stadion und Märzfeld gingen auf Speer zurück, dessen Plänen Hitler wie auch denen anderer Architekten nur allzu willig zustimmte. Hitler "reagierte, statt selbst zu handeln, wie die Propaganda glauben machen wollte. Seine eigenen Versuche zum 'großen Wurf' blieben im Ansatz stecken, beschränkten sich auf dilettantische Versuche wie etwa auf Skizzen für den 'Kulturbau' oder für einen Turm am Märzfeld."[62]

Hans Liska, in: Berliner Illustrirte Zeitung, Nr. 16, 20. April 1939, S. 625

Zenit der Mythisierung Hitlers als schöpferischer Bauherr bildete das Jahr 1939. Anfang des Jahres war in der angeblichen Rekordzeit von nur einem Jahr die "Neue Reichskanzlei", Zentrum der nationalsozialistischen Macht und Paradestück des "Neuen Bauens", nach den Plänen von Speer fertiggestellt worden. Entgegen der offiziellen Version wurde der Bau ohne die obligatorische Grundsteinlegung Ende 1937 begonnen, und die Planungen reichten bis 1934 zurück. "Der Bau war in seiner Planung und Ausführung auf das engste mit den politischen Expansionsbestrebungen des 3. Reichs verbunden (…). Nach dem 'Anschluß Österreichs' und der 'Lösung der Sudetendeutschen Frage' gab sie mit ihrer Einweihung im Januar 1939 den glanzvollen Rahmen für den politischen Triumph 'Großdeutsches Reich'."[63] In ihrer Formensprache stand die Reichskanzlei deutlicher als die bisherigen Bauwerke in der Tradition absolutistischen Bauens und verkörperte unmißverständlich den Machtanspruch Hitlers. Als "Sinnbild Großdeutschlands" ("Illustrierter Beobachter") bot sie der Bildpublizistik reichlich Anlaß, Hitler im Lichte dieser Architektur zu feiern. Dem kam entgegen, daß – worauf Angela Schönberger in ihrer Untersuchung hingewiesen hat – die "gesamte Planung der Neuen Reichskanzlei auf Medienwirksamkeit angelegt war."[64]

Berliner Illustrirte Zeitung, Nr. 3, 19. Januar 1939, S. 66/67

Als Regierungssitz hatte die Reichskanzlei für Hitler primär repräsentative Funktionen, da er sich zumeist im Reichskanzlerpalais aufhielt, und sie diente "als vielseitiges Medium der Propaganda, die sich durch die modernen Techniken von Presse, Film und Rundfunk voll entfalten konnte. Durch diese Techniken konnte die Kulisse der Macht beliebig reproduziert und an jeden gewünschten Ort transportiert werden."[65] Für eine massenhafte und allgegenwärtige Öffentlichkeit wurde der Fotografie und dem Film eine hohe Bedeutung zugemessen, so gab Speer beispielsweise detaillierte Anweisungen über die Standorte der fotografischen Aufnahmen der Räumlichkeiten, die unter anderem von Hoffmann als Farbpostkarten angeboten wurden und einem staunenden Publikum die imperiale Machtentfaltung vor Augen führten.

Im Mittelpunkt der Medienberichterstattung standen dabei die Repräsentationsräume: das Arbeitszimmer Hitlers, in dem die Bilder Bismarcks und Hindenburgs hingen, und die sich davor erstreckende Marmorgalerie.[66] Sie lehnte sich an die Spiegelgalerie von Versailles an, in der der "Schandvertrag" von 1918 unterzeichnet worden war, übertraf sie jedoch durch ihre Länge. Dieser historische Zusammenhang wurde in den Publikationen häufig betont. Durch die massenmedial "organisierte Rezeption dieser Anordnung wird die Unterwerfung unter die faschistische Staatsmacht in der Form einer ideologischen Sujektion produziert," wie Silke Wenk schrieb. "Dem Rezipienten wird im Medium der Architektur die Imagination eines national herrschenden Wir vermittelt, das sie mit dem Führer verbindet. Die architektonische Anordnung bezeichnet nationale Vorherrschaft; sie durchlaufend kann man die Teilhabe an der nationalen Macht real imaginieren. Der Rahmen dafür ist jedoch – architektonisch – klar abgesteckt: die Anerkennung der staatlichen Macht, die als unbesiegbar bedeutet wird."⁶⁷

Anläßlich des 50. "Führergeburtstages" im April 1939 steigerte sich noch einmal die hagiografische Berichterstattung der Illustrierten, die größtenteils als üppig bebilderte Sondernummern herauskamen. Die "Bauten des Führers" wurden nun zu Wahrzeichen der epochemachenden und eine glorreiche Zukunft garantierenden Neugestaltung des Deutsches Reiches durch Hitler und bekräftigten den Goebbelsschen Mythos von der Identität des genialischen Künstlers und Staatsmannes. So war beispielsweise in der "Berliner Illustrirten Zeitung" unter einer Zeichnung von Hans Liska, die Hitler zwischen einem Arbeiter und Ingenieur vor der monumentalen Kulisse repräsentativer Bauten des Dritten Reiches stehend zeigte, zu lesen: "Adolf Hitler formt das Antlitz Deutschlands neu. Der Führer baut ein neues Reich; seine Weltanschauung überwindet die Idee des liberalistischen Jahrhunderts. Und noch während er den deutschen Staat nach seinen großen Gedanken umgestaltet, schenkt er ihm Zeugen dieser Geistes-Revolution in Stahl und Stein. Sie werden dauern und über den Häuptern von Generationen in die Jahrhunderte ragen als die überwältigenden Monumente einer Gemeinschaftsarbeit, die ein Führer sein Volk lehrte."⁶⁸ (Abb. 5/121)

Im Sinne dieser Strategie feierte schließlich auch die Sondernummer des "Illustrierten Beobachters" vom April 1939 über sechs Seiten hinweg mit großformatigen Fotografien Hoffmanns den "Baumeister" Hitler, nachdem bereits auf Seiten zuvor "Der Künstler" vor allem in der Rolle des Wagnerverehrers gewürdigt worden war.⁶⁹ Die Selektion der bereits anderweitig publizierten Fotografien, die Bildunterschriften und die Begleittexte zielten darauf ab, Hitler als globalen Ideenproduzent und detailbesessenen Fachmann zu kennzeichnen. So hieß es beispielsweise unter einer häufig reproduzierten Fotografie von Hoffmann, die Hitler in monumentalisierender Untersicht

Presse-Illustrationen Heinrich Hoffmann:
"Graf Ciano in der Reichskanzlei. Graf Ciano und der deutsche Botschafter in Rom, von Mackensen, beim Verlassen der Reichskanzlei nach dem Empfang durch den Führer", 7. Juli 1940, Pressebildabzug

im Beisein des gleichsam passiv zuschauenden Speer beim Skizzieren zeigt: "Bei gelegentlichen Unterredungen erläutert der große Baumeister mit ein paar Strichen seine Ideen und Wünsche." Akzentuiert wird auf einer Doppelseite Hitler bei der Bearbeitung von Bauplänen und der Anfertigung einer architektonischen Skizze vorgeführt. Unter zwei Ausschnittfotografien von Hitlers Händen ist zu lesen: "Die nervigen Hände des Künstlers erläutern den Plan." – "Eines der oben sichtbaren Modelle wird vom Führer nachgemessen." Daß diesem Künstlertum nur in andachtsvoll-gläubiger Haltung zu begegnen war, machte ein beigefügter Auszug einer Rede Hitlers von 1938 klar, die "seiner" Architektur zusätzlich einen arbeitsmoralischen Erziehungswert beimaß: "In erster Linie soll das Volk sehen, was gebaut wird und wie gebaut wird (…) Das Volk soll an der Entwicklung dieser Werke selber sehen, welch immenser Fleiß dazu gehört, solche gewaltigen Bauten zu entwerfen und bis ins einzelne Detail gewissenhaft und sorgfältig durchzuführen. Dann wird es mit Ehrfurcht und Andacht vor diesen monumentalen Gemeinschaftsleistungen stehen und auch geschult werden im Sinne der Erziehung zu unseren eigenen künstlerischen Auffassungen."⁷⁰

Annexionen: Triumphe eines Nationalhelden

In den ersten Jahren nach der nationalsozialistischen Machtübernahme hatte Hitler häufig seinen Friedenswillen beteuert und sich mit Drohgebärden gegenüber dem Ausland zurückgehalten, um ungestört aufzurüsten und das Entstehen einer Kriegsfurcht in der deutschen Bevölkerung zu vermeiden. Von 1936 an, als die deutsche Aufrüstungs- und Revisionspolitik vollzogen war, trat ein "verbales Säbelrasseln" hinzu, das sich von Jahr zu Jahr steigerte. Die allmähliche Umstellung der Propaganda von Friedensphrasen auf Machtdemonstrationen und Gewaltdrohungen sollte die Bevölkerung auf kriegerische Lösungen vorbereiten und ihre Kriegsbereitschaft stärken.[1] Aber selbst 1939 koppelte die Propaganda den Anspruch auf territoriale Expansion noch immer mit allgemeinen Friedensbeteuerungen. Hitlers "Friedensreden" waren "ein einziges grandioses Täuschungsmanöver" (Wolfram Wette), denn von Anfang an zielte seine außenpolitische Konzeption auf eine gewaltsame Machtausdehnung des Deutschen Reiches in Europa – geleitet von seiner (schon in "Mein Kampf" dargelegten) Vorstellung, daß die Existenz des deutschen Volkes nur durch die Erweiterung seines Lebensraumes im Osten Europas gesichert sei. Er "war sich völlig darüber im klaren, daß sein hegemoniales Endziel nur mit kriegerischen Mitteln zu erreichen war: Seine ganze Innenpolitik stand schließlich unter dem Zeichen der Vorbereitung und der totalen Mobilmachung aller Kräfte."[2] Die hektische Aufrüstung, personelle Umgestaltungen im Bereich des Auswärtigen Amtes und der Wehrmachtsführung und schließlich die Übernahme des Oberbefehls über die gesamte Wehrmacht im Februar 1938, die Hitler endgültig die absolute Macht brachte und die letzte ernstzunehmende Opposition ausschaltete, schufen die Basis für die Verwirklichung seiner imperialistischen Pläne.

Hitlers erster Schlag richtete sich im März 1938 gegen Österreich, ihm folgte im Oktober die Besetzung des Sudetenlandes und schließlich im März 1939 die Okkupation der Tschechoslowakei.

Durch diese außenpolitischen Überraschungscoups – vorangegangen war 1936 die Rheinlandbesetzung – gewann Hitler einen charismatischen Erfolgsnimbus. Sein wohl spektakulärster außenpolitischer Erfolg war die als "Anschluß" deklarierte Einverleibung Österreichs in das Deutsche Reich am 13. März 1938, die von einem Taumel nationaler Begeisterung begleitet wurde und dem Schöpfer "Großdeutschlands" ein Maximum an Popularität einbrachte. Die über alle Medien verbreitete Propagandaparole "Ein Volk – Ein Reich – Ein Führer" zur anschließenden Volksabstimmung vom 10. April "entsprach, wie nie zuvor, der Wirklichkeit der Volksstimmung".[3] Das "Münchner Abkommen" vom September 1938 verlieh schließlich Hitler ein "fast legendäres Ansehen" und entzog "jeder – selbst der sachlichsten Kritik an seinen Maßnahmen den Boden".[4] Hitler war nun ganz von der Aura des unfehlbaren Staatsmanns umgeben.

Die fotografische Berichterstattung über diese erste Phase von Hitlers Expansionspolitik war bestimmt von einer wachsenden Anbindung an die Strategien der psychologischen Kriegsvorbereitung und Lebensraumpropaganda.[5] Gleichzeitig nahmen die Reglementierungen und Anweisungen des Propagandaministeriums an die Bildpresse zu und engten den Spielraum der Bildberichterstattung ein. Eine Zäsur in dieser Hinsicht bedeutete der Einmarsch in das Sudetenland: wie unter Kriegsbedingungen wurden Zensurbestimmungen erlassen und erstmals traten die Propagandakompanien der Wehrmacht auf den Plan, die dann auch Fotoreportagen an die Illustrierten lieferten. Die Berichte blendeten die gewalttätigen Aspekte der Besetzung aus und legten das Schwergewicht ganz auf die Zustimmung der Bevölkerung zu den als Ordnungs- und Friedensstiftern gefeierten Truppen. Ins Zentrum rückte jeweils Hitler, der nach der Besetzung demonstrativ die eroberten Gebiete besuchte und seine Visiten für möglichst plebiszitär ausgerichtete Auftritte nutzte und sich anschließend bei der triumphalen Rückkehr nach Berlin feiern ließ. In Hitlers Selbstpräsentation zeigte sich eine deutliche Verschiebung der Akzente, die auch die zu den deutschen Eroberungen jeweils erschienenen Fotobände Hoffmanns prägen sollte. (Abb. 5/127-129) Die Reportagen über den "Anschluß" huldigten dem "Führer" mit einer Neuauflage des Bildkanons aus der Frühzeit des Dritten Reiches und präsentierten ihn als einen populären und von den Massen umjubelten "Einiger" und Initiator eines wirtschaftlichen Aufbauwerkes. Die Rolle des emphatisch herbeigesehnten "Befreiers" einer vorgeblich terrorisierten deutschen Bevölkerung wurde ihm auch in den Sudetenland-Reportagen zugedacht, doch gewannen die militärischen Komponenten der Berichterstattung mehr Raum. Schließlich präsentierte die an populistischen Ausschmückungen arme Bildberichterstattung über die Errichtung des "Reichsprotektorats Böhmen und Mähren" Hitler in zwei sich ergänzenden imperatorischen Rollen: als großen Staatsmann, der die geschichtliche Mission der Rückeroberung alten deutschen Lebensraumes erfüllt und dem Deutschen Reich eine nie zuvor erlangte Machtstellung in Europa beschert hatte, und zugleich als einen fast schon kriegsmäßig auftretenden Feldherrn.

"Anschluß" Österreichs

Erpressungen und die Androhung militärischer Gewalt waren die Mittel, mit denen Hitler seine Gebietsangliederungen vorbereitete, um schließlich überraschend vollendete Tatsachen zu schaffen. Klar trat dieses Muster schon bei dem Griff nach Österreich hervor.[6] Den Auftakt der dramatischen Ereignisse bildete ein Treffen zwischen Hitler und dem österreichischen Bundeskanzler Schuschnigg auf dem Obersalzberg am 12. Februar 1938. In brüskierender Form diktierte Hitler dem österreichischen Kanzler eine einseitige Vereinbarung, die unter anderem eine Beteiligung der österreichischen Nationalsozialisten an der Regierung vorsah. Aus Furcht vor einer nationalsozialistischen Machtübernahme beraumte Schuschnigg überstürzt eine Volksabstimmung für ein "freies und deutsches, unabhängiges" Österreich an, die wiederum Hitler als Vorwand nahm, ultimativ die Absetzung der Abstimmung und die Einsetzung des Nationalsozialisten Seyß-Inquart als Bundeskanzler zu verlangen. Schuschnigg resignierte unter dem deutschen Druck, und Seyß-Inquart trat am 11. März an seine Stelle. Am Tag darauf begann der Einmarsch deutscher Truppen in Österreich, die auf keinen Widerstand stießen. Ihnen folgten Kommandos der SS und der Sicherheitsverbände, die augenblicklich mit der systematischen Unterdrückung aller Oppositionellen und der Entrechtung und Verfolgung der jüdischen Bevölkerung begannen. Das sollte sich bei den folgenden Annexionen wiederholen.[7]

Hitler selbst überquerte am Nachmittag des 12. März im offenen Wagen die Grenze bei seiner Geburtsstadt Braunau und zog nach einer triumphalen Fahrt – von einer begeisterten Menge oft am Weiterfahren gehindert – in den Abendstunden in Linz ein. Hier hielt er vom Balkon des Rathauses seine berühmte Ansprache, in der er sich von der Vorsehung getragen darstellte. "Wenn die Vorsehung mich einst aus dieser Stadt heraus zur Führung des Reiches berief, dann muß sie mir damit einen Auftrag erteilt haben, und es kann nur ein Auftrag gewesen sein, meine teure Heimat dem Deutschen Reich wiederzugeben! Ich habe an diesen Auftrag geglaubt, habe für ihn gelebt und gekämpft, und ich glaube, ich habe ihn jetzt erfüllt!"[8] Noch am gleichen Abend unterzeichnete er in Linz das "Gesetz über die Wiedervereinigung Österreichs mit dem Reich" – und alles spricht dafür, daß Hitler erst "unter dem Eindruck der Triumphfahrt von Braunau nach Linz, dem Jubel, den Blumen und Fahnen, diesem ganzen elementaren Vereinigungstaumel, der keine Umstände oder Alternativen zuließ, (...) sich zum unverzüglichen Anschluß entschlossen"[9] hat. Die Ovationen wiederholten sich auch bei seiner Weiterfahrt nach Wien, wo dann am 15. März die Huldigungsfeierlichkeiten auf dem Heldenplatz ihren Höhepunkt fanden und Hitler vom Balkon der neuen Hofburg aus der enthusiastischen Masse die "größte Vollzugsmeldung seines Lebens" verkündete.[10]

Die überschwengliche Bejahung des "Anschlusses" in Österreich war, so stellte Ralf Richard Koerner fest, "in der Hauptsache das Produkt einer 'Stimmungsmache' der Propagandaführung, die sich (...) den grundsätzlichen Anschlußwillen weiter Bevölkerungskreise bestens zunutze machte. Es ist jedenfalls als sicher anzunehmen, daß die

Abb. 5/124

"Ein Volk, ein Reich, ein Führer!", Plakat zur Volksabstimmung am 10. April 1938, nach einer Porträtaufnahme Heinrich Hoffmanns, 1938

Abb. 5/125-126

Presse-Illustrationen Heinrich Hoffmann: Adolf Hitler auf dem Balkon des Linzer Rathauses, im Hintergrund Reichsstatthalter Seyß-Inquart, rechts Heinrich Hoffmann, 12. März 1938; Heinrich Hoffmann: Adolf Hitler, aufgenommen auf dem Balkon des Linzer Rathauses, Postkarte

allgemeine Begeisterung der Bevölkerung beim Anschluß verhaltener gewesen wäre, wenn nicht die mit allen publizistischen Mitteln arbeitende Propagandaregie des Hitlerregimes den Anschluß jahrelang systematisch vorbereitet und die rauschhafte Anschlußbegeisterung in den Tagen des Anschlußvollzuges durch einen zentral gelenkten publizistischen Einsatz schlagartig entflammt und geschürt hätte."[11] Jagschitz sah denn auch eine neue Funktion der Fotopropaganda: sie "stellt – wie die gesamte Propaganda zum 'Anschluß' – nicht mehr allein ein

Beispiel der üblichen Verwendung des Bildes zur Herrschaftssicherung des Nationalsozialismus dar. Sie geht vielmehr weit darüber hinaus. Im Falle des 'Anschlusses' Österreichs erfolgte der erste massive, markante, weltweite Einsatz optischer Propaganda zur Rechtfertigung einer Herrschaftsausweitung. Dieses Konzept wurde bei der Zerschlagung der Tschechoslowakei und – wenn auch abgewandelt – bei den Gebietsausweitungen im Zuge des Zweiten Weltkrieges wieder verwendet und ausgebaut. Die visuelle Strategie der Bildpublizistik zum 'Anschluß' tritt zum ersten Mal als Angriffsinstrument an die Seite nationalsozialistischer Eroberungsideologie, die Präsentation des deutschen Herrenmenschen ließ den Anspruch ahnen, den das nationalsozialistische Deutschland auf die Führung in Europa, ja der ganzen Welt, sich zu erheben anschickte."[12]

In der fotografischen Bildpublizistik des Dritten Reiches hat kein anderes politisches Ereignis unter dem Vorzeichen der hymnischen Verklärung des "Führers" ein größeres Echo gefunden. Das galt nicht nur für die Berichterstattung in den Illustrierten und der Tagespresse, die sich über einen längeren Zeitraum der "Anschluß"-Thematik widmeten, sondern auch für die bebilderten Sonderausgaben der Tageszeitungen und Illustrierten wie auch eine stattliche Anzahl von Bildpublikationen.[13] Allein Hoffmann brachte noch im gleichen Jahr mit "Hitler in seiner Heimat" und "Hitler baut Großdeutschland" zwei auflagenstarke Bildbände heraus. Vorrangige Aufgabe der fotografischen Bildpropaganda war es, die Einverleibung Österreichs als eine gewaltlose, friedliche Vereinigung zweier "blutsverwandter" und auch geschichtlich zusammengehöriger Völker im Zeichen des freien Selbstbestimmungsrechtes zu legitimieren und sie als ein von der österreichischen Bevölkerung akzeptiertes, ja geradezu herbeigesehntes und begeistert umjubeltes Ereignis darzustellen. Zugleich sollte der "Anschluß" als eine Befreiung des österreichischen

Volkes von politischer Unterdrückung durch ein terroristisches Regime erscheinen, das politische Unfreiheit und soziale Not und Zerrüttung seinen Untertanen beschert hätte. Das euphemistische Bild allgemeiner Zustimmung und Zusammengehörigkeit war auch an die Adresse der Weltöffentlichkeit gerichtet und signalisierte, daß sich politische und militärische Sanktionen des Auslandes nur gegen die Interessen des österreichischen Volkes richten würden. Jagschitz konstatierte: "Tatsächlich trugen gerade Filme und Bilder zur Festigung der Meinung der Weltöffentlichkeit bei, der 'Anschluß', sei eine unveränderliche, als freie Entscheidung der Österreicher zu akzeptierende Tatsache."[14]

Nicht zuletzt Hitlers medienwirksame Selbstdarstellung hatte in vieler Hinsicht die suggestiv-überschwengliche Bildlichkeit der Ereignisse geprägt. Offenkundig beruhte schon sein Entschluß, im offenen Wagen seine Österreichfahrt anzutreten und auf Verkehrsmittel mit weniger Kontaktmöglichkeiten zu verzichten, ganz auf dem propagandistischen Kalkül, gewissermaßen in demonstrativ-hautnaher Volksverbundenheit "die Herzen der Österreicher zu erobern". Freilich klappte am Beginn dieser Fahrt die ansonsten übliche Abstimmung zwischen Veranstaltung und Berichterstattung noch nicht so recht, was auf den spontanen Charakter der Propagandaaktion hindeutet. Auch scheinen systematische Vorbereitungen für einen gezielten propagandistischen Einsatz von Pressefotografen nicht getroffen worden zu sein. Hoffmann betonte in seinen Memoiren den unvorbereiteten Reiseantritt, wenngleich seine Behauptung, von Hitlers Absichten vollkommen überrascht worden zu sein, sicherlich ins Reich der Fabel gehört.[15] Während der ersten Etappe bis Linz wurde Hitlers Reise wahrscheinlich nur von Hoffmann und seinen Mitarbeitern dokumentiert, was einmal mehr seinen Sonderstatus deutlich macht. Erst bei Hitlers Ankunft in Linz waren weitere Fotografen zugegen, die ihn auch auf seiner Weiterfahrt nach Wien begleiteten. Bei Hitlers großem Auftritt auf dem Wiener Heldenplatz war dann das Zusammenspiel von dokumentarischer und ritueller Regie fest organisiert und versammelte eine ansehnliche Zahl von Fotoreportern aus dem Deutschen Reich wie Fritz Boegner, Helmuth Kurth, Hugo Männer und Fotografen der Agenturen Weltbild und Atlantic wie auch österreichische und ausländische Pressefotografen.

Die ersten Reportagen der deutschen Illustrierten über den "Anschluß" Österreichs erweckten den Eindruck, als sei diese immerhin mit Hilfe der militärischen Macht vollzogene Annexion einzig und allein das Werk Hitlers, der als der lang ersehnte "Befreier" gleichsam schon durch sein persönliches Auftreten die Einverleibung Österreich in das "Großdeutsche Reich" bewirkt habe.[16] Die Betextungen der Fotografien schwelgten in Superlativen und stilisierten Hitler zum Vollender eines alten geschichtlichen Traumes der Deutschen wie beispielsweise ein Fotobericht in der "Münchner Illustrierten Presse": "Das großdeutsche Reich ist erstanden! Weltgeschichte in 2 mal 24 Stunden. 'Ich melde vor der Geschichte den Eintritt meiner Heimat in das Deutsche Reich!' Dieser ewig denkwürdige Satz Adolf Hitlers, gesprochen um die Mittagsstunde des 15. März 1938, vom Balkon der Hofburg in Wien, umschließt in ehern gültiger Form alles, was die Welt erstaunt und erschüttert, die Jahrhunderte währende Sehnsucht der Deutschen erfüllt hat: das 75-Millionen-Reich deutscher Nation wurde Wirklichkeit. Worte und Bilder können von dem Geschehen, das selbst in jedem Augenblick Geschichte war, nur einen schwachen Abglanz geben."[17]

Die akklamatorische Bildsprache dieser Berichte, vielfach durch suggestiv großformatige und doppelseitige Abdrucke der Fotografien verstärkt, zeichnete wiederum ein polares Hitlerbild, das die entrückte, imperatorische als auch die populistisch-kommunikative Gestik des volksnahen "Führers" zum Ausdruck brachte. Von Hitlers erster Reiseetappe bis Linz gab es zahlreiche stimmungsvolle Szenen der direkten und kontaktfreudigen Begegnung des "Führers" mit der österreichischen Bevölkerung, die überwiegend von Hoffmann in engster Tuchfühlung aufgenommen worden waren. (Abb. 5/130-132) Sie zeigen den im offenen Wagen stehenden, von einer jubelnden und begeisterten Menge umringten Hitler, der seinerseits offenkundig das Bad in der ihm huldigenden und euphorischen Menge sucht und mitunter die ihm entgegengestreckten Arme wie ein Heilsbringer berührt: "(...) Wie ein Lauffeuer verbreitet sich überall die Kunde von dem Herannahen des Führers. Rührende Szenen spielten sich auch auf der ganzen Fahrt von der Grenze nach Wien ab. Jubelrufe, Blumen, Fahnen und alle Begeisterungsstürme durchrauscht von dem einzigen Wort 'deutsch'."[18] Überschwengliche Nähe und Herzlichkeit dieser Begegnungen signalisierten vor allem Bilder von Frauen und Kindern, die dem sich ihnen zuwendenden Hitler Blumen oder Geschenke überreichten.[19] Den deutschen Sicherheitskräften dürften solche nicht berechenbaren Situationen einiges Kopfzerbrechen bereitet haben, zumal Hitler in den vorangegangenen Jahren bereits Ziel mehrerer Attentatsversuche gewesen war und bei seinen öffentlichen Auftritten im Deutschen Reich bereits hermetisch abgeschirmt wurde. Deshalb war offiziell auch das Zuwerfen von Blumen verboten worden.[20] Nach Linz wurde die Regie offenbar gestrafft, denn die Fotografien seiner Weiterreise nach Wien zeigen ihn dann zumeist in der Pose des distanzierten Triumphators, wie er mit seinem Gefolge durch das Spalier der von Absperrungen in Schach gehaltenen Menge fährt.

Mit den Aufnahmen der Huldigung wurden in den Illustrierten vor allem zwei Motive gekoppelt, ohne die kaum ein "Anschluß"-Bericht auskam und die Hitlers menschliche Qualitäten herausstreichen sollten.[21] Zum einen waren es

Abb. 5/127-129

Hitler in seiner Heimat. Herausgeber Prof. Heinrich Hoffmann, (...) Berlin 1938; Hitler befreit Sudetenland. Herausgeber Heinrich Hoffmann, (...), Berlin 1938; Hitler in Böhmen, Mähren, Memel, Herausgeber Heinrich Hoffmann, (...) Berlin 1939

Abb. 5/130-132

Hitler in seiner Heimat, 1938, o.S.

die sich an christologische Bildvorwürfe anlehnenden Fotografien von Hitlers mediengerecht inszenierter Visite bei dem im Linzer Rathaus "aufgebahrten" SA-Brigadeführer Peterseil, der hier stellvertretend für die österreichischen "Märtyrer der nationalsozialistischen Bewegung" und als Personifikation der Unterdrückung des freiheitsliebenden österreichischen Volkes präsentiert wurde: "Der Führer vergißt seine Getreuen nicht. Ein ernster Augenblick läßt noch einmal die großen Leiden geistig erstehen, die nationalsozialistische Österreicher über sich ergehen lassen mußten (…)."[22] Diese Inszenierung von persönlicher Anteilnahme und treuer Fürsorglichkeit wiederholte die schon in der Kampfzeit erprobten Märtyrerbilder und antizipierte gewissermaßen die dann in der ersten Phase des Zweiten Weltkriegs öfter anzutreffenden Fotografien von Hitlers Lazarettbesuchen verwundeter deutscher Soldaten. Zum anderen erschienen in großer Aufmachung Fotografien von Hitlers demutsvollem Besuch am Grab seiner Eltern in Leonding, dem allein Hoffmann beiwohnen durfte.[23] (Abb. 5/134) Die sentimentale Geste der stillen und einsamen Totenehrung in der Stunde des Triumphes und der lärmenden Jubelszenen versinnbildlichte nun auch erstmalig die pietätvolle Familienmoral des Tugendhelden und Privatmenschen Hitler, mag es damit auch nicht sehr weit her gewesen sein. Für die nationalsozialistische Publizistik waren die Aufnahmen jedenfalls Anlaß genug, die Annexion Österreichs auch unter biografischen Aspekten rührselig zu verklären: "Es ist ein ergreifender Gedanke, daß der Führer des geeinten deutschen Volkes nunmehr auch die Erde, die das Grab seiner Eltern deckt, in den Schutz des Reiches genommen hat."[24]

Die wichtigsten Bildmotive in der Illustrierten-Berichterstattung stammten aber von Hitlers symbolträchtigem Auftritt am 15. März in Wien, der in welthistorische Dimensionen entrückt wurde. An diesem Tag bestimmte feierliche Ritualität den Gang der Ereignisse: gefolgt von

Hitlers Idolisierung | Nationalhed

Berliner Illustrirte Zeitung, Sonderheft: Der Führer in Wien, 1938, S. 8/9

einer langen Wagenkolonne fuhr Hitler, aufrecht im Wagen stehend – gleichsam auf einer via triumphalis –, durch die Masse von einer Viertelmillion jubelnder Menschen auf dem Heldenplatz zur Hofburg, um anschließend vom dortigen Balkon seine berühmte Rede zu halten.[25] (Abb. 5/136) Die Fotografien des massenhaft gefüllten Heldenplatzes wurden zum Bildstereotyp der "Anschluß"-Berichte: "Dazu eigneten sie sich aus mehreren Gründen: wohl kein anderer Platz in Österreich stellte eine so deutliche Kontinuität von der kaiserlichen Macht – vor allem in Hinblick auf das Heilige Römische Reich – zum neuen Führer dar; keine Bilder von jubelnden Menschen am Straßenrand konnten mit ähnlicher Deutlichkeit die Zustimmung einer großen Zahl von Menschen zum neuen Regime ausdrücken wie zehntausende Besucher des Heldenplatzes, und auf keinem anderen Platz wäre die nationalsozialistische Inszenierung von Massenereignissen leichter möglich gewesen."[26] Bei Hitlers Ankunft, Rede und Abfahrt auf dem Heldenplatz waren die Fotografen offensichtlich bemüht, die massenhafte Teilhabe an der Veranstaltung im Rahmen der markanten Architekturkulisse hervorzuheben, was freilich eine Anonymisierung der begeisterten und dem "Führer" zujubelnden Menge bedeutete und Hitler selbst physiognomisch distanzierte.
Fast durchwegs wurden die Aufnahmen in den Illustrierten auf einer Seite oder gar doppelseitig präsentiert. Offenkundig kam es dabei darauf an, keinen Zweifel an der vollständigen Füllung des Platzes aufkommen zu lassen. Hymnische Bildunterschriften waren die Regel und strichen zumeist die historische Dimension von Hitlers Rolle als Befreier Deutschösterreichs heraus: "Wien erlebt den

Abb. 5/134-135

*Heinrich Hoffmann: Hitler am Grab seiner Eltern, Leonding bei Linz, 13. März 1938, Pressebildabzug;
Heinrich Hoffmann: Adolf Hitler fährt mit Begleitkommando in Wien ein, 14. März 1938, Pressebildabzug*

größten Augenblick seiner deutschen Geschichte. Die Brüder sind befreit."[27]

Nicht minder eindrucksvoll sollte die Parade von Truppen der "Großdeutschen Wehrmacht" erscheinen, die an diesem Nachmittag erstmalig nach der schnellen Vereidigung auch der österreichischen Soldaten auf Hitler an ihrem "Obersten Befehlshaber" vorbeizogen und der Öffentlichkeit den militärischen Machtzuwachs des "Großdeutschen Reiches" demonstrierten.[28] Die Betextung der Fotografien schlug freilich moderate Töne an und wollte vor allem Vertrauen in die friedenserhaltende Stärke der geeinten deutschen Wehrmacht wecken, wie etwa Hitlers Reichspressechef Dietrich im Geleitwort zu Hoffmanns erster "Anschluß"-Publikation betonte: "Aus der Waffenbrüderschaft des großen Krieges ist eine einzige geschlossene Wehrmacht des Friedens hervorgegangen, fest im großdeutschen Volk verwurzelt und einem Führer gehorchend: dem Obersten Befehlshaber Adolf Hitler!" Das war ganz im Sinne der aktuellen Wehrmachtspropaganda in den illustrierten Medien, denn "sie trat bis zum Zeitpunkt des Münchener Abkommens in den Hintergrund, nicht zuletzt um in dieser Phase der Vorbereitung und Durchführung der ersten eklatanten Aggressionsschritte gegenüber dem westlichen Ausland nicht das Bild des säbelrasselnden, kriegsrüstenden Deutschlands aufkommen zu lassen".[29]

Abgerundet wurden die "Anschluß"-Berichte jeweils mit Bildern von der ersten "Reichstagssitzung Großdeutschlands" und vom Empfang Hitlers durch begeisterte Jubelmassen in München und Berlin, die stellvertretend die massenhafte wie enthusiastische Zustimmung des Volkes im "Altreich" signalisieren sollten. So feierte beispielsweise der "Illustrierte Beobachter" in seiner ersten "Anschluß"-Ausgabe auf einer Doppelseite Hitlers Ankunft in Berlin am 16. März mit einer Fotografie, die ihn auf seinem symbolischen Gang zur Reichskanzlei durch das Spalier der huldigenden Masse zeigte,[30] (Abb. 5/138) während die "Münchner Illustrierte Presse" zu Bildern aus München und Berlin textete: "Der Jubel der Hunderttausenden umbrauste Adolf Hitler in der Hauptstadt der Bewegung, deren altnachbarliche Beziehungen zu Österreich von unnatürlicher Hemmung für immer frei wurden, und zweieinhalb Millionen Berliner begrüßten den Führer, wie noch nie ein Sterblicher begrüßt wurde, ehe er von der weihevollen Begründung Großdeutschlands zur rastlosen Arbeit in der Reichskanzlei zurückkehrte."[31]

Bei dieser hitlerzentrierten und zugleich alle militärische Gewalt herunterspielenden Berichterstattung lag es auf der Hand, daß der Einmarsch der deutschen Besatzungstruppen, die ja vor Hitler am Morgen des 12. März die Grenze überschritten hatten, visuell in den Hintergrund gedrängt wurde. Mit großem publizistischen Aufwand hatte die reichsdeutsche Tagespresse schon in der Anfangsphase der Anschlußkampagne den vollkommen friedlichen Charakter des Umschwungs ohne politische und militärische Gewaltakte betont. So war schon am 12. März 1938 im "Völkischen Beoachter" zu lesen: "Das ist kein Einmarsch in fremdes Land. Es ist schon eher wie eine Rückkehr in eine verlorengegangene Heimat. Es ist ja auch das Heimatland des Führers."[32] Negiert wurden in der gesamten Bildpublizistik jene Aspekte, die in irgendeiner Weise das Bild des "sauberen Anschlusses" hätten stören können, es sei denn, man will in einigen antisemitischen, sich auf Österreich beziehenden Illustriertenreportagen Gewaltandrohung in codierter Form sehen.[33] Gemäß diesem von den

Hitlers Idolisierung | Nationalheld

Heinrich Hoffmann: Zuhörer auf dem Heldenplatz während der Rede Adolf Hitlers, Wien, 15. März 1938, Pressebildabzug

Abb. 5/137-138

Illustrierter Beobachter, Sonderheft: Österreichs Befreiung, März 1938, o. S.; Berliner Illustrirte Zeitung, Nr. 12, 24. März 1938, S. 400/401

Amper-Bote, Nr. 78,
2./3.April 1938, o.S.

Illustrierten und später Hoffmanns Bildbänden entworfenen Bild vollzog sich der "Anschluß" in einer Atmosphäre hundertprozentiger Zustimmung, ohne gesellschaftliche Konflikte oder gar Widerstand, ganz zu schweigen von der mörderischen Unterdrückung aller regimefeindlichen und kritischen Stimmen, der Verschleppung von Oppositionellen in Konzentrationslager und der Judenverfolgung.[34]

Hitlers Glorifizierung als "Schöpfer Großdeutschlands" setzte sich im Zuge der folgenden Propagandakampagne für die Volksabstimmung über den "Anschluß" und der anschließenden Berichterstattung über Hitlers großen Wahlerfolg in der Bildpublizistik fort. Der Propagandafeldzug für die "Anschluß"-Abstimmung wurde mit hoher Intensität geführt, um von der Bevölkerung eine "einmütige Bejahung" von Hitlers Außenpolitik zu erhalten.[35] Die entsprechenden Richtlinien wurden von Hitler selbst am 19. März in einer geheimen "Führerrede" ausgegeben, deren wichtigste Aspekte in einem vertraulichen Merkblatt allen Schriftleitern und Parteirednern als verbindliche Grundlage mitgeteilt wurden.[36] In der Pressekonferenz der Reichsregierung vom 21. März wurde dann unmißverständlich darauf hingewiesen, daß Verstöße gegen diese Richtlinien scharf geahndet würden. Koerner bemerkt dazu: "Die unbedingte Unterordnung unter den zentralen Führungswillen wurde damit von Anbeginn klargestellt. Am 22. März begann dann der (...) Volksabstimmungs-Wahlkampf mit dem schlagartigen und systematischen Einsatz aller verfügbaren publizistischen Organe: Die gesamte Parteirednerschaft, der gesamte Rundfunk, sämtliche Tageszeitungen und alle politischen Zeitschriften wurden für diesen Propagandafeldzug aufgeboten. Darüber hinaus setzte die Propagandaführung in jenem Wahlkampf zum ersten Male auch alle Unterhaltungs- und sämtliche Fachzeitschriften systematisch ein. Die Aufgabenbereiche der verschiedenen publizistischen Organe wurden von Anbeginn innerhalb der großangelegten Propagandaaktion sorgfältig voneinander abgegrenzt und aufeinander abgestimmt, damit nicht die erstrebte größtmögliche propagandistische Breiten- und Tiefenwirkung durch Überschneidungen und Leerläufe beeinträchtigt wurde."[37]

Den Presseorganen wurde von den entsprechenden Stellen umfangreiches Material zur Verfügung gestellt. Für die Bebilderung wurden täglich zwei oder drei Fotografien angeboten, die an möglichst guter Stelle plaziert veröffentlicht werden sollten und für die mitunter eine ausführliche Bildlegende mitgeliefert wurde.[38] Am 1. April hieß es im "Rundspruch" des Reichspropagandaministeriums: "Die Bildfirmen Weltbild, Heinrich Hoffmann, Atlantik, Pressephoto und Scherls Bilderdienst verbreiten heute an die deutsche Presse ein Bild im Format 18 : 24, das österreichische Frauen und Mädchen beim Führer auf dem Obersalzberg im Sommer 1937 darstellt. Für das Bild ist folgende Unterschrift als Auflage aufgegeben worden: Das große Leid eines Volkes. Das große Heimweh eines Volkes. Sorgt dafür, daß am 10. April auf ewig dieses Leid gestillt und dieses Heimweh erfüllt wird. Alle sagen 'Ja'. Das obige Bild zeigt eine erschütternde Szene aus dem Sommer 1937 auf dem Obersalzberg. Mädchen und Frauen aus Wels in Oberösterreich besuchen den Führer, das Mädchen, auf dessen Schultern der Führer seine Hände legt, klagt ihm, daß sein Bruder im Kampf für die Bewegung erschossen worden sei. Von den umstehenden Mädeln und Frauen hatte fast jede einen Bruder oder Gatten im Zuchthaus. Ihre Mienen spiegeln so recht das tiefe Heimweh des geknechteten und unterdrückten deutschen Volkes in Österreich wider, der Führer tröstet sie mit den Worten: 'Das Volk, das den Kampf oder das Blut scheut, wird nie den Sieg erringen, habt Geduld, es wird nicht mehr lange dauern.' Dieses Bild muß von sämtlichen Zeitungen auf der ersten oder zweiten Seite groß eingeschaltet werden, weil es beste Wahlpropaganda darstellt (...)."[39]

In den letzten Tagen vor dem 10. April wurde das publizistische Trommelfeuer der Zeitungen noch einmal verstärkt, um dann am Wahltag seinen Höhepunkt zu erreichen. Die Tageszeitungen, für deren Gestaltung Vorgaben gemacht worden waren, erschienen an diesem Tage in

Abb. 5/140

*Illustrierter Beobachter,
Nr. 15, 14. April 1938, S. 515*

feierlichster Aufmachung.⁴⁰ Auf den Titelseiten war eine Gebietsdarstellung des neuen "Großdeutschen Reiches" abgebildet, in deren Mitte eine Porträtfotografie des "deutschen Volksführers und Volkskanzlers" einmontiert worden war. Ähnliche Motive wurden auch als Postkartenmotiv verbreitet. In den Illustrierten fand die Propagandakampagne einen geringeren Widerhall. Zwar waren die fast ausschließlich Hitler gewidmeten Titelseiten der Illustriertenausgaben mit Wahlslogans – "Am 10. April sagen fünfzig Millionen Deutsche Ja" – ⁴¹ versehen, doch verzichteten die Redaktionen im Innenteil der Blätter auf eindringliche Appelle, wie sie etwa in den Tageszeitungen zu finden waren. Größere Aufmerksamkeit schenkten die Illustrierten der Volksabstimmung erst post festum. Bildberichte vom Wahltag erschienen mit zweiwöchiger Verspätung und waren vorrangig auf die Aktivitäten Hitlers fixiert und zeigten ihn etwa auf informell-privatisierenden Aufnahmen Hoffmanns bei der Abgabe seines Stimmzettels oder in "der Reichskanzlei beim Eintreffen der überwältigenden Abstimmungsergebnisse" – sei es als angespannten Hörer der Radionachrichten oder im Kreise von Kindern beziehungsweise glückwünschender Parteiprominenz.⁴² Ausgiebigst feierten sie Hitlers überwältigenden Wahlerfolg im Lichte volksnah-verzückter Akklamation, vor allem in den zu Hitlers 49. Geburtstag veröffentlichten Ausgaben, und brachten Aufnahmen von dessen zweiter Reise durch die "Ostmark". Die repräsentative Seite deckten Aufnahmen der Empfangsfeierlichkeiten während des "Großdeutschen Tages" in Wien am 9. April 1938 ab ⁴³ – nicht zuletzt auch von Hitlers Auftritt in der Nordwestbahnhalle, wo er seine letzte, von allen deutschen Sendern übertragene Wahlrede gehalten hatte, in der er abermals mit religiösen Kategorien seine geschichtliche Sendung umriß: "Ich glaube, daß es Gottes Wille war, von hier einen Knaben in das Reich zu schicken, ihn groß werden zu lassen, ihn zum Führer der Nation zu erheben, um es ihm zu ermöglichen, seine Heimat in das Reich hineinzuführen. Es gibt eine höhere Bestimmung, und wir alle sind nichts anderes als ihre Werkzeuge."⁴⁴

Im Zusammenhang dieser Bildberichte versinnbildlichten schließlich Fotografien von Hitlers erstem Spatenstich für den Bau der Reichsautobahn Salzburg – Wien die Aufbauvorhaben des Nationalsozialismus in Österreich. In mehreren Illustriertenreportagen wurde die nationalsozialistische Erfolgsbilanz mit der Parole "Das Sofortprogramm für das Land Österreich ist in Angriff genommen. Wir arbeiten wieder!" propagiert.⁴⁵ Kontrastiert wurden diese Berichte mit anklägerischen Darstellungen ("Schluß mit diesen Zuständen!") der angeblich desolaten sozialen und wirtschaftlichen Situation Österreichs vor der nationalsozialistischen Machtübernahme, und dabei wurde auf Bildklischees zurückgegriffen, mit denen die NS-Medien schon die "Systemzeit" der Weimarer Republik denunziert hatten – wie etwa Ansichten von müßig-desillusionierten Arbeitslosen, Obdachlosen, verwahrlosten Kindern oder heruntergekommenen Wohnungen und Häusern.⁴⁶ Akzentuiert wurde in den Betextungen vor allem das Arbeitsbeschaffungsprogramm als perspektivenreiche Wohltat des NS-Regimes gepriesen: "Kartenspielen auf brachliegendem, verwildertem Gelände – das schien jahrelang der Lebenszweck der österreichischen Arbeitslosen zu sein. Jetzt werden die Hände wieder zupacken, und hoffnungsfrohe Männer werden sich freudig einreihen in den Rhythmus segensreicher Arbeit für ein starkes, freies Volk."[47]

Besetzung des Sudetenlands

Die Leichtigkeit, mit der Hitler das erste Ziel seiner Eroberungspolitik erreicht hatte, gab ihm Aufwind für die nächste Etappe seiner Annexionsvorhaben – und das bedeutete die möglichst rasche Zerschlagung der Tschechoslowakei. Ein willkommener Konfliktstoff für seine expansive Politik unter der Flagge der "völkischen Selbstbestimmung" bildeten die Sudetendeutschen, die sich als Minderheit vom tschechoslowakischen Staat benachteiligt fühlten.[48] Bereits am 28. März 1938 empfing Hitler den Führer der Sudetendeutschen Partei, Konrad Henlein, und gab ihm die Anweisung, in Prag jeweils so hohe Forderungen zu stellen, wie sie "für die tschechische Regierung unannehmbar sind" (Hitler), und ermutigte ihn zu einer provozierenden Haltung. Dessen Ansprüche auf eine weitgehende Autonomie der Sudetendeutschen waren für den tschechischen Staat nicht annehmbar, zumal auf sudetendeutschem Gebiet wichtige Grenzbefestigungen lagen, die ihn wehrlos gemacht hätten. Die Spannungen wurden verschärft – wie etwa durch Manöver nahe der tschechischen Grenze – und zusätzlich ein Propagandakrieg für die Abtretung des Sudetenlandes an das Deutsche Reich entfesselt. Ein Krieg schien unvermeidlich. Die "Münchner Konferenz" am 29. September verhinderte ihn – und gab Hitlers Pressionen weitgehend nach.[49] Dem tschechischen Staat, dem die westlichen Großmächte eine Garantie für den Fortbestand seines Restterritoriums gaben, wurde die Abtretung des Sudetenlandes an das Deutsche Reich bis zum 1. Oktober auferlegt – und zum festgesetzten Termin begann der Einmarsch deutscher Truppen.

Im Unterschied zum "Stillhalten" vor dem "Anschluß" Österreichs hatte die Illustriertenpresse in aggressiver Form schon über einen längeren Zeitraum hinweg ihre Leser auf die Einverleibung des Sudetenlandes in das Großdeutsche Reich eingestimmt.[50] Gab sie sich anfänglich noch als Sprachrohr für die Autonomiebestrebungen der deutschen Minderheit, so propagierte sie spätestens nach dem "Parteitag Großdeutschlands" im September unter der Parole "Heim ins Reich!" deutsche Gebietsansprüche, um schließlich ansatzweise die Rechtfertigungsmotive für die endgültige Liquidierung der Tschechoslowakei bereitzustellen. Seit Frühjahr 1938 wurde bereits eine starke antitschechische Stimmungsmache mit dem Ziel betrieben, "das Leben des deutschen Bevölkerungsteils in der Tschechoslowakei als unerträglich darzustellen und die 'gewaltsame Zerschlagung' dieses Staates als einzig mögliche Lösung zu suggerieren".[51]

Gemessen an der hohen Visualität der "Anschluß"-Ereignisse fand die Besetzung des Sudetenlandes eine deutlich schwächere Resonanz in den Illustrierten, deren Berichterstattung sich im wesentlichen am gleichen publizistischen Verfahren wie beim "Anschluß" orientierte.[52] Im Zuge der sich verstärkenden psychologischen Kriegsvorbereitung prägten jedoch aggressive Feindbilder ("vom Tschechenterror befreit") die Sprachregelungen und wurden die militärtechnische Stärke und Disziplin der deutschen Wehrmachtseinheiten ausführlich zur Schau gestellt, wobei als beschwichtigende Jubelstaffage auffallend häufig Frauen und Kinder mit ins Bild kamen.[53] Auch Hitlers Anwesenheit im Sudetenland (wiederum als Triumph- und Befreiungsfahrt deklariert) erschien nun stärker unter militärischen Vorzeichen und deutete schon seine spätere Feldherrnrolle an, wenngleich im Zentrum noch immer der umjubelte "Befreier eines unterdrückten deutschen Volksstammes" stand.

"13. März 1938. Ein Volk, ein Reich, ein Führer", 1938, Postkarte

Gegenüber den "Anschluß"-Reportagen hatte sich in diesem Zusammenhang Hitlers visuelle Präsenz insgesamt abgeschwächt – und spiegelt damit sein geringeres Interesse, die Huldigungen der Sudetendeutschen entgegenzunehmen. So verschwiegen denn auch die Bildberichte, daß Hitler sich Zeit gelassen hatte, ehe er sich zu einer Reise in das angegliederte Reichsgebiet bequemte. Am 3. Oktober, nachdem die deutschen Truppen bereits große Teile des Landes besetzt hatten, überquerte Hitler wiederum im offenen Kraftwagen die bisherige deutsche Grenze zu zwei relativ kurzen Besuchen und absolvierte sie mit offenkundigem Widerwillen und schlecht gelaunt, da er von der politischen Entwicklung verstimmt war, die "ihn gezwungen hatte, die Lösung der Sudetenfrage von einer internationalen Konferenz abhängig zu machen, wo es doch sein ehrgeiziges Ziel gewesen war, sich die 'freie Hand' selbständigen Vorgehens zu ertrotzen".[54]

Abb. 5/142-144

Hitler befreit Sudetenland, 1938, o.S.

Domarus kommentierte: "Diese Kundgebungen, die er nun in Eger, in Karlsbad, in Friedland, in Krumau usw. erleben mußte, waren für ihn ja auch nur ein kümmerlicher Ersatz für den triumphalen Einzug in Prag, den er sich in seinen Feldherrn-Träumen schon lange ausgemalt hatte. Hitlers ärgerliche Stimmung hielt die ganzen Wochen über an. In keiner Ansprache, die er in den neuerworbenen sudetendeutschen Gebieten hielt, versäumte er darauf hinzuweisen, daß er eigentlich mit Gewalt hier hatte einfallen wollen."[55]

Trotz aller unterschwellig-aggressiveren Tendenzen bemühten die anfänglich erschienenen Bildberichte sich um die Sprache der Gewaltlosigkeit und Friedfertigkeit. Nach bewährtem Muster sah man den volksnahen, auf einer Woge der dankbaren Zustimmung schwimmenden "Führer" im Schmuck von blumenschenkenden Kindern und Frauen unter dem Motto: "Ein Blumengruß aus Kinderhand. Überall wo sich der Führer bei seiner Fahrt durch das Sudetenland zeigte, schlugen ihm in rührender und ergreifender Weise die Herzen (...) entgegen."[56] Vor allem Frauen in sudetendeutscher Landestracht spielten diesmal als Inkarnation seiner Verehrung und gläubigen Anhängerschaft eine ungleich größere Rolle in der Fotopublizistik.[57] Das gilt insbesondere für Bilder weinender und hingebungsvoll-andächtig zu Hitler aufblickender Frauen, und fast ist man geneigt, hierin trotz aller fehlenden Quellen eine Regieanweisung zu sehen.[58] Demonstrativ wurde wiederum die fürsorglich-menschliche Seite Hitlers herausgestellt, für die die üblichen Bilder der Begrüßung verwundeter nationalsozialistischer Märtyrer stellvertretend standen und die nun als "Opfer des Roten Terrors" apostrophiert wurden.[59] Deutlich verstärkte sich ebenfalls der emotionale Tenor der Aufnahmebetextungen von Hitlers Auftritten, um die vorbehaltlose Führerbindung der Sudetendeutschen und ihre übergroße Dankbarkeit zu suggerieren – eine Tendenz, die sich besonders markant in Konrad Henleins Geleitwort zu dem alsbald von Hoffmann herausgebrachten Bildband "Hitler befreit Sudetenland" zeigte. In seiner Polemik gegen die Kritiker der expansionistischen Politik Hitlers führte Henlein Hoffmanns "Bilddokumente" als Beweisstücke ins Feld: "(…) überzeugender als die Sprache dieser erschütternden Bilder, an denen ein ganzes Zeitgeschehen abrollt, kann nichts sein. Die Tränen sudetendeutscher Frauen, die reine Freude des Kindes, dieser so echt aus dem Herzen kommende Jubel um die deutsche Wehrmacht, der Blick eines dem Führer gegenüberstehenden Freikorpskämpfers oder der Ausdruck im Antlitz jenes verwundeten Sudetendeutschen, der von seiner Krankenbahre hier dem Führer die Hand reicht, sprechen eine Sprache von so lauterer Wahrheit, daß vor ihr jede Lüge stumm werden muß. Die Angehörigen der Nation aber mag angesichts dieser Bilddokumente eine Ahnung von jener unendlichen Verpflichtung kommen, die uns heute dem Führer verbindet. Denn nur er und nur er allein hat dies alles aus seinem Willen und seinem Entschluß gestaltet. Er war es, der dreieinhalb Millionen deutschen Menschen dieses unbeschreibliche Glück gab, er war es, der Frauen, die das Weinen verlernt hatten, die Tränen der Freude wieder gab, er war es, der Sudetendeutschland heimholte ins Reich."[60]

In den Fotoberichten über Hitlers zweite Reise in das Sudetenland spielten populistische Elemente schon eine geringere Rolle und reduzierten sich in nachfolgenden Reportagen weiter, während militärische Gesichtspunkte an Gewicht zunahmen und mitunter schon Bildstereotypen der späteren Kriegsberichterstattung zu beobachten sind. Umfangreiche Bildberichte zeigen Hitler zum Beispiel im Kreise hoher Offiziere bei der Besichtigung von tschechischen Befestigungsanlagen wie Bunkern, Straßenversperrungen oder Stacheldrahtverhauen, die an entsprechende Darstellungen während des Frankreichfeldzuges denken lassen und

ihn zuweilen in Feldherrnpose präsentieren.[61] Wiederholt wurden diese militärtechnisch überbewerteten Befestigungsanlagen in gesonderten Reportagen ins Bild gesetzt, vor allem um die angeblich militärische Bedrohung des Sudetenlandes durch die tschechische Armee zu demonstrieren.[62] (Abb. 5/145) Nicht von ungefähr ließ sich Hitler auch inmitten seiner führenden Offiziere beim Feldküchen-Essen ablichten ("Der Führer mit seinen Soldaten im erlösten Sudetenland"), ein erst für die Berichterstattung des Polenfeldzugs charakteristisch werdendes Motiv.[63]

Zerschlagung der Tschechoslowakei

Die "friedliche" Lösung der Sudetenkrise war nur eine Pause auf Hitlers Weg zur Vereinnahmung der Tschechoslowakei.[64] Am 13. März 1939 wurde der tschechische Ministerpräsident Hacha nach Berlin zitiert, dem Hitler in der Nacht zum 15. März ankündigte, daß deutsche Truppen bereits auf dem Marsch "zur Sicherung von Ruhe, Ordnung und Frieden in diesem Teil Mitteleuropas" seien. Hitler selbst machte sich noch in der gleichen Nacht auf den Weg nach Prag, um am 16. März von der Prager Burg aus die Errichtung des "Reichsprotektorates Böhmen und Mähren" zu proklamieren. Hitlers neuer außenpolitischer "Coup, ein klarer Gewaltakt, für den keinerlei 'berechtigte' Gründe mehr geltend gemacht werden konnten, hatte eine neue Lage geschaffen", wie Bracher feststellte: "Erstens war nun das so vielbemühte Prinzip der Selbstbestimmung und der national-ethnischen Revision der Versailler Grenzen eindeutig verletzt, die imperial-expansionistische Zielsetzung der nationalsozialistischen Politik trat nun auch in der Wirklichkeit klar hervor. Und zweitens war auch die Appeasement-Politik auf der Grundlage von Verhandlungen über deutsche Revisionsforderungen endgültig ad absurdum geführt. Es konnte keine Zweifel mehr geben, daß

Hitler weder durch Konzessionen noch Verträge (…) zu bändigen oder zu 'befriedigen' war (…)."[65]

Hitlers Auftritt in seinem neuen Machtbereich und die militärische Okkupation der Tschechoslowakei fanden ein äußerst spärliches Echo in den Illustrierten des Deutschen Reiches und beschränkten sich meist auf einen einzigen Bericht.[66] Die überwiegend frostige und sich an Herrschaftsgesten orientierende Bildlichkeit der Ereignisse signalisierte nur allzu sehr, daß die Phase der fröhlichen "Blumenkriege" vorbei war und das Publikum sich an eine neue Selbstdarstellung Hitlers zu gewöhnen hatte. Großer Bedarf an solchen Bildern bestand damals offenbar nicht, denn der einzige von Hoffmann herausgebrachte Fotoband zum Einmarsch in Prag ("Hitler in Böhmen, Mähren, Memel") erreichte nur eine verhältnismäßig geringe Auflage, obwohl das Bildmaterial um einige unveröffentlichte, offenkundig arrangierte Jubelszenen erweitert worden war.[67]

Das legitimatorische Bemühen des Bandes wie der aktuellen Illustriertenreportagen ist unübersehbar. Die Okkupation ("Großtat des Führers") wurde zu einer geschichtlichen Zwangsläufigkeit und Rechtmäßigkeit umgedeutet und "Böhmen und Mähren" als ein altes und von deutscher Kultur jeher geprägtes Reichsgebiet deklariert, unterstrichen durch Abbildungen von gotischen, als "deutsch" gedeuteten Bauwerken: "Prag, die alte deutsche Kaiserstadt an der Moldau hat seine Bindung an den großdeutschen Lebensraum wiedergefunden: Das Reich hat Böhmen und Mähren kraft seines historischen Rechtes wieder in seine Obhut genommen."[68] Als symbolische Bilder der Machtübernahme fungierten vor allem Fotografien von Hitlers Aufenthalt auf dem Hradschin ("Historische Stunden im deutschen Prag"), die ausschließlich von Hoffmann stammten.[69] Hitler wurde nun vorrangig in einer neuen Doppelrolle präsentiert: als tatkräftiger Staatsmann weltgeschichtlichen Zuschnitts ("Adolf Hitler – der machtvolle

Abb. 5/145-146

Illustrierter Beobachter, Nr. 44, 3. November 1938, S. 1646/1647; Nr. 12, 23. März 1939, S. 385

Gestalter Mitteleuropas")[70], der die geschichtliche Sehnsucht der Deutschen erfüllt habe, und als uneingeschränkter Befehlshaber einer disziplinierten Armee. Gemessen an der sprachlich "hochgestochen"-feierlichen Berichterstattung vermitteln die Fotografien dabei eine relativ nüchterne und arbeitsbetonte Atmosphäre. In seiner Eigenschaft als Staatsmann war Hitler etwa bei der Prüfung von Dokumenten, während der Unterzeichnung des Erlasses über die Errichtung des Protektorates oder beim Empfang deutscher Abordnungen aus Prag zu sehen – auf anderen Aufnahmen schließlich auch in Gesprächen mit Hacha und dem slowakischen Nationalistenführer Tiso, die nicht zuletzt durch ihre sachlichen Beschriftungen den Schein vertraulich-respektvollen Umgangs erwecken. Auf der visuellen Ebene drängt sich die militärische Umgebung Hitlers hervor: so zeigen ihn die Fotos im Gespräch mit seinen Generälen, bei deren Berichterstattung über militärische Operationen oder, wie zu Kriegszeiten, mit ihnen über Karten gebeugt. Eine entsprechende militärische Staffage umrahmt dann auch Hitlers fotografische Präsentation vor dem Eingangsportal der Prager Burg, wie beispielsweise das Abschreiten einer disziplinierten Soldatenformation im Stahlhelm oder die unumgängliche Begrüßung von nationalsozialistischen Märtyrern, die nun als quasi-militärische Rituale absolviert wurden.[71]

Fotografien eines von einem begeisterten Volk umjubelten Triumphators oder gar populistisch-leutselige Szenen gab es aus Prag nicht zu veröffentlichen, obwohl selbst diesmal Hitler nicht darauf verzichtet hatte, trotz einer empörten und feindselig gestimmten Bevölkerung im offenen Kraftwagen, einem dreiachsigen Mercedes-Geländewagen, nach und sogar durch Prag zu fahren.[72] Freilich waren die Sicherheitsmaßnahmen diesmal ungleich höher, um Hitler gegen potentielle Attentäter abzuschirmen,[73] zumal schon die Besetzung der Stadt durch deutsche Truppen mit eisigem Schweigen quittiert worden war oder teils haßerfüllte Reaktionen hervorgerufen hatte.[74] So bekam denn auch Hoffmanns berühmtes, vielfach publiziertes Prager Fensterbild von Hitler, das ihn vor der Stadtsilhouette zeigt, eine tiefe, sicherlich ungewollte symbolische Dimension: während sonst auf derartigen Fotografien die ihm huldigende Masse gegenübersteht, fällt Hitlers Blick hier gewissermaßen auf ein Herrschaftsgebiet ohne Menschen.[75]

Einzig und allein die Fotografien von Hitlers Fahrt durch Brünn am 17. März, in der der Anteil der deutschen Bevölkerung größer war und wo er sich wieder aufrecht stehend im Wagen zu zeigen wagte, knüpfen an frühere Triumphbilder der jubelnden Zustimmung an. Zumindest im "Illustrierten Beobachter" und später in Hoffmanns Bildband wurden sie denn auch ausgiebig publiziert und mit legitimierenden Texten versehen: "Adolf Hitlers Einzug in Brünn (…) die tausendjährige deutsche Stadt jauchzt dem Führer das brausende Sieg-Heil zu."[76] In diesem Zusammenhang wurde dann auch noch das obligate Kinderbild präsentiert ("Millionen Deutsche würden stolz sein! Der Händedruck des Führers wird diesem Jungen unvergeßlich bleiben sein Leben lang."), jedoch bezeichnenderweise mit der Szene des leutselig mit Stahlhelmsoldaten plaudernden "Führers" gekoppelt.[77] Das Defizit an Huldigungsbildern wurde auch diesmal mit besonders ausführlichen und optisch suggestiv aufgemachten Reportagen über die triumphale Rückkehr Hitlers in die Reichshauptstadt am 19. März kompensiert: "Jahrhundertelang währte das tiefe Sehnen aller Deutschen in Böhmen und Mähren nach einem geschützten Lebensraum. Im Ablauf eines Tages ward dieser Traum Erfüllung; und nun, da der Führer aller Deutschen langsam im Wagen stehend vorüberfährt an den Millionen jubelnder Menschen, erleben die Deutschen in der Reichshauptstadt gemeinsam mit den Deutschen im Reich und in der ganzen Welt Augenblicke, die der Weltgeschichte gehören."[78]

Heinrich Hoffmann: Hitler schreitet Front der Ehrenkompanie des Heeres ab, Prag, 16. März 1939; Illustrierter Beobachter, Nr. 12, 23. März 1939, Titelseite

Abb. 5/149

*Hitler in Böhmen, Mähren, Memel, 1939,
o. S., Hitlers Rückkehr in Berlin am
19. März 1939 (Aufnahme: Helmuth Möbius)*

Geburtstagsparade 1939

Wie sehr die Illustriertenpresse nun auch auf die Änderung der Konzeption der psychologischen Kriegsvorbereitung eingeschworen wurde, offenbarte die Folgezeit. Seit der Sudetenkrise wußte Hitler, daß es weiten Teilen der Bevölkerung an der inneren Kriegsbereitschaft fehlte. Nachdem lediglich "Zwang die Ursache war", weshalb er "jahrelang nur vom Frieden redete", galt es nun, der Bevölkerung die erreichte Stärke des Reiches vorzuführen, um den "Defätismus" (Hitler) zurückzudrängen und das Gefühl militärischer Überlegenheit über alle potentiellen Kriegsgegner zu erzeugen. Auch die Fotopublizistik sollte das Vertrauen der deutschen Bevölkerung in Hitler und seine Fähigkeiten stärken und feierte ihn nun vermehrt als Befehlshaber der "modernsten Armee der Welt".[79] Trotz der Rede von der deutschen Unbesiegbarkeit konnte die Propaganda offenbar aber nur bedingt verfangen und die Kriegsfurcht nicht vollkommen abbauen. Hier stieß der Führer-Mythos an Grenzen.

Verglichen mit der seit 1936 forciert betriebenen Wehrmachtpropaganda, die in den Illustrierten in einer zunehmend aggressiveren Darstellung von Kampfsituationen einzelner Wehrmachtsgattungen ihren Ausdruck fand, erfolgte eine derartige Stilisierung Hitlers relativ spät. Bis 1938 war die Thematik "Hitler und seine Soldaten" in der Illustriertenpresse nur hin und wieder präsent und die Berichterstattung hielt sich weitgehend zurück, Hitlers Rolle als "Oberster Befehlshaber der Wehrmacht" allzu militante Züge zu verleihen.[80] Defensivere Bildbotschaften standen – trotz der nicht zu übersehenden Aufrüstung – im Vordergrund; vornehmlich sah man Hitler als Marineliebhaber – auf Kreuzfahrten oder bei der Besichtigung von Kriegsschiffen – und als kundigen Fachmann bei Manövern im Kreise hoher Offiziere oder im Doppelporträt mit seinen Generälen.[81] Hinzu kam die Feier des heroischen Weltkriegssoldaten Hitler, die in retrospektiver Form die soldatischen Tugenden des "Führers" und seine Vorbildlichkeit auch auf dem militärischen Sektor bekräftigte. In unzweideutiger Form vermittelten die Darstellungen der Wehrmacht bei den Parteitagsritualen seit 1935 Hitlers militärischen Führungsanspruch und die steigende Leitbildfunktion des Militärs. Eine Tendenzwende im Sinne einer psychologischen Kriegsvorbereitung zeigte sich im August 1938 anläßlich der Berichterstattung über den Staatsbesuch von Horthy, die eine machtstrotzende Präsentation von Marine und Heer und gleichzeitig Hitlers militärische Führerstilisierung hervorhob.[82] Eine Forcierung der Wehrmachtpropaganda bedeutete dann am 19. Oktober eine Presseanweisung des Propagandaministeriums, in der die Funktion der Bildpublizistik klar hervorgehoben wurde: "Es soll durch eine länger anhaltende, laufende Dauereinwirkung der deutschen Presse in Wort und Bild (...) das Selbstvertrauen des deutschen Volkes zu seiner eigenen Kraft und seinen militärischen Machtmitteln gestärkt werden. (...) Um die Stärkung dieses Selbstvertrauens zu erreichen, müssen alle der Presse zur Verfügung stehenden Hilfsmittel eingesetzt und alle publizistischen Wege beschritten werden. (...) In weit stärkerem Maße als bisher ist nunmehr auch die Bildberichterstattung zur Popularisierung der deutschen Rüstung und der deutschen militärischen Bereitschaft einzusetzen. Dabei sind insbesondere neben den Bildseiten der Tageszeitungen die illustrierten Zeitschriften aller Art heranzuziehen."[83]

Den Höhepunkt der Verherrlichung Hitlers als Befehlshaber einer modernen und kampfbereiten Armee bildete die Bildberichterstattung anläßlich seines 50. Geburtstages am 20. April 1939.[84] Das Geburtstagszeremoniell, das seit 1936 zunehmend militärischen Charakter bekam, sollte nach dem Willen der Veranstalter der "Demonstration militärischer Macht und Entschlossenheit" dienen und kulminierte in einer vierstündigen Parade aller Waffengattungen der Wehrmacht und der nationalsozialistischen Parteiorganisationen, der größten Parade während des Dritten Reiches überhaupt.[85] Hitler nahm sie von einem mit einem Baldachin versehenen und rot ausgeschlagenen Podium mit "Thronsessel" und Führerstandarte ab – ein Szenario von schwülstiger Pracht, das für die friderizianisch anmutende Kargheit bei Hitlers bisherigen Auftritten untypisch war. Unübersehbar war mit der Berliner Parade zusätzlich noch eine Einschüchterungsfunktion an die Adresse des Auslandes verbunden, wie beispielsweise aus einem anläßlich der Veranstaltung

Hitlers Idolisierung | Nationalheld

Firma Heinrich Hoffmann (Hugo Jaeger?): Ost-West-Achse mit Brandenburger Tor, Berlin, 19. April 1939, Farbdia

erschienenen Artikel des "Völkischen Beobachters" hervorgeht, der mit Militäraufnahmen reichlich bebildert war und keinen Zweifel daran ließ, daß Hitler auf einen "deutschen Frieden" hinarbeitete: "Dem Führer zu Ehren und zur Freude hat sich die ganze Wucht und eherne Schlagkraft der jungen großdeutschen Wehrmacht sichtbar vor den Augen des ganzen Volkes entfaltet (...) Die vollkommene Wehrmacht ist da! (...) Was kann sich ihr vergleichen? Sie verfügt nicht nur über alle modernen und modernsten Waffen und Geräte, über Kampfmittel für jeden Zweck und für jeden Fall, sie verfügt zur Führung dieser Waffen auch über die nötige Intelligenz gläubiger Krieger und Soldaten. (...) Was hat ein Mann aus dieser Mannschaft gemacht; was wird und kann er noch weiter aus ihr machen! (...) Ein heißes Gefühl ist oft bei dieser Parade, vor den Fahnen und Standarten, vor den Heilrufen der Menge, dem ehernen Marschschritt, dem Rasseln der Panzer, in uns emporgestiegen. Wir alle, jeder einzelne von uns, ist mit dieser Wehrmacht gewachsen und hängt mit seinem Herzen und seinem Blute an unserer Wehrmacht. Sie ist uns die Gewähr und die Sicherheit für den Frieden, der freilich ein deutscher Frieden ist und einem starken Volke sein Lebensrecht sichern will. So sehen wir auf den Führer, wie heute Zehntausende junger Soldaten

Abb. 5/151

Firma Heinrich Hoffmann (Hugo Jäger ?): Adolf Hitler nimmt die Parade der Wehrmacht anläßlich seines 50. Geburtstages auf der Ost-West-Achse ab, Berlin, 20. April 1939, Farbdia

Presse-Illustrationen Heinrich Hoffmann: Schwere Artillerie bei der Parade anläßlich von Hitlers 50. Geburtstag, Berlin, 20. April 1939, Pressebildabzug

auf ihn gesehen haben; in ihm sind alle unsere Gedanken, Sinne und Herzen zu einer geschlossenen Kraft vereinigt."[86]

Die militaristische Ausrichtung des Führerkults und ihre monströsen Inszenierungen verdichtete Hoffmanns Fotobuch "Ein Volk ehrt seinen Führer" zu einer waffenklirrenden Dankeshymne.[87] Das Buch, Hoffmanns letzter Band vor dem Krieg, widmete sich ausschließlich den Geburtstagsfeierlichkeiten und ließ den Drohgestus der militärischen Veranstaltungen dominieren. Allein die Präsentation der an eine perfekte Militärmaschinerie errinnernden Wehrmachtsparade füllt weit mehr als die Hälfte der Aufnahmen der Feierlichkeiten. Intensiver als bisher fallen auch monumentalisierende Stilisierungen von Hitler und den militärischen Formationen aus und potenzieren die Botschaften von Gefolgschaftstreue und bedingungsloser Unterwerfung unter den Führerwillen. In welchem Maße der Führerkult nun mit dem "Wehrgedanken" gekoppelt wurde, zeigt die Bildselektion, denn die Ergebenheitsadressen der Partei wurden nur mit wenigen Bildern vorgestellt. [88]

Als Garant deutscher Stärke erschien Hitler schließlich auch bei der Westwallpropaganda, die im Zusammenhang mit dem im Frühjahr 1939 in die Propaganda eingeführten Schlagwort von der "Einkreisung Deutschlands" neu aktiviert wurde. Im Mai fand eine Besichtigungsfahrt für Journalisten und Pressefotografen zu den militärischen Anlagen statt, an der neben hohen Militärs und Parteiführern auch Hitler persönlich teilnahm, um der Kampagne Nachdruck zu verleihen. Typisch für den Tenor der dann folgenden Berichte war die Reportage des "Illustrierten Beobachters" mit Aufnahmen der inspizierten militärischen Anlagen, die den Eindruck vermitteln sollten, daß die deutsche Bevölkerung in der "Hand des Führers" gut aufgehoben sei und seinem staatsmännischen Geschick auch in einer Situation vertrauen durfte, in der das Ausland angeblich Deutschland zunehmend bedrohte: "Die Besichtigungsfahrt ergab: Deutschlands Westgrenze ist unüberwindlich. Die Anlagen stellen die größten Verteidigungswerke der Weltgeschichte dar. Nie wird eine noch so angriffsstarke feindliche Armee dies Bollwerk einrennen können."[89]

Zenit und Kollaps des Führerbildes im Krieg

Zenit und Kollaps des Führerbildes im Krieg

Mit Beginn des Zweiten Weltkriegs kam der Nationalsozialismus "zu seinem eigentlichen Element zurück", so Broszat, bestand Hitlers "Evangelium" doch in der "fanatische(n) Entschlossenheit, den Kampf um deutsche Weltmacht und Erneuerung entschiedener als im Ersten Weltkrieg wieder aufzunehmen."[1] An die Stelle rational kalkulierter Schachzüge und diplomatischer Manöver, wie sie in den dreißiger Jahren zu beobachten waren, "trat bei Hitler nun zunehmend die Bereitschaft, 'aufs Ganze zu gehen' und Entscheidungen zu fällen, die auf den ideologischen 'Wahrheiten' seiner irrationalen 'Weltanschauung' basierten: dem großen Streben nach endgültiger deutscher Vor- und Rassenherrschaft und mehr 'Lebensraum'."[2] Hitlers "Doppelkreuzzug" folgte einem universalen Feindbild und zielte auf die rassistische Umgestaltung und Vernichtung innerhalb des Reiches und im deutsch besetzten Europa, war also "ein einheitliches Geschehen nach innen und nach außen".[3]

Hitler hatte seine Expansionspläne mit großem Tempo vorangetrieben – aus der Furcht, den erreichten Rüstungsvorsprung gegenüber den Westmächten zu verlieren, und um dem bestehenden ökonomischen Druck im Reich zu begegnen. Trotz der forcierten Rüstungs- und Autarkiepolitik war das Dritte Reich am Vorabend des Zweiten Weltkriegs auf einen länger dauernden Krieg wirtschaftlich jedoch nicht genügend vorbereitet und besaß nur Ressourcen für begrenzte Offensiven. Aufgrund dieser Situation wie auch der als politische Gefahr angesehenen Kriegsbelastung der Zivilbevölkerung entstand die auf modernste Waffen gestützte Konzeption überfallartiger Kriegszüge gegen einzelne Staaten. Mit diesen Blitzkriegen warf die deutsche Wehrmacht zwischen Herbst 1939 und Sommer 1941 nacheinander Polen, Dänemark und Norwegen, die Niederlande, Belgien und Frankreich nieder, schließlich auch Jugoslawien und Griechenland. Die Welt war in lähmende Angst versetzt, England isoliert, während das Deutsche Reich auf dem Höhepunkt seiner Macht seit 1871 stand und Hitler die größte Popularität bei der deutschen Bevölkerung genoß.

Mit dem Überfall auf die Sowjetunion am 22. Juni 1941 begann die in mehrerlei Hinsicht entscheidende Phase des Weltkrieges, denn nun führte Hitler den Krieg, den er immer schon gewollt hatte: einen rasseideologisch begründeten Raub- und Vernichtungskrieg gegen den "Bolschewismus", der anfangs dem Erfolgsmuster der Blitzkriege folgte, im Herbst 1941 aber ins Stocken geriet und vor Moskau stagnierte, da der deutsche Generalstab die sowjetische Widerstandskraft unterschätzt hatte. Hand in Hand mit dem verlangsamten Vormarsch eskalierten die Mordaktionen der deutschen Einsatzgruppen und erfolgten schließlich die entscheidenden Schritte zur "Endlösung", das heißt zur versuchten systematischen Ermordung aller europäischer Juden.[4] Nach dem ersten Winter an der Ostfront waren die Hoffnungen auf einen baldigen "Endsieg" verflogen, zumal der Krieg mit dem Kriegseintritt der USA globale Dimensionen angenommen hatte und sich eine breite Anti-Hitler-Koalition bildete. Verschleierten deutsche Geländegewinne in Nordafrika und der Sowjetunion noch zeitweilig die tatsächliche Situation, sollte im Januar 1943 die Niederlage bei Stalingrad für jedermann die endgültige Kriegswende sichtbar machen. Nun setzte eine fortschreitende Legitimationskrise des NS-Regimes ein, die auch durch die Ausrufung des "totalen Krieges" durch Goebbels nicht aufgehalten werden konnte und selbst Hitler nicht mehr aussparte. Hitler hatte sein Vabanquespiel um die deutsche Weltmachtstellung verloren. Er war unfähig zu siegen, aber auch unfähig, den Krieg durch einen Friedensschluß zu beenden, und steuerte einen selbstzerstörerischen Kurs. Hitlers Herrschaft mußte sich freilich zunehmend auf einen wild eskalierenden Terror stützen und zeigte erst in den letzten Monaten des Dritten Reiches massive Auflösungserscheinungen. Und doch besaß der "Führer" in den letzten Kriegsjahren nicht nur bei den Parteifunktionären und Militärangehörigen, die durch ihre Beteiligung am Völkermord eng an ihn gebunden waren, sondern auch beim "einfachen Volk" noch immer eine bemerkenswerte Popularität und wußten die Verschwörer vom 20.Juli 1944, daß ihr Attentat, falls es gelänge, ein "Widerstand ohne 'Volk'"[5] bleiben würde.

Entdifferenzierung des Führerbildes

Bilanziert man die fotografische Massenpublizistik im Dienste des Führermythos zwischen September 1939 und April 1945, sind ohne Zweifel der schnelle Verfall der vordem permanenten visuellen Präsenz Hitlers und die gleichzeitige Reduzierung des ikonografischen Spektrums die herausragenden Merkmale. Hinzu kommen der Verlust an politischer Ritualität und Symbolik sowie die starke Vereinfachung der fotografischen Darstellungsmittel, das Verschwinden von längeren Bildreportagen und die Verkürzung der Bildbetextungen. Hitlers hohe Visualität während der Blitzkriege, der "berauschenden Siegesphasen dieses Krieges" (Goebbels), und der anschließenden Triumphfeiern war nur eine kurzzeitige Erscheinung in einem überraschend und vergleichsweise kontinuierlichen Prozeß der visuellen Ausdünnung, der schließlich zum Zusammenbruch des Hitlerbildes in den letzten Kriegsjahren, in der Phase des "totalen Krieges" führte.[6] Bemerkenswert ist dabei vor allem die Tatsache, daß sich Hitlers fotografische Präsenz schon zu dem Zeitpunkt, als Hitler 1940/41 dank seiner militärischen Erfolge den Höhepunkt seines Ansehens erreichte, entscheidend verringert hatte. Das wirft eine Reihe von Fragen auf: wie änderten sich unter den Kriegsbedingungen Hitlers fotografisches Handlungsrepertoire und sein Verhältnis zur eigenen öffentlichen Selbstdarstellung und zu seiner Präsenz in den Bildmedien? Wie wirkten Hitlers Verhalten, die

Strategien und Rahmenbedingungen der Kriegspropaganda in den verschiedenen Kriegsphasen zusammen? Geriet Hitler selbst in einen Gegensatz zu den Anforderungen der Führerpropaganda? Welche Rolle spielten Pressefotografen und fotografische Bildmedien in einer Situation, als der Führer-Mythos in die Krise kam?

Seit Beginn des Krieges stand Hitlers fotografische Präsenz in den Medien unter dem Vorzeichen des Militärisch-Soldatischen und des Außenpolitisch-Staatsmännischen, was seiner Selbststilisierung entsprach.[7] Innenpolitische Themen spielten im direkten Bezug mit dem "Führer" kaum mehr eine Rolle, und gleich zu Beginn des Krieges minimierten sich die Berichte über informelle Begegnungen mit der Zivilbevölkerung. Arbeit, Soziales und Wirtschaft waren allein in wenigen Aufnahmen präsent.[8] Selbst die Partei bildete in Verbindung mit Hitler nur noch ein marginales Thema der Fotopublizistik – und zwar anlässlich der alljährlichen Jubiläumsveranstaltungen. Das galt selbst für die Parteiillustrierte. Einige Themen, die vor 1939 eine Komponente des öffentlichen Hitlerbildes darstellten und auch nach 1939 als Teil von Hitlers Lebenswirklichkeit und politischer Tätigkeit weiterexistierten, wurden mit Kriegsbeginn aus offenkundig propagandistischen Gründen ersatzlos gestrichen. Dazu gehörte vor allem der Bereich des "Privatlebens", besaß doch im offiziellen Bild des rastlos an der Front und im Führerhauptquartier tätigen "Führers und Feldherrn" Privates keinen Platz mehr. Ein entscheidendes Strukturmerkmal des Führerbildes blieb während des Krieges jedoch bestehen: soweit möglich, wurden die nationalen Erfolge konsequent auf Hitler hin geflüchtet, um ihn als Garanten einer außergewöhnlich erfolgreichen Politik zu feiern, und im gleichen Zuge möglichst alle Schattenseiten der NS-Herrschaft und negativen Aspekte des Krieges von ihm ferngehalten.[9]

Eine strenge Zensur der Hitleraufnahmen, von der auch Hoffmann betroffen war, verpflichtete nun die Bildpresse auf das offizielle Hitlerbild. Am 29. Januar 1940 wurde die Presse strikt angewiesen, "daß jedes neue Führerbild vor der Veröffentlichung in Zukunft dem Führer selbst vorgelegt wird. Auch Photo-Hoffmann hat in Zukunft keine Ausnahmestellung mehr."[10] Die Parteiillustrierte verletzte ein Tabu, als sie am 25. Januar 1940 auf dem Titelblatt eine Aufnahme Hitlers mit einem Schäferhund ("Kurze Entspannung von den Staatsgeschäften. Adolf Hitler in den bayerischen Bergen") veröffentlichte.[11] Daraufhin wies das Reichspropagandaministerium die Presse an, "daß Bilder, die den Führer im Zustand des Ausruhens oder während der Erholung auf dem Obersalzberg zeigen, in der gegenwärtigen Zeit unzweckmäßig sind. Bilder vom Führer bei der Arbeit, unter den Soldaten u.ä. sind geeigneter. Zeitungen und Zeitschriften, die die gegebene Anordnung nicht beachten und Führerbilder wiedergeben, deren Freigabe nicht durch das Bildpressereferat der Reichsregierung erfolgt ist, verfallen der Beschlagnahme."[12]

Die konsequente Militarisierung des Führerbildes verband sich in den ersten Kriegswochen mit populistischen Vorkriegstraditionen und strich unter diesem Vorzeichen die Einheit von Soldaten und Hitlers Führertum heraus. Nach dem Polenfeldzug zeigte sich ein entscheidender Bruch mit diesen früheren Mustern, gab es deutlich weniger Bildberichte über informelle Begegnungen mit Soldaten, und mit dem Ende der Blitzkriegsphase sollte sich Hitlers Handlungsrepertoire wie die rituell-ästhetische Ausschmückung seiner Auftritte abermals beschleunigt reduzieren. Hitlers Image wandelte sich vom volksnahen "Führer" zum autokratischen "Kriegsherrn", der nur hin und wieder in München und Berlin erschien, ansonsten aber weit entfernt Krieg führte und mit der Bevölkerung und ihren Sorgen kaum noch etwas zu tun hatte. Den volksverbundenen "Führer" gab es nicht mehr. An die Stelle der Bevölkerung beziehungsweise der Soldaten als Kulisse

Illustrierter Beobachter, Nr. 4, 25. Januar 1940, Titelseite

und Folie für Hitlers Auftritte traten nach der Niederlage von Stalingrad 1943 immer stärker die Führungselite des Dritten Reiches und Vertreter anderer Staaten - aufgenommen bei Treffen mehr oder weniger fernab der "großen Öffentlichkeit". Diese Bilder einer weitgehend publikumsfernen "Eliten-Politik" stützten Hitlers mediale Präsenz mehr und mehr und kompensierten damit faktisch das Fehlen von Aufnahmen öffentlicher Auftritte und Begegnungen mit der Bevölkerung.

Vor diesem Hintergrund erscheint die nach den Blitzkriegen praktizierte fotografische Führerpropaganda ausgesprochen doppelgesichtig: Hitlers wachsende Absonderung von der Öffentlichkeit, die in der zweiten Kriegshälfte realiter fast verschwundenen Begegnungen zwischen "Führer" und "Volk" wurden durch die fotografische Berichterstattung zwar in gewisser Hinsicht kompensiert, da sie einem großen Publikum noch immer ein medial vermitteltes "Führer-Erlebnis" ermöglichte. In gewisser Weise hielt die Pressefotografie die massenmediale Führerpräsenz bis zum Kriegsende 1945 auf-

Abb.6 /2

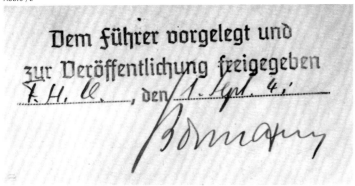

Stempel mit der Unterschrift von Hitlers Adjutanten Albert Bormann auf der Rückseite eines Pressebildabzuges, September 1941

recht. Doch diese wurde immer dünner, verarmte ästhetisch und motivlich und nahm schließlich vor dem Hintergrund der früheren Führerstilisierung unwirkliche und groteske Züge an. An alte Idealvorstellungen vom "Führer" konnte die Fotopublizistik allenfalls notdürftig und nur mit Hilfe einiger Tricks anknüpfen.

Der Zweite Weltkrieg minimierte und uniformierte nicht nur die visuelle Hitler-Präsenz, sondern führte auch dazu, daß Hoffmann seine besondere Position als wichtigster Lieferant aktueller Hitleraufnahmen weiter ausbauen konnte und in der zweiten Kriegshälfte fast ein absolutes Monopol erlangte. Diese Entwicklung läßt sich anhand der Urhebervermerke auf den Titelblättern der Illustrierten feststellen, während entsprechende Verweise in der Tagespresse, wie etwa dem "Völkischen Beobachter", oftmals fehlen oder unpräzise ausfallen.[13] Hoffmann steigerte seinen Anteil in der "Berliner Illustrirten Zeitung", der "Münchner Illustrierten Presse" und im "Illustrierten Beobachter" auf über 80 Prozent.[14]

"Der Führer unter seinen Soldaten"

"Hitler im Felde" – das war während der militärischen Eroberung Polens ein ausgesprochen facettenreiches und dynamisches Bild.[15] Aufnahmen vom Kontakt mit Soldaten, vom Feldherrn im Kreise seiner Generäle, von Truppenvorbeimärschen und Besichtigungen im Feindesland demonstrierten Hitlers ungebrochenen Selbstdarstellungswillen und erinnern fast an einen Propagandafeldzug in Friedenszeiten. Geschickt wurde der Führer-Mythos den Erfordernissen des Krieges angepaßt und der Eroberungszug ganz im Sinne der herkömmlichen populistischen Führervorstellungen dargestellt. Und zwar auf eine so intensive Art und Weise, wie sie später im Krieg nicht mehr zu beobachten ist. Diese Akzentsetzung war auch eine vertrauensbildende Maßnahme, denn die Volksstimmung hatte auf den Angriff auf Polen anfangs keineswegs positiv reagiert und sollte sich erst mit den schnellen militärischen Erfolgen wandeln.[16] "Der Führer, so schien es nun auch manchen Teilnehmern des Ersten Weltkrieges, hatte mit der Modernität der deutschen Waffen, dem Angriffsschwung der deutschen Soldaten und der genialen Blitzkrieg-Strategie auch dem Krieg eine neue Erfolgsdynamik gegeben."[17] Hitler genoß unverändert das Vertrauen der Bevölkerungsmehrheit, die auch gegen seine Gewalt, mit der er Europa überzog, keine Bedenken erhob. "Einen durchschlagenden Beweis dafür, daß die Popularität Hitlers auch in den ersten Kriegsmonaten nicht nachgelassen hatte, daß der Führer die Bevölkerung nach wie vor in seinem Bann hielt, lieferte die Reaktion auf den Attentatsversuch im Bürgerbräukeller am 8. November 1939. Die Berichte sprechen einheitlich von der großen Empörung der Bevölkerung und von dem tiefen Dank an die Vorsehung für die Rettung des Führers. 'Gott ist mit dem Führer und es ist gut, daß ihm nichts zugestoßen ist'(...)."[18]

Ausdruck der Bewunderung und Verehrung war auch der verlegerische Erfolg von Hoffmanns Ende 1939 erschienenem Bildband "Hitler in Polen", der sich innerhalb weniger Wochen weit über 100 000 mal verkaufte und Hitler nun auch das Attribut des genialen Feldherrn anheftete.[19] Mit dem Abdruck von Hitlers Reichstagsrede vom 1. September 1939 bemühte sich der Band noch um den Schein einer Rechtfertigung des Überfalls, ganz im Gegensatz zum späteren Band vom Eroberungszug gegen die westlichen Nachbarn des Deutschen Reiches.[20] Bebildert war der Text mit einer Serie entsprechender Aufnahmen Hitlers aus dem Reichstag sowie einer Aufnahme von "Volksdeutschen Flüchtlingsfamilien", die an antipolnische Ressentiments appellierte und an die überzogenen Propagandaberichte über die Verfolgung der deutschen Minderheit vom Sommer 1939 anknüpfte. Hitler hatte in dem telegrafisch zusammengerufenen Reichstag mitgeteilt, daß sein "großzügiges" Angebot an Polen mit bewaffneten Grenzzwischenfällen beantwortet worden sei, und gab Polen die Schuld für den Waffengang. Im letzten Teil seiner Rede legte er ein kompromißloses Bekenntnis zum Krieg ab: "Mein ganzes Leben gehört von jetzt ab erst recht meinem Volke! Ich will jetzt nichts anderes sein als der erste Soldat des Deutschen Reiches! Ich habe damit wieder jenen Rock angezogen, der mir selbst der heiligste und teuerste war. Ich werde ihn nur ausziehen nach dem Sieg oder – ich werde dieses Ende nicht erleben!"[21]

In der aktuellen fotografischen Kriegsberichterstattung der Zeitungen und Zeitschriften konnten die Leser mit Erstaunen die schnellen militärischen Erfolge der deutschen Wehrmacht verfolgen – und sahen dabei das Frontgeschehen mit dem

*Illustrierter Beobachter,
Nr. 37, 14. September 1939,
S. 1426/1427*

Blick auf Hitler, der eng mit dem militärischen Erfolg verbunden, ja gerade dessen Garant zu sein schien: ein genialer Stratege, der nur gezwungenerweise zum Krieg griff und gleichermaßen zum Politiker und Feldherrn befähigt sei. Otto Dietrich fabulierte später: "So ergänzten sich im Führerhauptquartier Soldaten und Politiker in hervorragender Zusammenarbeit, wie es der moderne Krieg erfordert, in dem militärische Maßnahmen und politische Entscheidungen untrennbar verbunden sind. In der obersten Spitze, in der Person des Führers sind sie beide miteinander vereint. Als der erste Soldat des Reiches und Oberste Befehlshaber der Wehrmacht stand er in diesem Feldzug an allen Brennpunkten der Entscheidung. Tagsüber war er an der Front bei der Truppe, und abends, bis in die späte Nacht hinein, führte er im Hauptquartier die wichtigsten militärischen und politischen Besprechungen. So war jeder Tag bis zur letzten Minute ausgefüllt. Bei einfachster Lebensweise wurde alles Persönliche rücksichtslos der großen Aufgabe untergeordnet."[22] Hitlers Teilnahme am Polenfeldzug wurde von der Propaganda zum Paradigma seines gewaltigen Pflichtbewußtseins erklärt, er selbst zum leuchtenden Vorbild für den von jedem Volksgenossen verlangten Heroismus: "Führer und Volk – eine verschworene Gemeinschaft. Der Führer fordert von keinem Deutschen mehr, als er selbst jederzeit zu geben gewillt ist. Man sieht es diesen Reservisten an, was ihnen der Besuch des Führers an der Front bedeutet."[23] Damit war nun die Notwendigkeit existenzieller Opfer angesprochen, die der Krieg forderte, sich während der Blitzkriege aber noch in Grenzen hielten.[24]

Auf der Titelseite des "Illustrierten Beobachters" vom 5. Oktober 1939 hieß

Abb. 6/4

*Illustrierter Beobachter,
Nr. 16, 18. April 1940,
o. S. (Aufnahme Polen,
September 1939)*

es kurz und bündig unter einem Hitlerporträt: "Überall ist der Führer". Das war programmatisch gemeint und sollte Hitlers Kompetenz und Allmacht auch im Krieg kennzeichnen. Im "Völkischen Beobachter" erschien Hitler beinahe täglich, zum Teil mit mehreren Aufnahmen, die ihn bei "Frontfahrten" und Truppenbesuchen, an der Feldküche oder bei der Begrüßung von Kriegsverletzten zeigten – letzteres die Übertragung eines Topos des "menschlichen" Hitlersbildes aus der Vorkriegszeit, der als Demonstration seiner Fürsorglichkeit bezeichnenderweise nur für die erste Kriegsphase überliefert ist. (Abb. 6/3) Besonders beliebt bei den Redaktionen waren damals Aufnahmen von Hitler beim Feldküchenessen unter freiem Himmel, die seinen anspruchslosen-soldatischen Lebensstil bezeugen sollten – wie eine Bildunterschrift in der "Berliner Illustrirten Zeitung" bekräftigte: "Der oberste Befehlshaber der Wehrmacht ißt die Mahlzeit der Frontsoldaten."[25] Als negative Kontrastfigur wurde dagegen der englische Premierminister Chamberlain vorgestellt. Unter entsprechenden Aufnahmen von Hitler beziehungsweise Chamberlain war etwa am 15. September 1939 im "Völkischen Beobachter" zu lesen: "Während sich der Führer als Erster Soldat des Reiches an die Front begeben hat, um bei seinen Soldaten zu sein, geht Herr Chamberlain, der Hauptschuldige an diesem Krieg, in London spazieren. Die Gasmaske trägt er wohl mehr als Renommierstück zur Schau."[26]

Die Fotografien von Hitlers Aufenthalt in Polen waren zumeist von Hoffmann selbst aufgenommen worden, der ihn im Adjutantenwagen begleitete, und erschienen dann auch im Rahmen ausführlicher Illustriertenreportagen über den "Führer an der Front."[27] Darunter finden sich auch unerwartete Ansichten: vor dem Sonderzug des mobilen Führerhauptquartiers sitzt Hitler ganz leger am Bahndamm im Kreis seiner militärischen Begleiter und studiert Unterlagen.[28] (Abb. 6/6) Welcher deutsche General hätte sich so aufnehmen lassen? Der Begriff "Führerhauptquartier" war in jenen Wochen zum magischen und geheimnisvoll umwitterten Begriff hochstilisiert geworden: "Führerhauptquartier – welch ein Klang verbindet sich mit diesem Wort! Wieviel Hoffnungen und Vertrauen gelten dieser Stätte! Vom ersten Augenblick an, da der Führer zur Truppe an die Front ging, stand dieser Begriff bei 80 Millionen Deutschen im Mittelpunkt ihres Denkens über die Kriegsereignisse. Was macht der Führer jetzt? Wo ist er im Augenblick? Wo war er gestern? Wie spielt sich sein Leben ab? Wer ist bei ihm? Tausend ähnliche Fragen bewegten in den Tagen des polnischen Feldzuges unzählige Herzen, und eine Antwort ver-

mochten auch die Berichte aus dem Führerhauptquartier über die Frontfahrten des Führers nicht immer zu geben."29

Zum wichtigsten Merkmal der damaligen fotografischen Propagandastrategie gehörte es, Hitler nicht nur mit seinen Generälen, sondern vor allem und immer wieder als "Feldherrn unter seinen Soldaten" zu präsentieren, der von seinen Soldaten innig verehrt wurde, ihr Leben teilte und auch die Strapazen von Frontbesuchen nicht scheute: "Solange die deutschen Truppen in Polen kämpfen, ist der Führer bei ihnen – Soldat unter Soldaten."30 In den ersten Kriegsmonaten machten die Abbildungen Hitlers im Kontakt mit "seinen Soldaten" im "Völkischen Beobachter" gut die Hälfte aller seiner aktuellen Aufnahmen aus und hatten damit den größten Anteil an Hitlers damaliger visueller Präsenz. Allein während des nur einige Wochen dauernden Polenfeldzuges erschienen mehr Aufnahmen zum Thema "Hitler bei seinen Soldaten an der Front" als während des gesamten restlichen Krieges! Ihre Zahl verringerte sich bei den folgenden Feldzügen rapide und war bereits 1942 auf ein Minimum geschrumpft. Einer ähnlichen Entwicklung unterlag auch die Dokumentation der formell-ritualisierten Auftritte Hitlers vor seinen Soldaten im eroberten Feindesland. Diese Aufnahmen knüpften entweder an das beliebte Vorkriegsmotiv der Triumphfahrt an und zeigten Szenen des durch das Spalier jubelnder Soldaten fahrenden Feldherrn oder orientierten sich bei der Darstellung von Truppeninspektionen und Vorbeimärschen an herkömmlichen Militärritualen. Während des Polenfeldzugs erschienen verschiedentlich Fotografien solcher Vorbeimärsche im Felde. Höhepunkt war die Siegesparade der 8. deutschen Armee in Warschau am 5. Oktober 1939, der einzigen derartigen Veranstaltung, die Hitler im Zweiten Weltkrieg in einem eroberten Land abhielt.31 Beim Westfeldzug wurde dieses Motivspektrum erheblich kleiner und spielte beim Rußlandfeldzug keine Rolle mehr.

Presse-Illustrationen Heinrich Hoffmann, Pressebildabzüge:
"Kamerad unter Kameraden, überall wo der Führer auftaucht, wird er umjubelt", Polen, September 1939;
"Adolf Hitler mit seinen Wehrmachtsadjutanten, im Hintergrund das mobile Führerhauptquartier", Polen, September 1939;
"Adolf Hitler zeichnet Fallschirmjägeroffiziere mit dem Ritterkreuz aus, Führerhauptquartier "Felsennest" bei Münstereifel, 13. Mai 1940

Abb. 6/8-10

Presse-Illustrationen Heinrich Hoffmann: v.l.: General Jodl, Adolf Hitler, Major Deyhle, Generalfeldmarschall Keitel, Führerhauptquartier "Felsennest", Mai 1940;
"Der Führer im Hauptquartier der Oberbefehlshaber des Heeres. Links der Chef des Oberkommandos der Wehrmacht, Generalfeldmarschall Keitel, links neben dem Führer der Oberbefehlshaber des Heeres v. Brauchitsch, rechts der Chef des Generalstabs des Heeres Generaloberst Halder", Führerhauptquartier "Felsennest", August 1941;
"Der Führer bei einer Kartenbesprechung mit Reichsmarschall Göring und Generalfeldmarschall Keitel", Führerhauptquartier "Wolfsschanze", April 1942, Pressebildabzüge

"Größter Feldherr aller Zeiten"

Das Bild, das dann die Pressefotografie einige Monate später von Hitler während des Feldzuges im Westen zeichnete, unterschied sich in mehrerlei Hinsicht von dem während des Überfalls auf Polen. Es war nicht nur vom Umfang her ärmer, sondern auch thematisch anders strukturiert. Hitler verfolgte zumeist vom "Felsennest" bei Münstereifel oder in Bruly le Peche aus das Kriegsgeschehen und verließ nur kurzzeitig sein Quartier, so zur Besichtigung des Ehrenmals für die Gefallenen von Langemarck und des kanadischen Totenmals auf der Vimy-Höhe. Ausführlich präsentierte er sich den Kameras erst "post festum" im eroberten Feindesland, bei Inspektionen und der Besichtigung von Kriegsschauplätzen des Ersten Weltkrieges.[32] Als "Soldat unter Soldaten" war er nun seltener zu sehen, meist umgaben ihn hohe Militärs und sein Begleitkommando, was auch die erhöhten Sicherheitsmaßnahmen widerspiegelt. Symptomatisch für diese Absonderung war die geheimgehaltene Besichtigung von Paris am 28. Juni 1941. Hitler wählte den frühen Morgen für die Fahrt durch die Stadt, da er Angst vor Attentaten oder Mißfallenskundgebungen der Pariser Bevölkerung hatte. Aus Sicherheitsgründen wurde auch eine deutsche Truppenparade abgesagt.[33] Die soldatischen Popularitätsbekundungen für Hitler, die während des Polenfeldzugs so nachdrücklich in die Mitte der fotografischen Dokumentation gerückt wurden, waren weit seltener. Bezeichnenderweise gewann jetzt erstmals ein Bildmotiv an Bedeutung, das die Bildberichterstattung über Hitler in den nächsten Jahren nicht unwesentlich prägen sollte: das Verleihen von militärischen Auszeichnungen an verdiente Soldaten. So war bereits die erste Aufnahme Hitlers vom Westfeldzug ein eigens gestelltes Gruppenbild des Obersten Befehlshabers zusammen mit Fallschirmjägeroffizieren, die sich bei der Einnahme des Forts Eben Emael in Belgien ausgezeichnet hatten und das Ritter-

Zenit und Kollaps | "Größter Feldherr"

Abb. 6/11

kreuz verliehen bekamen.[34] (Abb. 6/7)

Die entscheidende Rolle bei Hitlers visueller Stilisierung zum Feldherrn spielten beim Frankreichfeldzug Fotografien, die ihn im Kreise seiner führenden Generäle zeigten – Aufnahmen von Begegnungen, Begrüßungen und vor allem Lagebesprechungen. Insbesondere das Bildmotiv der Lagebesprechung durchzog die fotografische Hitlerberichterstattung und war auch auf den Titelseiten der Illustrierten sehr beliebt.[35] Entstanden derartige Fotografien während des Polenfeldzugs überwiegend noch unter freien Himmel, so wurden sie seit dem Frankreichfeldzug meist nur mehr im Führerhauptquartier aufgenommen. Am Kartentisch stehend, mit bedeutungsvoller Mimik und vertieft in konzentrierte Erörterungen, präsentierte sich Hitler in der Mitte seiner Oberbefehlshaber für den herbeigerufenen Fotografen. Es waren überlegt arrangierte und in der Bildtradition des Ersten Weltkriegs stehende Presseaufnahmen, die Standfestigkeit und Kompetenz ausstrahlten und von einer gemeinsamen strategischen Planung kündeten. Deshalb sah man Hitler wohl auch nie sitzend am Kartentisch, wie ihn verschiedentlich aufgenommene Amateuraufnahmen zeigen. Dissonanzen zwischen "Führer" und Generälen waren auf den Aufnahmen der Lagebesprechungen nicht auszumachen, auch nicht in späteren Jahren, als sich Hitler seinen Oberbefehlshabern bereits entfremdet hatte.[36] Gehäuft tauchten Aufnahmen von Lagebesprechungen dann im Spätsommer 1941 im "Völkischen Beobachter" und "Illustrierten Beobachter" auf und zeigen Hitler, Göring, Keitel, Brauchitsch und Halder mit nachdenklichen Mienen, was die Sorgen der deutschen Führung angesichts der unerwartet schwierigen militärischen Lage im Osten ahnen ließ.[37] Das Motiv der Lagebesprechung setzte im Frühjahr 1943 aus – und wurde nur noch einmal, zwei Jahre später, bei Hitlers Besuch auf einem "Divisionsgefechtstand an der Oderfront" im Frühjahr 1945 aufgegriffen.[38] (Abb. 6/45) Nun saß Hitler am Kartentisch. Das abrupte Verschwinden des Motivs im Jahr 1943 war offenbar kein Zufall, zeigt sich darin doch indirekt das tiefgehende Zerwürfnis Hitlers mit der Generalität und seine zunehmende Isolation im Führerhauptquartier Mitte September 1942.[39]

1940 hatte Wilhelm Keitel, Generalfeldmarschall und Chef des Oberkommandos der Wehrmacht, Hitler als den "größten Feldherrn aller Zeiten" apostrophiert und in seinem Geleitwort zu Hoffmanns Bildband "Mit Hitler im Westen" im Vertrauen auf die "Erringung des Endsieges" geschrieben: "In tiefer Dankbarkeit gedenken wir immer des Mannes, der Kopf und Herz dieses gewaltigen Geschehens ist und dessen geniale Führung den Sieg über England auch erzwingen wird."[40] Zwischen den Zeilen seines Geleitwortes konnte man freilich

Berliner Illustrirte Zeitung, Nr. 22, 30. Mai 1940, Titelseite

Mit Hitler im Westen. Herausgeber Heinrich Hoffmann (...), Berlin, 1940, o.S. (Aufnahmen von Fotografen der Propagandakompanien, Abb. 6/15 von H. Hoffmann)

Deutsche Zerstörer über dem bombardierend beschossenen Dünkirchen

Deutscher Panzerschütze nach siegreichem Gefecht

Kurze Ruhepause nach dem Kampf

Das war das Ende vieler englischer Panzer

Zenit und Kollaps — "Größter Feldherr"

Abb. 6/12-15

Stoßtrupps säubern das Gelände

Vormarsch bei glühender Hitze. Hier haben deutsche Flieger und deutsche Artillerie ganze Arbeit geleistet

Spähtrupp in einem zerschossenen Ort

An der Feldküche

Generaloberst von Küchler, Oberbefehlshaber einer Armee, beim Vortrag

auch die Differenzen zwischen Hitler und dem Oberkommando des Heeres herauslesen, das gegen Hitlers schnelle Pläne zur Zerschlagung Frankreichs Bedenken erhoben hatte:[41] "Als im Morgengrauen des 10. Mai 1940 die Westfront zum Angriff antrat, sahen das deutsche Volk und die Welt dem Ausgang des Kampfes in höchster Erwartung und Spannung entgegen. In felsenfestem Vertrauen auf die oberste Führung und die eigene Kraft waren Heer und Luftwaffe entschlossen, den Feind zu schlagen und zu vernichten. Noch war in jüngster Erinnerung die blitzschnelle Landung von Heer und Luftwaffe in Norwegen, noch dabei unvergessen der kühne Einsatz der Kriegsmarine angesichts der an Zahl weit überlegenen britischen Flotte. Würde sich der schnelle Siegeszug der 18 Tage in Polen wiederholen? Würde es unter weit schwierigeren Bedingungen gelingen, Franzosen und Engländer ebenso schnell und vernichtend zu schlagen? Das waren die Fragen, auf deren Beantwortung die Welt in jenen Maitagen wartete!"

Größe und Schnelligkeit der Erfolge beim Westfeldzug hatte niemand geahnt. "Die deutsche Wehrmacht schien in den Augen der Welt unwiderstehlich, Hitlers Feldherrnkunst unbestritten zu sein."[42] Sein Unfehlbarkeitsanspruch auch. Auf der Ebene der bildlichen Anschauung erlangte Hitlers Selbstverherrlichung als Schlachtenlenker von welthistorischer Bedeutung ihren Zenit bei der ausführlich dokumentierten Begehung der Schlachtfelder des Ersten Weltkriegs in Nordfrankreich, der Unterzeichnung der Waffenstillstandsbedingungen in Compiègne durch Frankreich am 22. Juni 1940 und insbesondere dem Besuch von Napoleons Grab in Paris. Dies war eine schnelle und konzentrierte Abfolge von Eroberungsgesten, die durch Presseaufnahmen und Postkarten Hoffmanns und die "Deutsche Wochenschau" weltweit Verbreitung fanden und nicht nur von der "Tilgung der Schmach von Versailles" zeugten, sondern auch von den weitreichenden Ansprüchen Hitlers, sich in die

Abb. 6/16

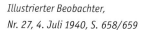

Illustrierter Beobachter,
Nr. 27, 4. Juli 1940, S. 658/659

Reihe der Größten dieser Welt einzureihen. Im allgemeinen wurden diese Aktionen von Hoffmann geschickt ins Bild gesetzt, allein die Aufnahmen der die Franzosen demütigenden Rituale im historischen Salonwagen im Wald von Compiègne erreichten weniger ästhetische Prägnanz, obwohl gerade mit ihnen Hitlers geschichtliche Leistung gefeiert werden sollte.[43] (Abb.6/17-18)

Hitlers Macht und Mythos hatten nach der Kapitulation Frankreichs eine letzte Aufgipfelung erfahren. Hoffmanns Bildband "Mit Hitler im Westen" profitierte in hohem Maße von dem aggressiven Siegesrausch des Sommers 1940. Als er Ende 1940 erschien, begann die Hochstimmung bereits wieder abzuflauen, da ein deutscher Großangriff gegen das verhaßte England ausgeblieben war, und wich schließlich "dem beginnenden Pessimismus wegen der längeren Dauer des Krieges."[44] Der Band wollte "Erinnerungen an diesen einmaligen Siegeszug festhalten" und "dem deutschen Volke" die "Höhepunkte des kriegerischen Geschehens vor Augen führen", wie Keitel schrieb: "Möge das deutsche Volk und vor allem die deutsche Jugend darin ein Zeugnis der Leistung von Führung und Truppe erkennen!" Hierzu versammelte der Band neben den Fotografien von Hitler – meist in Begleitung seiner Generäle – eine Menge von Aufnahmen der Fotografen der Propagandakompanien, die eine rauhere Kriegswirklichkeit als beim Polenfeldzug zeigten. Die Aufnahmen boten beeindruckendes Bildmaterial vom deutschen Vormarsch und den zerstörerischen Triumphen der deutschen Waffentechnik, den zahllosen Zerstörungen und heldenhaft posierenden Panzerschützen und U-Boot-Fahrern. (Abb. 6/12-15) Sie stammten von über fünfzig Fotografen, darunter Willi Ruge, Tritschler und Harald Lechenperg, und waren oftmals wahrheitswidrig oder auch zynisch beschriftet wie im Fall der Aufnahmen fliehender französischer Zivilisten, die als "Traurige Erfolge der Kriegshetzer" ausgegeben wurden. "Mit Hitler

Abb. 6/17-18

Photo-Hoffmann: "Compiègne 1940. Generalfeldmarschall Keitel verliest die Präambel des Führers"; "Compiègne 1940. Der Führer vor dem Verhandlungswagen", Postkarten

im Westen" war die populärste der Hoffmannschen Fotobandproduktionen und erreichte eine Gesamtauflage von 600 000 Stück. Nach dem Band zum Frankreichfeldzug erschien nur noch ein weiterer Kriegsband im Zusammenhang mit Hitler: "Für Hitler bis Narvik", der vom Juniorchef des Verlagshauses bearbeitet worden war.[45] Für den Führerkult gab der Norwegenfeldzug publizistisch nicht viel her, da Hitler nicht selbst an dem Unternehmen teilnahm, und er war auch verlegerisch nicht besonders interessant. Der letzte deutsche Blitzkrieg im Frühjahr 1941 auf dem Balkan war aus Hoffmanns Sicht keine Publikation mehr wert, geschweige denn der Rußlandfeldzug.

An der Heimatfront

Wie erwähnt, brachen die ursprünglich häufigen Berichte über informelle Begegnungen Hitlers mit der Bevölkerung, die nicht unwesentlich das Bild vom volksverbundenen und allseits geliebten "Führer" geprägt hatten, nach dem Beginn des Zweiten Weltkrieges so gut wie vollkommen ab und erlangten selbst zwischen den Blitzkriegen keine größere Bedeutung mehr. Nach der Rückkehr vom Polenfeldzug und der Wiederaufnahme seiner Regierungstätigkeit in Berlin zeigte sich Hitler nur in Ausnahmefällen im Kontext populistisch-informeller Auftrittsformen, was in ähnlicher Weise auch für die Zeit nach dem Frankreich-Feldzug galt.[46] Anzuführen sind einige Aufnahmen von Begegnungen mit der Zivilbevölkerung im Herbst und Winter 1940, die eindeutig für die Medienberichterstattung arrangiert waren und auch in der "Deutschen Wochenschau" erschienen. Hitlers Auftritte, darunter die Besichtigung der Kruppschen Waffenschmiede in Essen, die Rede in einer Berliner Rüstungsfabrik und der Empfang einer Abordnung von "Frontbauern", sollten auf traditionelle Weise dem Kriegseinsatz der Bevölkerung Rechnung tragen.[47] (Abb. 6/21-23)

Mit Beginn des Rußlandfeldzuges fielen solche Komponenten des Führerbildes endgültig weg, da Hitler keinen direkten Kontakt mit der Zivilbevölkerung mehr suchte und sich nicht einmal mehr an Fototerminen von mediengerecht arrangierten Empfängen von Abordnungen verschiedener Gruppen der Zivilbevölkerung innerhalb des Führerhauptquartiers interessiert zeigte.[48] Zu den ganz wenigen Ausnahmen gehört die Gratulation von BDM-Mädchen und Hitlerjungen im April 1942.[49]

Vom Ritual der "plebiszitären Begegnung" zwischen den Volksmassen und politischer Führung berichteten in der Siegesphase des Krieges die Fotografien von einigen feierlichen Großritualen unter freiem Himmel, organisiert anläßlich von Staatsbesuchen und Siegesfeiern. Das galt vor allem für den Mussolini-Besuch im Juni 1940 oder Hitlers triumphalen Einzug in Berlin nach dem Sieg über Frankreich am 6. Juli 1940. Dazu lief ein Programm ab, wie es ähnlich schon 1938 und 1939 nach seiner Rückkehr aus Wien und Prag veranstaltet worden war und eine Begrüßungszeremonie durch Göring, die Fahrt durch ein Menschenspalier zur Reichskanzlei und die anschließende Entgegennahme der Huldigungen auf dem Balkon der Reichskanzlei umfaßte. Am 18. Juli 1940 folgte schließlich die große Siegesparade, "eine Veranstaltung, wie sie seit 1871 nicht mehr stattgefunden hatte", und die den Auftakt zur "Siegessitzung" des Reichstages bildete, auf der Hitler dann den "größten und glorreichsten Sieg aller Zeiten" verkündete.[50] Letztmalig nahm Hitler die Ovationen der Massen beim Besuch des japanischen Außenministers Ende März 1941 entgegen, als er zusammen mit Matsuoka auf den Balkon der Reichskanzlei trat.[51] Nach 1941 gab es zu solchen Siegesparaden und Jubelfeiern keinen Anlaß mehr. Großveranstaltungen mit Hitler unter freiem Himmel fanden nur noch jeweils im März am Heldengedenktag, bestehend aus einer Rede Hitlers im Lichthof des Berliner Zeughauses und einer Militärparade Unter den Linden, statt. In diesem Zusammenhang wurde dann auch eine Begrüßung von Verwundeten arrangiert – gewissermaßen als Ersatz für Hitlers Weigerung, sich zu demonstrativen Lazarettbesuchen aufzuraffen.[52]

Hitlers gewichtigste öffentliche Auftritte waren auch im Krieg seine großen Reden, die von der Bevölkerung oftmals mit großen Erwartungen verknüpft wurden – gerade in dem Moment, als viele an seiner Politik zu zweifeln begannen und neue Hoffnungen auf den Endsieg suchten.[53] Die Reden dienten Hitler zur Verkündung politischer Botschaften, wie zum Beispiel des sogenannten Friedensangebots an die Westmächte in der Reichstagsrede vom 6. Oktober 1939, und sollten die Stimmung der Bevölkerung positiv beeinflussen, deren Reaktionen von Beobachtern des Sicherheitsdienstes der SS genauestens beobachtet wurden. Hitler hatte die Orte seiner Redeauftritte stark reduziert, vorrangig auf den Reichstag, den Sportpalast (zum Jahrestag der Machtergreifung, zur Eröffnung des Winterhilfswerkes und vor

Offiziersanwärtern) und die jährlichen Parteifeiern in München, womit der öffentliche Zugang stark eingeschränkt war und das breite Publikum ausgeschlossen blieb. Das Datum von Redeauftritten wurde sogar verschoben, um einen propagandistisch möglichst effektiven Zeitpunkt abzupassen, etwa anläßlich des Heldengedenktages 1943, da Hitler die Rückeroberung Charkows durch deutsche Truppen abwarten wollte, um dann eine Siegesmeldung verkünden zu können. Am 21. März 1943 erklärte er im Zeughaus mit optimistischem Tenor: "(…) dank dem Opfer- und Heldentum unserer Soldaten an der Ostfront ist es gelungen, nunmehr endgültig die Krise, in die das deutsche Heer – durch ein unverdientes Schicksal – gestürzt worden war, zu überwinden, die Front zu stabilisieren und jene Maßnahmen einzuleiten, die den vor uns liegenden Monaten wieder den Erfolg bis zum endgültigen Sieg sichern sollen."[54] Prompt erschien am 1. April in der "Münchner Illustrierten Presse" ein ganzseitiger Bildbericht vom Heldengedenktag, dem direkt eine Reportage von der Rückeroberung Charkows durch SS-Verbände gegenübergestellt war.[55] (Abb. 6/24)

Hitlers Redeauftritte erfuhren den höchsten Grad an fotopublizistischer Auswertung – und zwar mit geringen Schwankungen über die Kriegsjahre hinweg. Über fast alle Großveranstaltungen mit Auftritten Hitlers wurde im "Völkischen Beobachter" auch fotografisch berichtet. Als nach dem militärischen Fiasko von Stalingrad auch Hitlers Auftritte auf öffentlichen Großveranstaltungen 1943 abrupt auf ungefähr ein Drittel zurückgingen, reduzierte sich die Zahl der Bildberichte gleichfalls. Es lag in diesem Fall also nicht an der fotografischen Berichterstattung, daß man Hitler im "Völkischen Beobachter" immer seltener bei großen öffentlichen Auftritten sah, sondern an Hitlers realem Verhalten. Im Jahre 1942 absolvierte er noch ein Redeprogramm, das sich von dem der Jahre 1941 und 1940 nur bedingt unterschied.

Abb. 6/19-20

Photo-Hoffmann: Hitler und Mussolini – "Die historische Begegnung am 18. Juni 1940 in München. Fahrt durch die Stadt", Postkarte;
Presse-Illustrationen Heinrich Hoffmann: Adolf Hitler und der japanische Außenminister Matsuoka zeigen sich auf dem Balkon der Reichskanzlei der Berliner Bevölkerung, Berlin, 27. März 1941, Pressebildabzug

Abb. 6/21-23

Presse-Illustrationen Heinrich Hoffmann, Pressebildabzüge:
"Der Führer spricht zu den schaffenden Volksgenossen.
Rüstungsarbeiter während der Rede des Führers", unbekannter
Rüstungsbetrieb, Berlin, 10. Dezember 1940;
"Der Führer bei Krupp im Anschluß an den 70 jährigen Geburtstag v. Dr. Krupp v. Bohlen und Halbach. Der Jubel der Gefolgschaft um den Führer", Essen, 7. August 1940, Pressebildabzug

Im einzelnen ergibt sich folgendes Bild: 1940 wollte Hitler nicht zum 1. Mai sprechen und überließ diese Aufgabe Rudolf Heß, ab 1942 fehlte er bei der Parteigründungsfeier, ab 1943 auch bei der Feier zur Machtergreifung.[56] In diesem Jahr trat er, abgesehen von einer Ansprache bei einem Begräbnis, nur noch dreimal öffentlich als Redner auf: letztmalig redete er am Heldengedenktag vor Offiziersanwärtern und beim alljährlichen Treffen der alten Parteigarde im November. 1944 gab es nur einen öffentlichen Auftritt mit einer Gedenkrede anläßlich des Staatsaktes für Generaloberst Dietl, den "Helden von Narwick". In der von Hermann Esser auf der Parteigründungsfeier Anfang 1945 in München verlesenen Proklamation entschuldigte Hitler sein Fernbleiben recht vordergründig: "Pflichtbewußtsein und Arbeit verbieten es mir, in einem Augenblick das Hauptquartier zu verlassen, in dem sich zum 25. Male der Tag jährt, da in München das grundlegende Programm unserer Bewegung verkündet und angenommen war."[57] Wurden früher die öffentlichen Führerreden meist auch über Radio übertragen, so richtete sich Hitler zuletzt nur noch über den Rundfunk an die Bevölkerung – freilich auch dies immer seltener, 1944 noch dreimal und zum letzten Mal am 30. Januar 1945 zum Tag der Machtergreifung vom Bunker der Reichskanzlei aus.

Die fotografischen Presseberichte über Hitlers große Reden umfaßten ursprünglich eine breite Palette von Aspekten seiner Auftritte, dargestellt anhand verschiedener Bildausschnitte und Perspektiven, ganz abgesehen von zahlreichen Varianten der bildpublizistischen Präsentation. Die Behandlung eines solchen Ereignisses erstreckte sich oft mit mehreren Fotografien über zwei Nummern des "Völkischen Beobachters". Sie bestand aus einem Führerporträt als Ankündigung und in den folgenden Nummern fanden sich Aufnahmen des redenden Hitler, Begrüßungsszenen und abwechslungsreiche Ansichten der Reaktionen der Zuhö-

Münchner Illustrierte Presse, Nr. 13, 1. April 1943, S. 146/147

rer, deren Darstellung geradezu ein typisches und Hitler allein vorbehaltenes Merkmal bildete. Ähnliches gilt für die Illustrierten. Diese ausschmückenden Komponenten fielen im Kriege sukzessive weg. Die letzte groß aufgemachte und ganzseitige Reportage des Parteiorgans über einen öffentlichen Auftritt Hitlers erschien anläßlich der Kundgebung zum 30. Januar 1941 unter dem Titel: "Die Kundgebung im Sportpalast – Führer und Volk sind eine verschworene Gemeinschaft". Übrig blieb von diesen Bildberichten 1943 eine einzige Aufnahme pro Auftritt, manchmal eine Gesamtansicht oder eine Begrüßungssituation mit Hitler.

Verglichen mit der Vorkriegszeit waren diese Großveranstaltungen ziemlich schmucklos und verzichteten auf die frühere Überhäufung mit Partei- und Staatssymbolik. Das zeigte sich gerade bei den Kriegsappellen vor Offiziersanwärtern im Berliner Sportpalast. (Abb. 6/25) Sie bildeten nur noch einen "schwachen Abglanz jener großartigen Parteikundgebungen, der SA.-Appelle usw., die Hitler vor und nach der Machtübernahme in dieser Halle abgehalten hatte. Nicht allein die Zahl der Versammelten war wesentlich geringer (...), sondern auch der ganze Stil war wesentlich anders geworden. Hitler wurde nicht mehr von minutenlangen Heilrufen und Beifallskundgebungen unterbrochen bzw. angefeuert. Aus disziplinären Gründen waren die Offiziersanwärter schweigende Zuhörer, die höchstens bei Hitlers Erscheinen einmal Heilrufe hören ließen."[58]

Feldherr im Osten

Hitlers pressefotografische Darstellung als "Feldherr im Osten" unterschied sich grundsätzlich von dem in den vorherigen Blitzkriegen entworfenen Bild – und zwar von Beginn des Rußlandfeldzuges an und nicht erst, als Ende 1941 das Ziel offenkundig verfehlt war, die Sowjetunion in einem Blitzkrieg niederzuwerfen.[59] In einer Art radikaler Kehrtwendung gegenüber seinem Verhalten beim

Abb. 6/25

Presse-Illustrationen Heinrich Hoffmann: "Der Führer spricht zu 5000 Offizieren im Berliner Sportpalast", Berlin, 18. Dezember 1940, Pressebildabzug

ersten Blitzkrieg ließ sich Hitler von Beginn des Rußlandfeldzuges an nur mehr in wenigen Ausnahmefällen in direktem Kontakt mit den Mannschaften ablichten. Auch blieben Fotografien seiner Besuche auf den Kriegsschauplätzen, von Inspektionen eroberter Städte und Festungsanlagen und des zerstörten gegnerischen Kriegsgerätes ganz vereinzelt. In den ersten fünf Wochen des Feldzuges war er in der Presse kein einziges Mal mit der Truppe oder in direkter Verbindung mit dem aktuellen Kriegsgeschehen zu sehen. Erst im Zusammenhang mit einem "Frontbesuch" Mussolinis tauchten Anfang September 1941 wieder Aufnahmen von Begegnungen mit Soldaten auf.[60] Publikumswirksame Bildberichte über gemeinsame Weihnachtsfeiern mit der Truppe und Frontarbeitern, wie es sie im Jahr 1939 und 1940 gegeben hatte, fehlten vollkommen.[61] Aufschlußreich ist die weitere Präsenz des Motivs des Truppenbesuchs. Ungefähr eineinhalb Jahre später, ein paar Wochen nach Stalingrad, erschien am 24. März 1943 im "Völkischen Beobachter" noch einmal die Fotografie eines Truppenbesuchs, die wahrscheinlich im Zusammenhang mit Hitlers Aufenthalt im Hauptquartier des Heeresgruppe Süd in Saporoshe aufgenommen wurde.[62] (Abb. 6/27) Danach gab es auch in anderen Zeitungen und Illustrierten bis 1945 keine aktuellen Bilder mehr vom Kontakt des "Führers" mit den Soldaten an der Front.[63] Die damals publizierten Aufnahmen Hitlers mit Soldaten stammen nachweislich aus früheren Kriegsphasen.

Mit dem Beginn des Rußlandfeldzugs hatte sich Hitlers fotografisches Rollenrepertoire radikal reduziert: ab Ende 1941 bestand das Bild seiner Feldherrntätigkeit in der Hauptsache nur noch aus stereotypen Aufnahmen von schlichten Begrüßungen und Lagebesprechungen im Führerhauptquartier, die eindringlich vor Augen führten, daß sich sein Feldherrndasein inzwischen fast ausschließlich auf das Führerhauptquartier, diesen geheimgehaltenen Ort der Ortlosigkeit, irgendwo im Osten beschränkte. Die dort entstandenen Ansichten geben rituell und ästhetisch vollkommen abgerüstete Szenarien wieder und nähern sich fast einem uniformen Einheitsbild, ganz unabhängig davon, ob sie nun anläßlich der Begegnung mit hohen Generälen, mit der politischen Führungselite des Dritten Reiches, während der Auszeichnung verdienstvoller Soldaten oder bei Besuchen von Diplomaten und auswärtigen Staatsmännern entstanden waren. Unterbrochen wurde diese Monotonie allenfalls von Ansichten, die Hitler beim Geleit eines ausländischen Gastes vom Bahnhof in das Führerhauptquartier zeigen. (Abb. 6/28-34)

Die Fotografien von Ordensverleihungen an Soldaten ("Das Eichenlaub aus des Führers Hand") ersetzten in gewisser Weise die Aufnahmen vom Kontakt mit anonymen Frontsoldaten aus der Anfangsphase des Weltkrieges. Jetzt traf sich Hitler mit den "Besten seines Volkes", oft mit den von der Propaganda zu Heroen hochstilisierten Kampffliegern, und nicht zuletzt profitierte er von deren Ruhm, war doch sein eigener Nimbus als "größter Feldherr aller Zeiten" im Niedergang begriffen. Diese Aufnahmen gewannen für das aktuelle Hitlerbild immer mehr an Bedeutung und stiegen im "Völkischen Beobachter" auf ein Viertel aller Hitleraufnahmen im Jahr 1943 an. Den größten Bestand von Fotografien aus dem Führerhauptquartier bildeten Aufnahmen von Hitlers Treffen mit Vertretern fremder Staaten. Spielten sie in den ersten Kriegsmonaten noch keine Rolle, so wuchs ihre Menge in den Jahren 1940 bis 1944 konstant. Gemessen an der Zahl entsprechender Meldungen des "Deutschen Nachrichtenbüros", wurde im "Völkischen Beobachter" über die Hälfte aller außenpolitischer Treffen Hitlers auch mit Fotografien berichtet. Dies ist deshalb bemerkenswert, da in der Literatur betont wird, daß der militärisch angeschlagene und außenpolitisch zunehmend isolierte Hitler großen Wert auf den Schein außenpolitischer Aktivität und

Abb. 5/178–179

*Presse-Illustrationen Heinrich Hoffmann: Adolf Hitler und Benito Mussolini bei einem Truppenbesuch an der Ostfront, Ende August 1941, Pressebildabzug;
"Der Führer landet auf einem Flugplatz im Osten. Der Führer wird von den überraschten Soldaten begeistert begrüßt", wahrscheinlich Smolensk, 13. März 1943, Pressebildabzug*

Handlungsfähigkeit legte und dementsprechend gern Kommuniqués herausgab – wenngleich seine Gäste schließlich nur mehr Vertreter der deutschen "Satellitenländer" auf dem Balkan oder machtpolitisch bedeutungslose Politiker aus Persien oder Indien waren, wie etwa Chandra Bose, "Vorkämpfer der indischen Freiheitsbewegung", der Großmufti von Jerusalem oder der emigrierte irakische Ministerpräsident Raschid Ali el Kailani.[64] Da die fotopublizistische Auswertungsquote auch in der zweiten Kriegshälfte nicht nach oben stieg, liegt der Schluß nahe, daß der "Völkische Beobachter" auch in der Zeit, als sich Hitlers fotografische Präsenz immer stärker verdünnte, nicht dazu überging, dieser Entwicklung etwa durch die vermehrte Abbildung von Hitlers außenpolitischen Treffen entgegenzusteuern.

Staatsbesuche waren einst nicht wegzudenken aus der Selbstdarstellung des Dritten Reiches und gaben selbst noch nach den Blitzkriegen Anlaß zu feierlichen Veranstaltungen, über die dann auch ausführlich in der Bildpresse berichtet wurde. Das gilt beispielsweise für die Unterzeichnung des Dreimächtepaktes in Berlin im September 1940 und die Feierlichkeiten anläßlich der Aufnahme anderer Staaten in diesen Pakt im Schloß Belvedere in Wien. Hitlers letzte Auslandsreise mit repräsentativem Programm führte ihn im Oktober 1940 nach Florenz zu Mussolini, sein Besuch bei Mannerheim in Finnland im Juni 1942 fand allerdings schon unter vollkommener Abschirmung nach außen statt. Nach der Verlagerung der Staatsbesuche in das Führerhauptquartier erfolgten die Treffen mit den ausländischen Staatsmännern, Diplomaten und Militärs ohne jegliche zeremonielle Ausschmückung und symbolische Überhöhung. Meist auf eine einzige Aufnahme von Begrüßungen oder gemeinsamen Gesprächen reduziert, verloren sie nach 1941 ihre frühere Ausgestaltung und unterschieden sich kaum mehr von den stereotypen Aufnahmen rangniedriger Besucher. Eine Sonderrolle nahm die Darstellung der bis in die zweite Jahreshälfte 1944 reichenden, häufigen Begegnungen Hitlers mit Mussolini ein, die ein größeres Motivspektrum abdeckten, darunter auch ein gemeinsamer Frontbesuch und – der besonderen Beziehung der beiden Achsenpolitiker Rechnung tragend – ein entspannt wirkendes Treffen "zweier alter Freunde".[65]

Das Verschwinden der populistisch akzentuierten fotografischen Berichterstattung über Hitler und dessen Verwandlung in eine distanzierte Figur reflektieren den zunehmenden Rückzug Hitlers aus der Öffentlichkeit und signalisieren schon frühzeitig den beginnenden, wenn auch langsamen Verfall der charismatischen Führerherrschaft. Genoß Hitler am Vorabend des Rußlandfeldzugs trotz des Verlustes an Volksnähe noch unbegrenz-

tes Vertrauen in der Bevölkerung, so wurde diese Anhänglichkeit im Jahr 1942, noch vor der Katastrophe von Stalingrad, schwer erschüttert. Der vor Moskau festgefahrene deutsche Angriff hatte in Verbindung mit dem Kriegseintritt der USA Ende 1941 "den ersten schweren Schock in Deutschland während des Zweiten Weltkrieges" ausgelöst.[66] Die Bevölkerung hatte die Hoffnung auf ein baldiges Kriegsende aufgegeben und wurde durch die ersten Bombenangriffe der Alliierten verunsichert. Hitler hatte ohne Zweifel einen schweren Prestigeverlust erlitten, und das gute Verhältnis der Bevölkerungsmehrheit zu ihm hatte sich deutlich abgekühlt, da er den Krieg nicht beenden konnte. Aber selbst nach der deutschen Niederlage bei Stalingrad, als evident geworden war, daß Hitler sich geirrt hatte und "die Kette der Beweise seiner Unfehlbarkeit" (Kershaw) gerissen war, blieb der Hitler-Mythos "noch immer sehr wirksam".[67] Nun vollzog sich ein etappenweiser Abbau des Führer-Mythos: "Der zunehmend ungünstige Verlauf des Krieges zehrte mehr und mehr auf, was jahrelang die wichtigste Voraussetzung der Wirkung Hitlers gewesen war: sein Erfolgscharisma."[68] Die Bindung der Bevölkerung an Hitler löste sich aber offenkundig nicht so schnell, wie dieser aus der aktuellen Bildberichterstattung verschwand. In den Köpfen der Bevölkerungsmehrheit war Hitler offenbar resistenter als in den visuellen Massenmedien, denn Hitler war eine Sache des Glaubens geworden, eines "verinnerlichten Vertrauens" und "als solcher von der Wahrnehmung objektiver Tatsachen, von der 'Meinungsbildung' im geläufigen Sinne, nur bedingt abhängig".[69] Bezugspunkt des Glaubens bildeten nicht zuletzt die erinnerten Bilder aus der Zeit nationaler Euphorie und der überschäumenden Hitlerbegeisterung, weshalb ja auch die Fotopublizistik immer wieder auf entsprechende Aufnahmen zurückkam. Von solchen Bildern zehrten wohl noch viele "Volksgenossen", auch nachdem die großen deutschen Städte bereits in Schutt und Asche lagen und der Terrorismus des Staatsapparats eskalierte.

Mit dem Bezug des sukzessive zur Festung ausgebauten Führerhauptquartiers "Wolfsschanze" in Ostpreußen im Juni 1941 (unterbrochen von Aufenthalten 1942/43 im Führerhauptquartier Winniza/Ukraine) hatte sich Hitlers selbstgewählte Abkapselung verstärkt und gipfelte schließlich 1945 in der Isolation des Bunkers unter der Reichskanzlei in Berlin.[70] Sein Verschwinden aus den Bildmedien allein mit dem Aufenthalt im Führerhauptquartier zu begründen, ist offenkundig ungenügend. Denn Anzeichen für seine Scheu vor einer näheren Berührung mit der Öffentlichkeit zeigten sich schon Ende 1939. Entgegen seiner Prophezeiung über Englands "Freundschaft" zu Deutschland hatte dieses nach dem Überfall auf Polen dem Deutschen Reich den Krieg erklärt und Hitlers Versuch, "freie Hand im Osten gegen

Presse-Illustrationen H. Hoffmann, Pressebildabzüge: "Oberstleutnant Dinort und Major Storp erhielten aus der Hand des Führers das Eichenlaub zum Ritterkreuz", Führerhauptquartier "Wolfsschanze", 24. Juli 1941; "Der Führer empfing in Gegenwart des Stabschefs Viktor Lutze den Generalstabschef der Faschistischen Miliz, Exzellenz Generalleutnant Enzo Galbiati, zu einer längeren Unterredung im Geist der herzlichen Freund- und Waffenbrüderschaft", Führerhauptquartier "Wolfsschanze", 10. Sept. 1941; "Der Führer und Oberste Befehlshaber der Wehrmacht überreichte in seinem Hauptquartier Hauptmann Gollop (vorn), Gruppenkommandeur in einem Jagdgeschwader, und Oberstleutnat Graf v. Kageneck, Kapitän in einem Jagdgeschwader, persönlich das Eichenlaub zum Ritterkreuz des Eisernen Kreuzes", Führerhauptquartier "Wolfsschanze", 6. Nov. 1941; Hitler zeichnet den bisherigen deutschen Geschäftsträger in Washington, Dr. Thomsen, und den deutschen Militärattaché v. Bötticher aus, ganz links Generalfeldmarschall Keitel, Führerhauptquartier "Wolfsschanze", 28. Mai 1942; "Generalfeldmarschall Rommel empfängt die höchste Kriegsauszeichnung (...)", Führerhauptquartier "Wehrwolf", 11. März 1943; "Führergeburtstag 1943. Reichsmarschall Göring überbringt dem Führer die Glückwünsche der Wehrmacht und des deutschen Volkes", Obersalzberg, 20. April 1943; "Fritz-Todt-Ring für Reichsminister Speer", Obersalzberg, 3. Juni 1943

Abb. 6/35

Presse-Illustrationen Heinrich Hoffmann: "Der Führer begrüßt den Duce nach dem mißglückten Sprengstoffanschlag", Führerhauptquartier "Wolfsschanze", 20. Juli 1944, Pressebildabzug

Respektierung der britischen Interessen in der Welt zu erhalten, zum Scheitern gebracht."[71] Nicht ohne Einfluß blieben auch das Attentat vom 7. November 1939, die daraus erwachsende Attentatsfurcht und die zunehmend verschärften Sicherheitsmaßnahmen.[72] Noch entscheidender war aber wohl, daß sich Hitler früh auf seine angemaßte Feldherrnrolle versteift hatte, um seine Rolle als "Oberster Kriegsherr" zu spielen, und populistisch inspirierten Auftritten immer weniger Bedeutung beimaß. Durch seine politischen und militärischen Fehlentscheidungen war er verunsichert und wußte, daß die Überzeugungskraft seiner Reden, wenn er keine großen Erfolge zu bieten hatte, schnell nachließ. Dies machte sich erstmals bei Hitlers Reichstagsrede am 26. April 1942 bemerkbar und zeigte, "wie weit die Entfremdung zwischen Hitler und der Bevölkerung schon gediehen war. Die Isolierung im Führerhauptquartier hatte anscheinend einen Teil der bisher so instinktsicheren Erfassung der elementaren Emotionen und Grundgefühle der Bevölkerung, die die Voraussetzung seiner Rednerwirkung ausmachte, abhanden kommen lassen."[73]

Nach der deutschen Niederlage von Stalingrad mehrten sich schließlich die Anzeichen einer monomanischen Realitätsverweigerung und der Flucht in eine illusorische Wirklichkeit, in der beispielsweise Hitlers gigantische Architekturvorhaben nach dem "Endsieg" eine wachsende Rolle spielten. Von der Kriegswirklichkeit wollte Hitler immer weniger wissen, und das menschliche Leid interessierte ihn im Gegensatz zu seinen Klagen über die Zerstörung historischer Bauwerke wenig. Er weigerte sich hartnäckig, die zerbombten Städte zu besuchen – während Göring und Goebbels sich dort zu medienwirksam festgehaltenen Auftritten zeigten.[74] (Abb. 6/36) Fotografien vom Flüchtlingselend, die ihm vorlegt wurden, wischte er bezeichnenderweise ärgerlich beiseite.[75] Und auch das Schicksal der Soldaten blendete er aus seiner Wahrnehmung aus, wie Speer für das Jahr 1942 berichtet: "In früheren Jahren pflegte sich Hitler bei jedem Halt am Fenster seines Sonderzuges zu zeigen. Nun schienen ihm diese Begegnungen mit der Außenwelt unerwünscht; die Rollos nach der Seite des Bahnsteiges waren regelmäßig heruntergelassen. Als wir am späten Abend mit Hitler in seinem palisanderverkleideten Speisesalon an reich gedeckter Tafel saßen, bemerkte zunächst keiner von uns, daß auf dem Nebengeleise ein Güterzug hielt: aus dem Viehwagen starrten heruntergekommene, ausgehungerte und zum Teil verwundete deutsche Soldaten, gerade aus dem Osten kommend, auf die Tafelrunde. Auffahrend gewahrte Hitler die düstere Szenerie zwei Meter vor seinem Fenster. Ohne Gruß, ohne überhaupt eine Reaktion zu zeigen, ließ er seinen Diener eiligst die Rollos herunterziehen. So endete in der zweiten Hälfte des Krieges eine der seltenen Begegnungen Hitlers mit einfachen Frontsoldaten, wie er selber einer gewesen war."[76]

Schließlich kamen der ab Ende 1943 fortschreitende physische Verfall und ein beschleunigter Alterungsprozeß hinzu: Hitler erkrankte öfters ernstlich, litt an Darmkrämpfen und Gleichgewichtsstörungen, und immer stärker machte sich ein Gliederzittern – vermutlich Symptom der Parkinsonschen Krankheit – bemerkbar, was sich ab 1944 zum regelrechten Handikap für öffentliche Auftritte steigerte.[77] So war Hitler im Jahre 1944 – wie einige Presseaufnahmen verraten – häufig außerstande, mit der rechten Hand seine Gäste zu begrüßen oder versuchte das starke Zittern seiner Arme dadurch zu verbergen, daß er seine gekreuzten Hände an den Körper preßte. In den letzten Kriegsmonaten war er, obgleich erst Mitte Fünfzig, körperlich und psychisch ein ausgebranntes Wrack.

Propagandakrise

Hitlers wachsende Absonderung von der Öffentlichkeit stellte die nationalsozialistische Führerpropaganda vor Schwierigkeiten, mit denen sie bislang noch nie konfrontiert war. Diese Situation wurde um so kritischer, als es darum ging, der zunehmend gedrückten Stimmung der Bevölkerung entgegenzuwirken, nachdem 1942 der Endsieg in weite Ferne gerückt und das alte Schreckgespenst des Zweifrontenkrieges Wirklichkeit geworden war. Allenthalben war Kritik zu hören, daß der "Führer" nicht zu sehen sei, und "von unten" verlangte man das visuelle Führererlebnis.[78]

Goebbels nahm in dieser Situation Zuflucht bei wortreichen Darlegungen und neuen heroisierenden Stilisierungen, um der Bevölkerung ihren "Führer" so nahe wie möglich zu bringen, und versuchte fortan mit historisierenden Umdeutungen den Hitler-Mythos bis in die letzten Kriegstage aufrechtzuerhalten. Je seltener sich Hitler in der Öffentlichkeit zeigte, desto wichtiger schien es Goebbels, ihn als "Symbol" (Bramsted) herauszustellen. Ein indirekter Hinweis auf

Presse-Illustrationen Heinrich Hoffmann: "Minister Dr. Goebbels läßt sich von den Bewohnern eines beim nächtlichen Angriff durch britische Bomben zerstörten Wohnhauses Bericht über den heimtückischen Überfall erstatten", 21. Oktober 1940, Pressebildabzug

Hitlers Rückzug aus der Öffentlichkeit findet sich erstmals in seiner Geburtstagsrede vom April 1942: "Wie oft in diesen schweren Wochen und Monaten hat das deutsche Volk im Geiste seine Blicke auf den Führer gerichtet. Niemals hat sich das ganze Land ihm so verbunden gefühlt wie in dieser harten Zeit, die keinen von uns schonend angefaßt hat. Man hatte wohl überall das Empfinden, ihn, wenn auch nur im Bilde, sehen zu müssen, um aus seinem Anblick allein schon Kraft zu schöpfen zur Bezwingung der schweren Aufgaben, die jeder Tag für jeden brachte. Wie haben wir alle uns gerade in diesen Monaten ihm verpflichtet gefühlt!"[79] Der Reichspropagandaminister machte aus der Not eine Tugend und verpaßte Hitler im Frühjahr 1942 eine neue Rolle. Er stellte ihn als einen zweiten Friedrich den Großen dar, als eine einsame und distanzierte Majestät, die entfernt von der Heimat entsagungsreich und aufopfernd für die Nation den heroischen Kampf führt: "So hat das deutsche Volk den Führer in diesem Winter im Geiste immer vor Augen gehabt: Umgeben von seinen Mitarbeitern, Politikern und Generälen, eingehüllt in die Liebe von ungezählten Millionen Menschen und doch zuletzt auf sich selbst gestellt, die schwere Last der Verantwortung nur auf seinen Schultern tragend, um das Schicksal und Leben seines Volkes ringend."[80]

Anfang 1943 sprach Goebbels, beunruhigt von Hitlers Vernachlässigung der "Politik" zugunsten des militärischen Oberbefehls und angesichts seiner fortdauernden Weigerung, sich öffentlich zu zeigen und seine rednerischen Fähigkeiten unter Beweis zu stellen, in Parteikreisen unverhohlen von einer "Führerkrise".[81] Aber auch diesmal wußte er sich in der Öffentlichkeit zu helfen und erklärte, daß Hitler vollkommen in den Angelegenheiten des Krieges aufgehe: "Es wird vielfach auch im deutschen Volk beklagt, daß der Führer vor allem während des Krieges selbst, obgleich der bestimmende Faktor des ganzen politischen und militärischen Geschehens, fast vollkommen hinter sein Werk zurücktritt. Er steht dabei in sprechendstem Gegensatz zu der Praxis der Alltagserscheinungen auf der Gegenseite, die keine Gelegenheit versäumt, sich im vollen Rampenlicht der Bühne der Weltöffentlichkeit zu zeigen."[82]

Der Pressefotografie blieben solche Ausflüchte und Idealisierungen freilich versperrt. Als der Führermythos in die Krise geriet, zeigte sich die aktuelle Fotopublizistik weitgehend ohnmächtig, dieser Entwicklung etwas entgegenzusetzen, da sie in hohem Maße personengebunden und veranstaltungsorientiert und auf reale Auftritte Hitlers in Gegenwart von Kameras angewiesen war – ganz im Unterschied zu Goebbels verbalen Stilisierungen. Prekär wurde die Lage dadurch, daß Hitler ja selbst der Führerpropaganda im Wege stand, da er seiner eigenen visuellen Führerstilisierung weitaus weniger Interesse als früher entgegenbrachte. Wie sollten angesichts dieses Desinteresses noch kraftvolle Bilder eines siegesgewissen "Führers", wie sie der "Führerglaube" wünschte, entstehen? Das früher so produktive Zusammenspiel von Veranstaltungsregie, fotografischer Berichterstattung und publizistischer Bildverwertung griff nicht mehr. Ein brauchbarer Ersatz wurde hierfür nicht geschaffen und die Verwendung von spezifisch fotopublizistischen Ersatzformen, wie beispielsweise der verdeckte Rückgriff auf ältere Aufnahmen oder gestalterische Stilisierungen, ließ sich nicht beliebig ausweiten und fiel mengenmäßig offenbar nicht besonders ins Gewicht. Auch die Zensur konnte nur ungewollte Bilder verbieten, neue hervorbringen konnte sie nicht.

Es existieren keine Quellen oder Anhaltspunkte dafür, daß es strategisch konzipierte, über die Alltagsroutine hinausgehende Maßnahmen gegen den Niedergang des fotografischen Hitlerbildes gab. Ausnahmen bestätigen hier die Regel. Kennzeichnend für die Situation war vor allem, daß keine Anstrengungen unternommen wurden, Hitlers geschwundene selbstdarstellerische Ambitionen zu wecken oder die zeremonielle Dürftigkeit seiner Präsentation durch gezielte Inszenierungen zu kompensieren. Über Hitlers selten gewordenen öffentlichen Auftritte wurde in der Presse auch nicht intensiver, sondern sogar spärlicher fotografisch berichtet. Gerade der überproportionale Abbau der visuellen Präsenz im "Völkischen Beobachter" ist ein Hinweis darauf, daß die Gründe für die schwindende Führerpräsenz nicht allein im allgemeinen kriegsbedingten

Abb. 6/37-39

*Berliner Illustrierte Zeitung,
Nr. 16, 20. April 1944, Titelseite;
Münchner Illustrierte Presse,
Nr. 16, 20. April 1944, Titelseite;
Illustrierter Beobachter,
Nr. 46, 12. November 1942, Titelseite*

Rückgang der Zeitungs– und Zeitschriftenillustrierung, sondern im Mangel an Hitleraufnahmen beziehungsweise dem schwindenden Interesse der Redaktionen zu suchen sind. Das fiel bei den Presseorganen durchaus unterschiedlich aus. Schon ein oberflächlicher Vergleich der im "Völkischen Beobachter" publizirten Aufnahmen Hoffmanns mit dem entsprechenden Agenturangebot ergibt, daß selbst im loyalen Parteiblatt in der zweiten Kriegshälfte das Bildangebot keineswegs immer vollständig Verwendung fand.[83] Kommen dafür sicherlich verschiedene Gründe in Frage, so ist die Folgerung nicht von der Hand zu weisen, daß im "Völkischen Beobachter" oftmals andere, direkt kriegsbezogene Bildthemen wichtiger geworden waren als die Abbildung von Hitleraufnahmen. Und das traf noch viel stärker für die Illustrierten zu. Aufschlußreich in diesem Zusammenhang ist besonders die Präsenz von Hitlers Fotografien auf den Titelblättern der Illustrierten. Ihre Ausdünnung ist noch weitaus signifikanter als beim "Völkischen Beobachter" und läßt sich mit kriegsbedingten Einschränkungen der Presseorgane (sinkender Heftumfang aufgrund der Papierrationierung) nicht erklären, da ja die Gesamtzahl der Titelblätter konstant blieb.[84]

Auch zeigt sich, daß die Redaktionen der Illustrierten im Innenteil keineswegs alles daransetzten, intensiv und konstant über Hitler mit Fotografien zu berichten. So verzichteten in der zweiten Kriegshälfte die führenden Illustrierten beispielsweise mehr oder weniger übereinstimmend auf Aufnahmen, die Hitler bei der Ehrung von Ritterkreuzträgern zeigten, obwohl sie zeitweilig die einzigen aktuellen Presseaufnahmen Hitlers darstellten und die Ritterkreuzträger oft populäre Kriegshelden waren.[85] Dieser überraschende Verzicht mag daran liegen, daß hier eine Art Arbeitsteilung zwischen Tages- und Illustriertenpresse vorlag und die Illustrierten auch noch im Krieg möglichst exklusives und abwechslungsreiches Bildmaterial suchten, um damit der Uniformierung entgegenzuwirken. Und solches gab es immer weniger. In der "Berliner Illustrirten Zeitung" führte Hitler nach Stalingrad, abgesehen vom obligaten Titelbild zum Führergeburtstag, nur noch ein Schattendasein. Lassen die letzten Hitlertitelbilder der "Münchner Illustrierten Presse" und der "Berliner Illustrirten Zeitung", die im April 1944 anläßlich des Führergeburtstages erschienen, nicht nur einen Mangel an Bildern erkennen und sind bereits Ausdruck defätistischer Strömungen in den Redaktionen und der Absage an Hitler als politische Identifikationsfigur? Siegesgewißheit strahlte der verzagt in eine ungewisse Zukunft blickende Zugreisende auf der "Berliner Illustrirten Zeitung" wohl kaum mehr aus, und die Gesichter der Rüstungsarbeiter auf der bereits etwas älteren Aufnahme ihrer Begrüßung durch Hitler vermittelten nicht gerade das Gefühl von Führerbegeisterung.[86] Beides waren Aufnahmen Hoffmanns. Bedeutender für die Durchhaltepropaganda der Illustrierten waren schon seit langem Porträts von anonymen Soldaten. Einzig der "Illustrierte Beobachter" blieb bis zur letzten Ausgabe am 20. April 1945 dem "Führer" treu und präsentierte auf dem Titelblatt noch einmal ein monumental-heroisches Hitlerporträt.

Mit dem Wegfall der real-inszenatorischen Hierarchisierungen lösten sich die hitlerzentrierten Bildstrukturen zugunsten egalitärer Strukturen auf. In Folge der wachsenden Absonderung von der Öffentlichkeit richteten sich immer weniger Körper und Köpfe auf Hitler aus. Bei den Begegnungen im kleineren Kreis gab es kaum mehr visuelle Hierarchien. Symptomatisch dafür ist auch die Verschiebung des gestischen Repertoires. So nahm die egalitäre Geste des Händeschüttelns stark zu und der Hitlergruß deutlich ab.[87] Selbst wenn Hitler noch formal im Bildmittelpunkt stand, das Bildgeschehen dominierte er oft nicht mehr. Visuell trat er häufig ins zweite Glied zurück[88] - auch wenn er immer noch eine einzigartige Machtposition als "Führer"

Abb. 6/40

Presse-Illustrationen Heinrich Hoffmann: "Der Führer verabschiedet sich von den Gauleitern", Führerhauptquartier "Wolfsschanze", 4. August 1944, Pressebildabzug

beanspruchte und als solcher auch noch vielerorts verehrt wurde. (Abb.6/40-41)

Das jetzt von der Fotopublizistik gezeichnete Hitlerbild belegt nicht nur den Verlust der repräsentativen und symbolischen Ausgestaltung der Führerherrschaft und die Abwendung des einstigen Medienstars von der Außenwelt, sondern ganz ungewollt auch den gravierenden Verlust an Dynamik, Spontaneität und kraftvoller Gestik, das geschrumpfte Handlungsrepertoire und schließlich den rapiden physischen Verfall. Das einst vielfältige Repertoire der Auftritte Hitlers war in grellen Blitzlichtbildern von monotonen Fototerminen erstarrt, zumeist aufgenommen in kahlen Räumen, ohne Würdeform und dekorative Umrahmung, oft reduziert auf sterotype Shakehands-Aufnahmen, die den Kollaps jenes vielfältigen Zusammenspiels von Veranstaltungs- und Dokumentationsregie vor Augen führen, auf dem Hitlers öffentliche Selbstdarstellung einst beruhte.

Der Einsatz der ästhetischen Mittel tendierte zur Entdifferenzierung: immer weniger Aufnahmen wurden immer einfacher gestaltet. Die Palette der fotografischen Darstellungsmittel reduzierte sich, ein vereinfachtes ästhetisches Repertoire und formale Eintönigkeit gewannen an Boden. Darin unterschied sich die auf Hitler fixierte Fotografie gravierend von der ästhetisch fulminanten Fotografie der deutschen Propagandakompanien. Abwechslungsreiche Perspektiven und verschiedenartige Einstellgrößen verschwanden. Die Naheinstellungen hatten sich 1943 gegenüber 1939 verdoppelt, während die Halbnaheinstellungen abnahmen und die Totalen schließlich ganz verschwanden, nachdem Hitler Großveranstaltungen zunehmend mied. Ein ähnliches, wenngleich nicht so deutlich ausgeprägtes Bild zeigte sich im Bereich der Perspektive. Die Einstellungen aus Augenhöhe wuchsen kontinuierlich an und zugleich nahmen die Untersichten und die Aufsicht ab. Fotografisch-gestalterische Überhöhungsversuche zur Aufrechterhaltung des Image eines kraftvollen "Führers" mit Hilfe von Untersichten endeten freilich öfter in karikaturesken Resultaten, wie etwa bei der Presseaufnahme einer Begrüßung durch Ritter von Epp, die im August 1944 im Wald vor der Wolfsschanze entstand.[89] (Abb. 6/42)

Abb. 6/41-42

Presse-Illustrationen Heinrich Hoffmann: "Prinz Kyrill wird vom Führer und vom Reichsminister des Auswärtigen von Ribbentrop begrüßt", Führerhauptquartier "Wolfsschanze", 18. Oktober 1943, Pressebildabzug; Presse-Illustrationen Heinrich Hoffmann: "(...) Der Führer begrüßt Reichsleiter General Ritter von Epp", Führerhauptquartier "Wolfsschanze", 4. August 1944, Pressebildabzug

Auch geschickte Ausschnittwahl und Bildselektion konnten den ab 1944 rapid voranschreitenden körperlichen Verfall der ihrer Machtgesten und Herrschaftssymbole entkleideten Führerfigur nur mühevoll vertuschen. Von Vorteil gegenüber Filmberichten war, daß sich Hitlers Zittern, was zeitweilig jede Filmaufnahmen unmöglich machte, auf den Fotografien kaum störend bemerkbar machte.[90] Absolutes Tabu war, Hitler am Stock gehend oder mit einer Brille beim Kartenstudium zu zeigen, was im Einzelfall auch mit Retusche verschleiert wurde, keineswegs aber immer geschickt. Standen sich bei den Fototerminen Hitler und seine Besucher ursprünglich manchmal gegenüber und gaben sich die Hand, zuweilen auch nebeneinander und blickten gemeinsam in die Kamera, verschwand letzteres Arrangement ab 1941, und man sah Hitler merkwürdigerweise fast nur noch im Profil oder im verlorenen Profil von hinten. Für diese Wahl und den Verzicht auf Frontalansichten sprach wohl der Umstand, daß Hitlers stark gealtertes und aufgedunsenes Gesicht aus der Nähe und vor allem von vorne betrachtet immer erschreckender wirkte.

Wichtig wurden denn auch unter propagandistischen Gesichtspunkten verschiedene Manipulationen bei der Bildverwendung. Stabilisierende Wirkungen im Sinne der Führerpropaganda versprach man sich offenbar vom Rückgriff auf früher aufgenommene Handlungsporträts, die zum Teil aus der Vorkriegszeit stammten. Verwendung fanden sie zum Beispiel in historischen Rückblicken und zeigten die zentralen visuellen Topoi der wirtschaftlichen und politischen Erfolgspropaganda des Dritten Reiches.[91] Hinzu kamen fotografische Dokumente der militärischen Erfolge während der Blitzkriegphase und textlich nicht präzisierte Aufnahmen von meist informelleren Begegnungen Hitlers mit Zivilisten und Soldaten, die offensichtlich eine intakte Beziehung von Volk und Führung signalisieren sollten. Eine solche Bildverwendung ist ab 1942/1943 im "Völki-

schen Beobachter" immer wieder und vereinzelt auch in den Illustrierten festzustellen, häufig im Zusammenhang mit Jubiläumstagen und den Führergeburtstagen, und geht zum Großteil auf entsprechende Bildangebote von Hoffmanns Bildagentur zurück. Vermehrt bot Hoffmanns Agentur solche Aufnahmen im Januar 1943 an, als die Vernichtung der 6. Armee durch die Rote Armee in Stalingrad unmittelbar bevorstand. Dazu gehörten Aufnahmen des ersten Spatenstichs für den Autobahnbau und von Hitlers Besuch des Erntedankfestes 1937 wie auch Aufnahmen von Hitler mit "Frontbauern", Krupp-Arbeitern und Soldaten.[92]

Auch vor der Wiederverwendung einundderselben, scheinbar aktuellen Aufnahme schreckte man nicht zurück. So erschien im April 1942 im "Völkischen Beobachter" die Aufnahme eines Besuchs Hitlers bei Kriegsverletzten, die freilich schon im September 1939 veröffentlich worden war.[93] Besonders beliebt bei Publizisten war auch eine symbolträchtige Aufnahme mit Soldaten, die "Hitler inmitten seiner Soldaten" während des Polenfeldzuges zeigte. Sie wurde immer wieder veröffentlicht, erschien sogar 1941 auf dem Titelblatt der "Münchner Illustrierten Presse" und schließlich noch 1943 im "Illustrierten Beobachter".[94] Am 20. April 1943 publizierte der "Völkische Beobachter" eine Ansicht von Hitler zuwinkenden Soldaten ("Begeisterung und Zuversicht spricht aus den Gesichtern der Soldaten"), die freilich von Hitlers "Frontbesuch" vom Ende August 1941 stammte. Ähnliches gilt wohl auch für eine Ansicht, die Hitler beim Abschreiten einer Formation von Rüstungsarbeitern zeigt und im April 1944 mit der Unterschrift "Des Führers Ziel: Ein glückliches, freies Volk" erschien.[95] Und zum Führergeburtstag 1943 griff der "Illustrierte Beobachter" auf eine Variante des bereits publizierten Gratulationsbildes mit Jugendlichen vom Vorjahr zurück: "Der Führer bei seiner deutschen Jugend. Die besondere Liebe Adolf Hitlers galt seit

jeher unseren Kindern, für die in erster Linie er seinen weltgeschichtlichen Kampf um Deutschlands Freiheit und Größe kämpft."[96]

Daß mit solchen Rückgriffen Lebensnähe und Siegesgewißheit vermittelt werden sollten, charakterisiert die desolate Situation, in die die fotografische Führerpropaganda geraten war. Die Verwendung dieser Ereignisaufnahmen unterlief die Grundsätze aktueller Bildberichterstattung und führte zu einer bezeichnenden Spaltung des fotografischen Hitlerbildes in zeitlich entrückte Wunschbilder eines noch immer Optimismus ausstrahlenden und noch nicht von Krankheit gekennzeichneten "Führers", der im lebensnahen Kontakt mit Arbeitern und Soldaten stand, und andererseits tatsächlich aktueller und mehr oder weniger desillusionierender Ansichten aus dem Führerhauptquartier. Immerhin bestätigten letztere Aufnahmen, daß Hitler noch am Leben war. Das war nicht unwichtig, gerade in einer Situation wie nach dem Attentat vom 20. Juli 1944, als sie den umlaufenden Gerüchten über seine schweren Verletzungen oder gar seinen Tod entgegenwirkten.[97] Gerade die vorgetührte Schlichtheit signalisierte jene totale Bedürfnislosigkeit, die das herausragende Attribut des Führerbildes im Krieg ausmachte und zum Kult der soldatischen Entsagungen, den Goebbels` Propaganda um Hitler entwickelt hatte, gehörte. Insofern war mit diesen Aufnahmen durchaus noch ein Kalkül verknüpft. Es half, die Berichte von der übermenschlichen Arbeitsbürde und dem strapaziösen Daueraufenthalt des "Obersten Befehlshabers der deutschen Wehrmacht" im Führerhauptquartier zu illustrieren und damit einen Mythos festzuschreiben, der bis in die Nachkriegszeit reichte. Bereits in seiner Rede zum "Totalen Krieg" am 18. Februar 1943 hatte Goebbels den "Führer" als pflichtbewußtes wie verpflichtendes Vorbild hingestellt, um von der Bevölkerung eine nochmals gesteigerte Kraftanstrengung einzufordern: "Der Führer hat seit Beginn des Krieges

Presse-Illustrationen Heinrich Hoffmann, Pressebildabzüge: "Der Geburtstag des Führers. Der Führer nimmt die Glückwünsche der Wehrmacht und der Waffen-SS entgegen. Von links Generalfeldmarschall Keitel, Großadmiral Dönitz, Reichsinnenminister Reichsführer SS Himmler, Generalfeldmarschall Milch", unbekannter Ort in Oberbayern, 20. April 1944; "Führergeburtstagsgeschenk der Leibstandarte", eine Abordnung des SS-Panzerkorps "Leibstandarte SS Adolf Hitler" unter Führung von Ritterkreuzträger Max Wünsche überreicht Adolf Hitler eine Spende für das Winterhilfswerk, links Heinrich Himmler, Obersalzberg, 20. April 1944

und lange vorher nicht einen Tag Urlaub gehabt. Wenn also der erste Mann im Staate seine Pflicht so verantwortungsvoll auffaßt, dann muß das für jeden Bürger und Bürgerin des Staates eine stumme, aber doch unüberhörbare Aufforderung sein, sich auch danach zu richten."[98]

Selbst in den beiden letzten Kriegsjahren weilte Hitler freilich seltener im Führerhauptquartier im Osten, als die meisten "Volksgenossen" dachten und nicht zuletzt aufgrund der verschleiernden Berichte und Bildbeschriftungen wohl auch glauben mußten. Im Jahr 1943 blieb er beispielsweise vom 21. März bis zum 30. Juni von der Wolfsschanze fern, im

Abh 6/45

*Illustrierter Beobachter,
Nr. 12, 22. März 1945, o.S.*

Jahr darauf war er vier Monate abwesend und kehrte erst wieder Mitte Juli 1944, kurz vor dem Attentat, nach Rastenburg ins Führerhauptquartier, ein Mittelding aus Kloster und Konzentrationslager, wie Alfred Jodl meinte, zurück.[99] Als Goebbels am 20. April 1944 im Parteiorgan das Hohelied auf Hitler anstimmte, weilte dieser schon seit Wochen auf seinem Landsitz Obersalzberg. So müssen auch die Aufnahmen mit Göring beziehungsweise mit Keitel, Dönitz, Himmler und Milch, die angeblich an Hitlers Geburtstag 1944 aufgenommen sein sollen, in Oberbayern entstanden sein, auch wenn die Landschaft eher an Ostpreußen denken läßt. (Abb. 6/43) Für damalige Betrachter war der Aufnahmeort schwer auszumachen, denn die Aufnahmen selbst boten keinen klaren Anhaltspunkt.

In manchen Fällen versagte aber diese Verschleierungstaktik – möglicherweise ein Indiz für eine nachlassende Zensur. So war beispielsweise bei der am 26. April 1944 im "Völkischen Beobachter" erschienenen Aufnahme vom Empfang des SS-Panzerkorps "Leibstandarte SS Adolf Hitler" im Hintergrund noch das große, teils verhängte Fenster der "Halle" des Berghofes auszumachen. (Abb. 6/44)

Hoffmanns Presseaufnahmen aus den beiden letzten Kriegsjahren sprachen eine andere Sprache als Goebbels' Lobeshymnen auf den kraftstrotzenden "Führer". Die Dissonanzen zwischen Bild- und Textpropaganda konnte wohl nur ein blinder, fanatischer oder verzweifelter Führerglaube übersehen. Im April 1943 stimmte Goebbels seine obligate Geburtstagshymne auf Hitler an: "Auf ihn richten sich in kritischen Zeiten Millionen Augenpaare, um aus seinem Gesicht Trost und Hoffnung zu schöpfen, um aus der Festigkeit seines Ganges, aus der Sicherheit seiner Gesten und der Zuversichtlichkeit seines Auftretens das zu schließen, wozu die Gespanntheit der Lage keine anderen Ausdrucksmöglichkeiten freigibt."[100] Was 1943 eventuell noch nachvollziehbar war, vergegenwärtigt man sich Hoffmanns stark stilisierende Führeraufnahmen vom Heldengedenktag, wurde in den folgenden Jahren zur reinen Farce. Hoffmanns Presseaufnahmen straften den Reichspropagandaminister Lügen, wenn er in der Neujahrsnummer 1945 der Wochenzeitung "Das Reich" behauptete: "Der Führer ist durch den Krieg nicht älter geworden als alle anderen Menschen, die seine Last auf ihren Schultern verspüren. Wenn er den Kopf ganz leicht gebeugt trägt, so rührt das vom ewigen Kartenstudium her. Denn er nimmt den Krieg ernster als irgendein anderer Staatsmann."[101] Goebbels beschwor sogar das Idealbild eines Helden in den besten Lebensjahren: "Seine Augen strahlen in unverbrauchtem Glanz, seine Gesichtszüge sind ruhig und ebenmäßig, seine hohe Stirn kühn und edel, und nur über sein Haar zieht sich ein leichter silberner Schimmer, ein Zeichen ungezählter arbeitsreicher und sorgenvoller Tage und einsam durchwachter Nächte."[102] Hitler war zur fixen Idee geworden, die nichts mehr mit der Wirklichkeit gemein hatte. Gegenüber seinem früheren Adjutanten, Prinz Christian zu Schaumburg-Lippe, bemerkte Goebbels im Februar 1945: "Seien Sie froh, daß Sie ihn nicht gesehen haben, der Hitler, an den Sie einmal geglaubt haben, der existiert schon lange nicht mehr."[103] Goebbels wußte, was er sagte. "Alle Zeugen jener Wochen stimmen in der Beschreibung Hitlers überein und vermerken vor allem den gebeugten Körper, das graue und verschattete Gesicht, die immer leiser werdende Stimme. Über den Augen, die so suggestiv gewesen waren, lag ein trüber Firnis

Firma Hoffmann (wahrscheinlich Franz Gayk): "Der Führer empfing am 20. März 1945 in seinem Hauptquartier Reichsjugendführer Arthur Axmann mit einer Abordnung von 20 Hitlerjungen, die sich bei der Verteidigung ihrer Heimat (...) besonders bewährt haben. Unser Bild zeigt den Führer bei der Begrüßung des mit dem EK II ausgezeichneten 12 jährigen Hitlerjungen Alfred Czech", Garten der Reichskanzlei, Berlin, Pressebildabzug

von Erschöpfung und Müdigkeit. Immer sichtbarer ließ er sich gehen, es schien als fordere der Stilisierungsdruck so vieler Jahre endlich seinen Preis. Das Jackett war häufig von Essensresten beschmutzt, an den zurückgefallenen Greisenlippen hingen Kuchenkrümel, und so oft er beim Lagevortrag die Brille in die Hand nahm, schlug sie leisend klirrend gegen die Tischplatte. Mitunter legte er sie dann wie ertappt beiseite, nur der Wille hielt ihn noch aufrecht, und das Gliederzittern quälte ihn nicht zuletzt deshalb so sehr, weil es seiner Auffassung widersprach, daß ein eiserner Wille alles vermöge."[104]

Kurz vor dem Ende seiner Herrschaft erwachte Hitlers Wille zur visuellen Selbststilisierung merkwürdigerweise Anfang 1945 noch ein letztes Mal – und dabei entstanden ein paar Bilder, die sich klar absetzen von dem uniformen Bildmaterial der Jahre zuvor. Der gesundheitlich stark angeschlagene Diktator verließ den Berliner Führerbunker, um sich mediengerecht in Szene zu setzen, gab sich leutselig und versuchte dabei an Auftrittsformen anzuknüpfen, die für die Frühphase des Zweiten Weltkriegs typisch waren. Am 11. März 1945 wurde ein Besuch des Führers an der "Oderfront" arrangiert. "Im Volkswagen fuhr er vor dem Schloß bei Freienwalde vor, wo Generäle und Stabsoffiziere der 9. Armee ihn erwarteten: ein alter, gebeugter Mann mit grauen Haaren und eingekniffenem Gesicht, der gelegentlich unter Mühen ein zuversichtliches Lächeln versuchte. Vor dem Kartentisch beschwor er die umstehenden Offiziere, daß der russische Ansturm auf Berlin gebrochen werden müsse, jeder Tag und jede Stunde seien kostbar, um die fürchterlichen Waffen fertigzustellen, welche die Wende bringen würden, das sei der Sinn der Appelle. Einer der Offiziere meinte, Hitler sehe aus wie jemand, der dem Grabe entstiegen sei."[105] Beim Abschreiten einer soldatischen Formation präsentierte sich Hitler als unermüdlicher Kämpfer an vorderster Front gegen den Bolschewismus und wollte mit diesem Frontausflug ganz offensichtlich seine Unlust, an den gleichzeitig in Berlin stattfindenden Feiern zum Heldengedenktag teilzunehmen, kaschieren.[106]

Hitlers Auftritt machte nur Sinn, wenn darüber berichtet wurde, vor allem auch in den Bildmedien. Und tatsächlich waren nicht nur ein Hoffmann-Fotograf, wahrscheinlich Franz Gayk, sondern auch der Kameramann der Deutschen Wochenschau, Walter Frentz, zugegen. Ihre Aufnahmen erschienen im "Völkischen Beobachter" ("Der Führer auf einem Divisionsgefechtsstand an der Oderfront") und im "Illustrierten Beobachter", und ab 16. März 1945 lief die "Deutsche Wochenschau" mit Hitlers Besuch des "Devisionsgefechtsstandes im Osten".[107] Ganz offensichtlich sollte mit diesen Bildern noch einmal Hitlers heldenhafte Gesinnung und zugleich ein intaktes Bild von "Führer und Gefolgschaft" demonstriert werden. Unter ähnlichen Bedingungen mit vielleicht vergleichbarer Zielsetzung entstand kurz darauf auch noch die wahrscheinlich letzte Fotografie vor Hitlers Selbstmord. Sie wurde am 20. März 1945 bei der Verleihung von EKII-Orden an zwanzig Hitlerjungen im Garten der Reichskanzlei aufgenommen.[108] Es war eine makabre Groteske, empfing hier doch der geschlagene Feldherr sein letztes Aufgebot. Hitler ehrte Kinder, die hier offensichtlich stellvertretend für eine ungebrochen führergläubige und bis in den Tod ergebene Jugend erscheinen sollten. Sollte das eine Botschaft sein, die nicht nur als aktuelle Durchhaltepropaganda zu verstehen war, sondern sich auch in die Zukunft richtete? Wollte Hitler auch noch zuletzt als ein der Jugend väterlich zugetaner "Führer" in die Geschichte eingehen, wo er sie doch tatsächlich nur in den Tod schickte?

Gedanken über sein künftiges Bild machte sich kurz darauf jedenfalls Goebbels, als er im Zusammenhang mit dem neuen Historienfilm "Kolberg" seine Beamten beschwor, "bis zum letzten auszuhalten und auf diese Weise in den zukünftigen historischen Filmen würdig zu wirken. Meine Herren', sagte er am 17. April 1945, '(...) Halten Sie jetzt durch, damit die Zuschauer in hundert Jahren nicht schreien und pfeifen, wenn Sie auf der Leinwand erscheinen.'"[109]

Nachwort

Zusammenfassend sollen noch einmal die Aspekte skizziert werden, die das fotografische Hitlerbild im wesentlichen bestimmten: Hitlers visuelle Omnipräsenz, sein politischer Repräsentationsstil und sein Auftreten als Medienstar, die polare Struktur des Führerbildes und dessen Wandel und schließlich die besondere Führernähe von Hoffmanns Aufnahmen.

Hitlers fotografische Allgegenwart im Dritten Reich war kein zufälliges oder peripheres Phänomen, das der nationalsozialistischen Herrschaft nur besonderen ästhetischen Glanz verlieh, sondern bildete ein integrales Mittel der Imagepflege des charismatischen Führertums. Seine einzigartige Omnipräsenz offenbart das für den Nationalsozialismus charakteristische Prinzip der anschaulich-symbolischen Vergegenwärtigung von Politik und belegt nachdrücklich, wie stark die offizielle Selbstdarstellung des Dritten Reiches auf seine Person hin ausgerichtet wurde. Als herausragendes Prinzip nationalsozialistischer Propaganda übernahm der Personenkult um Hitler massenintegrative Funktionen und zielte auf "eine Überwindung schwer verständlicher, komplexer und abstrakter politischer Strukturen zugunsten einer volksnahen Personifizierung der Politik".[1] Diese Anstrengungen ergaben sich aus dem grossen Legitimationsbedarf der charismatischen Führerherrschaft und sollten die personale Bindung an Hitler ausbauen und vertiefen.

Hierzu hatte die Führerpropaganda fortwährend beeindruckende Beweise für Hitlers Außergewöhnlichkeit beizubringen und seine absolute Vertrauenswürdigkeit und Glaubwürdigkeit herauszustreichen. Die Werbung mit außen- und innenpolitischen Erfolgen bildete hierbei das wichtigste propagandistische Grundmuster. Hitlers Präsenz in den aktuellen Fotoberichten war gleichbedeutend mit einzigartigen nationalen Erfolgserlebnissen. Das mediale Führererlebnis vermittelte den Eindruck von andauernder Dynamik und alles bestimmendem Engagement, ließ Hitlers Regierungstätigkeit wie sein privates Leben scheinbar ganz transparent erscheinen und erzeugte das Gefühl engster Verbundenheit mit dem Mann an der Spitze des Staates. Damit wurde fortwährend die Einheit von "Volk" und "Führer" beschworen. Das hieß nichts anderes als die Forderung an die Bevölkerung nach bedingungsloser Unterwerfung unter den Willen des "Führers". Denn Deutschlands politischer Wiederaufstieg, inkarniert durch Hitler, besaß verpflichtenden Charakter. Hitlers aufopferungsvolle Haltung sollte die "Volksgenossen" fortwährend an ihr nationales Pflichtbewußtsein erinnern.

Welchen großen Stellenwert Hitlers visuelle Präsenz im alltäglichen Leben der deutschen Bevölkerung erlangt hatte, zeigte sich in dem Moment, als der "Führer" im Zweiten Weltkrieg allmählich aus den Bildmedien verschwand und die Stimmen lauter wurden, die nach seiner visuellen Gegenwart verlangten. Nach dem Frankreich-Feldzug berichtete der Sicherheitsdienst der SS immer wieder über positive Reaktionen der "Volksgenossen", wenn Hitler wieder einmal in der Presse oder in der Wochenschau zu sehen war. Hitlers deutlich reduzierte Präsenz löste schließlich beträchtliche Irritationen aus, wie aus einer Geheimmeldung vom 19. April 1943 hervorgeht: "Von positiv eingestellten und urteilsfähigen Volksgenossen werde darauf hingewiesen, daß es nicht gut sei, wenn der Führer allzulange 'unsichtbar' bleibe. Das Volk wolle sein nahes, persönliches Verhältnis zum Führer dadurch bestätigt sehen, daß es recht oft etwas von ihm mitgeteilt erhalte. Es sei jedoch im Laufe des Krieges eine Seltenheit geworden, wenn einmal ein Bild des Führers in den Zeitungen oder in der Wochenschau erscheine (…)."[2]

Im Zusammenspiel mit Film, Presse und Rundfunk erreichte das fotografische Medium über die verschiedensten bildpublizistischen Organe und Bildträger ein massenhaftes Publikum und half Hitlers Image auf vielfältige Weise zu popularisieren. Fotografien dienten der Presseberichterstattung, staatlichen Repräsentationszwecken und dem devotionalen Bildgebrauch im privaten Bereich, fanden nicht nur auf Wandbildern und Plakaten, sondern auch in Bildbänden, Broschüren, Büchern, Zigarettenbilder-Sammelalben und auf Postkarten Verwendung. Besonders ausgeprägte Formen entwickelte der fotografische Führerkult in den Illustrierten, den modernsten und werbewirksamsten fotografischen Massenmedien. Durchschnittlich war Hitler auf jeder sechsten Titelseite der großen Illustrierten des Dritten Reichs zu sehen. Den exzessivsten Personenkult betrieb der parteieigene "Illustrierte Beobachter", der den "Führer" auf mehr als auf jeder dritten Titelseite, zeitweise sogar über Wochen hinweg auf jeder Titelseite präsentierte. Es gab keinen anderen nationalsozialistischen Politiker, dessen bildliche Erscheinung auch nur annähernd so weit verbreitet war. Weit abgeschlagen rangierten Goebbels und Göring mit einem Anteil von wenigen Prozentpunkten. Sogar zusammengenommen waren alle Fotografien der NS-Größen des Dritten Reiches in weit geringerer Zahl auf den Titelseiten vertreten als Hitleraufnahmen. Selbst der Personenkult der sowjetischen Presse, vor allem der "Prawda" um Stalin in den frühen dreißiger Jahren, fand keine zum Hitlerkult im "Völkischen Beobachter" vergleichbaren Ausformungen. Der Generalsekretär der Kommunistischen Partei wurde nicht so entschieden über die anderen Mitglieder der sowjetischen Führungsgruppe gestellt.[3]

Um Hitler in den fotografischen Bildmedien als nationale Symbol- und Identitätsfigur zu "verlebendigen" und seine Leitbildfunktion flexibel den jeweiligen propagandistischen Bedürfnissen und Strategien anzupassen, war eine auf aktuelle Handlungsaufnahmen gestützte Berichterstattung notwendig. Das relativierte den Stellenwert der traditionell-statuarischen Bildnisse, so wichtig diese ansonsten für die politische Repräsentation und Hitlers kultische Verehrung waren. Voraussetzung für die permanente wie abwechslungsreiche bildhafte Vergegenwärtigung war aber Hitlers medienwirksamer Repräsentationsstil. Sein Rollenrepertoire, seine Vorstellungen von den Repräsentationsaufgaben eines charismatischen Führers übertrafen die bisherigen staatsmännischen Selbstdarstellungen und erschöpften sich nicht in feierlichen Ritualen hoher Politik. Vor Hitler gab es keinen Staatsmann und keinen Politiker in Deutschland, der sich so distanzlos und volksnah gab, scheinbar auch seine private Lebenswelt so unmittelbar der Öffentlichkeit offenbarte und sich so bereitwillig und häufig fotografieren ließ. Sein Handlungsspektrum, wie es durch die Fotografie eröffnet und verbreitet wurde, manifestierte sich in Aufnahmen, die für einen Staatsmann in Deutschland ungewöhnlich genug waren: ein Choreograph der disziplinierten Massen und Initiator erstaunlicher Aufbauleistungen, als triumphierender Aussenpolitiker, zugleich ein Mensch "wie Du und Ich", umjubelt von den Massen, geliebt von Frauen und Kindern, im Kontakt mit jedermann, immer aktiv und allgegenwärtig.

Politiker und Medienstar

Es kennzeichnet Hitlers historische Funktion, daß er nicht nur Propagandist und Politiker war, sondern auch Träger, Darsteller und Regisseur des Führer-Mythos in einer Person, "oberster Dramaturg und Inszenator", wie der "Völkische Beobachter" feststellte.[4] Er hatte alle seine Rollen selbst leibhaftig zu spielen. Auf seine physische Anwesenheit, auf sein aktives Mitwirken konnte die Regie nicht verzichten. Hitlers absichtsvolle und aufwendige Selbststilisierungen waren das Resultat eines intensiven Lernprozesses und bezeugen sein Bewußtsein von der Bedeutung der visuellen Massenkommunikationsmittel für die Personalisierung von Politik: "Niemand verwandte so viel Aufmerksamkeit auf das eigene Bild, keiner hat so bewußt wie er den Zwang empfunden, sich interessant zu machen. Genauer als alle anderen hatte er erfaßt, was der Typus des Stars für die Zeit bedeutete und daß der Politiker den gleichen Gesetzen unterworfen war. (...) Mit seinem Rollenbewußtsein war er gewiß die modernste Erscheinung der deutschen Politik jener Zeit."[5] In Anlehnung an Schmeer kann man Hitlers öffentliche Auftritte als "dramatisierte Symbolik" verstehen, die gezielt eingesetzt und darauf ausgerichtet war, in wechselndem Rahmen und mit wechselnden Teilnehmern und Zuschauern aktuelle politische Botschaften, Entschlüsse und Handlungen in höchster Anschaulichkeit zu vermitteln bzw. zu verkünden.[6]

Organisiert wurden diese Szenarien von der nationalsozialistischen Veranstaltungsregie, die immensen Aufwand für dramatische Effekte betrieb, an historische Vorbilder und die Bedeutung ideologisch stark besetzter Orte und Architekturen anknüpfte und nach eigenem gusto historische Traditionslinien konstruierte, wie beispielsweise mit dem "Tag von Potsdam" im März 1933. Nicht nur für die Großveranstaltungen im nationalsozialistischen Feierjahr entwickelte die Regie eine Palette von Szenarios für Führerauftritte; indem sie ganze Ritualkomplexe in Szene setzte, ging sie weit über übliche Formen hinaus und mobilisierte Hunderttausende von Teilnehmern für Massenrituale mit Hitler als Hauptdarsteller. Es gab wohl kaum einen öffentlichen Auftritt, dem nicht symbolische Botschaften zugedacht waren, der nicht dem Führerkult und der "geistigen Mobilmachung" (Goebbels) dienen sollte: "Durch eine nicht abreißende Kette von Grundsteinlegungen und Ersten Spatenstichen schuf Hitler eine Art Mobilmachungsbewußtsein und eröffnete in Hunderten von Ans-Werk-Reden Arbeitseinsätze, die sich im militärischen Jargon des Regimes bald zu ganzen Arbeitsschlachten entwickelten und mit Siegen am Fließband und Durchbrüchen auf der Scholle triumphal beendet wurden. Die in solchen Formeln wirksame Fiktion des Krieges aktivierte den Willen zum Opfer.(...) Ebenso wie die Staatsfeste, die Feiern und Paraden, zielten diese Stilmittel darauf ab, das neue Regime durch Anschaulichkeit populär zu machen. Selten zeigt sich Hitlers Operntemperament so deutlich wie in der Fähigkeit, den abstrakten Charakter moderner politischer und gesellschaftlicher Funktionszusammenhänge in einfache Bilder umzusetzen."[7]

Das Zusammenspiel von Hitlers Selbstinszenierung, nationalsozialistischer Veranstaltungsregie und Medienberichterstattung führte zu einer vielfältigen "Mediatisierung" von Hitlers Führerrolle. Verkündung politischer Botschaften, Veranstaltung und Medienberichterstattung waren als Einheit konzipiert. Ohne aktuelle Bildberichterstattung durch einen modernen herrschaftskonformen Medienapparat blieben Hitlers Auftritte jedoch "eine halbe Sache". Die nationalsozialistische Propaganda setzte auf verschiedenartige Formen von Öffentlichkeit, suchte die massenhafte Teilnahme an den großen Staatsakten und den Feiern des nationalsozialistischen Feierjahres zu steigern und erweiterte und intensivierte nach Kräften die Medienberichterstattung, um mit ihrer Hilfe die nationale "Erlebnisgemeinschaft" auszubauen und die ganze Nation zu erfassen. Kam das von Goebbels schon anvisierte Fernsehen damals noch nicht über erste Anfänge hinaus, so waren Presse, Rundfunk, Wochenschau und Fotografie fest eingespannt in den nationalsozialistischen Medienverbund.

Die Pressefotografie diente der Multiplikation wie auch der Stilisierung der nationalsozialistischen Selbstdarstellung, machte die Aktionspropaganda zum besonders verwertbaren Gegenstand der Pressepropaganda. Die damit erreichte Erweiterung der Zahl der Adressaten über die unmittelbaren Veranstaltungsteilnehmer etwa bei den Appell- und Gelöbnisfeiern hinaus war mit dem Verlust an Unmittelbarkeit des Erlebnisses erkauft, doch bildete die mediale Umsetzung auch die Voraussetzung für eine bildwirksame Stilisierung, die die Veranstaltungen verdichtete und idealisierend überhöhte, die prächtigsten Momente herausgriff, Hitlers Auftritte bedeutungsvoll zuspitzte, von inszenatorischen Pannen säuberte und seine Person ganz in den Mittelpunkt rückte, vorgeführt von modern aufgemachten Reportagen mit einer Nähe, wie sie selbst den allermeisten Veranstaltungsteilnehmern nicht zugänglich war.

Die Pressefotografie erschöpfte sich jedoch nicht darin, Hitlers Auftritte bei Massenveranstaltungen zu verbreiten und konform und überhöht wiederzugeben, sondern hatte darüber hinaus eine explizit "ver-öffentlichende" Funktion, um auch halb-öffentliche, informelle und private Szenerien für die propagandistische Nutzung verwertbar zu machen. Sie war ein Medium, um Hitlers Zusammenkünfte mit der Führungselite des In- und Auslandes in beeindruckender Form einem Massenpublikum vorzuführen, seine informellen Begegnungen mit der Bevölkerung zum symbolisch-bedeutungsvollen Ereignis hochzustilisieren und ein Bild vom Privatleben des "Führers" zu entwerfen. Jenseits der herkömmlichen Veranstaltungsdokumentation und der ateliermäßigen Porträtfotografie ergaben sich zusätzliche Funktionen des fotografischen Medieneinsatzes bei eigens und ausschließlich für die Berichterstattung arrangierten Fototerminen. Hitler agierte vor und für die Kamera; Handlungen, die unabhängig von der Gegenwart einer Kamera stattfanden, und solche, die eigens für ihre bildliche Aufzeichnung arrangiert wurden, Ereignis und Medienereignis waren oft nicht mehr zu unterscheiden. Allemal schien Hitler dabei jedoch unabhängig von seiner fotografischen Darstellung zu handeln, was den Aufnahmen einen wichtigen Authentizitätsgewinn einbrachte.

Im Sinne einer erfolgreichen fotografischen Inszenierung des Führer-Mythos war schließlich die Steuerung und Kontrolle des veröffentlichten Bildmaterials notwendig, galt es doch zu verhindern, daß ungewollte Ansichten, überhaupt gegenläufige Meldungen, Obstruktion und Kritik das entworfene Leitbild gefährdeten. Ziel war es, die idealisierende Sichtweise der Fotopropaganda zur Sichtweise des Publikums zu machen. Eine entsprechend gelenkte, auf Zustimmung, Selbstzensur und Repressionsdrohung gestützte Publizistik mußte gewährleisten, daß alle – aus nationaler Sicht – positiven Attribute, Erfolge und Leistungen dem Hitlerschen Führertum zugeschrieben, alle Mißerfolge, Probleme und Schattenseiten der NS-Politik hingegen mit Hitler nicht in Verbindung gebracht wurden. Zur Stabilisierung des zeitlosen und unfehlbaren Idealbildes von Hitler diente nicht zuletzt die textliche Zurichtung durch die Beschriftungen gemäß den offiziellen Sprachregelungen, aber auch der Medienverbund und das allgemein positive und herrschaftskonforme Rezeptionsklima. Das belegen die Illustrierten. Bei Aufnahmen von aktuellen Ereignissen und Veranstaltungen mit Hitler setzten sie die Kenntnis des Geschehens voraus. Wie eng ihre aktuelle Bildberichterstattung über Hitler an andere Medien, an Tageszeitungen bzw. Radio gekoppelt war, zeigt sich daran, daß die aktuellen Aufnahmen oft nur minimal beschriftet waren. Ein besonderes Beispiel dafür sind die Titelfotos bzw. Fotoberichte über Hitlers Reichstagsreden, die oft keinerlei Information über den Redeinhalt enthielten.

Für den enormen Bildbedarf, den die hitlerzentrierte Selbststilisierung des Dritten Reiches forderte, arbeiteten zahllose Pressefotografen. Eine einzigartige Sonderrolle spielte Heinrich Hoffmann, "der für uns alle den Führer sieht," wie es in der NS-Publizistik hieß, und all jenes Bildmaterial lieferte, das Hitler dem Publikum aus nächster Nähe zeigte. Welchen überragenden Stellenwert Hoffmann für die fotografische Prägung und Popularisierung des Führer-Mythos besaß, erweist sich am hohen Anteil seiner Aufnahmen an den Titelblättern der drei wichtigsten deutschen Illustrierten in den Jahren zwischen 1933 und 1945. Sein Anteil lag bei ungefähr 66 Prozent; zwei von drei Hitler-Titelblättern gingen also auf ihn zurück. Beim "Illustrierten Beobachter" sogar vier von fünf.[8]

Hoffmann war Hitlers fotografischer Schatten geworden, kein Intellektueller wie Goebbels, sondern ein erfahrener und instinktsicherer Fotograf, der von früh an dem Führerkult verfallen war und sich ganz als Hitlers propagandistisches Werkzeug verstand. Die damit aufgeworfene Frage nach der Zusammenarbeit zwischen dem "Führer" und seinem Fotografen, nach dessen formenden Einflüssen auf die fotografische Führerpropaganda ist von den überlieferten Quellen aus nicht in allen Punkten befriedigend beantwortbar. Zu unterscheiden ist zwischen organisatorischen, instrumentellen und konzeptionellen Gesichtspunkten. Die Initiative zur fotografischen Parteidokumentation wie lange Zeit überhaupt die Organisation der fotografischen Führerpropaganda lag ausschließlich bei Hoffmann. So wichtig seine Bildprodukte rein instrumentell gesehen für die Popularisierung des Führer-Mythos werden sollten, so schwer bestimmbar bleibt letztlich sein konzeptioneller und ästhetischer Einfluß auf Hitlers Selbststilisierung als "Führer". Wahrscheinlich ist Hoffmanns Rolle als Medium in zwei Richtungen zu denken. Als Propagandist des Führerkults wirkte er von "oben" nach "unten", war dabei jedoch als Führergläubiger zugleich auch ein Vermittler der Erwartungen von "unten" nach "oben", das heißt der Wünsche des "Marktes", der Abnehmer und Käufer von Presseaufnahmen, Postkarten und Büchern. Damit sah sich Hitler quasi durch Hoffmann mit den zeitgenössischen Erwartungen und zugleich den ästhetischen, ikonografischen und publizistischen Standards der damaligen Fotografie konfrontiert.

Ohne Zweifel hatte Hoffmann Hitler schon frühzeitig die publizistischen Nutzungsmöglichkeiten der Fotografie vor Augen geführt. Dessen persönliche Einstellung zum Gebrauch von Fotografie als Medium des Führer-Mythos reichte von Abwehr und Desinteresse in der Frühzeit der "Bewegung", über die sukzessive Zuwendung des "Führers des neuen Deutschlands" ab Mitte der zwanziger Jahre bis zum routinemäßigen Rückgriff im Dritten Reich. So sehr Hitler schon in der Frühzeit mit aller Kraft das Interesse der Öffentlichkeit suchte, so sehr mied er vorerst noch die Pressefotografen, da er sich mit der Gefahr konfrontiert sah, daß ihre Aufnahmen als Fahndungsfoto gegen ihn hätten Verwendung finden können. Unter Hoffmanns Mithilfe hatte sich Hitlers Abwehr Mitte der zwanziger Jahre verschoben zugunsten einer bewußten und immer intensiveren Nutzung von Fotografie, die in der Wahlpropaganda des Jahres 1932, vor allem bei Hitlers "Deutschlandflügen", ein neues Niveau erreichte und schon damals den sozialdemokratischen "Vorwärts" veranlaßte, Hitler als "Vielgeknipsten" zu apostrophieren. Als Medienstar des Dritten Reiches demonstrierte Hitler nach 1933 ein anscheinend vorbehaltloses und selbstsicheres Verhältnis zu seiner Bildlichkeit. Er ließ sich – scheinbar – auf Schritt und Tritt von seinem Fotografen für ein Millionenpublikum ablichten und lieferte bereitwillig das Material für den exzessiven Bildkult um seine Person.

Im Lauf von Hitlers politischer Karriere war das Funktionsverhältnis von Führer-Mythos und Fotografie nachhaltigen Veränderungen unterworfen und im Jahr 1923 grundsätzlich anders strukturiert als zehn Jahre später und 1933 wiederum anders als 1943. Die Etappen von Hitlers Aufstieg vom putschistischen Parteiführer zum populistischen Staatsmann und schließlich zum volksfernen "Feldherrn" wurden von einem thematischen und ästhetischen Wandel des fotografischen Hitlerbildes begleitet. Dem enormen Zuwachs an propagandistischer Bedeutung der fotografischen Berichterstattung entsprach die starke Differenzierung von Rollenspektrum und fotoästhetischer Gestaltung. Neben Hitlers eigenem Verhalten lag dies begründet in einer Vielzahl von Faktoren, in den politisch-publizistischen Rahmenbedingungen (vor allem der "Gleichschaltung" der deutschen Presse), den nationalsozialistischen Propagandastrategien, der allgemein steigenden Illustration der Presse und überhaupt der wachsenden "Mediatisierung" der Politik.

Führer und Gefolgschaft

Das fotografische Führerbild läßt sich in seiner idealtypischen Struktur auf die Formel bringen: Hitler als unfehlbarer Übermensch und zugleich einfühlsamer Mitmensch. Die Polarität von rigoroser Härte und Milde, das Zusammenspiel von Nähe und Ferne, von Unmittelbarkeit und Unnahbarkeit, Alltäglichkeit und Außeralltäglichkeit, von quasi-privaten und feierlich-zeremoniellen Bildmustern bildete den Kern des fotografischen Hitler-Mythos. Eine solche kontrastive Typologie zweier sich scheinbar ausschließender und sich doch gegenseitig bedingender Führer-Darstellungen hat die historische Forschung für das Bild der politischen Herrscher- und Führerpersönlichkeiten vom frühen 19. Jahrhundert bis in die Gegenwart häufig konstatiert. Mit Blick auf Darstellungen von Königin Victoria formulierte Rainer Schoch: "Was für die Darstellungen Victorias kennzeichnend war, (...) hat sich im Prinzip bis heute erhalten. Es gibt einen inneren Zusammenhang zwischen 'prosaischen' und mystifizierenden Herrscherbildern. Die einen werden nur vor dem Gegenbild der andern wirksam."[9] Peter Arnt Gröppel hat in den bildlichen Äußerungen des Bismarck-Kults, des entrückten Eisernen Kanzlers und des biederen häuslichen Bürgers, ebenfalls ein Paar polar einander zugeordneter Klischeevorstellungen vom politischen Helden festgemacht.[10]

Karsten Weber deutete die scheinbare Widersprüchlichkeit der Bildentwürfe "als äußeren Ausdruck, als optische Entsprechung eines Balancemechanismus innerer Bilder" und lehnte die Deutung dieses Doppelklischees vom politischen Helden an die psychologische Theorie der "Führersequenz" von Peter Robert Hofstätter an. Hofstätter sah in der an politisch labile Situationen gebundenen Führerrolle "einen Gutteil einer Psychologie der Geführten und ihrer Ansprüche" verankert und konstatiert in Fortführung Freudscher Überlegungen: "Die Hilflosigkeit des Geführten in einer schwierigen Lage veranlaßt diesen, dem Träger der Führerrolle ein Höchstmaß an Kräften zuzuschreiben. Diese Erwartung bestätigt sich selbst – zumindest teilweise, indem sich der Geführte dem Führer unterwirft. Er erwirkt dafür das beruhigende Bewußtsein, daß der Führer tatsächlich über außerordentliche Kräfte verfügt. Er wird dieser Kräfte aber auch in einem gewissen Grade selbst teilhaftig, indem er sich durch seine tiefempfundene Loyalität mit dem Führer identifiziert. Diese Sequenz von Hilflosigkeit – Projektion eines Machtwunsches – Unterwerfung – Identifikation und Partizipation an der Macht – scheint mir zu den großartigsten Entdeckungen Freuds zu gehören. (...) Die Sequenz illustriert (...) eine Form der Nachfrage, der das Angebot des Führers die Waage halten muß. Bei näherem Zusehen stellt sich heraus, daß diese Nachfrage zwei dialektische Momente enthält: 1. Die Person, auf die man projiziert, muß in gewissem Sinne anders beschaffen sein als die übrigen Angehörigen der Gruppe. 2. Die Person, mit der man sich identifiziert, muß dem allgemeinen Typus der Gruppenangehörigen möglichst gleichartig sein. Hier klafft ein ernsthafter Zwiespalt. (...) Projektion erheischt die Abhebung des Zieles vom Hintergrund, Identifikation die Möglichkeit der Angleichung an das Ziel. Die Gegenläufigkeit dieser beiden Voraussetzungen ist leicht zu ersehen; hier besteht ein ungemein delikates Gleichgewicht."[11]

Um die Tragfähigkeit wie die Grenzen der historischen Gültigkeit des doppelpoligen Identifikationsmodells auszuloten, ordnete Karsten Weber der "Führersequenz" kunsthistorisch gesehen sehr heterogene Bildgattungen mit Herrscherdarstellungen aus verschiedenen politischen Systemen zu. Er sah die Gültigkeit der Theorie bis zurück zu Napoleon bestätigt. Für den deutschen Faschismus konstatierte er: "Eine Ikonographie Adolf Hitlers wird es schwer haben, Abweichungen vom Doppelklischee des Führerbildes (...) zu finden."[12] Ein gemeinsames Grundmuster mag für die bildlichen Darstellungen von Führerfiguren der ansonsten durchaus konträren Herrschaftssysteme der Moderne tatsächlich zu konstatieren sein, wie immer man dies auch psychologisch ausdeutet. Zugleich sind jedoch besondere Merkmale für die Bildwelt des charismatischen Führertums nationalsozialistischer Provenienz festzuhalten, ganz abgesehen von medienspezifischen Besonderheiten und dem Wandel, dem die Hitlerikonografie unterlag.

Hitlers Bild als "Friedenskanzler" und "nationale Identifikationsfigur" unterschied sich nicht allein vom kämpferischem Parteiführer der zwanziger Jahre, sondern auch von seiner Feldherrn-Stilisierung im Zweiten Weltkrieg. Allemal waren jedoch sein Stilisierungswille und auch seine tatsächlichen Darstellerfähigkeiten die unerläßliche Voraussetzung der fotografischen Bildentwürfe – und dies markiert eine gravierende Differenz zu Herrscherdarstellungen im Medium der Malerei oder Grafik.[13]

Popularitätsprofile

Wie bereits angedeutet unterlag Hitlers fotografisches Rollenspektrum einem aufschlußreichen Wandel. Bis in die späten zwanziger Jahren war es noch eindimensional und konzentrierte sich auf die Verbreitung von Porträts zur bloßen Popularisierung seiner Physiognomie. Alsbald trat jedoch Hitlers Rolle als Massenredner und kämpferischer SA-Führer hinzu. Ab dem zweiten Wahlgang für die Reichspräsidentenwahl im Frühjahr 1932 wurde die Auffächerung in einerseits überhöhende und andererseits privat-prosaische Entwürfe konsequent verfolgt, um eine dezidierte Vertrauenspropaganda zu betreiben und einem Massenpublikum verstärkt die Bindungsmöglichkeiten an den "Führer" zu ermöglichen. Bereits am Vorabend von Hitlers Machtübernahme war das polar strukturierte Führerbild in seinen Grundzügen etabliert. Die weitere attributive Ausgestaltung als verehrter Volksführer, genial-erfolgreicher Staatsmann und Militärführer und seine ideologisch-dramaturgische Überspitzung und Ausmalung basierte auf den vielfältigen symbolisch-anschaulichen Szenarios der faschistischen Staatsöffentlichkeit. Die Einfügung der menschlich-privaten Komponente von 1932 war aber wohl die nachhaltigste Zäsur für die Entfaltung des fotografischen Hitlermythos: Sie signalisierte den Übergang vom Bild des meinungspolarisierenden Parteiführers zum nationalen Identifikationssymbol. Voraussetzung dafür war die weitgehende Festigung und Verankerung des Bildes vom "starken Mann", gegründet auf Hitlers Image als martialisch auftretender und über der Masse schwebender Parteiführer, denn erst ausgehend vom Bild der einschüchternden Stärke und mystifizierenden Überhöhung konnte auch das Gegenbild der Intimität und der liebevollen und persönlichen Zuwendung des "Führers" zu den "Volksgenossen" politisch wirksam werden.

Hitler hatte erkannt, daß seine Selbstdarstellung als "Führer" die Wahrnehmungsgewohnheiten eines Massenpublikums miteinbeziehen und an dessen "Symbolmilieu" (Ernst Cassirer) anknüpfen mußte. Er griff deshalb auf vertraute, verständliche und plakative Handlungsmuster und Formen der Selbstdarstellung zurück. So entstand zwischen seiner Selbststilisierung und den Erwartungen eines wachsenden Publikums ein Wechselverhältnis, das auch die Formierung des fotografischen Hitlerbildes prägte. In der Wahl der Vorbilder war Hitlers Selbstinszenierung und fotografische Bildlichkeit ausgesprochen synkretistisch, nahm bei der christlichen Ikonografie und sakralen Kultformen ebenso Anleihen wie bei den traditionellen Herrscher-Vorstellungen, des genialen Nationalheros, Tugendhelden und Landesvaters und beim modernen amerikanischen Populismus. Aus diesen Elementen formte sich das plastische Bild eines kraftvollen Führers, das die Vorstellung des christusähnlichen Messias mit dem des heilenden Wohltäters und des begnadeten Künstlers verschmolz und sich radikal absetzte von dem bürokratischen Image der Politiker der Weimarer Republik.

Die verschiedenen Strategien und Botschaften, die mit den Berichten über Hitlers diverse Tätigkeitsfelder verknüpft waren, liefen in der Glorifizierung des "Führers und Reichskanzler" als Inbegriff des genialen Staatsmannes und liebevollen Vaters und Mitmenschen zusammen. Die vielfältigen Tätigkeitsbereiche und Erfolge suggerierten Hitlers Kompetenz auf allen Gebieten der Staatsführung, durfte doch der gottähnliche "Schöpfer des Großdeutschen Reiches" kein bloßer Funktionsträger sein, sondern mußte aufgrund innerer Werte zum "Führer" geboren sein und sich durch phänomenale Leistungen persönlich auszeichnen. Bei so viel Macht, die er beanspruchte und innehatte, mußte Hitler großartige Attribute besitzen, mußte ein Mann von unwiderstehlicher Anziehungskraft und außergewöhnlicher Stärke sein, ein nationaler Held voller Entschiedenheit und Kühnheit, zu dem die Bevölkerung in Bewunderung, Hingabe und Dankbarkeit nicht nur aufsehen konnte, sondern aufsehen mußte und ihm den Gehorsam nicht versagen durfte.

Der Dank der Gefolgschaft galt quasi den Geschenken eines Wohltäters, der voller Energie und Dynamik vor keiner noch so großen Aufgabe zurückzuschrecken schien. Führten die Rückblicke auf die Parteigeschichte vor Augen, wie der politische Glaubensstifter aus einer unbedeutenden Splitterpartei die größte nationale Sammlungsbewegung in Deutschland geformt und siegreich an die

Macht gebracht hatte, so sollten die aktuellen Bildberichte belegen, daß Hitler nicht nur unumschränkter Parteiführer war, sondern ein Staatsführer, der die ganze Bevölkerung hinter sich hatte, der einen sagenhaften wirtschaftlichen, sozialen und kulturellen "Wiederaufbau Deutschlands" bewerkstelligte, Deutschland aus den "Fesseln von Versailles" befreite und das Staatsgebiet durch Annexionen erweiterte, um schließlich als "größter Feldherr aller Zeiten" in die Geschichte einzugehen.

Bei aller Abgehobenheit wurde Hitler als ein mit seiner Umwelt ständig verbundener, über den gegensätzlichen gesellschaftlichen Interessen stehender Kommunikator dargestellt, der die Kluft zwischen "unten" und "oben" überbrückte und die Gesellschaft harmonisierte und deshalb von der Bevölkerung, der Partei und der Wehrmacht fortwährend Ergebenheitsadressen und Huldigungen erfuhr. Und so ist Hitler auf den wenigsten seiner Aufnahmen allein zu sehen, da Menschengruppen und Menschenmassen die entscheidende Folie für seine bildliche Erfolgspropaganda bildeten. Gerade solche Aufnahmen führten anschaulich die massenmobilisierende Kraft des Führers vor Augen. Sie bildeten wohl das Motiv des fotografischen Hitlermythos mit der größten visuellen Überzeugungskraft.

Diese von der Führerpropaganda seit der "Kampfzeit" konsequent verfolgte bildpropagandistische Strategie hatte vielerlei Gesichter. Sie zielte darauf, Hitler nicht nur allein durch seine Person oder sein eigenes direktes Handeln zu stilisieren, sondern durch das Verhalten der Gefolgschaft ihm gegenüber zu charakterisieren, sei es durch Aufnahmen des lauschenden Massen-Auditoriums, des jubelnden Volkes oder der marschierenden Parteiarmee und Wehrmacht. Jubelnde und exaltierte Massen – das war ein Synonym für Hitlers Gegenwart geworden. Wie weit auch andere Bildmotive durch eine geschickte Propagandaregie mit Hitler konnotiert werden sollten, ohne daß dieser immer selbst mit ins Bild gebracht wurde, zeigt schließlich die propagandistische Aufbereitung des Themas der Reichsautobahn, die als "Straßen des Führers" bekanntlich zu einem Grundpfeiler des Hitlermythos avancierte.

Bis 1939 stützte sich das Hitlerbild in den fotografischen Massenmedien des Dritten Reiches auf die Dramaturgie des unterhaltsamen Wechsels. Es bestand aus Szenarien strenger Ritualität wie informeller Begegnungen. Repräsentative Großveranstaltungen und Zusammenkünfte im kleinen Kreis, jährlich wiederkehrende und einmalige Ereignisse lassen sich zu einer Reihe von Motivkomplexen zusammenfassen. Das Grundgerüst für die Hitler-Ikonografie bildeten die periodisch wiederkehrenden Großrituale und Gedenkfeiern des nationalsozialistischen Feierjahrs mit Hitler als dem Mittelpunkt mythischer Handlungen der nationalsozialistischen Gefolgschaft. Sie bestimmten die Thematik von ungefähr einem Drittel der Titelblätter der großen Illustrierten. Kontinuierlich fanden sich in der Berichterstattung ferner initiatorische Akte wie Grundsteinlegungen, Stapelläufe, Eröffnungen von Kunst- und Industrieausstellungen und Einweihungen. Breiten Raum nahmen Berichte über das "Privatleben", die populistisch motivierte Reisetätigkeit, die Besuche bei verschiedenen sozialen und landsmannschaftlichen Gruppen ein, des weiteren Reichstagsreden und die Wahlkampfpropaganda für die Volksabstimmungen, Inspektionen und Manöverbesuche und ab Mitte der dreißiger Jahre in größerem Umfang auch diplomatische Kontakte und Staatsbesuche. Hinzu kamen Darstellungen von Hitlers Leistungen für den kulturellen Sektor – insbesondere bildende Kunst und Architektur. Verglichen mit der allgemeinen Volksgemeinschaftspropaganda waren soziale Themen in Verbindung mit Hitler schwach repräsentiert, dürftig blieb auch der industrielle Komplex.

Innerhalb des Themenspektrums verschoben sich ab Mitte der dreißiger Jahre die Gewichte. Der extreme Populismus, der in den ersten Jahren nach der Machtübernahme zu beobachten war und oft wie eine Fortsetzung der Wahlkampftourneen von 1932 mit anderen Mitteln wirkte, schwächte sich merklich ab. Diese Phase deckt sich in etwa mit der Friedenspropaganda in den ersten Jahren des Dritten Reiches. 1936 begann sich die politische Zielrichtung und damit das Hitler-Bild zu ändern. Der Führer entrückte allmählich den Volksgenossen, zeigte sich häufiger im außenpolitischen Kontext, trat distanzierter und abgeschirmter auf und wurde zunehmend monumentaler dargestellt. Symptomatisch ist gerade der Rückgang der früher exzessiven Bildberichte über Hitlers Privatsphäre, über die informellen Begegnungen zwischen Führer und Volk und die spontanen Huldigungen der Führergläubigen. Bezeichnenderweise rückten die populistischen Jubel-Szenarien kurzzeitig nochmals in den Vordergrund, wenn es in bestimmten politischen Situationen aus propagandistischen Gründen opportun war, die Botschaft von Hitlers Volksverbundenheit zu verbreiten, so 1938 beim Anschluß Österreichs oder beim Einmarsch ins Sudetenland oder im September 1939 während des Polenfeldzugs.

Ihren Zenit erreichte die ikonografische Entfaltung der fotografischen Führerpropaganda in den Sondernummern der Zeitungen und Zeitschriften zu Hitlers 50. Geburtstag am 20. April 1939, besonders ausgeprägt in einem Sonderheft des "Illustrierten Beobachters". Es begann mit einem Lobpreis Görings auf Hitler: "Wie soll ich Worte finden für Ihre Taten? Ist je ein Sterblicher so geliebt worden wie Sie, mein Führer? War je ein Glaube so stark wie der an Ihre Mission? Aus tiefster Nacht retteten Sie das deutsche Volk, führten es aus Ohnmacht heraus und schufen die Großmacht Deutschland. Was immer Sie verlangen, mein Führer, das leisten wir. Was aber immer wir zu leisten vermögen, es löscht niemals unsere Dankesschuld. Der Allmächtige erhalte Sie uns in Kraft und Gesundheit."[14] Auf 128 Seiten präsentierte die Sondernummer eine Mischung aus charismatischer Leistungsbilanz und vorbildlichem Charakterbild, die den nationalsozialistischen Machthaber zum Heroen, zum Genie und Giganten überhöhte. In konzentrierter Form versammelte sie alle visuellen Topoi von Hitlers Selbststilisierung, die bislang übers Jahr verteilt in der aktuellen Presseberichterstattung erschienen waren. Das Inhaltsverzeichnis listete mit eingängigen Titeln in 34 Einzelkapiteln Hitlers Tätigkeiten und Eigenschaften auf und spannte den Bogen vom politischen Glaubensstifter und Begründer einer verschworenen Bewegung bis zum Tatmenschen mit unerhörten Leistungen auf allen Gebieten. Hitler war gleichermaßen der "Mann im Braunhemd", der "Soldat" und der "Künstler", der "Straßenbauer" wie der "Freund der Arbeiter" und der "Freund der Jugend", der "Staatsmann", der "Befreier der Ostmark" und der "Bringer von Freude und Erholung", "umjubelt von den Massen – geliebt von allen Volksgenossen".

Hitlers populistische Selbststilisierung fand ihren Ausklang schließlich in den Illustriertenberichten über seine Teilnahme am Polenfeldzug im September 1939. Weil sich Hitler danach immer mehr aus der Öffentlichkeit zurückzog, zuerst informelle Begegnungen mit der Bevölkerung mied, dann auch Großveranstaltungen, bekamen in der zweiten Kriegshälfte immer weniger Zeitgenossen Hitler unmittelbar zu Gesicht. Deshalb hätte die Berichterstattung der Bildmedien über Hitler – zumindest theoretisch – einen propagandistischen Bedeutungszuwachs erfahren müssen. Doch realiter war Hitlers Selbstdarstellungswille radikal geschwunden und in der zweiten Kriegshälfte zeigte der einstige Medienstar kaum mehr Ambitionen zu Selbstinszenierungen. Hitler war selbst zum Problemfall der Führerpropaganda geworden. Angesichts des Verhaltens ihres Hauptakteurs stieß die fotografische Führerstilisierung an ihre Grenzen. Trotz des zur Verfügung stehenden massenmedialen Apparats entwickelte sie keine Kompensationsstrategie, sieht man einmal von der Funktion aktueller Presseaufnahmen als Beweis von Hitlers Existenz und körperlichen Unversehrtheit ab.

Es bleibt bemerkenswert, daß Hitlers populistisch-lebensnahes Image in den Medien schon Ende 1939 stark abgebröckelt war – zu einem Zeitpunkt, als seine Popularitätskurve noch immer im Steigen begriffen war und der Führer-Mythos auf seinen Zenit (mit dem Sieg über Frankreich) erst noch zusteuerte. Nachdem sich Hitler vollkommen auf die Feldherrnrolle im Führerhauptquartier konzentrierte, löste sich dann auch die polare Struktur des Führerbildes schnell auf und alle Momente der früher als inniglich gekennzeichneten Beziehung zwischen "Führer" und "Gefolgschaft" verschwanden. Der weltabgeschiedene Diktator wurde aller überhöhenden bildlichen Stilisierung entkleidet und in eine unwirklich-abstrakte Person zurückverwandelt, das fotografische Rollenrepertoire reduzierte sich mehr und mehr auf Hitlers Zusammentreffen mit der politischen und militärischen Elite des Dritten Reiches und Vertretern des Auslands. Damit gerieten Hitlers Stilisierung wie die nationalsozialistische Kriegspropaganda in einen Gegensatz zu den Erwartungen der Bevölkerung und ließen viele Wünsche unbefriedigt, wie aus dem Bericht des Sicherheitsdienstes der SS im April 1943 hervorgeht: "Es wurde mehrfach vorgeschlagen, den Führer nicht nur bei hochoffiziellen Anlässen und militärischen Besprechungen, sondern öfter auch in seinen persönlichen Lebensverhältnissen – wie früher an der Feldküche oder beim Spaziergang – zu zeigen und z. B. durch Berichte von seinem Tagesablauf oder Wiedergabe von Äußerungen und Aussprüchen den Kontakt zwischen Führer und Volk lebendig zu halten."[15]

Der Bericht zeigt einmal mehr, wie sehr der "private Hitler" auch noch in der Mit-te des Krieges von der Bevölkerung gefragt war. Gerade die fotografische Bildpublizistik war für solche informellen Aspekte des Führerbildes zuständig gewesen und besaß nicht zuletzt deshalb im vielstimmigen "Konzert" der Führerpropaganda eine wichtige Funktion. Ihr ging es immer wieder darum, Hitler als vertrauenswürdigen Staatsmann und Idealbild bürgerlicher Wertbegriffe zu feiern. Diese Bildwelt war die Antithese zum Nationalheroen Hitler und bediente sich der Aufnahmen von exemplarisch ausgewählten Episoden der Begegnung Hitlers mit der Bevölkerung, die von dessen landesväterlichem Mitgefühl zu seinen deutschen Volksgenossen und gleichzeitig deren Liebe zu Hitler kündeten und ein persönliches, von Sympathie getragenes Verhältnis zwischen "Führer" und "Volksgenossen" suggerierten. In diesem Führer-Ideal traf die Propaganda "von oben" mit den Wunschbildern "von unten" zusammen und erwies sich als besondere Stärke des fotografischen Führer-Mythos.

Im Unterschied zur Wochenschau, die Hitler vor allem im Rahmen der "strengen" Ritualästhetik und der offiziellen Veranstaltungen des Regimes übermittelte, trug die Fotopublizistik weit mehr den Bedürfnissen der fortgeschrittenen "Zerstreuungskultur" Rechnung, indem sie das Spannungsverhältnis zwischen Politischem und Unpolitischem, zwischen Öffentlichkeit und Privatheit auflöste. Zur leicht konsumierbaren Popularisierung des Führerprinzips waren besonders die Massenillustrierten mit ihrem Doppelcharakter als Informations- und Unterhaltungsmedium und ihrer "kaum zu umgrenzenden Öffentlichkeit"[16] geeignet. Eine vergleichbare "Atmosphäre des Privaten und Vertraulichen"[17] vermittelten die von Hoffmann verlegten genrehaften Fotopostkarten und Fotobände, die die Privatisierung des Führerbildes auf die Spitze trieben und mittels Aufnahmen von Hitler mit Kindern eine sentimentale Familienatmosphäre suggerierten, wie sie für traditionelle Herrscherdarstellungen typisch war, und mit ihren enormen Auflagenhöhen die Fotobände zu Parteitagen weit in den Schatten stellten.

Präsentationsformen

Die fotografische Ausstattung des Führerbildes durch die Illustrierten war ungeachtet ihrer fest institutionalisierten Lenkung nicht vollkommen einheitlich. Innerhalb bestimmter Spielräume zeichneten sie ihren "eigenen Hitler". Dahinter stand offenbar die Einsicht im Propagandaministerium, daß sich eine erfolgreiche Propaganda adressatenspezifisch zu verhalten und mit verteilten Rollen zu agieren hatte. Was beispielsweise dem Publikum der "Berliner Illustrirten Zeitung" wohl kaum zuzumuten war, zumal die Illustrierte auch als Aushängeschild im Ausland diente, das erwarteten vielleicht gerade viele Käufer des "Illustrierten Beobachters". Allein schon in der Intensität wich die Hitler-Berichterstattung der einzelnen Illustrierten stark ab. Das zeigt sich signifikant an den Titelblättern. Präsentierte der "Illustrierte Beobachter" zwischen 1933 und 1945 auf insgesamt 207 Titeln den "Führer", die "Berliner Illustrirte Zeitung" nur auf 44 Titeln, so nahm die "Münchner Illustrierte Presse" eine mittlere Position mit 67 Titeln ein. Obwohl sich in dieser Hinsicht die bürgerlichen Illustrierten gravierend von der Parteiillustrierten unterschieden, läßt sich insgesamt ein ähnlicher Verlauf feststellen. In der Parteiillustrierten wies Hitlers Präsenz in ihrem Gesamtverlauf – grob gesagt – eine in etwa symmetrische Kurve auf, stieg seit 1933 steil an, erreichte 1936 und 1938 ihre Höhepunkte und war danach in einem atemberaubenden Fall begriffen, um im Frühjahr 1945 mit zwei Titelblättern zu enden. Zu diesem Zeitpunkt hatten sich die bürgerlichen Illustrierten schon lange von Hitler verabschiedet und ihn zuletzt routinemäßig an seinem Geburtstag 1944 präsentiert.

In der Parteiillustrierten besaßen aus naheliegenden Gründen die Themen, die Hitler in Verbindung mit der NSDAP brachten, breiten Raum, doch strich gerade der "Illustrierte Beobachter" immer wieder den "privaten" und "menschlichen" Hitler besonders heraus, sogar noch stärker als die "Münchner Illustrierte Presse" und die "Berliner Illustrirte Zeitung". Wie konsequent insgesamt von den großen Massenillustrierten die Strategie, Hitler auch ein lebensnahes und menschenfreundliches Image zu geben, verfolgt wurde, zeigt sich erst im Vergleich mit einem konträren Konzept, wie es die "Leipziger Illustrirte Zeitung" vertrat. Die "Leipziger Illustrirte Zeitung" markiert einen aufschlußreichen Extremfall, denn hier konzentrierte sich Hitlers Rolle weitaus stärker auf den sich staatsmännisch gebärdenden, hoch offiziell auftretenden Führer, während informellere Aspekte kaum Beachtung fanden. Mit diesem Bild korrelierte in der "Leipziger Illustrirten Zeitung" eine distanzierende und kleinteilige Bildpräsentation, die die Wirkung suggestiver Momente hintanstellte. Erklärt werden kann dieses eindimensionalere Führerprofil durch die kulturkonservative Grundhaltung der auflagenschwachen Illustrierten und ihr eher bildungsbürgerliches Publikum. Dort legte man großen Wert auf strenge politische Würdeformen und lehnte populistische Tendenzen wohl naserümpfend ab. Zu dieser Konzeption einer elitären Zeitschrift gehörte schließlich auch die betont seriöse Form und der weitgehende Verzicht auf schreiend werbende Titelblätter.

Die fotografische Führerpropaganda in der deutschen Presse setzte vielfältige ästhetische Mittel ein, um die Aufmerksamkeit des Publikums auf Hitler zu lenken und seine führende und außergewöhnliche Rolle deutlich vor Augen zu führen, ihn aus der Masse seiner Anhänger herauszuheben und gegenüber der restlichen nationalsozialistischen Führungselite abzusetzen. Dies bewirkte die hohe Präsentationsdichte, die bevorzugte Plazierung und besondere Abbildungsgröße seiner Aufnahmen wie auch deren Gestaltung. Es gab keine andere Person, die so häufig als Einzelperson und auch so konsequent als Zentralfigur auf Fotografien von Menschengruppen und -massen zu sehen war. Auf solche Aufnahmen stützte sich Hitlers fotografische Präsenz ganz besonders. Da Hitlers öffentliche Auftritte an sich schon als "Propagandashows" inszeniert und in hohem Maße auf Anschaulichkeit und symbolische Prägnanz ausgerichtet waren und Hitler viel Energie auf seine Selbststilisierung verwendete, war die fotografische Umsetzung und bildwirksame Darstellung der Realinszenierungen vergleichsweise erleichtert – vorausgesetzt, daß die Pressefotografen mit dem Ablauf vertraut waren und beweglich agieren konnten.

So sehr die übergeordnete Leitlinie der fotografischen Führerpropaganda auch darauf zielte, Hitler visuell exponiert zu präsentieren – es ist dennoch kein allgemein verbindlicher Gestaltungskanon zur Visualisierung des Führerprinzips erkennbar. Entgegen landläufiger Auffassung läßt sich Hitlers fotografische Darstellung in den Live-Aufnahmen nicht schematisiert fassen und als "faschistische Ästhetik" festschreiben. Auch ein allein Hitler vorbehaltener Darstellungstypus ist nur vereinzelt festzustellen – wie etwa die aus rückwärtiger Position aufgenommene Ansicht des den Massen gegenüberstehenden "Führers".[18] Verfehlt wäre es, in monumentalisierenden Formen das entscheidende Merkmal der fotografischen Führerstilisierung zu sehen, denn abgesehen davon, daß die Entwicklung der Ästhetik der journalistischen Fotografie in den dreißiger Jahren vielfach in die Richtung suggestiver und monumentaler Bildgestaltung wies und das auch für die Präsentation galt, zeigt sich bei den Hitler-Aufnahmen immer wieder, daß die Monumentalisierung nur ein Gestaltungsmittel von vielen war. Die eingesetzten foto-ästhetischen Mittel entsprachen den pressefotografischen Standards der dreißiger Jahre und standen in einer funktionalen Abhängigkeit vom jeweiligen Motiv. Sie können deshalb in ihrer symbolische Bedeutung nur in diesem Zusammenhang angemessen bewertet werden. Optisch besonders herausgehoben war Hitler bei Live-Aufnahmen meist allein schon durch die Veranstaltungsregie, den rituell-symbolischen Rahmen und

Nachwort | Politiker und Medienstar

das körpersprachliche Verhalten der mitabgebildeten Personen, die ihm zuwinkten, an ihm vorbeimarschierten und ihre Blicke auf ihn lenkten. Hitler allein vorbehalten waren so exponierte und bildwirksame Handlungen wie die Fahnenweihe beim Reichsparteitag oder Triumphfahrten im offenen Mercedes durch Massenspaliere.

Fotografien mit einem "Aufnahmestandpunkt von unten" häuften sich im Zusammenhang mit rituellen, von Pathos getragenen Szenarien, beispielsweise bei Hitlers Auftritten als Redner im Reichstag und bei Gelöbnisveranstaltungen. Sie unterstrichen die hierarchische Scheidung zwischen Führer und Gefolgschaft. Fehl am Platze waren solche distanzierenden Perspektiven dagegen etwa bei der Darstellung von Hitlers persönlichen Begegnungen mit Parteifreunden, der Bevölkerung und Kindern, da hier Intimität und nicht Abgehobenheit demonstriert werden sollte. Aber selbst bei den Feierritualen mit Hitler in exponierten Positionen gab es Presseaufnahmen, die nicht hierarchisierenden Tendenzen folgten und Hitler aus dem Blick von oben herab zeigten. Das gilt vor allem für Ansichten, auf denen Hitler mit seiner Gefolgschaft breite, von den Massen gesäumte Gänge (von Goebbels als "Via Triumphalis" apostrophiert) durchschreitet. Immer wieder läßt sich beobachten, daß großer Wert darauf gelegt wurde, auch bei gleichen Motiven die Bildschemata zu variieren, um einen monotonen Eindruck zu verhindern und ein lebendiges Zusammenspiel verschiedener Perspektiven und von Nah- und Totalansichten zu erzielen. Der eindrucksvolle und stimmungsmäßig dichte Schnappschuß, aufgenommen mit einer modernen Kleinbildkamera, war wichtiger als die handwerklich perfekte und feinsäuberlich komponierte Ansicht.

Hitler & Hoffmann

Deshalb war es zuallererst die besondere Führernähe, die Hoffmanns Aufnahmen propagandistisch so wertvoll machte und sie gleichzeitig von denen seiner Kollegen abhob, und weniger ihre formalästhetische Qualitäten. Das kam sogar zwischen den Zeilen in Ergebenheitsadressen der fotografischen Fachpresse zum Ausdruck. 1936 hieß es beispielsweise in einer Ausstellungsbesprechung der "Photographischen Chronik": "Wollte man die Bilder von Hoffmann vom rein photographischen Standpunkt aus beurteilen oder kritisieren, so würde man sehr erkennen, daß man hierzu gar nicht in der Lage wäre. Das, was Hoffmann uns in seinen Bildern zeigt und wie er uns den Führer in seinem Leben und seinem Handeln näherbringt, packt das Herz so gewaltig, daß man sich von diesem Eindruck überhaupt nicht losreißen kann und deshalb jede Fähigkeit verliert, bei der Betrachtung dieser Bilder sich mit irgendwelchen anderen Gedanken zu beschäftigen."[19] Auf das Fehlen künstlerisch-kompositorischer Momente in Hoffmanns Aufnahmen spielte auch Leni Riefenstahl an. In ihren Memoiren hat sie eine Szene beschrieben, wie Hitler und Hoffmann ihr einen Besuch im Jahr 1932 abstatteten und sie Hitler Aufnahmen von ihrem Film "Das blaue Licht" zeigte: "Nach einer kurzen Unterhaltung wünschte Hitler die Fotos zu sehen. Beim Betrachten der Bilder sagte er: 'Schauen Sie, Hoffmann, das sind Aufnahmen, die eine Komposition haben, aber Sie knipsen mir viel zuviel herum – lieber weniger, aber gut.' Ich wurde rot – taktvoll war das nicht, und ich verteidigte Hoffmann: 'Diese Bilder sind nicht mit meinen zu vergleichen. Hoffmanns Aufgabe ist das schnelle Festhalten von aktuellen Ereignissen, da kann man nicht auf Komposition achten.' Hoffmann blinzelte mir erfreut zu."[20]

In der Tat: Hoffmanns Aufnahmen gehörten zum Bereich der "Gebrauchsfotografie" (Reinhard Matz) und sind stilgeschichtlich betrachtet jedenfalls kein besonders ergiebiger Untersuchungsgegenstand. Was aus Riefenstahls Sicht einleuchtend scheint, das verwundert freilich aus Hitlers Mund. Sollte dies gar darauf hindeuten, daß Hitler zum damaligen Zeitpunkt den Stellenwert der spontanen Schnappschußfotografie, die gerade für das informelle und private Führerbild so prägend werden und seiner Diktatur so nachhaltig verharmlosende Züge verleihen sollte, noch gar nicht erkannt hatte? Oder anders gefragt: Enthält Hitlers Bemerkung nicht einen Hinweis auf Hoffmanns eigene und originäre fotografische Leistung zur Ausgestaltung des Führerbildes?

Tatsächlich hatte Hoffmann Hitlers Privatsphäre für die Führerpropaganda "entdeckt" und seit dem Band "Hitler wie ihn keiner kennt" propagandistisch und wirtschaftlich sehr erfolgreich verwertet. Dieses Facette des Führerbildes war mehr als alle andere Hoffmanns persönlicher und folgenreichster Beitrag zur fotografischen Führerstilisierung, stand doch ansonsten hinter den Produkten, die sein Namenszeichen trugen, meist ein Kollektiv von Mitarbeitern. Auch liegt die Vermutung nahe, daß Hoffmann bei Hitler einen Lernprozeß auslöste, der dessen populistische Selbststilisierung bekräftigte, wenn nicht gar forcierte, und daraus eine Wechselwirkung entstand.

Hoffmanns "Entdeckung" des "privaten Hitler" und damit die Entfaltung des polaren Hitlerbildes folgte im Jahr 1932 ohne Zweifel strukturellen Erfordernissen der modernen Massenpropaganda. Um so merkwürdiger erscheint deshalb die schnelle Zurücknahme dieses populären Identifikationsangebots bald nach Kriegsausbruch. Dafür verantwortlich war aber nicht Hoffmann, sondern die propagandistischen Überlegungen von Goebbels und vor allem Hitlers gewandeltes Rollenverständnis. Diese Rahmenbedingungen verweisen dann doch wieder auf den ziemlich engen Handlungsspielraum auch eines privilegierten "Hoffotografen" wie Heinrich Hoffmann, der nicht nur ideologisch, sondern auch in einem ganz unmittelbaren Sinn auf Gedeih und Verderben an sein Modell gebunden war.

Hitler auf den Titelseiten der Partei-Illustrierten

Die Hitleraufnahmen auf den Titelseiten des wöchentlich erscheinenden "Illustrierten Beobachters" können als "Spitzenstücke" der nationalsozialistischen Führerbildproduktion gelten. Die Aufnahmen waren zumeist mit Erst- oder Exklusivrechten ausgestattet und wurden nicht in das übliche Pressebild-Abonnementsystem eingespeist. Wichtigster Lieferant war Heinrich Hoffmann. Bis 1933 gingen die Titelfotos ausschließlich auf Hoffmann zurück, zwischen 1933 und 1939 zu 77 Prozent und in den Kriegsjahren zu 88 Prozent. Grundlage für die Erfassung der Titelseiten bildeten die im Institut für Zeitgeschichte vorhandenen Jahrgänge. Für die Reproduktionen dienten die in der Stadtbibliothek München/Monacensia-Bibliothek vorhandenen Jahrgänge der Illustrierten. Die Jahrgänge der beiden Standorte sind nicht vollkommen deckungsgleich, da bei einzelnen Ausgaben Hitler-Titelseiten ausgetauscht sind. Die Gründe hierfür sind nicht bekannt und bisher nicht näher untersucht. Die Tableaus auf den folgenden Seiten enthalten alle Titelseiten des "Illustrierten Beobachters" mit Abbildungen Hitlers, ausgenommen die Sondernummern.

In den Jahren 1926 bis 1945 erschienen 235 Titelseiten mit Abbildungen Adolf Hitlers: Zwischen der Gründung der Partei-Illustrierten im Jahr 1926 und der nationalsozialistischen Machtübernahme 28, zwischen 1933 und 1945 207 Hitler-Titelseiten.

1926

Juli 1926

1927

28. Februar 1927   30. August 1927

1928

28. Januar 1928

1929

23. März 1929

10. August 1929

17. August 1929

1930

10. Mai 1930

11. Oktober 1930

1931

7. März 1931

30. Mai 1931

| 20. Juni 1931 | 19. September 1931 | 26. September 1931 | 24. Oktober 1931 | 31. Oktober 1931 | 12. Dezember 1931 |

| Nr.15 /1932 | 7. Mai 1932 | 16. Juli 1932 | 30. Juli 1932 | 17. September 1932 | 17. Dezember 1932 |

| 8. April 1933 | 10. Juni 1933 | 24. Juni 1933 | 30. Juni 1933 | 15. Juli 1933 | 9. September 1933 |

1934

| 13. Januar 1934 | 27. Januar 1934 | 3. Februar 1934 | 10. Februar 1934 | 10. März 1934 |

| 28. Juli 1934 | 25. August 1934 | 31. August 1934 | 8. September 1934 | 15. September 1934 | 13. Oktober 1934 |

2. Januar 1932	30. Januar 1932	12. März 1932	19. März 1932	2. April 1932

4. Febrruar 1933	11. Februar 1933	25. Februar 1933	25. März 1933	31. März 1933

16. September 1933	7. Oktober 1933	11. November 1933	18. November 1933	25. November 1933	2. Dezember 1933

7. April 1934	21. April 1934	5. Mai 1934	30. Juni 1934	7. Juli 1934	14. Juli 1934

20. Oktober 1934		26. Januar 1935	31. Januar 1935	21. Februar 1935	7. März 1935

 21. März 1935
 18. April 1935
 9. Mai 1935
 16. Mai 1935
 30. Mai 1935
 13. Juni 1935

 3. Oktober 1935
 10. Oktober 1935
 17. Oktober 1935
 7. November 1935
 14. November 1935
 19. Dezember 1935

 27. Februar 1936
 5. März 1936
 12. März 1936
 19. März 1936
 26. März 1936
 2. April 1936

 9. Juli 1936
 16. Juli 1936
 6. August 1936
 13. August 1936
 20. August 1936
 27. August 1936

 29. Oktober 1936
 19. November 1936
 17. Dezember 1936

1937

 7. Januar 1937
 4. Februar 1937

Illustrierter Beobachter 1935-1937

| 20. Juni 1935 | 27. Juni 1935 | 8. August 1935 | 22. August 1935 | 19. September 1935 | 26. September 1935 |

1936

| 2. Januar 1936 | 9. Januar 1936 | 23. Januar 1936 | 30. Januar 1936 | 20. Februar 1936 |

| 9. April 1936 | 16. April 1936 | 30. April 1936 | 7. Mai 1936 | 14. Mai 1936 | 4. Juni 1936 |

| 10. September 1936 | 17. September 1936 | 24. September 1936 | 1. Oktober 1936 | 8. Oktober 1936 | 15. Oktober 1936 |

| 11. Februar 1937 | 18. Februar 1937 | 25. Februar 1937 | 4. März 1937 | 15. April 1937 | 29. April 1937 |

 5. Mai 1937
 13. Mai 1937
 10. Juni 1937
 24. Juni 1937
 1. Juli 1937
 22. Juli 1937

 18. November 1937
 2. Dezember 1937

1938

 20. Januar 1938
 27. Januar 1938
 10. Februar 1938

 28. April 1938
 5. Mai 1938
 12. Mai 1938
 19. Mai 1938
 2. Juni 1938
 23. Juni 1938

 22. September 1938
 29. September 1938
 6. Oktober 1938
 13. Oktober 1938
 20. Oktober 1938
 27. Oktober 1938

 22. Dezember 1938

1939

 12. Januar 1939
 19. Januar 1939
 23. Februar 1939
 2. März 1939

Illustrierter Beobachter 1937-1939

| 5. August 1937 | 19. August 1937 | 26. August 1937 | 16. September 1937 | 30. September 1937 | 7. Oktober 1937 |

| 24. Februar 1938 | 3. März 1938 | 24. März 1938 | 7. April 1938 | 14. April 1938 | 21. April 1938 |

| 14. Juli 1938 | 4. August 1938 | 18. August 1938 | 1. September 1938 | 8. September 1938 | 15. September 1938 |

| 3. November 1938 | 10. November 1938 | 17. November 1938 | 24. November 1938 | 1. Dezember 1938 | 15. Dezember 1938 |

| 9. März 1939 | 23. März 1939 | 13. April 1939 | 20. April 1939 | 27. April 1939 | 4. Mai 1939 |

| 11. Mai 1939 | 20. Juli 1939 | 24. August 1939 | 7. September 1939 | 14. September 1939 | 28. September 1939 |

| 23. November 1939 | 14. Dezember 1939 | 4. Januar 1940 | 18. Januar 1940 | 25. Januar 1940 |

| 27. Juni 1940 | 31. Oktober 1940 | 7. November 1940 | 14. November 1940 | 21. November 1940 |

| 18. Dezember 1941 | 8. Januar 1942 | 16. April 1942 | 30. April 1942 | 14. Mai 1942 |

| 15. April 1943 | 3o. September 1943 | 21. Oktober 1943 | 18. November 1943 | 20. April 1944 |

| Illustrierter Beobachter | 1939-1945

5. Oktober 1939   12. Oktober 1939   19. Oktober 1939   26. Oktober 1939   2. November 1939   16. November 1939

1. Februar 1940   28. März 1940   Nr.16 /1940   2. Mai 1940   23. Mai 1940   13. Juni 1940

27. Februar 1941   17. April 1941   1. Mai 1941   21. August 1941   4. September 1941   6. November 1941

4. Juni 1942   10. September 1942   8. Oktober 1942   12. November 1942   28. Januar 1943

4. Mai 1944   12. April 1945   19. April 1945

Die verwendeten Abkürzungen für Quellenfundorte und Aktenbestände:

BA: Bundesarchiv Koblenz
HStAM: Hauptstaatsarchiv München
StAM: Staatsarchiv München
StA Mü 1: Staatsanwaltschaft München 1
Pol. Dir.: Polizeidirektion München

Einleitung

Führer-Mythos und Fotografie

1 Vgl. Gerhard Voigt: Goebbels als Markentechniker, in: Warenästhetik. Beiträge zur Diskussion. Weiterentwicklung und Vermittlung ihrer Kritik. Herausgegeben von Wolfgang F. Haug, Frankfurt/Main 1975, S. 231 - 260.

2 Albert Speer: Erinnerungen, Frankfurt/ Main, Berlin 1969, S. 100.

3 Vgl. Robert Koehl: Feudal Aspects of National Socialism, in: American Political Science Review, Bd. 54, 1960, S. 921 - 933.

4 Joachim C. Fest: Hitler. Eine Biographie, Frankfurt/Main, Berlin 1992 (3. Aufl.). Auch in dem Bildband "Hitler. Gesichter eines Diktators. Eine Bilddokumentation. Herausgegeben von Jochen von Lang, München/Berlin 1984", zu dem Fest ein "Psychogramm des Diktators Adolf Hitler" beisteuerte, geht der Autor nicht quellenkritisch mit dem fotografischen Bildmaterial um.

5 Alan Bullock: Hitler und Stalin. Parallele Leben, Berlin 1991.

6 Vgl. Hermann Graml: Ein überflüssiger Film, in: Geschichte in Wissenschaft und Unterricht, 1977, Nr. 11, S. 669 - 677.

7 Vgl. Claus Heinrich Meyer: Die Veredelung Hitlers. Das Dritte Reich als Markenartikel, in: Rechtsextremismus in der Bundesrepublik. Voraussetzungen, Zusammenhänge, Wirkungen. Herausgegeben von Wolfgang Benz, Frankfurt/Main, 1984, S. 45 - 68.

8 Zur propagandistischen Funktion dieser Fotoausstellung wie auch der folgenden mit zahlreichem Fotomaterial bestückten "industriellen Leistungschauen" zwischen 1933 und 1937 vgl. Ulrich Pohlmann: "Nicht beziehungslose Kunst, sondern politische Waffe". Fotoausstellungen als Mittel der Ästhetisierung von Politik und Ökonomie im Nationalsozialismus, in: Fotogeschichte, Jg. 8, 1988, Nr. 28, S. 17 -31.

9 Zeitungs-Verlag, 1933, Nr. 44, o. S. (Sondernummer zur Ausstellung "Die Kamera").

10 Vgl. vor allem Willy Stiewe: Das Bild als Nachricht. Nachrichtenwert und -technik des Bildes. Ein Beitrag zur Zeitungskunde (=Zeitung und Zeit, Bd. V), Berlin 1933; Willy Stiewe: Foto und Volk, Halle 1933; Willy Stiewe: Das Pressephoto als publizistisches Mittel (=Wesen und Wirken der Publizistik, Bd. 2), Leipzig 1936; Curt Wohlfahrt: Theorie des aktuellen Bildes, Phil. Diss., Berlin 1937; Kurt Wehlau: Das Lichtbild in der Werbung für Politik, Kultur und Wirtschaft, Phil. Diss., Würzburg-Aumühle 1939; Gertrud Ulmer: Das Lichtbild in der Münchener Presse, Phill Diss., Würzburg-Aumühle 1939.

11 Zur Quellenkritik und Medienspezifik der dokumentarischen Fotografie vgl. Rudolf Herz/Dirk Halfbrodt: Revolution und Fotografie. München 1918/19, Berlin 1988, S. 13 - 17.

12 Erich Keyser: Das Bild als Geschichtsquelle, Hamburg 1935 (=Historische Bildkunde, Bd. 2), S. 8.

13 Vgl. Gunter Waibl: Fotografie und Geschichte (I - III), in: Fotogeschichte, Jg. 6, 1986, H. 21, S. 3 - 12, H. 22, S. 3 - 10, Jg. 7, 1987, H. 23, S. 3 - 12, hier H. 21, 1986, S. 8. Vgl. auch das Themenheft "Fotografie und Geschichte" der Zeitschrift Fotogeschichte, Jg. 5, 1985, H. 5, inbesondere dort Detlef Hoffmann: Fotografie als historisches Dokument, S. 21 - 28. Zum Problem der fotografischen Quellenkunde vgl. Wolfgang Brückner: Fotodokumentation als kultur- und sozialgeschichtliche Quelle, in : Das Photoalbum 1858 - 1918. Eine Dokumentation zur Kultur- und Sozialgeschichte. Austellungskatalog, München 1975, S. 11 - 31; Horst Romeyk: Bildliche Darstellungen. Archivarische Erschließung und quellenkritische Bewertung (=Veröffentlichungen der staatlichen Archive des Landes Nordrhein-Westfalen, Reihe E: Beiträge zur Archipraxis, H. 1), Düsseldorf 1975; Rainer Wohlfeil: Das Bild als Geschichtsquelle, in: Historische Zeitschrift, Bd. 243, 1986, S. 91 - 100; Sybil Milton: Argument oder Illustration. Die Bedeutung von Fotodokumenten als Quelle, in: Fotogeschichte, Jg. 8, 1988, H. 28, S. 61 - 90; Diethart Kerbs: Methoden und Probleme der Bildquellenforschung, in: Revolution und Fotografie. Berlin 1918/19, Berlin 1989, S. 241 - 262. Spärliche Hinweise zum Thema Fotografien als Geschichtsquellen in folgenden Handbüchern der Geschichtswissenschaft: Ernst Opgenoorth: Einführung in das Studium der neueren Geschichte, Frankfurt/Main 1974, S. 79; Boris Schneider: Einführung in die Neuere Geschichte, Stuttgart 1974, S. 45 - 51; Egon Boshof/ Kurt Düwell/Hans Kloft: Grundlagen des Studiums der Geschichte, Köln/Wien 1973, S. 259 - 263.
Mehr Aufmerksamkeit in der historischen Fachliteratur hat der Film gefunden. Vgl. Fritz Terveen: Der Film als historisches Dokument. Grenzen und Möglichkeiten, in: Vierteljahrshefte für Zeitgeschichte. 3. Jg., 1955, S. 57 - 66; Wilhelm Treue: Das Fildokument als Geschichtsquelle, in: Historische Zeitschrift, Bd. 186, 1958, S. 308 -327; Günther Moltmann: Film- und Tondokumente als Quellen zeitgeschichtlicher Forschung, in: Zeitgeschichte im Film- und Tondokument. 17 historische, pädagogische und sozialwissenschaftliche Beiträge. Herausgegeben von Günter Moltmann und Karl Friedrich Reimers, Göttingen, Zürich, Frankfurt, Main 1970, S. 17 - 23; Helmut Regel: Die Authentizität dokumentarischer Filmaufnahmen. Methoden einer kritischen Prüfung, in: Möglichkeiten des Dokumentarfilms, Oberhausen 1979, S. 165 - 176.

14 Vgl. Jürgen Hannig: Bilder, die Geschichte machen. Anmerkungen zum Umgang mit "Dokumentarfotos" in Geschichtslehrbüchern, in: Geschichte in Wissenschaft und Unterricht. 1989, Nr.1, S. 10 - 32, hier S. 18. Zum Wirklichkeitsbegriff vgl. Andreas Haus: Fotografie und Wirklichkeit, in: Fotogeschichte. Beiträge zur Geschichte und Ästhetik der Fotografie, Jg. 2, 1982, H. 5, S. 5 - 11.

15 Hermann Glaser/Walther Pützstück: Ein deutsches Bilderbuch 1870 -1918. Die Gesellschaft einer Epoche in alten Photographien, München 1982, Vorwort.

16 Vgl. Jürgen Steen: Fotografiegeschichte als Kunstgeschichte, Fotografie als "optische Sozialgeschichte" und die industrielle Revolution, in: Fotogeschichte, Jg. 2, 1982, H. 5, S. 13 - 17, hier S. 14 f.

17 Vgl. Martin Loiperdinger: Probleme des Quellenwertes von Bildmedien für die Geschichtsschreibung. Überarbeitete Fassung eines Vortrags auf der 18. Jahrestagung des Studienkreises für Rundfunk und Geschichte, Fachgruppe Archive und Dokumentation, am 24. September 1987 im Hessischen Rundfunk, Frankfurt/M.

18 Vgl. Wolfgang Preisendanz: Verordnete Wahrnehmung. Zum Verhältnis von Photo und Begleittext, in: Sprache im technischen Zeitalter, Jg. 1971, H. 37, S. 1 - 8; Paul Heimann: Zur Dynamik der Bild-Wortbeziehungen in den optisch-akustischen Massenmedien, in: Bild und Begriff, hrsg. von Robert Heiß u. a., München 1973, S. 71 ff.

19 Der Parteitag der Macht, Nürnberg 1934. Mit Originalaufnahmen von Heinrich Hoffmann, Reichsbildberichterstatter der NSDAP. Geleitwort von Baldur von Schirach, Jugendführer des Deutschen Reiches, Berlin o. J., Klappentext.

20 Parteitag der Macht, 1934, Klappentext.

21 Martin Loiperdinger: Der Parteitagsfilm "Triumph des Willens" von Leni Riefenstahl, Opladen 1987, 1987, S. 51 f.

22 Loiperdinger, 1987, S. 53.

23 Vorarbeiten finden sich bei: Jochen Birr: Die Darstellung des 'Führers' in der Bildpublizistik des Dritten Reiches (= Studentische Beiträge zur Publizistik und Zeitungswissenschaft, Nr. 2/3, Berlin 1961); Hermann Hinkel: Zur Funktion des Bildes im deutschen Faschismus. Bildbeispiele - Analysen -Didaktische Vorschläge, Steinbach/Gießen und Wißmar 1974; Karsten Weber: Führer und Geführte, Monarch und Untertan. Eine Studie zur politischen Ikonologie und ihre unterrichtliche Umsetzung, Frankfurt/Berlin/München 1978; Thomas Busch: "Personenkult J. Stalins" und "Führermythos A. Hitlers". Vergleich anhand der Presseillustrationen in der "Pravda" und im "Völkischen Beobachter" 1932 bis 1936, Hausarbeit zur Erlangung des Magistergrades der Philosophischen Fakultät der Westfälischen Universität, Münster 1988.

24 Dabei wird nicht die gesamte Palette von Hoffmanns Führerikonografie abgedeckt; nicht untersucht wird beispielsweise Hitlers Rolle als außenpolitischer Repräsentant.

25 Vgl. Wilhelm Marckwardt: Die Illustrierten der Weimarer Zeit. Publizistische Funktion, ökonomische Entwicklung und inhaltliche Tendenzen (unter Einschluß einer Bibliographie dieses Pressetypus 1918-1932, Phill. Diss., München 1982.

26 Betrug die Gesamtauflage im Januar 1934 4.309.932 Stück, so erreichte sie im Januar 1939 6.302.155 und noch im Oktober 1944 (trotz verringerter Anzahl der Blätter) hielt sie sich bei 6 Millionen. Vgl. Eva-Maria Unger. Illustrierte als Mit tel zur Kriegsvorbereitung in Deutschland 1933 bis 1939, Köln 1984, S. 92.

27 David Culbert: The Heinrich Hoffmann Photo Archive: Price vs. United States (Final Judgment, 19 Mai 1993), in: Historical Journal of Film, Radio and Television, Vol. 13, Nr. 4, 1993.

28 Freundliche Auskunft Dr. Horn, 18. 12. 1993.

29 Heinrich Hoffmann: Heinrich Hoffmann (1897 - 1947). Mein Beruf. Meine Arbeit für die Kunst. Mein Verhältnis zu Adolf Hitler, 1947 (unveröffentlichtes Manuskript); Heinrich Hoffmann: Hitler was my Friend, translated by Lt. Col. R. H. Stevens, London 1955; Hoffmann, Heinrich: Hitler, wie ich ihn sah, München, Berlin 1974.

30 Vgl. Herz/Halfbrodt, 1988, S. 288.

31 Münchner Illustrierte, Jg. 1954, Nr. 45, S. 16.

32 Staatsarchiv München, Staatsanwaltschaft München I, Nr. 3098. Erklärung Heinrich Hoffmanns vor der Polizei am 15. 2. 1924. Hoffmanns Aussage erscheint widersprüchlich und wirft zugleich die Frage auf, ob und wie der Widerspruch von "nicht-politisch" und "rein völkisch" aufzulösen ist. Dieser ist allenfalls in dem Sinn aufzulösen, daß "völkisch" als "nicht-politisch" im Sinne einer nationalen Angelegenheit verstanden wird, die dem Parteienstreit übergeordnet ist. Damit ist auf ein zentrales Moment von Hoffmanns nationalistischem Selbstverständnis verwiesen.

33 Alain Jaubert: Fotos, die lügen. Politik mit gefälschten Bildern, Frankfurt am Main 1989, S. 63 - 73 (zuerst: Le commissariat aux archives, Paris 1986).

34 Die deutsche Ausgabe: Gisele Freund: Photographie und Gesellschaft. Aus dem Französischen von Dietrich Leube, München 1976.

35 Winfried Ranke: Bildberichterstattung in den Zwanziger Jahren - Heinrich Hoffmann und die Chronistenpflicht, in: Die Zwanziger Jahre in München, Ausstellungskatalog, München 1979, S. 53 - 73; vgl. auch Philip E. Mancha: Heinrich Hoffmann: Photographer of the Third Reich, in: Prologue. The Journal of the National Archives, Jg. 1973, S. 31 -40; Brigitte Bruns: Neuzeitliche Fotografie im Dienste nationalsozialistischer Ideologie, in: Die Gleichschaltung der Bilder. Zur Geschichte der Pressefotografie 1930-36. Herausgegeben von Diethart Kerbs, Walter Uka und Brigitte Walz-Richter im Auftrage des Bundes Deutscher Kunsterzieher, Berlin 1983, S. 172 - 182; John Fraser: Hitler's Cameraman, in: The British Journal of Photography, 27.September 1985, S.1082-1086; 4.Oktober 1985, S. 1108 - 1112.

36 Vgl. Herz/ Halfbrodt, 1988.

37 Literatur zur Pressefotografie und Illustriertenpresse: Tim Nahum Gidal: Bildbericht und Presse. Ein Beitrag zur Geschichte und Organisation der illustrierten Zeitungen, Tübingen 1956; Tim Nahum Gidal: Deutschland - Beginn des modernen Photojournalismus, Luzern/Frankfurt/Main 1972; Josef Kasper: Belichtung und Wahrheit. Bildreportage von der Gartenlaube bis zum Stern, Frankfurt/ New York 1979; Sartorti, Rosalinde: Pressefotografie und Industrialisierung in der Sowjetunion. Die Pravda 1925 - 1933, Wiesbaden 1981; Wilhelm Marckwardt: Die Illustrierten der Weimarer Zeit. Publizistische Funktion, ökonomische Entwicklung und inhaltliche Tendenzen (unter ein Einschluß einer Bibliographie dieses Pressetypus 1918-1933), München 1982; Brigitte Werneburg: Foto-Journalismus in der Weimarer Pepublik, in: Fotogeschichte, Jg. 4, 1984, H. 13, S. 27-40; Revolution und Fotografie. Berlin 1918/19, Berlin 1989; Weise, Bernd: Pressefotografie, I. Die Anfänge in Deutschland, ausgehend von einer Kritik bisheriger Forschungsansätze, in: Fotogeschichte, 1989, H. 31, S. 15 - 40; II. Fortschritte der Fotografie- und Drucktechnik und Veränderungen des Pressemarktes im Deutschen Kaiserreich, in: Fotogeschichte, 1989, H. 33, S. 27 - 62; III. Das Geschäft mit dem aktuellen Foto: Fotografen, Bildagenturen, Interessenverbände, Arbeitstechnik. Die Entwicklung in Deutschland bis zum Ersten Weltkrieg, in: Fotogeschichte, 1990, H. 37, S. 13 - 36. Spezielle Literatur zur NS-Pressefotografie: Christoph Peters: Stilformen der NS-Bildpublizistik. Der Einsatz des Bildes als publizistisches Führungsmittel durch den Nationalsozialismus, Wien 1963; Adolf Clemens: Fotografie im Dritten Reich. Pressefotografie im Dienste der politischen Propaganda, Examensarbeit, Essen 1966; Unger, 1984; Milton, 1988.

38 Die Gleichschaltung der Bilder. Zur Geschichte der Pressefotografie 1930-36. Herausgegeben von Diethart Kerbs, WalterUka und Brigitte Walz-Richter im Auftrage des Bundes Deutscher Kunsterzieher e.V., Berlin 1983.

39 Vgl. Rolf Sachsse: Zur Photographie im Dritten Reich. Das Einzelerlebnis als Volkserlebnis, in: Stuttgart im Dritten Reich. Anpassung, Widerstand, Verfolgung. Die Jahre von 1933 bis 1939, Stuttgart 1983, S. 132 - 140.

40 Vgl. etwa Kurt Kaindl (Hrsg.): Harald P. Lechenberg. Pionier des Fotojournalismus 1929 - 1937, Salzburg 1990; Winfried Ranke: Deutsche Geschichte kurz belichtet. Photoreportagen von Gerhard Gronefeld 1937 - 1965, Berlin 1991; zur "Vergangenheitsbewältigung" deutscher Fotografen vgl. Timm Starl: Eine Studie über Vergeßlichkeit, in: Fotogeschichte, Jg.7, 1987, H. 26, S. 66 - 68.

41 Vgl. Walter Hagemann: Publizistik im Dritten Reich. Ein Beitrag zur Methodik der Massenführung, Hamburg 1948; Karlheinz Schmeer: Regie des öffentlichen Lebens durch das nationalsozialistische Regime als Mittel der politischen Werbung, Phil Diss., Münster, 1953.

42 Vgl. Martin Broszat u.a. (Hrsg.): Bayern in der NS-Zeit, München 1977 - 1983; Martin Broszat/Elke Fröhlich: Alltag und Widerstand. Bayern im Nationalsozialismus, München u. Zürich 1987.

43 Vgl. Norbert Frei: Der Führerstaat. Nationalsozialistische Herrschaft 1933 bis 1945, München 1987, S. 165 ff.; Jörg Bohse: Inzenierte Kriegsbegeisterung ohnmächtiger Friedenswille. Meinungslenkung und Propaganda im Nationalsozialismus, Stuttgart 1988, S. 1 ff.

44 Frei, 1987, S. 165 - 172.

45 Heinz Boberach (Hrsg.): Meldungen aus dem Reich. Auswahl aus den geheimen Lageberichten des Sicherheitsdienstes der SS 1939-1944, Neuwied und Berlin, 1965; Heinz Boberach (Hrsg.): Meldungen aus dem Reich 1938-1945. Die geheimen Lageberichte des Sicherheitsdienstes der SS. Vollständige Texte aus dem Bestand des Bundesarchivs Koblenz, Bd. 1 - 17, Herrsching 1984; Marlis Steinert: Hitlers Krieg und die Deutschen. Stimmungen und Haltungen der deutschen Bevölkerung im Zweiten Weltkrieg, Düsseldorf 1970; Ian Kershaw: Der Hitler-Mythos. Volksmeinung und Propaganda im Dritten Reich. Mit einer Einführung von Martin Broszat, Stuttgart 1980; zur Volksstimmung vgl. auch: Deutschland-Berichte der Sozialdemokratischen Partei Deutschlands (sopade) 1934 - 1940, 7 Bände, Salzhausen/Frankfurt am Main 1980.

46 Eike Henning: Faschistische Ästhetik und faschistische Öffentlichkeit, in: Hinz/Mittig/Schäche/Schönberger: Die Dekoration der Gewalt. Kunst und Medien im Faschismus, Gießen 1979, S. 9 - 14;

47 Loiperdinger, 1987, S. 39.

48 Für Benjamin ist die Ästhetisierung der Politik, deren Konsequenz letztlich der faschistische Krieg sei, "der archimedische Punkt des deutschen Faschismus, der zur Sicherung seiner Herrschaft auf Manipulation verwiesen ist." (Loiperdinger, 1987, S. 28) Im Zusammenhang mit der Zurückweisung von Benjamins Gedankengang, den faschistischen Krieg "als Mittel der politischen Ästhetisierung (...) statt diese als Instrument der Kriegführung" zu verstehen, hat Loiperdinger auf die fragwürdigen Prämissen in den Überlegungen hingewiesen: der ästhetischen Seite der NS-Propaganda wird eine beträchtliche Manipulationsfähigkeit zugeschrieben und ihr Erfolg stillschweigend vorausgesetzt. So erscheint die "faschistische Ästhetik" geradezu als Inbegriff erfolgreicher politischer "Verführungskunst". Der massenhafte Erfolg der Nationalsozialisten wird ausschließlich auf das Urteil Manipulation gegründet - und damit "an einem Gegensatz zwischen Propaganda und ihren Adressaten (...) (festgehalten), ohne erklärtermaßen einen Anhaltspunkt dafür in der Wirklichkeit bieten zu können. Die Verwendung dieser Denkfigur nötigt dem Leser den Glauben ab, daß es Propaganda möglich sei, ihre Adressaten gegen ihren Willen und an diesem vorbei für sich einzunehmen." (Loiperdinger, 1987, S. 41).

49 Vgl. Die Dekoration der Gewalt. Kunst und Medien im Faschismus. Hrsg. Bertold Hinz/Hans-Georg Mittig/Wolfgang Schäche/Angela Schönberger, Gießen 1979.

50 Vgl. Inszenierung der Macht. Ästhetische Faszination im Faschismus, herausgegeben von der Neuen Gesellschaft für Bildende Kunst, Berlin 1987; dazu auch Silke Wenk: Hin-weg-sehen oder Faschismus, Normalität und Sexismus, in: Erbeutete Sinne. Nachträge zur Ausstellung "Inszenierung der Macht, Ästhetische Faszination im Faschismus", herausgegeben von der Neuen Gesellschaft für Bildende Kunst, Berlin, S. 17-32.

51 Rainer Fabian: Die Fotografie als Dokument und Fälschung, München 1976, S.97 - 113 ("Das Ende der Verkleidungen. Das Verhältnis Adolf Hitlers zur Fotografie) Es war wohl nicht die Lächerlichkeit an sich, vor der sich Hitler fürchtete, sondern die Angst als abgöttisch verehrter "Führer" vor seinem Publikum unglaubwürdig zu erscheinen, wenn er sich beispielsweise darüber ereiferte, wie unprätenziös Mussolini sich öffentlich zeigte: "Ich ärgere mich jedesmal, wenn ich aus Illustrierten sehe, daß er sich am Lido im Kreise seiner Familie wieder einmal in Badehosen fotografieren ließ. Das macht ein großer Staatsmann nicht. Wo bleibt die Ehrfurcht vor einem Napoleon, wenn uns solche Bilder von ihm überliefert worden wären. Darum bade ich nie im Freien." (zitiert nach Fabian 1974, S. 98)

52 Vgl. Bramsted, Ernest K.: Goebbels und die nationalsozialistische Propaganda 1925 - 1945, Frankfurt/Main 1971; Ian Kershaw: Der Hitler-Mythos. Volksmeinung und Propaganda im Dritten Reich. Mit einer Einführung von Martin Broszat, Stuttgart 1980.

53 Joseph Peter Stern: Hitler. Der Führer und das Volk, München 1981, S. 11. Symptomatisch für die ausgesparte Behandlung des Hitlerkults ist die Dissertation von Eva-Maria Unger (Unger 1984). Sie ist eine der wenigen Untersuchungen über die propagandistische Funktionalisierung der Unterhaltungsillustrierten in der NS-Zeit vorlegte. Die auf die Analyse der "Berliner Illustrirten Zeitung" und des "Illustrierten Beobachters" konzentrierte Arbeit läßt den visuellen Führerkult jedoch vollkommen außer acht, obwohl sie dessen "überragende Position" in den Illustrierten konstatiert.

54 Vgl. Hans Mommsen: Nationalsozialismus oder Hitlerismus, in: Persönlichkeit und Struktur in der Geschichte. Historische Bestandsaufnahme und didaktische Implikationen, Düsseldorf, S. 62-71; Gerhard Schreiber: Hitler. Interpretationen 1923 - 1983, Darmstadt 1984.

55 Vgl. Max Weber: Wirtschaft und Gesellschaft. 5. revid. Auflage Tübingen 1976, S. 140 - 142; Hans-Ulrich Wehler: 30. Januar 1933 - Ein halbes Jahrhundert danach, in: Aus Politik und Zeitgeschichte, Beilage zur Zeitung Das Parlament, 29. Januar 1983, S. 43 -54; Rainer M. Lepsius: Freisetzung und Einbindung. Max Webers Theorie der charismatischen Herrschaft und Handlungsspielräume in der Geschichte, in: Bericht über die 34. Versammlung deutscher Historiker in Münster/Westfalen, 6. bis 10. Oktober 1982, S. 115 - 117; Rainer Lepsius: Charismatic Leadership: Max Webers Model and its Applicability to the Rule of Hitler, in: Changing Conseptions of Leadership. Edited by Carl F. Graumann and Sege Moscovicio, New York, Berlin, Heidelberg, Tokio 1986, S. 53 - 66; Gerhard Hirschfeld und Lothar Kerttenacker (Hrsg.): Der Führerstaat. Mythos und Realität, Stuttgart 1981.

56 Vgl. Kershaw, 1980; Ian Kershaw: Hitlers Macht. Das Profil der NS-Herrschaft, München 1992.

57 Broszat, in: Kershaw, 1980, S. 14.

58 Broszat, in: Kershaw 1980, S. 14.

59 Kershaw 1980, S. 150.

60 Stern, 1978, S. 106.

61 Vgl. Martin Broszat: Soziale Motivation und Führer-Bindung des Nationalsozialismus, in: Vierteljahreshefte für Zeitgeschichte, Nr. 18, 1970, S. 392 - 409.

62 Stern, 1978, S. 23.

Der Fotograf des Führers

Heinrich Hoffmann. Eine Fotografenkarriere

1 Meldeunterlagen im Stadtarchiv Regensburg und Stadtarchiv München.

2 Vgl. Lexikon für Photographie und Reproduktionstechnik, Wien/Berlin, 1910, S. 292.

3 Vgl. Jahrbuch der Lehr- und Versuchsanstalt für Chemigraphie und Photographie, 1906 - 1907, München 1907, S. 292.

4 Folgende Angaben zu den Lehr- und Wanderjahren nach Hoffmann, 1955, S. 18 - 28. In den Meldeunterlagen der betreffenden Stadtarchive ließen sich nur für Darmstadt und Zürich Bestätigungen zu Hoffmanns Angaben finden. In Darmstadt war Hoffmann vom 24. 9. 1901 bis zum 29. 5. 1902 gemeldet, in Zürich von Juni bis August 1901.

5 Vgl. Nachlaßgericht München, Spruchkammerverfahren Heinrich Hoffmann, Vernehmungsprotokoll Heinrich Hoffmann 23. 12. 1946, S. 4; Henriette Schirach-Hoffmann: Hitler, wie ich ihn sah, München/Berlin 1974, S. 12. Zum Fotoatelier Elvira vgl. auch: Rudolf Herz/Brigitte Bruns: Hofatelier Elvira 1887 - 1928. Ästheten, Emanzen, Aristokraten, Ausstellungskatalog Münchner Stadtmuseum, München 1985.

6 Hoffmann, 1955, S. 27. John Fraser (1985, S. 1083) verweist darauf, daß in den Katalogen der Jahresausstellungen der "Royal Photographic Society" namentlich keine Aufnahmen Hoffmanns vermerkt sind, und vermutet, daß Hoffmanns Aufnahmen unter Hoppés Namen erschienen.

7 Vgl. The Illustrated London News, 22. 8. 1908, S. 280.

8 Nach dem zeitweiligen Ausweichen in andere Räumlichkeiten - 1912 in die Ainmillerstraße 22 und 1914 in die Georgenstraße 39 - erscheint ab 1915 die Schellingstraße 33 wieder als feste und bis 1925 nachweisbare Adresse. Hoffmann hatte sein Studio im rückwärtigen Gartenhaus, dem ehemaligen Atelier von Franz Marc. Postkarteninschriften und Gummistempeln zufolge wurden die Pressegeschäfte hingegen bis in die Zeit des Ersten Weltkrieges unter der Adresse Türkenstraße 57 geführt. Noch während des Krieges erscheint erstmals die Adresse Schellingstraße 50 als Sitz des Illustrationsunternehmens. Die Betriebsräume hatte Hoffmann im Hinterhaus. Wohnung nahm er anfangs in der Georgenstraße 39, später Schnorrstraße 9.

9 "In der Regel hatten diese Fotografen jedoch als festen Hintergrund ihrer Firma ein Porträtatelier. Das Geschäft mit den 'aktuellen Bildern' war noch zu unsicher, außerdem waren die in den Zeitschriften veröffentlichten Bilder zu großen Teilen Porträtfotos." (Diethart Kerbs: Die Epoche der Bildagenturen. Zur Geschichte der Pressefotografie in Berlin von 1900 bis 1933, in: Die Gleichschaltung der Bilder, 1983, S. 32 - 73).

10 Vgl. Münchner Illustrirte Zeitung, 1913, Nr. 43, S. 679.

11 Hoffmann, 1947, S. 3.

12 Apollinnaire hatte Duchamp um ein Porträt für sein Buch "Les Peintres Cubistes" gebeten. Das Originalporträt liegt in der Francis Bacon Library in Claremont, Kalifornien. Es ist abgebildet in: Jennifer Gough-Cooper/Jacques Caumont: Plan pur écrire une vie de Marcel Duchamp. 1. Bd.: Chronologie générale, Paris 1977. Allem Anschein nach geht das 1922 von Man Ray gemalte Bildnis Duchamps, betitelt mit "Rose Sélavy" - ein Pseudonym Duchamps -, auf Hoffmanns Porträt von 1912 zurück. Es ist abgebildet in Arturo Schwarz: Man Ray - The Rigour of Imagination, London 1977, S. 82.

13 Vgl. Münchner Illustrirte Zeitung, 1911, Nr. 34, S. 533.

14 Vgl. die Aufnahme von Franz von Stuck in seinem Atelier in der Münchner Illustrirten Zeitung, 1911, Nr. 13, S. 195, abgebildet auch in der Photographischen Kunst, 9. Jg., 1911/12, Tafel 116, hier u.a. Porträts der Maler Prof. Hengeler und Prof. Habermann.

15 Vgl. Münchner Illustrirte Zeitung, 1910, Nr. 42, Titelblatt.

16 Vgl. Ranke, 1979, S. 58.

17 Hoffmann, 1947, S. 1.

18 Ranke, 1979, S. 58.

19 Photographische Kunst, 9. Jg., 1911/1912, S. 327. Hoffmanns fotografische Leistungen wurden verschiedentlich geehrt. 1914 erhielt er den "Silbernen Preis" der "Bugra" in Leipzig und die "Königliche Medaille" der "Baltischen Ausstellung" in Malmö, 1915 die "Silberne Medaille für Photographie" und im Jahr darauf die "Silberne Medaille für Fortschritt der Photographie". Vgl. Das Deutsche Führerlexikon 1934/35, Berlin 1934, S. 201.

20 Vgl. Der Photograph des Führers. Zum 50.Geburtstag Heinrich Hoffmanns, in: Deutsche Illustrierte, 11.Jg., 1935, Nr. 38.

21 Hoffmanns erste Aufnahme vom westlichen Kriegsschauplatz erschien in der 15. Kriegsnummer der Münchner Illustrirten Zeitung (1914, Nr. 46, S. 618). Die erste wieder in München aufgenommene Fotografie ist in der 55. Kriegsnummer (1915, Nr. 34, S. 398) abgebildet. Weitere Aufnahmen folgten. Produktion und Vertrieb der Postkarten besorgte vermutlich Robert Hoffmann oder auch

Michael Bauer. Bauer war Mitinhaber der Rahmen- und Leistenhandlung "Inama-Anton-Nachf. Schellingstraße 40" und führte dort einen Verlag, in dem 1914 Lichtdruckpostkarten mit Aufnahmen Hoffmanns erschienen. Hoffmann führte seine Kriegsaufnahmen auch selbst in Diavorträgen vor, etwa am 20. 1. 1915 vor mehreren hundert Zuschauern auf einer Sitzung des "Süddeutschen Photographenvereins" im Bayerischen Kunstgewerbehaus. Vgl. den Bericht über die Sitzung in: Photographische Kunst, 13. Jg., 1914/15, S. 215 ff. (Freundlicher Hinweis Ulrich Pohlmann). Zu Hoffmanns Vortrag schrieb der Rezensent: "Die durchweg auch rein technisch vorzüglichen Aufnahmen gaben in ihrer Gesamtheit ein Spiegelbild des Krieges und seiner Spuren in den von ihm heimgesuchten Landstrichen, wie man es in dieser eindringlichen und anschaulichen Unmittelbarkeit zu sehen in München bisher wohl noch keine Gelegenheit gehabt hatte."

22 Vgl. zum Beispiel die Aufnahme der "Münchner städtischen Kriegswurstfabrik" in der Münchner Illustrirten Zeitung, 1916, 97. Kriegsnummer, Nr. 24, S. 286. Eine Serie der Aufnahmen aus Puchheim liegt im HStAM, Abt. IV, Bildersammlung.

23 Vgl. Gregorius: Was der Photohändler jetzt tun soll, in: Die Photographische Industrie. Fachblatt für Fabrikation und Handel aller photographischen Bedarfsartikel, Jg. 1919, Nr. 12. Dagegen Ranke, 1979, S. 60.

24 HStAM, Abt. IV, Kriegsstammrolle Heinrich Hoffmann, Bayerische Fliegerabteilung A 298. Als Kriegsauszeichnung erhielt Hoffmann das obligate König-Ludwig-Kreuz.

25 Vgl. Franz Grainer: Heinrich Hoffmanns Weg und Schaffen, in: Das Atelier des Photographen, 44. Jg., 1937, H. 10, S. 177; Fritz Hansen: Neuzeitliche Photographie im Dienste der nationalsozialistischen Idee. Heinrich Hoffmann in seinem Wirken und Schaffen, in: Die Linse. Monatsschrift für Photographie und Kinematographie, 30. Jg., 1934, Nr. 4, S. 65; Ulmer, 1939, S. 154. Nach Auskunft von Dr. Heyl (Bayerisches Hauptstaatsarchiv, Abt.IV) wurden als Fliegerfotografen nur Offiziere herangezogen.

26 Münchner Illustrierte, 1954, Nr. 45, S. 17.

27 Zu Hoffmanns Berufstätigkeit in den Jahren 1918/19 vgl. Herz/Halfbrodt, 1988, S. 50 - 72.

28 Zu Hoffmanns Tätigkeit und politischen Neuorientierung in der revolutionären Nachkriegszeit vgl. Herz/Halfbrodt, 1988, S. 50 - 58, S. 62 - 68.

29 Vgl. Nachlaßgericht München, Spruchkammerverfahren Heinrich Hoffmann, Vernehmungsprotokoll Heinrich Hoffmann vom 23. 12. 1946, S. 1.

30 Vgl. dazu Herz/Halfbrodt, 1988, S. 257 - 262.

31 Vgl. die Annonce im Völkischen Kurier, 22. Folge, 27. 2. 1924: "Soeben erschienen! Deutschlands Erwachen in Bild und Wort. Über 100 der interessantesten Originalaufnahmen nationaler, völkischer und politischer Ereignisse und Persönlichkeiten. Deutschlands Erwachen wird während des Hitler-Prozesses das größte Interesse Aller finden und wird später ein Dokument unserer Gegenwart sein. Deutschlands Erwachen ist in allen Buchhandlungen und Schreibwarengeschäften erhältlich. Preis Mark 3.00. Wiederverkäufer erhalten hohen Rabatt."

32 Hoffmann (1955, S. 41) gibt an, die Parteimitgliedsnummer 427 besessen zu haben. Dazu im Widerspruch steht das Mitgliederverzeichnis der DAP/NSDAP vom 2. 2. 1920 bis zum August 1921. Die dortigen Mitgliedsnummern beginnen bei 501. Hoffmann hatte die Mitgliedsnummer 925 (Bundesarchiv Koblenz, NS 26 - 230). In einer Auswahl abgedruckt in: Albrecht Tyrell: Führer befiehl... Selbstzeugnisse aus der "Kampfzeit" der NSDAP. Dokumentation und Analyse, Düsseldorf 1969, Dokument Nr. 3, S. 22.

33 Vgl. Rundschreiben an sämtliche Ortsgruppen der Großdeutschen Volksgemeinschaft e.V. Sitz München vom 29. 7. 1924, abgedruckt in: Tyrell, 1969, Dokument Nr. 31, S. 81 - 83.

34 National Archives, Washington D.C., Still Picture Branch, Heinrich Hoffmann Collection, Reproduktion der Mitgliedskarte.

35 Münchener Gemeindezeitung, 62. Jg., 1933, Beilage Nr. 79/7, S. 392.

36 Zu Dietrich Eckart vgl. Margarethe Plewnia: Auf dem Weg zu Hitler. Der "völkische" Publizist Dietrich Eckart, Bremen 1970.

37 Eckart warb auf der Rückseite der zweiten Ausgabe von Hoffmanns Revolutionsbroschüre für seine Publikation "48 Charakterköpfe führender 'deutscher' Staatsmänner bzw. Revolutionshelden", das als Sammelheft seiner Zeit schrift erschien: "Nichts kennzeichnet den gegenwärtigen Zustand unseres Volkes besser als diese Bilder und Verse. Wer noch deutsch fühlt, helfe sie mit zu vertreiben! Um dies zu erleichtern, hat der Verlag den Preis so niedrig wie möglich bemessen. Bestellungen sind zu richten nur an Photobericht Hoffmann, München, Schellingstraße 50."

38 Vgl. Hoffmann, 1947, S. 7, S. 74; Adolf Hitler - Gesichter eines Diktators. Hrsg. von Jochen von Lang. Mit einem Vorwort von Joachim Fest, Hamburg 1968. Im Vorspann heißt es: "1922 bestellte eine große amerikanische Presseagentur ein Bild des noch wenig bekannten bayerischen Politikers Adolf Hitler bei Heinrich Hoffmann. Dieser Zufall führte zur Freundschaft zwischen dem Fotografen und dem Diktator des 'Dritten Reiches'."

39 Vgl. Hoffmann, 1947, S. 5: "Da aber schon von Anfang an die Arbeiter-Partei die Zulassung von Pressefotografen von der Bedingung abhängig machte, dass nur die Bildberichterstatter fotografieren dürften, die der Partei angehörten, liess ich mich im April 1920 in die 'Deutsche Arbeiter-Partei' aufnehmen."

40 Vgl. Nachlaßgericht München, Spruchkammerverfahren Heinrich Hoffmann, Vernehmungsprotokoll Heinrich Hoffmann vom 23. 12. 1946, S. 2.

41 Nachlaßgericht München, Spruchkammerverfahren Heinrich Hoffmann, Protokoll der öffentlichen Sitzung am 31. 1. 1947, S. 3.

42 Vgl. Nachlaßgericht München, Spruchkammerverfahren Heinrich Hoffmann, Vernehmungsprotokoll Heinrich Hoffmann vom 23. 12. 1946, S. 4; Hoffmann, 1955, S. 41 ff.

43 Vgl. Bert Garai: The Man from Keystone, London 1965, S. 88 ff. Auszugsweise in deutscher Übersetzung in: Bert Garai: Pressebilder für die Welt, in: Hundert Jahre Weltsensationen in Pressefotos. Aus den internationalen Keystone-Archiven. Herausgegeben von Ludwig A. C. Martin, Dortmund 1979, S. 351 - 362, hier S. 359 f.

44 Als Parteigänger der NSDAP war Hoffmann seit dem Hitler-Putsch amtsbekannt. Am Putsch war er zwar nicht aktiv beteiligt, stand jedoch unter dem Verdacht, Hermann Esser zur Flucht nach Österreich verholfen zu haben und wurde mehrfach verhört. Vgl. Erklärung Heinrich Hoffmanns vor der Münchener Polizei am 15. 2. 1924, Staatsarchiv München, Staatsanwaltschaft München I, Nr. 3098.

45 Vgl. Hoffmann, 1947, S. 5.

46 Hoffmann war zu 50 Prozent am Verkaufserlös der ersten Nummer beteiligt. Vgl. Nachlaßgericht München, Spruchkammerverfahren Heinrich Hoffmann, Vernehmungsprotokoll Heinrich Hoffmann vom 23. 12. 1946, S. 3.

47 Offen bleibt die Frage, ob er selbst diesen Rückzug betrieb oder ob die Abnehmer im Illustrationsgeschäft die Geschäftsbeziehungen mit ihm auf ein Minimum reduzierten, sei es daß sie nicht gern mit dem nationalsozialistischen Parteifotografen, wie ihn 1929 der Völkische Beobachter nannte, zusammenarbeiteten oder an seinem Bildangebot wenig interessiert waren. Jedenfalls erschienen in der Weimarer Zeit in der Münchener Illustrierten Presse so gut wie keine Aufnahmen von Hoffmann, obwohl - wie Hoffmann nach dem Zweiten Weltkrieg beteuerte - seine Fotografien immer jedermann zugänglich waren.

48 Illustrierter Beobachter, Nr. 28, 13. 7. 1929, S. 318 f.

49 Vgl. National Archives, Collection of World War II, RG 238, Testimony Heinrich Hoffmann vom 5. 11. 1945, S. 4 f.

50 Ebersbergerstraße 5; Friedrichstraße 34; Maximilianplatz 13; Rochusberg 5.

51 Konrad Heiden: Adolf Hitler. Das Zeitalter der Verantwortungslosigkeit. Eine Biographie, Zürich 1936, S. 379.

52 Die Linse. Monatszeitschrift für Photographie und Kinematographie, 29. Jg., 1933, Nr. 5, S. 107; die Leica-Annonce in: Die Linse, 30. Jg., 1934, Nr. 4, S. 61

53 Vgl. Nachlaßgericht München, Spruchkammerverfahren Heinrich Hoffmann, eidesstattliche Erklärung Otto Dietrich 14. 8. 1948; eidesstattliche Erklärung Leopold Gutterer 16. 12. 1948.

54 Vgl. Nachlaßgericht München, Spruchkammerverfahren Heinrich Hoffmann, Beschluß der Spruchkammer München III vom 16. Juli 1948.

55 Völkischer Beobachter, Bayernausgabe, Nr. 135/136, 8./9./10. 6. 1930.

56 Völkischer Beobachter, Bayernausgabe, Nr. 45, 14. 2. 1931.

57 Völkischer Beobachter, Bayernausgabe, 22. 11. 1930; Völkischer Beobachter, Bayernausgabe, 3. 5. 1932.

58 Kopie im Besitz des Verfassers.

59 Fest, 1992, S. 716.

60 Vgl.Alan Bullock: Hitler. Eine Studie über Tyrannei, Düsseldorf 1957 (5. Aufl.), S. 63; Hoffmann, 1947, S. 9.

61 In Spitzwegs Bildern sah Hoffmann "die letzte, im ganzen einheitliche deutsche Kunstform, die mit dem Wirken der Romantiker abbrach. Aber von diesem genialen deutschen Maler kommt seine Konzeption der künstlerischen Auffassung," wie der "Völkische Beobachter" (Münchner Ausgabe, Nr. 192, 11. 7. 1938) über Hoffmann schrieb: "'Wir brauchen Könner, die das Handwerkliche beherrschen, 'sagt Hoffmann, 'Gemälde, die dem Betrachter Rätsel aufgeben, dienen der Kunst nicht, nein, sie schaden ihr. Wir müssen auch hier den allgemein gültigen, gesunden Nenner des Geschmackes der unverbildeten Menschen wiederfinden. Der gesunde Mensch soll einen echten Eindruck empfangen!'"

62 Vgl. Otto Thomae: Die Propagandamaschinerie. Bildende Kunst und Öffentlichkeitsarbeit im Dritten Reich, Berlin 1978, S. 62.

63 Völkischer Beobachter, Münchner Ausgabe, Nr. 192, 11. 7. 1938. Unerwähnt blieb dabei Hoffmanns tatsächliche Tätigkeit im "Haus der Deutschen Kunst".

64 Arno Breker: Im Strahlungsfeld der Ereignisse. Leben und Wirken eines Künstlers. Porträts, Begegnungen, Schicksale, Preußisch Oldendorf, 1972, S. 132. Brekers Urteil über Hoffmann: "Die umstrittenste Figur in Belangen der Kunst war ohne Zweifel der Fotograf Heinrich Hoffmann.(...) Die vielen Fehlleistungen im Haus der Deutschen Kunst sind ihm anzulasten und nur durch ihn geriet Hitler in die ausweglose Situation (...)." (Breker, 1972, S. 142).

65 Vgl. David Roxan/Ken Wanstall: Der Kunstraub. Ein Kapitel aus den Tagen des Dritten Reiches, München 1966, S. 118 ff.

66 Die Tagebücher von Joseph Goebbels. Sämtliche Fragmente. Herausgegeben von Elke Frölich im Auftrag des Instituts für Zeitgeschichte und in Verbindung mit dem Bundesarchiv, Teil I, Aufzeichnungen 1924 - 1941, Band 2, 1. 1. 1931 - 31. 12. 1936, München, New York, London, Paris 1987, S. 505.

67 Baldur von Schirach: Ich glaubte an Hitler, Hamburg 1967, S. 121.

68 Vgl. Hoffmann, 1947, S. 4.

69 Vgl. Ernst Günther Schenck: Patient Hitler. Eine medizinische Biographie, Düsseldorf 1989, S. 474.

70 Dietrich, 1955, S. 198; vgl. Speer, 1969, S. 56.

71 Speer, 1969, S. 291.

72 Adolf Hitler. Monologe im Führerhauptquartier 1941 - 1944. Die Aufzeichnungen Heinrich Heims, herausgegeben von Werner Jochmann, Hamburg 1980, S. 167.

73 Speer, 1969, S. 97.

74 Max Domarus: Hitler. Reden und Proklamationen 1932 - 1945. Kommentiert von einem deutschen Zeitgenossen, Band II: Untergang, 1939 - 1945, Wiesbaden 1973, S. 1240.

75 Richard Grunberger: Das zwölfjährige Reich, Wien 1971, S. 71; Vgl. Speer, 1969, S. 199; Bullock, 1957, S. 63.

76 Vgl. Breker, 1972, S. 142 f. Siehe auch Wilfred von Oven: Mit Goebbels bis zum Ende, Buenos Aires 1950, S. 274.

77 Vgl. Roxan/Wanstall, 1966, S. 118.

78 Vgl. Staatsarchiv München, Polizeidirektion München Nr.6969, Mitteilung der Reichsleitung der NSDAP vom 18. 8. 1933.

79 Vgl. Domarus, 1973, S. 1240.

80 Vgl. Domarus, 1973, S. 1568.

81 Oven, 1950, S. 274.

82 Zum gespannten Verhältnis mit dem Parteiverlag bzw. Goebbels vgl. Hoffmann, 1947, S. 9, 16 f., 19, 65.

83 Mitteilung Heinrich Hoffmann jun. 3. 9. 1984; Mitteilung Günther Beukert 19. 2. 1984.

84 Vgl. Hoffmann, 1947, S. 32 f.

85 Vgl. Ernst Günther Schenck: Theodor Morell und Heinrich Hoffmann sen., Manuskript (1983), Kopie im Besitz des Verfassers.

86 Die Stilisierung begann 1932 mit Baldur von Schirachs Vorwort in Hoffmanns eigenem Band: Hitler, wie ihn keiner kennt. 100 Bilddokumente aus dem Leben des Führers. Herausgegeben von Heinrich Hoffmann, Photoberichterstatter der Reichsleitung der NSDAP. Geleitwort und Unterschriften: Baldur von Schirach, Reichs-Jugendführer der NSDAP, Berlin 1932.

87 Herold, in: Ein Jahr bayerische Revolution im Bilde, München (Photobericht Hoffmann) 1937 (3. Aufl.), S. 5.

88 Grainer, 1937, S. 177. Und die Zeitungswissenschaftlerin Gertrud Ulmer (1939, S. 162) wußte: "Er ist zum Vorkämpfer des Bildes als Zeitdokument und Waffe der Abwehr geworden, denn die Grundlage seiner ganzen weitumspannenden Werbung für den Nationalsozialismus war, ist und wird das Lichtbild bleiben."

89 Vgl. NS-Presseanweisungen der Vorkriegszeit. Edition und Dokumentation, Bd. 3/II: 1935. Bearbeitet von Gabriele Toepser-Ziegert, München, London, New York, Oxford, Paris 1987, S. 576.

90 Photographische Chronik, Nr. 19, 12. 5. 1937, S. 148.

91 Hoffmann, in: Hansen, 1934, S. 70.

92 Völkischer Beobachter, Bayernausgabe, Nr. 255, 12. 9. 1935.

93 Völkischer Beobachter, Bayernausgabe, Nr. 255, 12. 9. 1935.

94 Photographische Chronik, 42. Jg., 17. 9. 1935, Nr. 38. Nicht unerwähnt blieb auch sein Bildarchiv, "dessen Bedeutung für die Geschichtsschreibung unserer Tage erst in späterer Zeit richtig zur Geltung kommen wird." (Die Kamera, die den Führer sieht. Der Photograph des Kanzlers erzählt - 10 000 Aufnahmen aus schweren und glücklichen Tagen, in: Welt am Sonntag, Nr. 8, 24. 2. 1935).

95 Ulmer, 1939, S. 161.

96 Ulmer, 1939, S. 162.

97 Ulmer, 1939, S. 162.

98 Grainer, 1937, S. 17.

99 Undatierter Illustriertenbericht mit dem Titel "Der Mann, der für uns den Führer sieht", Bayerisches Hauptstaatsarchiv (Abt.V).

100 Vgl. auch Grainer, 1937, S. 179: "Dies alles so eindrucksvoll zu erreichen, das wesentliche, das charakteristische einer Sache, ist nur möglich, weil Hoffmann während seiner Arbeit vorauszudenken imstande ist, zu fühlen, was nun eintreten wird - und darüber täuscht er sich nie."

101 Völkischer Beobachter, Bayernausgabe, Nr. 255, 12. 9. 1935.

102 Welt am Sonntag, Nr. 8, 24. 2. 1935 Erstmals bei Schirach, in: Hitler, wie in keiner kennt, 1932; Hansen, 1934, S. 70; Grainer, 1937, S. 177; Der Photograph, 1935, Nr. 75, S. 299.

103 W. Utermann: Heinrich Hoffmann zum Professor ernannt, in: Völkischer Beobachter, Nr. 192, 11. 7. 1938.

104 Der Photograph des Führers, in: Der Angriff, Nr. 257, 13. 9. 1940.

105 Grainer, 1937, S. 177 f. Vgl. auch Fritz Hansen: "Seine Verdienste um die nationalsozialistische Bewegung und seine Treue zu Hitler belohnte der Führer dadurch, daß er ihn zum Reichsbildberichterstatter ernannte." (Photographische Chronik, 1934, S. 49).

106 Lorenz Tiedemann: Heinrich-Hoffmann-Sonderheft, in: Photographische Chronik, 1937, Nr. 40, S. 299. In den Rahmen solch demonstrativer Ergebenheit gehörte es auch, daß die "Gilde deutscher Lichtbildner" (GDL) Hoffmann im Herbst 1933 in ihre Reihen aufnahm. Franz Grainer hielt Hoffmann zugute, daß er das Ansehen der Pressefotografie allgemein gesteigert habe: "Hoffmanns größtes Verdienst aber ist für den Beruf, daß er durch seine hervorragende Stellung im Reich ein gewaltiges Teil dazu beigetragen hat, demselben wieder ein Prestige zu geben, das zum großen Teil vor Hitlers Machtergreifung geschwunden war." (Grainer, 1937, S. 179). Grainer fuhr fort: "Der Wert der Bildberichterstattung für Führer und Reich wurde durch ihn vorangetragen. Seinem Vorbild und Einfluß ist es zu danken, daß die einschlägigen Stellen des Reiches usw. im weitestem Maße des Bildberichtes sich bedienen für die ihnen entstehenden Aufgaben und deren Lösung. Dadurch entstand zwangsläufig für den Bildberichterstatter und den Berufslichtbildner Arbeit und Brot."

107 Vgl. Lothar Kräussl: Die Geschichte und Entwicklung der Gesellschaft Deutscher Lichtbildner seit 1919, Stuttgart 1992, S. 58 ff.

108 Mitteilung Irmgard Hollenbach 29. 8. 1993.

109 Die entsprechende Darstellung des Verfahrensverlaufs im Internationalen Biographischen Archiv (Munzinger Archiv), Lieferung 9/58, ist unkorrekt.

110 Nachlaßgericht München, Spruchkammerakten Heinrich Hoffmann, Schreiben von Fritz Kartini vom 13. 12. 1955, S. 15.

Unternehmensgeschichte

1 Photographische Chronik, 1935, Nr. 38, 17. 9. 1935.

2 Deutsche Revolution. Organ der Schwarzen Front, 12. Jg., 1937, Nr. 5, S. 1 f. Nur ansatzweise die Größe des Unternehmens erahnen ließ ein Artikel, der im Jahr 1938 im Völkischen Beobachter erschien: "Als Photograph ist er bekannt. Er wäre es nicht, wenn er nicht ein ebenso zielklarer Organisator wäre. Er hat sein Unternehmen zu einem der bedeutendsten Presse-Bildverlage ausgebaut; er hat einen eigenen Verlag gegründet, durch den er Bücher, die er selbst herstellt, in alle Welt vertreibt und durch den in den entferntesten Ort des Reiches die Aufnahmen vom Führer versandt werden, die heute in jeder deutschen Wohnung ihren Ehrenplatz haben." (Völkischer Beobachter, Bayernausgabe, Nr. 192, 11. 7. 1938).

3 Zur fotografischen Bildverarbeitung vgl. den Bericht im Völkischen Beobachter, Münchner Ausgabe, Nr. 259, 8. 11. 1929.

4 Mitteilung Heinrich Hoffmann jun. 19. 9. 1981.

5 Vgl. den ausführlichen Artikel "Ein modernes Photohaus. Pg. Heinrich Hoffmanns neue Werkstätten", in: Völkischer Beobachter, Münchner Ausgabe, Nr. 259, 8. 11. 1929. Nach der Machtergreifung eröffnete Hoffmann in der Barerstraße unter dem Namen "Der braune Fotoladen" eine Zweigstelle des "Fotohauses Hoffmann".

6 Wie es in der Geschäftsstelle aussah, hat Baldur von Schirach (1967, S. 41) geschildert: "Einer meiner ersten Besuche in München galt der Reichsgeschäftstelle der NSDAP. Darunter stellte ich mir etwas Gewaltiges vor, eine Zentrale der Revolution. Schellingstraße 50, I. Stock. Eine weißgetünchte Kassenhalle mit Schaltern. Wie ich später erfuhr, stammten die Schalter aus der Dekoration zu einem Banküberfallfilm, den mein späterer Schwiegervater Heinrich Hoffmann zusammen mit Stewart Webbs gedreht hatte. Die Geschäftstelle der NSDAP war in das frühere Filmatelier Heinrich Hoffmanns eingezogen."

7 Kopie im Besitz des Verfassers. Vgl. die Schilderung bei Schirach (1967, S. 118): "Sie (Eva Braun, d. Verf.) betreute Hoffmanns NS-Postkarten auch später, als sie die Geliebte des Reichskanzlers war. Hitler ließ sich von ihr regelmäßig berichten, welche Karten am meisten gefragt waren. Das war für ihn eine Art 'Gallup-Poll', mit dem er die Popularität seiner Mitarbeiter testete."

8 Völkischer Beobachter, Münchner Ausgabe, Nr. 259, 8. 11. 1929.

9 Zu Hoffmanns finanzieller Situation vgl. die Bemerkung im Hauptkammer-Beschluß vom 31. 5. 1950: "Zweifellos waren die pekuniären Verhältnisse des Betroffenen im Jahre 1929 noch recht bescheiden; er erbte damals von seinem verstorbenen Onkel Heinrich Hoffmann ein Haus etc. in der Schellingstr. 13; drei Legate konnten nicht zur Auszahlung gelangen, wurden hypothekarisch sichergestellt und die Zinsen von den Mieten abgerechnet. Trotzdem verpfändete der Betroffene diese Mieten bei einer Bank zur Sicherung eines Darlehens." (Nachlaßgericht München, Spruchkammerverfahren Heinrich Hoffmann).

10 Hoffmann beziffert die Erbschaft auf 150 000 Goldmark nebst weiteren Vermögenswerten. Vgl. Hoffmann, 1947, S. 13. Dort auch die Angabe über eine Erbschaft von 37 000 Mark aus dem Jahr 1913. In dem "Sicherungsübereignungsvertrag" sicherte sich der "Nationalsozialistische Deutsche Arbeiterverein e.V." die Eigentumsrechte an den in einer gesonderten Liste aufgeführten fotografischen Gegenständen seines Geschäftes. Der Kredit hatte eine zehnjährige Laufzeit (Berlin Document Center, Personalakte Heinrich Hoffmann).

11 Vgl. die Anzeige in: Berliner Illustrirte Zeitung, Jg. 1919, Nr. 30, S. 288.

12 Vgl. Hoffmann in: Münchner Illustrierte, Jg. 1954, Nr. 45, S. 27; Nachlaßgericht München, Spruchkammerverfahren Heinrich Hoffmann, eidesstattliche Erklärung von Martin Kopp, 15. 3. 1950

13 Hoffmann gab zur gleichen Zeit auch die Zeitschrift "Photosport in Bild und Wort", die in wenigen Nummer erschien, heraus.

14 Zum Bilderwarenangebot vgl. den Firmenprospekt Heinrich Hoffmann, Verlag nationalsozialistischer Bilder, München/Berlin/Düsseldorf/Wien o. J. (1938) (29 S.).

15 Vgl. Holger Rosenberg: Spendenbelege des Winterhilfswerkes (WHW) und Kriegwinterhilfswerkes (KWHW) 1933-1945. Überregionale Ausgaben, Hamburg 1983, S. 77, 95.

16 Amtsgericht München, Spruchkammerverfahren Heinrich Hoffmann, Schreiben Günther Beukert vom 20. 8. 1948.

17 Mitteilung Günther Beukert 19. 2. 1984.

18 Vgl. Arbeiterzeitung, Wien, 1. 11. 1945.

19 Lt. Mitteilung Heinrich Hoffmann jun., 10. 8. 1984, soll Hoffmann auch die Wiener Druckerei Jaffé erworben haben.

20 Mitteilung Heinrich Hoffmann jun. 31. 5. 1987.

21 Günther Beukert erwähnte in seiner Zeugenaussage vom 20. August 1948 folgende Agenturen: Acme, Newsphoto Service, New York; Associated Press, New York; International News Service, New York; New York Times, New York; Mr. Silver, London (Graphic Press); France Presse Voir, Paris; Graphopresse, Brüssel; Nordisk Presse Foto, Kopenhagen; Pressensbild A.B. Stockholm; P.A.T., Warschau; Centropress, Prag; Magyar Film Iroda, Budapest; Presse Diffusion, Lausanne; Verlag Ringier & Co. Zofingen, Schweiz; Instituto Nazionale LUCE, Rom; Asahi Shimbun, Osaka; Tokio Nichi Nichi, Tokio; Fürch, Madrid; Baldi, Rio de Janeiro (Nachlaßgericht München, Spruchkammerverfahren Heinrich Hoffmann).

22 Dazu gehörte neben Carl Weinrother, Hoffmanns erstem Agenturleiter, ab Mai 1933 Berta Ruge (geb. 8. 12. 1984), die Ehefrau des bekannten Berliner Pressefotografen Willy Ruge. Erster Schriftleiter bei Hoffmann wurde im August 1934 Carl Engelmann (geb. 18. 12. 1888), der bis dahin im Berliner Illustrationsverlag Sennecke gearbeitet hatte.

23 Vgl. Nachlaßgericht München, Spruchkammerverfahren Heinrich Hoffmann, Schreiben Franz Gayk, 29. 7. 1948, S. 3.

24 Der Aufbau der "Serien-Abteilung" begann nach dem Eintritt der Journalistin Hildegard Blendeck im März 1938 (Mitteilung Heinrich Hoffmann jun. 17. 7. 1986).

25 Vermerkt wurden im Krieg die Namen der Fotografen der PK-Kompanien, deren Aufnahmen Hoffmann vertrieb.

26 Franz Gayk, Fritz Schulz, Ernst Schuppe, Eitel Lange, Ingeborg v. Moltke, Heinrich Hoffmann jun..

27 Franz Gayk, Fritz Schulz, Ernst Schuppe, Herbert Thurmann.

28 Die Personalliste vom 1938/39 nennt als Schriftleiter neben Carl Engelmann Günther Beukert (seit Mai 1939 angestellt), Hildegard Blendeck (seit März 1938 angestellt) und Fritz Dehn (seit Februar 1937 angestellt), die Auflistung von 1943 zusätzlich Gisela Twer (seit Juli 1942 angestellt) - (Personallisten im Besitz des Verfassers).

29 Die fünf anderen Fotografen waren hauptsächlich mit Porträt-und Sachaufnahmen und Reproduktionsarbeiten beschäftigt (Personal-Aufstellung für die Berufsgenossenschaft 1938 im Besitz des Verfassers). Eine entsprechende Aufstellung für das Jahr 1941 nennt 70 Angestellte, darunter einen einzigen Pressefotografen (Hugo Jäger). Hermann Ege war im Krieg SS-Offizier bei einer PK-Kompanie (Auskunft Heinrich Sanden, 11. 7. 1984). Technischer Direktor in München war Jimmi Brümmer.

30 Schnell beendet wurde der Versuch Marsanis, zum Ausbau der Dokumentationsdichte an "jedem" größeren Ort im Deutschen Reich einen fotografierenden Vertreter der Firma Hoffmann zu plazieren, nachdem die schlechten, oft von Amateuren stammenden Aufnahmen nicht zu verwenden waren. (Mitteilung Heinrich Hoffmann jun. 10. 6. 1984).

31 Die bereits im Zeitgeschichte-Verlag erschienenen Bände wurden vom Verlag "Heinrich Hoffmann - Verlag nationalsozialistischer Bilder" übernommen. Vgl. Verlagsänderungen im Deutschen Buchhandel 1937 - 1943, Leipzig 1943, S. 12.

32 Mitteilung Heinrich Hoffmann jun. 27. 12. 1983.

33 Dietrich Strothmann: Nationalsozialistische Literaturpolitik. Ein Beitrag zur Publizistik im Dritten Reich, Bonn 1960, S. 390. "Diese Fotoausgaben, mit denen die Hitler-Propaganda wirksam fortgesetzt wurde, förderten in großen Auflagen den Kult um den 'Befreier', den 'Feldherrn' und den 'Menschen'." "Nach dem Stand von 1940 waren bereits die folgenden Einzeltitel der Hoffmannproduktion (...) in einer Gesamtauflage von 2 025 000 Exemplaren erschienen."

34 Vgl. BA, R 43 II/904 b, Abschrift des Erlasses vom 9. 1. 1937 betr. Sammelbestellungen für das Buch "Hitler in seinen Bergen" von Heinrich Hoffmann.

35 BA, R 43 II, 904 b, Schreiben des Reichsministers und Chefs der Reichskanzlei vom 12. 7. 1939.

36 Entsprechende Schriftwechsel in den Beständen BA, R 43 II, 904 b; R 43 II/478; R 43 II/478a; R 43 II/974b.

37 Mitteilung Heinrich Hoffmann jun. 10. 8. 1984.

38 Vgl. Bilder und Bildnisse zur Deutschen Geschichte. Eine Auswahl der Verlage: Franz Hanfstaengl München, Photographische Gesellschaft Berlin W 35, (München) (1936); Bilder der nationalen Führer. Franz Hanfstaengl, München (o.J.).

39 Im Paragraph 4 der Vereinbarung vom April 1933 hieß es: "Herr Heinrich Hoffmann wird, sofern und soweit seine Geschäftsinteressen es zulassen, gegen andere Verleger von Bildnissen des Reichskanzlers und sonstiger Männer der nationalen Erhebung, die seine Photographien unberechtigt als Unterlage für die Herstellung verwendeten oder verwenden, seine Rechte geltend machen, also entweder die Herstellung und Verbreitung verbieten oder ebenfalls entsprechende Vergütungen fordern. Die Firma Hanfstaengl erklärt sich bereit, Herrn Heinrich Hoffmann bei seinem Vorgehen gegen derartige Verleger auf Wunsch in sachdienlicher Weise zu unterstützen und ihm von ihr bekanntwerdenden Rechtsverletzungen jeweils Kenntnis zu geben." (Nachlaß Hanfstaengl, Fotomuseum/ Stadtmuseum München).

40 HStAM, Abt.II, Akten des Reichsstatthalter Epp 48/5. Mit dieser Maßnahme war nicht nur ein so gewichtiger Konkurrent wie Hanfstaengl an den Rand gedrängt, sondern der lokale Bilderhandel eingeschränkt, dessen Reichsverein vergeblich gegen solche Monopolisierungstendenzen Stellung bezogen hatte. Vgl. HStAM, Abt.II, MA 105426, Schreiben des Reichsvereins Deutscher Kunstverleger und Kunsthändler vom 11. 4. bzw. 12. 8. 1933 an das Bayerische Staatsministerium des Äußeren. Hoffmanns Zugeständnis an den Kunsthandel bestand darin, daß er bei den Sammelbestellungen die Einrahmung den örtlichen Geschäften überließ.

41 Von Vorteil war natürlich, wenn alte Parteifreunde in seinem Sinne agierten, wie etwa Hermann Esser, der schon im März 1934 mit dem Verweis auf angebliche Hinweise langjähriger Parteigenossen monierte, "daß das Bild des Herrn Reichskanzler in den Amtsräumen nur in verhältnismäßig wenigen Fällen angebracht sei" und seinerseits ein paar Wochen darauf für den "Gesamtbereich des Staatsministeriums für Wirtschaft" anordnete, "daß in jedem Amtszimmer das Bild des Führers an erster Stelle in guter Ausführung anzubringen sei." (HStAM, MA 105426).

42 Berthold Hinz: Die Malerei im deutschen Faschismus. Kunst und Konterrevolution, München 1974, S. 144.

43 Zum Verlagsangebot zählten auch sieben Weltkriegsaquarelle Hitlers (aus Hoffmanns Besitz), die 1936 in einer Bildmappe veröffentlicht wurden. Vgl. Thomae, 1978, S. 160 f.

44 Vgl. Hoffmann, 1947, S. 54 f.

45 Mitteilung Heinrich Hoffmann jun. 10. 8. 1984; vgl. auch: Akten der Parteikanzlei der NSDAP. Rekonstruktion eines verlorengegangenen Bestandes, München 1983, Nr. 101005640 - 47, Entwurf eines Schreibens aus dem Büro Rosenberg an Bormann vom 28. 7. 1939.

46 Die Auflagenhöhe des Heftes Nr. 1 (1933) betrug 5 000 Stück, von Heft Nr. 1 (1941) laut Angaben im Vorwort 25 000 Stück.

47 Vgl. Nachlaßgericht München, Spruchkammerverfahren Heinrich Hoffmann, "Gesamtumsätze der Fa. Heinrich Hoffmann aus Warenversand u. Zeitschrift". Vgl. die Ausführungen von Michael Bauer am 1. 4. 1950, S. 3. Bauer gab den Pressefoto-Umsatz für Berlin in den Jahren 1933 bis 1943 mit 5 496.437 RM zuzüglich ca. 500 000 RM für München an. Hoffmann selbst behauptete, daß seine Einnahmen in der Zeit nach 1933 nur zu einem Viertel aus dem Verkauf von Aufnahmen von Hitler und der Partei stammten. Vgl. auch Hoffmann, 1947, S. 53. Günther Beukert, Schriftleiter bei Hoffmann in Berlin, hält diese Zahlen für zu gering (Mitteilung 19. 2. 1984).

48 In der Aufstellung "Gefolgschaft Presse" sind am 1. 3. 1943 66 Personen, in der Aufstellung "Gefolgschaft Verlag" 10 Personen verzeichnet.

49 Nachlaßgericht München, Entnazifizierungsverfahren Otto Schönstein.

50 Völkischer Beobachter, Bayernausgabe, Nr. 333/334, 29./30. 11. 1931. Im Frühjar 1931 inserierte er: "Sämtliche Photokarten u. Bilder von Adolf Hitler und sämtlichen Führern der Bewegung beziehen Ortsgruppen und Wiederverkäufer mit Höchstrabatt durch den alleinigen Hersteller Photohaus Hoffmann."

51 Völkischer Beobachter, Nr. 45, 14. 2. 1931.

52 Völkischer Beobachter, Nr. 333/334, 29./30. 11. 1931.

53 Schirach in: Hitler wie ihn keiner kennt, 1932, S. XII.

54 Mitteilung Heinrich Hoffmann jun. 17. 7. 1984. Vgl. Fritz Hansen: Führerbilder (Freie Benutzung oder Nachbildung?), in: Photographische Chronik, 1933, S. 88-89; Kurt G. W. Lüdecke: I knew Hitler. The story of a nazi who escaped the blood purge, London 1938. S. 532 u. 536.

55 Vgl. das 3. Kapitel: Hitler-Porträts.

56 BA, R 43 II/1238, Schreiben Hoffmanns vom 26. 4. 1939 an die Reichskanzlei.

57 Vgl. den Aktenbestand in BA, R 43 II/1238; Fritz Hansen: Das Zeitungsphoto im kommenden Urheberecht, in: Deutsche Presse, 1939, Nr. 18, S. 335; Wawretzko: Urheberrecht an Lichtbildern. Die Schutzfrist wurde durch Reichsgesetz von 10 auf 25 Jahre verlängert, in: Deutsche Presse, 1940, Nr. 11.

58 Mitteilung Helmuth Laux 1. 8. 1984; Mitteilung Heinrich Hoffmann jun. 17. 7. 1984.

59 Erster Berliner Geschäftsführer war Adolf Beck, der 1936 wegen Unstimmigkeiten ausschied. Es folgten Seidler, Atto Reti Marsani und Heinrich Hoffmann jun.. Letzter Geschäftsführer war Wilhelm Seidel.

60 Mitteilung Heinrich Hoffmann jun. 17. 7. 1984. Michael Bauer, seit 1931 Mitglied der NSDAP, war Inhaber der Münchener Rahmenfabrik "Inama", deren Umsätze in der Wirtschaftsdepression zurückgingen und ihn die Stelle bei Hoffmann annehmen ließen. An Hoffmann lieferte Bauers Firma Rahmen für Kunstdrucke und Porträts der Parteiprominenz. Vgl. Nachlaßgericht München, Spruchkammerverfahren Michael Bauer. Primär freundschaftlich motiviert war beispielsweise die Einsetzung des verlegerisch unerfahrenen Atto Reti Marsani als Berliner Geschäftsführer im Jahr 1936.

61 Vgl. Winfried Ranke: Deutsche Geschichte kurz belichtet. Photoreportagen von Gerhard Gronefeld 1937-1965, Berlin 1991, S. 22.

62 Mitteilung Günther Beukert 19. 2. 1984; Mitteilung Gisela Twer 12. 12. 1991; Mitteilung Elisabeth Wolff 5. 10. 1991; Mitteilung Anneliese Schulze-Rosenberg 5. 7. 1984. Der Berliner Archivangestellte Geschke soll gar ein ehemaliger Kommunist gewesen sein. Im Münchener Betrieb sollen von 50 Angestellten nur acht der NSDAP angehört haben. Zu den Besonderheiten in Hoffmanns Umkreis gehörte auch, daß sein Direktor Michael Bauer trotz mehrfacher Anmahnung keinen Ariernachweis erbrachte - jedenfalls nicht bis 1942. Vgl. Schreiben der Reichskammer der Bildenden Künste, Nachlaßgericht München, Spruchkammerverfahren Michael Bauer.

63 NSDAP-Mitglieder unter den Fotografen waren: Gustav Deskau(Parteieintritt 1. 5. 1933), Hermann Ege (Parteieintritt 1. 2. 1932), Franz Gayk (Parteieintritt 1. 5. 1933), August Kling (Parteieintritt 1. 3. 1932), Helmut Laux (Eintritt in die HJ Juli 1933), Paul Powolny (Parteieintritt 1. 11. 1930), Friedrich Schulz (Eintritt in die SA 4. 4. 1934), Carl Weinrother (Parteieintritt 1. 9. 1932). Nach den Unterlagen im Berlin Document Center waren die Pressefotografen Eitel Lange, Ingeborg von Moltke, Ernst Schuppe, Herbert Thurmann und Otto Wegener nicht in der Partei.

Vor der Spruchkammer

1 Vgl. Werner Friedmann: Das Porträt des Bonzen. 'Professor' Hoffmann möchte entnazifiziert werden, in: "Süddeutsche Zeitung", 1. 1. 1946, S. 4; Arbeiter-Zeitung, Wien, 1. 11. 1945; Ernst von Salomon: Der Fragebogen, Hamburg 1951, S. 372 - 375 (freundliche Mitteilung Winfried Ranke).

2 Nicht datierter Zeitungsausschnitt (Freundliche Mitteilung Rolf Sachsse).

3 Das "Gesetz zur Befreiung von Nationalsozialismus und Militarismus" vom 5. 3. 1946 unterschied fünf Gruppen: 1. Hauptschuldige 2. Belastete (Aktivisten, Militaristen, Nutznießer) 3. Minderbelastete 4. Mitläufer 5. Entlastete. Vgl. Lutz Niethammer: Entnazifizierung in Bayern. Säuberung und Rehabilitierung unter amerikanischer Besatzung, Frankfurt/Main, 1972.

4 Nachlaßgericht München, Spruchkammerverfahren Heinrich Hoffmann, Spruch der Spruchkammer München III vom 31. 1. 1947, S. 2-4.

5 Nachlaßgericht München, Spruchkammerverfahren Heinrich Hoffmann, Spruch der Berufungskammer (4. Senat), 15. 11. 1950. S. 6.

6 Vgl. Nachlaßgericht München, Spruchkammerverfahren Heinrich Hoffmann, Gutachten der Kommission für Kulturschaffende vom 29. 1. 1947 (mit dem Vorwurf der Monopolstellung).

7 Hier waren die entlastenden Aussagen der Fotografen bzw. Redakteure Fritz Bögner, Hugo Jäger und Harald Lechenperg offenbar nicht ohne Einfluß geblieben. Lechenperg sagte u.a. aus, daß im Durchschnitt nur 10 Prozent der Illustrationen der Berliner Illustrirten Zeitung von Hoffmanns Agentur stammten - eine beeindruckende, aber unbedeutende Aussage, da für eine adäquate Beurteilung der Anteil von Hoffmanns Abbildungen nicht an den Gesamtillustrationen, sondern am politischen Teil entscheidend ist (Nachlaßgericht München, Spruchkammerverfahren Heinrich Hoffmann, Sitzungsprotokoll, 19. 4. 1950).

8 Nachlaßgericht München, Spruchkammerverfahren Heinrich Hoffmann, Spruch der Berufungskammer (4. Senat) 15. 11. 1950, S. 5.

9 Nachlaßgericht München, Spruchkammerverfahren Heinrich Hoffmann, Wiederaufnahmeantrag 21. 3. 1955, S. 10.

10 Nachlaßgericht München, Spruchkammerverfahren Heinrich Hoffmann, eidesstattliche Aussage Heinrich Hoffmann jun. 11. 11. 1955.

11 Nachlaßgericht München, Spruchkammerverfahren Heinrich Hoffmann, Spruch der Hauptkammer 1. 2. 1956, S. 4. Außer der Erklärung von Heinrich Hoffmann jun. vom 11. 11. 1955 gibt es keine Belege, daß dieser 1937 tatsächlich Mitinhaber der Firma wurde. In überlieferten Personalaufstellungen der Firma ist nur vermerkt, daß Hoffmann jun. mit der Geschäftsführung für Berlin beauftragt war. Auch dem ehemaligen Berliner Geschäftsführer Wilhelm Seidel war diese angebliche Neuordnung unbekannt, wie aus einem Brief Seidels an Heinrich Hoffmann jun. vom 25. 3. 1950 hervorgeht (Kopie im Besitz des Verfassers).

12 Nachlaßgericht München, Spruchkammerverfahren Heinrich Hoffmann, Spruch der Berufungskammer (4. Senat), 15. 11. 1950, S. 7.

13 Nachlaßgericht München, Spruchkammerverfahren Heinrich Hoffmann, Berufungseinlegung 30. 6. 1950, S. 15.

14 Nachlaßgericht München, Spruchkammerverfahren Heinrich Hoffmann, Berufungseinlegung 30. 6. 1950, S. 14 und S. 22.

15 Zur Aufrechterhaltung dieser Deutung mußte die Verteidigung seine herausgeberische Tätigkeit immer wieder herunterspielen.

16 Nachlaßgericht München, Spruchkammerverfahren Heinrich Hoffmann, Vernehmungsprotokoll Heinrich Hoffmann vom 23. 12. 1946, S. 3. Dementsprechend gab beispielsweise sein Geschäftsführer zu Protokoll: "Ich hatte nicht den Eindruck, dass Herr Hoffmann mit seinen Bildern und Heften propagandistische Absichten für den Nationalsozialismus ausüben wollte." (Nachlaßgericht München, Spruchkammerverfahren Heinrich Hoffmann, eidesstattliche Erklärung Michael Bauer vom 12. 6. 1948, S. 1). Eine Angestellte bezeugte: "Ich habe den Verlag Hoffmann nie als einen Propaganda-Verlag angesehen, sondern als einen einfachen Bildverlag, dessen Aufgabe es war, die Bilder der damaligen Zeit sozusagen als Dokumente festzuhalten." (Nachlaßgericht München, Spruchkammerverfahren Heinrich Hoffmann, Protokoll der öffentlichen Sitzung am 31. 1. 1947, Aussage Viktoria Weinfurtner, S. 5).

17 Nachlaßgericht München, Spruchkammerverfahren Heinrich Hoffmann, Protokoll der öffentlichen Sitzung am 31. 1. 1947, S. 2.

18 Protokoll der öffentlichen Sitzung am 31. 1. 1947, S. 2.

19 Münchner Illustrierte, Jg. 1954, Nr. 43, S. 34.

20 Nachlaßgericht München, Spruchkammerverfahren Heinrich Hoffmann, Wiederaufnahmeantrag 8. 6. 1947, S. 7.

21 Nachlaßgericht München, Spruchkammerverfahren Heinrich Hoffmann, Wiederaufnahmeantrag 8. 6. 1947, S.11f.

22 Nachlaßgericht München, Spruchkammerverfahren Heinrich Hoffmann, Wiederaufnahmeantrag 5. 8. 1948, S. 17.

23 Nachlaßgericht München, Spruchkammerverfahren Heinrich Hoffmann, Wiederaufnahmeantrag, Schreiben Seidls vom 21. 3. 1955. Anwalt Kartini schrieb später: "Das was die Spruchkammer damals als 'propagandistische Unterstützung' ansah, ist im Grunde wohl nichts anderes, als der 'Reflex' einer jeden zeitgenössischen, historischen Fotoberichterstattung. Die 'propagandistische' Auswertung ist nicht Sache des

Berufsfotografen, der Fotoaufnahmen macht, sondern Ergebnis der Maßnahmen derjenigen, die diese Fotoaufnahmen gegen Zahlung eines Entgelts an den Fotografen erwerben und derjenigen Stelle, die den Vertrieb und die Verbreitung der Ergebnisse einer solchen Bildberichterstattung veranlassen, steuern und die Absatzmöglichkeit erst schaffen. All die zahlreichen Berufsfotografen, seien es kleine Firmen oder Großfirmen, wie des Betroffenen, sind nicht die 'Propagandisten' und handeln logischerweise nicht aus einer politischen Zielstrebigkeit heraus, sondern in Wahrnehmung ihrer gewerbsmäßigen wirtschaftlichen Möglichkeit." (Nachlaßgericht München, Spruchkammerverfahren Heinrich Hoffmann, Schreiben Kartinis vom 13. 12. 1955, S. 5).

24 Nachlaßgericht München, Spruchkammerverfahren Heinrich Hoffmann, Wiederaufnahmeantrag, Schreiben Kartinis vom 5. 8. 1948, S. 17.

25 Nachlaßgericht München, Spruchkammerverfahren Heinrich Hoffmann, Spruch der Hauptkammer 31. 5. 1950, S. 4 f.

26 Nachlaßgericht München, Spruchkammerverfahren Heinrich Hoffmann, Spruch der Berufungskammer (4. Senat) 15. 11. 1950, S. 3.

27 Nachlaßgericht München, Spruchkammerverfahren Heinrich Hoffmann, Spruch der Berufungskammer (4. Senat) 15. 11. 1950, S. 3.

Nationalsozialistische Fotopropaganda

1 1936 konstatierte Curt Belling: "Die Sozialdemokraten, die Kommunisten und auch die übrigen Parteien (...) haben längst die Filmpropaganda in ihren Dienst gestellt (...). Die Nationalsozialisten kannten die Wirksamkeit des Films, aber die Partei war arm und mußte mit den vorhandenen Mitteln haushalten." (Curt Belling: Der Film in Staat und Partei, Berlin 1936, S. 19). Zur NS-Filmpropaganda vor 1933 vgl. Hans Barkhausen: Die NSDAP als Filmproduzentin. Mit Kurzübersicht: Filme der NSDAP 1927 - 1945, in: Günter Moltmann/Karl Friedrich Reimers (Hrsg.): Zeitgeschichte im Film- und Tondokument, Göttingen 1970, S. 145 - 176; Martin Loiperdinger: "Das junge Deutschland marschiert" - Ein Filmdokument zum Reichsjugendtag 1932, IHSA-Arbeitspapier Nr. 8, Frankfurt/Main 1979, S. 2 - 6; David Welch: Propaganda and the German Cinema 1933-1945, Oxford 1983, S. 6 10.

2 Vgl. Wehlau, 1939, S. 62.

3 Bezeichnenderweise erhielten die Aufnahmen aus der Frühzeit der NSDAP erst in den nach 1933 erschienenen illustrierten Retrospektiven zur Parteigeschichte größere Verbreitung.

4 Zum Illustrierten Beobachter vgl. Ulmer, 1939, S. 104 - 112; Wehlau, 1939, S. 62 - 82.

5 Otto Dietrich: Unsere Presse im Wahlkampf, in: Wille und Weg, 1932, Nr. 17, S. 199 - 204, hier S. 200.

6 Vgl. Peter Stein: Die NS-Gaupresse 1925 - 1933. Forschungsbericht, Quellenkritik, neue Bestandsaufnahme (=Dortmunder Beiträge zur Zeitungsforschung, Band 42), München, London New York, Oxford, Paris 1987, S. 47 - 61.

7 Zum Völkischen Beobachter vgl.: Sonja Noller: Die Geschichte des "Völkischen Beobachters" von 1920 - 1923, Phil. Diss. München 1956; Oron J. Hale: Presse in der Zwangsjacke 1933 - 1945, Düsseldorf 1965, S. 25 - 46; Roland V. Layton: The Völkischer Beobachter 1925 - 1933. A Study of the Nazi Newspaper in the Kampfzeit, Phil. Diss. University of Virginia 1965; Margarete Plewnia: Völkischer Beobachter (1887 - 1945), in : Hans-Dieter Fischer (Hrsg.): Deutsche Zeitungen des 17. bis 20. Jahrhunderts, München 1972, S. 381 - 390.

8 Vgl. Peter Hüttenberger: Die Gauleiter. Studie zum Wandel des Machtgefüges in der NSDAP, Stuttgart 1969, S. 61 f.: "(...) wer über ein Parteiblatt verfügen konnte, hatte die Möglichkeit, seine Anhänger immer wieder zu motivieren und auf sich einzuschwören; er sicherte sich öffentliche Beachtung und eine gewisse Überlegenheit und Autorität über seine Parteigenossen. Bei politisch-personellen Machtkämpfen konnte der publizistische Rückhalt, den eine 'Hauszeitung' zu gewähren vermochte, ausschlaggebend sein."

9 Vgl. Stein, 1987, S. 55.

10 Gelegentlich gab es Aufrufe an die Amateurfotografen im Illustrierten Beobachter und in anderen NS-Publikationen. "Jeder nationalsozialistische Photograph möge es sich überlegen, wie er sein photographisches Können in den Dienst der nationalsozialistischen Propaganda zu stecken vermag. Hierzu ist allenthalben die praktische Möglichkeit gegeben. Photographiert aus dieser Überlegung heraus, sendet Bilder, Photomontagen und phototechnische Anregungen an die Reichs-Propagandaleitung, arbeitet überall dort mit, wo sich die Möglichkeit zur nationalsozialistischen Photo-Propaganda ergibt." (Hein Schlecht: Karikatur und Photographie als politisches Agitationsmittel, in: Wille und Weg, 1932, Nr. 5, S. 139f, hier S. 140) - "Photographen und Zeichner, an die Front! Kämpft mit der Waffe der Linse und des Zeichenstifts für die Bewegung." (Heinrich Salzmann: Das Bild in der Presse, ein Kampfmittel, in: Wille und Weg, 1932, Nr. 12, S. 348 - 350, hier S. 350).

11 Vgl. Hans Biallas: Neuzeitliche Drucktechnik und ihre praktische Anwendung. Was der nationalsozialistische Propagandist wissen muß, in: Wille und Weg, 1932, Nr. 11, S. 326 - 333.

12 Hale, 1965, S. 47 f.

13 Hale, 1965, S. 48.

14 Josef Berchtold: Die Organisation der NSDAP, in: NS-Monatshefte, 1930/4. Otto Dietrich präzisierte den Nachholbedarf der NS-Pressepolitik: "In dem Maße aber, in dem die Partei zur größten politischen Bewegung Deutschlands geworden ist, in dem Maße, in dem sie unmittelbar in große staatspolitische Aufgaben hineinwächst, wird auch die Ausgestaltung ihres Pressewesens nach großen massenpropagandistischen Gesichtspunkten zu einer dringlichen Notwendigkeit." (Dietrich, 1932, S. 199 f.). Robert Ley resümmierte: "Die Presse war gewissermaßen das Stiefkind unserer Bewegung und ist deshalb von allen Organisationen unserer Partei das schwächste geblieben(...). Hier liegt eine stark verwundbare Stelle unserer Partei. Und es wird Aufgabe aller verantwortlichen Führer unserer Bewegung sein, diese Achillesferse sobald wie möglich auszumerzen." (Die nationalsozialistische Presse von Dr. Ley. München, den 3. August 1932, S. 1 (Typoskript im Bundesarchiv Koblenz, NS 22, Nr. 4).

15 Es gab innerhalb der NSDAP konträre Pressekonzepte. Otto Strasser forderte eine argumentative Presse, Joseph Goebbels favorisierte das Modell einer aggressiven Kampfpresse. Gemeinsam wurde von ihnen das Dogma vom Vorrang der rhetorischen Propaganda abgelehnt und eine Forcierung der Pressearbeit gefordert.

16 "Obwohl das Propagandamittel 'Presse' auch noch im Jahr 1932 fast ausschließlich eine ergänzende Funktion zu erfüllen hatte, so zeichnete sich doch schon jetzt die Tendenz zur Eigenständigkeit dieses Propagandamittels ab. Wenn der Reichspressechef Dr. Dietrich im März 1932 schrieb: 'Wir wissen zwar, daß die Hauptstoßkraft der NSDAP auch diesmal noch nicht auf dem Gebiet der Pressepropaganda und des Pressekampfes liegen kann', dann wurde hier deutlich dieser Tendenz Ausdruck verliehen. Wenn sie aber vor der Machtergreifung nicht mehr Gestalt gewinnen konnte, dann einfach deshalb, weil der NS-Presse als Auswirkung des verhältnismäßig spät intensivierten und zentralisierten Auf- und Ausbaus einfach die Leute fehlten, die der Qualität der nationalsozialistischen Redner entsprochen hätten." (Hermann Balle: Die propagandistische Auseinandersetzung des Nationalsozialismus mit der Weimarer Republik und ihre Bedeutung für den Aufstieg des Nationalsozialismus, Straubing 1963. S. 257).

17 Vgl. Balle, 1963, S. 256. Der NSK waren bescheidene Informationsdienste vorausgegangen: ab August 1929 erschien die von der Reichstagsfraktion der NSDAP herausgegebene "Nationalsozialistische Presse-Korrespondenz" (NSPK), die im November 1930 vom "NS-Parlamentsdienst" abgelöst wurde.

18 Vgl. Stein, 1987, S. 26.

19 Vgl. Stein, 1987, S. 178.

20 Vgl. Gerhard Paul: Aufstand der Bilder. Die NS-Propaganda vor 1933, Bonn 1990, S. 184.

21 Otto Dietrich/Gregor Strasser: Die nationalsozialistische Pressepolitik und ihre Zukunftsentwicklung (Typoskript im Bundesarchiv, NS 22, Nr. 4).

22 Vgl. Paul, 1990, S. 199.

23 Dietrich, 1932, S. 200. "Indem dies ansatzweise geschah, entstand gerade im letzten Jahr vor der Machtergreifung und hier besonders in den Wahlkampfphasen das Erscheinungsbild einer NS-Presse, deren Zeitungen ein einziges Trommelfeuer von Flugblättern, Wahlaufrufen und -reden von sich gaben." (Stein, 1987, S. 104).

24 Vgl. Völkischer Beobachter, Nr. 97, 6. 4. 1932.

25 Vom Deutschlandflug im Juli 1932 wurde auch ein Film produziert und vor der Reichstagswahl vom 6. 11. 1932 uraufgeführt. Vgl. Paul, 1990, S. 193.

26 Dietrich, 1932, S. 200 bzw. 202.

27 Otto Dietrich: Anordnung für alle Hauptschriftabteilungen, sowie Verlage der nationalsozialistischen Presse vom 10. Oktober 1932 (Typoskript im Bundesarchiv Koblenz, NS 22, Nr. 347).

28 Dietrich, 1932, S. 204. Bereits 1931 propagierte Otto Dietrich die nationalsozialistische Einflußnahme auf die "neutrale" und "gegnerische" Presse. Vgl. Otto Dietrich: Presse und Propaganda, in: Wille und Weg, Jg. 1931, Nr. 12, S. 274 - 281. Der Pressestrategie zur "Eroberung der bürgerlichen Presse" kam der Umstand entgegen, daß sich die nationale Presse in Deutschland seit 1930 zunehmend an die Politik der NSDAP annäherte und Hitler unterstützte. Vgl. Paul, 1990, S. 186; Walter Oehme/Kurt Caro: Kommt das 'Dritte Reich'? (1930), Frankfurt/M. 1984, S. 26 f.; Eva Pfeifer: Das Hitlerbild im Spiegel einiger konservativer Tageszeitungen in den Jahren 1929 - 1933, Phil. Diss. Heidelberg 1965; Siegfried Gnichwitz: Die Presse der bürgerlichen Rechten in der Ära Brüning. Ein Beitrag zur Vorgeschichte des Nationalsozialismus, Phil. Diss. Münster 1956.

29 Kölnische Illustrierte, Nr. 41, 10. 10. 1931, S. 1157 ff.

30 Die intensive Bildpropaganda blieb vorerst noch auf die Zeit der Wahlkämpfe begrenzt. Beispielsweise arbeitete die Bildmaternzentrale nur während der Deutschlandflüge.

31 Karl Bömer (Hrsg.): Handbuch der Weltpresse, Leipzig und Frankfurt/Main 1937 (3.Aufl.), S. 210. Vgl. Henning Storek: Dirigierte Öffentlichkeit. Die Zeitung als Herrschaftsmittel in den Anfangsjahren der nationalsozialistischen Regierung, Opladen 1972, S. 53.

32 Egon Schleinitz: Das Bild als politische Waffe. Die schlagkräftige Arbeit der deutschen Bildberichter an den Fronten, in: Deutsche Presse, 1943, Nr. 7, S. 71-73 f., hier S. 72.

33 Eine schnelle Liquidation der bürgerlichen Presse war angesichts ihres Wohlverhaltens gegenüber den neuen Machthabern überflüssig.

34 Vgl. Wilhelm Müller: Das Reichsministerium für Volksaufklärung und Propaganda, Berlin 1940; Karl-Dietrich Abel: Presselenkung im NS-Staat. Eine Studie zur Geschichte der Publizistik in der nationalsozialistischen Zeit, Berlin 1968, S. 2 - 26; Storek, 1972, S. 52 - 56.

35 1938 wurde die Presseabteilung in den Bereich Inlands- und den Bereich Auslandspresse aufgeteilt und 1941 die Abteilung Zeitschriftenpresse gegründet. Vgl. Peter Longerich: Propagandisten im Krieg. Die Presseabteilung des Auswärtigen Amtes unter Ribbentrop, München 1987, S. 109 f. Nach einem Bericht der "Deutschen Presse" (1939, Nr. 1, S. 11) ist das Zeitschriftenreferat bereits 1938 eingerichtet worden.

36 Zum Bildpressereferat vgl. den Geschäftsverteilungsplan des Reichsministeriums für Volksaufklärung und Propaganda vom 10. 2. 1936, S. 14 (BA, R 2, Nr. 4750); Bernd Weise: Pressefotografie als Medium der Propaganda im Presselenkungssystem des Dritten Reiches, in: Die Gleichschaltung der Bilder, 1983, S. 148. Im Bildpressereferat war ein eigenes Bildarchiv eingerichtet. Vgl. Stiewe, 1940, S. 628. 1941 wurde das Bildpresse-Archiv aus dem Referat Bildpresse ausgegliedert und als nachgeordnete Dienststelle unter der Bezeichnung "Bildpresse-Amt bei der Presseabteilung der Reichsregierung des Reichsministeriums für Volksaufklärung und Propaganda" geführt (BA, R. 55, Bd. 214)

37 Vgl. Weise, 1983, S. 145. Im Juni 1933 war zunächst der "Reichsverband Deutscher Bildberichterstatter e.V." gegründet, im Herbst 1933 aber wieder aufgelöst worden. Seine Mitglieder hatten sich nun einzeln um die Aufnahme in den "Reichsverband der Deutschen Presse" (RDP) zu bemühen. Bis Anfang 1935 waren von etwa 700 gestellten Anträgen 300 in die Berufsliste eingetragen worden, am 1. 6. 1936 444. Vgl. Verzeichnis der Bildberichterstatter, in: Deutsche Presse, 1935, Nr. 10 - 14. Im RDP wurde 1934 ein Fachausschuß der Bildberichterstatter eingerichtet. Analog zu den Pressefotografen waren die Fotodienste und Bildmaternverlage im "Reichsverband der Deutschen Korrespondenz und Nachrichtenbüros" organisiert. Vgl. Weise, 1983, S. 144 f.

38 Norbert Frei/Johannes Schmitz: Journalismus im Dritten Reich, München 1989, S. 28; vgl. Hale, 1965, S. 90 - 97. Das Schriftleitergesetz führte auch zur publizistischen Entmachtung der Verleger - und rief Max Amannns Widerstand hervor. "Von diesem Zeitpunkt an datiert der nicht mehr endende Kampf um die Kontrolle der Presse innerhalb der NS-Führung." (Hale, 1965, S. 96). Amann war Direktor des Zentralverlages der NSDAP, Reichsleiter für die Presse der NSDAP, Leiter des Reichsverbandes der Deutschen Zeitungsverleger und Präsident der Reichspressekammer.

39 Hale, 1965, S. 93.

40 "Es ist bestimmt, dass die Bezeichnung 'Pressephotograph' nicht mehr gebraucht werden darf, es heisst 'Bildberichterstatter'. Es ist dies ein gleich amtlich festgelegter Begriff, wie der des Schriftleiters an Stelle des früheren Redakteurs." (Bundesarchiv Koblenz, Zsg.101, 26.5.1936 / Nr. 474).

41 Vgl. Kerbs, 1983, S. 68 f. Zum Ausschluß jüdischer Presseillustrationsfirmen vgl. Zeitungs-Verlag, 34. Jg., 1933, Nr. 28, S. 458.

42 Vgl. Arthur von Brietzke: "Vor die mußten sie alle...", in: Die Gleichschaltung der Bilder, 1983, S. 18 - 31, hier S. 30.

43 Longerich, 1987, S. 74.

44 Vgl. BA, Zsg 102/1/70 vom 18. 1. 1935. "Auflagen zu geben, sind überhaupt nur das Propagandaministerium und seine Landesstellen befugt. Das Ansinnen einer Vorzensur muß ebenfalls zurückgewiesen werden." (Fritz Reipert: Presse und Propaganda, in: Wille und Weg, 1935, S. 416 - 421, hier S. 420).

45 Vgl. Abel, 1968, S. 48; Kurt Koszyk: Deutsche Presse 1914 - 1945, Berlin 1972, S. 374 ff.; Elke Frölich: Die kulturpolitische Pressekonferenz des Reichspropagandaministeriums, in: Vierteljahrshefte für Zeitgeschichte, 1974, Nr. 22, S. 347 - 381.

46 Festgesetzt wurde dies durch die "zweite Anordnung zur Befriedung der wirtschaftlichen Verhältnisse im deutschen Zeitungswesen" vom 4. 1. 1934. Vgl. Koszyk, 1972, S. 411.

47 Zur Reichspressekonferenz vgl. Abel, 1968, S. 37 - 50.

48 Zeitschriften-Verleger, 1933, 34. Jg., Nr. 3, S. 172.

49 Vgl. NS-Presseanweisungen der Vorkriegszeit, 1985, S. 24.

50 Vgl. Abel, 1968, S. 39, der die Auseinandersetzungen zwischen Goebbels und Dietrich auf einen Dualismus von Partei und Staat zurückführt. Dagegen Longerich (1987, S. 116): "Der Konflikt zwischen Dietrich und Goebbels ist auch nur zu einem geringen Teil Folge des Gegeneinanders von staatlichen und Partei-Kompetenzen. Vielmehr bildete der Komplex Propagandaministerium-Reichspressechef eine eigenartige Mischung aus staatlichen Aufgaben (übernommenen wie neu geschaffenen) und solchen der Partei. So ergibt sich das Bild eines ineinander verzahnten Machtapparates mit zwei sich befehdenden Spitzen (...)."

51 Die nicht in Berlin akkreditierte Provinzpresse erhielt die Anweisungen über DNB bzw. die regionalen Reichspropagandaämter. Das DNB war im Besitz des Reiches und wurde als Privatunternehmen geführt. Vgl. NS-Presseanweisungen der Vorkriegszeit, 1984, S. 40. Daneben bestanden noch andere Agenturen. Zu den wichtigsten Agenturen gehörten die gleichfalls im Reichsbesitz befindlichen und vom Propagandaministerium kontrollierten Auslandsagenturen "Transocean" (TO) und "Europapress" (EP) sowie die auf Wirtschaftsnachrichten spezialisierte "Eildienst GmbH", der "Dienst aus Deutschland", der der Presse-Abteilung des Auswärtigen Amtes unterstellt war und Inlands-Nachrichten für Zeitungen im Ausland lieferte, ferner die "Nationalsozialistische Korrespondenz" (NSK), die sowohl die Parteipresse wie nach 1933 auch die übrige Presse mit Nachrichten über die NS-Bewegung belieferte, desweitern der "Reischach-Dienst", eine Korrespondenz für Parteizeitungen und die "Korrespondenz Brammer". Vgl. Abel, 1968, S. 55 - 58; Koszyk, 1972, S. 173; Longerich, 1987, S. 234 - 237.

52 Kerbs, 1983, S. 69 - 72.

53 Vgl. Jürgen Hagemann: Die Presselenkung im Dritten Reich, Bonn 1970, S. 51; Longerich, 1987, S. 310. Vorzensur wurde nur von Fall zu Fall, bei besonders wichtigen oder heiklen Themen angeordnet oder für einzelne Blätter als Strafe verhängt. Im "Handbuch der Zeitungswissenschaft" heißt es lapidar: "Im eigenen Interesse ist es Pflicht des Bildberichterstatters, in allen Fällen, in denen er Aufnahmen von besonderer öffentlicher Bedeutung herstellen konnte, sich zu vergewissern, ob die Verbreitung der Bilder durch die Presse unbedenklich geschehen kann." (Stiewe, 1940, S. 624).

54 Frei, 1989, S. 33.

55 Dazu gehörte auch die "Verordnung über den Urhebervermerk unter Pressebildern" von 1935. Die Pflicht zur Nennung des Urhebers zielte nicht auf die Sicherung von Urheberrechten, sondern sollte die Herkunft der abgebildeten Aufnahmen kontrollierbar machen und unliebsame Bildquellen ausschalten. Vgl. Richtlinien des Leiters des Reichsverbandes der deutschen Presse, abgedruckt in: Zeitungs-Verlag, 1935, Nr. 23, S. 408 f.; Richtlinien für redaktionelle Hinweise in Tageszeitungen, Zeitschriften und Korrespondenzen, S. 7 (= Sonderbeilage der Deutschen Presse Nr. 26 vom 29. 12. 1938).

56 Deutsche Presse, 1936, Nr. 24, S. 291. Die Verordnung löste unter den Fotografen "heftige Debatten" aus, wie Willy Stiewe berichtet und dabei für die Verordnung Partei ergreift. (Willy Stiewe: Der Bildberichterstatter als Gast, in: Zeitungs-Verlag, 1936, Nr. 27, S. 412).

57 Vgl. Deutsche Presse, 1938, Nr. 14, S. 280.

58 Stiewe, 1940, S. 623.

59 Heiner Kurzbein: Vom Einsatz der Bild- und Filmberichterstatter bei Veranstaltungen von Staat und Partei, in: Wille und Weg, 1937, Nr. 6, S. 180 - 182, hier S. 181. Die Zulassung zur Bildberichterstattung beim Reichsparteitag bedurfte zusätzlicher Genehmigungen. Vgl. Deutsche Presse 1937, Nr. 22, S. 342; Deutsche Presse, 1938, Nr. 16, S. 309; Deutsche Presse, 1938, Nr. 17, S. 329. Von Presseaufnahmen politischer Art war jeweils ein Abzug an das Bildarchiv des Propagandaministeriums einzusenden. Vgl. Fritz Hansen: Photographieren verboten ?, in: Der Photograph, Nr. 39, S. 153 f. Auf Anordnung des Präsidenten der Reichspressekammer vom 20. 10. 1937 waren "Bildberichterstatter-Schriftleiter sowie die Bildnachrichtenbüros und -agenturen" verpflichtet, "bei Weitergabe von Aufnahmen an die Presse auf der Rückseite dieser Aufnahmen die Herstellungsdaten nach Monat und Jahr anzugeben." (Deutsche Presse, 1937, Nr. 29. S. 487).

60 Hagemann, 1970, S. 52.

61 Deutsche Presse, 1933, Nr. 19, S. 278.

62 Frei, 1989, S. 110. **63** Vgl. Hale, 1965, S. 82.

64 Vgl. Hale, 1965, S. 69.

65 Zu den Motiven und Zielen der NS-Verlagspolitik vgl. Hale, 1965, S. 224 - 229. Frei (1989, S. 37) betont die Dominanz der ökonomischen Motive hinter den "Amann-Anordnungen".

66 Vgl. Hale, 1965, S. 154.

67 Hale, 1965, S. 222.

68 Vgl. Hale, 1965, S. 268. Am Kriegsende war der Eher-Verlag mit 82,5 % Marktanteil der gewaltigste Pressekonzern der Welt.

69 Vgl. Hale, 1965, S. 238.

70 Vgl. Hale, 1965, S. 238.

71 Vgl. Unger, 1984, S. 92 f.

72 Goebbels' Rede ist abgedruckt in: Deutsche Presse, 24. Jg., Nr. 16, 21. 4. 1934, S. 4 - 10, hier S. 7.

73 Werner Fiedler: Zeichnung oder Photo, in: Zeitungs-Verlag, 1933, Nr. 44, S. 5 f., hier 6. Vgl. auch Hugo Steindamm: Welche Bilder fesseln den Leser ?, in: Zeitungs-Verlag, 1934, Nr. 21, S. 346. Davon abweichend die optimistische Darstellung von Arthur Ploch: Das Bild als Ware, in: Deutsche Presse, 1934, Nr. 17, S. 8 - 12, hier S. 10: "Es gab eine Zeit, in der der Tagespresse jedes aktuelle Bild recht war, mochte es auch noch so minderwertig sein, wenn man es nur so schnell als möglich zur Hand hatte. Heute jedoch nimmt das gute Bild wieder den Vorrang ein - das wird übereinstimmend von den Illustrationsfirmen bestätigt -, und so hat sich erfreulicherweise auch im Bildwesen das nationalsozialistische Leistungsprinzip durchgesetzt."

74 Hans Schwarz van Berk: Das offizielle Bild und die Ritter von der Silberblume, n: Deutsche Presse, 1935, Nr. 18, S. 209 - 211, hier S. 209.

75 Schwarz van Berk, 1935, S. 211.

76 Walter Dietzel: Das Zeitungsbild als historisches Dokument, in: Deutsche Presse, 1935, Nr. 20, S. 243.

77 Dietzel, 1935, S. 243.

78 Fritz Dehn: Das aktuelle Bild: Schmuck und Nachricht!, in: Deutsche Presse, 1935, Nr. 21, S. 251-253.

79 Eugen Hein: Das Bild: Schmuck oder Nachricht ?, in: Deutsche Presse, 1935, Nr. 19, S. 223.

80 Hein, 1935, S. 223.

81 Nochmals: Das Bild in der Zeitung. Zwei Ritter von der Sonnenblume melden sich zu Wort (Valerien), in: Deutsche Presse, 1935, Nr. 24, S. 291.

82 Nochmals: Das Bild in der Zeitung. Zwei Ritter von der Sonnenblume melden sich zu Wort (Braemer), in: Deutsche Presse, 1935, Nr. 24, S. 291 f.

83 Probleme des Pressebildes, in: Das Atelier des Photographen, 1935, S. 119 - 120, hier S. 120.

84 Heinz Adrian: Aktuelle Bildberichterstattung nur mit der Kleinbildkamera, in: Das Atelier des Photographen, 1937, S. 197-198, hier S. 197.

85 Deutsche Presse, 1935, Nr. 48, S. 588.

86 Der Zeitungs-Verlag (1937, Nr. 42, S. 636 f.) behandelte das Thema in Form einer fiktiven Streitgespräches unter dem Titel: "Es geht um das lebendige Pressebild. Gespräch einer vollzähligen Tischrunde." Zur allgemeinen Problemstellung vgl. Hale, 1965, S. 244 ff.

87 Vgl. Zeitungs-Verlag, 1937, Nr. 42, S. 637.

88 Vgl. Fritz Voßler: Pressevertreter und Kundgebung. Luxus oder nicht, in: Wille und Weg, 1937, S. 155 - 158; Fritz Reipert: Filmpropaganda und Presse, in: Wille und Weg, 1937, S. 136 - 139.

89 Kurzbein, 1937, S. 182.

90 Deutsche Presse, 1934, Nr. 17, S. 10; Deutsche Presse, 1934, Nr. 17, S. 10; Deutsche Presse 1934, Nr. 17, S. 12.

91 Der Einsatz des Bildes. Ungeheure Nachfrage und nicht abzuschätzende Wirkung, in: Zeitungs-Verlag, 1939, Nr. 40, S. 588 f.

92 Koszyk, 1972, S. 435.

93 Longerich, 1987, S. 310.

94 Hagemann, 1970, S. 52.

95 Hagemann, 1970, S. 53.

96 Longerich, 1987, S. 310. "Während die militärische Zensur der Wehrmacht überlassen blieb, erstreckte sich die Arbeit der Zensurstellen des Propagandaministeriums auf die gesamte Nachrichtengebung." (Longerich, 1987, S. 310). Die kulturpolitische Pressekonferenz wurde vom wöchentlichen "Zeitschriften-Dienst" abgelöst, im November 1940 trat die "Tagesparole" an die Stelle der mündlich erteilten Anweisungen der Reichspressekonferenz. Der ZD enthielt auch ausführliche Hinweise für die Bebilderung. Vgl. Koszyk, 1972, S. 413; Jutta Sywottek: Mobilmachung für den totalen Krieg. Die propagandistische Vorbereitung der deutschen Bevölkerung auf den Zweiten Weltkrieg, Opladen 1976, S. 30. Die mündlich auf der Reichspressekonferenz erteilten Anweisungen wurden ab November 1940 durch die schriftlichen, in verbindlicher Form formulierten "Tagesparolen" des Reichspressechefs ersetzt, um die kaum mehr übersichtliche Flut von Anweisungen zu vereinheitlichen. Vgl. Abel, 1968, S. 52.

97 Die Schaffung einer zentralen Belieferungsstelle für PK-Aufnahmen wurde aus Personal- und Kostengründen verworfen. Vgl. dazu die Aufzeichnung Heiner Kurzbeins vom Juni 1942 (Bundesarchiv Koblenz, R 55, Bd. 297). Mit der Verteilung beauftragt waren: "Heinrich Hoffmann; Weltbild - DNB; Atlantic; Presse-Bild-Zentrale; Scherl, Transocean; Orbis; Deutscher Verlag; und bis zum Beginn des Krieges mit den USA auch Associated Press GmbH."

98 Vgl. Hans Barkhausen: Filmpropaganda für Deutschland im Ersten und Zweiten Weltkrieg, Hildesheim, Zürich, New York, 1982, S. 202 - 208.

99 Vgl. Longerich, 1987, S. 117. Zur Wehrmachtspropaganda vgl. Ortwin Buchbender: Das tönende Erz. Deutsche Propaganda gegen die Rote Armee im Zweiten Weltkrieg, Stuttgart 1978; Willi A. Boelcke (Hrsg.): Kriegspropaganda 1939 - 1941. Geheime Ministerkonferenzen im Reichspropagandaministerium, Stuttgart 1966, S. 127 ff.

100 Vgl. Barkhausen, 1982, S. 212.

101 Vgl. Hale, 1965, S. 275. Die Gesamtauflage der Wochenzeitschriften und Illustrierten stieg von 11,9 auf 20,8 Millionen.

102 Vgl. Martin Moll: "Signal". Die NS-Auslandsillustrierte und ihre Propaganda für Hitlers "Neues Europa", in: Publizistik, 1986, Nr. 31, S. 357 - 400; zu den Auseinandersetzungen zwischen dem Auswärtigen Amt und dem Propagandaministerium um die Einflußnahme auf die Illustrierten vgl. Longerich, 1987, S. 262 - 264.

103 Vgl. Longerich, 1989, S. 10.

104 Vgl. Paul Klass: Trotz Raumbeschränkung: Bebilderung in der Tagespresse!, in: Deutsche Presse, 1942, Nr. 15, S. 150-153. "Das Bild ist längst in einem so hohen Maße zu einem festen Bestandteil des redaktionellen Teiles der Tageszeitungen geworden, daß es alle Einschränkungen, die die letzten Jahre gebracht haben, überdauert hat (...). Also keinen Verzicht auf das in seiner Wirkung packende und erläuternde kriegswichtige Bild!" (Deutsche Presse, 1944, Nr. 19, S. 222).

105 Willy Stiewe: Ein Bild sagt mehr als 1000 Worte, aber nur dann, wenn es allen Anforderungen eines idealen Pressebildes entspricht, in: Deutsche Presse, 1944, Nr. 20, S. 236-237 f.

106 Unmittelbar nach der NS-Machtübernahme hatte Willy Stiewe bereits darauf gedrängt, den Pressefotografen den Status von Journalisten zu verleihen (Willy Stiewe: Das Zeitungsbild in der Staatspropaganda, in: Deutsche Presse, 1933, Nr. 7, S. 76 - 78).

107 Willy Stiewe: Der Bildberichter im Reichsverband, in: Deutsche Presse, 1934, Nr. 5, S. 53.

108 Ismar Lachmann: Die Zukunft der Bildberichterstattung, in: Deutsche Presse, 1932, Nr. 7, S. 75 - 77, hier S. 76. Das schlechte Ausbildungsniveau wurde zurückgeführt auf "die noch sehr junge Entwicklung der Pressefotografie in Deutschland. (...) Zu einer Zeit, als England und Amerika schon eine große illustrierte Tagespresse aufzuweisen hatten, gab es in Deutschland noch keine einzige illustrierte Tageszeitung, und als in Amerika schon große Unternehmungen sich mit der Pressefotografie befaßten, begannen in Berlin erst zwei oder drei Fotografen sich mit der Momentfotografie zu beschäftigen." (Lachmann, 1932, S. 75). Vgl. auch Ludwig Heilbronn: Die Bilderfrage und die Tageszeitungen, in: Zeitungs-Verlag, 1932, Nr. 31, S. 528.

109 Lachmann, 1932, S. 75. "Mangelnde journalistische Bildauffassung, mangelnde Akribie in der Bildbeschriftung, auffallende Dissonanz zwischen Bild und Text sind vielfach die notwendigen Folgen" der herrschenden Praxis, daß die Fotografen nicht journalistisch ausgebildet sind bzw. "daß Journalisten nur vereinzelt das Wagnis unternommen haben, die Feder mit der Kamera zu vertauschen." (Albert Weinsheimer: Warum nicht mit Feder und Kamera ? in: Deutsche Presse 1932, Nr. 8, S. 90) Der Autor forderte schließlich: "Das Ideal ist die vom Reporter selbst illustrierte Reportage, bleibt der aus einem Hirn stammende und einheitlich entstandene illustrierte Artikel." Vielfach wurde auch die Relevanz der bildjournalistischen Begabung herausgestrichen: "Zum Bildberichterstatter muß man so geboren sein wie zum Journalisten." (Lachmann, 1932, S. 75). "Mit der Fotografie ist es im Grunde genommen genau so wie mit dem Schreiben: man muß dafür eine Begabung haben, sonst lernt man's nie." (Willy Stiewe: Die Kamera des Journalisten, in: Deutsche Presse, 1932, Nr. 23, S. 271).

110 Vgl. Karl Seidel: Schriftleitergesetz und Bildberichterstattung, in: Das Atelier des Photographen, 1933, S. 128 -130; Hintergrund des Streits war der Umstand, daß die Fachfotografen aufgrund der schlechten Geschäftslage seit längerem verstärkt auf den Pressemarkt drängten. Vgl. Photographische Chronik, 1930, S. 201, S. 429; 1931, S. 192. Die rechtliche Lage bzgl. Zugehörigkeit der Pressefotografen zu den Innungen war ungeklärt. Vgl. Der Photograph, 1929, Nr. 48, S. 194; Der Photograph, 1929, Nr. 58, S. 230. Mit der Einführung des eingetragenen Bildberichterstatters wurden die Fachfotografen von den mit der Presse verbundenen Verdienstmöglichkeiten abgeschnitten und wehrten sich deshalb gegen die Arbeitsteilung. Vgl. Photographische Chronik, 1933, S. 118. Die Abgrenzung beider Berufe wurde genauer festgelegt in der Anordnung des Leiters des RDP zur "Berufsausbildung der Bildberichterstatter" vom Februar 1939. Vgl. Deutsche Presse, 1939, Nr.4, S. 67. Weiterhin gestattet war den Fachfotografen die nebenberufliche Tätigkeit für die Presse, d.h. die gelegentliche Lieferung von Bildern. Gerade die Lokalbildberichterstattung in der Provinz blieb ein wichtiges Arbeitsfeld der Fachfotografen.

111 Die Berufsausbildung der Bildberichterstatter (Schriftleiter im RDP). Eine Anordnung des Leiters des RDP, in: Deutsche Presse, 1939, Nr. 4, S. 67 f. Zur Ausbildung der Pressefotografen vgl. auch F. K. Hermann: Die Nachwuchsfrage in der Bildberichterstattung, in: Das Atelier des Photographen, 1935, S. 180. Die Ausbildung der Bildberichterstatter wurde nicht an die bereits seit 1935 existierende Reichspresseschule angeschlossen. Vgl. Koszyk, 1972, S. 368.

112 Die Illustriertenpresse setzte "die Elite der Pressephotographen zur Schaffung besonders eindrucksvoller aktueller Aufnahmen an und sicherte sich für diese Bilder das 'Allein-' oder zumindest das 'Erstdruckrecht'." (Hans Diebow: Bilderserien, in: Deutsche Presse, 1934, Nr. 11, S. 1 - 5, hier S. 1).

113 Diebow, 1934, S. 4. Vgl. auch den Artikel: Serienbilder - Bilderserien. Die Entwicklung eines Jahrzehnts, in: Zeitungs-Verlag, 1939, Nr. 34, S. 529 - 531.

114 Hans Diebow: 50 Jahre Pressephotographie, in: Zeitungs-Verlag, 1933, Nr. 44, S. 4 f., hier S. 5. Diebow fuhr fort: "Der Serienfotograf trägt in erheblichem Maße auch zu dem heiligsten Ziel bei, das wir Deutschen erreichen müssen: das beglückende Wissen um die Bluts- und Schicksalsgemeinschaft unseres Volkes." Von anderer Seite wurden künstlerische Qualitäten freilich auch den Pressefotografen des politischen Alltagsgeschehens zugeschrieben bzw. von ihnen gefordert - wie beispielsweise bei Ploch (1934, S. 10): "(...) das Bild ist keine Ware, wie Wurst oder Käse, sondern ein geistiges Erzeugnis, und sein Urheber muß ein Mensch sein, der individuell zu sehen, künstlerisch aufzufassen versteht."

115 Fritz Hansen: Vom Wesen der Kamerajournalistik, in: Der Photograph, 1936, Nr. 62, S. 241-242.

116 Hansen, 1936, S. 242.

117 Hugo Steindamm: Welche Bilder fesseln den Leser ? in: Zeitungs-Verlag, 1934, Nr. 21, S. 346.

118 Die Berufsausbildung der Bildberichterstatter (Schriftleiter im RDP). Eine Anordnung des Leiters des RDP, in: Deutsche Presse, 1939, Nr. 4, S. 67 f. Hier heißt es auch: "Das bloße 'Schön-photographieren-Können' ist nur eine selbstverständliche Voraussetzung, aber noch kein Befähigungsnachweis für die Bildberichterstattung."

Hitlerporträts 1923-1939

1 Am 3. 4. 1942 bemerkte Hitler in der Wolfsschanze: "Popularität sei ja überhaupt eine Qual, man könne sie nur verfluchen. 4 Jahre lang habe er es fertiggebracht, kein Bild von sich in die Öffentlichkeit kommen zu lassen. Einem Italiener, der ihn habe fotografieren wollen, hätten seine SA-Leute den Apparat zusammengeklappt, so daß er sich hernach wegen Bedrohung eines Ausländers habe vor Gericht verantworten müssen. Er habe dem Richter dann aber erklärt, seine Leute hätten die Aufnahmen Uniformierter verhindern wollen, weil jede militärähnliche Organisation uns nach dem Versailler Diktat verboten sei. Wenn er die Verantwortung dafür tragen wolle, daß es nun aus diesem Prozeß staatsrechtliche Scherereien gebe, dann stelle er es ihm anheim. Daraufhin sei das Verfahren wegen 'Nicht-Ermittlung' der Täter eingestellt worden. Der Italiener möge bei diesem Bescheid schön verblüfft geschaut haben." (Henry Picker (Hrsg.): Hitlers Tischgespräche im Führerhauptquartier 1941 bis 1942, Bonn 1965, S. 243).

2 Simplizissimus, Nr. 9, 28. 5. 1923. Vgl. auch die Beschreibung bei Heiden, 1936, S. 134 f.

3 Münchner Post vom 6. 4. 1923, S. 4.

4 Heiden, 1936, S. 134 f.

5 Vgl. Hoffmann, 1955, S. 42; Rainer Fabian: Die Fotografie als Dokument und Fälschung, München 1976, S. 98; Bruns, 1983, S.173 f.

6 Hitler wie ihn keiner kennt, 1932, S. 11.

7 Hitler wie ihn keiner kennt, 1932, S. 12.

8 G. Ward Price: Führer und Duce, wie ich sie kenne, Berlin 1939, S. 118.

9 Fest, 1992, S. 29 f.

10 Vgl. Tyrell, 1969, S. 15.

11 Vgl. Werner Maser: Der Sturm auf die Republik. Frühgeschichte der NSDAP, Frankfurt, Main, Berlin, Wien 1981, S. 312.

12 Ernst Hanfstaengl: Zwischen Weißem und Braunem Haus. Memoiren eines politischen Außenseiters, München 1970, S. 74.

13 Georg Pahl: Die Jagd nach dem ersten Hitlerbild. Das zweiseitige, nicht datierte Manuskript liegt im Bildarchiv des Bundesarchivs Koblenz.

14 Hanfstaengl, 1970, S. 74.

15 Vgl. Otto Dietrichs Bemerkung über Hitlers damaliges Verhalten: "Um aus politisch-polizeilichen Gründen unerkannt zu bleiben, hatte er vorsichtigerweise jede Aufnahme systematisch verhindert." (Dietrich, 1955, S. 198).

16 Herz/Halfbrodt, 1988, S. 84 ff.

17 Vgl. Albrecht Tyrell: Vom "Trommler" zum "Führer". Der Wandel von Hitlers Selbstverständnis zwischen 1919 und 1924 und die Entwicklung der NSDAP, München 1975, S. 132 ff.

18 Berliner Illustrirte Zeitung, Nr. 40, 7. 10. 1923, S. 795; Völkischer Beobachter, Nr. 198, 26. 9. 1923, S. 1.

19 Zu Hoffmanns Besuch in der Festungshaftanstalt vgl. die in der Festungshaftanstalt Landsberg erstellte Liste der "Besucher für den Festungsgefangenen Adolf Hitler" (StAM, StA Mü, Nr. 14344). Miltenberg bemerkte zu Hoffmanns Aufnahme: "Von seiner Festungshaft in Landsberg am Lech existiert ein Bild, wie er, am Fenster stehend, durch die Gitterstäbe sehnsüchtig ins freie Land schaut. Diese Courths-Mahlerei erhöht bei seinen Anhängern nur seine Popularität. Und der SA-Mann sieht in ihm den Heros schlechthin." (Weigand von Miltenberg: Adolf Hitler Wilhelm III, Berlin 1931, S. 28 f.).

20 Der Nationalsozialist, Nr. 10/11, 17. 2. 1925, S. 1.

21 Zur Porträtfotografie von politischen Repräsentanten vgl. Gabriele Honnef-Harling: Das Herrscherporträt, in: Lichtbildnisse. Das Porträt in der Fotografie. Hrsg. von Klaus Honnef in Zusammenarbeit mit Jan Thorn Prikker, Köln 1982, S. 388 - 395; Ursula Peters: Aufklärung, Volksbildung oder Herrschaftsstrategie? Die Prominenz im Sammelfoto, in: Fotogeschichte, Jg.3, 1983, H.9, S. 21 - 40; Wilfried Ranke: Joseph Albert - Hofphotograph der Bayerischen Könige, München 1977.

22 Zur Augen-Metaphorik vgl. Klaus Theweleit: Männerphantasien, 2. Band, Frankfurt/Main 1978, S. 151 ff.

23 Vgl. A. Schneidhuber: Der Kämpfertyp unserer SA, in: Illustrierter Beobachter, Nr. 42, 18. 10. 1930, S. 738 f.

24 Vgl. Rainer Schoch: Das Herrscherbild in der Malerei des 19. Jahrhunderts, München 1974, S. 18.

25 Hanfstaengl, 1970, S. 49.

26 Zit. nach Ernst Deuerlein (Hrsg.): Der Aufstieg der NSDAP in Augenzeugenberichten, München 1980 (4. Aufl.), S. 153.

27 Heiden, 1936, S. 350.

28 Vgl. Herz/Halfbrodt, 1988, S. 75 ff. und S. 251 ff.

29 Der erste Band von "Mein Kampf" erschien am 18. 7. 1925. Hoffmann kündigte mehrfach die Aufnahmen an: "Die neuesten photographischen Aufnahmen Adolf Hitlers soeben erschienen" (Völkischer Beobachter, Nr.7, 4. 4. 1925).
Zu Entstehung von Hitlers Führerbewußtsein vgl. Tyrell, 1975, S. 165 ff.

30 Wo die Sitzung stattfand ist nicht genau geklärt, in Hitlers Privatwohnung, wie von Heinrich Hoffmann jun. angenommen, wohl eher nicht. Die Aufnahme vor dem Bücherschrank entstand wohl in den Räumen der Reichsleitung der NSDAP, Schellingstraße 50. (Vgl. Auktionskatalog Hermann-Historica, 25. Auktion, München 1991, Los-Nr. 4863).

31 Vgl. Enno Kaufhold: Bilder des Übergangs. Zur Mediengeschichte von Fotografie und Malerei in Deutschland um 1900, Marburg 1986, S. 65 ff. Es war wahrscheinlich das veröffentlichte Profilbild, das in der Öffentlichkeit auf Kritik stieß. Wohl mit Bezug darauf schrieben die "Hamburger Nachrichten" anläßlich eines Redner-Auftritts von Hitler in der Hansestadt: "Hitler sieht sehr frisch und viel vorteilhafter aus als das entstellte Bild, das von ihm im Umlauf ist." (Zit. nach Deuerlein, 1980, S. 259). Ein Indikator für Hitlers Vorstellungen von sich selbst ist der Umstand, daß eine weitere Profilansicht, die fotografisch gesehen das einzig interessante Resultat dieser Sitzung war, in der Versenkung verschwand. Ihr Manko war wahrscheinlich, daß sie Hitler zu alt machte - und dies war mit dem "Bewegungs"-Image der NSDAP und dem Jugendkult um ihren Führer nicht zu vereinbaren.

32 Vgl. Bismarck - Preußen, Deutschland und Europa. Herausgegeben vom Deutschen Historischen Museum, Berlin 1990, S. 86 f.

33 Tyrell, 1975, S. 155.

34 Vgl. Tyrell, 1975, S. 165 ff.

35 Fest, 1992, 341 f.

36 Illustrierter Beobachter, Nr. 4, 28. 2. 1927.

37 Illustrierter Beobachter, Nr. 16, 20. 4. 1929, S. 187.

38 Martin Warnke: Cranachs Luther. Entwürfe für ein Image, Reinbek bei Hamburg, 1984, S. 42.

39 Illustrierter Beobachter, Nr. 8, 1928, S. 101; Illustrierter Beobachter, Nr. 5, 4. 2. 1933, Titelblatt.

40 Vgl. Warnke, 1984, S. 48 ff.

41 Eine Aufnahme der Rednerserie erschien auf dem Titelblatt des Illustrierten Beobachters, Nr. 2, 28. 1. 1928, weitere Aufnahmen folgten in dem Artikel "Die Gewalt der Rede" im gleichen Heft (S. 18 f.) und wurden einige Wochen später auch als Illustrationsmaterial für den Bildbericht "Die erste öffentliche

Hitler-Versammlung in Berlin" verwendet (Illustrierter Beobachter, Nr. 27, 24. 11. 1928, S. 336). Hier hieß es: "Zum ersten Male bediente sich Adolf Hitler der Unterstützung einer Lautsprecheranlage, so daß das Wort des Führers in jedem Winkel des Riesenraumes klar und deutlich zu verstehen war."

42 Vgl. entsprechende Abbildung in Hoffmanns Sortiment-Katalog, o. J. (1939). Masers Angaben über Hitlers Rede-Aufnahmen sind falsch. Vgl. Mein Schüler Hitler. Das Tagebuch seines Lehrers Paul Devrient. Bearbeitet und herausgegeben von Werner Maser, Pfaffenhofen 1975, S. 6 f.

43 So vermerkt Fest (1992, S. 217): "Die Fotoserie, die in posierend im outrierten Stil der Zeit vorführt, hat mancherlei Belustigung geweckt, in der jedoch die Erkenntnis unterging, wieviel von seinem demagogischen Genie er sich anstudiert, erprobt und unter Fehlern gelernt hat."

44 Zuletzt Jaubert, 1989, S. 70.

45 Charles Chaplin: Die Geschichte meines Lebens, Frankfurt/Main 1964, S. 324 f.

46 Berthold Viertel: Ein Hitler-Film, in: Die Neue Weltbühne, H. 33, 1937, II, S. 1331-1333.

47 Die Woche, Jg. 1910, Nr. 1, S. 12.

48 Zum Gestus der argumentativen Rede vgl. Detlef Hoffmann/Ute Wrocklage: Die daguereo-typisierten Männer der Paulskirche. Parlamentarierporträts der ersten deutschen Nationalversammlung in Frankfurt 1848/49, in: Silber und Salz. Zur Frühzeit der Photographie im deutschen Sprachraum 1839-1860. Katalogbuch zur Jubiläumsausstellung 150 Jahre Photographie herausgegeben von Bodo von Dewitz und Reinhard Matz, Köln und Heidelberg 1989, S. 404-437.

49 Völkischer Beobachter, Nr.199, 22. 8. 1930.

50 Vgl. Hoffmanns Annonce mit dem Verweis "Neuaufnahmen Adolf Hitlers in SA-Uniform" im Völkischen Beobachter, 21./22. 7. 1929.

51 Hitlers Mißachtung verfielen die zwei Porträts mit SA-Mütze, die ihn nach eigenem Bekunden zum Briefträger abstempelte. Vgl. Albrecht Tyrell: III. Reichsparteitag der NSDAP, 19. bis 21. August 1927, Nürnberg - "Eine Symphonie des Kampfwillens" (=Publikation zur Filmedition G 122 des Instituts für den Wissenschaftlichen Film), Göttingen 1977, S. 47. Zu Hitlers SA-Mütze vgl. Brian Leigh Davis/Pierre Turner: Deutsche Uniformen im Dritten Reich 1933 - 45, München 1983, S. 97 f. Auf dem Nürnberger Parteitag 1929 trug Hitler zeitweilig die SA-Mütze, Fotografien davon sind nicht bekannt. Die einzigen bekannten Live-Aufnahmen von Hitler mit SA-Mütze erschienen 1929 im Illustrierten Beobachter, Nr. 26, S. 289 f.

52 Völkischer Beobachter, Nr. 93, 3. 4. 1933.

53 Illustrierter Beobachter, Nr. 1, 2. 1. 1932, Titelseite; Illustrierter Beobachter, Nr. 10/11, 12. 3. 1932, Titelseite.

54 Hanfstaengl, 1970, S. 255 f.

55 Hanfstaengl gibt für die Entstehung von Abbes Aufnahmen nur ungenau die Zeit nach "Ende November" 1932 an, während der Hitler-Verehrer Abbe selbst seine "erste Aufnahme" Hitlers auf den 30. 1. 1932 datierte (James E. Abbe: Wie ich Adolf Hitler fotografierte, in: Berliner Illustrirte Zeitung, Nr. 36, 10. 9. 1933). Das bedeutungsvolle Datum darf man bezweifeln. Der Termin von Knickerbockers Interview ließ sich bislang nicht ermitteln, muß aber im Winter 1931/32 gelegen haben. Anfang 1932 erschien Knickerbockers Band "The German Crisis", das den Inhalt des Interviewes wiedergibt, kurz darauf auch als deutsche Ausgabe "Deutschland so oder so?" bei Rowohlt in Berlin.

56 Vgl. Schoch, 1975, S. 109.

57 Münchner Illustrierte Zeitung, Nr. 9, 1931, S. 261.

58 Erstmalig erschien Hitler im April 1937 anläßlich seines Geburtstags auf einer Briefmarke - eine Sondermarke im Viererblock mit dem Aufdruck "Wer ein Volk retten will, muß heroisch denken." Derartige Sondermarken mit Aufschlag erschienen bis 1943. Ab 1941 trugen alle regulären Briefmarken das Kopfbild Hitlers. Vgl. Hans-Jürgen Köppel: Politische Werbung auf Briefmarken, Phil. Diss. Salzburg 1970.

59 Vgl. Fest, 1992, S. 713; Kershaw, 1980, S. 66.

60 Vgl. Domarus, 1973, S. 431.

61 Vgl. Schoch, 1975, S. 165 f.

62 Vgl. Klaus-D. Pohl: Der Kaiser im Zeitalter seiner technischen Reproduzierbarkeit, in: Der letzte Kaiser. Wilhelm II. im Exil. Herausgegeben im Auftrage des Deutschen Historischen Museums von Hans Wilderottter und Klaus-D. Pohl, Berlin 1991, S. 9-18, hier S. 13 f.

63 Davis/Turner, 1983, S. 97 f.

64 Vgl. Domarus, 1973, S. 222, S. 923 und S. 1019.

65 Vgl. hierzu die zahlreichen Darstellungen von Frontsoldaten auf Postkarten in der Sammlung Karl Stehle, München.

66 Illustrierter Beobachter, Nr. 34, 25. 8. 1934, Titelseite; das andere, wenngleich etwas weniger durchlichtete Bildnis ist abgebildet in: Illustrierter Beobachter, Nr. 16, 18. 4. 1935, Titelseite.

67 Kershaw, 1980, S. 64.

68 Vgl. hierzu die betreffenden Aufnahmen in der Sammlung Ellen Maas, Frankfurt, Karl Stehle, München, und im Stadtarchiv München.

69 Josef Rieder: Die Photographie im Kriege, in: Photographische Rundschau und Mitteilungen. Zeitschrift für Freunde der Photographie, Jg. 1915, S. 158 - 160, hier S. 159 f.

70 Abb. in: Illustrierter Beobachter, Nr. 16, 16. 4. 1936, Titelseite; Berliner Illustrirte Zeitung, 15. 4. 1937, Titelseite.

71 Vgl. Dietrich, 1955, S. 155: "Hitler arbeitete nicht am Schreibtisch, obwohl er viele geschmackvoll eingerichtete Arbeitsräume nach eigenen Entwürfen hatte einrichten lassen. Sie dienten nur Repräsentationszwecken. Die Gedankenkonzentration kam ihm in der Bewegung und in der Ansprache."

72 Domarus (1973, S. 814) bemerkt dazu: "Bisher hatte er eine Mütze getragen, auf der im Oberteil nur der Hoheitsadler befestigt war; der mittlere Teil war freigeblieben und hatte, für deutsche Begriffe, einen seltsam leeren Eindruck gemacht. Jetzt hatte er die Wehrmachtskokarde mit Eichenlaub angelegt. Sie sollte symbolisch zum Ausdruck bringen, daß er von nun an nicht nur dem Namen nach Oberbefehlshaber der Wehrmacht sein würde, sondern ihr oberster Kriegsherr, mehr noch: ihr allein entscheidender Befehlsgeber! Es war äußerlich nur eine kleine Veränderung, die vielen gar nicht auffiel, aber wer Hitler und seine Symbolgläubigkeit kannte, wußte, was die Stunde geschlagen hatte!"

73 Zit. nach Domarus, 1973, S. 923.

74 Illustrierter Beobachter, Nr. 16, 18. 4. 1935, Titelseite; Illustrierter Beobachter, Nr. 16, 16. 4. 1936, Titelseite; Münchner Illustrierte Presse, Nr. 4. 26. 1. 1939, Titelseite; Münchner Illustrierte Presse, Nr. 12, 23. 3. 1939, Titelseite ; Berliner Illustrirte Zeitung, Nr. 15, 15. 4. 1937, Titelseite. Die fehlende Aktualität beleuchtet etwa die Tatsache, daß in der Nummer zu Hitlers Geburtstag im Jahr 1940 (Nr. 16, S. 362) im Illustrierten Beobachter eine Aufnahme von 1933/34 erschien, die als "bisher unveröffentlichte Sonderaufnahme" tituliert wurde.

75 Die Kunstmaler mußten auf Hoffmanns Aufnahmen als Vorlagen zurückgreifen, da Hitler nicht zu Porträtsitzungen bereit war. Eine Ausnahme machte Hitler angeblich ein einziges Mal bei Knirr. Vgl. Dietrich, 1955, S. 207.

76 Abgebildet in: Plakate in München 1840 - 1940. Eine Dokumentation zu Geschichte und Wesen des Plakats in München aus den Beständen der Plakatsammlung des Münchner Stadtmuseums, München 1978 (2. Auflage), Abb. Nr. 179. Vgl. auch die Abb. (Nr. 178) eines Volksabstimmungs-Plakates vom November 1933 mit der Parole: "Führer wir folgen Dir! Alle sagen Ja!", für das ein Kniebild Hitlers in Feldherrenpose aus der Porträtsitzung von 1933 verwendet wurde.

77 Vgl. die Abbildungen in Hoffmanns Sortiment-Katalog (o. J.) 1939.

78 Vgl. die Abbildung in Hoffmanns Sortimentkatalog o.J.(1939).

79 Der gerade Weg, Jg.1932, Nr.29 u. 30.

80 Vgl. dazu die umfangreiche Berichterstattung der Münchener Presse: Bayerischer Kurier, Nr. 317, 12. 11. 1932; Münchner Post, Nr. 265, 15. 11. 1932.

81 Konrad Heiden: Geschichte des Nationalsozialismus, Berlin 1932, S. 76.

82 Illustrierter Beobachter, Sondernummer: Adolf Hitler. Ein Mann und sein Volk, 1936, S. 42 f.

83 Das Antlitz des Führers. Herausgeber Prof. Heinrich Hoffmann, Reichsbildberichterstatter der NSDAP. Geleitwort Baldur von Schirach, Berlin 1939, o. S.

84 Das Antlitz des Führers, 1939, o. S.

85 Mit der Parallelisierung der Fortschritte nationalsozialistischer Politik und des Wandels von Hitlers Gesicht wollte die Leseanleitung die Physiognomie bedeutungsschwanger aufladen und zugleich Erinnerungen des Betrachters an Ereignisse der angegebenen Jahresdaten wachrufen. Im "Illustrierten Beobachter" (Sondernummer: Adolf Hitler. Ein Mann und sein Volk, 1936, S. 43) hieß es: "Wir schauen das Antlitz des Führers in seiner wunderbaren Wandlung vom Anbeginn durch die Jahre des ungeheuren Ringens um den Sieg seiner Idee bis zu seiner heutigen Form. (...) So wie aus den einfachen Grundgedanken dieses einfachen Mannes (...) und seinem unbeirrbaren Glauben und persönlichen Mut ein ganzes neues Deutsches Reich Gestalt wurde, so ist aus dem einfachen, noch fast unbeschriebenen Antlitz eines jungen Menschen das Antlitz des Führers der deutschen Nation und - so Gott will - des Friedens der europäischen Welt geworden."

86 Illustrierter Beobachter, Sondernummer: Adolf Hitler. Ein Mann und sein Volk, 1936, S. 42.

87 Das Antlitz des Führers, 1939, o. S.

88 Zit. nach Tyrell, 1969, S. 73.

89 Tyrell, 1991, S. 388.

90 Völkischer Beobachter, Nr. 191, 21./22. 8. 1927.

91 Illustrierter Beobachter, Nr. 16, 20. 4. 1929, S. 187.

92 Zit. nach Kershaw, 1980, S. 36.

93 Preußische Zeitung vom 29. 1. 1932; zit. nach Andreas Andernach: Hitler ohne Maske, München 1932, S. 21.

94 Völkischer Beobachter, Nr. 89, 18. 4. 1929.

95 Völkischer Beobachter, Nr. 287, 11. 12. 1929.

96 Völkischer Beobachter, Nr. 278, 22. 11. 1930. Dabei handelte es sich um einen kolorierten Kunstdruck.

97 Zur Gegenwart der staatlichen Repräsentanten in Amtsräumen vgl. Peter G. Thielen: "Und ob ich dich von hundert Bildern schaute..." Zur bildlichen Darstellung von Herrschaft in Amtsräumen, in: Karl-Dietrich Bracher/Manfred Funke/Hans-Peter Schwarz (Hrsg.): Deutschland zwischen Krieg und Frieden. Beiträge zur Politik und Kultur im 20. Jahrhundert, Bonn 1990, S. 413 ff.

98 HStAM, Abt.II, MA 105426, Schreiben Fricks vom 10. 4. 1933 mit dem Aktenzeichen I B 4100/5.4.

99 HStAM, Abt.II, MA 105426, Protokoll der Ministerratssitzung vom 23. 5. 1933. Der bayerische Kultusminister Schemm schrieb am 26. 7. 1933 in einem Rundschreiben an die Direktorate der staatlichen höheren Unterrichtsanstalten: "Von der Beschaffung von Bildnissen in größerer Zahl ist abzusehen. Es wird im allgemeinen genügen, wenn in jeder Anstalt je ein Bildnis des Herrn Reichspräsidenten und des Herrn Reichskanzlers an besonders geeigneter Stelle angebracht." (HStAM, Abt. II, MA 105426).

100 HStAM, Abt.II, MA 105426, Rundschreiben Fricks vom 6. 5. 1933 mit dem Aktenzeichen IB 4100/21.4.

101 HStAM, Abt.II, MA 105426, Schreiben Fricks vom 27. 10. 1934 mit dem Aktenzeichen I 4100/19.10.

102 HStAM, MA 105426, Schreiben Fricks vom 26. 1. 1935 mit dem Aktenzeichen IA 819/4100.

103 HStAM, Abt.II, MInn 74117, Schreiben der Adjutantur im Bayerischen Staatsministeriums des Inneren vom 24. 7. 1935.

104 HStAM, Abt.II, MInn 74117, Schreiben des Bürgermeisters vom 31. 7. 1935.

105 Vgl. Photo-Fachhändler, Jg. 1937, Nr.10, S. 288.

106 Aufnahmen der nächtlichen Fassade mit der Projektion im Stadtarchiv München.

107 Deutschland-Berichte der Sozialdemokratischen Partei Deutschlands (Sopade) 1934 - 1940, Frankfurt/Main, 1989, Erster Jahrgang 1934, S. 275 f.

108 Zitiert nach Kershaw, 1980, S. 62.

109 Völkischer Beobachter, Nr. 9, 13. 1. 1927.

110 Illustrierter Beobachter, Nr. 51, 1929, S. 9.

111 Vgl. die alljährlichen Angebote in den Katalogen des Auktionshauses Hermann-Historica.

112 Vgl. Akten der Partei-Kanzlei der NSDAP. München, 1983, Registerband, Stichwort "Führerbildverleihungen" und "Führerbildwünsche".

113 Akten der Parteikanzlei, 1983, Nr. 11701117, Anordnung des Reichsgeschäftsführers Bouhler vom 9. 7. 1932.

114 Hans Schmidt-Leonhardt: Der Schutz der nationalen Symbole, in: Reichsverwaltungsblatt und Preußisches Verwaltungsblatt, 54. Band, Berlin 1933, S. 464 -465, hier S. 464. Vgl. hierzu auch: Nazi-Kitsch. Herausg. und mit einer Einleitung versehen von Rolf Steinberg, Darmstadt 1975.

115 Vgl. StAM, Pol. Dir. München 6969, verschiedene Schriftwechsel der Polizeidirektion München bzw. der bei der Industrie- und Handelskammer ansässigen gutachterlichen Stelle mit der Firma Heinrich Hoffmann aus den Jahren 1933 bis 1937.

116 Vgl. StAM, Pol. Dir. München 6969.

117 Beiblatt des "Nationalsozialistischen Bildverlags Heinrich Hoffmann" im Nachlaß Hanfstaengl im Fotomuseum im Stadtmuseum München.

118 Vgl. Marlis G. Steinert: Hitlers Krieg und die Deutschen. Stimmungen und Haltungen der deutschen Bevölkerung im Zweiten Weltkrieg, Düsseldorf/Wien 1970, S. 114.

119 Vgl. StAM, Bestand Sondergericht/ Staatsanwaltschaft München 1.

120 Weigand von Miltenberg: Adolf Hitler Wilhelm III, Berlin 1931, S. 12, S. 27 ff.

121 Konrad Heiden: Adolf Hitler. Eine Biographie, Bd. 1. Das Zeitalter der Verantwortungslosigkeit, Zürich 1936, S. 130, S. 349 ff.

122 Bernhard Viertel: Ein Hitler-Film, in: Die Neue Weltbühne, H. 33, 1937, II, S. 1331-1333.

Etappen der fotografischen Führerpropaganda

Hitler erstmals im Visier der Fotografen

1 Völkischer Beobachter, Nr. 9, 31. 1. 1923, S. 2.

2 Völkischer Beobachter, Nr. 180, 5. 9. 1923, S. 5.

3 Vgl. Herz/Halfbrodt, 1988, S. 7.

4 Vgl. Heinrich Bennecke: Hitler und die SA, München/Wien 1962, S. 51.

5 Es waren Robert Sennecke, Willy Römer, Walter Gircke und John Graudenz.

6 Diese Situation erinnert stark an die fotografische Medienöffentlichkeit in den Nachkriegsmonaten 1918/19 in München. Vgl. Herz/Halfbrodt, 1988, S. 50 ff.

7 Die Postkarten wurden von Hoffmann von Hand abgezogen, womit ein weiteres Moment historischer Rückständigkeit der damaligen Münchener Medienöffentlichkeit genannt wäre, denn in Berliner Kleinverlagen waren schon seit langem Apparate in Betrieb, die im maschinellen 'Fotodruckverfahren' das Fotopapier belichteten und Massenauflagen nicht nur in wesentlich kürzerer Zeit, sondern auch billiger produzieren konnten. Vgl. Herz/Halfbrodt 1989, S. 51. Die von Hoffmann hergestellten Fotopostkarten kosteten 10 bis 15 Pfennige, Abzüge im Format 18 x 24 cm 35 Pfennige bis zu 1 Mark. Unter den Inflationsbedingungen wurde dieser "Grundpreis" auf den Dollar bezogen und dann "in halben oder ganzen Millionen berechnet." (Annonce Distls im Völkischen Beobachter, Nr. 179, 4. 9. 1923). Nach den Annoncen im Völkischen Beobachter kostete Anfang Februar 1923 eine Postkarte 100 Mark, im August 10 000, Ende September 700 000 und schließlich Anfang November 1, 5 Milliarden Mark.

8 Zu Quirin Distl vgl. Hanfstaengl, 1970, S. 51. Zu Anton Voll vgl. Maser, 1981, S. 284.

9 Vgl. Tyrell, 1969, S. 13.

10 Annonce in: Heimatland, Nr. 44, 27. 10. 1923.

11 Adolf Hitler: Mein Kampf, München 1938 (330.- 334. Aufl.), S. 559 f.

12 Hitlers Ansicht als Redner ist weder als Postkarte noch als zeitgenössischer Pressebildabzug nachweisbar. Erstmalig publiziert wurde die Aufnahme in Hoffmanns Bildband "Hitler wie ihn keiner kennt" (1932, S. 18) und als "Die erste Aufnahme des Führers" bezeichnet.

13 Tyrell, 1977, S. 9.

14 Tyrell, 1977, S. 7.

15 Vgl. hierzu die Aufnahmen der antifranzösischen Protestkundgebung auf dem Königsplatz in: Die Woche, Jg. 1923, Nr. 4, S. 94.

16 Peter Longerich: Die braunen Bataillone. Geschichte der SA, München 1989, S. 31 f.

17 Völkischer Beobachter, Nr. 9, 31. 1. 1923, S. 2.

18 Vgl. Völkischer Beobachter, Nr. 9, 31. 1. 1923, S. 1.

19 Zu den Massenversammlungen der Revolutionsmonate vgl. Herz/Halfbrodt, 1988, S. 89 ff.

20 Im gleichen Jahr schmückte es auch den Parteistempel und den Kopf des Völkischen Beobachters. Vgl. Paul, 1990, S. 169 ff.

21 Vgl. Herz/Halfbrodt, 1988, S. 207 ff.

22 Vgl. Paul, 1990, S. 170 ff.

23 Hamburger Illustrierte Zeitung, Jg. 1923, Nr. 6, S. 3; Leipziger Illustrirte Zeitung, 1923, Nr. 4093, S. 112; Volk und Zeit, Jg. 1923, Nr. 6, o. S; Berliner Illustrirte Zeitung, Jg. 1923, Nr. 6, S. 103.

24 Zur Arbeitsgemeinschaft gehörten: SA, Vaterländische Vereine Münchens, Bund Oberland, Reichsflagge, Kampfbund Niederbayern, Organisation Lenz. Vgl. Andreas Werner: SA und NSDAP. "Wehrverband", "Parteitruppe" oder "Revolutionsarmee". Studien zur Geschichte der SA und NSDAP 1920 - 1923, Phil. Diss. Erlangen 1964, S. 94. Die SA nahm Anfang 1923 innerhalb der Kampfverbände eine untergeordnete Stellung ein. Vgl. Georg Franz-Willing: Krisenjahr der Hitlerbewegung 1923, Preußisch Oldendorf 1975, S. 43.

25 Hanfstaengl, 1970, S. 22.

26 Werner, 1964, S. 92.

27 Ernst Röhm: Die Geschichte eines Hochverräters, München 1928, S. 171.

28 Zur Bekleidung der SA vgl. Werner, 1964, S. 46 f.; Maser, 1981, S. 323; Georg Franz-Willing: Die Hitlerbewegung. Der Ursprung 1919 - 1922. Hamburg/Berlin 1962, S. 86.

29 Die ersten größeren Demonstrationen der Kampfverbände der Arbeitsgemeinschaft erfolgten am 4. und 25. 3. 1923: "Im März 1923 wurde die SA im Rahmen der Kampfverbände mit kleineren und größeren Felddienstübungen geschult. An der großen Übung der Arbeitsgemeinschaft in der Fröttmanninger Heide am 25. März 1923 nahmen rund 3000 Mann teil, darunter 1300 SA-Männer." (Franz-Willing, 1975, S. 63 f.). Auch am 8. 4. 1923 fanden militärische Übungen statt. Vgl. Bennecke, 1962, S. 56.

30 Zu den Aktionen der Kampfverbände am 1. 5. 1923 und ihren Folgen vgl. Werner, 1964, S. 103 ff.; Franz-Willing, 1975, S. 77 ff. Auf dem Oberwiesenfeld versammelten sich ca. 1300 Mitglieder der SA, 200 der Reichsflagge und 400 des Blücher-Bundes. Vgl. Ernst Deuerlein: Der Hitlerputsch. Bayerische Dokumente zum 8./9. November 1923, Stuttgart 1962, S. 713 f.

31 Die NS-Publizistik erklärte die Veranstaltung zu einer völkischen Abwehraktion gegen links: "In Alarmbereitschaft gegen die Marxisten auf dem Oberwiesenfeld..." (Deutschland erwacht. Werden, Kampf und Sieg der NSDAP. Die Auswahl und künstlerische Durcharbeitung der Lichtbilder übernahm Heinrich Hoffmann, München. Der Verfasser des Textes ist Wilfried Bade, Berlin. Sonderbeiträge sind eingereiht. Herausgegeben vom Cigaretten-Bilderdienst, Altona-Bahrenfeld 1933 S. 18.).

32 Zit. nach: Franz-Willing, 1975, S. 81.

33 Fest, 1992, S. 246.

34 Der Film der Firma "Nickel-Film" befindet sich in den Beständen des Filmarchives im Bundesarchiv. Zu Kopps Film, der verschollen ist, vgl. Völkischer Beobachter, Nr. 180, 5. 9. 1923, S. 5: "Vom Deutschen Tag, besonders vom Vorbeimarsch unserer Sturmabteilungen an Ludendorff und unserem Führer Hitler, ist außerdem von der Firma Kopp eine tadellose Filmaufnahme gemacht worden, die bei der Mittwoch-Massenkundgebung im Zirkus Krone erstmals vorgeführt wird."

35 Longerich, 1989, S. 38. Zu den Deutschen Tagen vgl. Deuerlein, 1962, S. 67 f.

36 Deuerlein, 1962, S. 69.

37 Vgl. Werner, 1964, S. 123.

38 Fest, 1992, S. 248 f.

39 Georg Pahl: "Die Jagd nach dem ersten Hitlerbild". Das zweiseitige Manuskript liegt im Bildarchiv des Bundesarchivs. Vgl. auch Hoffmann, 1955, S. 53 f. Pahl verwendete die Hitleraufnahme für eine Bildmontage, in der er Hitler mit Ludendorf zusammenfaßte. Veröffentlicht in: Die Woche (Jg. 1923, Nr. 46) mit der Unterschrift: "Adolf Hitler, der in der Nacht vom 8. zum 9. November die bayrische sowie die Reichs-Regierung für abgesetzt erklärte, mit dem anfänglich zum 'Leiter der deutschen Nationalarmee' ernannten General Ludendorff."

40 Daheim, Nr. 1/2, 1. 10. 1923, S. 3. Distl offerierte diese Fotografien am 4. 9. im Völkischen Beobachter (Nr. 179, 4. 9. 1923) als "die erste Aufnahme von Adolf Hitler".

41 Werner (1964, S. 129) sieht Hitlers Stellung nach Nürnberg gestärkt: "Hitler und Ludendorff nahmen im Verein mit verschiedenen anderen völkischen Führern den Vorbeimarsch ab. Die Stellung Hitlers wurde dadurch nicht unwesentlich aufgewertet." Fest (1992, S. 248) sieht in Nürnberg einen "Prestigeverlust" Hitlers infolge des Abenteuers vom 1. Mai.

42 Vgl. den Bericht des Staatspolizeiamtes Nürnberg-Furth vom 18. 9. 1923; zit. bei Deuerlein, 1962, S. 170. Deuerlein (1962, S. 68) betont die Bedeutung des Deutschen Tages für die öffentliche Präsentation der NSDAP: "Seine Gewinner waren (...) allein die Nationalsozialisten, deren geschlossenes und selbstbewußtes Auftreten in Nürnberg Eindruck und Zulauf hervorrief."

43 Vgl. Pahls Aufnahme vom Bilderversand Nr. 42 vom 3. 9. 1923, überschrieben mit : "Der Deutsche Tag in Nürnberg zum Andenken an die alte Wehrmacht fand unter riesiger Beteiligung der Nationalsozialisten am 2. September 1923 statt." Das Bildangebot umfaßte Aufnahmen mit folgender Betextung: "Bild 158. Blick auf die Feldherrnwiese während der Feier, an der 50 000 Nationalsozialisten den Treuschwur leisteten;Bild 159. Der Schwur der Nationalsozialisten in ihrer typischen Uniform; Bild 160. Adolf Hitler. Erste Aufnahme des Führers der Nationalsozialisten; Bild 161. Parademarsch der Nationalsozialisten vor ihrem Führer Adolf Hitler; Bild 162. General v. Ludendorff schreitet die Front der Hakenkreuzler ab; Bild 163. Blick in die Straßen Nürnbergs, während des Umzuges; Bild 164. Der Fahnenwald der Hakenkreuz-Verbände während des Umzuges." (Bundesarchiv Koblenz, Bildarchiv, Versandbuch Georg Pahl).

44 Vgl. Deutschland erwacht, 1933, S. 23.

45 Es handelt sich dabei nicht, wie mehrfach irrtümlich dargestellt um den Hitlergruß, sondern um den "Fahneneid der Wehrbereiten" im Anschluß an einen Feldgottesdienst. Vgl. Werner, 1964, S. 128.

46 Beispielsweise anläßlich des "Deutschen Tages" am 15./16. 9. 1923 in Hof von den dort ansässigen Fotografen Wilhelm Müller und Max Rudolph. Rudolph brachte von den Aufnahmen auch Postkarten in Umlauf.

47 Vgl. den Bericht der Polizeidirektion München an den Generalstaatskommissar Kahr vom 7. 12. 1923 über die Einigkeit im rechten Lager, zit. bei Deuerlein, 1962, S. 470.

48 Die NS-Publizistik war sich nicht sicher in der Datierung der Aufnahme und gab zumeist den 15. 4. 1923 an. Vgl. Das braune Heer. 100 Bilddokumente: Leben, Kampf und Sieg der SA und SS. Mit einem Geleitwort von Adolf Hitler. Bildzusammenstellung Heinrich Hoffmann. Photoberichterstatter der Reichsleitung der NSDAP, Berlin 1932, o. S.; Hitler wie ihn keiner kennt, 1932, S. 11; Deutschland erwacht, 1933, S. 16. Anläßlich der Manöverübung am 15. 4. 1923 kann die Aufnahme (wie auch einige andere Aufnahmen mit Hitler), die ein sonniges Wetter zeigen, nicht entstanden sein. Tatsächlich regnete es am 15. 4. den ganzen Tag über, am Nachmittag fiel sogar Schnee. Vgl. die Angaben für den 15. 4. 1923 in der Wetterkarte der bayerischen metereologischen Wetterstation, München 1923 (Bibliothek des Deutschen Museums, München). Für den Oktober 1923 spricht neben der rückseitigen Originalbeschriftung eines Abzugs im Hoffmann-Archiv (Bayerische Staatsbibliothek, Handschriftenabteilung) die späte Veröffentlichung am 1. 11. 1923 in der Berliner Illustrirten Zeitung. Eine genauere Datierung der Aufnahme ist jedoch schwierig, da die Münchner Tagespresse in diesen Wochen unregelmäßig erschien und der Völkische Beobachter vom 5. bis zum 14. 11. 1923 verboten war.

49 Maser, 1981, S. 405.

50 Vgl. Tyrell, 1969, S. 129 f. und S. 163 f.

51 Longerich, 1989, S. 39

52 Zum Personenkult um Hitler im Frühsommer 1923 vgl. den Befehl an das SA-Regiment München vom 18. 4. 1923, zit. bei Franz-Willing, 1975, S. 72. Zu Distls Postkarten-Angebot (Heimatland, Nr. 44, 27. 10. 1923) gehörte auch eine Karte mit dem Titel "Adolf Hitlers Geburtstagsfeier im Zirkus Krone". Um was für eine Aufnahme es sich handelt, ist unklar, möglicherweise um die Ansicht "Hitler spricht", die einzige bekannte Hoffmann-Aufnahme einer NS-Veranstaltung im Zirkus Krone aus dem Jahr 1923.

53 Betextung einer Reproduktion ohne Herkunftsangabe im Bundesarchiv Koblenz, Bildarchiv.

54 Berliner Illustrirte Zeitung, Nr. 45, 1. 11. 1923, S. 895 ("Hitler bei einer Ansprache an seine Leute nach einer feldmäßigen Übung in der Umgegend von München.")

55 Longerich, 1989, S. 41.

56 Tyrell, 1969, S. 17.

57 Hoffmann, 1974, S. 53. Hoffmann gibt geringfügig voneinander abweichende Darstellungen dafür, warum er beim "Marsch auf die Feldherrnhalle" nicht gegenwärtig war. Vgl. Hoffmann, 1955, S. 54; Hoffmann, 1947, S. 11. Vgl. auch John Dornberg: Der Hitlerputsch. München, 8. und 9. November 1923, 1983, S. 33, S. 158, S. 272.

58 In einigen Illustrierten erschienen Hoffmanns Aufnahmen vom Novemberputsch mit dem Urhebervermerk "Filip Kester". Der Münchener Pressefotograf Filip Kester und Heinrich Hoffmann arbeiteten Anfang der zwanziger Jahre zeitweilig zusammen. Kester übernahm Hoffmanns Aufnahmen mit in seinen Vertrieb. Diese Zusammenarbeit spiegelt sich in dem maschinenschriftlichen Vermerk "Hoffmann-Kester" auf verschiedenen Pressebildabzügen vom Novemberputsch (Kester-Archiv im Fotomuseum/Stadtmuseum München).

59 Welche verhafteten Stadträte Hoffmanns Aufnahme zeigt, ist ungewiß. John Dornberg (1983, S. 288) spricht von dem Bürgermeister Eduard Schmid und dem SPD-Stadtrat Albert Nussbaum - Otto Gritschneder (Bewährungsfrist für den Terroristen Adolf H., München 1990, S. 88) vom SPD-Stadtrat und Gastwirt Kaspar Dott.

60 Die SA stellte gleichwohl nicht einmal die Hälfte der eingesetzen Verbände und war am 8./9. November mit ca. 1500 Mann am Gesamtaufgebot von ca. 4000 Kampfbündlern beteiligt. Vgl. Longerich, 1989, S. 43.

Der frühe Hitlerkult in Fotobroschüren

1 Deutschlands Erwachen in Bild und Wort. Photographische Zeitdokumente von H. Hoffmann. Text von Marc Sesselmann, München, Verlag Photobericht Hoffmann, Schellingstraße 50, o. J. (1924), o. S. Zum Erscheinungstermin vgl. Hoffmanns Annonce im Völkischen Kurier, Nr. 22, 22. 2. 1924: "Soeben erschienen! Deutschlands Erwachen in Bild und Wort - über 100 der interessantesten Originalaufnahmen nationaler, völkischer und politischer Ereignisse und Personen. Deutschlands Erwachen wird während des Prozesses das größte Interesse Aller finden und wird für später ein Dokument unserer Gegenwart sein (...)."

2 Vgl. den Leserbrief von Michael Georg Conrad, Schriftsteller und Ehrenpräsident des Münchner Journalisten- und Schriftstellervereins, im Völkischen Kurier (Nr. 27, 4. 3. 1924), der sich anerkennend über Hoffmanns Publikation äußerte.

3 Tyrell, 1969, S. 17.

4 Zusätzlich übernahm Hoffmann Aufnahmen einiger anderer Fotografen, darunter Georg Pahl (S. 17 und S. 24), Filip Kester (S. 5 und S. 24) und Spiessl (S. 23), ohne diese eigens zu kennzeichnen.

5 Die Auflagenhöhe der Broschüre ist nicht bekannt. Es gibt keine Hinweise auf eine zweite Auflage. Noch Anfang 1926 bietet der Eher-Verlag die Broschüre an.

6 Deutschlands Erwachen, 1924, S. 1.

7 Deutschlands Erwachen, 1924, S. 1.

8 Vgl. die Textpassage der Broschüre (S. 1) zum "Deutschen Tag": "Ruhmgekrönte Führer des alten Herres Seite an Seite mit den Führern der werdenden Armee halten Heerschau ab über die vielen Zehntausende von getreuen Mannen. Ludendorff und Hitler Seite an Seite, Gott verläßt uns nicht!"

9 Deutschlands Erwachen, 1924, S. 16.

10 Deutschlands Erwachen, 1924, S. 14.

11 Deutschlands Erwachen, 1924, S. 1.

12 Die Kapitelüberschriften lauten: "Deutschlands Unglück", "Der völkische Gedanke", "Die völkische Bewegung", "Die bayr. Einwohnerwehr und ihr Ende", "Der deutsche Tag in Nürnberg", "Die Toten vom Freikorps Oberland", "Worte Adolf Hitlers", "Am 9. November 1923", "Hochverrat !?".

13 Deutschlands Erwachen, 1924, S. 2.

14 Deutschlands Erwachen, 1924, S. 4.

15 Deutschlands Erwachen, 1924, S. 31.

16 Deutschlands Erwachen, 1924, S. 30.

17 Deutschlands Erwachen, 1924, S. 1.

18 Deutschlands Erwachen, 1924, S. 26 f.

19 Ranke, 1979, S. 63.

20 Herz/Halfbrodt, 1988, S. 167.

21 Wen soll ich wählen? Ein Ratgeber für Unbelehrbare. Photobericht Hoffmann, München o. J. Zum Erscheinungstermin vgl. Hoffmanns Annonce im Völkischen Kurier, Nr. 50, 1. 4. 1924.

22 Tyrell, 1969, S. 69.

23 Vgl. Herz/Halfbrodt, 1988, S. 78 ff.

24 Deutschlands Erwachen in Bild und Wort. Zweiter Teil. Herausgeber: Photobericht Heinr. Hoffmann, München Schellingstr. 50. Text bearbeitet von Dr. Hans Buchner, o. J. (1925).

25 Vgl. Dietrich Orlow: The History of the Nazi Party, Band I, 1919-1933, Pittsburgh 1969, S. 68 ff; Kershaw, 1980, S. 30.

26 Tyrell, 1969, S. 103.

27 Völkischer Beobachter, Nr. 134, 15. 6. 1926. Die Broschüre sollte bereits früher erscheinen. Vgl. die Annonce des Eher-Verlages im Völkischen Beoabachter, Nr. 78, 7. 4. 1926. Am 2. 6. 1926 erschien eine Annonce des Eher-Verlags im "Völkischen Beobachter" (Nr. 124): "Durch Späterverlegung des Parteitages der Nationalsozialistischen Arbeiterpartei war es möglich, noch eine Reihe von Bildern in letzter Stunde aufzunehmen. Die Herausgabe von 'Deutschlands Erwachen' 2. Teil, 'Hakenkreuz in Ketten' zu Pfingsten war deshalb nicht möglich. Dafür enthält die Bilderschrift Material bis in die neueste Zeit und wird jeder Besteller für die Verzögerung vollauf entschädigt." Das Motto "Hakenkreuz in Ketten" fand sich später nicht im offiziellen Titel, ist aber in Form einer bildlichen Darstellung Bestandteil des Titelblattes. Über Auflagenhöhe und kommerziellen Erfolg der Broschüre ist nichts bekannt.

28 Völkischer Beoabchter, Nr. 131, 11. 6. 1926.

29 Deutschlands Erwachen, 1926, S. 3, S. 17, S. 13.

30 Deutschlands Erwachen, 1926, S. 9.

31 Traditionell-ungelenk wirkte nur noch die Abschlußseite, die aus der "Redeverbotsschande" Kapital für den Hitler-Mythos schlagen wollte. Vgl. Tyrell, 1969, S. 97.

32 Deutschlands Erwachen, 1926, S. 1.

33 Die Kapitelüberschriften lauten: "Hakenkreuz in Ketten", "Hitler spricht", "In memoriam", "Ein deutscher Dichter", "Überall weht das Hakenkreuz", "Die Presse", "Der Kampf in der Grenzmark", "Aufbau überall", "Ausblick".

34 Deutschlands Erwachen, 1926, S. 10.

35 Die Herkunft dieser Porträtaufnahmen ist nicht gewiß. In der Broschüre sind sie ohne Hinweis auf eine fremde Urheberschaft (etwa lokaler Porträtfotografen) abgebildet. Hoffmann kommt als Urheber in Frage. Ende November 1926 bot er die Porträts im Völkischen Beobachter (21. 11. 1926) als "Aufnahmen sämtlicher nationalsozialistischer Führer" an.

36 Deutschlands Erwachen, 1926, S. 15.

37 Deutschlands Erwachen, 1926, S. 1.

Führerprofile im "Illustrierten Beobachter"

1 Vgl. Kershaw, 1980, S. 30.

2 Vgl. Tyrell, 1969, S. 225.

3 Zum Thema "Wachstum und und Stärke der Bewegung als Mittel der Werbung" vgl. Balle, 1963, S. 298 ff.

4 Kershaw, 1980, S. 32.

5 Vgl. Marckwardt, 1982, S. 77.

6 Eine Ausnahme bildeten Hitlers Besuche bei Hindenburg. Vgl. Illustrierter Beobachter, Nr. 43, 24. 10. 1931, S. 976; Illustrierter Beobachter, Nr. 49, 3. 12. 1932, o. S.

7 Zur Versammlungspropaganda vgl. Balle, 1963, S. 241 ff.; Paul, 1990, S. 120 ff.

8 Hitler, 1938, S. 116.

9 In Bayern bestand ein Redeverbot vom März 1925 bis zum März 1927, in Preußen vom September 1925 bis zum September 1928. Zu den Redebeschränkungen für Hitler vgl. Tyrell, 1991, S. 107. Erlaubt waren in dieser Zeit Hitlers Reden vor geschlossenen Mitgliederversammlungen und vor geladenen Gästen. Vgl. Tyrell, 1991, S. 225. In diesem Zusammenhang entwickelte die Fotoberichterstattung des Illustrierten Beobachters keine "Kompensationsstrategie" in Form von Bildberichten. Offenbar nur in einem Fall erschien die Aufnahme einer nicht-öffentlichen Veranstaltung mit Hitler und zwar von seinem Auftritt am 1. 5. 1927 im "Clou" in Berlin. Vgl. Illustrierter Beobachter, Nr. 9, 15. 5. 1929, S. 124 f.

10 Auskunft Heinrich Hoffmann jun., 17. 07. 1984

11 Unscharfe Aufnahmen von Hitler als Redner beispielsweise in: Illustrierter Beobachter, Nr. 18, 8. 9. 1928, S. 219; Illustrierter Beobachter, Nr. 38, 20. 9. 1930, S. 658 f. Hitler mit einem Kreuz markiert in: Illustrierter Beobachter, Nr. 9, 15. 5. 1927, S. 124 f. Hitler auf dem Podium vor seiner Rede mit anderen Parteigenossen in: Illustrierter Beobachter, Nr. 7, 15. 4. 1927, S. 92 f. ("Erste Aufnahme Adolf Hitlers am Rednerpult in der Versammlung im Nürnberger 'Velodrom' am 23. März.").

12 Seltene Beispiele in: Illustrierter Beobachter, Nr. 16, 30. 8. 1927, S. 225; Illustrierter Beobachter, Nr. 32, 10. 8. 1929, S. 388.

13 Vgl. Illustrierter Beobachter, Nr. 14, 30. 7. 1927, S. 195; Illustrierter Beobachter, Nr. 6, 24. 3. 1928, S. 76; Illustrierter Beobachter, Nr. 15, 28. 7. 1928, S. 191; Illustrierter Beobachter, Nr. 41, 12. 10. 1929, S. 526; Illustrierter Beobachter, Nr. 21, 24. 5. 1930, S. 328 f.; Illustrierter Beobachter, Nr. 9, 28. 2. 1931, S. 204; Illustrierer Beobachter, Nr. 48, 28. 11. 1931, S. 1104.

14 Illustrierter Beobachter, Nr. 41, 11. 10. 1930, S. 710 f.

15 Illustrierter Beobachter, Nr. 22, 30. 5. 1931, S. 450 f.; weitere Bilder als Redner in: Illustrierter Beobachter, Nr. 23, 6. 6. 1931, S. 484; Illustrierter Beobachter, Nr. 24, 13. 6. 1931, S. 508 f.; Illustrierter Beobachter, Nr. 25, 20. 6. 1931, S. 532 f.; Illustrierter Beobachter, Nr. 9, 27. 2. 1932, S. 205; Illustrierter Beobachter, Nr. 31, 30. 7. 1932, S. 715 ("Es wird weitergekämpft bis der Tag kommt, der uns ein Neues Deutschland bringt ...").

16 Vgl. folgende Beispiele: Illustrierter Beobachter, Nr. 36, 6. 9. 1930, S. 610 f.; Illustrierter Beobachter, Nr. 39, 27. 9. 1930, S. 670 f.; Illustrierter Beobachter, Nr. 41, 11. 10. 1930, S. 710 f.; Illustrierter Beobachter, Nr. 47, 22. 11. 1930, S. 830 f.

17 Vgl. Deutschlands Erwachen, 1924, o. S. und Illustrierter Beobachter, Nr. 31, 3. 8. 1929, S. 367.

18 Erstmals bei dem Massenpanorama der "Riesenkundgebung im Zirkus Krone am 9. März 1927" in: Illustrierter Beobachter, Nr. 5, 15. 3. 1927, S. 65. Hier wie auch später sind häufig die Bildkanten der Einzelaufnahmen zu erkennen, in Einzelfällen wurden sie mit Retusche beseitigt.

19 Fest, 1992, S. 455 ff.

20 Das erste diagonal plazierte Panorama einer Hitler-Versammlung in: Illustrierter Beobachter, Nr. 19, 10. 5. 1930, S. 296 f.; senkrecht gestellt: Illustrierter Beobachter, Nr. 3, 11. 2. 1928, S. 37.

21 Illustrierter Beobachter, Nr. 19, 10. 10. 1930, S. 296 f.

22 Illustrierter Beobachter, Nr. 5, 15. 3. 1927, S. 64 f.

23 Illustrierter Beobachter, Nr. 6, 30. 3. 1927, S. 82.

24 Illustrierter Beobachter, Nr. 18, 3. 5. 1930, S. 287.

25 Illustrierter Beobachter, Nr. 13, 28. 3. 1931, S. 297.

26 Illustrierter Beobachter, Nr. 20, 16. 5. 1931, S. 394.

27 Illustrierter Beobachter, Nr. 23, 6. 5. 1931, S. 495.

28 Illustrierter Beobachter, Nr. 22, 30. 5. 1931, S. 460.

29 Illustrierter Beobachter, Nr. 30, 26. 7. 1930, S. 490 f.

30 Illustrierter Beobachter, Nr. 24, 13. 6. 1931, S. 508 f.; Illustrierter Beobachter Nr. 30, 23. 7. 1932, S. 694 f.

31 Vgl. Paul1990, S. 133.

32 Diese Überlegungen folgen der Untersuchung von Hans-Gerd Jaschke/Martin Loiperdinger: NSDAP und Gewalt vor 1933. Ästhetische Okkupation und physischer Terror, in: Friedensanalysen 17, Faszination der Gewalt. Politische Strategie und Alltagserfahrung. (Redaktion Reiner Steinweg), Frankfurt/Main 1983, S. 123 - 155.

33 Jaschke/Loiperdinger, 1983, S. 146.

34 Zur Ausblendung nationalsozialistischer Gewalt im NS-Film vgl. Martin Loiperdinger: "Hans Westmar": Faschistische und kommunistische Öffentlichkeit kämpfen um den Besitz der Straße, in: Märtyrerlegenden im NS-Film, hrsg. von Martin Loiperdinger, Opladen 1991, S. 55 - 76.

35 Vgl. Longerich, 1989, S. 116 ff.; Thomas Balistier: Gewalt und Ordnung. Kalkül und Faszination der SA, Münster 1989, S. 160 ff.

36 Jaschke/Loiperdinger, 1983, S. 136.

37 Illustrierter Beobachter, Nr. 27, 4. 7. 1931, S. 586.

38 Zit. nach Deuerlein, 1980, S. 301.

39 Illustrierter Beobachter, Nr. 12, 23. 3. 1929, Titelseite und S. 138 f. Vgl. auch Illustrierter Beobachter, Nr. 33, 17. 8. 1929, Titelseite; Illustrierter Beobachter, Nr. 38, 17. 9. 1932, S. 895.

40 Vgl. Longerich, 1989, S. 7.

41 Paul, 1990, S. 136.

42 Zitiert nach Balistier, 1989, S. 33. In der Praxis wurde die SA jedoch auch zum Verteilen von Flugblättern und Werbezeitungen herangezogen. Zum Aufmarsch der SA vgl. auch Manfred Killinger: "Jeder, der sich einmal mit Propaganda beschäftigt hat, weiß, daß gerade beim deutschen Volke nichts kräftiger wirkt und Eindruck macht als marschierende Kolonnen. Männer, wohlgeordnet, in straffer Haltung, einheitlich gekleidet, im gleichen Schritt, diszipliniert, nicht rechts und links schauend, nicht schwatzend, rassige, energische Gesichter. Der Anblick solcher Kolonnen läßt das Herz jedes deutschen Mannes, jeder deutschen Frau, jedes Buben und Mädchen höher schlagen. In ihnen beginnt das soldatische Blut der Germanenrasse zu sprechen." Zit. nach Longerich, 1989, S. 117.

43 Vgl. Balistier, 1989, S. 63 ff.

44 Vgl. Paul, 1990, S. 199 ff.

45 Vgl. Hamilton T. Burden: The Nuremberg Party Rallies 1923 - 1939, London 1967 (in deutscher Übersetzung: Die programmierte Nation. Die Nürnberger Reichsparteitage, Gütersloh 1970) und die ausführlichen Darstellungen der NS-Parteitage in der Weimarer Republik bei Tyrell, 1977; Albrecht Tyrell: IV. Reichsparteitag der NSDAP, Nürnberg 1929 (=Publikation zur Filmedition G 140 des Instituts für den wissenschaftlichen Film), Göttingen 1978.

46 Joseph Goebbels: Kampf um Berlin, München 1934, S. 225.

47 Vgl. Tyrell, 1977, S. 14 ff.; George L. Mosse: Die Nationalisierung der Massen. Politische Symbolik und Massenbewegungen in Deutschland von den Napoleonischen Kriegen bis zum Dritten Reich, Frankfurt/Main, Berlin, Wien 1976; Klaus Vondung: Magie und Manipulation. Ideologischer Kult und politische Religion des Nationalsozialismus, Göttingen 1971.

48 Vgl. Uwe Lohalm: Völkischer Radikalismus. Die Geschichte des Deutschvölkischen Schutz- und Trutzbundes 1923 und 1924, Hamburg 1970, S. 14.

49 Tyrell, 1977, S. 16.

50 Zum Braunhemd der SA vgl. Paul, 1990, S. 174 ff.

51 Zit. nach Deuerlein, 1980, S. 262.

52 Vgl. Tyrell, 1977, S. 17.

53 Vgl. Tyrell, 1977, S. 29.

54 Zit. nach Tyrell, 1977, S. 29 f.

55 Tyrell, 1978, S. 9.

56 Vgl. Paul, 1990, S. 191.

57 Zit. nach Tyrell, 1978, S. 17.

58 Völkischer Beobachter, Nr. 171, 26. 7. 1929, S. 4: Am 18. 6. 1929 hieß es im Völkischen Beobachter (Nr. 138): "Die Ausstellung von Ausweisen für Photo-Berichterstatter erfolgt im Auftrage der Parteileitung durch die Schriftleitung des 'Illustrierten Beobachters'. Bei dieser Gelegenheit wird darauf hingewiesen, daß der 'Illustr. Beobachter' sowohl, als auch die Parteileitung ihre offiziellen Bilder durch eigene Spezialphotographen herstellen läßt und infolgedessen keine Aussicht für andere photographischen Berichterstatter besteht, Bilder für den 'Illustrierten Beobachter' zu liefern. München, den 14. Juni 1929 gez. Bouhler. Von allen Parteiblättern nachzudrucken."

59 Parteitagsausgaben: Illustrierter Beobachter, Nr. 16, 30. 8. 1927; Illustrierter Beobachter, Nr. 32, 10. 8. 1929. Weitere Rückblicke in: Illustrierter Beobachter, Nr. 17. 15. 9. 1927, S. 293 ff.; Illustrierter Beobachter, Nr. 33, 17. 8. 1929, S. 398 f. und S. 406 f.

60 Illustrierter Beobachter, Nr. 16, 30. 8. 1927, S. 219.

61 Vgl. Balle, 1963, S. 298 ff.

62 Tyrell, 1977, S. 60.

63 Vgl. Tyrell, 1977, S. 55 ff.

64 Vgl. Tyrell, 1977, S. 53 ff.; Tyrell, 1978, S. 51 ff.

65 Wie unpublizierte Aufnahmen in Hoffmanns Archiv belegen, verschwand mißliebiges Bildmaterial in der Versenkung, darunter Aufnahmen mit Frauen, die beim Vorbeimarsch neben Hitlers Wagen standen, und nun gar nicht mit dem Ideal der männerbeherrschten Partei zu vereinbaren waren.

66 Tyrell, 1978, S. 22. Zur Blutfahne vgl. Paul, 1990, S. 171 f.

67 Illustrierter Beobachter, Nr. 12, 19. 3. 1932.

68 Illustrierter Beobachter, Nr. 32, 10. 8. 1929, S. 396.

69 Vgl. Jaschke/Loiperdinger, 1983, S. 133 ff.

70 Illustrierter Beobachter, Nr. 44, 31. 10. 1931.

71 Vgl. Jaschke/Loiperdinger, 1983, S. 140 ff.

72 Illustrierter Beobachter, Nr. 44, 31. 10. 1931, S. 995. Anläßlich der Standartenübergabe sagte Hitler: "Ich glaube, es werden dies die letzten Feldzeichen sein, die Sie vor dem Siege der Bewegung in die Obhut nehmen. (...) Ich weiß aber auch, daß in diesen Wochen und Monaten das Schwerste von euch verlangt und gefordert werden muß. Behaltet die Nerven, haltet treu zusammen und werdet nicht wankend einen Meter vor dem Siege. (...) Wenn wir in letzter Minute nicht selbst schwach werden und uns selbst besiegen, wird keine Macht in Deutschland und auf der Erde uns niederzwingen! (...) Kameraden, in der Stunde, da ganz Deutschland auf euch blickt, kann ich nicht anders, als euch erneut das Gelöbnis abnehmen, daß ihr dem deutschen Volk seine Ehre und Freiheit wiedergeben werdet! Es liegt an euch und an uns, daß die Zeit der Not sich endlich wendet und übergeht in die Zeit eines neuen Aufstiegs (...)." (Völkischer Beobachter, Nr. 293, 20. 10. 1931, S. 1). Schon auf dem Titelblatt der vorausgehenden Nummer des Illustrierten Beobachters hatte es unter einer Aufnahme des forsch voranschreitenden Parteiführers geheißen: "Wir übernehmen die Macht." (Illustrierter Beobachter, Nr. 43, 24. 10. 1931).

73 Illustrierter Beobachter, Nr. 44, 31. 10. 1931, S. 983.

74 Illustrierter Beobachter, Nr. 44, 31. 10. 1931, S. 983.

75 Vgl. Illustrierter Beobachter, Nr. 44, 31. 10. 1931, S. 985.

76 Vgl. Paul, 1990, S. 172.

77 Illustrierter Beobachter, Nr. 44, 31. 10. 1931, S. 978, S. 984.

78 Illustrierter Beobachter, Nr. 44, 31. 10. 1931, S. 981; Illustrierter Beobachter, Nr. 46, 14. 11. 1932, Titelseite und S. 1052. Einheitlich uniformiert war die SA auch im Oktober 1931 noch nicht, was die schlechte finanzielle Lage der SA widerspiegelt. Für die Anschaffung des SA-Hemdes hatte jeder SA-Mann selbst zu sorgen. Vgl. Longerich, 1989, S. 134.

79 Balistier, 1989, S. 96.

80 Illustrierter Beobachter, Nr. 44, 31. 10. 1931, S. 989, S. 993.

81 Kershaw, 1980, S. 41.

82 Kershaw, 1980, S. 41.

83 Zitiert nach Maser, 1980, S. 355.

84 Illustrierter Beobachter, Nr. 17, 23. 4. 1932, S. 364.

85 Illustrierter Beobachter, Nr. 33, 13. 8. 1932, S. 764 f.

86 Über den Start am "zweiten Tag von Hitlers Deutschlandflug" in Plauen war am 6. 4. im Völkischen Beobachter (Nr. 97, 6. 4. 1932, S. 1) zu lesen: "Schlag 9 Uhr trifft der Führer ein, frisch und in bester Stimmung. Die Anstrengungen des gestrigen Tages und die Besprechungen beim sächsischen Gauleiter, die bis in die Nacht sich ausdehnten, haben nicht die geringste Spur der Ermüdung hinterlassen. Der Bildberichterstatter der NSDAP mit seinem Gehilfen flitzt herum. Im Laufschritt kommt noch der Bordfunker, Heilrufe, Motorengeratter, viele Hundert erhobene Arme, leuchtende Augen, Tücherschwenken, die Maschine rollt, hebt sich vom Boden weg, und nun fliegt sie in der Luft, zieht majestätisch eine letzte Kurve über die Türme und Häuser der nationalsozialistischen Hochburg. Ein Stück fliegen, gleich schillernden Libellen, die beiden kleinen Flugzeuge mit. Heil Hitler leuchten die Tragflächen, Heil Hitler grüßen die Arme der beiden Flieger. Zwischen Himmel und Erde. - Unter uns das Land, dessen Blut der Führer gestern in Wallung gebracht, dessen Söhne gestern dem Führer zujubelten, im Glauben an ihn und an Deutschlands Aufstieg."

87 Völkischer Beobachter, Nr. 66/67, 6./7. 3. 1932, S. 1; Völkischer Beobachter, Nr. 72, 12. 3. 1932, S. 1; Völkischer Beobachter, Nr. 106, 15. 4. 1932; Völkischer Beobachter, Nr. 101./102, 10./11. 4. 1932; Völkischer Beobachter, Nr. 103, 12. 4. 1932.

88 Illustrierter Beobachter, Nr. 12, 21. 3. 1931, S. 284 f.

89 Illustrierter Beobachter, Nr. 25, 18. 6. 1932, S. 562 f.

90 Illustrierter Beobachter, Nr. 27, 2. 7. 1932, S. 625.

91 Illustrierter Beobachter, Nr. 32, 6. 8. 1932, S. 740.

92 Illustrierter Beobachter, Nr. 45, 5. 11. 1932, S. 1062 f.; Illustrierter Beobachter, Nr. 44, 29. 10. 1932, S. 1038 f. ("Der deutsche Arbeiter und Beamte steht zu Adolf Hitler").

93 Völkischer Beobachter, Nr. 101/102, 10./11. 4. 1932; Völkischer Beobachter, Nr. 101/102, 10./11. 4. 1932; Völkischer Beobachter, Nr. 115/116, 24./.25. 4. 1932; Völkischer Beobachter, Nr. 206/207, 24./25. 6. 1932; Völkischer Beobachter, Nr. 209, 27. 7. 1932; Völkischer Beobachter, Nr. 209, 27. 7. 1932; Völkischer Beobachter, Nr. 212, 30. 7. 1932.

94 Vgl. Illustrierter Beobachter, Nr. 17, 15. 9. 1927, S. 241.

95 Schreiben der Reichspressestelle vom 23. 3. 1932 an alle Redaktionen zur Weitergabe an die Verlage und Gaupressewarte (Typoskript im Bundesarchiv Koblenz, NS 26, Nr. 289).

96 Völkischer Beobachter, Nr. 79/80/81, 19./20./21. 3. 1932, S. 4.

97 Vorwärts, 19. 3. 1932. Der "Zeitgeschichte"-Verlag versuchte mit dieser Kritik Eigenwerbung zu betreiben und antwortete mit einer Annonce, in der es hieß: "Wenn das Zentralorgan der SPD zweimal ausführlich über ein nationalsozialistisches Buch berichtet, dann muß es gut sein. Denn nur die Angst, daß die Lügen der marxistischen Presse durch diese objektiven Bilddokumente widerlegt werden, hat jene Aufsätze diktiert." (Völkischer Beobachter, Nr. 94/95, 3./4. 4. 1932).

98 Kurt Reinhold: Der Unwiderstehliche, in: Das Tage-Buch, Jg. 1932, Teil 1, S. 838 f. (28. 5. 1932).

99 Hitler über Deutschland. Herausgegeben von Heinrich Hoffmann. Text von Josef Berchtold, München 1932.

100 Hitler über Deutschland, 1932, S. 4.

101 Das braune Heer, 1932.

102 Das braune Heer, 1932, S. XIII f.

103 Reinhold, 1932, S. 838 f.

Hitlers Idolisierung in der Fotopublizistik des Dritten Reiches

Vom Parteiführer zum "Volkskanzler"

1 Stefan Lorant: Ich war Hitlers Gefangener. Ein Tagebuch 1933, München 1985, S. 17.

2 Münchner Illustrierte Presse, Nr. 11, 19. 3. 1933. Die Berliner Illustrirte Zeitung wartete einen Monat länger und brachte erst am 23. 4. 1933 "zum Geburtstag des Reichskanzlers" ein Titelfoto.

3 Walter Uka: Bildjournalismus zwischen Widerborstigkeit und Anpassung. Am Beispiel der 'Berliner Illustrierten Zeitung' und des 'Welt-Spiegels'in den Jahren 1932 und 1933, in: Die Gleichschaltung der Bilder, 1983, S. 102 - 120, hier S. 110. Vgl. auch Norbert Frei: Nationalsozialistische Presse und Propaganda, in: Martin Broszat/Horst Möller (Hrsg.): Das Dritte Reich. Herrschaftsstruktur und Geschichte, München 1986, S. 152-175.

4 Vgl. Kerbs, 1983, S. 68.

5 Vgl. Frei, 1987, S. 39 ff. Karl Dietrich Bracher/Wolfgang Sauer/Gerhard Schulz: Die nationalsozialistische Machtergreifung. Studien zur Errichtung des totalitären Herrschaftssystems in Deutschland 1933/34, Köln Opladen 1960; Wolfgang Michalka (Hrsg.): Die nationalsozialistische Machtergreifung, Paderborn, München 1984.

6 Berliner Illustrirte Zeitung, Nr. 6, 12. 2. 1933; Münchner Illustrierte Presse, Nr. 6, 12. 2. 1933, S. 151 - 153.

7 Illustrierter Beobachter, Nr. 6, 11. 2. 1933, Titelseite und S. 123. Auf welchen Fotografen die Aufnahmen zurückgehen, ist nicht geklärt.

8 Illustrierter Beobachter, Nr. 6, 11. 2. 1933, o. S.

9 Vgl. den Bildbericht in: Deutschland erwacht, 1933, S. 79 ff. Bezeichnenderweise wurden die in der aktuellen Berichterstattung präsentierten Gruppenaufnahmen des neuen Kabinetts in den nationalsozialistischen Rückblicken auf die "Machtergreifung" nicht mehr reproduziert.

10 Vgl. Christian Zentner: Illustrierte Geschichte des Dritten Reiches, München 1965, S. 71; Frederic V. Grunfeld: Die deutsche Tragödie. Adolf Hitler und das Deutsche Reich 1918-1945 in Bildern. Mit einem Nachwort von Hugh Trevor-Roper, Herrsching o. J., S. 155.

11 Illustrierter Beobachter, Nr. 9, 4. 3. 1933, o. S.

12 Vgl. Hans Mommsen: Zur Verschränkung traditioneller und faschistischer Führungsgruppen in Deutschland beim Übergang von der Bewegungs- zur Systemphase, in: Wolfgang Schieder (Hrsg.): Faschismus als soziale Bewegung. Deutschland und Italien im Vergleich. Hamburg 1976, S. 157 - 181.

13 Illustrierter Beobachter, Nr. 12, 25. 3. 1933, o.S.; Berliner Illustrirte Zeitung, Nr. 12, 26. 3. 1933, S. 407.

14 Vgl. den Bericht über die Ehrung Hindenburgs in Tannenberg in: Illustrierter Beobachter, Nr. 36, 9. 9. 1933, Titelseite und S. 1145; Münchner Illustrierte Presse, Nr. 36, 10. 9. 1933, S. 1106 f.

15 Illustrierter Beobachter, Nr. 13, 31. 3. 1933, o. S.; Münchner Illustrierte Presse, Nr. 13, 2. 4. 1933, S. 347 ff.

16 Fest, 1992, S. 557.

17 Freundliche Mitteilung Diethart Kerbs, 29. 11. 1993.

18 Zit. nach Fest, 1992, S. 556 f.

19 Fest, 1992, S. 557.

20 Wille und Weg, 1933, S. 148.

21 Frei, 1987, S. 53.

22 "Der 21. März 1933. Die Staatsfeierlichkeiten bei der Reichstagseröffnung", Sonderheft der Berliner Illustrirten Zeitung (undatiert). Verwendung fanden hier die Aufnahmen zahlreicher Fotografen, darunter auch des alsbald emigrierten Pressefotografen Martin Munkacsi.

23 Illustrierter Beobachter, Nr. 8, 25. 2. 1933, o. S.

24 Broszat, 1986, S. 350.

25 Hans-Ulrich Thamer: Verführung und Gewalt. Deutschland 1933 bis 1945, Berlin 1986, S. 342. Vgl. auch Otto Dietrich (Zwölf Jahre mit Hitler, München 1955, S. 29): "Sitzungen, Beratungen oder Konferenzen der führenden Männer aus Staat und Partei, in denen etwa unter Hitlers Vorsitz Beschlüsse gefaßt wurden, gab es nicht (...). Beschlüsse wurden von Hitler nur allein gefaßt und Staat und Partei als vollendete Tatsachen lediglich mitgeteilt!"

26 Frei, 1987, S. 74.

27 Broszat, 1979, S. 352.

28 Fest, 1992, S. 612.

29 Über Hitlers Arbeitsstil berichtete beispielsweise sein langjähriger Pressechef Otto Dietrich: "Er besaß kein Unterscheidungsvermögen zwischen dienstlichem und privatem Leben (...). Er führte seine Dienstgeschäfte inmitten seines Privatlebens und lebte ein Privatleben inmitten seiner Amtsgeschäfte und seiner Amtsführung (...). Er kannte kein regelmäßiges Arbeiten und keine Bürostunden (...). Pünktlich wurden nur diplomatische Empfänge, veranlaßt durch den Chef des Protokolls, durchgeführt. Die meisten anderen Besucher (...) mußten stundenlang in den Vorzimmern, Adjutantenräumen oder sonstigen Quartieren warten, bis sie vorgelassen oder wieder fortgeschickt und auf später vertröstet wurden. Minister und höchste Amtsträger wurden trotz aller erdenklichen Versuche oft wochen- und monatelang nicht mpfangen." (Dietrich, 1955, S. 149 f.)

30 Vgl. Berliner Illustrirte Zeitung, Nr. 14, 9. 4. 1933, S. 486; Nr. 16, 23. 4. 1933; Münchner Illustrierte Presse, Nr. 14, 9. 4. 1933, Titelseite.

31 Illustrierter Beobachter, Nr. 14, 8. 4. 1933, o. S.

32 Berliner Illustrirte Zeitung, Nr. 16, 23. 4. 1933, Titelseite.

33 "Der Tag der nationalen Arbeit. 1. Mai 1933", Sonderheft der Berliner Illustrirten Zeitung. Vgl. auch die Sondernummer des Illustrierten Beobachters (ohne Datierung) und den Bildbericht der Münchner Illustrirten Presse, Nr. 19, 14. 5. 1933.

34 Berliner Illustrirte Zeitung, Nr. 13, 31. 3. 1933. Eine ähnliche Präsentation folgte dann anläßlich der Berichterstattung über die "Friedensrede des Reichskanzlers" am 17. Mai; vgl. Berliner Illustrirte Zeitung, Nr. 21, 28. 5. 1933, S. 746/747; Münchner Illustrirte Presse, Nr. 21, 28. 5. 1933, S. 626 f.

35 Vgl. Fest, 1992, S. 557 ff.

36 Völkischer Beobachter, Nr. 83, 24. 3. 1933, S. 2.

37 Entsprechende Postkarten Hoffmanns finden sich in der Sammlung Karl Stehle, München.

38 Illustrierte Beobachter, Sonderheft: Adolf Hitler - ein Mann und sein Volk, (April 1936), S.11.

Choreograph der Unterwerfungsrituale

1 Vgl. Karlheinz Schmeer: Die Regie des öffentlichen Lebens im Dritten Reich, München 1956, S. 24, S. 66, S. 143 ff.

2 Abgesehen von allgemeinen Überlegungen und Beobachtungen bei Schmeer und Vondung fehlt bislang eine deskriptive und analytische Erfassung der rituellen Praktiken des Nationalsozialismus. Vgl. Martin Loiperdinger: Gelöbnisrituale im Parteitagsfilm 'Triumph des Willens', in: Dirk Berg-Schlosser/Jakob Schissler (Hrsg.): Politische Kultur in Deutschland – Facetten einer dramatischen Entwicklung. Politische Vierteljahresschrift, Sonderheft 18, Opladen 1987, S. 138-143, hier S. 149.

3 Martin Loiperdinger: 'Triumph des Willens': Führerkult und geistige Mobimachung, in: Faszination und Gewalt. Zur politischen Ästhetik des Nationalsozialismus. Hrsg. von Bernd Ogan und Wolfgang W. Weiß, Nürnberg 1992, S. 159-162, hier S. 159.

4 Loiperdinger, 1987, S. 146.

5 Mosse, 1976, S. 20.

6 Zur Interpretation der religiösen Kompomemten des Nationalsozialismus vgl. Hans-Joachim Gamm: Der braune Kult. Das Dritte Reich und seine Ersatzreligion. Ein Beitrag zur politischen Bildung, Hamburg 1962; Erich Voegelin: Die politischen Religionen, Wien 1938; Vondung, 1971.

7 Vgl. Schmeer, 1956, S. 69 f.

8 Zit, nach Schmeer, 1956, S. 70.

9 Lutz Winckler: Hitlers Rede zum 1. Mai 1933. Ein kritischer Kommentar, in: Macht der Verführung. Sprache und Ideologie des Nationalsozialismus (Tagung der Katholischen Akademie Stuttgart in Stuttgart-Hohenheim), Stuttgart 1983, S. 55-83, hier S. 63.

10 Mit Ausnahme der Parteigründungsfeier der NSDAP im Februar, die allein im Illustrierten Beobachter größere Beachtung fand.

11 Berliner Illustrirte Zeitung, Nr. 17. 28. 4. 1938, S. 611.

12 Münchner Illustrierte Presse, Nr. 19, 10. 5. 1934, S. 578.

13 Berliner Illustrirte Zeitung, Nr. 18, 5. 5. 1938, S. 659.

14 Berliner Illustrirte Zeitung, Nr. 12, 26. 3. 1936, S. 425.

15 Vgl. Kershaw, 1979, S. 273.

16 Kershaw, 1992, S. 141.

17 Kershaw, 1992, S. 119.

18 Vgl. Schmeer, 1956, S. 68 ff.; Vondung, 1971, S. 74 ff.

19 Vgl. Manfred Behrens: Ideologische Anordnung und Präsentation der Volksgemeinschaft am 1. Mai 1933, in: Faschismus und Ideologie 1 (Argument-Sonderband AS 60), Berlin 1980, S. 81-100; Wieland Elfferding: Von der proletarischen Masse zum Kriegsvolk. Massenaufmarsch und Öffentlichkeit im deutschen Faschismus am Beispiel des 1. Mai 1933, in: Inszenierung der Macht, S. 17 - 51.

20 Vgl. Schmeer, 1956, S. 84 f. "Das Vermächtnis der zwei Millionen Toten sollte nicht mehr Trauer und Schmerz ob ihres Sterbens, nicht mehr Resignation oder Scham ob der Niederlage sein, Gefühle, wie sie den nationalen Deutschen am Volkstrauertag bewegt hatten, das Vermächtnis der Toten sollte die Verpflichtung sein, einen vergeblich gebliebenen Kampf um Deutschlands Größe zu vollenden." (Schmeer, 1956, S. 85).

21 Vgl. Schmeer, 1956, S. 65.

22 Schmeer, 1956, S. 104.

23 Illustrierter Beobachter, Nr. 44, 4. 11. 1933, S. 1442-1445, hier S. 1443.

24 Josef Henke: Die Reichsparteitage der NSDAP in Nürnberg 1933-1938. Planung, Organisation, Propaganda, in: Aus der Arbeit des Bundesarchivs. Beiträge zum Archivwesen, zur Quellenkunde und Zeitgeschichte. Herausgegeben von Heinz Boberach und Hans Boom, Boppard 1977, S. 398-422, hier S. 421. Zu den Reichsparteitagen vgl. Burden, 1967; Kulissen der Gewalt. Das Reichsparteitagsgelände in Nürnberg, hrsg. vom Centrum Industriekultur Nürnberg, München 1992.

25 Henke, 1977, S. 399.

26 Zit. nach Henke, 1977, S. 402.

27 Vgl. Silke Wenk: Gebauter Nationalsozialismus, in: Faschismus und Ideologie 2 (Argument-Sonderband AS 62), Berlin 1980, S. 255-279; Siegfried Zelnhefer: Bauen als Vorgriff auf den Sieg. Zur Geschichte des Reichsparteitagsgeländes, in: Kulissen der Gewalt, 1992, S. 31-48; Zelnhefer bemerkt zur Bau- und Planungsgeschichte: "Das nationalsozialistische Regime taumelte in das Unternehmen Reichsparteitagsgelände von der ersten Stunde an ohne klare Linie, ohne realistisches Konzept." (Zelnhefer, 1992 S. 45). Er sieht in Hitlers Eigenanteil an den Planungen "dilettantische Versuche". (Zelnhefer, 1992, S. 45).

28 "Alle anderen Bauten werden erst nach und nach an das Vorhandene gefügt. Nicht zuletzt deshalb, weil 1933 weder die innere Form der Reichsparteitage bis in die letzten Details feststand noch die damit korrelierende äußere Gestalt der Feierorte. In einem Prozeß entwickelten die Spitzen der NSDAP sowohl neue Inszenierungen für zusätzliche Akteure als auch die angemessene Architektur dafür." (Zelnhefer, 1992, S. 37 f.).

29 Zelnhefer, 1992, S. 46.

30 Martin Loiperdinger: "Sieg des Glaubens", 1986, (unveröffentlichtes Manuskript).

31 Daß Riefenstahl später mit ihrem Erstlingswerk nicht zufrieden war und ihre Urheberschaft bestritt, obgleich sie schon damals dafür Anerkennung erntete, verweist darauf, daß den Ästhetisierungsbemühungen oft noch das notwendige Ausgangsmaterial fehlte und die Koordination von Parteitags- und Filmregie nicht befriedigend funktionierte. Aus Mangel an Zeit wurden nur behelfsmäßige Holztribünen aufgestellt. Dieses Provisorium war symptomatisch für den "Reichsparteitag des Sieges", der in seinen äußeren Erscheinungsformen wie auch im Programm noch stark an die Parteitage der "Kampfzeit" erinnerte und eine Zwischenstellung einnahm. Vgl. Henke, 1977, S. 399; Martin Loiperdinger/David Culbert: Leni Riefenstahl, the SA, and the Nazi Party Rally Films, Nuremberg 1933-1934: 'Sieg des Glaubens' and 'Triumph des Willens', in: Historical Journal of Film, Radio and Television, Bd. 8, Nr. 1, 1988, S. 3 - 38.

32 Zum "Triumph des Willens" vgl. Loiperdinger, 1987; Peter Nowotny: Riefenstahls 'Triumph des Willens'. Zur Kritik dokumentarischer Filmarbeit im NS-Faschismus (=Arbeitshefte zur Medientheorie und Medienpraxis 3), Dortmund 1981.

33 Vgl. Henke, 1977, S. 418. Zur Wochenschau vgl. Hans Barkhausen: Die Entwicklung der Wochenschau in Deutschland: Ufa-Wochenschauberichte vom VI. Reichsparteitag der NSDAP in Nürnberg, 5. - 10. September 1934 (=Publikation zur Filmedition G 143 des Instituts für den Wissenschaftlichen Film), Göttingen 1978.

34 Die offiziellen Namen waren: "Parteitag des Sieges" (1933), "Parteitag der Einheit und Stärke" (1934), "Parteitag der Freiheit" (1935), "Parteitag der Ehre" (1936), "Parteitag der Arbeit" (1937), "Parteitag Großdeutschlands" (1938).

35 National Archives, Washington, Still Picture Branch, Hoffmann-Collection.

36 Genannt werden 1938 im Impressum Friedrich Franz Bauer, Max Ehlert, Paul Mai und die Agenturen Presse-Bild-Zentrale, Scherl und Weltbild.

37 Dazu gehörte auch ein ausklappbares Leporello mit einer Panorama-Darstellung der Standartenweihe in der Luitpoldarena.

38 Parteitag der Macht, 1934, o. S.

39 Parteitag der Macht, 1934, Klappentext.

40 Vgl. Hinz, 1974, S. 131 f.

41 Fotografisch nicht dokumentiert sind im "Parteitag der Macht": die Presseempfänge Hanfstaengls und Dietrichs, das nächtliche Standkonzert der Reichswehr vor Hitlers Hotel, die nächtliche SA-Veranstaltung, das KdF-Volksfest, sämtliche Sondertagungen und der Schlußkongreß. Zum Programm vgl. Nürnberg 1934. Ein Bildbericht vom Parteitag 1934. Herausgegeben und eingeleitet von Oberpräsident Erich Koch. Mit der Eröffnungsrede des Stellvertreters des Führers Rudolf Heß sowie der Proklamation und der Abschlußrede des Führers, Berlin, 1934, S. 105-108.

42 Lapidar und anerkennend kommentierend hieß es unter geometrisierenden Aufnahmen marschierender SA-Kolonnen: "Disziplin", bzw. auf einer Doppelseite unter der Aufnahme vom SA-Vorbeimarsch bzw. der Aufnahme von Kriegsverletzten: "Die neuen - und die alten Kämpfer. Schwerbeschädigt, aber begeisterte Nationalsozialisten!"

43 Gegenüber der Parteitagschronologie wurde nur der Block der Kundgebung der Hitler-Jugend vertauscht und nach dem Appell von SA und SS in der Luitpoldarena plaziert. Ohne soweit zu gehen wie Riefenstahl, die den Begriff "Soldat" über den militärischen Bereich hinausgehend verstand und alle in Nürnberg angetretenen Verbände darunter subsummierte, faßte erst der Band von 1935 den Aufmarsch von SA und SS vor Hitler mit dem Aufmarsch des Reichsarbeitsdienstes, die an verschiedenen Tagen stattfanden, zu einer einheitlichen Bildstrecke marschierender Kolonnen zusammen und demonstrierte, daß nicht mehr die Zugehörigkeit zu verschiedenen Verbänden im Vordergrund stand, sondern es nur mehr um "Soldaten" ging. Vgl. Loiperdinger, 1987, S.65.

44 1934 war Hitler auf auf 33 von 75 Abbildungen zu sehen.

45 Thomas Laugstien kam bei seinen Überlegungen über die Darstellung der Wechselbeziehungen zwischen den Blicken des "Führer" und des Volkes in "Triumph des Willens" zu dem Schluß, daß die bildlichen Einzelelemente semantisch durchaus äquivalent bleiben: "Aber ihnen wird eine 'mythische' Bedeutung aufgepflanzt, die sie gleichzeitig etwas anderes bedeuten läßt: das vom Führer erblickte und zurückblickende Volk. Das Faschistische an dieser Anordnung ist, daß das Volk vom Standpunkt der Klassenherrschaft angerufen wird, daß es der Blick des Führers aber ist, mit dem sich die vielen als 'ein Volk' sehen. Die Volksherrschaft bleibt dadurch imaginär, während die Klassenherrschaft real weiterexistiert. Sie wird gerade durch die imaginäre Herrschaft des Volkes stabilisiert." (Thomas Laugstien: Die Organisation des Ideologischen im Reichsparteitagsfilm, in : Projekt Ideologie-Theorie. Faschismus und Ideologie 2 (Argument-Sonderband 60), Berlin 1980, S. 307-336, hier S. 332).

46 Im Unterschied zum Realgeschehen und Riefenstahls Film wurde in Hoffmanns Fotoband der Appell des Arbeitsdienstes nicht direkt mit einer verpflichtenden Totenehrung in Verbindung gebracht, obwohl der militärische Exerzierdienst und das Chorspiel der "Soldaten der Arbeit und des Friedens" deutlich machten, daß sich das Selbstverständnis auch dieser Organisation aus einer Traditionslinie deutschen Soldatentums herleitete.

47 Parteitag der Macht, 1934, Vorwort.

48 Schmeer, 1956, S. 113.

49 Vgl. Zelnhefer, 1992, S. 92.

50 Vgl. Kershaw, 1980, S. 64 ff.

51 Dazu wurde eine monumentalisierende Aufnahme Hitlers vom Vorbeimarsch am Hauptmarkt mit einer Ansicht des Reichsadlers kombiniert. Dies war der linke der beiden bronzenen Reichsadler in vierfacher menschlicher Größe, die der Münchner Bildhauer Kurt Schmidt-Ehmen für die beiden Flügeltürme der Haupttribüne des Luitpoldhains geschaffen hatte. Vgl. Zelnhefer, 1992, S. 38.

52 Loiperdinger, 1987, 141 f.

53 Vgl. Mathilde Jamin: Zur Rolle der SA im nationalsozialistischen Herrschaftssystem, in: Gerhard Hirschfeld/Lothar Kettenacker: Der "Führerstaat": Mythos und Realität. Studien zur Struktur und Politik des Dritten Reiches, Stuttgart 1981, S. 331.

54 Parteitag der Macht, 1934, Vorwort.

55 Verwundern mag hier, daß offenbar bedenkenlos das gleiche Bildmotiv zweimal mit ganz unterschiedlichen Aussagen in Hoffmanns Fotoband zur Verwendung kam und man sich auf Produzentenseite an der offenkundig aufgehobenen Authentizität der Aufnahme mit dem Reichsadler nicht störte.

56 Vgl. Wenk, 1980, S. 271. Bemerkenswert ist im Zusammenhang mit Hoffmanns Hitler-Stilisierung vor der Frauenkirche, daß bei dem Vorbeimarsch in direkter Nähe Hitlers der katholische Abt Schachtleiter und der evangelische Reichsbischof Müller als Ehrengäste zugegen waren, deren positive Einstellung zu Hitler und dem Nationalsozialismus bekannt waren. Für abbildungswürdig hielten sie weder Riefenstahl noch Hoffmann. Vgl. Barkhausen, 1978, S. 9 f.

57 Münchner Illustrierte Presse, Nr. 37, 13. 9. 1934; Münchner Illustrierte Presse, Nr. 38, 20. 9. 1934.

58 Nürnberg 1934, 1934.

59 Vgl. Kershaw, 1980, S. 72 ff.

60 Loiperdinger, 1987, S. 109.

61 Parteitag der Macht, 1934, Vorwort.

62 Vgl. die Doppelseite "Kleine Schnappschüsse aus den großen Tagen" in: Illustrierter Beobachter, Sondernummer Reichsparteitag 1934, o. S.; Alltagsperspektiven boten aber auch die offiziellen und offiziösen Buchpublikationen, die die auf den Reichsparteitagen gehaltenen Reden enthielten und fotografisch reichlich illustriert waren. Vgl. Reichstagung in Nürnberg 1934. Herausgegeben im Auftrage des Frankenführers Streicher, Berlin 1934; Nürnberg 1934, 1934.

63 Vgl. Reichsparteitag 1933, Sondernummer des Illustrierten Beobachters 1933, S. 2-7. Vgl. Loiperdinger, 1987, S. 115 ff. Laugstien, 1980, S. 319 ff. Der Auftakt jedes Parteitages nach 1933 stand ganz im Zeichen von Alt-Nürnberg, wenn Hitler in der Stadt Einzug nahm und er vom Bürgermeister ein symbolisches Geschenk überreicht bekam, das jeweils die "große Vergangenheit" vergegenwärtigen sollte. Hitlers endgültige Entscheidung für Nürnberg als Veranstaltungsort der Reichsparteitage war in der zeitgenössischen Publizistik überschwenglich gefeiert worden. Immer wieder hervorgehoben wurden die besonderen Qualitäten Nürnbergs als Symbol alter Reichsherrlichkeit, als die "Vergangenheit in ihrer wirkenden Sinnbildlichkeit", wie Schrade schrieb, "mit der die triumphale und machtvolle Fassade des für 1000 Jahre gegründeten 'Dritten Reiches' eine harmonische Symbiose eingehen sollte." (Henke, 1977, S. 399).

64 Thamer, 1986, S. 469. Zur internen Kritik an der umfangreichen NS-Veranstaltungspropaganda, die erschöpfend wirkt, vgl. den Monatsbericht der Landesstelle Hessen-Nassau des Reichspropagandaministeriums vom 9. 5. 1934 (Hessisches Hauptstaatsarchiv Wiesbaden, Abt. 483, Bestand 7462). Den Hinweis verdanke ich Martin Loiperdinger.

65 Peter Reichel: Der schöne Schein des Dritten Reiches. Faszination und Gewalt des Faschismus, München, Wien 1991, S. 115.

"Hitler abseits vom Alltag". Privates für die Medien

1 Die Postkarten mit Motiven des "volksverbundenen Hitlers" standen in der Tradition der populären Sammelbilder, den "Visitkartenfotografien", die von den Fürsten des 19. Jahrhunderts vielfach herangezogen wurden, um ihre eigene Volkstümlichkeit unter Beweis zu stellen und um Sympathie für ihre Person zu werben. Auf diesen Aufnahmen gaben sie sich nicht als abgehobene Herrscher, sondern als "Vertreter ihres Volkes" und folgten den "Wunschbildern bürgerlichen Lebens", in denen "die Gegensätze der gesellschaftlichen Klassen überbrückt" schienen. Ursula Peters (1983, S. 35) hat diesen fotografischen Bildgebrauch unter dem Stichwort "Bürgernähe als Herrschaftsstrategie" zusammengefasst und zitiert Herbert Marcuse: "Die Herrn der Welt verlieren ihre metaphysischen Züge. Ihr (öffentliches) Auftreten ist kaum für ein Drama geeignet, das über die Reklame hinausgeht, während die Konsequenzen ihres Handelns den Rahmen des Dramas überschreiten." Analoges läßt sich auch für die sentimentale Postkartenpropaganda des nationalsozialistischen Führertums und ihre Visualisierungsstrategien feststellen: es ist eine Idealwelt, jenseits aller sozialen Not und Ausbeutung, eine Bildwelt, die die absolute Machtkonzentration in Hitlers Händen verklärte.

2 Deutsche Presse, Nr. 17, 1934, S. 8.

3 Hoffmann hatte Bahlsen die Karte als Werbemittel zu Geschäftszwecken angeboten. Sie wurde von der Gutachterstelle zum "Schutz nationaler Symbole" jedoch beschlagnahmt, da die Verwendung des Hitler-Motivs einen Verstoß gegen das Gesetz zum "Schutz nationaler Symbole" darstellte. Vgl. StAM, Pol.Dir. München, Nr. 6969, und Firmenarchiv Bahlsen. Gerügt wurde Hoffmann mehrfach wegen "kitschigen" Hitler-Darstellungen auf Weihnachts- und Neujahrskarten. In der Stellungnahme der Gutachterstelle zum Schutze der nationalen Symbole für München-Oberbayern vom 20. 3. 1935 hieß es: "Bei der besonderen Stellung, die der Firmeninhaber als anerkannter Parteifotograf einnimmt, muss verlangt werden, dass gerade seine Erzeugnisse in jeder Hinsicht vorbildlich sind."

4 Fotoalben Hitlers sind nicht bekannt, könnten aber in der bislang nicht öffentlich zugänglichen "Hitler-Bibliothek" in der Library of Congress, Washington D.C. liegen. Die Fotoalben Eva Brauns liegen in den National Archives, Still Pictures Branch, Washington D.C. Privatalben Hoffmanns sind nicht überliefert.

5 Zum Genre-Begriff vgl. Dolf Sternberger: Panorama oder Ansichten zum 19. Jahrhundert, Hamburg, 1955, S. 65 ff. Rainer Schoch (1975, S. 182) betont, daß genrehafte Darstellungen "Handlungen und Situationen nicht um ihrer selbst willen schildern, sondern auf einen allgemeinen Sachverhalt hinweisen. Dabei – das ist entscheidend – bleibt die Erweiterung des Speziellen ins Allgemeine weitgehend dem Betrachter überlassen. Dessen Phantasie wird lediglich angeregt und in eine gewünschte Richtung gelenkt. Die Überladung unscheinbarer, oft belangloser Situationen mit quasi allegorischem Anspruch und das Bestreben, abstrakte Kategorien in der Szenerie des angehaltenen Augenblicks aufzusuchen, hat Sternberger 'Genre' genannt."

6 Diese beliebten "Herrscherbilder von unten" waren Transformationen der ursprünglich in den moralisierenden Tugendhistorien der Monarchen angelegten Vorstellungen in die Gegenwart des Führerstaates und dienten der Verherrlichung bürgerlicher Wertbegriffe. Vgl. Schoch, 1975, S. 45 ff.

7 Reichel, 1991, S. 155.

8 Bramsted, 1971, S. 286.

9 Hitler in seinen Bergen. 86 Bilddokumente aus der Umgebung des Führers. Aufgenommen, zusammengestellt und herausgegeben von Heinrich Hoffmann, Reichsbildberichterstatter der NSDAP. Geleitwort: Baldur von Schirach, Jugendführer des Deutschen Reiches, Berlin 1935, o. S.

10 Illustrierter Beobachter, Nr. 14, 18. 4. 1933, S. 338 - 340, hier S. 338.

11 Loiperdinger, 1987, S. 118.

12 Zit. nach Fest, 1992, S. 715.

13 Münchner Illustrierte Presse, Nr. 13, 26. 3. 1936, S. 612.

14 Vgl. Peter Hoffmann: Die Sicherheit des Diktators. Hitlers Leibwachen, Schutzmaßnahmen, Residenzen, Hauptquartiere, München, Zürich 1975, S. 92 ff.

15 Der Angriff, Nr. 64, 4. 4. 1932, S. 1.

16 Hitler wie ihn keiner kennt, 1932, o. S.

17 Hitler wie ihn keiner kennt, 1932, S. X.

18 Hitler wie ihn keiner kennt, 1932, S. XIV.

19 Hitler wie ihn keiner kennt,1932, S. XI.

20 Hitler wie ihn keiner kennt, 1932, S. IX.

21 Erstmals publiziert im Illustrierten Beobachter, Nr. 10/11, 12. 3. 1932, S. 219. Eine ähnliche Aufnahme der Menschenmenge vor der Feldherrnhalle im Illustrierten Beobachter, Nr. 31, 2. 8. 1930, S. 502 f.

22 Hitler wie ihn keiner kennt, 1932, S. 46, S. 69, S. 45, S. 57.

23 Hitler wie ihn keiner kennt, 1932, S. 67.

24 Hitler wie ihn keiner kennt, 1932, S. 94, S. 37, S. XI.

25 Mussolini. Eine Biographie in 110 Bildern von Hans Diebow und Kurt Goeltzer, Berlin 1931; Reichspräsident Hindenburg. Herausgegeben von der Hindenburgspende, Berlin 1932 (2. Aufl.); Gert von Hindenburg: Paul von Hindenburg. Vom Kadetten zum Reichspräsidenten, Leipzig o. J. (1932).

26 Um das Bild einer von aufreibenden Arbeitstätigkeiten und monotoner Industriearbeit unberührten Welt zu sichern, wurde beispielsweise die Abbildung eines Besuches Hitlers auf einer Autobahnbaustelle in Oberbayern umgedeutet zum Besuch einer "Alpenstraße". (Hitler in seinen Bergen, 1935, o. S.).

27 Jugend um Hitler. 120 Bilddokumente aus der Umgebung des Führers. Aufgenommen, zusammengestellt und herausgegeben von Heinrich Hoffmann, Reichsbildberichterstatter der NSDAP. Geleitwort: Baldur von Schirach. Jugendführer des Deutschen Reiches, Berlin 1934, o.S. Zu Hitlers Verhältnis zu Kindern vgl. Speer, 1969, S. 107: "Ich habe mir oft die Frage vorgelegt, ob Hitler so etwas wie Liebe zu Kindern empfunden habe. Immerhin gab er sich Mühe, wenn er mit Kindern, fremden oder ihm bekannten, zusammenkam: er versuchte sogar, ohne daß es ihm je überzeugend gelang, sich auf väterlich-freundliche Weise mit ihnen zu beschäftigen. Nie fand er die richtige, vorbehaltlose Art, mit ihnen zu verkehren; nach einigen huldreichen Worten wandte er sich bald anderem zu. Er beurteilte Kinder als Nachwuchs, als Repräsentanten der nächsten Generation und konnte sich daher eher an ihrem Aussehen (blond, blauäugig), ihrem Wuchs (kräftig, gesund) oder ihrer Intelligenz (frisch, zupackend) freuen, als an dem kindlichen Wesen. Auf meine eigenen Kinder blieb seine Persönlichkeit ohne Wirkung."

28 Münchner Illustrierte Presse, Nr. 13, 26. 3. 1936, S. 612 f.

29 Berliner Illustrirte Zeitung, Nr. 12, 19. 3. 1936, S. 388 f.

30 Vgl. Schoch, 1975, S. 105 ff., S. 150 ff.; Peters, 1983, S. 35.

31 Illustrierter Beobachter, Nr. 3, 20. 1. 1934, S. 74.

32 Staatsarchiv München, Polizeidirektion München Nr. 6969.

33 Von einer Beschlagnahme wurde abgesehen, um "Aufsehen zu vermeiden." (Staatsarchiv München, Polizeidirektion München Nr. 6969).

34 Vgl. Fraser, 1985, S. 1109.

35 Vgl. entsprechende Vermerke auf den Rückseiten der Aufnahmen im Ullstein-Bildarchiv, Berlin.

36 Hitler in seinen Bergen, 1935, o. S.

37 Fest, 1992, S. 713 f.

38 Hitler in seinen Bergen, 1935, o. S.

39 Illustrierter Beobachter, Nr. 15, 15. 4. 1937, S. 531. Vgl. Speer, 1969, S. 60: "Die Wahl Hitlers, sich am Obersalzberg anzusiedeln, schien für seine Liebe zur Natur zu sprechen. Darin täuschte ich mich jedoch. Wohl bewunderte er oft eine schöne Aussicht, meist war er aber mehr von der Mächtigkeit der Abgründe als vom sympathischen Zusammenklang einer Landschaft angetan."

40 Vgl. Berliner Illustrirte Zeitung, Nr. 14, 9. 4. 1933, S. 486; Berliner Illustrirte Zeitung, Nr. 17, 30. 4. 1933, S. 602; Münchner Illustrierte Presse, Nr. 14, 9. 4. 1933, S. 402 f. Diese Berghof-Reportage war noch von dem Pressefotografen Helmuth Kurth aufgenommen worden.

41 Edgar Steiger in seinem 1898 erschienenen Buch "Von Hauptmann bis Maeterlinck", zit. nach Richard Hamann/ Jost Hermand: Stilkunst um 1900, Berlin 1967, S. 170.

42 Vgl. die Aufnahme unter dem Titel "Der Führer begrüßt seinen Nachbarn: Während seines Aufenthaltes in Haus Wachenfeld auf dem Obersalzberg bei Berchtesgaden hat Adolf Hitler oft Gelegenheit, mit seinem Nachbarn, dem 78jährigen Bauern Rasp einen herzlichen Händedruck zu wechseln." (Münchner Illustrierte Presse, Nr. 29, 18. 7. 1935, S. 962).

43 Illustrierter Beobachter, Nr. 14, 8. 4. 1933, S. 338 - 340.

44 Hoffmann, 1975, S. 194.

45 Hitler abseits vom Alltag. 100 Bilddokumente aus der Umgebung des Führers. Herausgeber: Heinrich Hoffmann, Reichsbildberichterstatter der NSDAP. Geleitwort: Obergruppenführer Wilhelm Brückner, Berlin 1937, o. S.

46 Berliner Illustrirte Zeitung, Nr. 35, 27. 8. 1936, S. 1360 f.

47 Hitler abseits vom Alltag, 1937, o. S. In zeitgenössischen Berichten wurde die "Traulichkeit" der Innenräume viel gerühmt: "Es ist die Linie des einfachen, unverkünstelten Lebens, auf der sich die Inneneinrichtung des Hauses bewegt; wobei 'unverkünstelt' keineswegs 'kunstlos' bedeutet, sondern eine Schönheit mit einfachem Herzen." Zit. nach Sonja Günther: Design der Macht. Möbel für Repräsentanten des Dritten Reiches. Mit einem Vorwort von Wolfgang Fritz Haug, Stuttgart 1992, S. 42 f. Der "Berghof" galt als vorbildliches "deutsches Heim": "Kein Schloß, wie es vielen Staatsoberhäuptern zur Verfügung steht, kein Prunkbau, sondern ein stolzer, behäbiger, oberbayerischer Hof, wie er in den Charakter der Landschaft gehört." (Berliner Illustrirte Zeitung, Nr. 35, 27. 8. 1936, S. 360 f.).

48 Hitler in seinen Bergen, 1935, o. S.

49 Münchner Illustrierte Presse, Nr. 33, 20. 8. 1933, S. 1010 f.

50 Hoffmann, 1975, S. 192.

51 Hitler abseits vom Alltag, 1937, o. S.

52 Illustrierter Beobachter, Nr. 31, 1. 8. 1935, S. 1186 f.

53 Illustrierter Beobachter, Sonderheft: Adolf Hitler. Ein Mann und sein Volk, 1936, S. 54.

54 Adolf Hitler. Bilder aus dem Leben des Führers. Auswahl und künstlerische Bearbeitung dieses Werkes lagen in der Hand des Reichsbildberichterstatters der NSDAP Heinrich Hoffmann, München. Herausgegeben vom Cigaretten-Bilderdienst, Altona-Bahrenfeld 1936, S. 9.

55 Vgl. beispielsweise den "Diplomaten-Empfang beim Führer auf dem Obersalzberg", in: Illustrierter Beobachter, Nr. 48, 1. 12. 1938, S. 1843.

56 Berliner Illustrirte Zeitung, Nr. 45, 10. 11. 1938, S. 1782.

57 Fest, 1992, S. 414.

58 Speer, 1969, S. 97.

Hitler als Symbol der NS-Aufbaupropaganda

1 Jochen Thies: Hitler - "Architekt der Weltherrschaft", in: Faszination und Gewalt, 1992, S. 183.

2 Thies, 1992, S. 195. Vgl. auch Jochen Thies: Architekt der Weltherrschaft. Die "Endziele" Hitlers, Düsseldorf 1976, S. 62 ff; Hitlers Städte. Baupolitik im Dritten Reich. Eine Dokumentation von Jost Dülffer, Jochen Thies, Josef Henke, Köln, Wien 1978. Bereits in "Mein Kampf" werden Architekturüberlegungen mit Weltherrschaftsplänen gekoppelt. Vgl. Thies, 1976, S. 71 f.

3 Thies, 1992, S. 189. Militärisch gesehen besaß die Reichsautobahn nur geringen Wert. Vgl. Hansjoachim Henning: Kraftfahrzeugindustrie und Autobahnbau in der Wirtschaftspolitik des Nationalsozialismus 1933 bis 1936, in: Vierteljahrsschrift für Sozial- und Wirtschaftsgeschichte, 1978, Nr. 65, S. 217 - 242, hier S. 238 ff.

4 Vgl. Thies, 1978, S. 280.

5 Thamer, 1986, S. 470.

6 Vgl. Michael Wolffsohn: Arbeitsbeschaffung und Rüstung im nationalsozialistischen Deutschland: 1933, in: Militärgeschichtliche Mitteilungen, 1977, Nr. 2, S. 9-21.

7 Vgl. Thamer, 1986, S. 470 ff.; Frei, 1987, S. 86 ff.

8 Thamer, 1986, S. 474.

9 Zit. nach: NS-Presseanweisungen der Vorkriegszeit. Edition und Dokumentation, Bd. 3/I: 1935, Bearbeitet von Gabriele Toepser-Ziegert, München, London, New York, Oxford/Paris 1987, S. 303.

10 Illustrierter Beobachter, Nr. 18, 2. 5. 1935, S. 710/711.

11 Zur Geschichte des Reichsautobahnbaus vgl. vor allem: Kurt Kaftan: Der Kampf um die Autobahnen. Geschichte und Entwicklung des Autobahngedankens in Deutschland von 1907-1935 unter Berücksichtigung ähnlicher Pläne und Bestrebungen im übrigen Europa, Berlin 1955; Karl Lärmer: Autobahnbau in Deutschland 1933-1945. Zu den Hintergründen, Berlin 1975; Thomas Kunze/Rainer Stommer: Geschichte der Reichsautobahn, in: Rainer Stommer (Hrsg.): Reichsautobahn. Pyramiden des Dritten Reichs, Marburg 1982, S. 22 - 32.

12 Vgl. Henning, 1978, S. 217 ff.

13 Abdruck der Rede bei Domarus, 1973, S. 208 ff. Im übrigen war Hitler keinesfalls der erste deutsche Reichskanzler, der der Automobilausstellung einen Besuch abstattete, wie häufig in Anlehnung an Domarus in der Literatur behauptet wird. Bereits Ebert besuchte 1921 die Automobilausstellung, und dieses Ereignis wurde bereits in der Berliner Illustrirten Zeitung (1921, Nr. 41) titelblattwürdig.

14 Vgl. Kaftan, 1955, S. 124 f.

15 Stommer, 1982, S. 28.

16 Abdruck der Rede Hitlers bei Domarus, 1973, S. 301 ff.

17 Illustrierter Beobachter, Nr. 40, 7. 10. 1933. Hoffmanns Aufnahme gehört zu den populärsten Fotografien Hitlers und wurde in zahlreichen Bildbänden zur Geschichte des NS-Staates oder retrospektiven Sondernummern der Illustrierten reproduziert. Vgl. Deutschland erwacht, 1933, S. 119; Deutschland. Geschaffen von Pay Christian Carstensen, Hans Hitzer und Friedrich Richter, Berlin 1936, o. S.; Illustrierter Beobachter, Nr. 4, 27. 1. 1938 (Sonderheft: Fünf Jahre Aufbauarbeit), S. 14.

18 Illustrierter Beobachter, Nr. 40, 7. 10. 1933, S. 1291/1292.

19 Vgl. Reiner Diederich/Richard Grübling: Sozialismus als Reklame. Zur faschistischen Fotomontage, in: Die Dekoration der Gewalt, 1979, S. 123 - 136.

20 Fritz Todt: Adolf Hitler und seine Straßen, in: Adolf Hitler, 1936, S. 81. Dort heißt es weiter: " Ein paar Arbeiter erkannten, daß der Führer wohl kaum aufhören würde, bevor der Haufen von 2 Kubikmetern nicht ordentlich ausplaniert sei. Sie sprangen mit ihren Schaufeln herbei, um ihm zu helfen. So schippte der Führer mit ihnen, bis der Erdhaufen ordnungsgemäß verarbeitet war und auch von seiner Stirne die ersten Schweißtropfen auf die Erde fielen. Lachend hörte der Führer mit den beiden fremden Arbeitskameraden auf, als nichts mehr zu schippen war, und ging durch die Arbeitsstellen, wo die übrigen 700 Arbeiter inzwischen ihre Arbeit begonnen hatten (...). So haben des Führers Arbeit und der Arbeiter Gesinnung eine Arbeit geadelt, die bisher als die schmutzigste verrufen war."

21 Illustrierter Beobachter, Nr. 48, 2. 12. 1933, S. 1617. Kontinuierlich berichtete nun der Illustrierte Beobachter über den Fortlauf der Bauarbeiten vor Beginn der Arbeitsschlacht. Vgl. den doppelseitigen Bericht über die winterlichen Bauarbeiten an der "Autobahnstrecke München-Landesgrenze" mit 7 Fotos von Hoffmann, Illustrierter Beobachter, Nr. 4, 27. 1. 1934, S. 140/141; Illustrierter Beobachter, Nr. 5, 3. 2. 1934, S. 150/151 ("Wir arbeiten wieder").

22 "Bis zu diesem Zeitpunkt war aber bereits durch die übrigen Maßnahmen des Reiches die Zahl der Arbeitslosen von rd. 6 auf 4 Millionen zurückgegangen und Aufträge im Wert von 860 Millionen RM erteilt. Im Vergleich mit diesen Größenordnungen und ihren Sekundärwirkungen fiel der Autobahnbau noch nicht ins Gewicht." (Henning, 1978, S. 235).

23 Im Dezember 1934 betrug sie annähernd 85 000, im Juni 1935 117 000, und im Jahr 1936 erreichte sie mit ca. 124 500 Arbeitern ihren Höchststand. Vgl. Henning, 1978, S. 235.

24 Vgl. Stommer, 1982, S. 29.

25 Vg. Stommer, 1982, S. 35.

26 Vgl. Illustrierter Beobachter, Nr. 12, 24. 3. 1934, Titelseite.

27 Vgl. Claudia Gabriele Philipp: "Die schöne Straße im Bau und unter Verkehr". Zur Konstituierung des Mythos von der Autobahn durch die mediale Verbreitung und Ästhetik der Fotografie, in: Stommer, 1982, S. 119 ff.

28 Todt, 1936, S. 83.

29 Abgedruckt in: Schulthess' Europäischer Geschichtskalender. Nr. 50. Der ganzen Reihe 75. Bd. (1934), München 1935, S. 95 ff.

30 Illustrierter Beobachter, Nr. 14, 7. 4. 1934, S. 518 - 521 ("Der Führer eröffnet die Arbeitsschlacht."); vgl. auch Münchner Illustrierte Presse, Nr. 13, 29. 3. 1934, S. 376/377.

31 Vgl. Illustrierter Beobachter, Nr, 34. 25. 8. 1934, S. 1374/1375; Illustrierter Beobachter, Nr. 49, 8. 12. 1934, S. 1976 - 1978 und S. 2001; Münchner Illustrierte Presse, 27. 12. 1934, S. 1934; Illustrierter Beobachter, Nr. 18, 2. 5. 1935, S. 710/ 711; Münchener Illustrierte Presse, Nr. 18, 1. 5. 1935, S. 601; Münchner Illustrierte Presse, Nr. 20, 16. 5. 1935, S. 642/643.

32 Illustrierter Beobachter, Nr. 49, 8. 12. 1934, S. 1978 und S. 2001.

33 Illustrierter Beobachter, Nr. 22, 30. 5. 1935, S. 860/861 ("Der erste Arbeiter Deutschlands eröffnet die erste Reichsautobahn."). Vgl. auch: Berliner Illustrirte Zeitung, Nr. 21, 23. 5. 1935, S. 753.

34 Angekündigt hatte sich das schon in einem Bericht des Illustrierten Beobachters, (Nr. 34. 25. 8. 1934, S. 1374/1375), der die besonderen Schwierigkeiten der Arbeiten im Bremer Moor und den erfolgreichen Einsatz technischer Mittel herausstrich: "Nichts ist unmöglich, wenn der geeinte Wille eines ganzen Volkstums einig sein Leben gestaltet. Überall im ganzen Deutschen Reich sind die Arbeitsstellen für das gigantische Werk der Reichsautobahnen. Im Gebirge, im Flachland, im Hügelland und selbst vor den Mooren macht der große Straßenbau nicht halt. Wo bisher die Natur unüberwindliche Schranken gesetzt hatte und der Mensch unweigerlich in den Sumpf versank, hat deutscher Kampf- und Erfindergeist es verstanden, die Mittel zu finden, auch dieses Hindernis zu überwinden."

35 Münchner Illustrierte Presse, Nr. 28, 11. 6. 1935, S. 954/955.

36 Illustrierter Beobachter, Nr. 15. 14. 4. 1938, S. 515.

37 Thomas Krämer-Badoni: Auto, Gesellschaft und Kunst, in: Das Automobil in der Kunst 1886-1986. Herausgegeben von Reimar Zeller, München 1986, S. 322 ff.

38 Rainer Stommer: Triumph der Technik. Autobahnbrücken zwischen Ingenieuraufgabe und Kulturdenkmal, in: Stommer, 1982, S. 49 f.

39 Todt, 1936, S. 78/79.

40 Hans Dieter Schäfer: Amerikanismus im Dritten Reich, in: Nationalsozialismus und Modernisierung . Herausgegeben von Michael Prinz und Rainer Zitelmann, Darmstadt 1991, S. 200.

41 Werner Rittich: Architektur und Bauplastik der Gegenwart, Berlin 1938 (3. Aufl.), S. 73 f.

42 Fritz Todt: 1000 Kilometer Reichsautobahn, in: Die Straße, 1936/3, S. 610 ff, hier S. 611. Nicht von ungefähr hat denn auch Todt systematisch Aufträge an "die besten Fotografen des Reiches" für "eine künstlerische Wiedergabe der Autobahn" vergeben. (Fritz Todt. Der Mensch, der Ingenieur, der Nationalsozialist. Ein Bericht über Leben und Werk von Eduard Schönleben, Oldenburg 1943, S. 22) So schuf beispielsweise Erna Lendvai-Dircksen für die Ausstellung "Schaffendes Volk" von 1937 in Düsseldorf, die der Präsentation der Reichsautobahn einen großen Platz einräumte, mehrere Fotografien. Sie wurden dann später in ihrem Bildband "Reichsautobahn. Mensch und Werk" 1937 (2. Aufl. 1942) veröffentlicht. Bereits 1936 wurde ein "Lichtbildwettbewerb" unter dem bezeichendem Thema "Die schöne Straße im Bau und unter Verkehr" ausgeschrieben. Vgl. Alfred Becker: Die schöne Straße im Bau und unter Verkehr, in: Die Straße, 1936, Nr. 20, S. 661 ff. Aufgabe war es: "Der Wettbewerbsteilnehmer sollte in fototechnisch einwandfreier Weise die entstehende oder bestehende deutsche Straße mit all ihren Nebenanlagen und Einrichtungen im Bau und als Trägerin verschiedensten Verkehrs im Ausschnitt der Landschaft in bildmäßig künstlerischer Form darstellen." (S. 661).

43 Zit. nach Kraemer-Badoni 1986, S. 324.

44 Vgl. Illustrierter Beobachter, Nr. 12, 24. 3. 1938, S. 410/411.

45 So heißt es beispielsweise in einem Autobahn-Bildband: "In ihren kühnsten Kurven und Viadukten schwingt sich die Straße von der Lichterstadt im Tal aufwärts (...)eine unvergleichlich schöne und großartige Strecke, die auch dem ärgsten Zweifler zu zeigen vermöchte, welche Schönheit und Größe die Autobahn, und nur die Autobahn, uns neu zu erschließen vermag." Wolfgang Strache: Auf allen Autobahnen. Ein Bilderbuch vom neuen Reisen, Darmstadt 1939, S. 1.

46 Illustrierter Beobachter, Nr. 3, 19. 1. 1939, S. 66/67; Illustrierter Beobachter, Nr. 16, 20. 4. 1939, S. 574/575.

47 Vgl. Illustrierter Beobachter, Nr. 8, 24. 2. 1938, S. 236/237 ("Der Führer eröffnet die Automobilausstellung); Illustrierter Beobachter, Nr. 17, 28. 4. 1938, S. 599 ("Das Modell des Volkswagens als Geschenk für den Führer"); Illustrierter Beobachter, Nr. 22, 2. 6. 1938, Titelseite und S. 814/815. Hierzu vgl. Knut Hickethier/Manfred Otten: Der Faschismus und der Volkswagen, in: Knut Hickethier/Wolf Dieter Lützen/Karin Reiss (Hrsg.): Das deutsche Auto. Volkswagenwerbung und Volkskultur, Steinbach und Wißmar 1974, S. 35-48.

48 Sieh: das Herz Europas. Von Stanley McClatchie, Berlin (Verlag Heinrich Hoffmann) o. J. (1937); Look to Germany. The Heart of Europe. By Stanley McClatchie, Berlin o. J. (1937). 1938 folgte eine weitere Ausgabe mit Fotografien vom "Anschluß" Österreichs.

49 Sieh: Das Herz Europas, 1937, S. 48/49.

50 Sieh: Das Herz Europas, 1937, S. 52.

51 Sieh: das Herz Europas, 1937, S. 55.

52 Zit. nach Bernd Ogan: Architektur als Weltanschauung. Ein Beitrag über die Ästhetisierung von Politik, in: Kulissen der Gewalt, 1992, S. 124.

53 Vgl. Joachim Petsch: Baukunst und Stadtplanung im Dritten Reich. Herleitung. Bestandsaufnahme. Entwicklung. Nachfolge, München, Wien 1976, S. 83.

54 Zit. nach Klaus Backes: Hitler und die bildenden Künste. Kulturverständnis und Kunstpolitik im Dritten Reich, Köln 1988, S. 189.

55 Vgl. Domarus, 1973, S. 315 f.

56 Vgl. Illustrierter Beobachter, Nr. 43, 28. 10. 1933, S. 1098/1099.

57 Vgl. Illustrierter Beobachter, Nr. 24, 13. 3. 1935, Titelseite ("Der Führer besichtigt die Baufortschritte auf dem Königsplatz in München"); Illustrierter Beobachter, Nr. 34, 22. 8. 1935, S. 1298/1299 ("Der Führer besichtigt die Neubauten der NSDAP in der Hauptstadt der Bewegung").

58 Albert Speer: Die Bauten des Führers, in: Adolf Hitler, 1936, S. 72 - 77.

59 Speer, 1936, S. 72.

60 Vgl. Zelnhefer, 1992, S. 45.

61 Illustrierter Beobachter, Nr. 10, 11. 3. 1937, S. 318 - 20. Vgl. auch Illustrierter Beobachter, Nr. 15, 15. 4. 1937, S. 533. Dort hieß es in den Bildunterschriften: "Der Führer mit dem Generalinspektor für die Reichshauptstadt, Professor Speer, im Atelierraum auf dem Berghof; immer wieder beteiligt sich der Führer mit wertvollen Anregungen an den Arbeiten seiner Baukünstler" und: "Der große Staatsmann als schöpferischer Künstler."; Illustrierter Beobachter, Nr. 21, 25. 5. 1939, S. 795.

62 Zelnhefer, 1992, S. 45.

63 Angela Schönberger: Die neue Reichskanzlei. Architektur, Technik und die Medien im Nationalsozialismus, in: Die nützlichen Künste, Berlin 1981, S. 329.

64 Schönberger, 1981, S. 331.

65 Schönberger, 1981, S. 331.

66 Illustrierter Beobachter, Nr. 3, 19. 1. 1939, S. 62 - 64; Münchner Illustrierte Presse, Nr. 3, 19. 1. 1939, S. 66; Berliner Illustrirte Zeitung, Nr. 3, 19. 1. 1939, S. 66/67.

67 Wenk, 1980, S. 279.

68 Berliner Illustrirte Zeitung, Nr. 16, 20. 4. 1939.

69 Illustrierter Beobachter, Sonderheft: Unser Führer. Zum 50. Geburtstag Adolf Hitlers am 20. April 1939, 1939, S. 50 - 54.

70 Rede Hitlers vom 10. 12. 1938 anläßlich der Eröffnung der "2. Deutschen Architektur und Kunsthandwerksausstellung" im "Haus der Deutschen Kunst". Abgedruckt bei Domarus, 1973, S. 983 f.

Annexionen: Triumphe eines Nationalhelden

1 Vgl. Wolfram Wette: Ideologien, Propaganda und Innenpolitik als Voraussetzungen der Kriegspolitik des Dritten Reiches, in: Wilhelm Dienst/Manfred Messerschmidt/Hans-Erich Volkmann/Wolfram Wette: Ursachen und Voraussetzungen des Zweiten Weltkrieges, Frankfurt/Main 1989, S. 25 - 169, hier S. 133 ff.

2 Lothar Gruchmann: Der Zweite Weltkrieg. Kriegführung und Politik, München 1990 (9. Aufl.), S. 9 f.

3 Kershaw, 1980, S. 117.

4 Steinert, 1970, S. 79.

5 Zu den Propagadastrategien der Expansionspolitik 1938/39 vgl. Sywottek, 1976, S. 121 ff.

6 Vgl. Ulrich Eichstädt: Von Dollfuss zu Hitler. Geschichte des Anschlusses Österreichs 1933-1938 (=Veröffentlichungen des Instituts für europäische Geschichte Mainz, Bd. 10), Wiesbaden 1955; Dieter Wagner/Gerhard Tomkowitz: Ein Volk, ein Reich, ein Führer! Der Anschluß Österreichs 1938, München 1968; Anschluß 1938. Protokoll des Symposiums in Wien am 14. und 15. März 1978 (=Wissenschaftliche Kommission des Theodor-Körner-Stiftungsfonds und des Leopold-Kunschak-Preises zur Erforschung der österreichischen Geschichte der Jahre 1918 bis 1938, Veröffentlichungen Bd. 7), München 1981; Erwin A. Schmidl: März 38. Der deutsche Einmarsch in Österreich, Wien 1987.

7 Zu den Verfolgungen in Österreich vgl. vor allem Wolfgang Neugebauer/Herbert Steiner: Widerstand und Verfolgung in Österreich (im Zeitraum vom 12. Februar 1938 bis zum 10. April 1938), in: Anschluß 1938, 1981, S. 86 - 108.

8 Zit. nach Domarus, 1973, S. 817.

9 Fest, 1992, S. 753 f.

10 Vgl. Domarus, 1973, S. 823 f.

11 Ralf Richard Koerner: So haben sie es damals gemacht... Die Propagandavorbereitungen zum Österreichanschluß durch das Hitlerregime 1933 bis 1938, Wien 1958, S. 268, Anm. 188.

12 Gerhard Jagschitz: Photographie und "Anschluß" im März 1938, in: Oliver Rathkolb/Wolfgang Duchkowitsch/Fritz Hausjoll (Hrsg.): Die veruntreute Wahrheit. Hitlers Propagandisten in Österreich '38, Salzburg 1988, S. S. 52 - 87, hier S. 60.

13 1938 herausgebene Bildbände: Hitler in seiner Heimat. Herausgeber Prof. Heinrich Hoffmann, Reichsbildberichterstatter der NSDAP, Geleitwort Dr. Otto Dietrich, Reichspressechef, Berlin 1938; Hitler baut Großdeutschland. Im Triumph von Königsberg nach Wien, Herausgeber Heinrich Hoffmann, Reichsbildberichterstatter der NSDAP, Geleitwort Hermann Esser, Berlin 1938; Die nationalsozialistische Revolution in Wien. Bildbericht über die Wiener Ereignisse vom 11. März bis 10. April 1938, hrsg. von der Pressestelle der Stadt Wien, Wien 1938; Volk will zu Volk. Österreichs deutsche Stunde. Mit einem Geleitwort von Dr. Otto Dietrich. Herausgegeben von Heinrich Hansen, Dortmund 1938. Bildbände nach 1938: Großdeutschlands Wiedergeburt. Weltgeschichtliche Stunden an der Donau. Geleitwort von Hermann Göring. Textgestaltung von Dr. Karl Bartz. 100 Raumbildaufnahmen von Prof. Heinrich Hoffmann, Diessen am Ammersee o. J. (1938); Wie die Ostmark ihre Befreiung erlebte. Adolf Hitler und sein Weg zu Großdeutschland. Hrsg. Heinrich Hoffmann, Wien 1940 (Cigaretten-Bilder-Album der Austria Tabakwerke). Sonderhefte der Illustrierten: Illustrierter Beobachter, Sonderheft: "Österreichs Befreiung" vom 20. 3. 1938; "Der Führer in Wien", Sonderheft der Berliner Illustrirten Zeitung, Berlin 1938.

14 Jagschitz, 1988, S. 62.

15 Hoffmann, 1955, S. 84 f. Auch für die fotografische Berichterstattung über den Einmarsch der deutschen Truppen wurden offenbar keine weitergehenden Vorbereitungen getroffen. So wurde die Spitze der am 12. 3. in Österreich einrückenden deutschen Soldaten offensichtlich nur von Fotografen der Agentur Weltbild begleitet. Vgl. Jagschitz, 1988, Anm. 21.

16 Vgl. besonders: Illustrierter Beobachter, Nr. 12. 24. 3. 1938, S. 374 - 379; Berliner Illustrirte Zeitung, Nr. 11, 17. 3. 1938, S. 362/363; Münchner Illustrierte Presse, Nr. 11, 17. 3. 1938, S. 338/339.

17 Münchner Illustrierte Presse, Nr. 12, 24. 3 1938, S. 378/379.

18 Illustrierter Beobachter, Nr. 12, 24. 3. 1938, S. 376.

19 Illustrierter Beobachter, Nr. 12, 24. 3. 1938, S. 374.

20 Vgl. Hoffmann, 1975, S. 109 f.

21 In diesen aktuellen Reportagen fanden die Porträtstudien Hitlers, die Hoffmann am Abend des 12. 3. auf dem Balkon des Linzer Rathauses aufnahm, noch keine Verwendung. (Abb. in: Hitler in seiner Heimat, 1938, o. S.) Hitlers ernstes, von der Bedeutung des geschichtlichen Augenblicks geprägtes Gesicht sollte in späteren Publikationen dann zum symbolischen Bild der "Geburtsstunde des großdeutschen Reiches" werden und Anlaß zu vielfältigen Projektionen geben.

22 Illustrierter Beobachter, Nr. 12, 24. 3. 1938, S. 375. Vgl. auch Münchner Illustrierte Presse, Nr. 12, 24. 3. 1938, S. 379; Berliner Illustrirte Zeitung, Nr. 11, 17. 3. 1938, S. 365.

23 Illustrierter Beobachter, Nr. 12, 24. 3. 1938, S. 375; Münchner Illustrierte Presse, Nr. 12, 24. 3. 1938, S. 379. Auf die Verbundenheit des Österreichers Hitler mit seiner Heimat spielte eine weitere Fotografie an, die Hitler in freudiger Begrüßung mit seinem alten Lehrer zeigt: Illustrierter Beobachter, Nr. 12, 24. 3. 1938, S. 412.

24 Volk will zu Volk, 1938, S. 82.

25 Der vollständige Wortlaut der Rede findet sich bei: Domarus, 1973, S. 823 f.

26 Jagschitz, 1988, S. 70. Die Inszenierung von politischen Massenritualen auf dem Heldenplatz hatte indes seit Beginn der Republik eine lange Tradition. Hier fanden Kundgebungen aller politischen Gruppierungen statt, die vielfach eine ähnlich große Anhängerschaft wie am 15. März 1938 mobilisieren konnten und auch publizistische Resonanz fanden. Vgl. Jagschitz, 1988, S. 70 f.

27 Illustrierter Beobachter, Nr. 12. 24. 3. 1938, S. 379. Vgl. auch Münchner Illustrierte Presse, Nr. 12, 24. 3. 1938, S. 382/383 ("Wie aus einem einzigen Munde brauste dem Führer bei seinem Einzug der unbeschreibliche Jubel der Wiener entgegen. Strahlende Frühlingssonne vergoldete Wiens größten Tag, während sich das Auto des Führers durch das jubelnde Menschenmeer längs des Opernringes langsam den Weg zur Hofburg bahnt. Tausende von Fähnchen winken, Hunderttausende von Armen recken sich dem Führer entgegen, der in tiefer Bewegung im Wagen aufrecht stehend die Huldigung der befreiten deutschen Stadt entgegennimmt. Während die Militärmusik schmettert und der Jubel der Menge orkanartig anschwillt, biegt die Wagenkolonne zum Heldenplatz und zur Hofburg ein, wo Adolf Hitler zu seiner weltgeschichtlichen Ansprache das Wort ergreifen wird. Tief in den Schoß der Jahrhunderte muß zurückstiegen, wer ähnlich hinreißende Begeisterung in den Mauern der alten Kaiserstadt antreffen will.").

28 Illustrierter Beobachter, Nr. 12, 24. 3. 1938, S. 381. Zur Truppenparade vgl. Wagner/Tomkowitz, 1968, S. 353.

29 Unger, 1984, S. 230.

30 Illustrierter Beobachter, Nr. 12, 24. 3. 1938, S. 382. Vgl. auch Berliner Illustrirte Zeitung, Nr. 12, 24. 3. 1938, S. 401. Zur publizistischen Kampagne bemerkt Koerner (1958, S. 82): "Das grandiose Schlußereignis für die publizistische Einsatzperiode zum Abschlußvollzug bildete der triumphale Einzug Hitlers nach seiner Rückkehr aus Österreich am 16. März in Berlin, der in der deutschen Tagespresse ein gewaltiges Echo fand. Die Berichte über diesen Einzug mußten in allen deutschen Zeitungen in allergrößter Aufmachung erscheinen. Der ungeheure publizistische Aufwand, mit dem Hitler als Befreier Österreichs begrüßt und gefeiert wurde, demonstrierte noch einmal in aller Deutlichkeit die meisterhafte Propagandaregie, mit der Goebbels das Ereignis des Anschlusses publizistisch auszuwerten und zu umrahmen verstanden hat."

31 Münchner Illustrierte Presse, Nr. 12, 24. 3. 1938, S. 416.

32 Völkischer Beobachter, Münchener Ausgabe, Nr. 71, 12. 3. 1938.

33 Vgl. Illustrierter Beobachter, Nr. 19, 12. 5. 1938, S. 727 ("Wien soll wieder eine deutsche Stadt werden.").

34 Schon in Presseanweisungen vom 13. und 14. 3. wurde grundsätzlich verboten, über irgendwelche "Panikstimmung in Österreich" zu berichten und die Flucht politischer Emigranten durfte beispielsweise nicht erwähnt werden. Vgl. Koerner, 1958, S. 81 f. Zur fotografischen Dokumentation von Verhaftungen und antisemitischen Ausschreitungen vgl. Jagschitz, 1988, S. 84 ff.

35 Zur Volksabstimmung in Österreich vgl. Eichstädt, 1955, S. 435 f.; Gerhard Botz: Schuschniggs geplante "Volksbefragung" und Hitlers "Volksabstimmung" in Österreich. Ein Vergleich, in: Anschluß 1938, 1981, S. 220-243.

36 "Merkblatt über die Ausführungen des Führers in seiner Rede vor der Parteiführerschaft am 19. März 1938 in der Krolloper". Vollständiger Wortlaut in: Koerner, 1958, S. 83.

37 Koerner, 1958, S. 84. Vgl. auch von Ernst Lehmann: Die deutsche Zeitschrift im politischen Kampf, in: ders.: Die Gestaltung der Zeitschrift, Leipzig 1938, S. 206.

38 BA, Zsg 101, 23. 3. 1938, 235/237: "Berlin, den 23. März 1938...5) Den Zeitungen gehen täglich zwei Bilder zu mit gutem Raster. Diese Bilder sind gut herauszubringen. Sie überschneiden sich nicht in den Verbreitungsgebieten.".... 10) In den Sonntagsausgaben des Wahltages selbst bzw. den letzten Ausgaben vor der Wahl wird ein halbseitiges Bild als Auflage auf die erste Seite gebracht, das eine Karte Großdeutschlands darstellt, in die das Bild des Führers hineinkopiert wurde."

39 BA, R 55, 445, Rundspruch Nr. 5, Wahlparole Nr. 8 vom 1.4. 1938.

40 BA, R 55, 445,Rundspruch Nr. 22 vom 4. 4. 1938: "2) Betr.: Gestaltung der Ausgaben vom 10. April 1938. Die Ausgaben aller Zeitungen mit dem Datum vom 10. April müssen besonders gestaltet werden. Es ist ein sehr schönes plakatartiges Blatt für die erste Seite der großen und mittleren Zeitungen (...) auf Abruf zur Versendung bereit. Das Deckblatt zeigt markante Bilder aus den deutschen Gauen und darunter die Grenzen des neuen Reiches, darin stehen die Worte: Deutscher! Dein Reich! Danke es dem Führer mit Deinem Ja! Das Blatt muß die ganze erste Seite bedecken (...). Zeitungen, die das Deckblatt vom 10. 4 selbst gestalten wollen, soll ein Hindernis nicht in den Weg gelegt werden. Die Gestaltung muß jedoch plakatartigen Charakter tragen und unbedingt der gegebenen Tendenz entsprechen: klare, übersichtliche Darstellung der Grenzen des neuen Reichs mit der oben angeführten Inschrift, denn es soll der Stolz auf dieses Reich geweckt werden, Fotomontagen wirken zu unübersichtlich und sind nicht erwünscht. Es kommt auf eine klare und übersichtliche Gestaltung an. Die Propagandaämter melden umgehend je für ihren Gau in einem geschlossenen Bericht, welche Zeitungen das Deckblatt von 'Weltbild' beziehen und welche ein eigenes Deckblatt entwerfen sollen."

41 Illustrierter Beobachter, Nr. 14, 7. 4. 1938, dort ein Doppelporträt Hitlers mit Goebbels von Hoffmann.

42 Illustrierter Beobachter, Nr. 16, 21. 4. 1938, Titelseite und S. 564.

43 Illustrierter Beobachter, Nr. 16, 21. 4. 1938, S. 559. Weitere Bilder vom Festakt im Wiener Rathaus: Illustrierter Beobachter, Nr. 16, 21. 4. 1938, S. 560/561. Vgl. auch die Bilder vom "Tag des Großdeutschen Reiches" in Berlin: Illustrierter Beobachter, Nr. 16, 21. 4. 1938, S. 558.

44 Zit. nach Domarus, 1973, S. 849. Bilder von Hitlers Rede in der Nordwestbahn Halle in: Illustrierter Beobachter, Nr. 16, 21. 4. 1938, S. 562/563.

45 Vgl. Illustrierter Beobachter, Nr. 15, 14. 4. 1938, S. 524/525; Berliner Illustrirte Zeitung, Nr. 13. 1. 4. 1938, S. 438/439 ("Österreich wird wieder ein blühendes Land") und Nr. 14, 7. 1. 1938, S. 482/483 ("Das große Aufbauwerk beginnt.").

46 Illustrierter Beobachter Nr. 15, 14. 4. 1938, S. 522/523.

47 Illustrierter Beobachter Nr. 15, 14. 4. 1938, S. 522/523.

48 Vgl. Ronald M. Smelser: Das Sudetenproblem und das Dritte Reich 1933 - 1938. Von der Volkstumspolitik zur nationalsozialistischen Außenpolitik, München, Wien 1980; Detlef Brandes: Die Politik des Dritten Reiches gegenüber der Tschechoslowakei, in: M. Funke (Hrsg.): Hitler, Deutschland und die Mächte. Materialien zur Außenpolitk des Dritten Reiches, Düsseldorf 1976, S. 502-523.

49 Vgl. Boris Celovsky: Das Münchener Abkommen, Stuttgart 1958.

50 Vgl. Unger, 1984, S. 220 ff.

51 Sywottek, 1976, S. 240.

52 Illustrierter Beobachter Nr. 40, 6. 10. 1938, S. 1462; Nr. 41, 13. 10. 1938, S. 1502/1503, S. 1506/1507; Nr. 42, 20. 10. 1938, S. 1550/1551; Nr. 44, 3. 11. 1938, S. 1646/1647; Nr. 50, 15. 12. 1938, S. 1939; Münchner Illustrierte Presse, Nr. 40, 6. 10. 1938, o. S.; Nr. 41, 13. 10. 1938, o. S.; Nr. 42, 20. 10. 1938, o. S.; Berliner Illustrirte Zeitung, Nr. 40, 6. 10. 1938, S. 1524, S. 1526/1527; Nr. 41, 13. 10. 1938, S. 1570-1572; Vgl. auch das Sonderheft "Befreites Sudetenland" des Illustrierten Beobachters vom Oktober 1938.

53 Vgl. den Bericht vom Einzug deutscher Truppen in: Münchner Illustrierte Presse, Nr. 40, 6. 10. 1938, Rückseite; Berliner Illustrirte Zeitung, Nr. 40, 6. 10. 1938, S. 1524. Unter einem Bild von deutschen Soldaten zujubelnden Frauen und Kindern hieß es emphatisch: "Sie kommen, sie kommen...sie sind da! Die ersten Sendboten der Freiheit, deutsche Truppen ziehen in das befreite Land ein, begeistert begrüßt von Dorf zu Dorf, von Stadt zu Stadt."

54 Kershaw, 1980, S. 123.

55 Domarus, 1973, S. 949. Zu Hitlers Reiseetappen vgl. Domarus, 1973, S. 949 ff. Am 3. und 4. 10. besuchte Hitler Eger und Karlsbad, um nach einem Aufenthalt in Berlin wieder am 6. und 7. 10. in Schleckenau, Rumburg, Kratzau, Friedland und Jägerndorf aufzutreten, wobei er eine Besichtigungsfahrt der tschechischen Festungswerke an der Grenze einstreute.

56 Münchner Illustrierte Presse, Nr. 42, 20. 10. 1938, o. S.

57 Vgl. Münchner Illustrierte Presse, Nr. 41, 13. 10. 1938, o. S.; Berliner Illustrirte Zeitung, Nr. 40, 6. 10. 1938, Titelseite.

58 Vgl. Münchner Illustrierte Presse, Nr. 41, 13. 10. 1938, o. S. mit der Bildunterschrift: "Tränen der Freude in Asch. Bei vielen löst sich die Spannung der letzten Wochen in einem befreienden Strom der Tränen."

59 Illustrierter Beobachter, Nr. 41, 13. 10. 1938, S. 1505.

60 Hitler befreit Sudetenland. Herausgeber Prof. Heinrich Hoffmann, Reichbildberichterstatter der NSDAP. Geleitwort Konrad Henlein, Berlin 1938, o. S.

61 Illustrierter Beobachter, Nr. 42, 20. 10. 1938, S. 1551 und Nr. 44, 3. 11. 1938, S. 1646/1647; Berliner Illustrirte Zeitung, Nr. 41, 13. 10. 1938, S. 1572.

62 Vgl. den Bericht "Die Besetzung der Schöberlinie" mit Fotos von Hans Schaller in: Münchner Illustrierte Presse, Nr. 41, 6. 10. 1938, o. S. Im Begleittext heißt es: "Kilometerweit liegt Bunker neben Bunker, die noch vor wenigen Tagen von den Tschechen besetzt waren und ihre Maschinengewehre drohend ins Sudetenland richteten. Zehn oder mehr Laufgräben verbinden sie untereinander und mit dem Hinterland. Kreuz und quer durch den Wald sind Schießschneisen geschlagen; Drahtverhaue ziehen in endlosem Band durch das Gelände, unzählige Tankfallen sollten, gut getarnt, vor dem Angriff sichern. Es wird viele Arbeit kosten, diese Hindernisse zu beseitigen, um dem Bauern sein Land zur friedlichen Bestellung wieder zurückzugeben."

63 Illustrierter Beobachter, Nr. 41. 13. 10. 1938, S. 1504.

64 Vgl. Detlef Brandes: Die Tschechen unter deutschem Protektorat. Teil 1/2, München/Wien 1969, 1975.

65 Karl Dietrich Bracher: Die deutsche Diktatur. Enstehung, Struktur, Folgen des Nationalsozialismus, Köln 1976 (5. Aufl.), S. 343.

66 Die Berliner Illustrirte Zeitung (Nr. 12, 23. 3. 1939) und die Münchner Illustrierte Presse (Nr. 12, 23. 3. 1939) berichteten lediglich einmal, selbst im Illustrierten Beobachter erschienen nur zwei Berichte (Nr. 12, 23. 3. 1939 und Nr. 13, 30. 3. 1939). Auch auf Sondernummern wurde diesmal verzichtet.

67 Hitler in Böhmen, Mähren, Memel. Herausgeber Professor Heinrich Hoffmann, Reichsbildberichterstatter der NSDAP. Geleitwort Joachim v. Ribbentrop, Reichsminister des Auswärtigen, Berlin 1939.

68 Illustrierter Beobachter, Nr. 12. 23. 3. 1939, S. 385.

69 Illustrierter Beobachter, Nr. 12, 23. 3. 1939, S. 385.

70 Münchner Illustrierte Presse, Nr. 12. 23. 3. 1939, o. S.

71 Vgl. Berliner Illustrirte Zeitung, Nr. 12, 23. 3. 1939, S. 427.

72 Nach einer nächtlichen Fahrt mit dem Sonderzug bis zur tschechischen Grenze, fuhr er am 16. 3. nahezu unbemerkt nach Prag und zeigte sich wieder nach einer weiteren Zugfahrt im offenen Wagen am 17. 3. in Brünn.

73 "Die Vorbereitungen und Vorkehrungen zum Schutze Hitlers waren (...) gründlicher als bei früheren Gelegenheiten (...). Obwohl in Prag nur dünne Zuschauerreihen standen, waren fast alle zur Absperrung eingesetzten Uniformierten dem Publikum zugewandt, kaum ein Zuschauer lächelte oder winkte, und Hitler saß die ganze Zeit hinter seinen kugelsicheren Scheiben, statt wie sonst aufrecht im Auto zu stehen. Freilich gab es auch keine Ovationen entgegenzunehmen. Nur wenn seine Autokolonne einer deutschen Heereseinheit begegnete, stand Hitler auf und grüßte. Die Kolonne wurde angeführt von zwei offenen Begleitkommandowagen, sodann von zwei Panzerspähwagen; nach Hitlers Wagen kamen die Autos der Begleitung und weitere Wagen des Führer-Begleitkommandos, in denen die schwerbewaffneten Leibwächter saßen." (Hoffmann, 1975, S. 146).

74 Einzig die Berliner Illustrirte Zeitung (Nr. 12, 23. 3. 1939, S. 427) veröffentlichte Fotografien von einrückenden deutschen Soldaten in Prag, die trotz ihres kleinformatigen Abdrucks und ihrer steuernden Beschriftungen Zeugnis von der distanzierten Haltung der Bevölkerung geben.

75 Illustrierter Beobachter, Nr. 12, 23. 3 1939, Titelseite ("Der Schirmherr aller Deutschen auf der alten Kaiserburg in Prag"); Hoffmann verwendete die Fotografie auch für das Deckblatt seiner Broschüre.

76 Illustrierter Beobachter, Nr. 12, 23. 3. 1939, S. 385 b. Weitere Fotografien in: Illustrierter Beobachter, Nr. 13, 30. 3. 1939, S. 430.

77 Illustrierter Beobachter, Nr. 13, 30. 3. 1939, S. 430.

78 Illustrierter Beobachter, Nr. 12, 23. 3. 1939, S. 386/387. Vgl. auch: Münchner Illustrierte Presse, Nr. 12, 23. 3. 1939, S. 380: "Zum drittenmal innerhalb Jahresfrist kam der Führer nach einem unblutigen, nur durch seine geniale Staatsführung und das Ansehen der von ihm geschaffenen deutschen Wehrmacht errungenen Sieg in die Reichshauptstadt zurück. Berlin empfing ihn im Triumph. Generalfeldmarschall Hermann Göring grüßte ihn am Bahnhof und faßte den Stolz und den Dank des deutschen Volkes in dem Schwur zusammen, nie mehr zu lassen, was der Führer mit einzigartiger Tapferkeit geschaffen hat."

79 Vgl. Sywottek, 1976, S. 162 ff.

80 Vgl. beispielsweise Illustrierter Beobachter, Nr. 38, 23. 9. 1933, S. 1218/1219; Illustrierter Beobachter, Nr. 18, 5. 5. 1934, S. 704/705; Illustrierter Beobachter, Nr. 41, 10. 10. 1935, S. 1592/1593; Illustrierter Beobachter, Nr. 40, 1. 10. 1936, S. 1606/1607; Illustrierter Beobachter, Nr. 39, 30. 9. 1937, S. 1458/1459.

81 Illustrierter Beobachter, Nr. 34, 20. 8. 1936, S. 1606/1609.

82 Illustrierter Beobachter, Nr. 35, 1. 9. 1938, S. 1262-1265.

83 Zit. nach Sywottek, 1976, S. 166 f.

84 Vgl. Illustrierter Beobachter, Nr. 17, 27. 4. 1939; Berliner Illustrirte Zeitung, Nr. 17, 27. 4. 1939.

85 Peter Bucher: Hitlers 50. Geburtstag. Zur Quellenvielfalt im Bundesarchiv, in: Aus der Arbeit des Bundesarchivs. Beiträge zum Archivwesen, zur Quellenkunde und Zeitgeschichte. Hrsg. von Heinz Boberach und Hans Boom, Boppard 1977, S. 423 ff.

86 Wilhelm Ritter von Schramm: Deutschlands Wehrmacht ist vollendet, in: Völkischer Beobachter, Nr. 111, 21. 4. 1939, S. 1 f.

87 Ein Volk ehrt seinen Führer. Der 20. April 1939 im Bild. Herausgeber Professor Heinrich Hoffmann, Reichsbildberichterstatter der NSDAP. Geleitwort Dr. Robert Ley, Reichsorganisationsleiter der NSDAP, Berlin 1939.

88 Bereits der aufwendige Wochenschau-Film über den "Führer"-Geburtstag stand ganz im Zeichen der Glorifizierung Hitlers als "der künftige 'Feldherr', der hier Musterung zu halten gedenkt über seine Streitkräfte," wie Terveen schrieb. Fritz Terveen: Der Filmbericht über Hitlers 50. Geburtstag. Ein Beispiel nationalsozialistischer Selbstdarstellung und Propaganda, in: Vierteljahrschrift für Zeitgeschichte, 1959, Nr. 7, S. 75 - 84, hier S. 82.

89 Illustrierter Beobachter, Nr. 21. 25. 5. 1939, S. 794/795. Vgl. auch Sywottek, 1976, S. 233 f.

Zenit und Kollaps des Führerbildes im Krieg

1 Broszat, 1979, S. 380 f.

2 Kershaw, 1992, S. 174.

3 Dülffer, 1992, S. 125. Zur Geschichte des Zweiten Weltkrieges vgl. Hellmuth Günther Dahms: Geschichte des Zweiten Weltkriegs, Tübingen 1965; Deutschland im Zweiten Weltkrieg, hrsg. von W. Schumann und G. Hass, Band 1-6, Köln 1974-1985; Andreas Hillgruber: Der Zweite Weltkrieg 1939-1945. Kriegsziele und Strategie der großen Mächte, Stuttgart, Berlin, Köln, Mainz 1982; Martin Gilbert: Der Zweite Weltkrieg. Eine chronologische Gesamtdarstellung, München, Leipzig 1989; Gruchmann, 1990.

4 Vgl. Dülffer, 1992, S. 178 ff.

5 Hans Mommsen: Gesellschaftsbild und Verfassungspläne des deutschen Widerstandes, in: Walter Schmitthenner/ Hans Buchheim (Hrsg.): Der deutsche Widerstand gegen Hitler, Köln, Berlin, 1966, S. 75.

Anhang | Anmerkungen

6 Die schwindende Führerpräsenz seit 1939 war ein Phänomen, das bei allen illustrierten Massenmedien festzustellen ist, freilich in unterschiedlich akzentuierten Ausformungen. Am Beispiel des Völkischen Beobachters läßt sich der Verlauf besonders deutlich verfolgen, da das Parteiorgan die größte Dichte an Hitler-Aufnahmen besaß. Zur statistischen Erfassung der Veränderungen von Hitlers visueller Präsenz im Völkischen Beobachter vgl. Rudolf Herz: Der Sturz eines Medienstars. Adolf Hitler im Völkischen Beobachter (Münchner Ausgabe) und in der Deutschen Wochenschau während des Zweiten Weltkriegs, 1992 (unveröffentlichtes Manuskript).

7 So abrupt war der Bruch nicht. Zu verweisen ist darauf, daß im Völkischen Beobachter schon in den Monaten Januar bis August 1939 der militärische Sektor bei Hitler-Aufnahmen den größten Themenbereich bildete und zusammen mit dem Thema Rüstung fast ein Drittel aller Aufnahmen von Hitler ausmachte.

8 Nach 1942 verschwindet dieses Motivspektrum gänzlich aus der Bildpublizistik.

9 Vgl. Kershaw, 1980, S. 111.

10 Hagemann, 1970, S. 95.

11 Illustrierter Beobachter, Nr. 4, 25. 1. 1940, Titelseite.

12 BA, Zsg 115, 30. 1. 1940.

13 Im Völkischen Beobachter ist die Urheberschaft der Hitler-Aufnahmen in den ersten Kriegsjahren im einzelnen nicht genau bestimmbar, da diese Aufnahmen häufig auf der Bildseite (S. 3) publiziert wurden und sich dort meist nur summarische Urheberangaben finden.

14 Gegenüber der Vorkriegszeit steigerte Hoffmann seinen Anteil in der Berliner Illustrirten Zeitung von 60% auf 81%, in der Münchner Illustrierten Presse von 62% auf 91% und im Illustrierten Beobachter von 77% auf 88%. Diese Entwicklung ist vor allem darauf zurückzuführen, daß nach Beginn des Rußlandfeldzuges außer Hoffmann nur noch Helmut Laux als Fotograf im Führerhauptquartier zugelassen war. Zutritt hatten noch die von Hoffmann bzw. Laux angestellten Fotografen.

15 Zur Geschichte des Polenfeldzug vgl.: N. von Vormann: Der Feldzug in Polen 1939, Weißenburg 1958; Dahms, 1965, S. 71 ff.; Hillgruber, 1982, S. 26 ff.; Gilbert, 1989, S. 1 ff.; Gruchmann, 1990, S. 25 ff.

16 Vgl. Steinert, 1970, S. 91 f.

17 Kershaw, 1980, S. 128.

18 Kershaw, 1980, S. 128f.

19 Hitler in Polen. Herausgeber Professor Heinrich Hoffmann, Reichsbildberichterstatter der NSDAP. Geleitwort Generaloberst Keitel, Chef des Oberkommandos der Wehrmacht, Berlin o. J. (1939). Auf dem Umschlag prangte eine symbolisch dichte Ansicht, die gewissermaßen auf die zukünftige deutsche Kolonisierung der eroberten Ostgebiete anspielte. Sie stellte Hitler in klassischer Feldherrnpose dar, wie er von einer Anhöhe aus den Vorbeimarsch einer militärischen Formation abnahm, die in strenger Ordnung in eine öde Landschaft vordrang. In späteren Ausgaben wurde das Titelfoto ausgetauscht gegen eine Aufnahme, die Hitler beim Begutachten einer eroberten polnischen Fahne zeigt.

20 Generaloberst Keitel, Chef des Oberkommandos der Wehrmacht, schrieb im Geleitwort: "Voller Stolz blickt das deutsche Volk nach der siegreichen Beendigung des Feldzuges in Polen zu seinem Führer auf, der in blitzschnellen, zielbewußtem Willen die Gefahren eines uns feindlich gesinnten größenwahnsinnigen polnischen Staates für das deutsche Volk und Reich beseitigte."

21 Zit. nach: Hitler in Polen, 1939, o. S.

22 Otto Dietrich: Auf den Straßen des Sieges. Erlebnisse mit dem Führer in Polen, München 1940, S. 13. An anderer Stelle hieß es:"Einen solchen Mann, in dessen Führertum sich echte Soldatentugenden mit staatsmännischer Größe und jenen schöpferischen Fähigkeiten, die unsere Zeit erfordert, vereinen, schenkte das Schicksal dem deutschen Volke. Und auf der Linie seines Lebensweges liegen auch die Straßen des Sieges in Polen! Er war es, der aus der Schwäche der Zersplitterung zuerst die innere Einheit der Nation geschaffen hat. Er war es, der als Soldat seines Volkes erst die Wehrfreiheit nach außen erkämpfte und dann das neue deutsche Volksheer buchstäblich aus dem Boden stampfte. Diese neugeschaffene Kraft hat er dann in drei großen politischen Schlachten ohne Schwertstreich zu erfolgreicher Entfaltung gebracht. Diesmal aber war er gezwungen, zu schlagen. Unerhört war die Tapferkeit seiner Soldaten, unvergleichlich die Kunst ihrer Führung. Aber daß die Wehrmacht diesen gewaltigen Schlag in weniger als dreißig Tagen vollbrachte, ist das Werk seines Genies!" (Dietrich, 1940, S. 10 f.).

23 Völkischer Beobachter, Nr. 263, 20. 9. 1939, S. 3.

24 Vgl. Kershaw, 1980, S. 133.

25 Berliner Illustrirte Zeitung, Nr. 38, 21. 9. 1939, S. 1554.

26 Ähnlich auch in der Münchner Illustrierten Presse, Nr. 38, 21. 9. 1939 ("Der Führer an der Front - Herr Chamberlain in London.").

27 Vgl. Hoffmann, 1975, S. 149 f.

28 Vgl. Berliner Illustrirte Zeitung, Nr. 41, 12. 10. 1939, S. 1635 ff. ("Im Führerhauptquartier"). Vorangegangen war in der Berliner Illustrirten Zeitung (Nr. 39, 28. 9. 1939, S. 1582) eine ähnliche Reportage mit Aufnahmen von Helmut Laux.

29 Dietrich, 1940, S. 27.

30 Völkischer Beobachter, Nr. 271, 28. 9. 1939, S. 3.

31 Vgl. Berliner Illustrirte Zeitung, Nr. 41, 12. 10. 1939, S. 1039, S. 1630 f.; Illustrierter Beobachter, Nr. 41, 12. 10. 1939, Titelseite.

32 Zum Feldzug im Westen vgl. Dahms, 1965, S. 121 ff.; Andreas Hillgruber: Hitlers Strategie, Politik und Kriegsführung 1940 - 41, München 1982 (2. Aufl.); Gilbert, 1989, S. 61 ff.; Gruchmann, 1990, S. 61 ff.; Fest, 1992, S. 853 ff.

33 Vgl. Domarus, 1973, S. 1534.

34 Vgl. Völkischer Beobachter, Nr. 137, 16. 5. 1940.

35 Abbildungen auf Titelseiten: Illustrierter Beobachter, Nr. 26, 27. 6. 1940; Münchner Illustrierte Presse, Nr. 38, 21. 9. 1939; Münchner Illustrierte Presse, Nr. 20, 14. 5. 1942; Münchner Illustrierte Presse, Nr. 13, 1. 4. 1943; Berliner Illustrirte Zeitung, Nr. 37, 14. 9. 1939; Berliner Illustrirte Zeitung, Nr. 22, 30. 5. 1940; Berliner Illustrirte Zeitung, Nr. 15, 15. 4. 1943.

36 Vgl. David Irving: Hitler und seine Feldherren, Frankfurt/Main,Berlin,Wien 1975, bes. S. 412 ff.

37 Vgl. Völkischer Beobachter, Nr. 219, 7. 8. 1941, S. 1; Völkischer Beobachter, Nr. 221, 9. 8. 1941, S. 3; Illustrierter Beobachter, Nr. 31, 31. 7. 1941, Titelseite; Illustrierter Beobachter, Nr. 36, 4. 9. 1941, Titelseite.

38 Vgl. Illustrierter Beobachter, Nr. 12, 22. 3. 1945.

39 Vgl. auch Fest, 1992, S. 903 f.

40 Mit Hitler im Westen. Herausgeber Professor Heinrich Hoffmann, Reichsbildberichterstatter der NSDAP. Geleitwort Generalfeldmarschall Keitel, Chef des Oberkommandos der Wehrmacht, Berlin 1940.

41 Vgl. Gruchmann, 1990, S. 43 ff.

42 Gruchmann, 1990, S. 76.

43 Vgl. Berliner Illustrirte Zeitung" Nr. 27, 4. 7. 1940, S. 646.("Der unbekannte Soldat des Weltkriegs - der siegreiche Feldherr von 1940."); Münchner Illustrierte Presse, Nr. 27, 4. 7. 1940, o. S. Zum deutsch-französischen Waffenstillstand vgl. Helmut Böhme: Der deutsch-französische Waffenstillstand im Zweiten Weltkrieg, Stuttgart 1966.

44 Kershaw, 1980, S. 138.

45 Für Hitler bis Narvik. Herausgeber Professor Heinrich Hoffmann, Reichsbildberichterstatter der NSDAP. Geleitwort Generaloberst von Falkenhorst, Wehrmachtsbefehlshaber in Norwegen, München 1941.

46 Die Monate November 1939 bis April 1940, die Zeit zwischen der Warschauer Siegesparade und dem Beginn des Westfeldzugs, bilden ein auffallendes Tief in Hitlers visueller Präsenz. Zieht man die retrospektiv eingesetzten Fotografien ab, erschienen im Zeitraum von etwa einem halben Jahr nur 30 aktuelle Aufnahmen im Völkischen Beobachter.

47 Vgl. Völkischer Beobachter, Nr. 222, 9. 8. 1940, S. 3 ("Während seiner Besichtigung der Kruppschen Fabrik umbrandete den Führer überall der Jubel der Gefolgschaft"); Völkischer Beobachter, Nr. 347, 12. 12. 1940, S. 3 ("Der große Tag des deutschen Arbeiters"); Völkischer Beobachter, Nr. 291, 17. 10. 1940, S. 3 ("Unsere Frontbauern bringen dem Führer die Erntekrone."). Vgl. hierzu die Filmberichte in: Deutsche Wochenschau, Nr. 519 vom 16. 8. 1940, Deutsche Wochenschau Nr. 537 vom 18. 12. 1940 und Deutsche Wochenschau Nr. 529 vom 24. 10. 1940.

48 Ein letztes Mal gab sich Hitler während eines Zwischenaufenhaltes auf der Rückfahrt aus dem Hauptquartier des Balkanfeldzuges Ende April 1941 in Klagenfurt und Graz volksnah und posierte u.a. inmitten einer jugendlichen Singschar - es sollten seine letzten Bilder zusammen mit Zivilisten im nicht-militärischen Rahmen sein. Vgl. Völkischer Beobachter Nr. 121, 1. 5. 1941, S. 3.

49 Völkischer Beobachter, Nr. 113, 23. 4. 1942, S. 1 ("Deutsche Jugend brachte dem Führer Glückwünsche zum Geburtstag").

50 Domarus, 1973, S. 1539 f.

51 Vgl. Illustrierter Beobachter, Nr. 14, 3. 4. 1941, S. 412 f.; Münchner Illustrierte Presse, Nr. 14, 3. 4. 1941; vgl. auch Domarus, 1973, S. 1680.

52 Vgl. Illustrierter Beobachter, Nr. 15, 15. 4. 1943, o. S.

53 Vgl. Kershaw, 1980, S. 135.

54 Zitiert nach Domarus, 1973, S. 1999.

55 Münchner Illustrierte Presse, Nr. 13, 1. 4. 1943, S. 147.

56 Die letzte Sitzung des "Großdeutschen Reichstages" mit einer Rede Hitlers war am 24. 4. 1942.

57 Domarus, 1973, S. 2203.

58 Domarus, 1973, S. 1447.

59 Zur Geschichte des Krieges gegen die Sowjetunion vgl. Der Feldzug gegen Sowjetrußland 1941 bis 1945. Ein operativer Überblick von Alfred Philippi und Ferdinand Heim, Suttgart 1962; Dahms, 1965, S. 281 ff., Hillgruber, 1982, S. 68 ff.; Gerd R. Überschär/Wolfram Wette (Hrsg.): "Unternehmen Barbarossa". Der deutsche Überfall auf die Sowjetunion 1941. Berichte, Analysen, Dokumente, Paderborn 1984; Gruchmann, 1990, S. 124 ff.; Fest, 1992, S. 884 ff.

60 Völkischer Beobachter, Nr. 246, 3. 9. 1941, S. 3.

61 Vgl. Völkischer Beobachter, Nr. 362, 28. 12. 1939, S. 3 ("Der Führer besuchte seine Soldaten"); Völkischer Beobachter, Nr. 364/365, 30./31. 12. 1939, S. 3; Illustrierter Beobachter, Nr. 1, 4. 1. 1940, S. 1 ("Das Weihnachtsfest feiert der Führer an der Front"); Völkischer Beobachter, Nr. 364, 29. 12. 1940, S. 3 ("Der Führer bei seinen Soldaten und Frontarbeitern"); Illustrierter Beobachter, Nr. 2, 9. 1. 1941, S. 34 f. ("Weihnachten mit dem Führer") und Deutsche Wochenschau, 22. 1. 1941, Nr. 542.

62 Völkischer Beobachter, Nr. 83, 24. 3. 1943, S. 3 ("Der Führer landet auf einem Flugplatz im Osten und wird von den überraschten Soldaten begeistert begrüßt."). Siehe dazu Domarus, 1973, S. 1996 f.

63 Auch für die Deutsche Wochenschau verzeichnen die entsprechenden Inhaltsangaben im Bundesarchiv in Koblenz keine Frontbesuche mit Truppenkontakt.

64 Vgl. Völkischer Beobachter, Nr. 203, 22. 7. 1942, S. 1; Völkischer Beobachter, Nr. 154, 3. 6. 1942, S. 3. Zu Hitlers Besuchern vgl. Domarus, 1973, S. 1793, 1885, 1897.

65 Illustrierter Beobachter, Nr. 24, 12. 6. 1941, o. S.; Nr. 36, 4. 9. 1942, o. S.; Illustrierter Beobachter, Nr. 37, 11. 9. 1941, o. S.; Münchner Illustrierte Presse, Nr. 37, 11. 9. 1941, S. 946; Illustrierter Beobachter, Nr. 17, 29. 4. 1943 o. S.; Illustrierter Beobachter, Nr. 39, 30. 9. 1943, Titelseite; Münchner Illustrierte Presse, Nr. 39, 30. 9. 1943, Titelseite; Illustrierter Beobachter, Nr. 32, 10. 8. 1944, o. S.

66 Kershaw, 1980, S. 152.

67 Vgl. Kershaw, 1980, S. 150 ff.

68 Kershaw, 1980, S. 176.

69 Kershaw, 1980, S. 150.

70 Vgl. vor allem Hoffmann, 1975, S. 205 ff.; zu Hitlers Selbstisolierung und Einbunkerung unter medizinischen Aspekten siehe auch Schenck, 1989, S. 89 ff. Zu Hitlers Lebensführung im Bunker unter der Reichskanzlei vgl. H. R. Trevor-Roper: Hitlers letzte Tage, Zürich o. J. (1946), S. 103 ff.; Fest, 1992, S. 988 ff.

71 Gruchmann, 1990, S. 24. Vgl. auch Domarus, 1973, S. 1414; Fest, 1992, S. 827.

72 Vgl. Hoffmann, 1975, S. 119 ff.

73 Kershaw, 1980, S. 161.

74 Ab Sommer 1943 brachte die Presse häufiger Fotos von Besuchen Görings und Goebbels' in deutschen Großstädten, deren Betextung in der Regel den Durchhaltewillen der Bevölkerung betonten. Vgl. Münchner Illustrierte Presse, Nr. 26, 1. 7. 1943, S. 302; Völkischer Beobachter, Nr. 175, 22. 6. 1943, S. 3; Münchner Illustrierte Presse, Nr. 7, 17. 2. 1944, S. 74 ; Völkischer Beobachter, Nr. 306, 2. 11. 1943; Völkischer Beobachter, Nr. 222, 10. 8. 1943, S. 3; Illustrierter Beobachter, Nr. 45, 11. 11. 1943, o. S.

75 Speer, 1969, S. 430.

76 Speer, 1969, S. 259 (7. 11. 1942).

77 Seit August 1941 machten sich Anzeichen einer ernsthaften Krankheit Hitlers bemerkbar. Zu den Stationen des fortschreitenden Allgemeinverfalls siehe besonders Schenck, 1989, S. 382 ff.; vgl. ebenfalls Ellen Gibbels: Hitlers Parkinson-Syndrom. Eine posthume Motilitätsanalyse in Filmaufnahmen der Deutschen Wochenschau 1940-1945, in: Der Nervenarzt, 1988, Nr. 59, S. 521 - 528.

78 Vgl. Bramsted, 1971, S. 311. Schon 1941 hieß es in einer Meldung des Sicherheitsdienstes der SS, "daß eine Wochenschau ohne Bilder des Führers nicht für vollwertig gehalten werde. Man wolle immer sehen, wie der Führer aussehe, ob er ernst sei oder lache. Dagegen äußere man sich allgemein sehr enttäuscht, daß man seit langer Zeit im Rahmen der Wochenschau nicht auch die Stimme des Führers habe hören können." Boberach 1965, S. 116-117.

79 Joseph Goebbels: Der Führer, in: Völkischer Beobachter, Nr. 110, 20. 4. 1942, S. 2.

80 Joseph Goebbels: Der Führer, in: Völkischer Beobachter, Nr. 110, 20. 4. 1942, S. 2.

81 Speer, 1969, S. 271. "Hitlers Führungsschwäche trat besonders deutlich im Verlauf des Jahres 1943 zutage, als er noch keine strategische Vorstellung vom weiteren Verlauf der Auseinandersetzung entwickelt hatte. Der übereinstimmenden Bekundung aus seiner Umgebung zufolge war er unsicher, entschlußarm, schwankend (...)." (Fest, 1992, S. 924).

82 Joseph Goebbels: Bekenntnis des Volkes, in: Völkischer Beobachter, Nr. 110, 20. 4. 1943, S. 2.

83 Vgl. die Eingangslisten der Hoffmann-Aufnahmen in der Bibliothek für Zeitgeschichte, Stuttgart.

84 Ein Vergleich mit Hitlerberichten in der Deutschen Wochenschau kann hier nur angedeutet werden. Hitlers Auftritte in der Wochenschau steigerten sich nach 1939 und verdreifachten sich 1941 gegenüber 1939. Dies ist u.a. darauf zurückzuführen, daß im Unterschied zum abnehmenden Umfang der Zeitungs- und Zeitschriftenpresse die propagandistisch stärker favorisierte Wochenschau insgesamt an Länge zunahm. Hitlers starke filmische Präsenz im Jahr 1941 beruhte darauf, daß die Wochenschau insbesondere über seine außenpolitischen Zusammenkünfte in einem deutlich höheren Maße als im Jahr zuvor berichtete. Dies kompensierte die ebenfalls in der Wochenschau schwindenden Auftritte Hitlers in der Öffentlichkeit. Auch in den folgenden Jahren stutzte sich die Wochenschau bei Filmberichten über Hitler stark auf die "Elitentreffen". Die Trendwende zeigt sich wie beim Völkischen Beobachter mit dem Jahr 1943. Vgl. Herz, 1992. Auf den Titelseiten der großen Illustrierten nahm Hitlers Präsenz seit 1938/39 rapide ab. Bei der Partei-Illustrierten fiel die Reduzierung, ausgehend von einem extrem hohen Vorkriegsniveau, am stärksten aus. War Hitler in den Vorkriegsjahren durchschnittlich auf fast jeder zweiten Titelseite gegenwärtig, so nun mehr auf jeder sechsten. 1939 sah man Hitler auf 24, 1940 auf 14, 1941 auf 7, 1942 auf 8, 1943 auf 5, 1944 und 1945 auf 2 Titelblättern.

85 Aufnahmen populärer Ritterkreuzträger wie Rommel, Mölders und Scherer erschienen nur bis 1943 auf Titelblättern.

86 Berliner Illustrierte Zeitung, Nr. 16, 20. 4. 1944, Titelseite; Münchner Illustrierte Presse, Nr. 16, 20. 4. 1944, Titelseite.

87 Während das Motiv des Händeschüttelns stark ansteigt, 1944 beispielsweise auf über der Hälfte der Aufnahmen zu finden ist, reduziert sich der Hitlergruß und ist 1944 vergleichsweise nur noch auf wenigen Aufnahmen zu finden.

88 Vgl. die Aufnahme im Völkischen Beobachter, Nr. 296, 23. 10. 1943, S. 1 ("Prinz Cyril wird vom Führer und vom Reichsminister des Äußeren von Ribbentrop begrüßt").

89 Vgl. auch Völkischer Beobachter, Nr. 224, 11. 8. 1944 ("Weitere Aufnahmen vom Empfang der Reichsleiter und Gauleiter im Führerhauptquartier.").

90 Gespräch mit Walter Frentz, Überlingen, 22. 11. 1992.

91 Vgl. beispielsweise Illustrierter Beobachter, Nr. 4, 28. 1. 1943 ("Der Weg zum Endsieg. Die ersten zehn Jahre seit der Machtergreifung").

92 Vgl. dazu die entsprechenden Eintragungen vom Januar 1943 in der Auflistung der eingegangenen Hoffmannschen Presseaufnahmen in der Bibliothek für Zeitgeschichte, Stuttgart.

93 Ihre Beschriftung lautete: "Der Führer besucht Verwundete in einem Lazarettzug". Völkischer Beobachter, Norddeutsche Ausgabe, Nr. 113, 23. 4. 1942, S. 1.

94 Münchner Illustrierte Presse, Nr. 5, 30. 1. 1941 ("Zum Tag der Machtübernahme. Der Führer und Oberste Befehlshaber der Wehrmacht mitten unter seinen Soldaten"); Illustrierter Beobachter, Nr. 15, 15. 4. 1943 ("Der Führer unter seinen Soldaten").

95 Völkischer Beobachter, Nr. 111, 20. 4. 1944, S. 3.

96 Illustrierter Beobachter, Nr. 15, 15. 4. 1943; eine Variante war in der Münchner Illustrierten Presse, Nr. 18, 30. 4. 1942 erschienen.

97 Zu den Gerüchten über ernsthafte Erkrankungen Hitlers seit Sommer 1942 vgl. Kershaw, 1980, S. 165, S. 170.

98 Zit. nach Jörg Bohse: Inszenierte Kriegsbegeisterung und ohnmächtiger Friedenswille. Meinungslenkung und Propaganda im Nationalsozialismus, Stuttgart 1988, S. 127.

99 Vgl. Domarus, 1973, S. 2316.

100 Joseph Goebbels: Bekenntnis des Volkes, in: Völkischer Beobachter, Nr. 110, 20. 4. 1943, S. 2.

101 Zitiert nach Bramsted, 1971, S. 312.

102 Zitiert nach Bramsted, 1971, S. 312.

103 Zitiert nach Bramsted, 1971, S. 313.

104 Fest, 1992, S. 991.

105 Fest, 1992, S. 999 f.; vgl. auch Walter Görlitz/H. A. Quindt: Adolf Hitler. Eine Biographie, Stuttgart 1952, S. 618.

106 Vgl. Domarus, 1973, S. 2210 f.

107 Völkischer Beobachter, Nr. 61, 13. 3. 1945, S. 1; Illustrierter Beobachter, Nr. 12, 22. 3. 1945; Deutsche Wochenschau Nr. 754 vom 16. 3. 1945.

108 Illustrierter Beobachter, Nr. 15, 12. 4. 1945, Titelseite.

109 Bramsted, 1971, S. 314.

Nachwort

1 Reichel, 1991, S.154.

2 Boberach, 1984, S. 5145-46

3 Vgl. Busch, 1988, S. 21-30.

4 Völkischer Beobachter, 20. 2.1941, S. 3.

5 Fest, 1992, S. 399.

6 Vgl. Schmeer, 1956, S. 48-50.

7 Fest, 1992, S. 590.

8 Die Fotografen mit den nächst größten Einzelanteilen kamen nur noch auf wenige Prozentpunkte. Es war in der "Münchner Illustrierten Presse" Hugo Männer mit 12 Pronzent, Helmut Laux in der "Berliner Illustrirten Zeitung" mit 7 Prozent und Berthold Fischer bzw. Fritz Boegner im "Illustrierten Beobachter" mit je 3 Prozent. Abstimmen mit Kriegskapitel.

9 Schoch, 1974, S. 156.

10 Vgl. Peter Arnt Gröppel: Heldenverehrung als politische Gefahr. Der Bismarck-Kult im Zweiten Reich. Diareihe, herausgegeben vom Institut für Film und Bild in Wissenschaft und Unterricht, Grünwald b. München, 1974, Beiheft.

11 Zitiert nach Weber, 1978, S. 4. Die psychoanalytische Theorie erklärt die Notwendigkeit, das Bild des Führers in der Propaganda den Geführten anzugleichen aus dem latenten Narzißmus der Geführten. Adorno: "Wegen der Anteile der nazistischen Libido der Geführten, die nicht in das Führerbild investiert werden, sondern mit dem eigenen Ich verbunden bleiben, muß der Übermensch zugleich doch noch den Geführten ähnlich sein und als seine 'Vergrößerung' erscheinen. Einer der Hauptkunstgriffe der personalisierenden faschistischen Propaganda ist darum der Topos des 'großkleinen Mannes', einer Person, die ebenso die Vorstellung von Allmacht erweckt, wie die, daß er bloß einer der Geführten ist (...). Das Bild des Führers befriedigt den doppelten Wunsch der Geführten, sich der Autorität zu unterwerfen und zugleich selbst Autorität zu sein." (Theodor W.Adorno: Die Freudsche Theorie und die Struktur der faschistischen Propaganda, in : ders.: Kritik. Kleine Schriften zur Gesellschaft, Frankfurt / Main, 1971, S. 34-66, hier, S.50.

12 Weber, 1978, S. 23

13 Selbst Hitlers Darstellungen in der Malerei des Dritten Reiches entsprechen keineswegs dem "Doppelklischee".

14 Illustrierter Beobachter, Sonderheft: Unser Führer. Zum 50. Geburtstag Adolf Hitlers am 20. April 1939, S. 3

15 Boberach, 1984, S. 5146.

16 Ernst H. Lehmann: Die Gestaltung der Zeitschrift, Leipzig 1938, S. 157.

17 Unger, 1984, S. 74.

18 Busch, 1988, S. 57.

19 Photographische Chronik, Jg. 1934, S. 78.

20 Leni Riefenstahl: Memoiren, München 1987, S. 182.

Bibliographie

Abel, Karl-Dietrich: Presselenkung im NS-Staat. Eine Studie zur Geschichte der Publizistik in der nationalsozialistischen Zeit, Berlin 1968.

Adolf Hitler - Gesichter eines Diktators. Hrsg. von Jochen von Lang. Mit einem Vorwort von Joachim Fest, Hamburg 1968.

Adolf Hitler. Monologe im Führerhauptquartier 1941 - 1944. Die Aufzeichnungen Heinrich Heims. Hrsg. von Werner Jochmann, Hamburg 1980.

Adorno, Theodor W.: Die Freudsche Theorie und die Struktur der faschistischen Propaganda, in: ders.: Kritik. Kleine Schriften zur Gesellschaft, Frankfurt/Main, 1971, S. 34 - 66.

Adrian, Heinz: Aktuelle Bildberichterstattung nur mit der Kleinbildkamera, in: Das Atelier des Photographen, 1937, S. 197-198.

Akten der Partei-Kanzlei der NSDAP. Rekonstruktion eines verlorengegangenen Bestandes. Sammlung der in anderen Provenienzen überlieferten Korrespondenzen, Niederschriften von Besprechungen usw. mit dem Stellvertreter des Führers und seinem Stab bzw. der Parteikanzlei, ihren Ämtern, Referaten und Unterabteilungen sowie mit Heß und Bormann persönlich. Herausgegeben vom Institut für Zeitgeschichte, München 1983.

Andernach, Andreas: Hitler ohne Maske, München 1932.

Anschluß 1938. Protokoll des Symposiums in Wien am 14. und 15. März 1978 (=Wissenschaftliche Kommission des Theodor-Körner-Stiftungsfonds und des Leopold-Kunschak-Preises zur Erforschung der österreichischen Geschichte der Jahre 1918 bis 1938, Veröffentlichungen Bd. 7), München 1981.

Backes, Klaus: Hitler und die bildenden Künste. Kulturverständnis und Kunstpolitik im Dritten Reich, Köln 1988.

Balistier, Thomas: Gewalt und Ordnung. Kalkül und Faszination der SA, Münster 1989.

Balle, Hermann: Die propagandistische Auseinandersetzung des Nationalsozialismus mit der Weimarer Republik und ihre Bedeutung für den Aufstieg des Nationalsozialismus, Straubing 1963.

Barkhausen, Hans: Die NSDAP als Filmproduzentin. Mit Kurzübersicht: Filme der NSDAP 1927 - 1945, in: Günter Moltmann/Karl Friedrich Reimers (Hrsg.): Zeitgeschichte im Film- und Tondokument, Göttingen 1970, S. 145 - 176.

Barkhausen, Hans: Die Entwicklung der Wochenschau in Deutschland: Ufa-Wochenschauberichte vom VI. Reichsparteitag der NSDAP in Nürnberg, 5. - 10. September 1934 (=Publikation zur Filmedition G 143 des Instituts für den wissenschaftlichen Film), Göttingen 1978.

Barkhausen, Hans: Filmpropaganda für Deutschland im Ersten und Zweiten Weltkrieg, Hildesheim, Zürich, New York 1982.

Behrens, Manfred: Ideologische Anordnung und Präsentation der Volksgemeinschaft am 1. Mai 1933, in: Faschismus und Ideologie 1 (Argument-Sonderband AS 60), Berlin 1980, S. 81 - 100.

Belling, Curt: Der Film in Staat und Partei, Berlin 1936.

Benjamin, Walter: Das Kunstwerk im Zeitalter seiner technischen Reproduzierbarkeit, Frankfurt/Main 1963.

Bennecke, Heinrich: Hitler und die SA, München, Wien 1962.

Benz, Wolfgang/Graml, Hermann (Hrsg.) Sommer 1939. Die Großmächte und der europäische Krieg, Stuttgart 1979.

Berchtold, Josef: Die Organisation der NSDAP. Die nationalsozialistische Bewegung im Frühjahr 1930, in: NS-Monatshefte, 1930, Nr. 1, S. 34 - 35.

Die Berufsausbildung der Bildberichterstatter (Schriftleiter im RDP). Eine Anordnung des Leiters des RDP, in: Deutsche Presse, 1939, Nr. 4, S. 67 f.

Bessel, Richard: The Rise of the NSDAP and the Myth of Nazi Propaganda, in: The Wiener Library Bulletin, 1980, Nr. 33, S. 20 - 29.

Biallas, Hans: Neuzeitliche Drucktechnik und ihre praktische Anwendung. Was der nationalsozialistische Propagandist wissen muß, in: Wille und Weg, 1932, Nr. 11, S. 326 - 333.

Bismarck - Preußen, Deutschland und Europa. Hrsg. vom Deutschen Historischen Museum, Berlin 1990.

Boberach, Heinz (Hrsg.): Meldungen aus dem Reich. Auswahl aus den geheimen Lageberichten des Sicherheitsdienstes der SS 1939-1944, Neuwied, Berlin, 1965.

Boberach, Heinz (Hrsg.): Meldungen aus dem Reich 1938-1945. Die geheimen Lageberichte des Sicherheitsdienstes der SS. Vollständige Texte aus dem Bestand des Bundesarchivs Koblenz, Bd. 1 - 17, Herrsching 1984.

Böhme, Helmut: Der deutsch-französische Waffenstillstand im Zweiten Weltkrieg, Stuttgart 1966.

Boelcke, Willi A. (Hrsg.): Kriegspropaganda 1939 - 1941. Geheime Ministerkonferenzen im Reichspropagandaministerium, Stuttgart 1966.

Bömer, Karl (Hrsg.): Handbuch der Weltpresse, Leipzig und Frankfurt/Main 1937 (3. Aufl.).

Bohse, Jörg: Inszenierte Kriegsbegeisterung und ohnmächtiger Friedenswille. Meinungslenkung und Propaganda im Nationalsozialismus, Stuttgart 1988.

Boshof, Egon/Kurt Düwell/Hans Kloft: Grundlagen des Studiums der Geschichte, Köln, Wien 1973.

Botz, Gerhard: Schuschniggs geplante "Volksbefragung" und Hitlers "Volksabstimmung" in Österreich. Ein Vergleich, in: Anschluß 1938, 1981, S. 220 - 243.

Bracher, Karl Dietrich/Wolfgang Sauer/Gerhard Schulz: Die nationalsozialistische Machtergreifung. Studien zur Errichtung des totalitären Herrschaftssystems in Deutschland 1933/34, Köln, Opladen 1960.

Bracher, Karl-Dietrich: Die deutsche Diktatur. Entstehung, Struktur, Folgen des Nationalsozialismus, Köln 1976 (5. Aufl.).

Bracher, Karl Dietrich/Manfred Funke/Hans-Adolf Jacobsen (Hrsg.) Nationalsozialistische Diktatur 1933 - 1945. Eine Bilanz, Düsseldorf, Bonn 1983.

Bramsted, Ernest K.: Goebbels und die nationalsozialistische Propaganda 1925 - 1945, Frankfurt/Main 1971.

Brandes, Detlef: Die Tschechen unter deutschem Protektorat. Teil 1/2, München 1969, 1975.

Brandes, Detlef: Die Politik des Dritten Reiches gegenüber der Tschechoslowakei, in: M. Funke (Hrsg.): Hitler, Deutschland und die Mächte. Materialien zur Außenpolitik des Dritten Reiches, Düsseldorf 1976, S. 508 - 523.

Breker, Arno: Im Strahlungsfeld der Ereignisse. Leben und Wirken eines Künstlers. Portraits, Begegnungen, Schicksale, Preußisch Oldendorf 1972.

Brietzke, Arthur von: "Vor die mußten sie alle...", in: Die Gleichschaltung der Bilder, 1983, S. 18 - 31.

Broszat, Martin: Soziale Motivation und Führer-Bindung des Nationalsozialismus, in: Vierteljahrshefte für Zeitgeschichte, 1970, Nr. 18, S. 392 - 409.

Broszat, Martin u.a. (Hrsg.): Bayern in der NS-Zeit, München 1977 - 1983.

Broszat, Martin: Der Staat Hitlers. Grundlegung und Entwicklung seiner inneren Verfassung, München 1986 (11. Aufl.).

Broszat, Martin/Elke Fröhlich: Alltag und Widerstand. Bayern im Nationalsozialismus, München u. Zürich 1987.

Broszat, Martin/Norbert Frei: Das Dritte Reich im Überblick. Chronik, Ereignisse, Zusammenhänge, München, Zürich 1989.

Brückner, Wolfgang: Fotodokumentation als kultur- und sozialgeschichtliche Quelle, in: Das Photoalbum 1858 - 1918. Eine Dokumentation zur Kultur- und Sozialgeschichte, Ausstellungskatalog, München 1975, S. 11 - 31.

Bruns, Brigitte: Neuzeitliche Fotografie im Dienste nationalsozialistischer Ideologie. Der Fotograf Heinrich Hoffmann und sein Unternehmen, in: Die Gleichschaltung der Bilder, 1983, S. 172 -182.

Buchbender, Ortwin: Das tönende Erz. Deutsche Propaganda gegen die Rote Armee im Zweiten Weltkrieg, Stuttgart 1978.

Bucher, Peter: Hitlers 50. Geburtstag. Zur Quellenvielfalt im Bundesarchiv, in: Aus der Arbeit des Bundesarchivs. Beiträge zum Archivwesen, zur Quellenkunde und Zeitgeschichte. Hrsg. von Heinz Boberach und Hans Boom, Boppard 1977, S. 423 - 446.

Bullock, Alan: Hitler. Eine Studie über Tyrannei, Düsseldorf 1957 (5. Aufl.).

Bullock, Alan: Hitler und Stalin. Parallele Leben, Berlin 1991.

Burden, Hamilton T.: The Nuremberg Party Rallies: 1923 - 1939, London 1967.

Burden, Hamilton T.: Die programmierte Nation. Die Nürnberger Reichsparteitage, Gütersloh 1970.

Busch, Thomas: "Personenkult J. Stalins" und "Führermythos A. Hitlers". Vergleich anhand der Presseillustrationen in der "Pravda" und im "Völkischen Beobachter" 1932 bis 1936, Hausarbeit zur Erlangung des Magistergrades, Münster 1988.

Carr, W.: Adolf Hitler. Persönlichkeit und politisches Handeln, Stuttgart, Berlin 1980.

Celovsky, Boris: Das Münchner Abkommen 1938, Stuttgart 1958.

Chaplin, Charles: Die Geschichte meines Lebens, Frankfurt/Main 1964.

Clemens, Adolf: Fotografie im Dritten Reich. Pressefotografie im Dienste der politischen Propaganda, Examensarbeit, Essen 1966.

Dahms, Hellmuth Günther: Geschichte des Zweiten Weltkriegs, Tübingen 1965.

Das Deutsche Führerlexikon 1934/35, Berlin 1934.

David Culbert: The Heinrich Hoffmann Photo Archive: Price vs. United States (Final Judgment, 19 Mai 1993), in: Historical Journal of Film, Radio and Television, 1993, Bd. 13, Nr. 4.

Davis, Brian Leigh/Pierre Turner: Deutsche Uniformen im Dritten Reich 1933 - 1945, München 1983.

Dehn, Fritz: Das aktuelle Bild: Schmuck und Nachricht!, in: Deutsche Presse, 1935, Nr. 21, S. 251-253

Der Feldzug gegen Sowjetrußland 1941 bis 1945. Ein operativer Überblick von Alfred Philippi und Ferdinand Heim, Suttgart 1962.

Deuerlein, Ernst: Der Hitlerputsch. Bayerische Dokumente zum 8./9. November 1923, Stuttgart 1962.

Deuerlein, Ernst (Hrsg.): Der Aufstieg der NSDAP in Augenzeugenberichten, München 1980 (4. Aufl.).

Deutschland. Geschaffen von Pay Christian Carstensen, Hans Hitzer und Friedrich Richter, Berlin 1936.

Deutschland im Zweiten Weltkrieg, hrsg. von W. Schumann und G. Hass, Band 1 - 6, Köln 1974-1985.

Deutschland-Berichte der Sozialdemokratischen Partei Deutschlands (sopade) 1934 - 1940, 7 Bände, Salzhausen, Frankfurt am Main 1980.

Die Dekoration der Gewalt. Kunst und Medien im Faschismus. Hrsg. Berthold Hinz/Hans-Georg Mittig/Wolfgang Schäche/Angela Schönberger, Gießen 1979.

Die Gleichschaltung der Bilder. Zur Geschichte der Pressefotografie 1930 - 36. Herausgegeben von Diethart Kerbs, Walter Uka und Brigitte Walz-Richter im Auftrage des Bundes deutscher Kunsterzieher e. V., Berlin 1983.

Die "Kunststadt" München 1937. Nationalsozialismus und "Entartete Kunst", herausgegeben von Peter-Klaus Schuster, München 1987.

Die nationalsozialistische Revolution in Wien. Bildbericht über die Wiener Ereignisse vom 11. März bis 10. April 1938. Hrsg. von der Pressestelle der Stadt Wien, Wien 1938.

Die Tagebücher von Joseph Goebbels. Sämtliche Fragmente. Hrsg. von Elke Fröhlich im Auftrag des Instituts für Zeitgeschichte und in Verbindung mit dem Bundesarchiv, Teil 1, Aufzeichnungen 1924 - 1941, München, New York, London, Paris 1987.

Diebow, Hans: 50 Jahre Pressephotographie, in: Zeitungs-Verlag, 1933, Nr. 44, S. 4 - 6.

Diebow, Hans: Bilderserien, in: Deutsche Presse, 1934, Nr. 11, S. 1 - 5.

Diederich, Reiner/Richard Grübling: Sozialismus als Reklame. Zur faschistischen Fotomontage, in: Die Dekoration der Gewalt, 1979, S. 123 - 136.

Dietzel, Walter: Das Zeitungsbild als historisches Dokument, in: Deutsche Presse, 1935, Nr. 20, S. 243.

Dietrich, Otto: Unsere Presse im Wahlkampf, in: Wille und Weg, 1932, Nr. 17, S. 199 - 204.

Dietrich, Otto: Presse und Propaganda, in: Wille und Weg, 1931, Nr. 12, S. 274 - 281.

Dietrich, Otto: Auf den Straßen des Sieges. Erlebnisse mit dem Führer in Polen, München 1940.

Dietrich, Otto: Zwölf Jahre mit Hitler, München 1955.

Domarus, Max: Hitler. Reden und Proklamationen 1932 - 1945. Kommentiert von einem deutschen Zeitgenossen, Band I: Triumph, 1932 - 1938, Band II: Untergang, 1939 - 1945, Wiesbaden 1973.

Dornberg, John: Hitlers Marsch zur Feldherrnhalle. München, 8. und 9. November 1923, München 1983.

Dornberg, John: Der Hitlerputsch, Frankfurt / Main, 1989.

Dülffer, Jost: Deutsche Geschichte 1933 - 1945. Führerglaube und Vernichtungskrieg, Stuttgart, Berlin, Köln 1992.

Eichstädt, Ulrich: Von Dollfuss zu Hitler. Geschichte des Anschlusses Österreichs 1933 - 1938 (=Veröffentlichungen des Instituts für europäische Geschichte Mainz, Bd. 10), Wiesbaden 1955.

Elfferding, Wieland: Von der proletarischen Masse zum Kriegsvolk. Massenaufmarsch und Öffentlichkeit im deutschen Faschismus am Beispiel des 1. Mai 1933, in: Inszenierung der Macht. Ästhetische Faszination im Faschismus, Berlin 1987, S. 17 - 51.

Erbeutete Sinne. Nachträge zur Berliner Ausstellung "Inszenierung der Macht. Ästhetische Faszination im Faschismus", herausgegeben von der Neuen Gesellschaft für Bildende Kunst, Berlin 1988.

Erdmann, Karl Dietrich: Deutschland unter der Herrschaft des Nationalsozialismus 1933 - 1939, München 1980.

Eskildsen, Ute/Jan-Christopher Horak: Film und Foto der Zwanziger Jahre, Stuttgart 1979.

Fabian, Rainer: Die Fotografie als Dokument und Fälschung, München 1976.

Faksimile-Querschnitt durch die Berliner Illustrirte, hrsg. von Friedrich Luft, München, Bern, Wien 1965.

Faszination und Gewalt. Zur politischen Ästhetik des Nationalsozialismus. Hrsg. von Bernd Ogan und Wolfgang W. Weiß, Nürnberg 1992.

Ferber, Christian (Hrsg.): Berliner Illustrirte Zeitung. Zeitbild, Chronik, Morität für Jedermann 1892 - 1945, Frankfurt/Main, Berlin 1982.

Fest, Joachim C.: Hitler. Eine Biographie, Frankfurt/Main, Berlin 1992 (3. Aufl.).

Fiedler, Werner: Zeichnung oder Photo, in: Zeitungs-Verlag, 1933, Nr. 44, S. 5 - 7.

Fotografien in Deutschen Zeitschriften 1924 -1933, Austellungskatalog, zusammengestellt von Ute Eskildsen, Stuttgart 1982.

Franz-Willing, Georg: Krisenjahr der Hitlerbewegung 1923, Preußisch Oldendorf 1975.

Franz-Willing, Georg: Die Hitlerbewegung. Der Ursprung 1919 - 1922, Hamburg, Berlin 1962.

Fraser, John: Hitler's Cameraman, in: The British Journal of Photography, 27. September 1985, S. 1082 - 1086; 4. October 1985, S. 1108 - 1112.

Frei, Norbert: Nationalsozialistische Presse und Propaganda, in: Martin Broszat/Horst Möller (Hrsg.): Das Dritte Reich. Herrschaftstruktur und Geschichte, München 1986 (2. Aufl.), S. 152 - 175.

Frei, Norbert: Der Führerstaat. Nationalsozialistische Herrschaft 1933 bis 1945, München 1987.

Frei, Norbert/Johannes Schmitz: Journalismus im Dritten Reich, München 1989.

Freund, Gisele: Photographie und Gesellschaft, Reinbek bei Hamburg 1979.

Fröhlich, Elke: Die kulturpolitische Pressekonferenz des Reichspropagandaministeriums, in: Vierteljahrshefte für Zeitgeschichte, 1974, Nr. 22, S. 347 - 381.

Funke, Manfred (Hrsg.): Hitler, Deutschland und die Mächte. Materialien zur Außenpolitik des Dritten Reiches, Düsseldorf 1978.

Funke, Manfred: Starker oder schwacher Diktator? Hitlers Herrschaft und die Deutschen, Düsseldorf 1989.

Gamm, Hans-Jochen: Der braune Kult. Das Dritte Reich und seine Ersatzreligion. Ein Beitrag zur politischen Bildung, Hamburg 1962.

Gamm, Hans-Jochen: Der Flüsterwitz im Dritten Reich, München, Zürich, 1993.

Garai, Bert: The Man from Keystone, London 1965.

Garai, Bert: Pressebilder für die Welt, in: Hundert Jahre Weltsensationen in Pressefotos. Aus den internationalen Keystone-Archiven. Hrsg. von Ludwig A. C. Martin, Dortmund 1979, S. 351 - 362).

Gibbels, Ellen: Hitlers Parkinson-Syndrom. Eine posthume Motilitätsanalyse in Filmaufnahmen der Deutschen Wochenschau 1940-1945, in: Der Nervenarzt, 1988, Nr. 59, S. 521 - 528.

Gidal, Tim Nahum: Bildbericht und Presse. Ein Beitrag zur Geschichte und Organisation der illustrierten Zeitungen, Tübingen 1956.

Gidal, Tim Nahum: Deutschland - Beginn des modernen Photojournalismus, Luzern, Frankfurt/Main 1972.

Gilbert, Martin: Der Zweite Weltkrieg. Eine chronologische Gesamtdarstellung, München, Leipzig 1989.

Glaser, Hermann/Walther Pützstück: Ein deutsches Bilderbuch 1870 - 1918. Die Gesellschaft einer Epoche in alten Photographien, München 1982.

Gnichwitz, Siegfried: Die Presse der bürgerlichen Rechten in der Ära Brüning. Ein Beitrag zur Vorgeschichte des Nationalsozialismus, Phil. Diss. Münster 1956.

Goebbels, Joseph: Kampf um Berlin, München 1934.

Goebbels, Joseph: Der Führer, in Völkischer Beobachter, Nr. 110, 20. 4. 1942, S. 2.

Goebbels, Joseph: Bekenntnis des Volkes, in: Völkischer Beobachter, Nr. 110, 20. 4. 1943, S. 2.

Görlitz, Walter/H. A. Quindt: Adolf Hitler. Eine Biographie, Stuttgart 1952.

Gough-Cooper, Jennifer/Caumont, Jaques: Plan pour écrire une vie de Marcel Duchamp, Bd. 1: Chronologie générale, Paris 1977.

Grainer, Franz: Heinrich Hoffmanns Weg und Schaffen, in: Das Atelier des Photographen, 44. Jg.,1937, H. 10, S. 176 - 179.

Graml, Hermann: Ein überflüssiger Film, in: Geschichte in Wissenschaft und Unterricht, 1977, Nr. 11, S. 669 - 677.

Gregorius: Was der Photohändler jetzt tun soll, in: Die Photographische Industrie. Fachblatt für Fabrikation und Handelaller photographischen Bedarfsartikel, 1919, Nr. 12.

Gritschneder, Otto: Bewährungsfrist für den Terroristen Adolf H., München 1990.

Gröppel, Peter Arnt: Heldenverehrung als politische Gefahr. Der Bismarck-Kult im Zweiten Reich. Diareihe, herausgegeben vom Institut für Film und Bild in Wissenschaft und Unterricht, Grünwald b. München, 1974, Beiheft.

Gruchmann, Lothar: Der Zweite Weltkrieg. Kriegführung und Politik, München 1990 (9. Aufl.).

Grunberger, Richard: Das zwölfjährige Reich, München, Wien 1971.

Grunfeld, Frederic V.: Die deutsche Tragödie. Adolf Hitler und das Deutsche Reich 1918 - 1945 in Bildern. Mit einem Nachwort von Hugh Trevor-Roper, Herrsching o. J. (1980)

Günther, Sonja: Design der Macht. Möbel für Repräsentanten des "Dritten Reiches". Mit einem Vorwort von Wolfgang Fritz Haug, Stuttgart 1992.

Haffner, Sebastian: Anmerkungen zu Hitler, München 1978.

Hagemann, Walter: Publizistik im Dritten Reich. Ein Beitrag zur Methodik der Massenführung, Hamburg 1948.

Hagemann, Jürgen: Die Presselenkung im Dritten Reich, Bonn 1970.

Hale, Oron J.: Presse in der Zwangsjacke 1933 - 1945, Düsseldorf 1965.

Hamann, Richard/Jost Hermand: Stilkunst um 1900, Berlin 1967.

Hanfstaengl, Ernst: Zwischen Weißem und Braunem Haus. Memoiren eines politischen Außenseiters, München 1970.

Hannig, Jürgen: Bilder, die Geschichte machen. Anmerkungen zum Umgang mit "Dokumentarfotos" in Geschichtslehrbüchern, in: Geschichte in Wissenschaft und Unterricht. 1989, Nr. 1, S. 10 - 32.

Hansen, Fritz: Führerbilder (Freie Benutzung oder Nachbildung?), in: Photographische Chronik, 1933, S. 88 - 89.

Hansen, Fritz: Neuzeitliche Photographie im Dienste der nationalsozialistischen Idee. Heinrich Hoffmann in seinem Wirken und Schaffen, in: Die Linse. Monatsschrift für Photographie und Kinematographie, 30. Jg., 1934, Nr. 4, S. 63 - 71.

Hansen, Fritz: Vom Wesen der Kamerajournalistik, in: Der Photograph, 1936, Nr. 62, S. 241 - 243.

Hansen, Fritz: Das Zeitungsphoto im kommenden Urheberrecht, in: Deutsche Presse, 1939, Nr. 18, S. 335.

Hasselbach, Ulrich von: Die Entstehung der nationalsozialistischen deutschen Arbeiterpartei 1919 - 1923, Phil. Diss. Leipzig 1931.

Haus, Andreas: Fotografie und Wirklichkeit, in: Fotogeschichte. Beiträge zur Geschichte und Ästhetik der Fotografie, Jg. 2, 1982, H. 5, S. 5-11.

Hassner, Rune: Bilder för miljoner, Stockholm 1977.

Heiber, Helmut: Joseph Goebbels, Berlin 1962.

Heiden, Konrad: Geschichte des Nationalsozialismus, Berlin 1932.

Heiden, Konrad: Adolf Hitler. Das Zeitalter der Verantwortungslosigkeit. Eine Biographie, Zürich 1936.

Heilbronn, Ludwig: Die Bilderfrage und die Tageszeitungen, in: Zeitungs-Verlag, 1932, Nr. 31, S. 528.

Heimann, Paul: Zur Dynamik der Bild-Wort-Beziehungen in den optisch-akustischen Massenmedien, in: Bild und Begriff, hrsg. von Robert Heiß u. a., Münch. 1973.

Hein, Eugen: Das Bild: Schmuck oder Nachricht?, in: Deutsche Presse, 1935, Nr. 19, S. 223 - 224.

Henke, Josef: Die Reichsparteitage der NSDAP in Nürnberg 1933 - 1938. Planung, Organisation, Propaganda, in: Aus der Arbeit des Bundesarchivs. Beiträge zum Archivwesen, zur Quellenkunde und Zeitgeschichte. Hrsg. von Heinz Boberach u. Hans Boom, Boppard 1977, S.398 - 422.

Hennig, Eike: Faschistische Ästhetik und faschistische Öffentlichkeit, in: Die Dekoration der Gewalt. Kunst und Medien im Faschismus. Hrsg. Berthold Hinz/Hans-Georg Mittig/Wolfgang Schäche/Angela Schönberger, Gießen 1979, S. 9 - 15.

Henning, Hansjoachim: Kraftfahrzeugindustrie und Autobahnbau in der Wirtschaftspolitik des Nationalsozialismus 1933 bis 1936, in: Vierteljahrsschrift für Sozial- und Wirtschaftsgeschichte, 1978, Nr. 65, S. 217 - 242.

Hermann, F. K.: Die Nachwuchsfrage in der Bildberichterstattung, in: Das Atelier des Photographen, 1935, S. 180 - 182.

Herz, Rudolf/Brigitte Bruns: Hofatelier Elvira 1887 - 1928. Ästheten, Emanzen, Aristokraten, Ausstellungskatalog Münchner Stadtmuseum, München 1985.

Herz, Rudolf/Dirk Halfbrodt: Fotografie und Revolution. München 1918/19, Berlin 1988.

Heydecker, Joe J.: Das Warschauer Getto. Foto-Dokumente eines deutschen Soldaten aus dem Jahre 1941, München 1983.

Hickethier, Knut/Manfred Otten: Der Faschismus und der Volkswagen, in: Knut Hickethier/Wolf Dieter Lützen/Karin Reiss (Hrsg.): Das deutsche Auto. Volkswagenwerbung und Volkskultur, Steinbach und Wißmar 1974, S. 35 - 48.

Hildebrand, Klaus: Das Dritte Reich, München 1987.

Hillgruber, Andreas: Staatsmänner und Diplomaten bei Hitler. Vertrauliche Aufzeichnungen über Unterredungen mit Vertretern des Auslands, Bd. 1, Frankfurt/Main 1967.

Hillgruber, Andreas: Hitlers Strategie, Politik und Kriegsführung 1940 - 41, München 1982 (2. Aufl.).

Hillgruber, Andreas: Der Zweite Weltkrieg 1939-1945. Kriegsziele und Strategie der großen Mächte, Stuttgart, Berlin, Köln, Mainz 1982.

Hindenburg, Gert von: Paul von Hindenburg. Vom Kadetten zum Reichspräsidenten, Leipzig o.J. (1932).

Hinkel, Hermann: Zur Funktion des Bildes im deutschen Faschismus. Bildbeispiele - Analysen -Didaktische Vorschläge, Steinbach/Gießen und Wißmar 1974.

Hinz, Berthold: Die Malerei im deutschen Faschismus. Kunst und Konterrevolution, München 1974.

Hirschfeld, Gerhard/Lothar Kettenacker (Hrsg.): Der "Führerstaat." Mythos und Realität. Studien zur Struktur und Politik des Dritten Reiches, Stuttgart 1981.

Hitler - Aufstieg und Untergang des Dritten Reiches. Eine Dokumentation in Bildern von Robert Neumann unter Mitarbeit von Helga Koppel, München, Wien, Basel 1961.

Hitler. Gesichter eines Diktators. Eine Bilddokumentation. Herausgegeben von Jochen von Lang, München, Berlin 1984.

Hitlers Städte. Baupolitik im Dritten Reich. Eine Dokumentation von Jost Dülffer, Jochen Thies, Josef Henke, Köln, Wien 1978.

Hitler, Adolf: Mein Kampf, München 1938 (330-334. Aufl.).

Hoffmann, Detlef: Fotografie als historisches Dokument, Jg. 5, 1985, H. 15, S. 3 - 14.

Hoffmann, Detlef/Ute Wrocklage: Die daguerreo-typisierten Männer der Paulskirche. Parlamentarierportraits in der ersten deutschen Nationalversammlung in Frankfurt 1848/49, in: Silber und Salz. Zur Frühzeit der Photographie im deutschen Sprachraum 1839 -1860. Katalogbuch zur Jubiläumsausstellung 150 Jahre Photographie. Hrsg. von Bodo von Dewitz und Reinhard Matz, Köln, Heidelberg 1989, S. 404 - 437.

Hoffmann, Heinrich: Heinrich Hoffmann (1897 - 1947). Mein Beruf. Meine Arbeit für die Kunst. Mein Verhältnis zu Adolf Hitler, 1947 (unveröffentlichtes Manuskript).

Hoffmann, Heinrich: Heinrich Hoffmanns Erzählungen, in: Münchner Illustrierte, 1954, Nr. 43 - 1955, Nr. 3.

Hoffmann, Heinrich: Hitler was my Friend. Translated by Lt.-Col. R. H. Stevens, London 1955.

Hoffmann, Hilmar: Die dämonische Leinwand, Frankfurt/Main 1975.

Hoffmann, Heinrich: Hitler, wie ich ihn sah, München, Berlin 1974.

Hoffmann, Peter: Die Sicherheit des Diktators. Hitlers Leibwachen, Schutzmaßnahmen, Residenzen, Hauptquartiere, München, Zürich 1975.

Höhne, Heinz: Die Machtergreifung. Deutschlands Weg in die Diktatur, Reinbek 1983.

Honnef-Harling, Gabriele: Das Herrschaftsportrait, in: Lichtbildnisse. Das Portrait in der Fotografie. Hrsg. von Klaus Honnef und Jan Thorn Prikker, Köln 1982, S. 388 - 395.

Horn, Wolfgang: Führerideologie und Parteiorganisation in der NSDAP (1919 1924), Düsseldorf 1972.

Hüttenberger, Peter: Die Gauleiter. Studie zum Wandel des Machtgefüges in der NSDAP, Stuttgart 1969.

Inszenierung der Macht. Ästhetische Faszination im Faschismus, herausgegeben von der Neuen Gesellschaft für Bildende Kunst, Berlin 1987.

Irving, David: Hitler und seine Feldherren, Frankfurt/Main, Berlin, Wien 1975.

Jacobsen, Hans-Adolf: Nationalsozialistische Außenpolitik 1933 - 1938, Frankfurt/Main 1968.

Jäckel, Eberhard: Hitlers Weltanschauung, Stuttgart 1981.

Jagschitz, Gerhard: Photographie und "Anschluß" im März 1938, in: Oliver Rathkolb/Wolfgang Duchkowitsch/Fritz Hausjoll (Hrsg.): Die veruntreute Wahrheit. Hitlers Propagandisten in Österreich 38, Salzburg 1988, S. 52 - 87.

Jahrbuch der Lehr- und Versuchsanstalt für Chemiegraphie und Photographie 1906 - 1907, München 1907.

Jamin, Mathilde: Zur Rolle der SA im nationalsozialistischen Herrschaftssystem, in: Gerhard Hirschfeld/Lothar Kettenacker (Hrsg.): Der "Führerstaat": Mythos und Realität. Studien zur Struktur und Politik des Dritten Reiches, Stuttgart 1981.

Jaschke, Hans-Gerd/Martin Loiperdinger: NSDAP und Gewalt vor 1933. Ästhetische Okkupation und physischer Terror, in: Friedensanalysen 17, Faszination der Gewalt. Politische Strategie und Alltagserfahrung (Redaktion: Peter Steinweg), Frankfurt/Main 1983, S. 123 - 155.

Jaubert, Alain: Fotos, die lügen: Politik mit gefälschten Bildern, Frankfurt/Main 1989.

Kaftan, Kurt: Der Kampf um die Autobahnen. Geschichte und Entwicklung des Autobahngedankens in Deutschland von 1907 - 1935 unter Berücksichtigung ähnlicher Pläne und Bestrebungen im übrigen Europa, Berlin 1955.

Kaindl, Kurt (Hrsg.): Harald P. Lechenberg. Pionier des Fotojournalismus 1929 - 1937, Salzburg 1990.

Kasper, Josef: Belichtung und Wahrheit. Bildreportage von der Gartenlaube bis zum Stern, Frankfurt/Main, New York 1979.

Kaufhold, Enno: Bilder des Übergangs. Zur Mediengeschichte von Fotografie und Malerei in Deutschland um 1900, Marburg 1986.

Keller, Ulrich (Hrsg.): Fotografien aus dem Warschauer Getto, Berlin 1987.

Kerbs, Diethart: Die Epoche der Bildagenturen. Zur Geschichte der Pressefotografie in Berlin von 1900 bis 1933, in: Die Gleichschaltung der Bilder, 1983, S. 32 - 73.

Kerbs, Diethart: Methoden und Probleme der Bildquellenforschung, in: Revolution und Fotografie, Berlin 1918/19, Berlin 1989, S. 241 - 262.

Kershaw, Ian: Alltägliches und Außeralltägliches; ihre Bedeutung für die Volksmeinung 1933 - 1939, in: Detlev Peukert/Jürgen Reulecke (Hrsg.): Die Reihen fest geschlossen. Beiträge zur Geschichte des Alltags unterm Nationalsozialismus, Wuppertal 1979, S. 273 - 292.

Kershaw, Ian: Der Hitler-Mythos. Volksmeinung und Propaganda im Dritten Reich. Mit einer Einführung von Martin Broszat, Stuttgart 1980.

Kershaw, Ian: How effective was Nazi Propaganda, in: David Welch (Hrsg.): Nazi Propaganda. The Power and the Limitations, London, Canberra 1983, S. 180 - 205.

Kershaw, Ian: Hitlers Macht. Das Profil der NS-Herrschaft, München 1992.

Klass, Paul: Trotz Raumbeschränkung: Bebilderung in der Tagespresse, in: Deutsche Presse, 1942, Nr. 15, S. 150 - 153.

Koehl, Robert: Feudal Aspects of National Socialism, in: American Political Science Review, Bd. 54, 1960, S. 921 - 933.

Köppel, Hans-Jürgen: Politische Werbung auf Briefmarken, Phil. Diss. Salzburg 1970.

Koerner, Ralf Richard: So haben sie es damals gemacht...Die Propagandavorbereitungen zum Österreichanschluß durch das Hitlerregime 1933 bis 1938, Wien 1958.

Koszyk, Kurt: Deutsche Presse 1914 - 1945, Berlin 1972.

Krämer-Badoni, Thomas: Auto, Gesellschaft und Kunst, in: Das Automobil in der Kunst 1886 - 1986. Hrsg. von Reimar Zeller, München 1986.

Kräussl, Lothar: Die Geschichte und Entwicklung der Gesellschaft Deutscher Lichtbildner seit 1919, Stuttgart 1992.

Kulissen der Gewalt. Das Reichsparteitagsgelände in Nürnberg. Hrsg. vom Centrum für Industriekultur Nürnberg, München 1992.

Kunst im 3. Reich. Dokumente der Unterwerfung, Ausstellungskatalog Frankfurt/Main 1975.

Kunze, Thomas/Rainer Stommer: Geschichte der Autobahn, in: Stommer, Rainer (Hrsg.): Reichsautobahn, Pyramiden des Dritten Reichs, Marburg 1982, S. 22 - 32.

Kurzbein, Heiner: Vom Einsatz der Bild- und Filmberichterstatter bei Veranstaltungen von Staat und Partei, in: Wille und Weg, 1937, Nr. 6, S. 180 - 182.

Lachmann, Ismar: Die Zukunft der Bildberichterstattung, in: Deutsche Presse, 1932, Nr. 7, S. 75 - 77.

Lärmer, Karl: Autobahnbau in Deutschland 1933 - 1945. Zu den Hintergründen, Berlin 1975.

Layton, Roland V.: The Völkischer Beobachter, 1925 - 1933. A Study of the Nazi Newspaper in the Kampfzeit, Phil. Diss. University of Virginia 1965.

Laugstien, Thomas: Die Organisation des Ideologischen im Reichsparteitagsfilm, in: Faschismus und Ideologie 2 (Argument Sonderband AS 60), Berlin 1980, S. 307 - 336.

Lehmann, Ernst: Die Gestaltung der Zeitschrift, Leipzig 1938.

Lendvai-Dircksen, Erna: Reichsautobahn. Mensch und Werk. Gedichte und Sprüche zu den Bildern schrieb Emil Maier-Dorn. Herausgegeben vom Generalinspektor für das deutsche Straßenwesen, Berlin 1937 (2. Aufl. 1942).

Lepsius, Rainer M.: Freisetzung und Einbindung. Max Webers Theorie der charismatischen Herrschaft und Handlungsspielräume in der Geschichte, in: Bericht über die 34. Versammlung deutscher Historiker in Münster/Westfalen, 6. bis 10. Oktober 1982, S. 115 - 117.

Lepsius, Rainer M.: Charismatic Leadership: Max Webers Model and its Applicability to the Rule of Hitler, in: Changing Conseptions of Leadership. Edited by Carl F. Graumann and Sege Moscovicio, New York, Berlin, Heidelberg, Tokio 1986, S. 53 - 66.

Lexikon für Photographie und Reproduktionstechnik, Wien, Berlin 1910.

Lohalm, Uwe: Völkischer Radikalismus. Die Geschichte des Deutschvölkischen Schutz- und Trutzbundes 1919 - 1923, Hamburg 1970.

Loiperdinger, Martin: "Das junge Deutschland marschiert". Ein Filmdokument zum Reichsjugendtag 1932, IHSA-Arbeitspapier Nr. 8, Frankfurt/Main 1979.

Loiperdinger, Martin: Probleme des Quellenwertes von Bildmedien für die Geschichtsschreibung. Überarbeitete Fassung eines Vortrags auf der 18. Jahrestagung des Studienkreises für Rundfunk und Geschichte, Fachgruppe Archive und Dokumentation, am 24. Septmeber 1987 im Hessischen Rundfunk, Frankfurt/Main.

Loiperdinger, Martin: Gelöbnisrituale im Parteitagsfilm "Triumph des Willens", in: Dirk Berg-Schlosser/Jakob Schissler (Hrsg.): Politische Kultur in Deutschland - Facetten einer dramatischen Entwicklung. Politische Vierteljahresschrift, Sonderheft 18, Opladen 1987, S. 138 - 143.

Loiperdinger, Martin: "Hans Westmar": Faschistische und kommunistische Öffentlichkeit kämpfen um den Besitz der Straße, in: Märtyrerlegenden in NS-Filmen. Hrsg. von Martin Loiperdinger, Opladen 1991, S. 55 - 76.

Loiperdinger, Martin: Der Parteitagsfilm "Triumph des Willens" von Leni Riefenstahl. Rituale der Mobilmachung, Opladen 1987.

Loiperdinger, Martin: "Triumph des Willens": Führerkult und geistige Mobilmachung, in: Faszination und Gewalt. Zur Politischen Ästhetik des Nationalsozialismus. Hrsg. von Bernd Ogan und Wolfgang W. Weiß, Nürnberg 1992, S. 159 - 162.

Loiperdinger, Martin/David Culbert: Leni Riefenstahl, the SA and the Nazi Party Rally Films, Nuremberg 1933 - 1934: "Sieg des Glaubens" and "Triumph des Willens", in: Historical Journal of Film, Radio and Television, Bd. 8, Nr. 1, 1988, S. 3 - 38.

Longerich, Peter: Propagandisten im Krieg. Die Presseabteilung des Auswärtigen Amtes unter Ribbentrop, München 1987.

Longerich, Peter: Die braunen Bataillone. Geschichte der SA, München 1989.

Lorant, Stefan: Ich war Hitlers Gefangener. Ein Tagebuch 1933, München 1985.

Lüdecke, Kurt G.W.: I knew Hitler. The story of a nazi who escaped the blood purge, London 1938.

Mancha, Philip E.: Heinrich Hoffmann: Photographer of the Third Reich, in: Prologue. The Journal of the National Archives, Jg. 1973, S. 31 -40.

Marckwardt, Wilhelm: Die Illustrierten der Weimarer Zeit. Publizistische Funktion, ökonomische Entwicklung und inhaltliche Tendenzen (unter Einschluß einer Bibliographie dieses Pressetypus 1918 - 1933), Phil. Diss. München 1982.

Maser, Werner: Adolf Hitler. Das Ende der Führerlegende, Düsseldorf 1980.

Maser, Werner: Der Sturm auf die Republik. Frühgeschichte der NSDAP, Frankfurt/Main, Berlin, Wien 1981.

Matz, Reinhard/Joachim Weiner: Fotografie und Politik, in: European Photography, Jg. 1983, H. 15, S. 4 - 21.

Mein Schüler Hitler. Das Tagebuch seines Lehrers Paul Devrient. Hrsg. von Werner Maser, Pfaffenhofen 1975.

Merker, Reinhard: Die bildenden Künste im Nationalsozialismus, Köln 1983.

Meyer, Claus Heinrich: Die Veredelung Hitlers. Das Dritte Reich als Markenartikel, in: Rechtsextremismus in der Bundesrepublik. Voraussetzungen, Zusammenhänge, Wirkungen. Herausgegeben von Wolfgang Benz, Frankfurt/Main, 1984, S. 45 - 68.

Michalka, Wolfgang (Hrsg.): Nationalsozialistische Außenpolitik, Darmstadt 1978.

Michalka, Wolfgang (Hrsg.): Die nationalsozialistische Machtergreifung, Paderborn, München 1984.

Middendorf, Kai: Photojournalismus in der Münchner Illustrierten Zeitung, Hausarbeit, Institut für Kommunikationswissenschaft (Zeitungswissenschaft), München 1993.

Miltenberg, Weigand von: Adolf Hitler Wilhelm III, Berlin 1931.

Milton, Sybil: Argument oder Illustration. Die Bedeutung von Fotodokumenten als Quelle, in: Fotogeschichte, Jg. 8, 1988, H. 28, S. 61 - 90.

Moll, Martin: "Signal". Die NS-Auslandsillustrierte und ihre Propaganda für Hitlers "Neues Europa", in: Publizistik, 1986, Nr. 31, S. 357 - 400.

Moltmann, Günther: Film- und Tondokumente als Quellen zeitgeschichtlicher Forschung, in: Zeitgeschichte im Film- und Tondokument. 17 historische, pädagogische und sozialwissenschaftliche Beiträge. Herausgegeben von Günter Moltmann und Karl Friedrich Reimers, Göttingen, Zürich, Frankfurt/Main 1970, S. 17 - 23.

Mommsen, Hans: Gesellschaftsbild und Verfassungspläne des deutschen Widerstandes, in: Walter Schmitthenner, Hans Buchheim (Hrsg.): Der deutsche Widerstand gegen Hitler, Köln, Berlin 1966.

Mommsen, Hans: Zur Verschränkung traditioneller und faschistischer Führungsgruppen in Deutschland beim Übergang von der Bewegungs- zur Systemphase, in: Wolfgang Schieder (Hrsg.): Faschismus als soziale Bewegung. Deutschland und Italien im Vergleich. Hamburg, 1976, S. 157 - 181.

Mommsen, Hans: Nationalsozialismus oder Hitlerismus, in: Persönlichkeit und Struktur in der Geschichte. Historische Bestandsaufnahme und didaktische Implikationen, Düsseldorf, 1977 S. 62 - 71.

Mosse, George L.: Die Nationalisierung der Massen. Politische Symbolik und Massenbewegungen in Deutschland von den Napoleonischen Kriegen bis zum Dritten Reich, Frankfurt/Main, Berlin, Wien 1976.

Müller, Wilhelm: Das Reichsministerium für Volksaufklärung und Propaganda, Berlin 1940.

Mussolini. Eine Biographie in 110 Bildern von Hans Diebow und Kurt Goeltzer, Berlin 1931.

Nazi-Kitsch. Herausgegeben und mit einer Einleitung versehen von Rolf Steinberg, Darmstadt 1975.

Neugebauer, Wolfgang/Herbert Steiner: Widerstand und Verfolgung in Österreich (im Zeitraum vom 12. Februar bis zum 10. April 1938), in: Anschluß 1938, S. 86 - 108.

Niethammer, Lutz: Entnazifizierung in Bayern. Säuberung und Rehabilitierung unter amerikanischer Besatzung, Frankfurt/Main 1972.

Noller, Sonja: Die Geschichte des "Völkischen Beobachters" von 1920 - 1923, Phil. Diss. München 1956.

Nowotny, Peter: Riefenstahls "Triumph des Willens". Zur Kritik dokumentarischer Filmarbeit im NS-Faschismus (=Arbeitshefte zur Medientheorie und Medienpraxis 3), Dortmund 1981.

NS-Presseanweisungen der Vorkriegszeit. Edition und Dokumentation. Bd.1: 1933. Bearbeitet von Gabriele Toepser-Ziegert. Herausgegeben von Hans Bohrmann, Institut für Zeitungsforschung der Stadt Dortmund, München, New York, London, Paris, 1984; Bd. 2: 1934, 1985; Bd; 3: 1987.

Nürnberg 1934. Ein Bildbericht vom Parteitag 1934. Herausgegeben und eingeleitet von Oberpräsident Erich Koch. Mit der Eröffnungsrede des Stellvertreters des Führers Rudolf Heß sowie der Proklamation und Abschlußrede des Führers, Berlin 1934.

Oehme, Walter/Caro, Kurt: Kommt das "Dritte Reich"? (1930), Frankfurt/Main 1984.

Ogan, Bernd: Architektur als Weltanschauung. Ein Beitrag über die Ästhetisierung von Politik, in: Kulissen der Gewalt, 1992, S. 123 - 140.

Opgenoorth, Ernst: Einführung in das Studium der neueren Geschichte, Frankfurt/Main 1974.

Orlow, Dietrich: The History of the Nazi Party, Bd. 1, 1919 -1933, Pittsburgh 1969.

Oven, Wilfred von: Mit Goebbels bis zum Ende, Buenos Aires 1950.

Paul, Gerhard: Aufstand der Bilder. Die NS-Propaganda vor 1933, Bonn 1990

Paulus, Robert: Stereoskopie, Kaiserpanoramas, Otto Schönstein und sein Raumbild-Verlag, Zulassungsarbeit zum Staatsexamen für Kunstpädagogik an der Akademie der Bildenden Künste, München 1993.

Peters, Christoph: Stilformen der NS-Bildpublizistik. Der Einsatz des Bildes als publizistisches Führungsmittel durch den Nationalsozialismus, Wien 1963.

Peters, Ursula: Aufklärung, Volksbildung oder Herrschaftsstrategie? Die Prominenz im Sammelfoto, in: Fotogeschichte, Jg. 3, 1983, H. 9, S. 21 - 40.

Petsch, Joachim: Baukunst und Stadtplanung im Dritten Reich. Herleitung, Bestandsaufnahme, Entwicklung, Nachfolge, München, Wien 1976.

Peukert, Detlev/Jürgen Reulecke: Die Reihen fest geschlossen. Beiträge zur Geschichte des Alltags unter dem Nationalsozialismus, Wuppertal 1981.

Pfeifer, Eva: Das Hitlerbild im Spiegel einiger konservativer Tageszeitungen in den Jahren 1929 - 1933, Phil. Diss. Heidelberg 1965.

Philipp, Claudia Gabriele: "Die schöne Straße im Bau und unter Verkehr". Zur Konstituierung des Mythos von der Autobahn durch die mediale Verbreitung und Ästhetik der Fotografie, in: Stommer, Rainer (Hrsg.): Reichsautobahn, Pyramiden des Dritten Reichs, Marburg 1982.

Picker, Henry (Hrsg.): Hitlers Tischgespräche im Führerhauptquartier 1941 bis 1942, Bonn 1965.

Plakate in München 1840 - 1940. Eine Dokumentation zu Geschichte und Wesen des Plakats in München aus den Beständen der Plakatsammlung des Münchner Stadtmuseums, München 1978 (2. Aufl.).

Plewnia, Margarete: Auf dem Weg zu Hitler. Der "völkische" Publizist Dietrich Eckart, Bremen 1970.

Plewnia, Margarete: Völkischer Beobachter (1887 - 1945), in: Hans-Dieter Fischer (Hrsg.): Deutsche Zeitungen des 17. bis 20. Jahrhunderts, München 1972, S. 381 - 390.

Ploch, Arthur: Das Bild als Ware, in: Deutsche Presse, 1934, Nr. 17, S. 8 - 12.

Pohl, Klaus-D.: Der Kaiser im Zeitalter seiner technischen Reproduzierbarkeit, in: Der letzte Kaiser. Wilhelm II. im Exil. Hrsg. von Hans Wilderotter und Klaus-D. Pohl im Auftrag des Deutschen Historischen Museums, Berlin 1991, S. 9 - 18.

Pohlmann, Ulrich: "Nicht beziehungslose Kunst, sondern politische Waffe". Fotoausstellungen als Mittel der Ästhetisierung von Politik und Ökonomie im Nationalsozialismus, in: Fotogeschichte, Jg. 8, 1988, H. 28, S. 17-31.

Preisendanz, Wolfgang: Verordnete Wahrnehmung. Zum Verhältnis von Photo und Begleittext, in: Sprache im technischen Zeitalter, Jg. 1971, H. 37, S. 1 - 8.

Price, G. Ward: Führer und Duce, wie ich sie kenne, Berlin 1939.

Probleme des Pressebildes, in: Das Atelier des Photographen, 1935, S. 119 - 120.

Ranke, Wilfried: Joseph Albert - Hofphotograph der Bayerischen Könige, München 1977.

Ranke, Wilfried: Bildberichterstattung in den Zwanziger Jahren - Heinrich Hoffmann und diew Chronistenpflicht, in: Die Zwanziger Jahre, Ausstellungskatalog, München 1979, S. 53 - 73.

Ranke, Wilfried: Deutsche Geschichte kurz belichtet. Photoreportagen von Gerhard Gronefeld 1937 - 1965, Berlin 1991.

Regel, Helmut: Die Authentizität dokumentarischer Filmaufnahmen. Methoden einer kritischen Prüfung, in: Möglichkeiten des Dokumentarfilms, Oberhausen 1979, S. 165 - 176.

Reichel, Peter: Der schöne Schein des Dritten Reiches. Faszination und Gewalt des Faschismus, München, Wien 1991.

Reichspräsident Hindenburg. Herausgeben von der Hindenburgspende, Berlin 1932 (2. Aufl.).

Reichstagung in Nürnberg 1934. Herausgeben im Auftrage des Frankenführers Streicher, Berlin 1934.

Reifarth, Dieter/Viktoria Schmidt-Linsenhoff: Die Kamera der Henker. Fotografische Selbstzeugnisse des Naziterrors in Osteuropa, in: Fotogeschichte, 3. Jg., 1983, H. 7, S. 57 - 71.

Reinhold, Kurt: Der Unwiderstehliche, in: Das Tage-Buch, Jg. 1932, Teil 1, S. 837 - 840.

Reipert, Fritz: Presse und Propaganda, in: Wille und Weg, 1935, S. 416 - 421.

Reipert, Fritz: Filmpropaganda und Presse, in: Wille und Weg, 1937, S. 136 - 139.

Revolution und Fotografie. Berlin 1918/19, Berlin 1989.

Rieder, Josef: Die Photographie im Kriege, in: Photographische Rundschau und Mitteilungen. Zeitschrift für Freunde der Photographie, 1915, S. 158 - 160.

Riefenstahl, Leni: Memoiren, München 1987.

Rittich, Werner: Architektur und Bauplastik der Gegenwart, Berlin 1938 (3. Aufl.).

Röhm, Ernst: Die Geschichte eines Hochverräters, München 1928.

Romeyk, Horst: Bildliche Darstellungen. Archivarische Erschließung und quellenkritische Bewertung (=Veröffentlichungen der staatlichen Archive des Landes Nordrhein-Westfalen, Reihe E: Beiträge zur Archivpraxis, H. 1), Düsseldorf 1975.

Rosenberg, Holger: Spendenbelege des Winterhilfswerkes (WHW) und Kriegswinterhilfswerkes (KHWH) 1933 - 1945. Überregionale Ausgaben, Hamburg 1983.

Roxan, David/Ken Wanstall: Der Kunstraub. Ein Kapitel aus den Tagen des Dritten Reiches, München 1966.

Sachsse, Rolf: Probleme der Annäherung. Thesen zu einem diffusen Thema: NS-Fotografie, in: Fotogeschichte, 2. Jg, 1982, H. 5, S. 59 -65.

Sachsse, Rolf: Zur Photographie im Dritten Reich. Das Einzelerlebnis als Volkserlebnis, in: Stuttgart im Dritten Reich. Anpassung, Widerstand, Verfolgung. Die Jahre von 1933 bis 1939, Stuttgart 1983, S. 132 - 140.

Salomon, Ernst von: Der Fragebogen, Hamburg 1951.

Salzmann, Heinrich: Das Bild in der Presse, ein Kampfmittel, in: Wille und Weg, 1932, Nr. 12, S. 348 - 350.

Sartorti, Rosalinde: Pressefotografie und Industrialisierung in der Sowjetunion. Die Pravda 1925 - 1933, Wiesbaden 1981.

Schäfer, Hans Dieter: Amerikanismus im Dritten Reich, in: Nationalsozialismus und Modernisierung. Hrsg. von Michael Prinz und Rainer Zitelmann, Darmstadt 1991, S. 199 - 215.

Schenck, Ernst Günther: Patient Hitler. Eine medizinische Biographie, Düsseldorf 1989.

Schirach, Baldur von: Ich glaubte an Hitler, Hamburg 1967.

Schirach-Hoffmann, Henriette: Hitler, wie ich ihn sah, München, Berlin 1974.

Schlecht, Hein: Karikatur und Photographie als politisches Agitationsmittel in: Wille und Weg, 1932, Nr. 5 S. 139 - 142.

Schleinitz, Egon: Das Bild als politische Waffe. Die schlagkräftige Arbeit der deutschen Bildberichter an den Fronten, in: Deutsche Presse, 1943, Nr. 7, S. 71 -73.

Schmeer, Karlheinz: Regie des öffentlichen Lebens durch das nationalsozialistische Regime als Mittel der politischen Werbung, Phil. Diss. Münster 1953.

Schmeer, Karlheinz: Die Regie des öffentlichen Lebens im Dritten Reich, München 1956.

Schmidl, Erwin A.: März 38. Der deutsche Einmarsch in Österreich, Wien 1987.

Schmidt-Leonhardt, Hans: Der Schutz der nationalen Symbole, in: Reichsverwaltungsblatt und Preußisches Verwaltungsblatt, Bd. 54, Berlin 1933, S. 464 - 465.

Schneider, Boris: Einführung in die Neuere Geschichte, Stuttgart 1974.

Schoch, Rainer: Das Herrscherbild in der Malerei des 19. Jahrhunderts, München 1974.

Schoebe, Gerhard: Hitler, seine Bewegung und die "Volksgemeinschaft" im Bild der nationalsozialistischen Propaganda. Erläuterungen und Hinweise für die Auswertung der Bildreihe. Herausgegeben vom Kuratorium für staatsbürgerliche Bildung Hamburg und der Staatlichen Landesbildstelle Hamburg, Hamburg 1964.

Schoenbaum, David: Die braune Revolution. Eine Sozialgeschichte des Dritten Reiches, Köln, Berlin 1969.

Schönberger, Angelika: Die neue Reichskanzlei. Architektur, Technik und die Medien im Nationalsozialismus, in: Die nützlichen Künste, Berlin 1981.

Schreiber, Gerhard: Hitler. Interpretationen 1923 - 1983, Darmstadt 1984.

Schwarz, Arturo: Man Ray - The Rigour of Imagination, London 1977.

Schwarz van Berk, Hans: Das offizielle Bild und die Ritter von der Silberblume, in: Deutsche Presse, 1935, Nr. 18, S. 209 - 211.

Seidel, Karl: Schriftleitergesetz und Bildberichterstattung, in: Das Atelier des Photographen, 1933, S. 128 - 130.

Serienbilder - Bilderserien. Die Entwicklung eines Jahrzehnts, in: Zeitungs-Verlag, 1939, Nr. 34, S. 529 - 531.

Six, Franz A.: Die politische Propaganda der NSDAP im Kampf um die Macht, Phil. Diss. Heidelberg 1936.

Smelser, Ronald M.: Das Sudetenproblem und das Dritte Reich 1933 - 1938. Von der Volkstumspolitik zur nationalsozialistischen Außenpolitik, München, Wien 1980.

Speer, Albert: Die Bauten des Führers, in: Adolf Hitler, 1936, S. 72-77.

Speer, Albert: Erinnerungen, Frankfurt/Main, Berlin 1969.

Strache, Wolfgang: Auf allen Autobahnen. Ein Bilderbuch vom neuen Reisen, Darmstadt 1939.

Starl, Timm: Lobrede und Nachruf: Hitler und Dollfuß. Eine Gegenüberstellung, in: Fotogeschichte, Jg. 8, 1988, H. 28, S. 33 - 42.

Starl, Timm: Eine Studie über Vergeßlichkeit, in: Fotogeschichte, Jg. 7, 1987, H. 26, S. 66 - 68.

Steen, Jürgen: Fotografiegeschichte als Kunstgeschichte, Fotografie als "optische Sozialgeschichte" und die industrielle Revolution, in: Fotogeschichte, Jg. 2, 1982, H. 5, S. 13 - 17.

Stein, Peter: Die NS-Gaupresse 1925 - 1933. Forschungsbericht, Quellenkritik, neue Bestandsaufnahme (=Dortmunder Beiträge zur Zeitungsforschung, Bd. 42), München, London, New York, Oxford, Paris 1987.

Steindamm, Hugo: Welche Bilder fesseln den Leser?, in: Zeitungs-Verlag, 1934, Nr. 21, S. 346 - 348.

Steinert, Marlis G.: Hitlers Krieg und die Deutschen. Stimmungen und Haltungen der deutschen Bevölkerung im Zweiten Weltkrieg, Düsseldorf, Wien 1970.

Stern, Josef Peter: Hitler. Der Führer und das Volk, München 1981.

Sternberger, Dolf: Panorama oder Ansichten zum 19. Jahrhundert, Hamburg 1955.

Stiewe, Willy: Die Kamera des Journalisten, in: Deutsche Presse, 1932, Nr. 23, S. 271 - 272.

Stiewe, Willy: Das Zeitungsbild in der Staatspropaganda, in: Deutsche Presse, 1933, Nr. 7, S. 76 - 78.

Stiewe, Willy: Das Bild als Nachricht. Nachrichtenwert und -technik des Bildes. Ein Beitrag zur Zeitungskunde (=Zeitung und Zeit, Bd. V), Berlin 1933.

Stiewe, Willy: Foto und Volk, Halle 1933.

Stiewe, Willy: Der Bildberichterstatter im Reichsverband, in: Deutsche Presse, 1934, Nr. 5, S. 53.

Stiewe, Willy: Der Bildberichterstatter als Gast, in: Zeitungs-Verlag, 1936, Nr. 27, S. 412.

Stiewe, Willy: Das Pressephoto als publizistisches Mittel (=Wesen und Wirken der Publizistik, Bd. 2), Leipzig 1936.

Stiewe, Willy: Ein Bild sagt mehr als 1000 Worte, aber nur dann, wenn es allen Anforderungen eines idealen Pressebildes entspricht, in: Deutsche Presse, 1944, Nr. 20, S. 226 - 237.

Stommer, Rainer (Hrsg.): Reichsautobahn, Pyramiden des Dritten Reichs, Marburg 1982.

Stommer, Rainer: Triumph der Technik. Autobahnbrücken zwischen Ingenieuraufgabe und Kulturdenkmal, in: Stommer, 1982, S. 49 - 76.

Storek, Henning: Dirigierte Öffentlichkeit. Die Zeitung als Herrschaftsmittel in den Anfangsjahren der nationalsozialistischen Regierung, Opladen 1972.

Strothmann, Dietrich: Nationalsozialistische Literaturpolitik. Ein Beitrag zur Publizistik im Dritten Reich, Bonn 1960.

Sywottek, Jutta: Mobilmachung für den totalen Krieg. Die propagandistische Vorbereitung der deutschen Bevölkerung auf den Zweiten Weltkrieg, Opladen 1976.

Terveen, Fritz: Der Filmbericht über Hitlers 50. Geburtstag. Ein Beispiel nationalsozialistischer Selbstdarstellung und Propaganda, in: Vierteljahresschrift für Zeitgeschichte, 1959, Nr. 7, S. 75 - 84.

Terveen, Fritz: Der Film als historisches Dokument. Grenzen und Möglichkeiten, in: Vierteljahrshefte für Zeitgeschichte. 3. Jg., 1955, S. 57 - 66.

Thamer, Hans-Ulrich: Verführung und Gewalt. Deutschland 1933 bis 1945, Berlin 1986.

Theweleit, Klaus: Männerphantasien, Bd. 2, Frankfurt/Main 1978.

Thielen, Peter G.: "Und ob ich dich von hundert Bildern schaute...". Zur bildlichen Darstellung von Herrschaft in Amtsräumen, in: Karl-Dietrich Bracher/ Manfred Funke/ Hans-Peter Schwarz (Hrsg.): Deutschland zwischen Krieg und Frieden. Beiträge zur Politik und Kultur im 20. Jahrhundert, Bonn 1990, S. 413 - 427.

Thies, Jochen: Architekt der Weltherrschaft. Die "Endziele" Hitlers, Düsseldorf 1976.

Thies, Jochen: Hitler - "Architekt der Weltherrschaft", in: Faszination und Gewalt, 1992, S. 177 - 196.

Thomae, Otto: Die Propagandamaschinerie. Bildende Kunst und Öffentlichkeitsarbeit im Dritten Reich, Berlin 1978.

Tiedemann, Lorenz: Heinrich-Hoffmann-Sonderheft, in: Photographische Chronik, Nr. 40, 1937, S. 299 - 302.

Todt, Fritz: Adolf Hitler und seine Straßen, in: Adolf Hitler, 1936, S. 78 - 84.

Todt, Fritz: Der Mensch, der Ingenieur, der Nationalsozialist. Ein Bericht über Leben und Werk von Eduard Schönleben, Oldenburg 1943.

Toland, John: Adolf Hitler, Bergisch-Gladbach 1977.

Trevor-Roper, Hugh R.: Hitlers letzte Tage, Zürich o. J. (1946)

Treue, Wilhelm: Das Filmdokument als Geschichtsquelle, in: Historische Zeitschrift, Bd. 186, 1958, S. 308 -327.

Tyrell, Albrecht: Führer befiehl... Selbstzeugnisse aus der "Kampfzeit" der NSDAP. Dokumentation und Analyse, Düsseldorf 1969.

Tyrell, Albrecht: Vom "Trommler" zum "Führer". Der Wandel von Hitlers Selbstverständnis zwischen 1919 und 1924 und die Entwicklung der NSDAP, München 1975.

Tyrell, Albrecht: III. Reichsparteitag der NSDAP, 19. bis 21. August 1927, Nürnberg - "Eine Symphonie des Kampfwillens" (=Publikation zur Filmedition G 122 des Instituts für den Wissenschaftlichen Film), Göttingen 1977.

Tyrell, Albrecht: IV. Reichsparteitag der NSDAP, Nürnberg 1929 (=Publikation zur Filmedition G 140 des Instituts für den Wissenschaftlichen Film), Göttingen 1978.

Überhorst, Horst: Feste, Fahnen, Feiern. Die Bedeutung politischer Symbole und Rituale im Nationalsozialismus, in: Rüdiger Voigt (Hrsg.): Politik der Symbole. Symbole der Politik, Opladen 1989, S. 157 - 178.

Überschär, Gerd R./Wolfram Wette (Hrsg.): "Unternehmen Barbarossa". Der deutsche Überfall auf die Sowjetunion 1941. Berichte, Analysen, Dokumente, Paderborn 1984.

Uka, Walter: Bildjournalismus zwischen Widerborstigkeit und Anpassung. Am Beispiel der 'Berliner Illustrierten Zeitung' und des 'Welt-Spiegels' in den Jahren 1932 und 1933, in: Die Gleichschaltung der Bilder, 1983, S.102 - 120.

Ulmer, Gertrud: Das Lichtbild in der Münchner Presse, Würzburg-Aumühle 1939.

Unger, Eva-Maria: Illustrierte als Mittel zur Kriegsvorbereitung in Deutschland 1933 bis 1939, Köln 1984.

Verlagsänderungen im Deutschen Buchhandel 1937 - 1943, Leipzig 1943.

Verzeichnisse der Bildberichterstatter, in: Deutsche Presse, 1935, Nr. 10 - 14.

Viertel, Berthold: Ein Hitler-Film, in: Die neue Weltbühne, 1937, II, H. 33, S. 1331 - 1333.

Voegelin, Erich: Die politischen Religionen, Wien 1938.

Voigt, Gerhard: Goebbels als Markentechniker, in: Warenästhetik. Beiträge zur Diskussion. Weiterentwicklung und Vermittlung ihrer Kritik. Herausgegeben von Wolfgang F. Haug, Frankfurt/Main 1975, S. 231 - 260.

Volk will zu Volk. Österreichs deutsche Stunde. Mit einem Geleitwort von Dr. Otto Dietrich. Hrsg. von Heinrich Hansen, Dortmund 1938.

Vondung, Klaus: Magie und Manipulation. Ideologischer Kult und politische Religion des Nationalsozialismus, Göttingen 1971.

Vormann, N. von: Der Feldzug in Polen 1939, Weißenburg 1958.

Voßler, Fritz: Pressevertreter und Kundgebung. Luxus oder nicht, in: Wille und Weg, 1937, S. 155 - 158.

Wagner, Dieter/Gerhard Tomkowitz: Ein Volk, ein Reich, ein Führer! Der Anschluß Österreichs 1938, München 1968.

Waibl, Gunter: Fotografie und Geschichte (I - III), in: Fotogeschichte, Jg. 6, 1986, H. 21, S. 3 - 12, H. 22, S. 3 - 10, Jg. 7, 1987, H. 23, S. 3 - 12.

Waller, Klaus: Fotografie und Zeitung. Die alltägliche Manipulation, Düsseldorf 1982.

Warnke, Martin: Cranachs Luther. Entwürfe für ein Image, Reinbek bei Hamburg 1984.

Weber, Karsten: Führer und Geführte, Monarch und Untertan. Eine Studie zur politischen Ikonologie und ihre unterrichtliche Umsetzung, Frankfurt/Main, Berlin, München 1978.

Weber, Max: Wirtschaft und Gesellschaft, Tübingen 1976 (5. revid. Aufl.).

Wehlau, Kurt: Das Lichtbild in der Werbung für Politik, Kultur und Wirtschaft, Würzburg-Aumühle 1939.

Wehler, Hans-Ulrich: 30. Januar 1933. Ein halbes Jahrhundert danach, in: Aus Politik und Zeitgeschichte, Beilage zur Wochenzeitung das Parlament, 29. Januar 1983, S. 43 - 54.

Weinsheimer, Albert: Warum nicht mit Feder und Kamera?, in: Deutsche Presse, 1932, Nr. 8, S. 90 - 92.

Weise, Bernd: Pressefotografie als Medium der Propaganda im Presselenkungssystem des Dritten Reiches, in: Die Gleichschaltung der Bilder, 1983, S. 141 - 155.

Weise, Bernd: Pressefotografie, I. Die Anfänge in Deutschland, ausgehend von einer Kritik bisheriger Forschungsansätze, in: Fotogeschichte, 1989, H. 31, S. 15 - 40; II. Fortschritte der Fotografie- und Drucktechnik und Veränderungen des Pressemarktes im Deutschen Kaiserreich, in: Fotogeschichte, 1989, H. 33, S. 27 - 62; III. Das Geschäft mit dem aktuellen Foto: Fotografen, Bildagenturen, Interessenverbände, Arbeitstechnik. Die Entwicklung in Deutschland bis zum Ersten Weltkrieg, in: Fotogeschichte, 1990, H. 37, S. 13 - 36.

Welch, David: Propaganda and the German Cinema 1933 - 1945, Oxford 1983.

Wendt, Bernd-Jürgen: Großdeutschland. Außenpolitik und Kriegsvorbereitung des Hitler-Regimes, München 1987.

Wenk, Silke: Gebauter Nationalsozialismus, in: Faschismus und Ideologie 2 (Argument-Sonderband AS 62), Berlin 1980, S. 255 - 279.

Werneburg, Brigitte: Foto-Journalismus in der Weimarer Pepublik, in: Fotogeschichte, Jg. 4, 1984, H. 13, S. 27-40.

Werner, Andreas: SA und NSDAP. "Wehrverband", "Parteigruppe" oder "Revolutionsarmee". Studien zur Geschichte der SA und der NSDAP 1920 -1923, Phil. Diss. Erlangen 1964.

Wette, Wolfram: Ideologien, Propaganda und Innenpolitik als Voraussetzungen der Kriegspolitik des Dritten Reiches, in: Wilhelm Dienst/Manfred Messerschmidt/ Hans-Erich Volkmann/Wolfram Wette: Ursachen und Voraussetzungen des Zweiten Weltkrieges, Frankfurt/Main 1989, S. 25 - 169.

Winckler, Lutz: Hitlers Rede zum 1. Mai 1933. Ein kritischer Kommentar, in: Macht der Verführung. Sprache und Ideologie des Nationalsozialismus (Tagung der katholischen Akademie Stuttgart in Stuttgart-Hohenheim), Stuttgart 1983, S. 55 - 83.

Wohlfahrt, Curt: Theorie des aktuellen Bildes, Phil. Diss. Berlin 1937.

Wohlfeil, Rainer: Das Bild als Geschichtsquelle, in: Historische Zeitschrift, Bd. 243, 1986, S. 91 - 100.

Wolffsohn, Michael: Arbeitsbeschaffung und Rüstung im nationalsozialistischen Deutschland: 1933, in: Militärgeschichtliche Mitteilungen, 1977, Nr. 2, S. 9-21.

Wulf, Joseph: Presse und Funk im Dritten Reich. Eine Dokumentation, Berlin, Frankfurt/Main, Wien 1983

Zelnhefer, Siegried: Bauten als Vorgriff auf den Sieg. Zur Geschichte des Reichsparteitagsgeländes, in: Kulissen der Gewalt, 1992, S. 31 -47.

Zelnhefer, Siegfried: Rituale und Bekenntnisse. Die Reichsparteitage der NSDAP, in: Kulissen der Gewalt, 1992, S. 89 - 98.

Zentner, Christian: Adolf Hitler. Eine Biografie in Texten, Bildern, Dokumenten, München 1989.

Zentner, Christian/Friedemann Bedürftig (Hrsg.): Das große Lexikon des Dritten Reiches, München 1985.

Zentner, Christian/Friedemann Bedürftig (Hrsg.): Das große Lexikon des Zweiten Weltkriegs, München 1988.

Zentner, Kurt: Illustrierte Geschichte des Zweiten Weltkriegs, München 1963

Zentner, Kurt: Illustrierte Geschichte des Dritten Reiches, München 1965

Zitelmann, Rainer: Hitler. Selbstverständnis eines Revolutionärs, Stuttgart 1988.

Hoffmann - Bibliographie

Chronologisches Verzeichnis der von Heinrich Hoffmann herausgegebenen, verlegten bzw. maßgeblich illustrierten Fotopublikationen 1919 - 1943

1919-1932

Ein Jahr bayrische Revolution im Bilde, München (Photobericht Hoffmann) o. J. (1919) (1.-10. Ts.); 2. Aufl. 1920 (11.-20. Ts.); 3. Aufl. 1937 (21.- 120. Ts.).

Deutschlands Erwachen in Bild und Wort. Photographische Zeitdokumente von Heinrich Hoffmann. Text von Marc Sesselmann, München (Verlag Photobericht Hoffmann, Schellingstraße 50) o. J. (1924).

Wen soll ich wählen? Ein Ratgeber für Unbelehrbare, München (Photobericht Hoffmann) o. J. (1924).

Photographische Berichte, München (Photographische Berichterstattung Hoffmann) Mai 1925 ff. Nachweisbar bis Nr. 3 (Juli 1927).

Heimat und Welt im Bilde. Originalbeilage des Bayerischen Zeitungsblocks, München (Münchener Buchgewerbehaus M. Müller & Sohn) Januar 1925 ff. Hoffmann wird von Nr. 8 (Februar 1925) bis Nr. 43 (Oktober 1927) als verantwortlicher Redakteur genannt.

Deutschlands Erwachen in Wort und Bild. Zweiter Teil. Herausgeber: Photobericht Heinr. Hoffmann. Text bearbeitet von Dr. Hans Buchner, München o. J. (1926).

Illustrierter Beobachter. Bilderredaktion und verantwortlich: Photobericht H. Hoffmann, München (Franz Eher Verlag) Juli 1926, Folge 1.

Der Photosport in Bild und Wort. Illustrierte Monatsschrift für das gesamte Gebiet der Amateur-Photographie. Schriftleitung und Verlag: Heinrich Hoffmann, München. Die erste Nummer erschien im Juni 1927. Erscheinen wahrscheinlich nach der zweiten Nummer eingestellt.

Hitler wie ihn keiner kennt. 100 Bilddokumente aus dem Leben des Führers. Herausgegeben von Heinrich Hoffmann, Photoberichterstatter der Reichsleitung der NSDAP. Geleitwort und Unterschriften: Baldur von Schirach, Reichs-Jugendführer der NSDAP. Berlin (Zeitgeschichte-Verlag) 1932 (131.-140. Ts.); 1933 (160.-180. Ts.), (201.-220. Ts.); 1936 - 1938 (251.-310. Ts.); 1939 (311.-335. Ts.); 1940 (336.-350. Ts.), (351.-400. Ts.); 1941 (401.-420. Ts.).

Das braune Heer. 100 Bilddokumente: Leben, Kampf und Sieg der SA und SS. Mit einem Geleitwort von Adolf Hitler. Bildzusammenstellung: Heinrich Hoffmann, Photoberichterstatter der Reichsleitung der NSDAP, Berlin (Zeitgeschichte-Verlag) 1932 (1.-30. Ts., 31.-40. Ts.); 1933 (41.-50. Ts., 51.-60.Ts.).

Hitler über Deutschland. Herausgegeben von Heinrich Hoffmann. Text von Josef Berchtold, München (Frz. Eher Verlag) 1932 (1. u. 2. Aufl.).

Der Triumph des Willens. Kampf und Aufstieg Adolf Hitlers und seiner Bewegung. Herausgegeben von Heinrich Hoffmann. Mit einem Geleitwort von Baldur von Schirach, Berlin (Zeitgeschichte-Verlag) 1932; 1933 (250. Ts.).

1933

Der Parteitag des Sieges. 100 Bild-Dokumente vom Reichsparteitag zu Nürnberg 1933. Herausgegeben von Heinrich Hoffmann, Photoberichterstatter der NSDAP. Geleitwort und Unterschriften: Baldur von Schirach, Jugendführer des Deutschen Reiches, Berlin (Zeitgeschichte-Verlag) o. J. (1933) (1.-15. Ts.).

Heinrich Hoffmann: Bilder vom Kampf, Berlin (Zeitgeschichte-Verlag) o. J. (1933). Enthält die bereits erschienenen Bände: 1. Das braune Heer. 2. Hitler wie ihn keiner kennt. 3. Der Parteitag des Sieges.

Kampf um's Dritte Reich. Eine historische Bilderfolge. Die Auswahl und künstlerische Durcharbeitung der Lichtbilder übernahm Heinrich Hoffmann, München. Die textliche Gestaltung stammt aus der Feder des Truppführers der SA, Leopold von Schenkendorf, Berlin. Das Werk ist herausgegeben vom Cigaretten-Bilderdienst, Altona-Bahrenfeld 1933, 1936 (751.-800. Ts.).

Deutschland erwacht. Werden, Kampf und Sieg der NSDAP. Die Auswahl und künstlerische Durcharbeitung der Lichtbilder übernahm Heinrich Hoffmann, München. Der Verfasser des Textes ist Wilfried Bade, Berlin. Sonderbeiträge sind eingereiht. Herausgegeben vom Cigaretten-Bilderdienst, Altona-Bahrenfeld 1933 (201.-300. Ts.); spätere Auflagen: (501.-600. Ts., 976.-1075. Ts.).

1934

Der Parteitag der Macht, Nürnberg 1934. Mit Originalaufnahmen von Heinrich Hoffmann, Reichsbildberichterstatter der NSDAP. Geleitwort von Baldur von Schirach, Jugendführer des Deutschen Reiches, Berlin (Zeitgeschichte-Verlag) o. J. (1934) (1.-12. Ts., 13.-17. Ts.).

Der Staat der Arbeit und des Friedens. Ein Jahr Regierung Adolf Hitler. Die Auswahl und künstlerische Durcharbeitung der Lichtbilder erfolgte durch Heinrich Hoffmann, München. Die textliche Gestaltung stammt aus der Feder des Sturmführers der SA, Leopold von Schenkendorf, Berlin, unter Verwendung einer Anzahl von Sonderbeiträgen, die von berufener Seite zur Verfügung gestellt wurden. Das Werk ist herausgegeben vom Cigaretten-Bilderdienst, Altona-Bahrenfeld 1934.

Jugend um Hitler. 120 Bilddokumente aus der Umgebung des Führers. Aufgenommen, zusammengestellt und herausgegeben von Heinrich Hoffmann, Reichsbildberichterstatter der NSDAP. Geleitwort: Baldur von Schirach, Jugendführer des Deutschen Reiches, Berlin (Zeitgeschichte-Verlag) 1934 (1.-30. Ts., 101.-110. Ts.); 1935 (61.-80. Ts., 81.-90. Ts., 131.-140. Ts.); 1939 (141.-165. Ts.); 1940 (166.-185. Ts.); 1943 (211.-260. Ts., 261.-280. Ts.).

Das neue Berlin. Berlin im Dritten Reich. Entworfen und beschriftet von Werner Rades. Herausgegeben von Heinrich Hoffmann, Berlin (Verlag Nationalsozialistischer Bilder) 1934.

1935

Parteitag der Freiheit. 80 Bilddokumente vom Reichsparteitag zu Nürnberg 1935. Herausgegeben von Heinrich Hoffmann, Reichsbildberichterstatter der NSDAP. Geleitwort und Unterschriften: Alfred-Ingemar Berndt, Berlin (Zeitgeschichte-Verlag) 1935.

Hitler in seinen Bergen. 86 Bilddokumente aus der Umgebung des Führers. Aufgenommen, zusammengestellt und herausgegeben von Heinrich Hoffmann, Reichsbildberichterstatter der NSDAP. Geleitwort: Baldur von Schirach, Jugendführer des Deutschen Reiches, Berlin (Zeitgeschichte-Verlag) 1935 (1.-20. Ts., 21.-30. Ts., 61.-70. Ts.; 1939 (101.-125. Ts.); 1940 (126.-150. Ts., 171.-180. Ts., 181.-200. Ts.); 1942 (201.-220. Ts.).

1936

Parteitag der Ehre. 73 Bilddokumente vom Reichsparteitag zu Nürnberg 1936. Herausgegeben von Heinrich Hoffmann, Reichsbildberichterstatter der NSDAP. Geleitwort und Unterschriften: Philipp Bouhler, Reichsleiter der NSDAP, Berlin (Zeitgeschichte-Verlag) o. J. (1936).

Berlin. Herausgeber: Heinrich Hoffmann, Berlin (Verlag Heinrich Hoffmann) o. J. (1936) (1.-105. Ts.) Texte in deutscher, englischer, französischer und spanischer Sprache.

Jugend erlebt Deutschland. Aufnahmen von Heinrich Hoffmann, Text und Unterschriften von Siegfried Zoglmann, Berlin (Verlag für soz. Ethik und Kunstpflege) 1936.

Adolf Hitler. Bilder aus dem Leben des Führers. Auswahl und künstlerische Bearbeitung dieses Werkes lagen in der Hand des Reichsbildberichterstatters der NSDAP Heinrich Hoffmann, München. Herausgegeben vom Cigaretten-Bilderdienst, Altona-Bahrenfeld o. J. (1936), spätere Auflagen: (1801-1900. Ts., 2200.-2300 Ts.).

Reichsparteitag der Ehre. 100 Raumbild-Aufnahmen von Heinrich Hoffmann, Reichsbildberichterstatter. Text von Robert Krötz und Rudolf Jung. Vorwort: Dr. Robert Ley, Reichsleiter der NSDAP, Diessen a. Ammersee (Raumbild-Verlag O. Schönstein) 1936.

Die Olympischen Spiele 1936. 100 Raumbildaufnahmen von Heinrich Hoffmann, Reichsbildberichterstatter der NSDAP. Text von Ludwig Haymann, Ex-Schwergewichtsmeister im Boxen, Diessen a. Ammersee (Raumbild-Verlag Otto Schönstein) 1936.

1937

Parteitag der Arbeit. 75 Bilddokumente vom Reichsparteitag der Arbeit zu Nürnberg 1937. Herausgegeben von Heinrich Hoffmann, Reichsbildberichterstatter der NSDAP. Geleitwort: Dr. Otto Dietrich, Reichspressechef der NSDAP, Berlin (Zeitgeschichte-Verlag) 1937 (1.-10. Ts.).

Hitler abseits vom Alltag. 100 Bilddokumente aus der Umgebung des Führers. Herausgeber: Heinrich Hoffmann, Reichsbildberichterstatter der NSDAP. Geleitwort: Obergruppenführer Wilhelm Brückner, Berlin (Zeitgeschichte-Verlag) 1937 (1.-25. Ts., 26.-50. Ts., 51.-70. Ts.); 1938 (71.-80. Ts.); 1939 (81.-105. Ts.); 1940 (106.-130. Ts., 131.-155. Ts., 156.-165. Ts., 211.-230. Ts.); 1942 (231.-250. Ts.).

Deutschland in Paris. Ein Bildbuch von Heinrich Hoffmann, München-Berlin (Verlag Heinrich Hoffmann), Erscheinungsort: Paris, Pavillon Allemand, Exposition Internationale, 1937. Texte in deutscher, französischer englischer und italienischer Sprache.

Mussolini erlebt Deutschland. Ein Bilderbuch von Heinrich Hoffmann. Mit einem Geleitwort von Dr. Otto Dietrich, Reichspressechef, München (Verlag Heinrich Hoffmann) 1937.

Il Duce in Germania. Con prefazione di Gherardo Casini. L'edizione tedesca di questo volume è stata curata dal Comm. H. Hoffmann. L'edizione italiana è stata curata da D.L. Ottina, Milano (A. Mondadori) 1937.

Sieh: Das Herz Europas. Von Stanley McClatchie, Berlin (Verlag Heinrich Hoffmann) o. J. (1937). 2. Aufl. 1938. Von dem Band existiert eine englischsprachige Version: Look to Germany. The Heart of Europe. By Stanley McClatchie, Berlin (Verlag Heinrich Hoffmann) o. J. (1938).

Heinrich Hoffmann: Der Führer... Bilddokumente (Abzeichen der 1. Reichsstraßensammlung im Winterhilfswerk 1937/38, Band 1-5), o. O. (Berlin) (Winterhilfswerk des Deutschen Volkes) o. J. (1937); (1.) Der Führer und der Arbeiter (Schlußwort: Dr. Robert Ley); (2.) Der Führer in den Bergen (Schlußwort: Wilhelm Brückner, Obergruppenführer); (3.) Der Führer und die Bewegung (Schlußwort: Adolf Hitler); (4.) Der Führer und die Jugend (Schlußwort: Baldur von Schirach, Reichsjugendführer); (5.) Der Führer und die Wehrmacht (Schlußwort: v. Blomberg, Reichskriegsminister). (Je 5 x 3,5 cm.)

Die Weltausstellung. Paris 1937. 100 Raumbild-Aufnahmen von Heinrich Hoffmann, Reichsbildberichterstatter der NSDAP. Text: E. P. Frank, Diessen a. Ammersee (Raumbild-Verlag O. Schönstein) 1937. Texte in deutscher, französischer und englischer Sprache.

Tag der Deutschen Kunst. 100 Raumbildaufnahmen von Heinrich Hoffmann, Reichsbildberichterstatter der NSDAP. Textgestaltung: Albert Burckhard Müller, Dießen a. Ammersee (Raumbild-Verlag Otto Schönstein) o.J. (1937).

München, die Hauptstadt der Bewegung. 100 Raumbildaufnahmen von Heinrich Hoffmann, Reichsbildberichterstatter der NSDAP. Textgestaltung Oscar Robert Achenbach und Hans Thoma, Dießen a. Ammersee (Raumbild-Verlag Otto Schönstein) 1937.

Reichsparteitag der Arbeit. 100 Raumbild-Aufnahmen von Heinrich Hoffmann, Reichsbildberichterstatter der NSDAP. Text von Pitter Gern. Geleitwort von Dr. Dietrich, Reichspressechef der NSDAP, Diessen a. Ammersee (Raumbild-Verlag Otto Schönstein) 1937.

Die nationalsozialistischen Musterbetriebe. Herausgegeben von Hans Biallas unter Mitarbeit von Dr. Th. Hupfauer, Professor Heinrich Hoffmann, Erich

Fischer, Band 1 und 2, Bayreuth (Gauverlag Bayerische Ostmark) 1937, 1938. Mit 310 Raumbildaufnahmen von Professor Heinrich Hoffmann, Reichsbildberichterstatter der NSDAP; Band 3 : Die nationalsozialistischen Musterbetriebe 1939. Mit 200 Raumbildaufnahmen von Heinrich Hoffmann, 1940 (6. u. 7. Ts.).

1938

Parteitag Großdeutschland. 79 Bilddokumente vom Reichsparteitag zu Nürnberg 1938. Herausgegeben von Prof. Heinrich Hoffmann, Reichsbildberichterstatter der NSDAP. Geleitwort Dr. Dietrich, Reichspressechef der NSDAP, Berlin (Zeitgeschichte-Verlag) 1938, (1.-15. Ts., 16.-30. Ts.).

Hitler baut Großdeutschland. Im Triumph von Königsberg nach Wien. Herausgeber Heinrich Hoffmann, Reichsbildberichterstatter der NSDAP. Geleitwort Hermann Esser, Berlin (Zeitgeschichte-Verlag) 1938 (1.-50. Ts., 51.-60. Ts.), 1940 (81.-105. Ts.).

Hitler in seiner Heimat. Herausgeber Prof. Heinrich Hoffmann, Reichsbildberichterstatter der NSDAP. Geleitwort Dr. Otto Dietrich, Reichspressechef, Berlin (Zeitgeschichte-Verlag) 1938 (1.-100. Ts., 101.-150 Ts., 151.-180. Ts., 181.-200. Ts.); 1940 (201.-210. Ts.); 1941 (211.-230. Ts.); 1942 (231.-260. Ts.).

Hitler befreit Sudetenland. Herausgeber Prof. Heinrich Hoffmann, Reichsbildberichterstatter der NSDAP. Geleitwort Konrad Henlein, Berlin (Zeitgeschichte-Verlag) 1938 (1.-50. Ts., 51.-100. Ts., 101.-120. Ts) 1940 (121.-135. Ts., 151.-160. Ts., 181.-190. Ts.).

Hitler bei dem Deutschen Turn- und Sportfest in Breslau. Herausgegeben von Heinrich Hoffmann, München (Verlag Heinrich Hoffmann) 1938 (1.-20. Ts.).

Hitler in Italien. 126 Bilder. Herausgegeben von Heinrich Hoffmann, Reichsbildberichterstatter der NSDAP. Geleitwort Dr. Otto Dietrich, Reichspressechef, München (Verlag Heinrich Hoffmann) 1938 (1.-50. Ts.).

Heinrich Hoffmann: Hitler erobert das deutsche Herz, Berlin (Zeitgeschichte-Verlag) 1938. Enthält die bereits einzeln erschienenen Bände: 1. Hitler in seiner Heimat. 2. Hitler baut Großdeutschland. Im Triumph von Königsberg nach Wien.

Heinrich Hoffmann: Achse Berlin-Rom, München (Verlag Heinrich Hoffmann) 1938. Enthält die bereits erschienenen Bände: 1. Mussolini erlebt Deutschland. 2. Hitler in Italien.

Großdeutschlands Wiedergeburt. Weltgeschichtliche Stunden an der Donau. Geleitwort von Hermann Göring, General-Feldmarschall. Textgestaltung von Dr. Karl Bartz. 100 Raumbildaufnahmen von Prof. Heinrich Hoffmann. Herausgegeben von der Arbeitsgemeinschaft Wiener Neueste Nachrichten, Südwestdeutsche Verlagsgesellschaft m.b.H., Reichsbildberichterstatter Heinrich Hoffmann und Raumbild-Verlag Diessen a. Ammersee, Wien (Wiener Neueste Nachrichten) 1938; 1940 (35.-50. Ts.).

Hitler, Mussolini. Der Staatsbesuch des Führers in Italien. Von Henrich Hansen. Mit einem Vorwort des Reichspressechefs Dr. Dietrich. 100 Raumbild-Aufnahmen von Heinrich Hoffmann, Dießen a. Ammersee (Raumbild-Verlag Otto Schönstein) 1938.

1939

Das Antlitz des Führers. Herausgeber Prof. Heinrich Hoffmann, Reichsbildberichterstatter der NSDAP. Geleitwort Baldur von Schirach, Berlin (Zeitgeschichte-Verlag) 1939 (1.-200. Ts., 231.-250. Ts.). Auch als Ausgabe der Büchergilde Gutenberg, Berlin, erschienen.

Ein Volk ehrt seinen Führer. Der 20. April 1939 im Bild. Herausgeber Professor Heinrich Hoffmann, Reichsbildberichterstatter der NSDAP. Geleitwort Dr. Robert Ley, Reichsorganisationsleiter der NSDAP, Berlin (Zeitgeschichte-Verlag) 1939 (1.-50. Ts.); 1940, 1941 (51.-95. Ts.); 1942 (96.-145. Ts).

Deutschland in Lüttich. Ein Bildbuch von Heinrich Hoffmann, München (Verlag Heinrich Hoffmann) 1939. Texte in deutscher, französischer und holländischer Sprache.

Hitler holt die Saar heim. Herausgegeben von Prof. Heinrich Hoffmann, Reichsbildberichterstatter der NSDAP. Geleitwort: Gauleiter Josef Bürckel, Berlin (Zeitgeschichte-Verlag) 1939 (1.-25. Ts.); 1940 (26.-35. Ts., 36.-50. Ts.).

Hitler in Böhmen, Mähren, Memel. Herausgeber Professor Heinrich Hoffmann, Reichsbildberichterstatter der NSDAP. Geleitwort Joachim von Ribbentrop, Reichsminister des Auswärtigen, Berlin (Zeitgeschichte-Verlag) 1939 (1.-50. Ts.); 1940 (51.-60. Ts.); 1942 (61.-80. Ts.).

Hitler in Polen. Herausgeber Professor Heinrich Hoffmann, Reichsbildberichterstatter der NSDAP. Geleitwort Generaloberst Keitel, Chef des Oberkommandos der Wehrmacht, Berlin (Zeitgeschichte-Verlag) o. J. (1939) (1.-100. Ts., 101.-160. Ts.); 1940 (161.-220. Ts., 221-275. Ts.); 1941 (276.-300. Ts., 301.-325. Ts.).

Heinrich Hoffmann: Adolf Hitler, 1889-1939, Berlin (Zeitgeschichte-Verlag) 1939. Enthält die bereits erschienenen Bände: 1. Das Antlitz des Führers. 2. Ein Volk ehrt seinen Führer. Der 20. April 1939 im Bild.

Heinrich Hoffmann: So wurde Großdeutschland, Berlin (Zeitgeschichte-Verlag) 1939. Enthält die bereits einzeln erschienenen Bände: 1. Hitler holt die Saar heim. 2. Hitler in seiner Heimat. 3. Hitler baut Großdeutschland. Im Triumph von Königsberg nach Wien. 4. Hitler befreit Sudetenland.

Prof. Heinrich Hoffmann: Der Führer macht Geschichte. 1933-1938. Führerworte mit Bilddokumenten. (Abzeichen der 1. Reichsstraßensammlung im Kriegswinterhilfswerk 1939/40. Band 1-6), o.O. (Berlin) (Winterhilfswerk des Deutschen Volkes) o. J. (1939), (je 5 x 3,5 cm).

Kunst dem Volk. Monatsschrift für bildende und darstellende Kunst, Architektur und Kunsthandwerk. Herausgegeben von Prof. Heinrich Hoffmann, Wien 1939. Nach Jg. 6, Folge 8 (1944) Erscheinen eingestellt.

Der Erste Großdeutsche Reichskriegertag. Herausgegeben vom NS.-Reichskriegerbund. Textgestaltung Otto Riebicke. Raumbild-Aufnahmen: Professor Heinrich Hoffmann mit 8 Vierfarbendruck-Tafeln nach Aufnahmen auf Agfa-Colorfilm, Dießen a. Ammersee (Raumbild-Verlag Otto Schönstein) 1939.

Parteitag Großdeutschland, von Heinrich Hansen. Vorwort von Reichspressechef Dr. Otto Dietrich. Mit 100 Raumbild-Aufnahmen von Professor Heinrich Hoffmann mit 8 Kunstdrucktafeln, Dießen a. Ammersee (Raumbild-Verlag Otto Schönstein) 1939.

Die Soldaten des Führers im Feld. Herausgegeben von Oberstleutnant des Generalstabs Hasso von Wedel, Abteilungschef im Oberkommando der Wehrmacht und Reichshauptstellenleiter Henrich Hansen, Reichspressestelle der NSDAP, Band 1 und 2, Dießen a. Ammersee (Raumbild-Verlag Otto Schönstein) 1939, 1940. Band 1: Der Polenfeldzug 1939. Einleitung von Hermann Lüscher. Raumbildaufnahmen: Oberkommando der Wehrmacht und Heinrich Hoffmann, 100 Raumbildaufnahmen. Band 2: Der Kampf im Westen. Raumbild-Aufnahmen und Farbaufnahmen vom Oberkommando der Wehrmacht, 100 Raumbild-Aufnahmen.

1940

Mit Hitler im Westen. Herausgeber Professor Heinrich Hoffmann, Reichsbildberichterstatter der NSDAP. Geleitwort Generalfeldmarschall Keitel, Chef des Oberkommandos der Wehrmacht, Berlin (Zeitgeschichte-Verlag) 1940 (1.-100. Ts., 101.-200. Ts., 201.-250. Ts.); 1941 (301.-400. Ts.); (o.J.) (551.-600. Ts.).

Dr. Robert Ley und sein Weg mit dem deutschen Arbeiter zum Führer. Herausgegeben von Prof. Heinrich Hoffmann, Reichsbildberichterstatter der NSDAP. Mit einem Vorwort von Reichswirtschaftsminister Walther Funk und einer einleitenden Betrachtung von Walter Kiehl, München (Verlag Heinrich Hoffmann) 1940 (1.-16. Ts., 16.-30. Ts.); 1941 (31.-50. Ts.).

Wie die Ostmark ihre Befreiung erlebte. Adolf Hitler und sein Weg zu Großdeutschland. Herausgeber: Prof. Heinrich Hoffmann, Wien (Austria-Tabakwerke) 1940.

Der große deutsche Feldzug gegen Polen. Eine Chronik des Krieges in Wort und Bild. Herausgegeben unter der Mitarbeit des Reichsbildberichterstatters der NSDAP, Professor Heinrich Hoffmann. Geleitwort Generalfeldmarschall von Reichenau. Bearbeitet von Heeresarchivrat Ernst Wisshaupt. Mit Beiträgen von General der Infanterie a.D. von Eisenhart Rothe und Generalmajor a.D. Hugo Kerchnawe, Wien (A. F. Göth & Sohn) 1940.

Heinrich Hoffmann: Des Führers Kampf im Osten. Bilddokumente. (Abzeichen der 1. Reichsstraßensammlung im Kriegswinterhilfswerk 1940/41. Band 1-5) o.O. (Berlin) (Winter-Hilfswerk des Deutschen Volkes) o. J. (1940). 1. Weißbuch und Führerkundgebungen. 2. Von der Grenze bis vor Warschau. 3. Warschau und das Ende.
4. Deutscher Ruhm - Polnische Schande. 5. Deutsche Ordnung und deutscher Aufbau, (je 5 x 3,5 cm).

Grossdeutschland im Weltgeschehen. Herausgeber: Ernst Braeckow. Tagesbildberichte 1939. Das Bildmaterial stellte bereit: Heinrich Hoffmann, Berlin (Kasper & Co) 1940, 31 x 43,5 cm; Tagesbildberichte 1941; 1942, 31 x 44 cm.

1941

Für Hitler bis Narvik. Herausgeber Professor Heinrich Hoffmann, Reichsbildberichterstatter der NSDAP. Geleitwort Generaloberst von Falkenhorst, Wehrmachtsbefehlshaber in Norwegen, München (Verlag Heinrich Hoffmann) 1941 (1.-50. Ts., 51.-100. Ts.).

Me 109, der siegreiche deutsche Jäger. Entwicklung, Bau, Einsatz. Herausgegeben in Zusammenarbeit mit der Messerschmidt A. G. von Professor Heinrich Hoffmann, Reichsbildberichterstatter der NSDAP, München (Verlag Heinrich Hoffmann) o. J. (1941).

Heinrich Hoffmann: Des Führers Kampf... Bilddokumente. (Abzeichen der 1. Reichsstraßensammlung im 2. Kriegshilfswerk für das Deutsche Rote Kreuz) o. J. (1941). (1.) Der Feldzug in Belgien, Flandern, Artois vom 14. Mai bis 4. Juni 1940. (2.) Holland, der Feldzug der fünf Tage, vom 10. bis 14. Mai 1940. (3.) Frankreich, der größte Feldzug aller Zeiten vom 5. bis 25. Juni 1940. (4.) Der Feldzug in Norwegen vom 9. April bis 10. Juni 1940. (5.) Unser Kampf zur See. 1939 u. 1940 (je 5 x 3,5 cm).

1942

Moselland. Ein Bildbericht von Frid Muth und Herbert Ahrens, mit einem Geleitwort von Gauleiter Gustav Simon. Herausgegeben vom Gaupresse- und Gaupropagandaamt Moselland, München (Verlag Heinrich Hoffmann) 1942 (1.-22. Ts.).

Deutscher Osten. Land der Zukunft. Herausgegeben von Prof. Heinrich Hoffmann. Gestaltet von A. R. Marsani. Vorwort: Reichsminister Dr. Goebbels. München (H. Hoffmann) 1942; 1943 (101.-160. Ts.).

Werkgemeinschaft von heute. Ein Bildbericht über die sozialen Leistungen der Ernst Heinkel-Flugzeugwerke G.m.b.H. Herausgegeben von Professor Heinrich Hoffmann. Gestaltet von A. R. Marsani. Reichsminister Dr. Goebbels schrieb das Vorwort, München (Verlag Heinrich Hoffmann) 1942; (o. J.) (101.-160. Ts., 260.-310. Ts.).

1943

Wir arbeiten bei Junkers. Ein Bildbericht vom praktischen Sozialismus eines deutschen Industriewerkes im Kampf um das neue Europa. Herausgegeben von Prof. Heinrich Hoffmann, Reichsbildberichterstatter der NSDAP, München (Verlag Heinrich Hoffmann) o. J. (1943).

Japan siegt im großasiatischen Lebensraum. Herausgegeben von Heinrich Hoffmann. Gestaltet von Günther Beukert. Vorwort: General Hiroshi Oshima, München (Verlag Heinrich Hoffmann) o. J. (1943).

Anhang | Bildnachweis

Editorische Notiz

Das Abbildungsmaterial dieses Bandes ist naturgemäß sehr heterogen. Von vielen Fotografien sind nur Reproduktionen überliefert. Nach Möglichkeit wurde von Originalen beziehungsweise den besten Vorlagen lithographiert. Soweit mit einiger Wahrscheinlichkeit Heinrich Hoffmann persönlich der Fotograf der Aufnahmen war, wird sein Name genannt. Wenn nicht, dann der Firmenname und soweit bekannt der jeweilige Fotograf. Aufnahmen, die als Pressebildabzüge beziehungsweise als Postkarten überliefert sind, werden als solche gekennzeichnet. Bei den Pressebildabzügen handelt es sich zumeist um 13 x 18 cm große Abzüge, bei den Postkarten um Formate von 8,5 x 13,5 cm und 10,5 x 15 cm. Steht die Unterschrift unter der Abbildung in Anführungszeichen, handelt es sich um eine Originalbeschriftung.

Bildnachweis

Bayerisches Armeemuseum, Ingolstadt:
Abb. 2/49

Bayerisches Hauptstaatsarchiv, Abteilung V:
Abb. 2/37; 3/2; 3/53; 4/5; 4/6; 4/40; 4/41; 4/42; 5/39

Bayerische Staatsbibliothek, München:
Abb. 3/5; 4/77; 4/87; 5/52

Bayerische Staatsbibliothek, München, Fotoarchiv Hoffmann:
Abb. 1/1; 1/2; 1/4; 2/16; 2/32; 2/33; 2/35; 2/36; 2/50; 2/58; 2/81; 3/3; 3/4; 3/7; 3/9; 3/10; 3/13; 3/14; 3/15; 3/19; 3/23; 3/24; 3/25, 3/26; 3/29; 3/30; 3/31; 3/38; 3/39; 3/41; 3/43; 3/50; 3/51; 3/58; 3/59; 3/60; 3/63; 4/3; 4/26; 4/27; 4/28; 4/62; 4/63; 4/66; 4/67; 4/78; 4/79; 5/5; 5/7; 5/9; 5/13; 5/14; 5/30; 5/31; 5/37; 5/41; 5/42; 5/43; 5/48; 5/50; 5/56; 5/112; 5/114; 5/115; 5/128; 5/135; 5/136; 5/142; 5/143; 5/144; 5/150; 5/151; 5/152; 6/2; 6/20

Bibliothek des Deutschen Museums, München:
Abb. 2/30

Bibliothek für Zeitgeschichte, Stuttgart:
Abb. 2/87; 2/88; 2/89; 3/68; 3/69; 3/70; 5/15; 5/20; 5/73; 5/94; 5/123; 6/5; 6/7; 6/8; 6/9; 6/10; 6/21; 6/22; 6/23; 6/25; 6/26; 6/27; 6/28; 6/29; 6/30; 6/31; 6/32; 6/33; 6/34; 6/35; 6/36; 6/40; 6/41; 6/42; 6/43; 6/44; 6/46

Bildarchiv Preußischer Kulturbesitz, Berlin:
Abb. 5/18

Bilderdienst Süddeutscher Verlag, München:
Abb. 2/82; 3/67; 5/45; 5/104; 5/125; 5/134

Bundesarchiv Koblenz, Bildarchiv:
Abb. 2/19; 4/17; 4/23

Deutsches Historisches Museum, Berlin:
Abb. 5/67; 5/105

Rudolf Herz, München:
Abb. 2/4; 2/5; 2/6; 2/10; 2/11; 2/12; 2/13; 2/17; 2/20; 2/22; 2/23; 2/25; 2/34; 2/39; 2/41; 2/46; 2/47; 2/51; 2/53; 2/55; 2/57; 2/62; 2/65; 2/66; 2/69; 2/70; 2/71; 2/78; 3/6; 3/8; 3/11; 3/12; 3/14; 3/17; 3/20; 3/21; 3/22; 3/40; 3/42; 3/52; 3/57; 3/73; 4/1; 4/7; 4/12; 4/29; 4/56; 4/57; 5/59; 4/70; 5/75; 4/86; 5/4; 5/6; 5/12; 5/51; 5/106; 5/113; 5/117; 5/126; 5/141; 6/6

Robert Hoffmann, München:
Abb. 2/24; 2/27; 2/29; 2/48; 2/52; 2/67; 2/68; 5/68; 5/69; 5/70; 5/78; 5/79; 5/93; 5/96; 5/97; 5/98; 5/100; 5/127; 5/129; 5/130; 5/131; 5/132; 5/147; 5/149

Institut für Kommunikationswissenschaft, München:
Abb. 5/139

Institut für Zeitgeschichte, München:
2/31; 3/45; 4/8; 4/61; 5/16; 5/19; 5/53; 5/54; 5/55; 5/57; 5/58; 5/59; 5/62; 5/64; 5/65; 5/77; 5/102; 5/121; 5/122; 5/133; 5/137; 5/138; 6/11; 6/37; 6/38; 6/39

Ingrid Lauck, München:
Abb. 2/3; 5/103

Harald Lechenperg, Kitzbühl:
Abb. 5/24; 5/25; 5/26; 5/27; 5/28; 5/29

Photoarchiv Ellen Maas, Frankfurt/Main:
Abb. 2/80; 3/72

Privatbesitz, München:
Abb. 3/56; 5/74; 5/75; 5/76

Staatsarchiv Freiburg i. Br.:
Abb. 2/79

Staatsarchiv München:
Abb. 2/1

Stadtarchiv München:
Abb. 1/3; 1/5; 2/28; 2/38; 2/40; 2/43; 2/85; 2/86; 3/66; 5/32; 5/33; 5/34; 6/35; 5/36

Stadtbibliothek München, Monacensia-Bibliothek:
Abb. 1/6; 2/2; 2/14; 2/26; 2/44; 2/45; 2/64; 2/72; 2/73; 2/74; 2/75; 2/76; 2/77; 3/1; 3/16; 3/28; 3/46; 3/47; 3/48; 3/54; 3/62; 3/64; 3/65; 4/2; 4/19; 4/35; 4/36; 4/37; 4/38; 4/43; 4/44; 4/45; 4/46; 4/50; 4/51; 4/52; 4/53; 4/54; 4/69; 4/72; 4/73; 4/74; 4/76; 4/80; 4/81, 4/82; 4/83; 4/84; 4/88; 4/89; 5/40; 5/63; 5/99; 5/101; 5/107; 5/108; 5/109; 5/110; 5/111; 5/116; 5/118; 5/119; 5/120; 5/140; 5/145; 5/146; 5/148; 6/1; 6/3; 6/4; 6/12; 6/13; 6/14; 6/15; 6/16; 6/45

Stadtmuseum München, Fotomuseum:
Abb. 2/56; 3/44; 4/4; 4/9; 4/10; 4/13; 4/14; 4/15; 4/16; 4/20; 4/21; 4/22; 4/25; 4/30; 4/31; 4/32; 4/33; 4/34; 4/60; 5/1; 5/2; 5/3; 5/4; 5/16; 5/23, 6/24

Stadtmuseum, Graphiksammlung:
Abb. 2/63, 3/27; 3/74; 4/85; 5/124

Karl Stehle, München:
Abb. 2/7; 2/8; 2/9; 2/15; 2/18; 2/21; 2/42; 2/60; 2/61; 3/18; 3/32; 3/33; 3/34; 3/35; 3/36; 3/37; 3/49; 3/55; 3/61; 4/11; 4/18; 4/24; 4/39; 4/47; 4/48; 4/49; 4/55; 4/64; 4/65; 4/68; 4/71; 5/8; 5/10; 5/21; 5/22; 5/47; 5/60; 5/61; 5/66; 5/71; 5/72; 5/80; 5/81; 5/82; 5/83; 5/84; 5/85; 5/86; 5/87; 5/88; 5/89; 5/90; 5/91; 5/92; 5/95; 6/17; 6/18; 6/19

Ullstein Bildarchiv, Berlin:
Abb. 2/83; 2/84; 3/71; 4/58; 5/46; 5/49

Peter Wagner, München:
Abb. 2/54; 2/59

Abb. Seite 24-25 Robert Hoffmann

Abb. Seite 90-91 Bayerische Staatsbibliothek München

Abb. Seite 138-139 Rudolf Herz

Abb. Seite 200-201 Karl Stehle

Abb. Seite 298-299 Bibliothek für Zeitgeschichte, Stuttgart

Abb. Vorsatzseiten: Rudolf Herz

3305

FÜHRER AUF EINER
GEBIRGSREISE. 20.IV.1934.

Frau Hess